# 秘密战

## 1939-1945 年的
## 间谍、密码和游击队

[英] 马克斯·黑斯廷斯◎著　　何卫宁◎译

# THE SECRET WAR
### SPIES, CODES AND GUERILLAS 1939-1945

新 华 出 版 社

图书在版编目（CIP）数据

秘密战：1939—1945 年的间谍、密码和游击队/（英）马克斯·黑斯廷斯著；何卫宁译
北京：新华出版社，2017.6
书名原文：THE SECRET WAR：SPIES，CODES AND GUERILLAS 1939—1945
ISBN 978—7—5166—3273—4
Ⅰ.①秘…　Ⅱ.①马…②何…　Ⅲ.①情报活动—史料—世界—1939—1945　Ⅳ.①D526
中国版本图书馆 CIP 数据核字（2017）第 130118 号
著作权合同登记号：图字：01—2016—6498

THE SECRET WAR：SPIES，CODES AND GUERILLAS 1939—1945
Copyright © Max Hastings 2015
Translation copyright © 2017，by Xinhua Publishing House

简体中文出版权归新华出版社

秘密战：1939—1945 年的间谍、密码和游击队

作　　者：[英] 马克斯·黑斯廷斯

责任编辑：张　敬　　　　　　　　　责任印制：廖成华
译　　者：何卫宁

出版发行：新华出版社
地　　址：北京石景山区京原路 8 号　　邮　　编：100040
网　　址：http：//www.xinhuapub.com http：//press.xinhuanet.com
经　　销：新华书店
购书热线：010—63077122　　　　　　中国新闻书店购书热线：010—63072012

印　　刷：北京明恒达印务有限公司

成品尺寸：170mm×240mm
印　　张：29　　　　　　　　　　　字　　数：500 千字
版　　次：2017 年 7 月第一版　　　　印　　次：2017 年 7 月第一次印刷

书　　号：ISBN 978—7—5166—3273—4
定　　价：78.00 元

**图书如有印装问题，请与出版社联系调换：010—63077101**

# 目　录

# 前　言

在第二次世界大战中，有一群特别奇妙的参战人员，本书就是讲他们的故事。战争中，步兵、水兵、航空兵、平民有着极为不同的经历，因为他们操着不同的武器，所处的地理环境不同，经济地位不同，意识形态也不同。那些动手杀敌的人固然最惹人注目，但从许多角度看，他们也是趣味最少的：他们的战果深深地受制于一群从来不开枪的男男女女。即使在苏联，大战役之间也常休战几个月，但秘密战却一刻不停地继续着，秘密战的战士们想尽办法展开间谍活动，破译敌人的密码，获取有关敌人的知识，帮助自己的陆海空军队能打胜仗。艾伯特·普劳恩（Albert Praun）中将是纳粹国防军最后一任通信兵的首长，他后来写道："虽然大炮还没开始响，但现代'冰冷的无线电波战'已经在各战线上展开了。"在轴心国占领区，只要条件合适，盟国也发动游击战和恐怖战，他们的秘密行动具有极为重大的意义。

本书不奢望面面俱到，那样几卷都写不完。本书的重点是交战双方发动秘密战的机构和这些机构中有影响力的人物。这本书很可能不会有突破性进展，因为有些秘密档案可能仍然被弗拉基米尔·普京锁着。日本人在 1945 年破坏了大部分情报档案，而残存的仍然在东京看不到。尽管如此，老兵在战后提供了重要的证词——十年前，我亲自采访过一些老兵。

大部分有关情报战的书只讲某个国家的情况。我想从全球角度讲。我写的一些情节，专家可能会觉得老生常谈，但把这些情节放在世界大局中去描写似乎是一个新角度。有关间谍和译码员的文献数量巨大，但读者可能会对我这本书中的某些故事感觉惊奇，因为这些故事是我独立研究的结果。西方读者比较熟悉布莱切利园（Bletchley Park）、阿灵顿厅学堂（Arlington Hall）、美国海军作战部通信保密科（OP－20－G）的故事，所以我在他们比较不熟悉的苏联人身上用墨颇

— 1 —

多。我省略了许多故事，既不想复述西欧抵抗组织的故事，也不想复述德国反间谍机关阿勃维尔（Abwehr）在英国和美国的故事，因为德国间谍很快被"策反"，加入著名的"双十系统"（Double Cross system，英国管理双料间谍的系统）。不过，虽然理查德·佐尔格（Richard Sorge）和间谍"西赛罗"*的故事已经为人所知数十年了，但其重要性值得重新反思。

有些秘密战士取得了令人惊叹的成绩，但也有铸成大错的。在我的叙述中，你会看到英国人几次丢失敏感资料，这对"超级机密"来说是致命威胁。另一方面，有些间谍战作家迷恋写"剑桥五杰"叛变的故事，但只有少数注意到我们也许可以称之为"华盛顿和伯克利五百人"的群体——他们是美国的一小群左派人士，为苏联情报部门提供信息。美国参议员约瑟夫·麦卡锡（Joseph McCarthy）极为不公平地诬陷了许多人，但他在 1930 年至 1950 年之间的指控并没有错，那时在美国政府、美国最好的学府和企业内部有大量首先效忠其他国家的员工，其数目之大令人吃惊。在 1941 年至 1945 年之间，苏联人本应该是英国和美国的盟友，但斯大林不停地用怀疑的眼光看待这种关系——临时与苏联的历史宿敌形成的联合，目的仅是为了消灭纳粹。

许多关于情报战的书的重点是讲间谍和译码员发现了什么，但真正重要的问题是他们发现的秘密怎样改变了战局。苏联间谍队伍的规模比其他交战国的大了许多，并充分利用了从英美那里获得的丰厚技术资源，但斯大林疑心太重，浪费了搜集到的其他国家的政治和军事秘密。2014 年，美国最杰出的战时密码史学家对我说，他在花费了半辈子研究这个主题后得出了一个结论，盟国的情报工作对赢得战争几乎没有任何贡献。这个结论似乎是太过极端了，但我朋友的评论说明了一点，在这个间谍头目和间谍摸爬滚打的沼泽地中充满了虚构、叛变、无能，衍生出大量怀疑的论点，或者说表面是怀疑的论点，其实是蔑视的论点。从历史记录中可以看出，官方的保密措施，在帮助情报机构逃避国内追责方面作用比较大，在防范敌人渗透方面作用反而比较小。例如，军情六局**的最高机密被自己的高官金·费尔比（Kim Philby）泄露给苏联长达几年时间。在这种情况下，仍然不让英国公众知道自己的情报机构首长的姓名，这样的保密有何种意义呢？美国政府拒绝接受战略情报局的威廉·多诺万（William Donovan）少将与

---

\* 本书中间谍的代号用引号标出。

\*\* 英国的军情六局（MI6）还有另一个常用的名字 SIS——秘密情报处。本书只用军情六局这个名字，即使在引用文献时，也这样用，目的是为了避免与美国的通信情报处 SIS（Signals Intelligence Service）混淆。

苏联内务部﹡达成的情报交换协议，但美国官方的谨慎对国家安全的帮助并不大，因为多诺万手下的关键性人物正在把机密信息传递给苏联间谍。

搜集情报不是科学。情报不是真理，即使你看到敌人写的信，那信也可能是假的。信号隐藏在噪音中，真实的情报，无论大小，必须从噪音中提取出来。1939 年 8 月，在德国和苏联签订《苏德互不侵犯条约》的前夕，一名英国官员双手焦虑地抓着一份有关柏林和莫斯科关系的情报，面对这份令他感到迷惑的情报，他写道："我们遇到的大多数情报都存在同样的问题，手里拿着秘密报告，却很难判断其价值，就如同阿里巴巴和四十大盗故事中门上的白色记号一样，不知道哪个是真的。"

孤立地研究某个国家的经验教训是徒劳无益的。只有在研究了摆放在分析员、政治家、指挥官桌子上数千页的烦琐文件之后，才有可能看清来龙去脉。"根据我的经验，记者是骗子，而外交官和间谍是大骗子。"二战中的英国间谍马尔科姆·蒙格瑞奇（Malcolm Muggeridge）写道。他很熟悉这三类人，因为他自己就是一个骗子。许多谍报工作都没有什么用处，这点可以从捷克情报官弗朗蒂舍克·莫拉韦茨（Frantisek Moravec）的一次经历看出来。1936 年的一天，他向上司提交了一份德国新武器的报告，为获得这份报告，他付给情报员一大笔钱。上司把报告丢在一旁，说："我让你看点更好的东西。"上司在一堆德国国防军的杂志中翻出一本，指出一篇谈论相同武器的文章，冰冷地说："订这份杂志只需要 20 克朗。"

阿勃维尔也遇到过类似的事。1944 年 12 月，阿勃维尔获得了美国国务院发的一份电报，电报说流亡伦敦的波兰政府有了一位新的经济顾问。这份电报中有这样的内容："他的交通费和日津贴，从突尼斯至伦敦，途经华盛顿，他家庭的交通费和日津贴、行李托运费，都根据旅行法规获得了批准。"这份被盖上了"绝密"图章的密电码电报足有 1 页长，德国人需要破译这封电报才能读懂。为了破译这块宝贝，德国的战争机器付出了巨大的劳动。这件事反映了情报工作的性质，有时搜遍一座山就为了捉一只老鼠。

信用是自由社会的契约和特权。轻信和保密意识是情报工作的大敌。间谍需

---

﹡　即内务人民委员部，在国内外都有分支机构。这个机构在 1934 至 1954 年间不断改组，最后变成克格勃。在本书中统称为"内务部"。1943 年之后，苏联还有一个反间谍组织叫"锄奸队"。同时存在的还有苏军总参谋部情报总局，简称"格勒乌"，格勒乌始建于 1926 年，在苏联内外与内务部有激烈的竞争。

要说服其他国家的公民放弃传统的爱国主义，这可以是靠给现金，也可以靠信念，也有时可以靠密告者和听密者之间的私人关系。在这个领域里充满了争议。那些出卖国家秘密的人是勇敢的、守原则的、具有更高道德标准的英雄吗？比如，现代德国人就是这样看反纳粹的抵抗组织的。但我们应该把金·费尔比和阿尔杰·希斯（Alger Hiss）放在哪一类里呢？我们这个时代的爱德华·斯诺登（Edward Snowden）又该如何分类呢？情报官的日常工作就是鼓励叛变，这解释了为什么情报界吸引来了这么多怪人。马尔科姆·蒙格瑞奇曾轻蔑地说："做情报工作必须去欺骗，去撒谎，去叛变。做情报工作损害人格。我遇到的情报人员，没有一个是值得信赖的。"

斯大林曾经说："间谍跟魔鬼一样，没有人相信他们，他们也不相信自己。"由于出现了新的意识形态，其中最重要的就是共产主义，一些人突破国界表示忠诚，其狂热程度超过了爱国主义。没有多少人因叛国而感到兴奋，许多人是为了金钱。在战争年代，间谍组织的头目无法判断手下的间谍到底在为哪一方工作，有些案例到了今天仍然含糊不清。英国小骗子埃迪·查普曼（Eddie Chapman），代号"锯齿"，在与英国和德国的周旋中积累了极为丰富的战争经验。有许多次英德双方都想要了他的性命，但似乎他的活动对双方也没有什么好处，查普曼为活着只能沉醉于女孩和军人的大皮靴之间。他是个不重要的阴谋家，是秘密战中天马行空的人。罗纳德·赛斯（Ronald Seth）的故事很有趣，但很少有人知道。他是英国特别行动局（Special Operations Executive，SOE）的特工，被德国逮捕后，受训成为一名英国"双料"间谍。我在后面要描述特别行动局、军情五局、军情六局、军情九局、阿勃维尔的困惑，他们搞不清赛斯到底效忠谁。

搜集情报存在浪费现象。我吃惊地发现各国都有大量平庸的情报官，他们唯一的成绩就是在国外的岗位上混日子，消耗了雇主大量的钱财，搜集到的情报对打仗几乎没有帮助。在二战所有的交战国中，恐怕只有千分之一的情报对战争结果有帮助。然而，就是为了这么一点有用的情报，战争领袖不仅不吝惜钱，而且还不吝惜生命。情报永远对战争有影响，但在20世纪之前，指挥官只能靠间谍或观测才能知道敌人的行踪——多少人、多少船、多少炮。此后，有了无线通信，随着技术的发展进步，到了20世纪30年代，情报工作出现了大繁荣期。"历史上从来没有出现过无线电发挥如此大作用的时期，"英国伟大的科学情报军官琼斯（R. V. Jones）博士写道，"……是至今为止物理学最富于想象力发展的结果，是出乎所有人意料的魔术。"世界上除了有数百万人在家里玩无线电装置，许多外国间谍都有自己的无线电装置之外，在柏林、伦敦、华盛顿、莫斯科、东京，电子窃听者有能力在没有望远镜、帆船、间谍的协助下，就能探听到敌人的部署，有时还能探听到敌人的战略意图。

本书的主要观点之一，就是盟国并非像民间传说的那样重视信号情报，特别是在战争初期。德国人利用情报很好地策划了1940年入侵法国和低地国家的军事行动。至少是在1942年年中前，甚至稍后一点，他们破译了盟国在陆地和海上的通信密码，对大西洋之战和北非之战产生了重大影响。德国人在"巴巴罗萨"行动的第一个年头里就发现了红军的无线电通信有弱点可以利用。但1942年后，希特勒的译码员落后于盟国的同行。阿勃维尔向海外派遣间谍的尝试令人鄙视。

在1941年至1942年间，日本政府和军队高层在策划对珍珠港、南亚欧洲殖民地发动初始攻击时，表现出了极高的效率，但之后轻视了情报工作，在对敌人行动一无所知的迷雾中打仗。意大利的情报机构和译码员，在战争初期取得了一些惊人的成功，但到了1942年的时候，墨索里尼的军官只能利用苏联战俘偷听苏联的无线通信通话。相对来说，很少有人花精力刺探意大利的秘密，因为其军事实力萎缩的速度是如此之快。"我们有关意大利空军的情报很不完整，很难说可靠，"英国皇家空军情报官哈里·汉弗莱斯（Harry Humphreys）上校针对地中海的战局说，然后又自鸣得意地补充了一句，"但我们很幸运，敌人是意大利空军。"

秘密数据，要想成功地加以利用，有个首要条件，那就是指挥官必须愿意实事求是地进行分析。赫伯特·麦尔（Herbert Meyer）是华盛顿国家情报委员会的老专家，他说自己的任务就是展示"条理清晰的信息"；他主张情报部门应该像船或飞机上的导航系统一样为指挥官提供服务。唐纳德·麦克拉克伦（Donald McLachlan）在英国海军做过情报工作，他评述道："搞情报很像做学问，情报官应该以学者做榜样。"战后，活下来的德军指挥官把德军情报的失误全归罪于希特勒不能客观地评价情报。德军通信兵首长艾伯特·普劳恩说："很不幸……在整个战争期间，希特勒显示出对通信情报缺乏信任，特别是当情报与他的观点相反的时候。"

对轴心国有利的消息——比如，截获的情报表明盟国损失惨重——这样的情报被优先发往柏林，因为元首喜欢这样的情报。相反，坏消息没被理睬。在1941年6月入侵苏联前，德国经济和军备局（WiRuAmt）的格奥尔格·托马斯（Georg Thomas）将军对苏联的武器生产做了一番基本上符合实际情况的估计，尽管仍然低估了苏联，但他指出苏联即便失去了欧洲部分的领土，也不等于斯大林丧失了工业基地。希特勒马上表示不同意托马斯的估计，因为这份估计中的数字无法与希特勒对斯拉夫人的蔑视保持一致。德国陆军元帅凯特尔（Keitel）后来指示经济和军备局停止提交情报，免得惹恼元首。

西方民主社会治理比较开放，这给打仗带来了好处。丘吉尔经常对他身旁发表奇谈怪论的人大发雷霆，但盟国权力机构允许大胆的争论，在各大军事总部里也允许。伯纳德·蒙哥马利（Bernard Montgomery）将军是个大暴君，但他允许几个亲信自由地表达意见，其中包括他的情报官比尔·威廉姆斯（Bill Williams）准将，此人后来成了牛津大学的教授。美国情报界所取得的大成就，都是通过密码破译获得的，这些情报在太平洋海战中被获得了引人注目的应用。美军地面部队指挥官对利用情报进行欺诈的兴趣不大，这点跟英国人不一样。在二战期间，美国人只有一次真心地参与了欺诈行动，它就是1944年的诺曼底登陆行动。即便如此，英国人是始作俑者，美国人也只是同谋——例如，美国允许乔治·巴顿（George Patton）将军假装是虚设的美国第1集团军的指挥官，虚张声势让这支军队在加来登陆。一些美军高官对英国人的热情表示怀疑，他们认为英国盟友如此热情搞欺诈，是为了逃避战争中必不可少的艰苦战斗。

所谓的英国政府密码学院（Government Code and Cipher School，GC&CS）坐落在布莱切利园（Bletchley Park），这里不仅是一个非常重要的情报中心，而且从1942年起对战争的胜负做出了杰出的贡献。民间传说艾伦·图灵（Alan Turing）创造出能破译德国恩尼格玛（Enigma）密码电报流的机电装置，使德国通信体系置于盟军的眼皮底下。实际情况要比这复杂多了。德国人使用十几种密钥，许多密钥很难完整地破译，密码电报经常不能"及时"破译出来——来不及供调整战场安排之用——有几个密钥根本破译不了。英国人破译了一些极为珍贵的恩尼格玛密文，但很难说做到了全面破译，德国陆军的密文被破译得特别少。此外，德国人把最机密的电文用电传打字机构成的网络进行传递，而且传送量逐渐增加。电传打字机使用了与恩尼格玛密码机截然不同的洛仑兹（Lorenz）的加密系统，这套加密系统被布莱切利园的数学家和语言学家破译了。虽然破译电传打字机比破译恩尼格玛密码机更难，但人们一般把布莱切利园的破译成果统称为"超级机密"。* 比尔·图特（Bill Tutte）是一位年轻的剑桥大学数学家，

---

* 美国人称他们破译日本人的密码为"奇迹"，但本书把布莱切利园的破译结果称为"超级机密"，这个称呼已经被大西洋两岸所接受。虽然布莱切利园破译了敌人高级的密码和编码，但奇怪的是在布莱切利园，极少有人用这种称呼。

他发现破译洛仑兹密码的关键线索，但后世几乎不知道他，他本应该与图灵一样有名。

在战争的后半期，"超级机密"使盟军领袖充满信心地策划战役和军事行动，历史上没有任何军事领袖曾有过这样的待遇。虽然知道了敌人的计划，但不等于削弱敌人的实力。在1941年和1942年初，英国人多次知道了轴心国的进攻企图——比如在克里特岛、北非、马来亚——但他们还是照样失败了。无论是在陆地，或是海上，或是空中，军事硬实力必须辅以秘密情报。同样，在1944—1945年欧洲西北部战场上，英美的指挥官和他们的参谋官明显缺乏智慧。但情报在防患于未然方面发挥了重大作用：年轻的琼斯成功地找到了阻止德国空军导航波束的方法，这有效地减轻了德国的"闪电战"给英国带来的痛苦。在海上，"超级机密"给出德国潜艇的精确方位，这使护航商船队能避开德国潜艇，并在维护大西洋海上运输线和击沉敌人潜艇方面发挥了更加重要的作用。不过，"超级机密"在1942年令人吃惊地暂停了9个月。

美国人认为他们的盟友对战术欺诈太上心，这种看法是有道理的。达德利·克拉克（Dudley Clarke）上校，他在西班牙警察中间很有名气，因为他曾经穿着女式服装出现在马德里街上，并因此被警察逮捕。就是此人在1942年阿里曼战役中进行了大规模的伪装战。历史学家赞扬了克拉克的聪明才智，因为他创造出来一支假部队，使隆美尔在蒙哥马利主攻阵地的南面部署了大量兵力。然而，为了打败德国非洲军团，即使用了如此诡计，英国第8集团军仍然进行了两星期的艰苦战斗。德国人争辩说，克拉克的活动对战役结果没有帮助，因为他们有时间在英国人发动总攻前完成再部署。在缅甸，彼得·弗莱明（Peter Fleming）上校（他的兄弟创造出了詹姆斯·邦德这个角色），冒着危险，深入敌后，在敌人必经之路上留下一辆破旧吉普车，车上放着一个装满了假"秘密文件"帆布背包，但日本人拿到帆布背包后，没有注意到里面还有东西。1942年后，英国情报部门完全能破译德国空军的情报了，理解了德国所用的电子技术，但盟军的轰炸机仍然遭受了惩罚性的损失，这种情况一直等到美国的远程战斗机在1944年春季打败德国空军之后才有改观。

无论英国人在北非的战术欺骗有何效果，盟军的谋略家还是取得了两次重要的、无可争辩的战略胜利。在1943—1944年间，"齐柏林"行动虚拟了一支英国部队驻扎埃及，这使希特勒在南斯拉夫和希腊保留下大批兵力，防止盟军在巴尔干登陆。就是这个虚拟的威胁使轴心国有22个师的兵力滞留在东南战场，直到诺曼底登陆后才掉头返回，在这方面铁托（Tito）的游击队其实没有发挥什么作用。第二个成就是"坚韧"行动，这次行动在诺曼底登陆之前和之后展开。但有一点值得强调一下，如果盟军没有足够的军事实力，没有制海权，给人一种可以在任何地方都能登陆的假象，这两个行动成就根本不会有什么影响力。

苏联人的战术欺诈比英美的要高明多了。在斯大林格勒战役期间，一个代号"马克思"的间谍的故事西方读者并不知道，苏军在斯大林格勒发动了一次巨大的佯攻，损失 7 万条苏联人的性命，是二战中最令人惊骇的事。1943－1944 年间，苏联在红军发动主攻之前，用诡计使德军把兵力集中在错误的地方。空中优势是必要条件，在东线和西线都是一样：在二战后期，盟军之所以能展开欺骗战术，是因为德国无法进行空中侦察，只能相信盟军通过无线电送给他们的假情报。

盟国在利用人工情报＊方面不是很成功。英国和美国在德意日政府中都没有找到比较高级的情报来源。到了 1943 年，美国战略情报局（Office of Strategic Services，OSS）的艾伦·杜勒斯（Allen Dulles）才接收到一些柏林传来的有价值的秘闻。盟国在这方面的成绩比不上苏联，他们渗透入了伦敦、华盛顿、柏林、东京。德国驻东京大使馆的理查德·佐尔格（Richard Sorge）是苏联间谍。美国在珍珠港事变之后才开始向海外派遣间谍。在敌人的领土上，美国的重点是搞破坏和破译密码，而不是向敌占区派遣间谍，更不用说派遣准军事组织了。在华盛顿，战略情报局设立了一个研究分析处，工作做得相当不错，而战略情报局在情报场上的表现既浮夸，又没有重点。此外，我认为西方盟国资助的游击战更多地是在提升被占领土国家的人民的自尊，而不是加速纳粹的破灭。苏联人的游击战野心很大，英国的特别行动局和美国战略情报局比不上他们。苏联人的宣传攻势夸大了他们的成绩，他们在二战中和二战后都夸大其词。如今，有些苏联时期的档案可以查阅了，我的俄语研究员柳芭·维诺格拉多夫那（Lyuba Vinogradovna）博士进行了广泛的查阅。查阅的结果表明，我们应该对东欧的游击战成绩保持相当大的怀疑态度，至少在 1943 年之前是如此。

我的书有个共同特点，就是用细节故事编织出一个"大框架"。我的这本书不仅包括间谍和译码员的故事，还包括为领袖们服务的情报官的故事——布莱切利园的图灵、太平洋战场尼米兹的密码分析员、苏联在德国的特务组织"红色管弦乐队"、德国陆军总司令部（OKH）的赖因哈德·盖伦（Reinhard Gehlen）、

---

＊ "人工情报"指的是间谍搜集到的情报，"信号情报"指的是拦截无线电信号获得的情报。

战略情报局的威廉·多诺万（William Donovan）等更富于异国情调的角色。西方情报工作之所以做得比较好，就在于放手让平民去做，英国和美国政府相信他们的判断，给予他们影响力，如果有必要，就授予他们军阶，而敌人做不到这点。当英国官方《战争情报史》的第一卷出版的时候，我向第一作者、布莱切利园的老战士哈里·辛斯利（Harry Hinsley）提出了一个看法。在我看来，业余人士对情报工作的贡献比情报专家要大。辛斯利不耐烦地做了回答："当然，他们的贡献大一些。你干吗让英国最聪明的人在和平时期把才智浪费在情报工作上？"

　　我一直认为这个观点很重要。这个观点在另一位学者的作品中也能找到，此人就是休·特雷弗－罗珀（Hugh Trevor－Roper），他曾为英国的军情五局和军情六局都工作过，他的个人成就极高，似乎是英国战时情报工作的明星之一。在和平时期，情报工作不难做，只要不出大错，都算完成任务，所以情报机构里平庸的人很多。一旦国家的生死存亡的斗争开始了，情报工作就变成了战争活动的大脑。战场上的战士不需要很高的智力，但需要运动场上的素质——体质、勇气、刚毅，有一点主动性和判断力就行。但这时情报机构就必须进有才华的人了。招募人要招募有才华的，这个要求听上去很迂腐，但有不少20世纪的故事说明，许多国家做不到这点。

　　这本书的布局我有几句要说：我基本上是按照时间顺序写的，避免不停地在华盛顿的叛徒、苏联的瑞士的间谍、布莱切利园的数学家之间做切换，使读者感到混乱，但有些专题则没有按时间顺序写。我充分利用了这个领域的最权威的作者，包括斯蒂芬·布迪安斯基（Stephen Budiansky）、大卫·卡恩（David Kahn）、克里斯托弗·安德鲁（Christopher Andrew），他们是我引用作者中比较有名的。我还利用了英国、德国、美国的档案，包括未翻译成英文的苏联材料。我不想讨论破译密码的数学问题，有在这方面比我写得多的作者。

　　人们常说伊恩·佛莱明（Ian Fleming）的惊险故事与现实中的间谍毫无关系。然而，我阅读了苏联当时的报告和谈话记录，以及莫斯科战时情报官的回忆录，我惊奇地发现，这些内容奇怪地反映在佛莱明的《来自苏联的爱》中的那些疯狂的虚幻对话中了。苏联内务部和格勒乌策划的某些行动，其古怪程度超过了佛莱明的故事。

　　历史故事有不确定性，当有间谍牵扯进来时，就更加如此了。在描述战役的时候，你能记录下多少船被击沉了，多少架飞机被击落，多少人被杀，占领了多少土地或丢失了多少。但情报是大量不可靠的文字，有些是敌人为炫耀和庆功而写的。1975 年出版的《谎言做保镖》是一部很流行的作品，但内容基本上是虚构的。威廉·斯蒂芬森（William Stephenson）爵士是加拿大驻纽约的情报联络官，他的联络工作很有价值，但不是一个间谍网的头目。但这不妨碍他在 1976 年出版了一部相当充满幻想的自传《拥有无畏名誉的人》，其实根本没有人那样称呼他。英国特别行动局在法国特工的故事充满了浪漫的废话，特别是那些女特工的故事。莫斯科的撒谎癖从来就没有衰减的时候；克格勃的官方情报史，最近一次出版是在 1997 年，它断言英国外交部仍然藏着英国与"法西斯"德国秘密谈判的文件，这说明英国和希特勒是同谋。

盟国对德意日展开的密码破译工作产生的影响力远比任何间谍所做工作的影响力都要大。虽然无法量化密码破译工作的影响，但官方史学家哈里·辛斯利的断言让人感到困惑，他说密码破译工作让战争缩短了 3 年。富特（M. R. D. Foot）也同样偏颇，他在为特别行动局的法国行动写官方历史时声称，盟军领袖认为法国的抵抗活动使二战缩短了 6 个月。"超级机密"是英国和美国工具，在消灭纳粹的过程中发挥辅助性作用，而消灭纳粹的工作大部分是苏联军队完成的。同理，不能断言布莱切利园对战争时间的贡献比丘吉尔、自由轮（二战期间在美国大量制造的货轮）、雷达的贡献更大。

同样，有些煽情的现代书讲述"改变二战的间谍故事"，为这些书做宣传的人确实是在传播神话。丘吉尔曾经做出过大量评论，最深刻的一句是他在 1941 年 10 月说的，当时英国空军的首长查尔斯·波特尔（Charles Portal）爵士要求制造 4000 架重型轰炸机，这位空军首长宣称这样能在 6 个月压服德国。英国首相回信写道："确实可能制造这么多架轰炸机，但不能把夺取胜利的希望都寄托在一种手段上。""世界瞬息万变。"丘吉尔严肃地说道。丘吉尔的这句话，对人类具有重大的意义，特别是对战争，但对情报工作有格外大的意义。胜负都不能归咎于某一个因素。

不过，人们对秘密世界有怀疑是不可避免的，但好奇的能力也需要有：有些惊人的传说是真实的。我羞于谈及 1974 年发生的一件事，当时我受一份报纸的邀请，为温特伯森（F. W. Winterbotham）的《超级机密》写书评。我在 1939—1945 年时只不过是个年轻的学生，不通世故，从来没有听说过布莱切利园。我翻了翻那本即将出版的书，谢绝为之写书评：因为温特伯森说的故事，我不敢相信是真的。然而，温特伯森是军情六局的情报官，是获准才为二战中最大且最奇妙的秘密打开一扇窗户的。

世界没有一个国家能像英国那样出版一部大部头的官方战争情报史，总共分

5 卷，3000 多页，在 1978—1990 年间出齐。用纳税人的钱，如此奢侈地编写那段时间的历史，反映了英国人对自己成就的骄傲心理，这种骄傲心理一直维持到了 21 世纪，而且荒谬之极，竟然达到了漠视事实的地步，还拍出一部大获成功的电影《模仿游戏》。虽然大部分受过教育的英国人都知道英国对二战胜利的贡献不如苏联和美国，但他们意识到丘吉尔那帮人在某些领域确实比其他人厉害。这本书谈到许多情报工作的愚蠢和失误，但战争的胜利属于犯错比较少的那一方。基于这种考虑，英国和美国打赢了情报战，就如同打赢了陆地战、海战、空战一样。最关键的事实是盟国赢了。

最后，虽然这本书里包含了许多有趣的细节，但战争是生死的搏斗。世界上有千千万万人为搜集情报或打游击战甘愿冒生命危险，许多人甚至牺牲了，这些人经常是一枪还未开，就在黎明前孤独地死去了。虽然我们可以用 21 世纪的视角去评判当时的人和事、胜和败，但我们绝对不能减少对那些为秘密战献出生命的人的尊敬。

马克斯·黑斯廷斯
2015 年 6 月

# >>> 第1章

# 洪水到来之前

## 追求真相

第一声枪响的时候，秘密战已经开始很长时间了。1937 年 3 月的一天，一封信放在了弗朗蒂舍克·莫拉韦茨上校的桌子上，信封上写着"给捷克情报局的局长"——这是给他的信。这封信的开头是这样的："我愿为你效劳。首先我说明我能为你做的：1. 德军的组建情况。（a）步兵……"这封信有 3 页纸，写得密密麻麻的。捷克知道自己是希特勒的猎物，所以进行了大量的间谍活动，这在当时欧洲民主国家中不常见。最初，欧洲人对捷克人的做法不以为然，认为纳粹是在玩弄手腕，当时玩弄手腕的人大有人在。不过，莫拉韦茨最终决定冒险试一试。在双方长时间通信交往之后，后者被布拉格命名为 A－54 号间谍，他同意在克拉斯里斯（Kraslice）的苏台德镇（Sudeten）会面。这次会面几乎被一声枪响给毁了：莫拉韦茨的一个副手非常紧张，扳动了衣袋里的左轮枪，射穿了上校的裤腿。这时，有一个德国游客走过来，大家赶紧恢复了平静，匆忙地走进附近一间安全的房子里。那人带来一捆秘密文件，他轻松地用手提箱把文件带过了边境检查站。在这堆资料中，有一份文件是捷克的防御计划，这说明莫拉韦茨的同事中有人泄露了机密，泄密人后来被绞死了。A－54 走的时候没有留下姓名，但拿走了 10 万马克。他答应会再来，在接下来的三年里，他确实提供了高质量的信息。到后来，人们才知道他名叫保罗·苏梅尔（Paul Thummel），34 岁，是德国阿勃维尔的一名情报官。

像这样的事，莫拉韦茨几乎每天都遇到。他是一个精力充沛的人，中等身材，喜欢玩，特别是下象棋，能流利地说 6 种语言，还能读懂一些拉丁文和希腊文。1914 年，他 18 岁，在布拉格大学读书，希望成为一名哲学家。像所有的捷克青年一样，他应征入伍，参加了奥匈军队。跟大多数捷克人一样，他不想为哈布斯堡王朝去死，在前线找到一个机会马上就逃亡到了俄国。在保加利亚，他为俄国人战斗时负了伤。一战结束的时候，他在意大利前线做志愿兵。当捷克斯洛伐克成为独立国家之后，他高兴地抛弃了过去的效忠关系，成了新军队中的一名军官。1934 年，他加入了情报部门。又过了 3 年，他成了情报局的局长。莫拉韦茨做情报工作的专业知识，大部分来自书报摊上的间谍故事。不久之后，他在现实中发现了许多间谍小说里的情节，比如他的前任为挪用公款，虚构了一个情报员。

上校为在德国物色情报员花费本部门的大部分资源，每个情报网都需要精心管理。他在德国设立起一家发薪日贷款公司，目标顾客是军人和公职人员。不到一年，这家贷款公司就有了 90 名员工，他们在德国各地奔波做生意，其中大部分是真心做业务的，少数是情报员，这些情报员寻找手里有信息且能被收买或勒索的人。捷克人在许多新技术方面是先驱——缩微照相术、紫外线、密写术、先进的无线电技术。莫拉韦茨的资金很充裕，因为他在为国家而战。他有能力给一位名叫扎尔姆（Salm）的德国空军少校 5000 马克的预付费用（大约 500 镑），后来又付给他一大笔钱，数额高达 100 万克朗（大约 7500 镑），为的是获得戈林的作战安排。然而，扎尔姆由于炫耀新获得的财富而被逮捕了。审判后，他被斩首了。与此同时，在捷克斯洛伐克活动的间谍也没有闲着：仅在 1936 年，布拉格的安全部队就逮捕了 2900 名嫌疑犯，大部分嫌疑犯被指控为德国和匈牙利做事。

大国之间相互刺探秘密，手法类似，有的公开，有的秘密。1934 年 4 月，苏联的图哈切夫斯基（Tukhachevksy）元帅访问了伦敦，回国后，他亲自告诉斯大林，格勒乌有个间谍，看到了英国皇家空军的新型汉普敦轰炸机，并详细给出了罗尔斯－罗伊斯发动机的型号和机载武器的草图。

阿勃维尔搞到一张英国化学工业公司足球队的赛程表，赛程表中包含该赛季大部分英国厂区的比赛安排；柏林扬扬得意地指出其中有几处化工厂是德国空军当时还不知道的。在英国军情六局中校弗莱德·温特伯森（Fred Winterbotham）的要求下，澳大利亚飞行员西德尼·科顿（Sidney Cotton）首次对德国部分地区进行了航拍。欧洲夏天假日的道路上挤满了情侣，其中有些人是受雇于情报机构的，他们对机场展示出的兴趣是与爱情无关的。军情六局派代号"479"的皇家空军军官去德国转悠了 3 个月，并让一位女秘书做他的掩护，此行效果不好，因为德国的机场之间没有公路相连，他俩也不会说德语。这位军官原先是想带他的妹妹去，因为她的德语很流利，但妹夫不同意。

为了满足纳粹的需要，赫尔曼·戈尔茨（Hermann Görtz）博士在 1935 年 8 月去英国的萨福克郡和肯特郡旅游了几周时间，勘察了皇家空军的几处机场。他骑着纯达普牌摩托车，身旁坐着年轻漂亮的玛丽安·艾米格（Marianne Emig）。但玛丽安厌倦完成这项工作，或是害怕了，戈尔茨只好把她送回了德国。戈尔茨，48 岁，是来自吕贝克（Lübeck）的律师，他的英文是跟女家庭教师学的。送完艾米格，他又返回英国去取照相机和其他私人物品——包括曼斯顿（Manston）的地图——他俩把这些东西留在布罗德斯泰斯（Broadstairs）的一间平房里了。这位间谍大师很不幸，由于房主很有防范间谍的意识，所以警察已经拿到了这批犯罪物证。戈尔茨在哈里奇（Harwich）被捕了，被判了 4 年徒刑。1939年 2 月，他被释放并驱逐出境；本书的后面还能见到赫尔曼·戈尔茨的名字。

每个国家都在刺探邻国的情况，派往世界各地的大使馆武官就是搜集情报的战士。在驻柏林的武官中，有来自英国的诺埃尔·马松－麦克法兰（Noel Mason－MacFarlane）上校。这位代号"马松－麦克"的英国军官，虽然很机智，但说话浮夸。1938 年的一天，他的一番话吓坏了一名来他的公寓拜访他的英国客人。他从窗户里指着明天希特勒要进行国防军周年检阅的地方，用简洁的语言说："这里开枪很容易，我眨眼工夫就能把那个杂种干掉，我想过这件事……把那个疯子干掉后，一切都能变得合理起来。"当然，马松－麦克法兰没有那样做。在他情绪稳定的时候，他与德国军官交朋友，不断给伦敦发回情报，使英国对纳粹的企图保持警觉。但这个小故事很好地解释了情报官的生活，他们像走钢丝绳一样，在崇高的目标和低俗的喜剧之间摇摆。

一些批评家轻蔑地说美国政府没有情报部队。狭义地说，确实是这样——美国没有向海外派间谍。在国内，埃德加·胡佛（Edgar Hoover）的联邦调查局负责美国国内的安全事务。虽然联邦调查局取得了针对犯罪团伙、监视共产党、监视工会的重大胜利，但几乎不知道有大量的苏联间谍在美国国内活动，也未能阻止高技术公司卖技术给苏联。德国武官弗里德里希·冯·伯蒂歇尔（Friedrich von Bötticher）将军在回忆他在华盛顿服务的那几年时粗暴地说："搜集情报太容易了，美国人心胸开阔，新闻里什么都有。你没有必要雇情报员。你只需努力地读美国报纸就行了。"1936 年，伯蒂歇尔找到机会向柏林转发了一份有关美国试验火箭的详细报告。有一个美国叛徒，把美国最好的技术成果之一诺登投弹瞄准器（Norden bombsight）的图纸卖给了德国人。这位将军要求阿勃维尔不要在美国安置间谍，这样能使美国人对纳粹抱有好感。

情报机构喜欢夸大间谍提供信息的价值。一位应征参加英国战时情报工作的学者充满蔑视地评论道："军情六局认为越秘密的信息越有价值，不关心信息是否准确。他们甚至觉得从保加利亚首都索非亚的流浪皮条客那里搞来的劣等传闻比从仔细研究外国新闻报道获得的情报更有价值。"美国驻外记者和外交官向华盛顿提供的世界情况并非比欧洲间谍带回的情报更不可信。杜鲁门·史密斯（Truman Smith）少校是美国长期驻柏林的武官，虽然他很崇拜希特勒，但他对德国国防军作战计划所做的推测比军情六局的还要准确。

美国海军武官关注的对象是日本，因为日本最有可能是美国的敌人。不过，美国武官可做的工作不多，要么是拍摄从轮船旁边经过的日本战舰，要么是与其他国家的驻东京武官交换小道消息。1929 年，时任美国国务卿的亨利·史汀生（Henry Stimson）关闭了国务院的"黑室"密码破译小组，他与当时许多美国人都有同样的看法，一个国家如果没有遇到外部威胁，应该放弃这样肮脏的手段。不过，美国陆军和海军在那个时候各自保存一个独立的密码破译小组，这两个小组努力工作，展开了激烈的竞争。考虑到当时美国密码专家的条件很艰苦，威廉·弗里德曼（William Friedman）的成绩算是非常惊人的。他 1891 年生于俄国，学过农学，后来参加了陆军信号情报组，组长是前数学教师弗兰克·罗列特（Frank Rowlett）。这个小组复制了日本的"紫色"外交密码机，并在 1940 年破译其密钥，这样的成绩是惊人的，因为这些美国密码分析员拥有的资源极少。他们几乎没有试着去破译德国人的密码，因为他们缺少手段。

在中国和美国，日本人的间谍活动很积极。日本把欧洲人的东南亚殖民地视为潜在的战利品，所以积极展开间谍活动。日本间谍非常忠诚：1935 年，新加坡警察怀疑一个日本移民是间谍，就逮捕了他。这个日本人害怕自己让东京出丑，就学着菲利普斯·奥本海姆（Phillips Oppenheim，英国小说家）写的范本，在牢房里吞食了氢氰酸。蒋介石领导的国民党为了压制国内批评者，维护其独裁统治，建立起一支有效的特务组织，但日本的间谍在亚洲大陆可以几乎不受阻拦地搜集情报。英国人对打击共产党的兴趣比较高，对抵御外来入侵者的兴趣比较低。他们根本无法认真对待那些"东方矮子"，这是丘吉尔对日本的称呼。英国外交大臣称日本人是"黄色的矮奴隶"。

英国人在保密问题上故意粗心大意，显得自己有维多利亚时代绅士的派头。罗伯特·塞西尔（Robert Cecil）就是这样的绅士，他写道："大使馆是大使的舞厅，难以想象客人来这里是为了刺探他人的情报。"早在 1933 年，英国外交部就收到了警讯，但没有及时补救：有人把一名职员的头塞进煤气炉，此人不得不承认他把英国的密码卖给了莫斯科。另有一位外交部职员，约翰·金（John King）上校被人发现用卖情报的钱养活一个美国情人。1937 年，英国驻罗马的大使馆本地职员弗朗西斯科·康斯坦丁尼（Francesco Constantini）掠走自己雇主的文件，交给了意大利情报部门。他有能力这样做，全是因为那位英国大使认为雇主应该信任下属。同样在那个时期，墨索里尼的情报人员破译了英国人的一些密码；意大利人不像敌人想象的那样都是傻子。1939 年，日本情报部门想要英国驻台北领事馆的密码本，当地的日本官员很轻松地就安排了一名日本职员去领事馆值夜班。在长达 6 个月的时间里，东京的特工多次打开领事馆保险柜，拿到了里面的文件和密码本。

当时，世界各国都不会明智地管理和评估情报工作。虽然技术机密对各交战国都有用，但各国政府都花费大力气进行政治和军事监视。然而，这类监视所获得的情报，很可能还不如认真读报纸获得的多。地盘之争甚至使情报机构之间的合作瘫痪。在德国和苏联，希特勒和斯大林为了更好把统治权抓在自己手里，削减了秘密警察部队的权力。德国的主要情报机构是阿勃维尔，名义上是为"安全"而设立的，但暗中既负责在海外搜集情报，也负责在国内抓捕间谍。阿勃维尔是德军的分支机构，受海军上将威廉·卡纳里斯（Wilhelm Canaris）领导。盖伊·利德尔（Guy Liddell）是英国反间谍机构军情五局的局长，也是其中最能干的官员之一。为了说明阿勃维尔的无能，他有一次竟然说卡纳里斯拿苏联人给的工资。

纳粹也有自己的情报机构，名叫德国保安总局（The Reich Main Security Office），局长是恩斯特·卡尔滕布伦纳（Ernst Kaltenbrunner），这个机构是希姆莱（Himmler）独立王国的一部分。德国保安局下设秘密警察组织盖世太保（Gestapo）和党卫军保安局（Security Service of the Reichsführer—SS）。党卫军保安局与阿勃维尔在许多领域的活动是重叠的。瓦尔特·施伦堡（Walter Schellenberg）是关键人物，此人是莱因哈德·海德里希（Reinhard Heydrich）的助手；施伦堡后来掌管了德国保安总局的外国情报处，并在 1944 年吞并了阿勃维尔。破译敌方军事指挥密码和外交密码的工作是密码处（Chiffrierabteilung）完成，人们习惯称之为最高统帅部信号情报处（OKW/Chi），而德军也有一个很大的无线电情报分支，就是后来的陆军总部信号情报处（OKH/GdNA）。戈林的德国空军部有自己的密码处，而德国海军也有。各国的经济情报，除了经济和军备局（WiRuAmt）在搜集之外，里宾特洛甫的外交部也从驻各国大使馆搜集。盖伊·利德尔生气地写道："以我们政府的管理措施，根本无法阻止德国人获得他们想要的信息。"但纳粹的情报机构和反间谍机构在镇压国内反抗方面的效率很高，高于他们搜集外国情报的效率，即使德国人获得了外国情报，他们也不知道怎样利用。

法国情报部门的级别比较低，预算相当少。由于无知产生的悲观情绪，使他们高估了德国的实力 20% 以上。弗朗蒂舍克·莫拉韦茨认为，随着战争临近，政治因素使法国的安全政策变得软弱无力："随着纳粹威胁的加强，法国想'知道'的欲望，却似乎随之而减少了。"捷克人莫拉韦茨在参加了一场盟国内部会议后，对法国同事产生了这样的感觉，不过著名的法国犯罪学者里昂的洛卡尔德（Locarde）教授给了他一份礼物：密写的化学显影剂。

历史上，各国政府只能依靠间谍或战争中的突发事件截获其他国家的通信。如今，一切都改变了。无线通信技术这门科学出现在 20 世纪初，但仅过了 30 年就变成一个世界性的现象。20 世纪 30 年代出现了技术突破，无线电通信量在全球有爆炸性的增长。地球上空充满了无线电信号，有私人的，有商业的，有陆军的，有海军的，有外交的。无线电跨越海洋，从一个国家传递到另一国家。对政府和将领们来说，无线电变得必不可少，因为在有线通信无法触及的地方，必须用无线电把作战命令和情报传递给下属、战舰、编队。如此交换信息，需要有良好判断。在信号传输速度和加密的复杂性之间要有一个平衡。给前线部队提供密码机是不切实际的，所以必须提供手工解密方法。各种不同的解密方法，难易程度不一。德国的方法源自英国，即所谓的双字母普莱费尔密码（Double Playfair）方法。

对大部分密文而言，"一次性密码本"几乎不可破译，其名字就是这种密码的特点：发信人用一组特殊的字母数字组合，而接收者有预先提供的相同的公式。苏联特别喜欢这种方法，但工作人员怕麻烦，所以多次使用密码，这后来被德国人发现，从中获益。从 20 世纪 20 年代起，一些大国开始使用在正常情况下无法破译的密码，因为密文是通过电子键盘机器处理过的，是用数百万种可能组合拼凑成的。虽然破译敌方密码机非常困难，但各国都没有放弃努力，它是二战中情报工作的最重要目标。

法国的情报部门叫第二分局，第二分局里最耀眼的明星是古斯塔夫·伯特兰（Gustave Bertrand）上校，他是陆军密码分析处的处长。他认识一位巴黎的商人，叫鲁道夫·莱莫恩（Rodolphe Lemoine），原名鲁道夫·斯托曼（Rudolf Stallman），富裕的德国珠宝商的儿子。1918 年，斯托曼获得了法国籍；因为他喜欢间谍，觉得好玩，于是加入了第二分局。1931 年 10 月，他向巴黎转交了汉斯—提罗·施密德（Hans—Thilo Schmidt）提出的一笔交易。此人的兄弟是一位德国将军，他有意把恩尼格玛密码机的信息卖给法国人，借以摆脱自己的债务困境。伯特兰接受了。施密德拿到钱后，除了提供了大量密码机的资料之外，还提供了 1932 年 10 月和 11 月的密钥。此后，他一直拿法国人的工资，一直拿到1938 年。由于法国人知道波兰人也在谋求破译恩尼格玛密码机，于是两国同意展开合作：波兰密码分析员集中精力研究技术，法国同行则研究密文。伯特兰也谋求与英国人合作，但英国人那时没有表示出兴趣。

英国的译码员早在 1927 年就获得了恩尼格玛密码机的一款早期商业版本，并进行了相应的研究。所以，英国人知道这种密码机有复杂的插接板，使一个字母的可能性达到 $159×10^{18}$ 种。但只要是人脑想出来的，就可能被人脑所破译。1939 年，仅 6 年后，没有人能想到，无线电情报给胜利者更多的是情报，给失败者更多的是灾难，把所有的交战国间谍提供的报告加起来也做不到这点。

## 英国人：绅士和玩家

军情六局享有极高的声誉，世界上其他情报机构无法与之比拟。英国是一只老狮子，还能战斗吗？希特勒、斯大林、墨索里尼、日本的将领都表示出了怀疑，甚至是蔑视。尽管如此，他们都对军情六局的间谍给予极大的尊重，相信英国间谍无所不知。英国人搞秘密活动很在行，至少可以追溯到 16 世纪。弗朗西斯·培根（Francis Bacon）在他的《亨利七世史》中写道："他有秘密间谍，在国内和国外都有，这些间谍帮助他发现针对他的阴谋行动，他显然需要知道这些阴谋。"伊丽莎白女王一世时的弗朗西斯·沃尔辛厄姆（Francis Walsingham）爵士是历史上富有传奇色彩的间谍头目。很久之后，浪漫的鲁德亚德·吉卜林（Rudyard Kipling）写了《基姆》，约翰·巴肯（John Buchan）写了《理查德·汉内》，这两本书中的英雄们为英格兰在全世界布下一盘有着上千枚棋子的战略大棋局。一位战时在英国情报部门的工作人员评论说："我遇到的每一个军官，无论是在角落里，或在家里，或在国外，他们跟我一样，都把自己想象为汉内。"丹麦伟大的物理学家尼尔斯·玻尔（Niels Bohr）对科学情报官琼斯说，他很高兴与英国秘密情报机构合作，因为"有绅士在管理它"。

英国情报机构在第一次世界大战中的表现很好。皇家海军的译码员，在海军部的第 40 号房间里辛勤工作，向指挥官提供了有关德国公海舰队的丰富信息。迪尔温·诺克斯（Dillwyn Knox）和阿拉斯代尔·丹尼斯顿（Alastair

Denniston）是他们中的代表性人物。1917 年，德国外交大臣齐默曼（Zimmer-mann）发电报要求墨西哥对美国发动进攻，这份电报被破译后公之于众，为把美国拉入战争发挥了重大作用。在 1918 年 11 月停火后的两年里，盟国试图逆转俄国革命的结果，但很不成功，情报部门也被深深地牵扯进去。虽然这一企图后面被放弃，但共产国际的威胁消耗了英国间谍和反间谍的大部分精力。

在两次大战之间是情报工作的低迷期，经费被压缩了。军情六局变小了，小得让英国的朋友和敌人都认不出来了。在二战中做了情报官的历史学家休·特雷弗—罗珀写道："外国情报机构嫉妒英国同行；英国人的模式是他们的理想……英国情报机构被赞颂为是一股无形的、永不停息的力量，像柏拉图的抽象精神一样，无处不在。对纳粹政府来说，英国情报机构既是妖怪，又是理想……现实情况却不是这样的。"军情六局的高级官员没有什么过人之处，受到吉卜林的"大棋局"的诱惑才参加进来，许多人早年的职业是殖民地警察。

他们伪装成海外大使馆的签证官，或者在办公大楼里搬运文件。他们的办公大楼很简朴，坦率说是肮脏，坐落在伦敦圣詹姆士公园地铁站旁边的百老汇街的建筑群中，大楼内部地毯破旧，挂着没有灯罩的灯泡。军情六局的薪酬一直很古怪，虽然不必交税，且给现金，但钱给得很少，所以对那些想过中上等阶层生活的人来说必须有私下收入，但所有人都有此愿望。军情六局的预算，在 1935 年时是 18 万镑，之后逐渐上升到 1939 年的 50 万镑。很少有新毕业生加入，因为军情六局的领导不想要他们。按照军情六局一名雇员的说法，这个机构仅为接收情报而设立，不会主动去搜集。军情六局的管理层是一小群敌视知识分子的官员，他们认为自己的最主要任务就是与共产主义革命进行斗争。在二战爆发前的几年里，工作重心转移到了监视纳粹和法西斯上，这给军情六局带来巨大的困难。

在那段时间里招聘的人员，后来证明不太适合做间谍的脏活累活。约瑟夫·纽威尔（Joseph Newill）中尉是一名退休的水手，考虑到他会讲挪威语，他在1938 年被派往斯堪的纳维亚半岛。他后来向伦敦哭诉道："我觉得我没有做这份工作的狡诈资质！"纽威尔抱怨他的工作强度超过了他的想象。他生气地对情报站的站长说："我 52 岁了，我不想累死在工作上。"但他被留在岗位上，尽全力满足军情六局的最低工作标准。军情六局驻上海站的站长是哈里·斯特普托（Harry Steptoe），名义是副领事。他的样子就跟一只自满的雄麻雀一样，戴着假胡子和单片眼镜。有一次，一位外国外交家吃惊地看到他穿着杂绿色、装饰着金色辫子的套装站在接待室里。这会是英国秘密情报部门的工作服吗？1942 年，日本人把他抓了起来，但觉得如此滑稽的人不会是间谍头目，而是把他视为一个倒霉的英国文化协会代表，所以主要是审问他文化方面的事。

百老汇街努力搜集欧洲大陆的情报。1936 年，军情六局组建了一个专门监视德国和意大利的新部门，部门领导是克劳德·丹齐（Claude Dansey），他是前帝国军人，内心里埋藏着高傲无知的偏见，其中之一就是厌恶美国人。这个部门变成了几乎跟独立王国一样，他们在斯特兰德大街的布什大厦的几间办公室里假装做生意。他们的情报，大部分来自一些老人，比如立陶宛人威廉·德罗普（William de Ropp）男爵，一个漂亮且能干的人，提供有关德国政治的小道消息，英国人每年给他 1000 镑，连续给了十几年。纳粹知道德罗普的所作所为，所以把一些想让伦敦听到的情报交给他。1938 年 8 月，男爵认为自己知道的秘密太多，明智地退休去瑞士了。

海军工程师卡尔·克鲁格（Karl Kruger）博士的结局比较惨。在 1914 至 1939 年间，他给英国人提供一些好情报，一手交钱一手交货，但在大战爆发前一个月销声匿迹了。他在军情六局的档案最后被注明"可能已经死了"。这不令人奇怪，因为克鲁格与其他德国情报提供者一样，都受英国海牙情报站的控制，那个情报站本来有一个雇员福尔克特·冯·库特里克（Folkert van Koutrik）在阿勃维尔拿工资。在二战前，军情六局最好的人工情报源是沃尔夫冈·甘斯·埃德勒·朱·普特利茨（Wolfgang Gans Edler zu Putlitz），他是德国驻伦敦大使馆的新闻官，出身贵族，同性恋者。他受凯乐普·乌斯蒂诺夫（Klop Ustinov）控制（他的儿子是演员彼得·乌斯蒂诺夫）——俄国出生的记者，因为是犹太人，在 1935 年失去了记者的职位。1938 年，普特利茨被调到海牙工作，乌斯蒂诺夫按照军情六局的命令也跟着去了。当福尔克特·冯·库特里克在荷兰背叛了英国后，普特利茨立即寻求在伦敦避难。

从欧洲大陆上传来的情报量稀少。英国空军部抱怨有关西班牙内战飞机使用的情报太稀少了。这对作战指挥员来说是个大问题。英国驻柏林大使内维尔·亨德森（Nevile Henderson）爵士跟他手下的外交家一样都轻视间谍工作，他拒绝给军情六局的"护照官"以外交官的待遇。军情六局曾经试图给德国情报员提供无线电台，但大部分人拒绝了，因为被盖世太保发现肯定是死罪。

在极为偶然的情况下，从百老汇街堆积如山的垃圾文件中能找到一颗珍珠。1939 年春季，一位代号"男爵"与东普鲁士社会有良好关系的间谍，在赫尔辛基向他的联络人哈里·凯尔（Harry Carr）报告了一件事，德国正在秘密地与斯大林谈判。他此后一直跟踪这件事的进展，在 6 月的一封信中声称柏林和莫斯科之间的谈判有了巨大进展。这个耸人听闻的消息就是即将签署的《苏德互不侵犯条约》，但百老汇街拒绝相信。后来这个消息的来源被证实来自德国外交部中的几个贵族。对军情六局的高官来说，斯大林和希特勒之间的魔鬼条约似乎是一个疯狂的念头。一个真正的独家新闻就此错过了；究其原因，一是因为军情六局跟其他情报机构一样，对情报员都保持着谨慎的怀疑心态，二是因为"男爵"的报告与雇主的期待不符。就当时的情况看，军情六局内部没有分析情报准确性的机制，而且在整个二战期间也没有能建立起来。但军情六局的高官可以指出轴心国其实也没有。

在欧洲直接与希特勒对抗的是捷克斯洛伐克和波兰。军情六局在 1939 年 3 月之前几乎没有什么兴趣与这两个国家进行情报合作，在那之后战略局势发生了大变化：英国和法国给予了波兰安全保证。这激励了百老汇街。

7 月 25 日，英国派出了一个由英国海军情报官组成的代表团，去波兰首都华沙南部的匹里（Pyry）的科巴克基森林附近的密码破译中心开会。波兰方面的领队是格维多·兰杰（Gwido Langer）。在英国这方面，队中有英国政府密码学院的院长阿拉斯代尔·丹尼斯顿（Alastair Denniston）和这个学院中最好的译码员迪尔温·诺克斯（Dillwyn Knox）。法国的古斯塔夫·伯特兰（Gustave Bertrand）也去了，他本人不是译码员，而是一位著名的协调员和外交家。第一天的讨论有人说法语，有人说德语，结果很坏。不知道什么原因，诺克斯的脾气很坏，根本不相信波兰人有什么值得听的东西。他似乎不相信对方能破译德国海军的电报。各方都有所提防，希望摸出对方的底细。华沙之所以决定请英国人介入，是因为破译德国密码工作遇到了困难。自 1 月 1 日，德国人改进了他们的恩尼格玛密码机（Enigma），由原先的 7 个插口，增加至 10 个。第二天，7 月 26 日，会议的气氛变得温和了一些。在地下室里，波兰人展示了他们的"炸弹"解码机，这是一种原始的计算装置，用于测试多种数学可能性。这时出现了戏剧性的变化：波兰人向两组客人展示了自制的小型的恩尼格玛密码机。诺克斯的怀疑消散了，会议的结果转变为友好和相互尊重。百老汇街的人认识到波兰人对待盟友的姿态是非常重要的，对与纳粹展开的秘密战有帮助。马里安·雷耶夫斯基（Marian Rejewski）是华沙大学数学系的学生，于 1932 年加入科巴克基森林团队，如今被认为是揭开恩尼格玛密码机的秘密的先驱。在英国，有人接过接力棒，继续发展雷耶夫斯基的成就，但这不影响他在历史上的地位。

军情六局的副局长斯图尔特·孟席斯（Stewart Menzies），对这次波兰之行很钦佩，亲自到维多利亚火车站迎接古斯塔夫·伯特兰，并亲眼看了看恩尼格玛密码机的模型。诺克斯送给波兰人一份礼物，一条领带上面绣着几匹德比赛马，并写着一行字"合作和忍耐"。几乎同时，波兰方面向英国提供了恩尼格玛密码机的 8 套可替换转子。但双方对密码机的工作原理仍然有不同的理解，而且也破译不了恩尼格玛密码机的密文。虽然有一小部分德国电报在 1939 年冬天至 1940 年之间被人类的智慧破译，但只有到了 1941 年创造出了革命性的电动机械技术之后，批量破译才成为可能。不仅如此，在法国人和波兰人的帮助下，英国政府密码学院的进展很快，而且工作地点搬到了比较安全的伦敦乡下。由于手上有了敌人的密码机，密码分析员就能攻克他们必须攻克的巨大的困难了。

直到 1939 年，以及在此后大约两年时间里，英国情报工作依赖人工情报了解世界——就是依靠国外的情报员提供报告。纳粹的威胁变得越来越大，就这个问题，军情六局有没有很好地向英国政府作报告。军情六局写了许多份报告，说明希特勒的长期野心放在了东方，这基本上是正确的。但很不幸，军情六局的信用在 1940 年破产了，因为德国选择先干掉西方民主国家。军情六局认为希特勒正在迅速地重整军备，但顽固地强调德国的工业基础不足以支撑战争。负责搜集经济数据的机构是工业情报中心，自 1934 年就属于英国外交部，负责人是一位老情报官，名叫德斯蒙德·莫顿（Desmond Morton）少校。在二战前的"政治蛮荒时代"，经英国首相斯坦利·鲍德温（Stanley Baldwin）的批准，莫顿向丘吉尔通报了德国重整军备的细节，这才使丘吉尔有能力发出那个没有被世人关注的预警。有一点很滑稽，这位少校夸大了希特勒战争机器的增长幅度，因为他不懂经济学，更不懂纳粹的经济学。

现代历史学家对英国在二战前的情报失误提出了批评，但他们的批评忽略了几个重要特点。在那个时代，没有几个人知道如何进行经济分析。工业情报中心判断德国对长期战争准备不足，这个判断是正确的，因为德国当时有一个薄弱点，就是原材料依赖进口，特别是原油。正如亚当·图兹（Adam Tooze）所展示的那样，希特勒的图谋太大，想征服地球上最先进的社会，这是个巨大挑战，德国经济还无力支撑。德国的经济规模不比英国大，人均收入也比英国低。1939 年，希特勒在军备上消耗了大量资金，国家财政处境危险。然而，如果要求那时无论哪个情报机构去评估德国工业在战争中的表现，那这样的要求太过分了，盟国最聪明的人也不能做到这点。军情六局无法预见希特勒在战争中会如何掠夺，实际上希特勒获得了大量石油、原材料、奴隶劳动力。

在军事方面，军情六局和英国各军种都不知道英国的敌人所发明的新技术和新战术。他们也不清楚敌人的弱点：他们夸大了德国空军毁坏英国城市的能力。

1938 年，百老汇街预报德国有 927 架前线轰炸机，每天能进行 720 次攻击，投掷 945 吨的弹药（夸大了 50%），预计的伤亡数字更加夸张。英国陆军部对德国陆军的评估一样错得厉害，特别是在估计德国潜在机动部队上。这些说明，希特勒在 1939 年已经掌握的战争机器大到德国几乎无法承担。重整军备很花钱，公共支出也很花钱，"这等于给德国人民施加了沉重的税负，经济体系的稳定性处于临界状态，再多花费一点，就可能让整个体系崩溃"。

1939 年 2 月，联合计划委员会（Joint Planning Committee）的参谋长做出《战略评估报告》草案，确认在一场长期战争中英国比德国有更强的生存能力。此话不假，但参谋长们没有谈及在短期内战败的可能性。此外，他们根本没有敦促内阁意识到大英帝国在远东的殖民地存在惊人的弱势。英国海陆空三军的情报机构相互之间没有联络，没有联合参谋部。

关于政治，一位军情六局的情报官在 1938 年 11 月向外交部提交一份政治报告，他在报告中写道："即使是希特勒的密友也不知道他是否敢冒险打世界大战，这话是希特勒一位密友说的。"几个月后，军情六局的信誉遭遇巨大损失，因为它警告说德国将要立即发动对西方的进攻，从荷兰开始。更令人尴尬的是英国外交部把这个警告转交给了美国政府。在英国接收到报告的人中间，有一位高级公务员，名叫乔治·芒西（George Mounsey）爵士，他猛烈地抨击军情六局，他的批评之声响彻整个白厅。他说英国外交部的声誉因此而受损，因为英国外交部所利用的是"军情六局无法证实的既耸人听闻又让人不安的信息"。芒西指责军情六局的警告来自间谍和特工们的造谣，他轻蔑地说："他们有秘密使命，所以必须要证明自己在做事……如果提交不了报告，他们为了赚钱就必须找到点什么可说的……难道我们要依赖束缚我们手脚的秘密报告吗？"芒西有自己的计划：坚守内维尔·张伯伦（Neville Chamberlain）和哈里法克斯（Halifax）勋爵的绥靖政策，他非常崇拜这两人。他的观点反映了当时英国高层对军情六局表现的怀疑态度。

外交部的格拉德温·杰布（Gladwyn Jebb），过去经常批评军情六局，这次却挺身出来进行辩护。虽然他承认情报部门令人失望，但他说不能忘记他们曾经"准备预告了 1938 年 9 月的慕尼黑危机。在捷克斯洛伐克遭受凌辱前，当时大家都处于荒谬的乐观中，外交部的报告没有提出警告，但情报部门没有跟着大家一起涂脂抹粉"。1938 年，百老汇街提交一份报告，全面描绘了德国元首的性格，那时许多英国外交官和政客仍然认为希特勒是一个可以打交道的人。军情六局的报告断言："他的性格中存在着疯狂、神秘、残暴、狡诈、虚荣、兴奋、压抑，不时出现痛苦的自满，其实就是一连串的癫狂；但他有一种坚韧的目的性，在描绘未来远景方面极其清晰。他获得了一种总能在最佳时刻采取最佳手段'侥幸成功'的名声。在他的追随者眼里，'元首总是正确的'，后来他自己也这样看了。他的自信心极强，随着他创造的战争机器的实力越来越强，他的自信也越来越强；但事后证明他的自信不过是耐心和顽固。"

军情六局的缺点罗列起来不难。与其他针对欧洲大陆的兄弟情报机构一样，在 1939 年时，军情六局在英国高层没有获得多少尊敬，对英国政策的影响很小。不过，似乎应该问一个更大的问题：如果给英国间谍更多的资源，任用更聪明的人，他们能发现什么吗？最有可能的答案是：发现不了什么。军情六局的报告与新闻标题相差无几，两者偶然发现德国正在重整军备。如果能获得希特勒军队的详细情况，那自然对陆军部和唐宁街有用，但真正具有生死攸关性质的重大的问题是希特勒的企图，而不是德国的能力。

在二战中，英国和法国确实没有很有效地对付纳粹，但用此作为借口谴责情报工作有误或不足似乎是不合理的。英法正确地估计到了希特勒可能会向东或向西扩张。军情六局确实没有能预测到希特勒发动进攻的确切地点，但这不应该由军情六局承担责任，因为希特勒本人就是个机会主义者，他是在最后一个时刻改变了自己的决定。英国外交部常务次官亚历山大·贾德干（Alexander Cadogan）爵士后来写道："我们每天都淹没在各种报告里。这些报告都认为自己是正确的；我们拿到报告后没有办法评估它们的可靠性。（我们现在也没有什么好办法！）"实际上，这不是情报工作的失误，而是民主国家意愿的失误——拒绝承认纳粹是一股不可调和的歹毒势力，欧洲文明为自己的生存必须将之摧毁，而不是与之打交道。

德国有人反抗希特勒，欧洲也有人反对他，反对者中大部分是共产党人，他们认为苏联人是唯一愿意且有能力挑战法西斯主义的民族。二战爆发前，英法政府的一言一行，都证明反纳粹人士的看法是正确的。所以，那些想为反纳粹做点贡献的人，乐意向莫斯科的间谍提供信息，不乐意向伦敦和巴黎的间谍提供信息。正是由于内维尔·张伯伦对待纳粹的软弱态度，才使他们不愿把自己的国家视为反纳粹的盾牌，这并非是他们对军情六局有意见。

有人认为英国的外交官应该根据间谍的暗示揭露独裁者的企图，这种看法似乎更加似是而非。在和平时期，好的情报官能帮助政府了解潜在敌人的经济、军事、技术方面的能力，但让他们去偷窥潜在敌人的企图是不合适的。高级外交官应该比普通情报官更聪明，而且他们受过较好的教育，有更多的经验，能接触更多的消息来源，他们理应比军情六局的老士兵有更多的智慧。似乎比军情六局更丢脸的是英国驻柏林大使亨德森（Henderson），他竟然在那么长的时间里认为希特勒是好人，而军情六局拥有的资源可怜，确实无力告诉英国政府有关希特勒的下一步计划。如果一个反纳粹的德国人出现在亨德森的大使馆门前，想提供点内幕消息，他很可能会把那人撵走。

代号"C"的海军上将休·辛克莱（Hugh Sinclair）是军情六局的局长，一直很有名气，做局长有 16 年了，突然在 1939 年 11 月逝世了。海军大臣丘吉尔主张让海军情报主管约翰·戈弗雷（John Godfrey）海军少将继任。然而，辛克莱 49 岁的副官斯图尔特·孟席斯准将让英国外交部和首相相信他才是过世的辛克莱任命的真正接班人。就这样，他披上那件所有人都认为不合适的斗篷。第 9 代巴克卢公爵（Buccleuch）是孟席斯在伊顿公学（Eton）的同学，他对一位朋友说："辛克莱的同事都感到困惑，一个如此愚蠢的人怎么可能获得如此高的职位。"休·特雷弗罗珀嘲笑孟席斯是"彻头彻尾的封建领主，剥削农夫的劳动过着舒适的生活，这些农夫他从没有见到过，因为他从来不去地里看看"。

这太夸张了，就好像大多数历史学家私下评论自己的同事一样，但孟席斯不是因为上了一所很糟糕的学校而没有学习到技能——伊顿公学曾经教育出像陆军元帅道格拉斯·黑格（Douglas Haig，一战时英国远征军司令官）爵士在西线的那个惊人的情报官约翰·查特里斯（John Charteris）那样的人才。孟席斯获得过杰出军人勋章，还是议员，这说明他不缺少勇气。他有足够的社交技能赢得丘吉尔的参谋长绰号"哈巴狗"的黑斯廷斯·伊斯梅（Hastings 'Pug' Ismay）少将的信任，甚至还赢得了丘吉尔本人的某种信任。但孟席斯不大了解他要刺探的世界，在百老汇街养了一帮缺少灵感的下属。

孟席斯做决策，受他的两位副官的影响极大：瓦伦丁·维维安（Valentine Vivian）和克劳德·丹齐，他俩相互仇恨。维维安过去在印度当警察，据说在挫败共产国际（南美和远东地区）的阴谋上发挥过大作用；他是搞办公室阴谋的大师。与此同时，丹齐在 1939 年 9 月去了波恩一趟，试图在中立的瑞士和德国之间建立起情报纽带。此时涌现出大量欺诈性的信息，最富有想象力的是德国在瑞士的难民，他们根据部队的番号编造出德军的动员计划，并试图以此换取金钱。丹齐发现了几个有用的情报源，其中有一位是奥地利波兰人霍罗迪斯基（Horodyski）伯爵。他把丹齐这位英国人介绍给了夏莲娜·希曼斯卡（Halina Szymańska），她是前波兰驻柏林武官的妻子，当时在瑞士流亡。她成为军情六局最有用的情报渠道之一，因为她与德国的阿勃维尔有来往。此后，丹齐回到了伦敦，他在二战期间对军情六局的命运影响很大，而且是坏影响居多。

在此后的几年里，英国情报机构聘用了几个杰出的情报官和间谍，他们的工作是有用的，有几项工作成绩对盟军的事业很重要，但上级仅给予有限的尊重作为鼓励。战争对情报工作是激励，使情报工作发生革命性的转变，英国在这个过程中取得了令人目眩的成绩。但这一切不是发生在百老汇的办公大楼里，而是在贝德福德郡（Bedfordshire）的乡下。

## 苏联：间谍的神殿

1938 年 5 月 23 日，邻近中午时分，苏联内务部的帕维尔·苏多普拉托夫（Pavel Sudoplatov）溜进了鹿特丹的亚特兰大饭店，他向一位乌克兰民族主义分子问好。他早就认识这个乌克兰人，假装支持此人的乌克兰理想。苏多普拉托夫是最近刚乘坐商船从摩尔曼斯克（Murmansk）来的，他给那人一盒精美的巧克力，盒子上印有乌克兰的饰章。两人交谈了几句，安排好下一处会面地点，接着这名莫斯科来的特工跟同伴说再见，抬脚走了。他沿着街道走了一会儿，远处传来一声猛烈的爆炸，他此时已经走出安全距离之外了。那盒巧克力里有定时炸弹，爆炸杀死了那位乌克兰民族主义分子。这是莫斯科情报中央*在那段时间里的标准动作，无情地消灭国家的敌人，就是那些叛国的人，或被认为是叛国的人。苏多普拉托夫的成功，为他赢得了与斯大林最厉害的秘密警察头目拉夫连季·贝利亚（Lavrenti Beria）4 个小时的会谈。贝利亚的成绩更大，比如刺杀了列夫·托洛茨基（Leon Trotsky）。

苏联的情报机关是世界上活动能力最强的，拥有的资源也是最充裕的，其中一个是隶属于红军的总参谋部的格勒乌，另一个是内务部。内务部在 1938 年之后受贝利亚的控制。克里姆林宫的主人斯大林有两个首要目标，一是通过共产国际在海外促进社会主义，二是维护他自己抵御国内外敌人的力量。为了实现这个目标，他需要大量间谍。大约在 20 世纪 30 年代，苏联做了一件意义深远的大事——在各国安插间谍，目的是在全球实现共产主义。当时没有国家做这样的事。这件事很花钱和精力，但苏联后来受益匪浅，我们在后面要加以考虑。在此处要指出，苏联的间谍网覆盖了美国、英国、日本、欧洲，而且规模超过任何国家。苏联间谍的活动有大有小。有一次，日本警察逮捕了一名拿着莱卡照相机的

---

\* 格勒乌和内务部的情报官及间谍都称呼自己的总部是"中央"。

苏联间谍，东京的情报官十分嫉妒：日本间谍用不起技术如此先进的设备。虽然当时有数百万苏联人正在忍饥挨饿，但斯大林的间谍似乎只需觉得有必要，就能去收买信息，或置敌人于死地。从瑞士到墨西哥，他们在路边留下大量的尸体，建立起情报史上最好的情报网络。

苏联人自古就对间谍和阴谋极为热衷。1912年，根据官方数字，德国在情报方面花费了80387镑，法国40000镑，俄国承认的预算是380000镑，但沙皇另外拨给秘密警察335000镑。沙皇的译码员取得了一些引人注目的成就。苏联继承了沙皇的传统。在20世纪30年代，内务部下属的第四处是世界上经费最充裕的信号情报机关，办公地点在莫斯科的库兹涅茨基大桥（Kuznetsky bridge）旁的外交部大楼里。格列布·伊万诺维奇·波吉（Gleb Ivanovitch Bokii）是处长，在杀人和好色方面只有贝利亚能与他媲美。虽然波吉的团队在二战中没有破译德国的恩尼格玛密码，但很早就取得了一些小成就，比如，在1936年获得了德国和日本之间的反共产国际的秘密协定。次年，这位处长被枪毙了。斯大林亲自读了许多破译的电文；他在这点很像丘吉尔，因为他相信译码员的译文，不相信间谍的报告。克里姆林宫丝毫不顾及间谍的伤亡，其残忍程度跟他们对待士兵的命运一样。1936年，捷克的弗朗蒂舍克·莫拉韦茨收到苏联来的一份计划，要求他的部门给100名苏联人提供速成间谍培训，然后送他们去德国。莫拉韦茨劝阻说这些新人全都会被杀死。莫斯科的联系人若无其事地说："那么我们就再派100人去。"

苏联在构建间谍帝国上有决定性的优势。法西斯主义在德国、意大利、西班牙有数百万支持者，但这个数目是根本无法跟共产主义在世界上的吸引力相比的，但数十年后共产主义的血腥现实才公之于世。在任何一个国家里，都有许多男男女女，虽然他们有头脑，受过良好教育，胸怀理想和无限的天真，却为着所谓的更高的理想，排着队去泄露自己社会的秘密。莫斯科向日本、美国和德国、法国等欧洲国家，派出数百名男女间谍去组建情报网络。内务部在渗透法国外交部方面取得了极好的成绩，法国驻外使节的电报经常被内务部引用。许多信息提供者幻想自己是在为共产国际做贡献，但实际上共产国际仅是克里姆林宫的邮箱。

帕维尔·苏多普拉托夫变成了克里姆林宫的死亡游戏的幕后操纵者。他是乌克兰磨坊主的儿子，生于1907年，在参加布尔什维克的情报部门前是红军的电报员。还是十几岁的小青年的时候，他在家乡梅利托波尔（Melitopol）就组建起一个情报网。他一家人全是秘密警察。他在1928年娶了一个犹太姑娘艾玛为妻，艾玛的级别比他还高，是国家政治保安总局（OGPU）的官员。国家政治保安总局是内务部前身。他在接受了外交部的培训后，被派往德国执行任务，身份是"非法"的乌克兰民族主义者。他过了几年在欧洲各地流浪的生活，在赫尔辛基的监狱里蹲了一个月。在这期间，他仅见过妻子一面，当时她来巴黎送快信。1938 年，他访问了西班牙，他说西班牙内战是"我们未来行动的育儿园"。在他与贝利亚交往的初期，他发现一个很怪的事：贝利亚对下级特别客气，但对大官——那些可能跟他竞争的克里姆林宫高官特别狠。"贝利亚有一种奇特的能力，既能让你感到恐惧，又能让你有热情。"他写道。

苏多普拉托夫成了苏联间谍首领的最忠实的侍从，并从前线调回办公室，但竞争对手的死亡在一定程度上帮助了他升迁。在 1937 至 1939 年间，数千不同级别的情报官被行刑队枪毙，或送到古拉格集中营里（gulag）。在一次苏联军事委员会的会议上，斯大林猛烈抨击了情报部门，他所用的语言无与伦比："我们在所有战线上打败了资产阶级。只有在情报战线上我们失败得就跟孩子一样。这是我们的大弱点……我们的军事情报部门被间谍污染了。情报部门的干部都是在为德国、日本、波兰工作，为所有人工作，就是不为我们自己工作……我们的任务是恢复情报部门的正常。情报是我们的眼睛和耳朵。"疯狂的斯大林不仅坚持枪毙了十几个情报部门的高层领导，还关闭了莫斯科前线间谍联络中心，数千人被说成是法西斯主义的密探。如此混乱的局面影响了各个情报部门和地区，整个情报网瘫痪，直到 1941 年才恢复。纳粹被摧毁了之后，一位苏联内务部老情报官在维也纳遇到了一位在 1938 年失去联络的德国老情报员。德国人问苏联人："你这几年去哪里了？我一直在做凯塞林（Kesselring，德国空军元帅）的勤务兵！"

在众多内务部海外间谍联络人中，有一位最重要的人物，此人就是西奥多·马利（Theodore Maly），匈牙利人，年轻时参加了天主教的修道会。1916 年，他做了哈布斯堡的战俘，后来加入布尔什维克，放弃对上帝的信仰。1936 年，马利被派往伦敦，他在那里招募了许多为莫斯科服务的英国情报员，这些人后来做证时表达了对他的尊敬和忠诚。1938 年，他与许多人一起被召回莫斯科。他被说成是叛徒，被枪毙了。同时被枪毙的还有跟他一样为内务部工作、同样有才华的几个罗马人和柏林人。有个难解的问题：情报官都有头脑，他们能读懂密信，为什么要听从命令回国呢？有一个最简单的答案，马利那帮人当时仍然在追随社会主义理想，珍爱苏联的体制。不过，在被执行死刑前，他承认自己命运不济。

许多苏联人在大清洗中吓得膝盖发抖。据说格勒乌有 39 名高级军官、老情报官被枪毙。内务部的损失也相当的大。帕维尔·苏多普拉托夫受到调查，几乎被开除党籍；他后来说自己能幸免可能是斯大林亲自干预的结果。踏着同伴的尸体，他获得了卢比扬卡大街（Lubyanka，苏联情报中央所在地）建筑物中的个人办公室——占有这间办公室的人都获得"第二号人物"的美称——不仅迈过那道门槛的囚犯感到害怕，就连路过那扇门的人也会感到害怕。苏多普拉托夫跟所有在斯大林的恐怖世界里发迹的人一样，把奇异视为正常，无语视为习惯。在家里谈话，他和艾玛从来不偏离家庭指南的规定，因为他们相信他们的每个字都被贝利亚的窃听器记录下来。他在许多年之后写了一本回忆录，显然回忆录的内容只能有一半可信，他在其中写道："我接受我们这个集权社会下达的残暴严厉的命令；因为我们被德国、波兰、日本这些敌人包围着，似乎这是生存的唯一办法。"

与此同时，在远处的森林里，格勒乌的一名间谍在国外定居下来，此人后来变得很有名气，甚至达到臭名昭著的程度，因为他与德国的"红色管弦乐队"有关（这是一个非凡的间谍组织，本书后面会谈到）。阿纳托利·苏科洛夫－古勒维奇（Anatoli Sukolov－Gourevitch），1913 年生人，父母是犹太人，而且都是药剂师。1929 年，他的第一份工作是工厂学徒制图员，生活让他感到厌恶。像大部分苏联公民一样，他很早就养成了过度保密的意识，他在回忆录中写道："我学会了隐瞒自己的感情和私事，不让亲人和朋友知道，或者说不让任何人知道。"他非常不愿意做普通百姓，很年轻就成为一名共产党员，不知何故竟然获得了在列宁格勒军事学院教书的工作，后来转入情报界。

1937 年，他被招募进一支苏联部队，去西班牙支援被包围的共和政府。古勒维奇对这次西班牙冒险很满意——与在苏联工厂里的生活相比，谁会不喜欢冒险生活呢？他能穿上在家里无法想象的衣服，此后他一直喜欢华沙裁缝。他乘坐过一次潜水艇。他在法国旅行，学会用法语、西班牙语、德语进行对话。回到莫斯科后，他被格勒乌挑选出来接受培训，成了驻外间谍。后来，有人问他是否对加入残忍的苏联秘密组织感到难过，他的回答跟苏多普拉托夫一样，仅耸了耸肩说他祖国被敌人包围了；他坚信为了保卫苏联什么都可以做。

他的上司是情报界的老兵西蒙·简廷（Simon Gendin）少校，一个长着招风耳、瘦骨嶙峋的人。简廷问他是否想结婚，因为那会影响他未来在海外的前途。古勒维奇回答他确实恋爱了，姑娘的名字叫利丽亚，他俩是在西班牙工作时认识的，如今是苏联国际旅行社的翻译。简廷让古勒维奇把她的名字加入联系人名单中。不过，他俩的关系最终还是结束了，就像那个时期的许多事情一样。从格勒乌的间谍学校毕业后，古勒维奇怀疑自己是否能发电报——他听不清莫尔斯电码。简廷安慰他，说他不必有特殊的无线电技能，因为他可以去做搜集情报和联络间谍的工作。

古勒维奇接到了去布鲁塞尔与一位代号"奥托"的苏联间谍一起工作的命令，那命令还要求他先在当地安顿下来，等语言能力有提高之后再去到瑞典。他利用自己的西班牙语知识，伪装成一个富商，名叫"文森特·谢拉"（Vincente Sierra），持有乌拉圭护照。在此后的 3 年里，莫斯科给他钱，让他维持一种相当奢华的生活方式。他接到指示，让他注意穿好衣服，帽子和手套是打动资产阶级的名片。但古勒维奇后来抱怨说他没有学过社交的技巧。他去比利时的第一步是住进赫尔辛基一家极好的饭店，当一个搬运工把他的箱子搬上楼的时候，他感到迷惑不解：他从来没有享受过这样的待遇。在大厅里，他看到一场自助餐，他以为是宴会，根本没有想到这是为普通的顾客准备的，这些让他很吃惊。后来，他在布鲁塞尔试图融入比较上层的社会圈子。一天晚上，一位熟人把他拉到一旁，告诉他只有服务生才系白蝶形领结，穿便服。"我一点都不知道这些细节。"他悲伤地写道。

"奥托"是古勒维奇在布鲁塞尔要见的苏联间谍，他的真名是利奥波德·特雷伯（Leopold Trepper），1904 年生人，一位加里西亚小商铺老板的儿子，苏联在欧洲情报工作的关键人物，后来成了苏联的传奇英雄。年轻的特雷伯在巴黎运作一个间谍网，但法国人在 1933 年破获了他的网络。他先是逃到了德国，然后去了苏联。在苏联，他给一家犹太人杂志社做编辑，一个斯大林的间谍头目雇用了他。1939 年年初，他被派往布鲁塞尔，任务是建立一个安全据点，转发格勒乌在德国的情报网发出的信息。莫斯科夸口说手中握有两个重要的柏林间谍：一个是艾斯·斯图碧（Ilse Stöbe），此人在里宾特洛甫（Ribbentrop）的外交部的新闻处工作；另一个是外交官鲁道夫·希莉娅（Rudolf Shelia）。特雷伯拿加拿大护照，护照名字是亚当·米克勒（Adam Mikler），这本护照是他在西班牙内战时偷来的。他娶了妻子，有两个儿子，一个跟着他来到了布鲁塞尔，另一个 7 岁的儿子迈克尔留在了莫斯科。特雷伯在他西欧的情报源中很有名气，被称为"食客"，而古勒维奇被称为"小厨师"。苏联的报告大肆夸奖特雷伯的情报网对社会主义事业的贡献，他们转发斯图碧和希莉娅的情报的工作是很有用的。但似乎特雷伯没能发展出自己的情报源。总之，这位格勒乌在比利时的间谍所取得的最大成绩，就是自由自在地交朋友，假装过好日子，掩盖做间谍的秘密。

对莫斯科来说，格勒乌在瑞士的几个情报机构更加重要一些，特别是在

1941 年之后。这些机构向克里姆林宫转交柏林的情报源提供的资料。那些资料都是西方间谍联络人梦想得到的。1937 年，德国出生的雷切尔·杜奔多佛（Rachel Dübendorfer）建立起又一个情报网。这是一个很大的情报网，人称"露西"间谍网，运作这个网络的是代号"多拉"的亚历山大·拉多（Alexander Radó）博士——此人是一个"嗜睡者"，他的上级允许他像睡美人一样睡觉。拉多是匈牙利人，年轻时就是马克思主义者，在 1919 年的布达佩斯"红色恐怖"肃反运动中担任政委。当霍尔蒂（Horthy）海军上级成为独裁者后，他被迫逃亡，在维也纳建立起了一支移民抵抗组织。后来，他转移到了莫斯科，接受了情报培训。他似乎很重要，甚至被介绍给了列宁。他被派往西欧，在柏林和巴黎做间谍，公开是苏联塔斯社的记者。他与一名德国共产党员结婚后，生了两个小孩。他本想在布鲁塞尔定居下来，但官方想把他送回苏联，有关他的档案很厚。他没有回苏联，却去了瑞士。他一辈子都对地图感兴趣，于是做起了印刷地图的业务，并很快赚到了钱。

瑞士警方监视了拉多一段时间之后就停止了，因为觉得他似乎不像间谍——这个过着平静生活的男人，在 1939 年时已经 40 岁了，满足于赚一点诚实的小钱。拉多手下有一个电报员是英国人，名叫亚历山大·富特（Alexander Foote），他描绘了拉多的特征："他在眼镜背后眨着那双温和的眼睛，就跟市郊列车上能看到世界上最普通的男人一样。"莫斯科要求苏联特务在欧洲爆发战争前不做任何事。拉多默默地做着他的地图业务，这样他能不借助格勒乌的钱就能生活。在苏联大清洗期间，他的联络人被召回了莫斯科，拉多与上级失去了一段时间的联系。但他交了许多当地的朋友，有些是共产党员，也有些不是。他有一个朋友叫奥托·蓬特尔（Otto Punter），此人羡慕苏联，曾经为西班牙共和国工作过。蓬特尔不仅在德国内部寻找联系人，还在生活在瑞士的德国移民中寻找，比如米歇尔·冯·戈丁（Michel von Godin）男爵。冯·戈丁把维希法国政府的新闻官路易斯·萨斯（Louis Suss）拉入情报网，代号"盐工"。中国新闻官褚柏显（Pao Hsien Chu）——代号"马球"——也是蓬特尔的情报源。蓬特尔与中国有影响力的天主教徒也有来往。

拉多的同事亚历山大·富特，一直声称说自己是冒险者，不是一个共产主义理论家。他是一个年轻的英国人，圆脸，戴眼镜，穿着略显破旧的衣服。1938 年，他随着国际旅撤出了西班牙。几个月后，一位为莫斯科招募人才的英国人给了他一份工作，工作内容没说，只是说在瑞士从事工人运动。生活不缺笑料。按照指令，富特那天中午去日内瓦的中央邮局报到，而且要戴着白围巾，系着真皮腰带。有个女人朝他走来，她拿着一个编织购物袋和一个橙子，她对他进行了身份认证。她用英语问他皮带是在哪里买的。他令人难以置信地回答是在巴黎一家五金商店买的。他问她到哪里才能买到她手里那样的橙子，她听到这话才做了自我介绍。她是为格勒乌工作的代号"桑娅"的厄休拉·汉布格尔（Ursula Hamburger）*。他发现她不是当地的政委，而是一位可爱的 31 岁的妇女，"体形好，腿形更好"。这个不同凡响的女人是柏林一位经济学家的女儿。她在 11 岁就是儿童演员，后来走上了另一条人生道路，当了间谍。她在中国立过功，获得了红旗勋章。

汉布格尔指示富特去慕尼黑，在那里定居下来，学习德语，交朋友。他获得了 2000 瑞士法郎，并被告知 3 个月后在洛桑（Lausanne）见面——地点仍然是在邮局。在接头前，他先去了一趟德国，此行很平静，但在一家饭店里看到了正在吃饭的希特勒。在接头中，他被告知已经是格勒乌的雇员了，级别是"合作者"，工资是 150 美元一个月，可以报销一些合理费用。他获得了一个化名："吉姆"，还获得几种备用联络方式，以备"桑娅"遇到不测之事。然后，他又被派遣回慕尼黑，预支了 900 美元现金。平静的生活到了 1939 年 4 月才被打破，一位名叫莱恩·布鲁尔（Len Brewer）的国际旅老同志从西班牙来看望他。布鲁尔生在英国，父母是德国人。他把布鲁尔介绍给了汉布格尔，汉布格尔立即招募了布鲁尔。8 月，他被召集去参加另一次会议，地点是在汉布格尔的家里，她家是在瑞士蒙特勒镇上的一间小农舍里，过着不和谐的中产阶级生活，有两个孩子，迈克和雅尼娜，还有一个老德国护士陪伴。富特对女主人的粗心感到惊慌，因为她把发报机的零件放在家里了。

1939 年 8 月，纳粹和苏联签署了条约，格勒乌在瑞士的间谍们深感痛苦，这跟世界上许多共产主义分子一样。富特感到这对汉布格尔的打击比对他的还要大；她对党的信仰破碎了："我认为她的心思此后就不在工作上了"——这似乎很难令人相信，因为她后来成了原子弹间谍克劳斯·富克斯（Klaus Fuchs）的通信员，死的时候是一名忠诚的斯大林主义者。她绝望地想离开瑞士，于是跟丈夫离了婚，然后与莱恩·布鲁尔（Len Brewer）结了婚。根据富特的说法，这最初仅为了便于获得护照，后来弄假成真，他俩坠入爱河。他俩的计划有一度受到威胁，因为他们的女用人丽萨变得不友好起来，她给英国领事馆打电话，揭露

---

* 像本书其他许多间谍一样，汉布格尔使用过许多个名字，第一个是库津斯基，最后一个是维尔纳。为了避免混乱，本书仅用这个名字。

他俩是共产党的间谍。但丽萨这女孩的英语不好，听她电话的人没有听懂，或是没有引起注意。

二战爆发前的几天，富特再次坐上去德国的火车，就在火车快要开动的时候，他发现他的联络人沿着火车厢跑来找他。她告诉他下火车，而且是马上。莫斯科发来了新命令：战争马上就要爆发；他必须待在瑞士。在接下来的一段时间里，"露西"间谍网暂时处于休眠状态。在蒙特勒，富特和莱恩·布鲁尔靠着一点的退休金生活，并学会了如何操作短波无线电发报机。他们是在汉布格尔的那台发报机上做练习的，不过效果不好，因为他们在两次发报之间要把发报机埋在她的花园里，然后等可供发往莫斯科的情报被送来。

当格勒乌在瑞士的间谍网处于休整的状态时，莫斯科在德国的情报源却搜集到了极有用的信息。历史上闻名的"红色管弦乐队"中的第一位音乐家是名叫恩斯特·科尔（Ernst Kur）的前柏林警察，他在 1929 年找到了苏联大使馆，随后被聘用。他自愿做苏联的情报员，当地的内务部人员立即聘用了他，代号"A/70"。科尔整天吵吵嚷嚷，经常喝醉酒，被警察局给开除了，但与德国反间谍部门中的一个关键人物有来往，那个人立即被苏联人指定为间谍"A/201"。9 月 7日，莫斯科给柏林情报站发电报："我们对你们的新间谍 A/201 很感兴趣。我们只担心你们会陷入最危险的境地，因为稍有不慎，A/201 和 A/70 都会遭遇不幸。我们认为有必要为 A/201 安排一条特殊的通信途径。"经调查，A/201 是一名军官，名字叫威利·莱曼（Willy Lehmann），他鼓动科尔去接近苏联人，并让科尔做试探性谈判的中间人。

莱曼生于 1884 年，在德皇的海军中服役了 12 年之后转业做了警察。内务部有关他的档案对他的人品给予了最高的评价，但也注意到他长期有情妇的情况。他的情妇叫弗洛伦蒂娜·利佛斯卡亚（Florentina Liverskaya），38 岁的女裁缝师，住在花街第 21 号。不知什么原因，对她的形容很吝啬，说她是个矮子，红头发，有一张大胖脸。当科尔用苏联大使馆给的钱大肆酗酒的时候，莱曼和他的联络人同意这个中间人变成了多余的，必须让他走开。莫斯科采取了不同寻常的谨慎态度，没有把他推到电车轮子底下去，而是让他移居到了瑞典，他在那里度过了余生，做点小买卖，偶尔做一做情报员。

此后，代号"布赖滕巴赫"（Breitenbach）的莱曼，成了莫斯科最有价值的德国间谍。有一段时间，跟他联络的是瓦西里·扎鲁宾（Vasily Zarubin），内务部的一颗明星。扎鲁宾，1894 年生，有极高的智慧，品貌兼优，自学成才，在中国和欧洲有成功表现，最初是"非法"在那里活动，后来冒充一个捷克工程师。他是个快乐，喜欢交朋友的人，但亲手杀死了不少人。他能说好几种语言，与莱曼做了好朋友。扎鲁宾经常给这位警察相当多的钱，但莱曼并不贪多，似乎很乐于帮助苏联人，而他的动机仅是不喜欢自己国家的政府——纳粹掌握权力之后，敌意变得异常明显。

莱曼向莫斯科提供了有关德国各情报部门的结构和活动的详细信息，并警告说马上就会有损害苏联利益的行动。他提供了德国反间谍部门阿勃维尔的密码，透露了纳粹权力斗争的传闻。他在盖世太保下的一个部门里工作，这个部门受希姆莱的控制，负责敏感兵工厂的安全保卫。所以，他在 1935 年有机会在佩内明德（Peenemünde）参加德国最初的火箭试验，他写的报告连斯大林都看到了。有关陆军和海军的技术进展，他也获得了大量的信息。20 世纪 30 年代，纳粹加强了控制，莱曼越来越不敢与扎鲁宾见面了，只要是苏联间谍，他就不敢见面。他遇到一件奇怪的事，他觉得自己受到了监视。有个女人与他的情人争吵起来，向当局指控情人是苏联人的间谍：那人也叫莱曼，是一个盖世太保军官。最后，混乱结束了，对"布赖滕巴赫"的监视取消了。但到了 1935 年，他要求有一本假护照，以便逃跑时用，假护照适时地提供给了他。当扎鲁宾报告说莱曼患了重病时，这个消息在莫斯科引发了恐慌：情报中心说必须不计代价地保住这位最珍贵的德国情报源的性命，内务部想办法洗钱给他付医药费。后来，"布赖滕巴赫"恢复了健康。

那年晚一些时候，有鉴于纳粹对已知的共产党员的疯狂迫害，格勒乌突然做出决定，停止现有德国情报网的运作，重新建立间谍网，而且从顶层开始。柏林情报站长和副站长被召回莫斯科，然后清洗掉了。1937 年年初，内务部的扎鲁宾也成了大清洗的受害者。他被召回国内，在一次与贝利亚的会谈中被控是叛徒。在审讯后，他没有被枪毙，这很不寻常，原因不详，仅是被降了职。他在莫斯科停留了一段时间，做了弗拉基米尔·巴甫洛夫（Vladimir Pavlov）的助手，此人是情报界的新手。

在扎鲁宾突然离开柏林前，他把与"布赖滕巴赫"联络的工作转交给了一位名叫克莱门斯（Clemens）的妇女，她是他的助手。她只会说一点德语，但除了她可用，没有别人了，而他觉得自己能很快回来。由于情况有变，克莱门斯只好承担起维持联络的工作，她此外还在为内务部另一位间谍鲁本（Ruben）传递包含着命令和信息的信封。很快鲁本就成了柏林情报站唯一的幸存者，因为苏联大清洗害了许多人——那个送古勒维奇去布鲁塞尔的格勒少校乌西蒙·简廷，在 1939 年被枪毙了。

身在莫斯科的扎鲁宾，设法给"布赖滕巴赫"发去一封短信，那短信说莫斯科的朋友没有忘记他；他应该继续展开情报活动，但要极度谨慎。那个盖世太保军官回答："我没有理由担忧。我肯定他们（莫斯科情报中央）知道这里的一切在有条不紊地进行之中，一切可以做的都在做。没有多大必要派人来视察。如果有必要，我会通知你们。"由于很长时间没有听到内务部的回音，莱曼越来越泄气，越来越不耐烦起来。他通过克莱门斯又给扎鲁宾发了一封信："就在我快要与对方谈拢的时候，对方公司突然不感兴趣了，原因不明。"扎鲁宾回信安慰说，"对方公司"对他的工作给予极高评价，恳求他继续工作——莱曼一直工作到1938年的11月。在那之后，苏联的情报机构因国内形势大变而彻底瘫痪了，"布赖滕巴赫"与莫斯科的联系全都丧失了，到了1940年秋天才恢复。

威利·莱曼并非是莫斯科唯一的德国情报源，也并非是最重要的。1935年的一天，戈林的空军部的高级军官哈罗·舒尔策－博伊森（Harro Schulze－Boysen）与苏联驻柏林大使馆取得联系，愿意提供信息，苏联方面立即接受了。他获得"下士"的代号，他在内务部编号是34122号。舒尔策－博伊森是富有的左翼社会主义分子，出身于柏林一个优秀的知识分子家庭——德国著名海军上将提尔皮茨（Tirpitz）是他的先辈。坐在他在德国空军部办公室的书桌前，他与许多军事参谋官有联系，其中有阿勃维尔的官员。他还认识汉斯·亨尼希（Hans Henniger），此人是德国空军装备的官方检查员。舒尔策－博伊森1936年结婚时，戈林把新娘交到他手中。他妻子是非常美丽的利伯塔斯·哈斯－海伊（Libertas Haas－Heye），曾经是美国米高梅电影制片公司在柏林的新闻官。如今，她学着分享舒尔策－博伊森的政治抱负，但她妨碍他为苏联工作。与她上床的情人有一大群。

与此同时，德国经济部的高级公务员阿维德·哈纳克（Arvid Harnack），独立地与苏联使馆建立起了联系。他随即被招募为间谍，代号"科西嘉人"，他在内务部档案的编号是34118号。哈纳克1901年出生在达姆施塔特（Darmstadt）的一个学者家庭中。他有律师资格，从事经济学的工作，曾在美国住了一段时间。在威斯康星州立大学的麦迪逊校区，他遇到了米尔德里德·菲什（Mildred Fish），一位极为漂亮、思维严谨的英语系学生。他俩在1929年结婚，然后回到德国生活。他俩都对马克思主义感兴趣，一起去了一趟苏联。1932年，他们组建了一个政治学习小组。当阿维德开始为苏联人搜集信息后，他把希特勒的政敌拉入他的组织，他还加入了纳粹，用以增强隐蔽性。与此同时，他和舒尔策－博伊森逐步在反希特勒的知识分子中扩大组织。在他俩的努力下，他俩在1939年让外界了解到了纳粹德国一些最有影响力的机构。

这时，莫斯科犯了一个严重的保密错误：莫斯科下令两个情报网合作。这两个情报网的头目有截然不同的特征。舒尔策－博伊森，充满活力，容易冲动，性格外向；哈纳克，安静，很有智慧，他有无瑕疵的中产阶级背景，这使他自己和朋友一直都没有引起盖世太保和反间谍组织的注意。不过，这两人关系很好，都痛恨纳粹，并都对苏联抱有浪费的热情。在 1941 年 6 月前，他们不需要无线电，仅需把情报交给苏联驻柏林大使馆武官就行了。

间谍工作最突出的特征就是其工作程序，间谍必须过着伪装的生活，工作性质是搜集信息，但成绩不能公开。古勒维奇在他的回忆录中谈及他所接受的培训的弱点，他的经验可供其他间谍借鉴。他接受了大量技术培训——密写药水、街头地点暗号等等。但培训很少谈及行动的目的是什么："为什么不谈我可以用什么方式去获取信息？为什么不谈情报组织问题？"换句话说，古勒维奇做情报工作的经历表明，对许多间谍来说，他们感到每天都生活在危险中，这种感觉消耗了大量的精力，通常比他们花在情报工作上的精力还要多——他们几乎忘记了他们的情报对组织和政府有什么价值。

1939 年，古勒维奇刚从格勒乌培训学校毕业，马上就来到了布鲁塞尔，租了一间房子住下，假装是一个乌拉圭人，报名加入了一所语言学校。他对做生意一窍不通，这似乎影响他在当地开公司做伪装。然而，这个问题很快就被他淡忘了，因为还要一个更严重的问题：在与上司利奥波德·特雷伯见面后，他的幻想破灭了。由于莫斯科情报中央对间谍极为尊敬，所以间谍在古勒维奇心目中形成了一种英雄主义形象。可如今，他面对着的是后来被他称之为单调的、平庸的现实。他被告知，比利时"奥托"间谍网已经有一桩好生意做掩护，可他到了后才发现仅是一个很小的出口生意，雇用了 3 个人，叫卖"进口优质军用防水短上衣"。公司的秘书是一个年轻的苏联移民，嫁给一位前沙皇军官，此人完全不知道公司的实际业务是什么。员工都是犹太人，如果德国入侵比利时，他们立即就会陷入危险境地了。

古勒维奇对他手下一名代号"安德烈"的间谍抱有更多的信心。安德烈，35岁的阿尔萨斯人，真名利昂·格罗沃赫尔（Leon Grossvogel），1925 年的法国逃兵，在德国流荡了一段时间后，去了巴勒斯坦，在那里参加了共产党，与特雷伯成了朋友。3 年后，他回到了比利时。他父母住在比利时，经营一家名叫"欧罗伊"的小贸易公司。1938 年，莫斯科责成特雷伯组建西欧间谍组织。就是因为有了格罗沃赫尔这个人，特雷伯才想到可以利用这家小贸易公司做幌子。但古勒维奇认为特雷伯的间谍网并非像他说的那样有什么重要情报源。有一点要给予特别考虑，古勒维奇出版回忆录时，他早就被指责为叛徒了，我们有理由相信他的评论。无论特雷伯的间谍手段有多么高明，也无论他多么会写报告，能让莫斯科信任他，但他所能接触的社会圈子仅是比利时下等人和法国商人，很难想象他能获得什么有用的情报。莫斯科情报中央似乎相信了特雷伯的说法，他宣称自己创造了一个体系，一旦苏联与德国开战，他能把从柏林情报源搜集到的情报传递给莫斯科。战后苏联历史学家说特雷伯运作着一个大情报网，其中有很重要的间谍，情报网甚至扩展到了斯堪的纳维亚半岛。古勒维奇说这种说法是"完全错误的"。

战争爆发前夕，莫斯科中央敢夸口说舒尔策－博伊森/哈纳克这两个德国情报组织提供了有关纳粹核心圈的极好的信息。瑞士的"露西"间谍网此时已经很好地建立起来了，但到了1941年后才开始提供重要的情报。特雷伯和古勒维奇的间谍网到了1940年才开始运作。苏联在美国境内也建立起了情报网，本书后面将有详述。美国的情报网给苏联送回了大量技术情报，这对苏联推进其防御基础很有帮助，当然这需要苏联的工业体系有能力消化这些情报。

现在轮到讲苏联最棒的间谍了——或许应该说是最具有轰动效果的。理查德·佐尔格（Richard Sorge）之所以能抓住后代人的想象力，并非是因为他影响了历史进程，其实他的影响是很小的。他向莫斯科不断提供极其重要的政治和战略信息，这全是因为他凭借个人能力接近了最高领导层。但他提供的许多资料被忽视了，或者被柏林传来的更加富有权威性的类似报告覆盖。有些历史学家只挑选他少数几个精彩的见识加以引用，却把他的错误判断和预言视为"噪音"给忽略了。不过，作为间谍，他的性格和经历确实是非凡的。

佐尔格，绰号"伊卡"，1895年生于巴库，兄弟姊妹9个。父亲是德国石油工程师，母亲是俄国人。在德国完成学业后，参加了德皇的军队。作战中，他付了重伤。在柯尼斯堡（Königsberg）养伤期间，他被灌输了共产主义的意识形态，据说是被一名护士的父亲。不过，他的家庭里也有先例：佐尔格的祖父与马克思和恩格斯认识。大战结束后，他成了马克思主义的讲解员，并获得了政治学博士学位。1921年，他与克丽丝汀·格拉克（Christiane Gerlach）结婚，她是在他的劝说下才抛弃前夫的。他与共产主义革命的联系，引来警察的负面关注，他感到德国变得危险起来。1924年，佐尔格和妻子转移到了莫斯科。在莫斯科，佐尔格被训练成为一名苏联间谍。他在此后5年里的行踪很诡秘，据说去了英国。克丽丝汀离开了他，但没有正式离婚——他对异性有巨大的魅力，所以他不在乎身边的女人谁来谁走。他长相粗犷，有一种催眠的素质，这使他吸引了大量情人，高高矮矮，胖胖瘦瘦，他的情人队伍很是壮观。虽然后来有批评家说佐尔格不仅是骗子，还是叛徒——批评他表面聪明，但本质肤浅。尽管如此，他的成功引人注目。

1929 年，苏联红军第四部——即后来的格勒乌——给佐尔格一份海外的工作，让他去中国。那年的 11 月，他到了上海，职业是自由记者，有一位电报员随行。他很快就在上海租界获得成功，结交了许多消息灵通的朋友，当然其中的间谍也不少。他冒充美国人，但在美国旅行者艾格尼丝·史沫特莱（Agnes Smedley）面前放下伪装，他招募了史沫特莱为莫斯科服务。1930 年，佐尔格遇到 29 岁的尾崎秀实（Hotsumi Ozaki），此人是一个处境艰难的杂志撰稿人，亲共产主义分子。佐尔格发展尾崎秀实做了间谍，此人为佐尔格立了大功。就像佐尔格手下的其他人一样，尾崎秀实深受这个外国人的影响。许多年之后，另一个日本情报员在称赞佐尔格时说："你一生只能遇到他那样的人一次。"这位格勒乌间谍深入地研究了中国的方方面面，他的报告受到了上级的好评。

1933 年，他返回了莫斯科，并在那里再次"结婚"：妻子是一位年轻的苏联姑娘，名叫叶卡捷琳娜·马克西莫娃（Yekaterina Maximova），又名"卡杏"。在此后的几年里，佐尔格给她写了许多封爱情洋溢的信。他想留在苏联，但间谍难道不是出国才有用吗？格勒乌决定派他去东京。为准备赴任，他先去了德国，此时纳粹已经掌权。他此行的目的是为了获得一些日后可以利用的资历。他在社交和职业方面再次取得令人瞩目的成功，不知何故竟然没有暴露他共产党员的背景。他认识了《地缘政治学报》的出版商，此人是狂热的国家社会主义者，给了他一份"特约记者"的工作，并把他介绍给了德国驻东京大使馆。

他还获得了杂志的创始人卡尔·豪斯霍弗尔（Karl Haushofer）的青睐，他不仅与《每日评论》杂志签订了第二份"特约记者"协定，还获得了给尤金·奥特（Eugene Ott）中校的一封介绍信。奥特是德国军官，正在日本一个炮兵团做短期交换互访。这位杂志总编辑要求奥特完全信任佐尔格，包括在政治上、人情上等等。借助这样的支持者，他还取得了另一个惊人之举：他成了纳粹党徒。有了这样公开的保护色，这位纳粹分子借道美国去了东京，随行的还有一位红军电报员布鲁诺·文特（Bruno Wendt），他的行李中带着一本《1933 年的德国统计年鉴》，这本就是他的密码本。38 岁的佐尔格，就这样迈进了历史上最伟大的间谍生涯的大门。

到了日本后，佐尔格飞快地与出身普鲁士贵族的德国大使赫伯特·冯·德克森（Herbert von Dirksen）交上了朋友；不过，他与尤金·奥特中校的关系更加亲密一些，奥特把佐尔格当亲人看待。佐尔格再次表现出做事不计后果的特征，他没有花多长时间就跟奥特的妻子海尔马私通了，这个亚马孙河区的印第安女人，有6英尺高，曾经是共产党员。但这似乎没有影响女人的丈夫与这个苏联间谍的关系，那丈夫似乎被这个新朋友实施了催眠术。中校是个严厉、古板的人，他也许是在佐尔格身上看到自己想具备的素质，当然不仅是佐尔格的生气勃勃。这位新人还向喜欢交际、风度翩翩的保罗·维尼戈（Paul Wenneker）上校献媚讨好，此人在1934年加入德国驻日使馆，做海军武官。

佐尔格与德国大使馆的亲密关系，为他赢得了一些尊敬，但也引来日本人的注意，此时日本政府还没有决定与希特勒结盟——在日本的德国人与其他外国人一样要受到针对外国人的监视。佐尔格尽全力搜集有关日本的各种信息，有日本人的，有历史的，有文化的……他建立起一个图书馆，里面的书超过一千种，但他不曾学会日本语，甚至说都说不好。他性生活很乱，任何间谍学校都会批评这种行径，但他在有柱廊、有漂亮花园的德国大使馆里与德国外交圈发展关系的案例是培训间谍的极佳教材。他一边公开说自己效忠纳粹，一边却快活地批评德国政府的政策。

在佐尔格与德克森和奥特一起开过的许多次会议上——奥特此时已经调动到德国驻日使馆做武官了——佐尔格向他俩提供的信息，似乎与他俩给他的信息是一样多的。他俩确实认为这个记者比他俩更了解日本。他开始协助他俩给柏林准备外交报告，并与纳粹党报的编辑形成了一种远程的友谊，不仅写专栏文章，还参加在东京召开的部门会议。与此同时，佐尔格耐心地、巧妙地为莫斯科建立起他的情报网。那个他在上海认识的老朋友尾崎秀实，如今是大阪知名度很高的记者，后来被调到东京。那时社交媒体还没出现，佐尔格在接下来的两年里没有让尾崎秀实知道他的真实姓名；德国人仅知道他是"约翰逊先生"，这个名字是他在中国时用的。

不仅如此，他还招募了宫城与德（Yotoku Miyaki），此人1903年生，还是孩子的时候全家就搬到了加州。美国共产党为共产国际寻觅人才，发现了宫城与德，于是说服这个瘦弱男人返回了日本，并成了一名出色的间谍。宫城与德在佐尔格那里拿工资，但莫斯科给的钱很少，所以他靠给人上语言课和绘画挣钱，而且数额不小。佐尔格的另一个下属是南斯拉夫籍的记者布兰科·德武克利希（Branko de Voukelitch）。苏军第四部蛮横地要求德武克利希与妻子离婚，再娶一个日本女人，理由是为了加强隐蔽性。这个间谍服从了。他真心地爱上了一个出身名门的本地女孩山崎义子（Yoshiko Yamasaki），最后他俩还结婚了。这不仅让他的同事感到迷惑，连他自己也感到不解。

1934 年，奥特去中国东北一游，他带上了佐尔格这位苏联间谍做他的纳粹信使，这反映了他俩之间的亲密关系。佐尔格为他代笔，写了一份报告给德军经济部，这份报告在柏林受到了好评。次年，日本警察在东京破获了一个苏联间谍网，这个间谍网的头目是美国人约翰·谢尔曼（John Sherman），这使莫斯科更加依赖佐尔格。他曾经说："做间谍必须勇敢。"他也确实是这样做的。他是东京社会界的知名记者，骑着摩托车在东京市内乱转，酒量惊人，勾搭身旁所有的女人上床。他租了一套二层的日本式住宅，莫斯科给他足够的钱让他过他喜欢的放荡生活。他有一个专门的女管家、一个女用人、一个洗衣工，这几个人定期要接受警察的质询。虽然日本人有多疑的毛病，但仍然没有想到佐尔格会是个间谍；日本人认为他是一位有影响力的纳粹党徒。

他每天都去报社和德国人俱乐部，然后去大使馆，那里有大使馆为他提供的办公室，他在这间自己的办公室里进行研究，准备传送给柏林的材料；私密的环境有利于他为莫斯科对文件照相。后来，有一位德国外交官说佐尔格是"一个快乐、放荡的冒险家，虽然聪明，但极度自负"。1937 年，这个苏联特务给莫斯科的妻子写了一封极具讽刺意义的信："工作很难，尤其是孤独。"

对这个苏联间谍来说，生活确实是一次无休止的斗争，因为他必须伪装成纳粹的丑角，不停地在交际场与女人鬼混。晚上，他经常出没于酒吧和俱乐部里，特别是东京银座的罗美尔饭店，那里有许多德国回头客；有没精打采的小个子福立德茂斯（Fliedermaus）；有莱茵古尔德（Rheingold），他的上司赫尔穆特·克特尔（Helmut Ketel）是一个希特勒的狂热崇拜者。在这里，佐尔格遇到了那个名叫"艾格尼丝"的酒吧女郎，这里的许多酒吧女郎迷恋他。艾格尼丝很有耐性。她，23 岁，真名叫石井花子（Hanako Ishii）。她成为他家的常客，他花钱送她上课，帮助她实现当歌手的愿望。但佐尔格对待石井花子就跟对待其他女子一样不忠：他同时与另一位名叫安妮塔·莫尔（Anita Mohr）的女人保持关系，她是一位在日本做生意的德国商人的妻子，据说是个金发性感美女。佐尔格可能是把石井花子当作玩偶，并非有真爱。

为莫斯科服务永远是佐尔格的中心。由于需要传送给格勒乌的资料越积越多，所以传送的困难越来越大。电报员文特的业务水平不高，佐尔格要求换一个能力强点的。1935 年，佐尔格离开东京，说是去度假，去了美国。从美国，他秘密地去了苏联，他要求与上级讨论通信问题。在莫斯科，他工作的优先级做了调整，最重要的任务变成探听日本对待苏联的企图。其余任务依次为研究日本军队和工业、日本对华政策、日本对英国和美国的看法。

回到东京后不久，莫斯科就给佐尔格派来了新的电报员和信使。马克斯·克劳森（Max Clausen）是红军军官。为了隐蔽，他在东京开办了一家蓝图复印公司，公司还盈利了。克劳森的第一项情报任务是制造一台发报机，因为派人来安装太困难、太危险。他找到一台民用收报机，把发报机安放在一块胶木板上，然后放入一块木盒子中。天线用汽车的铜管制成。由于没有仪器测量波长，克劳森的发射波长在 37—39 米波段，接收在 45—48 米波段。

佐尔格劝自己的一个记者朋友冈瑟·斯坦（Gunther Stein）允许苏联电报员在他的家里向莫斯科发电报。最初，斯坦觉得风险骇人，他拒绝了，但后来还是同意了。由于克劳森不敢安装室外天线，于是他把两根 7 米长的铜丝绕着屋子缠起来做发射天线用。斯坦也成了佐尔格情报网中有用的情报员，斯坦有几个英国大使馆的朋友派上了用途。筱冢虎雄（Torao Shinotsuka）也成了佐尔格的情报员。筱冢虎雄是日本关西地区一家小武器制造厂的厂长，为日本空军和海军提供材料。克劳森的妻子安娜从莫斯科来东京了，来分担这位电报员的危险工作。

就在苏联的情报网不断扩大的时候，日本对外国间谍感到焦虑起来，增强了安保措施。1936 年发生了一件坏事，东京警察在中国东北警察局的要求下，逮捕了川合泰吉（Taikichi Kawai）。川合泰吉是上海"约翰逊先生"的情报员。在监禁中，他受到残暴的审问。与大多数受到折磨的特务不一样，他什么都没有说。佐尔格的好运气维持住了。佐尔格的工作让莫斯科中央和柏林外交部都获益。德国外交部特别满意他在 1936 年撰写的一份有关日本军队反叛的报告，但他要求报告的署名用缩写"RS"，因为他怕盖世太保调查他的政治背景。

佐尔格帮助奥特和德克森草拟了一份给柏林的报告，询问德日正在进行谈判的谣言。佐尔格谋求实现莫斯科的企图，他敦促德国大使馆认识到德日联盟是错误的，其根源是相信了斯大林马上就要垮台的荒谬谣言。他在德国国防军的杂志上发表过一篇有关日本军队的文章。他曾预言日本在中国不会速胜，结果应验了他的预言，这声誉在德国驻日大使馆和柏林有大幅提高。比这更重要的是他从奥特那里获得日本在苏联边境增兵的消息，他立即传递给了格勒乌。另一方面，莫斯科也很感激尾崎秀实每月在餐厅见面时提供的工业数据。这位记者在政府圈子里很有影响力，相应地掌握了大量信息，甚至有一段时间做了日本首相的中国问题专家。虽然他在 1939 年的政府变更中失去了原有的地位，但仍然获得一份新工作，他在东京为日本在中国东北的关东军做研究工作。

1938 年，赫伯特·冯·德克森因病回国。继任者不是别人，正是奥特上校。佐尔格一边为德国大使馆起草文件，一边把自己的草稿传送给莫斯科。在他 45 岁生日的时候，为感谢他的贡献，纳粹德国外交部部长约阿希姆·冯·里宾特洛甫（Joachim von Ribbentrop）亲笔签名了一张照片送给他。在英国的外交人员中，没有人能跟佐尔格相比，因为佐尔格在德国驻东京大使馆中取得了非常重要的地位。1938 年，一名苏联将军逃到了东京，佐尔格立即警告莫斯科修改密码。1939 年，日俄关系紧张，局部出现交火，幸亏有尾崎秀实的情报，佐尔格才敢告诉莫斯科日本没有使"诺门罕事件"上升为局部战争的企图。在此事以及其他几件事中，苏联如何使用佐尔格提供的资料令人生疑。虽然佐尔格提供了日本人的详细作战部署，但苏军战场指挥官朱可夫（Georgi Zhukov）抱怨缺少这类信息。这有可能是佐尔格后来自吹自擂的结果，有可能是格勒乌没有把情报转交给朱可夫。

他想借助在国际招待会上辱骂苏联外交官的方式增强隐蔽性，但他给人的印象是酒后失态。当他与石井花子在一起的时候，他总是醉意蒙眬地说话，特别是在她想为他生一个孩子的时候："我是个老头。我快死了。我不需要孩子！唉，可怜的佐尔格。你要学习，这样才能跟得上佐尔格……"有天晚上，他骑摩托车出了车祸，结果让他很苦闷——在医院里住了许多天，损失了几颗牙齿。此后，他吃肉只能吞食碎肉。

他还算理智，放弃了骑摩托车，买了一辆小轿车。他产生了一个奇怪的想法，想提升石井花子的文化素养，他劝她读《飘》，因为他认为这本书"很动人"。在读了几百页之后，她说："我喜欢巴特勒上校。"或许佐尔格也有同感，他追问道："你认为我是瑞特·巴特勒吗？"后来，克劳森是这样写佐尔格的："他是一个真正的共产主义者……他为共产主义能消灭自己最好的朋友"。他还能消灭同志。他对待电报员有时殷勤，有时残忍。他的生活方式是与好党员格格不入的。佐尔格可能是世界上获得情报最多的间谍。不过，他的草率使他迟早要出事。

二战前，苏联花费了巨资进行间谍活动，而且在世界各地都有社会地位相当高的同情者，所以克里姆林宫是世界上拥有情报最多的政府。不过，那些在莫斯科搜集和处理前方情报的人员，非常害怕他们唯一的听众——斯大林，克里姆林宫的主人——所以，他们不敢把可能不受欢迎的情报递交给斯大林。即使是最重要的信息被送到莫斯科，也不会受到正常的评估，更不会被政策制定者加以利用。克里斯托弗·安德鲁曾经写道："苏联搜集政治和外交情报的水平高，但理解情报的水平低。"斯大林亲自分析情报，他总是无休止地让间谍去刺探阴谋，而不是利用情报去制定政策。如果苏联的情报官告诉斯大林他不想听到的东西，他们很快会因此而丧命。斯大林似乎只相信那些指出有人密谋反对他和国家的情报。如果没有这样的情报，苏联最顶层的情报官就捏造出来。如果苏联密码破译人员成功破译，斯大林会根据自己的需要加以利用。但他基本上是闭着眼睛进入这次历史上最大的冲突的。

慕尼黑事件之后，捷克斯洛伐克共和国的命运结束了，有三个买家竞争着要捷克的情报局长弗朗蒂舍克·莫拉韦茨提供服务：德国的威廉·卡纳里斯海军上将、法国的路易斯·里韦（Louis Rivet）上校、英国军情六局在当地的负责人哈罗德·吉布森（Harold Gibson）少校。莫拉韦茨不信任法国人，决定把注押在英国人身上。预感到纳粹的占领，他在出国前尽全力加强与地方基层情报员的联络。此外，他向伦敦转移了大笔外汇，希望能在流亡中仍然能维持捷克的情报网。然而，只有几个间谍给了他回音。1939 年 3 月 3 日，阿勃维尔的保罗·苏梅尔，莫拉韦茨最好的德国情报员，在布拉格与莫拉韦茨相见了，通报说这座城市在 15 日将会被占领。代号"A54"的间谍同时警告莫拉韦茨，他的成员全部会被盖世太保逮捕，绝对不会受到善待。苏梅尔说他愿意继续合作，这让莫拉韦茨感到吃惊。这位阿勃维尔的军官说，唯一的条件是捷克方面必须销毁一切有关他的档案。在这点获得确认后，两人分手了。苏梅尔说："上校，祝你好运。这不是永别，而是暂时分别。"这位德国军官拿走了两个联络地址，一个在荷兰，另一个在瑞士。

3 月 13 日夜晚，军情六局的哈罗德·吉布森——莫拉韦茨经常叫他"吉布"，他是一个身材矮小的男人，蓄着一撮小胡子——开着一辆汽车进入了捷克情报部门的车库里。车库里有数百个装着文件的帆布袋子，这些袋子被送进了英国大使馆。第二天下午，一架荷兰民航飞机，拿着军情六局的特许证，在布拉格郊外的机场降落，集中运走了一批去英格兰的旅客——莫拉韦茨和他手下的 10 名工作人员。后来，莫拉韦茨写道："他在选人上尽量避免感情用事，而是根据谁在伦敦会最有用，谁知道得太多而不能留给盖世太保。他被迫把妻子和两个女儿留下，而且隐瞒了他的目的地：他说晚上要去一趟摩拉维亚（Moravia），但第二天就回来。"

由于当时有暴风雪，飞机起飞遇到了困难，差点儿撞上追击来的德军部队。莫拉韦茨的公文包中有 20 万马克和 10 万荷兰盾——大约 32000 英镑——这些钱用来支付这个小组的运营费用。当飞机跨越捷克斯洛伐克边境线上高山的时候，上校想到未来流亡的日子，便抱头痛哭起来。这组人在阿姆斯特短暂停留后，安全地降落在伦敦附近的兑里登（Croydon）。后来，捷克前总理爱德华·贝奈斯（Edvard Beneš）也到了伦敦，莫拉韦茨来到他在伦敦帕特尼（Putney）的住处，提出工作请求，请求立即被接受了。次年，贝奈斯组成了流亡政府，莫拉韦茨的职责也被正式固定下来。上校的妻子和孩子逃出了布拉格，安全地进入了波兰，然后又从波兰去英国与莫拉韦茨会合了。

1939 年 6 月，莫拉韦茨高兴地收到一封瑞士来信，信的开头是这样写的："亲爱的舅舅，我有了爱人。我遇到了一个女孩。"就在这页信纸上，用密写墨水写着在海牙的一个接头地点。这封信是间谍 A－54 发来的，他就是阿勃维尔的保罗·苏梅尔上校。8 月初，一名捷克军官如期去接头地点了，他警告苏梅尔，莫拉韦茨的组织机构大幅缩水，手里已经不像过去那样有大笔现金了。那个德国人轻蔑地回答说："还有比钱更重要的事要做。"他告诉捷克人，波兰在 9 月 1 日将会被入侵，并提供了最新的德军作战部署。此后，苏梅尔提供了纳粹修改后的进攻时间安排，并在 8 月 27 日最后一次通报入侵波兰的日子定在 1939 年 9 月 3 日。对捷克斯洛伐克共和国人、波兰人、西欧人来说，小打小闹结束了，生死搏斗开始了。

>>> **第 2 章**

# 暴风雨来临

## "虚幻的洪水"

1939 年 11 月，英国秘密战的第一个激动人心的时刻来临了。一份后来被称为"奥斯陆报告"的匿名文件被送到了英国驻挪威大使馆，接着又由英国海军武官转交给了伦敦。这件被送到百老汇街的包裹，包含了几页打印着德文的信纸和一个小纸盒。这个小纸盒上有给英国大使馆的留言，借以试探一下英国人。那留言说，如果英国想知道德国科学发展动态，就稍微修改一下 BBC 的对德广播词：不说，"喂，这里是伦敦"；而说，"喂，喂，这里是……"BBC 按照要求做了。过了不久，"奥斯陆报告"被提交给了英国大使馆。

这份报告罗列了一组敌人正在进行的非凡活动。这位匿名作者声称德国正在发展声控和无线电控制的鱼雷；详细地给出了德国无线电台的工作频段；建议轰炸德国空军在雷希林（Rechlin）的研究中心。纸盒里有一支触发管，可用于防控炮弹近炸引信中。但这份报告有两个可疑点：第一，这份报告说德国空军每个月能生产出 5000 架 Ju－88 型轰炸机，这是不可能的；第二，德国的航母"弗兰肯"号就要在基尔（Kiel）建成了。英国白厅由于怀疑这两点，所以判断这份文件不可信，是德国人布下的骗局。

但雷金纳德·琼斯（Reginald Jones）博士也读到了这份报告，他当时是英国空军部科学情报部的副主任，28 岁，坦率好斗。在秘密战的夜空里，琼斯是一颗耀眼的恒星。他是个综合型的人才，父亲是英国近卫步兵第一团的军士，在伦敦南部上学时就展示出早熟的才华。在乡村豪华别墅的角落里由英国首相主持的会议上，他能轻松地侃侃而谈。琼斯早年在牛津做物理学和天文学研究，成绩斐然，当时他的导师是弗雷德里克·林德曼（Frederick Lindemann），就是后来的彻韦尔勋爵（Cherwell）。琼斯对利用红外技术探测飞机很感兴趣，在 1936 年去了英国空军部。无论在何处，他绝对不向平庸和官僚低头，而平庸和官僚在百老汇大街的办公楼里到处可见。他在布莱切利园工作了一段时间，虽然时间不长，但弗莱德·温特伯森邀请他在同一间办公室里工作。

在二战中，琼斯成为英国研究德国空军技术最主要的研究人员。但在 1939 年 11 月的时候，他还未做出成绩，白厅仅把他视为一个有进取心的"科学家"，敢在高级军官面前自由地表达观点。琼斯几乎是孤身一人站出来说奥斯陆文件是真实的。他敢这样说，全凭直觉，因为在 1940 年夏季，德国空军开始用沃旦无线电导航束（Wotan navigational beam）引导德国轰炸机飞临不列颠岛的上空，而这项导航技术利用了奥斯陆报告作者提及的原则。琼斯的事迹，后人皆知。在影响德国闪电战成败的"波束战"中，他发现这份报告提供的珍贵信息可以用来设计一些反制措施——丘吉尔知道后大加赞赏。在此后的几年里，英国人不断从这份报告中获得有关德国新武器的暗示——比如，声控鱼雷——琼斯总是能向军队领导指出奥斯陆报告曾经提出了预警。战后，在回忆他的情报生涯时，这位科学家用这份 1939 年报告做例子，规劝人们"注意偶然获得的情报，不能轻率对待。这份报告可能是二战期间获得的最好的科学研究情报"。

琼斯在 40 年之后才找到了这份报告的真实作者。作者是 45 岁的德国物理学家，名叫汉斯·费迪南德·梅尔（Hans Ferdinand Mayer）。1914 年，梅尔参战的第一天就负了重伤，这才走上科学生涯。1922 年，西门子雇用了他，他在工作中获得了 82 项专利，发表了 47 份论文，还在美国康奈尔大学做了 4 年信号处理方面的研究。在大战之间的岁月里，他与一位在美国通用电气工作的英国人建立了亲密的友谊，那个英国人名叫科布登·特纳（Cobden Turner），是梅尔第二个儿子的教父。这个德国人很感激英国人的善举：梅尔对特纳讲了一个犹太小学生被纳粹父亲抛弃的悲惨遭遇，那英国人听了这个故事后，就安排那个小女孩去了英格兰，跟他的家庭一起居住了 8 年时间。

国际局势逐渐变得阴郁起来，特纳对德国进行了最后一次访问。访问中，梅尔告诉特纳，如果爆发战争，他会向英国提供德国的科技进展信息。1939 年年末，这位德国科学家利用去挪威办事的机会兑现了诺言。他从布里斯托尔饭店搬运工那里借来一台破旧的打字机，写出了《奥斯陆报告》，这份报告被分成两个部分，分别在 11 月 1 日和 2 日提交给了英国大使馆。梅尔还直接写信给科布登·特纳，建议在中立国丹麦找一个接头地点。就因为这封信，有两位英国警官上门调查那个在通用电气公司工作的英国人，但不知何故，特纳与梅尔的关系就此中断了——军情六局的历史记录中没有提及这位勇敢的德国人。1943年8月，梅尔被盖世太保在他在西门子的办公室里逮捕，指控他偷听英国广播公司的广播。他被关在达豪集中营（Dachau），但他有福气，被一家技术工厂聘用了，活着看到战争结束。梅尔的英雄行为，引发了科布登·特纳的钦佩，而梅尔把科布登·特纳看作是英国人的代表。然而，梅尔的贡献，如果没有琼斯的话，是不会有人知道的。

"奥斯陆报告"之所以受到如此冷遇，有许多原因，其中之一是白厅内部有争议，当时德国刚成功地实施了一次欺诈行动，英国情报界心烦意乱。1939年11月9日，此时二战正处于怪异的"假战"时期，军情六局的两名高级情报官西吉斯蒙德·佩恩·拜斯特上校（Sigismund Payne Best）和理查德·史蒂文斯少校（Richard Stevens）来到了荷兰，他俩与一名荷兰军官驾驶着拜斯特的林肯"飘逸"轿车去芬洛（Venlo）的一家巴克斯咖啡厅接头。这家咖啡厅在荷兰与德国的边境线上。到咖啡厅还没有2分钟，他们就被武装人员逮捕了。那个荷兰人拔枪向一个攻击者射击，但自己也被射杀了。拜斯特、史蒂文斯、荷兰司机被拖了150码远，拖到了边境线的那边；绑架他们的是纳粹反间谍处，指挥这次行动的是瓦尔特·施伦堡（Walter Schellenberg），他后来成了这个处的处长。那位荷兰军官的子弹差点儿要了他的命。两位英国情报官幸运地活了下来，但二战中他俩的大部分时间是在萨克森豪森集中营（Sachsenhausen）度过的。与英雄不惧严刑拷打的神话相反，史蒂文斯和拜斯特告诉绑架者他们知道的大量有关军情六局的情况：军情六局在欧洲大陆的情报活动主要是由海牙情报站完成的。

白厅将此事称为"芬洛事件"，起因是几周前几个反纳粹德国将军想与英国谈判。军情六局一想到要谈下一桩大买卖，就异常兴奋，但英国外交部则表示出谨慎的怀疑。亚历山大·贾德干爵士在10月23日的日记中写道："我认为德国密谋者是希特勒的间谍。"一周后，战时内阁获得通报。时任海军大臣的丘吉尔强烈地反对任何谈判。但英国政府授权军情六局继续谈判——条件是贾德干设定的，那就是不许把密谋反叛的德国人姓名写在纸上。英国人没有想到对方不仅是在玩外交游戏，还有更加险恶的企图。英国人早该警惕可能的后果，因为纳粹曾经干过越境绑架的勾当：1934年4月，29岁的捷克情报官杨·克诺维科（Jan Kirinovic）上校被引诱到边境附近，随后被推搡过边境线。克诺维科随后被起诉，盖世太保的证词说他是在德国土地上被捕的，判刑25年苦役。次年的3月，用两名德国间谍把这位捷克军官交换了回来，但一年后患精神病而终，因为盖世太保给他下了毒，显然给他用了东莨菪碱（scopolamine）。

1939 年 11 月，有一件事反映出军情六局存在机制性的问题，其海牙情报站招募的福尔克特·冯·库特里克是阿勃维尔的情报员。那位自称代表想叛变的德国将军的德国少校"沙梅尔"（Schaemmel），实际上就是德国保安总局的施伦堡，英国军官亲热地向他提供了一台无线电发报机。希特勒或希姆莱亲自批准了这次绑架行动。出事后，英国人最初企图掩盖。有名军官问贾德干如何报道引发大量谣言和猜测的"荷兰事件"，这位外交部常务次官命令把这件事作为 D 级事件处理——不许在英国新闻上报道。芬洛事件发生两周后，德国"阴谋者"令人吃惊地与军情六局展开了对话。但到了 11 月 22 日，希姆莱失去了兴趣，德国关闭了通话的通道，并向军情六局发出最后一道侮辱性的电报。纳粹公开宣布拜斯特和史蒂文斯参与了刺杀希特勒的行动。另一方面，冯·库特里克的叛变行为没有被发现，他在伦敦的军情五局找到了一份工作。很幸运，他与德国反间谍组织失去了联络，可能是因为缺少通信手段。德方认为他是一个双料间谍，背叛了德方。

在英国政府内部，军情六局极力为芬洛事件进行狡辩，说什么德方粗暴地把两名军官抢走，而不是在玩双料间谍的游戏。不过，这件事的重要性不能高估，因为它没有能对未来的秘密战有任何影响。英国在欧洲大陆的间谍活动遭受重创：拜斯特去接头时，兜里放着情报站的联系人名单，名单上的人都有可能被德国人抓住。情报部门在英国政府中的口碑一直不好，这件事后就更差了。军情五局的盖伊·利德尔在日记中写下自己的猜测，他觉得那个戴着单片眼镜的拜斯特可能是个双料特务——"真正的大坏蛋。他过去相当穷，但与佛朗茨那个荷兰双料间谍有来往后，似乎就有了用不完的钱。"没有什么理由认为利德尔的猜测是有道理的。虽然瓦尔特·施伦堡日后声称拜斯特愿意被"策反"，但英国人行动愚蠢是这次惨败的唯一原因。与此同时，荷兰感到难堪，因为这件事说明有一名荷兰情报官参与了英国人的阴谋活动，这就给纳粹的宣传机构一个把柄，他们一直指责荷兰没有保持中立。

芬洛事件之后，英国人对任何主动找上门的人都像患了病一样加以怀疑——比如，在二战后期，有好几批人说自己代表"反希特勒抵抗组织"。从某个角度看，英国人的谨慎是合理的，因为大多数企图推翻纳粹的德国贵族和军官都抱有一种不切实际的愿望，他们觉得可以通过与西方盟国谈判保住德国。例如，前莱比锡的市长卡尔·格德勒（Karl Gördeler）是一个民族主义者，他对欧洲领土的要求不比希特勒少。即使元首死了，德国的敌人很可能要跟反对希特勒的人进行谈判。但至少有一个原因在起作用，英国人极为害怕再次遭受芬洛事件那样的羞辱，这使军情六局一直不敢接触有用的情报源，而苏联人和美国人借机加以利用。另外，在此后的二战期间，百老汇街的高官们对德国这个敌人一直保留着一种过度的尊重，这皆因他们无法释怀1939年11月所遭受的羞辱。

在"假战争"的寒冷冬日里，不仅布莱切利园的政府密码学院对恩尼格玛密码机束手无策，百老汇街的间谍也几乎搞不到任何有关敌人和敌人的企图的有用信息。肯尼思·斯特朗（Kenneth Strong）是英国陆军部的情报官，他写道："不断有军人询问我们情况。空袭最有利可图的目标在哪里？空袭给德军的打击效果会怎样？我们有关这些目标的信息是充分且准确的吗？德军对我们宣传攻势的反应是什么？我发现我们对宣传的效果太乐观。把散发传单也看作赢得了大军事胜利。"

有几个军情六局的情报官嘴里振振有词，目的是掩盖他们手中缺少间谍网的现实。琼斯用威尔弗雷德·比菲·邓达戴尔（Wilfred 'Biffy' Dunderdale）举例子加以说明。邓达戴尔负责法国的情报工作，向琼斯的部门提交了一系列有关德国Ju-88轰炸机的有趣信息，并且说是由间谍搜集到的。最初，邓达戴尔提供的信息是有关其发动机的；接着是有关机载电子设备的；又过了一段时间是有关武器的。琼斯开玩笑说邓达戴尔肯定有这架飞机的飞行手册，然后分几次交给军情六局，以便产生一种来自多个情报源的印象。不幸的邓达戴尔承认琼斯说得对，但请求他闭嘴。邓达戴尔说一点一点地提供信息，这样可以让上级保持兴趣。并非只有邓达戴尔这样做，实际上情报官基本上都这样做——试图让自己获得的资料更加"吸引人"。邓达戴尔还详细报告德军的调动情况，而且说来自间谍网，但实际上是从法国人那里偷听来的。

敌人的无线电信号中有大量信息可以截获，甚至都不用解码，也能获得一些信息，比如进行"流量分析"——通过研究信号的发源地、信号强度、通信呼号，可以查明单位名称、战舰名称、舰队名称。监听语音对话，破译敌人保密级别比较低的通信，也能收获有用的信息。"布鲁诺情报站"是法国人部署在前线的密码破译单位，地点在巴黎东面15英里的格雷茨－阿曼维利尔斯（Gretz－Armainvilliers）葡萄园城堡里。波兰陷落后，这里来了许多新人。军情五局的盖伊·利德尔在1939年10月10日做了记录，有17名波兰密码分析人员找上门来。几个月前，布鲁诺情报站的站长阿拉斯泰尔·丹尼斯顿曾经在华沙见过这些人，知道他们已经破译了苏联人和德国人的密码，所以认为他们"在某种程度上是有用的"。

丹尼斯顿认为这些波兰人在葡萄园城堡可以与古斯塔夫·伯特兰合作，这样更有用一些。在这几个波兰人去了葡萄园城堡后，布莱切利园又改变了初衷，想把他们要回来。就是在布鲁诺情报站，这个波兰小组在 1940 年 1 月 17 日第一次在战争状态下破译了恩尼格玛密码信号。到了 3 月 11 日，法国情报部的长官路易斯·里韦上校在日记中写道："破译恩尼格玛密码机的次数多了起来，这很有趣。"但破译速度太慢，在此后几个月里一直没有改善——由于不能"实时"破译，所以无法影响战场形势。这迫使盟国的情报官在间谍提供的真假难辨的人工间谍情报中寻找线索，希望推测出希特勒何时会发动对西方的进攻。

第一个这样的消息出现在去年的 11 月，当时荷兰驻柏林的武官海斯贝特·萨斯（Gijsbert Sas）从他在阿勃维尔的朋友汉斯·奥斯特上校（Hans Oster）那里获得一个惊人的消息：奥斯特说，德军计划在本月的 12 日对英国和法国发动全面的进攻。类似的消息还有几个，均来自独立的消息源——包括莫拉韦茨的伦敦情报组提供了一份重要情报，他们是从瑞士的间谍 A－54 那里获得的。代号 A－54 的间谍就是阿勃维尔的保罗·苏梅尔。到了 11 月 12 日，什么都没有发生，英军和法军的参谋官们认为他们被纳粹的假情报骗了。荷兰人早就怀疑萨斯是一个双料间谍，包括 A－54 在内的几个情报员的可信性也大受影响。不过，预警是正确的。希特勒确实想在 11 月发动进攻。但他的将军在最后一分钟坚持说必须拖延到春季，因为军队还没有准备好，为此希特勒暴怒不已。英军的情报官据此总结出一句格言："完美的情报一定迟到，所以不要追求完美……我们要的不是绝对正确，而是可能性。"

第二件激动人心的事发生在 1940 年 1 月的一天：那天的雾特别重，埃里希·霍曼斯少校（Erich Hönmanns）驾驶着一架邮政飞机，迫降在中立国比利时。当地警察逮捕了飞行员和他的乘客，乘客是名叫赖因贝格尔（Reinberger）的军官。这两个德国人当时正在焚烧携带的文件，警察不仅制止了他们，还从炉中取出了一些烧焦的纸张。在 48 小时内，法国和英国的高层指挥官阅读了德军入侵法国和低地国家的作战计划，德军行动的核心是穿越荷兰和比利时。这是一个供教科书引用的真正的情报策略，但后果极为不利。法国人判断德国人会像 1914 年一样从比利时发动进攻，这份情报证实了这一判断，于是法军把全部兵力部署在那个方向。英国人怀疑这是个骗局：因为这份情报提供的材料太完美，让人不敢相信。军情五局的盖伊·利德尔在 1 月 14 日警觉地写道："一架德国飞机降落在比利时——驾驶员身上发现了德国进攻比利时和荷兰的计划。这好像是战争阴谋的一部分。"外交部的贾德干对此事的描述是："收到了德国入侵低地国家的完整计划。很奇怪。但不能忽视这些事，要处处小心谨慎。"

后来，肯尼思·斯特朗悲伤地写道："我经常听人说，如果能知道对方的计划，打仗就简单了。可如今敌人的计划真的到了我们手中，我们却为难了，不敢相信是真的。"但最重要的是盟国截获了德方的计划，德方知道计划的效力立即就消失了。在这种情况下，希特勒坚决要求改变进攻的基本思路，从阿登高地实施突破，结果证明这是他一生中真正的战略灵感。所以，如果敌人知道情报泄露了，情报就变得毫无用途了。这是情报学的重要结论，对译码者来说也特别重要。

亚历山大·贾德干在 1940 年 1 月 19 日的日记中写道："斯图尔特·孟席斯似乎认为德国人将要在 1 月 25 日之后发动进攻，但他太善变，太草率，太肤浅（这点跟我一样）！"这样的评论不仅对作者自己不公平，也并非是在对军情六局的局长表达支持。还有一个线索：阿勃维尔低密级的信息被军情五局的无线电情报组破译了，破译结果表明德军的进攻在即。但那时缺少分析信息的机器，无法及时地把信息提交给指挥官，并确保指挥官注意到了。在没有"超级机密"之前，政客、外交官、将军经常对各类情报表示怀疑。当莫拉韦茨的"伦敦的捷克情报组"向军情六局提供了一个新预警之后（比如，阿勃维尔的保罗·苏梅尔预计德军会在 5 月 10 日发动一次大进攻），但在那个嘈杂的春季里，它消失在噪音中了。

4 月 9 日，德国入侵挪威，西方盟国被惊呆了。虽然当时没能破译希特勒的电文，但英国海军部忽视或错误理解了许多有关希特勒企图的线索。当德军的两栖部队在挪威海岸登陆的时候，英国皇家海军的主力正在遥远的大西洋，防范伺机突破的德国战列舰。在此后的几周里，德军的监听者能轻松地听到英国旅长在援助弱小挪威军队时的声嘶力竭，但英国情报部分几乎不知道入侵军队的闪电行踪。

1940 年 5 月 10 日，希特勒对西方发动了闪电战。德军的装甲车快速穿越阿登高地，渡过默兹河，直插英吉利海峡和法国腹地。法国前线部队发回了大量情报，但由于听上去太离奇，法军总部的情报官安德烈·薄富尔（André Beaufre）轻蔑地不予理睬，称之为"虚构出的洪水"。盟军司令官莫里斯·甘末林（Maurice Gamelin）此刻仍然坚信德军会按照计划从比利时发动进攻，凡是跟他的信念相违背的情报，他都逐一加以拒绝。

这次战役，不仅是德军将领的大捷，也是德国情报部门的大捷。乌利齐·李斯中校（Ulrich Liss）是德军西部战区的情报评估部门的长官，他是个亲英派，天生的寻欢作乐者。李斯的个人能力极强，精力充沛，他称通信情报是"情报长官的情人"，因为通信情报可信，而间谍不可信——在 1940 年 5 月，他的手下掌握了最好的通信情报技术。在那个漫长寂寞的冬天里，德国监听者发现了大部分盟军部队的番号，主要原因是法军的无线通信是不安全的，电报员和参谋官直接讨论作战计划和部署。韩德鸣上校（Handeeming）是德军 A 集团军群的无线电情报监听处的处长，他受命监控法国第 7 集团军在比利时的推进情况，他以极高的效率完成了这项任务。

李斯率领手下人员还从大量盟军战俘中搜集情报。各国军队都审问战俘。在二战期间，虽然无人知晓到底有多少战俘供出了秘密，但大量战俘说出了自己的"姓名、军阶、兵力"。隆美尔的情报官员发现英国战俘很容易开口，到了非洲战役的后期才变得沉默起来。蒙哥马利手下的一名军官对德国人太热情，说话轻率没有理性，对德国人说英国第 8 集团军的无线电监听"在各方面都很优秀"。有个德国人写到，许多被俘的英国军官身上带着"重要的人名单、秘密簿、地图"。情报官有一种标准的审问程序，就是与战俘聊家常。德军在 1940 年 4 月 16 日颁布《审问英国战俘指南》，要求指挥官尽量派遣熟悉英国和英语的审问者。"如果说话客气，"那份指南说，"每个英国人都会坦率地回答问题。"除了军事问题，德国情报部建议审问者去刺探英国现在的经济状况和社会环境。下述问题是有用的：

（a）你听说希特勒是什么样的人？

（b）你听说纳粹是什么样的组织？

（c）你听说盖世太保是什么样的组织？

（d）你听说犹太人是什么样的人？

（e）你听说德国的食物供给情况如何？

（f）你听说战场上胜负情况如何？

（g）你怎样做宣传？

（h）妇女和孩子关心什么？

（i）儿子去打仗，年迈不能工作的父母谁来照顾？

（j）……

（k）吃的情况如何？——比如肉、蔬菜、蛋、黄油、面包？

（l）停电了怎么办？

（m）英格兰现在最红的人是谁？

(n) 英国内阁里谁最强硬？

(o) 你听德国广播吗？

(p) 你喜欢德语播音员吗？

(q) 你与法国的关系如何？

(r) 你相信德国下决心征服世界吗？

(s) 你想和平谈判吗？

大多数战俘的行为举止，与祖国的现实状况有很大的关系。当时盟国运气很糟，有一份报告记录了被英国抓住的几个德国战俘的审问结果，结果令人感到阴郁："军官（大部分人）对宣传无动于衷，认为希特勒是神人，拒绝相信英国的新闻。"与此相反，南非有一位名叫爱德华·万石（Edward Wunsch）的皇家飞行员被德国人抓住了，他对德国审问者表达了同情心，认同纳粹的理想，这些都被审问者记录下来："像所有参军的南非人一样，万石在反对犹太人方面异常坦率……他说南非人都不恨德国人，根本不愿意参战。大多数人不相信有关德国暴行的宣传……万石认为南非可能有一天会单独进行和平谈判，条件是德国继续取得军事胜利。"

1940年盟军在法国战败，原因很多。究竟是盟军司令官莫里斯·甘末林判断失误，还是因为民族精神崩溃了，这个问题一直引发激烈争论。多获得一点情报，或早一点获得预警，很可能无法改变1940年战役的胜负。德军的作战效率在那个时候是盟军无法比的，如果这一点不改变，盟军绝对取得不了胜利。在1940年的时候，英法不仅在情报工作方面落后，在其他方面也落后。

在盟军撤离欧洲大陆的时候，情报官和特务抢救出了不少好东西：军情六局的蒙蒂·基德森少校（Monty Chidson），前海牙情报站的长官，抢救出了大量工业金刚石。彼得·威尔金森（Peter Wilkinson）把大部分波兰总参谋部的人员带出了法国。汤米·戴维斯（Tommy Davies），和平时期是考陶尔兹服装公司的董事，从加来的工厂逃跑时带走了大量白金，几小时后德国人就赶到了。不过，这些成绩小得就跟巨人身上的蚤虱一样。军情六局没有提前制订在敌后安插特工的计划，以便法国被纳粹占领后还能发回情报，但如果军情六局真的制订了这样的计划，很可能会被指责为犯了失败主义的错误。在此后的几个月里，英国情报部门落后于欧洲大陆的形势发展，这让英国首相感到失望。英国人被困在不列颠诸岛上，只能依赖空中侦察和中立国的外交官了解希特勒的所作所为。

安全部门立即采取了有限的合法手段逮捕了一批跑到英国来的德国间谍。军情五局拒绝用拷打的方法进行审问，但在 1940 年 9 月出现了一次例外。第 20 号营地是安全部门的审问中心，地点在汉姆公地的兰迟米尔庄园里。一位安全官员打了被捕的代号"塔特"、真名哈里·威廉姆森（Harry Williamson）的阿勃维尔的间谍，最后两人被拉开才算了事。盖伊·利德尔谴责了这件事，反对使用"盖世太保的方法"，无论从道德方面，或是从职业方面，都不应该如此。亚历山大·苏格兰上校（Alexander Scotland）本想给威廉姆森注射药物，但也被阻止了。海军情报部的审问者试验不同的药物，希望获取信息，结论是浪费时间。他们认为，巧妙的提问，不仅更加符合道德，也更加有效。

这场全球大戏的第二幕开始了——希特勒轰炸英国——军情六局和布莱切利园在这幕戏中没有什么表现。英国的战斗机部队与德国戈林的航空队进行了历史性的搏斗，对这场搏斗帮助比较大的有两个，一是对德国在法国建立的新机场、荷兰和挪威的机场发出的大量的莫尔斯电码进行的流量分析，二是皇家空军新成立的语音监听部队中的德语专家对德国飞行员的语音对话进行了监听，专家中大部分是妇女。

在那几个月的时间里，英国首相和参谋长心事重重，甚至可以说是深受困扰，因为他们有两个问题无法回答：德国人是否会入侵；如果会，何时？1940 年的秋季，伦敦陷入疯狂的境地，空气中混杂着英雄主义的反抗和荒唐，陆军部的情报官提出一项建议，利用手中抓获的德国间谍去激怒德国人，加速德国的入侵进程，他认为皇家海军和英国陆军能打败德国入侵。白厅不喜欢这个建议。与此同时，看到法国的灾难结果，英国将军觉得德军拥有几乎魔法般的能量，他们中的许多人相信希特勒只需几周的准备时间，在不对防守者进行任何警告的情况下，就能对英国发动两栖进攻。

皇家海军的司令官杰弗里·考波斯（Geoffrey Colpoys）每天下午 1 点钟都有一项任务，向唐宁街提供一份由"特别入侵预警委员会"发出的报告。在那个秋天的大部分时间里，这个委员会一直假定德国马上就要发动攻击，所以他们的主要关注点是进攻的时间。以外交部的维克托·"比尔"·卡文迪许—本廷克（Victor 'Bill' Cavendish—Bentinck）为首的联合情报委员会，在 9 月 7 日做出入侵即将来临的预测，但仅此一次。本廷克后来幽默地说当时他不在场，而会议的代理主席就是那个心理不稳定的英国陆军情报官，就是他建议引诱德军入侵的。丘吉尔本人一直对入侵表示怀疑，但他认为有必须在政治上保持英国人民的警觉和目的性，所以要让人民相信，虽说 1940 年不会有入侵，但以后几年有可能有入侵。7 月 31 日，亚历山大·贾德干表达了他对德国不会入侵的判断，但指出德国会入侵直布罗陀和埃及，并说："我们的情报还没有'证实'这一推测。但无论何处遭入侵都是极坏的。"在世界各国活动的英国间谍都没有为战争提供多少帮助。新加坡的英军总司令、空军元帅、爵士布罗伯特·鲁克－波帕姆（Robert Brooke－Popham）写下了自己的失望："这里的官僚都几乎不依靠军情六局的情报。他们很少提供有价值的信息。"英国国内的情况基本上也是一样。

在德国占领西欧之后的几个月里，只有仍然保持中立的苏联还能大规模地利用秘密情报源，苏联的情报源遍及比利时、德国、瑞士。在那段时间里，苏联的间谍甚至都不必使用电报，他们只需把报告交给当地的苏联大使馆就行了。1940年，格勒乌的利奥波德·特雷伯从布鲁塞尔来到了巴黎，还带着情人，情人是个外国人，名字叫乔吉·德温特（Georgie de Winter），20岁的美国女人。特雷伯让家人跟着副手阿纳托利·古勒维奇回莫斯科。古勒维奇的私人关系也不简单。他打着"乌拉圭商人"的幌子，连续交了好几个女朋友，其中有一个最漂亮的姑娘说她父亲熟悉南美洲，他听到这话立即断绝了与这个姑娘的关系。"放在其他场合，"他一厢情愿地写道，"我也许会爱上她，但间谍不能这样有福气。"于是他与邻居巴克萨（Barcza）一家有了来往，玛格利特的匈牙利丈夫年纪很大了，她是一个相对年轻的比利时金发女人，她有一个8岁大的儿子。巴克萨的丈夫死后，古勒维奇与她开始密切交往。米哈伊尔·马卡洛夫（Mikhail Makarov）是格勒乌在比利时的另一个情报官，过着古勒维奇形容的"混乱的生活"，跟他生活在一起的女人显然都是妓女。

德军入侵比利时，给古勒维奇带来一些麻烦：布鲁塞尔警察逮捕了他的语言老师，此人自称是英国人，但这家伙实际上是阿勃维尔的间谍；当比利时首都被这家伙的同胞占领时，他立即就获得了自由。古勒维奇用来做掩护的公司也垮台了，因为犹太职员都跑了，业务只能抵押给他人。莫斯科命令古勒维奇掌控比利时的情报工作。他把玛格利特·巴克萨填入莫斯科情报中央的档案中，并且没有让她知道——他给她取的代号没有一点想象力，叫"金发美女"。后来，他把这段传奇写成了回忆录，他在回忆录中强调了间谍网动荡不安的性质，而历史——特别是苏联历史——把他经历过的这段传奇视为历史上最伟大的秘密行动。他的这个说法，是他整个回忆录中最可信的。古勒维奇断言，虽然利奥波德·特雷伯自吹他在法国和比利时的情报网有多好，但实际上成员全是他在巴勒斯坦的老朋友，而且向莫斯科提供的有关德国侵袭波兰、斯堪的纳维亚、西欧的情报毫无用途。似乎有一点可以肯定，苏联人在此后一年里从间谍活动中获得的信息，还不如丘吉尔和英国将军们从早报上获得的多。

除了在北非，英国几乎没有采取什么认真的军事行动，这样秘密战就成了非常活跃的领域，这皆因英国首相亲自推动的缘故。1940 年 7 月，英国成立了特种行动局（Special Operations Executive），目的是"火烧欧洲"。与此同时，英军组织起来许多突击队、伞兵队、"游击队"，尤其是在中东地区。百老汇街来了许多新人，有些是外国人。"对惊险小说作者来说，"疑心极重的马尔科姆·蒙格瑞奇写道，"情报工作极有吸引力，就如同精神不稳定的人喜欢去做精神病医生或阳痿的人喜欢做色情作家一样。"所以，格雷厄姆·格林（Graham Greene）去了塞拉利昂的弗里敦（Freetown），老牌记者蒙格瑞奇去了葡萄牙人控制下的莫桑比克的洛伦索马贵斯（Lourenço Marques），记者金姆·费尔比（Kim Philby）被迎进了军情六局。对职业情报官来说，这些新人是令人垂头丧气的根源，因为职业情报官想维护军情六局的声誉，而那些战时雇用来的人，他们后来虽然博得了公众的注意，但他们要么是标新立异者，要么是叛徒。

由于军情六局在欧洲大陆缺少间谍，所以请求寄居在伦敦的欧洲诸国流亡政府帮忙寻找情报源。波兰人开始在波兰国内建立起很好的情报网，不过他们因此而遭受惨重伤害——他们自己不知道，但德国人实际上破译了他们与间谍之间的通信联络。弗朗蒂舍克·莫拉韦茨和他的捷克情报小组正式被视为政府的情报分支；军情六局向他们提供了无线电设备和文件。这些捷克人在西诺伍德区郊区罗森代尔路的三间相邻的城郊房子里建立起新的基地，不过后来被德国空军摧毁。1940 年年末，他们转移到了伦敦西部的贝斯沃特（Bayswater）的一栋新建筑物中。但军情六局没有向他们提供资金。莫拉韦茨在花光了从布拉格带出的现金之后，被迫谈下一桩 5 万英镑的贷款，用来支付他的情报网每月 3000 英镑的费用。有一段时间，他不断收到从苏黎世转交过来的有关东欧的情报——卡雷尔·谢德洛切克（Karel Sedlacek）上尉在 1934 年就为莫拉韦茨做苏黎世情报站的站长，对外是新闻记者；由于缺少文字能力，他请人以他的名义写报告。德国反间谍局的保罗·苏梅尔利用捷克军官做他与伦敦的联系人；1942 年，苏梅尔被盖世太保逮捕后，莫拉韦茨的情报小组便失去了情报源。

虽然英国人撤出了欧洲大陆，但自此享受到一个巨大的福气：德国无法抓住任何能透露盟国破译恩尼格玛密码机进展的人，或截获相关的文件。在 1940 年至 1944 年间，许多法国人，包括数百个法国维希政府的公务员，与占领者形成了合作关系。但维希政府的军事情报官和几个波兰副手，虽然私下里知道盟国正在试图破译恩尼格玛密码机的事，但在受到审问的时候，没有把这件事泄露出去。纳粹在欧洲大陆布置下广泛的网络，重点是抓反对派人士，而不是密码破译机器。在德军占领初期，当时被占领区的大多数人都屈服于命运了，柏林的间谍和警察既没有发现有什么东西会干扰他们主子的安宁，也没有发现通信安全有什么隐患。

在 1940 年至 1941 年的冬天，各主要交战方都不了解对方的情况，他们只能通过看报纸和观察敌海陆空部队的运动进行研究。那段时间最成功的密码破译工作是德国人做出的，特别是纳粹德国海军无线电监听部（B－Dienst），那时英国做不了什么，因为连本国人民的肚子都填不饱。希特勒准备发动他一生中最惊人、最野心勃勃的进攻，他要入侵苏联，敢如此行事的人，要么是不清楚对手的经济实力，要么是缺少手段知道苏联的经济实力，要么是鲁莽地不在乎。

## 追踪卡纳里斯

德国人成了欧洲的主人，德军向世界表明自己是最可怕的战斗力量。另一方面，无论英国和盟国的情报机构有何弱点，希特勒的阿勃维尔的表现相比更差。1940 年夏季，这家纳粹情报机构的首长玩了一个阴谋，在英国南部海岸的一艘搁浅的船上安插了一个间谍，但他们没给这个倒霉的漂流者任何像样的任务。他们还讨论了派间谍在肯特郡登陆的事，但那需要间谍爬上悬崖，由于他们缺少有爬悬崖技能的间谍，这件事也没有办成。与此同时，德国空军的情报部门错误判断了大不列颠战役的方方面面，不仅错误估计了英国的空军实力，还错误判断了给所选目标造成的损失情况。1940 年 9 月，英国陆军部情报局的肯尼思·斯特朗在审问了第一批登陆英国的德国间谍之后坦陈他心里感到迷惑。他一直很敬重德国人的效率，但纳粹间谍活动的表现实在让他无法恭维。

阿勃维尔在间谍的挑选、培训、装备方面都不好，甚至阿勃维尔给他们的假护照都漏洞百出。阿勃维尔的行动分辨不出现实和理想的区别，他们的行动日志仅是为了给领导留下好印象，日志中的间谍是虚构的，记录的行动从来没有展开过。阿勃维尔的局长是海军上将威廉·卡纳里斯，此人在二战之后的很长时间里被认为是反对希特勒的重要英雄人物，但他实际上仅是一个会见风使舵的人，缺少精神勇气挑战他鄙视的纳粹。他缺少足够的技能为纳粹有效运作情报机构。

最先发现这点的不是德国人，而是有一个年轻的英国历史学家，虽然他蔑视人类，却是一个好情报官。休·特雷弗－罗珀不求与卡纳里斯为敌，却做他的追踪者，如此的方式是秘密战中比较有趣的故事之一。这位牛津大学的老师，才华横溢、脾气暴躁、极度傲慢，虽然不是一个同性恋者，但从心眼里不喜欢女人。

在二战期间，他经常把他平生所写的第一本书拿出来复读，这本书是有关劳德大主教（Archbishop Laud）的："我发现在比较深刻的真理中总是潜伏着我们还没有意识到的更加美丽的东西。"在 1940 年至 1945 年间，他监听了阿勃维尔的无线电通信，最初是为英国军情五局，后来是为军情六局。休·特雷弗－罗珀时刻关注着卡纳里斯和他的机构，但他去猎狐的那几天除外。逐渐地，这个英国学者对德国的这个情报机构的理解比纳粹高层中任何人知道的都要多，在 1943 年之后达到了全面的地步——他肯定比卡纳里斯知道得多，因为休·特雷弗－罗珀能说出谁是阿勃维尔的假情报员，这些情报员是受所谓的"双十委员会"的情报官控制的，这个委员会由伦敦的情报官组成，主席是英国军情五局的杰克·马斯特曼（Jack Masterman）。这个年轻的学者可能有一种个人愿望，想展示出自己也是一个能做事的人，有这种愿望的知识分子不是少数。他极为尊重他的一个瘦高但从来没有见过的表兄理查德·特雷弗－罗珀（Richard Trevor－Roper）。这位表兄是威尔士的小农场主，后来参加了英国轰炸机部队，做机尾炮手，参加了盖伊·吉布森（Guy Gibson）轰炸德国水坝的任务，获得了优异飞行勋章和优异飞行十字勋章，但在第 50 次行动中阵亡，年仅 29 岁。

1939 年 12 月，25 岁的休·特雷弗－罗珀从牛津大学墨顿学院应征入伍，他的搭档是沃尔特·吉尔（Walter Gill）。吉尔是电子系的讲师，曾经给墨顿学院的校区安装电灯成了名人。在一战中，他在埃及的多个无线电站工作过，甚至把天线架在金字塔上。在《名人录》里，他的业余爱好包括：骑马、无线电研究、"抓贼"。他和特雷弗－罗珀变成了无线电安全局的核心成员，这是一个军情五局的分支，最初的工作地点是在伦敦西部的监狱里。他俩雇用邮电局的员工每天追踪未获执照的私人无线电传输，侦察英国境内是否有敌人间谍发送无线电信号，如果发现了，就轮到墨顿学院这两人去捉。

吉尔和特雷弗－罗珀发现天空中空空如也，没有他俩期望发现的无线电流量，这令他俩很失望，觉得自己失败了。逐渐地，他俩认识到并非是他们手下的监听人员技能低下，而是因为英国境内没有德国间谍在发电报。在认识到自己初衷有局限之后，这两位大学老师扩大了监听的范围：开始监听欧洲大陆上阿勃维尔的呼号。有一天晚上，他俩在伦敦西郊伊灵（Ealing）的公寓里喝完茶、吃完点心后，终于破译了阿勃维尔的手工密码——这是一种保密级别比较低的系统，卡纳里斯用这种密码与没有恩尼格玛密码机的外围间谍站进行通信。特雷弗－罗珀能说流利的德语，开始认真研读德国人的电报。

后来，布莱切利园的领导阿拉斯代尔·丹尼斯顿知道了这件事，心里很不高兴。这两位业余无线电安全工作者被告知这是多管闲事。丹尼斯顿蛮横地说阿勃维尔的情报不重要。公平地说，他对这两位无线电业余爱好者的恼怒不仅是嫉妒。布莱切利园的破译工作要想取得真正的成绩需要几个月，甚至几年的时间，如果刚开始就让德国人知道了，这场戏等于就结束了。英国密码破译活动越分散，就越容易暴露。后来，百老汇街介入了这件事，因为他们也遇到了令人恼怒的事。特雷弗－罗珀把有关阿勃维尔在北非活动的报告分发给了许多人看，其中包括邮电局的无线电部门。

吉尔和特雷弗－罗珀都是既顽固又喜欢恶作剧的人，坚持做自己的事；不久之后，就能读懂更多阿勃维尔与外围情报站之间的电报了。事情的发展让这两位大学老师高兴，即便布莱切利园组建了自己的监听卡纳里斯通信的小组，连续破译后来的4组手工密码的仍然是无线电安全局，而不是政府密码学院。1941年春季，无线电安全局利用美国产的设备在白金汉郡的汉斯洛普公园（Hanslope Park）建立起了一个新的监听站，并开始在海外建立自己的监听站。在二战中，这个小部门向布莱切利园转交了100万份电报。

最后，军情六局成功地接管了无线电安全局，这是合情合理的，因为百老汇街是信号情报的大宗主。特雷弗－罗珀发现自己跟斯图尔特·孟席斯的通信主任一起工作了，此人算是情报界的最怪异的人物，名叫甘比尔·帕里（Gambier－Parry）上校，他是情报界的知名人物，深受官僚机构的信任，可以自由自在地做事。甘比尔·帕里在白金汉郡的瓦登学堂（Whaddon Hall）建立起军情六局的通信中心，他也住在学堂里。他热衷马术，从二战前学堂的主人那里继承来一群猎狗，让百老汇街负担管猎犬者的工资；有一次，这群猎狗冲进布莱切利园的大门，让一位骑马且熟悉这里情况的人想起猎狗吞食破译电报的诗情画意。甘比尔·帕里平素就跟一个中世纪的男爵一样。特雷弗－罗珀在打猎时跟他认识了，惊叹道："如今的情报界是神经病警察和胆小官僚的世界，他的行为举止就如同福斯塔夫（莎士比亚作品中的喜剧人物），即使不是拉伯雷笔下的人物，也是巴尔扎克笔下的。"在这里应该补充一句，甘比尔·帕里在二战中是靠自己的热情和本事运作军情六局的通信中心的。

休·特雷弗－罗珀成了军情六局无线电分析处情报科的科长，无线电分析的处长是菲力克斯·考吉尔（Felix Cowgill），前印度警察。考吉尔不喜欢新来的晚辈，他认为这个年轻人"整天胡思乱想，结交一些危险的朋友"。这位牛津大学的讲师不满足于仅提供情报素材，而是展开情报分析和评估工作，这种做法是军情六局不愿接受的，因为只有足够聪明的人去做这样的工作。无线电分析处制作了一份"紫色入门教程",介绍了阿勃维尔的人员和散布在世界各地的间谍。不久之后,这份材料就变得厚起来。无线电分析处发现,意大利人虽说在战前取得过一些情报成果,但如今完全依赖德国人提供的情报,养成了一些坏毛病。

1941年夏季,特雷弗－罗珀有了一个助理,此人是21岁的查尔斯·斯图尔特(Charles Stuart),刚离开牛津大学基督教堂学院,学了一年的历史。此后又来了第三个人,牛津大学的吉尔伯特·赖尔(Gilbert Ryle)。帕特里克·赖利(Patrick Reilly)是一位有才华的年轻外交官,后来做了斯图尔特·孟席斯的个人助理,他认为特雷弗－罗珀的三人小组是"英国情报机构中无与伦比的卓越小组"。特雷弗－罗珀做了军情五局和军情六局联合无线电委员会的秘书后,有机会认识了情报界几乎所有重要的人物。这位戴着眼镜盯着人看的历史学家变成了战时英国情报官的杰出代表。他对德国情报工作的理解稳步增长,特别是布莱切利园的迪尔温·诺克斯在1941年12月破译了阿勃维尔的主要机器密码之后。百老汇街的领导一直认为他们的敌人是能搞阴谋的天才,特别是在"芬洛惨败"之后变得尤为严重,但特雷弗－罗珀在二战初期就认定德国人患了集体无能症。针对卡纳里斯,他说这位阿勃维尔的首长不是间谍大师,而是一个随波逐流的人。

海军上将威廉·卡纳里斯来自一个莱茵兰工业家族。他在一战中是潜艇军官,后来热衷搞右翼政治,并在重建德国海军上发挥了作用。1926年,一位高级军官在报告中高度赞扬了他在军事和政治方面的手腕:"他很懂外国人的心理和思维方式,又具备极高的语言能力,他对待外国人的方式可以做我们的榜样(他知道如何对付贵贱不同类型的外国人)。"但包括埃里希·雷德尔和邓尼茨在内的许多海军军官越来越不喜欢卡纳里斯,觉得他太狡猾。

在希特勒执政之处,卡纳里斯极力讨好希特勒,成功地成了纳粹的高官。1935年,他48岁,被任命为德国情报机构的首长,不仅控制海外间谍活动,还控制国内反间谍活动。另一方面,希姆莱运作他自己的德国安保总局,局长是恩斯特·卡尔滕布伦纳,而盖世太保是其执法机构。正如特雷弗－罗珀评论的那样:"所有在德国有势力的政治家都谋求建立自己的情报局(就如同他们谋求建立自己的军队一样)以便获得更多的权力支持;而这些情报局和所获得的情报都被视为主人的私有财产。"

德国保安总局并不比阿勃维尔的效率更高,但影响力比较大,因为其直接隶属于希姆莱。军情六局注意到德国保安总局很好地渗透进入了中立国在柏林的大使馆,从而获得了有用的信息。与此同时,卡纳里斯的机构在世界各地建立起了情报站,在德军各部队中都有情报小组。卡纳里斯的地盘在初期扩张得很快;他获得了管理效率高、有外交手腕的美名，集中体现在他应对纳粹官僚机构和杰出的外国人这两个方面。至少在 1942 年前，他的机构在德国内外都享有盛誉。

卡纳里斯生性诡秘，在成为间谍头目前就如此，之后就更加明显了。阿勃维尔的柏林总部坐落在改造后的提尔皮茨大厦里，这座大厦在 1943 年被炸毁之前一直是阿勃维尔的总部。大厦里的办公室像养兔子场一样拥挤，卡纳里斯似乎可以隐形地在办公室之间偷偷走来走去。他经常出国旅行，旅行也一样神秘，特别是去西班牙的时候：在他办公室的墙上挂着佛朗哥的画像，上面有佛朗哥的亲笔签名。他很少穿制服——这在纳粹社会里很少见，他特别喜欢漂亮的衣服。他刻意做出有礼貌的样子，而且不仅是在下属面前，他的样子就好像吃下了许多药丸的忧郁症患者。他为放松精神，经常去骑马，他的网球打得极好。他对动物特别有爱心：他在阿勃维尔总部养着两只腊肠犬，他不停地同它们说话。其中有一只在他去意大利时患病了，他为那狗打电话给柏林，在电话里讨论了很长时间。他的意大利随从还以为他在用暗语讨论什么重大问题，但他对那狗的感情是真挚的。他常说动物比人更值得信赖；也许更确切的说法是他更喜欢动物。在谈话中，无论是工作方面的或是社交方面的，他都是说模棱两可话的高手。几乎没有人知道他到底在想什么，周围的人认为他颇有城府，但更有可能是他想掩盖自己的犹豫不决。

严格讲，阿勃维尔隶属于德国最高统帅部，但卡纳里斯把它变成私人封地。在二战期间，他手下的人在希特勒帝国的内部压制持不同政见者和抓捕西方盟国的间谍方面取得了相当大的成绩，这才使他稳坐纳粹高官的位置。卡纳里斯任命弗朗茨·冯·本特维尼（Franz von Bentevegni）上校掌握反间谍活动，这是他为数不多的成功任命之一。但苏联人在 1942 年之前成功地躲过了德国人令人震惊的反间谍活动，在 1945 年前，德国的军事信息一直在向外泄露，甚至发生德国密码被破译这样重大的事故，这是卡纳里斯无法逃避的罪责。

他派往海外搜集情报的间谍是不称职的。很奇怪，德国派往英国的间谍怎么看都不像是绅士。即使在 1940 年，丘吉尔的岛国正在打仗，口音和举止仍然是被上层社会接受的护照。作家西里尔·康诺利（Cyril Connolly）曾经给《新政治家》杂志写了一封抱怨信，他在信中说自己因被怀疑是间谍被捕了，但他在伊顿上过学这件事被当局知道了，立即就释放了他。从剑桥那几个间谍的经历看，由于他们属于上层社会，就不会受到怀疑，所以说，如果阿勃维尔派几个懂得餐桌礼仪、懂得用假蝇作饵的钓鱼、懂得用枪射松鸡的间谍，他们肯定会被邀请去最豪华的房子里做客。

　　有鉴于此，卡纳里斯的左右手情报处的头目汉斯·皮彭布罗克（Hans Pieckenbrock）上校和颠覆处的头目欧文·拉豪森（Erwin Lahousen）上校在 1943 年被撤职，这不是纳粹因政治原因做出的恶意姿态，而是他俩确实无力继续领导部门的工作。德国在海外秘密活动的规模巨大，但结果寥寥无几。在阿勃维尔招募的人中最知名的是海因里希·加贝尔（Heinrich Garbers）海军上尉。他是菜农的儿子，纳粹的狂热分子，曾经在 1938 年驾驶自制的 30 英尺长的帆船"风语"号横渡了大西洋。在盟国实施海上封锁期间，德国人想到了一个应对办法，就是派遣特工驾驶敌人不会关注的小船，在偏远地区登陆。在 1941 年和 1942 年间，加贝尔像英雄般冒险去了南非和纳米比亚。此后，他驾驶"帕斯姆"号小纵帆船，以平均 6 节的速度，进行了两次伟大的远航。这艘船航行时打着"圣马利亚"号（哥伦布第一次远航发现美洲所乘之船）的名义，加贝尔先后让这艘船悬挂过法国旗帜、西班牙旗帜、葡萄牙旗帜。1943 年，他驾驶这艘船，载着代号"瓦尔特""弗雷德""吉姆"三个阿勃维尔特工去了阿根廷。后来，他简洁地形容这场航行是"平凡的 65 天航行"。

　　从航海角度看，一切正常，但瓦尔特与弗雷德相互嫌恶，吉姆不停地晕船，体重剧烈下降，船上气氛被这些事破坏了。最后，这艘船终于到达了阿根廷，拉普拉塔河地区的纳粹支持者举行了欢迎仪式，在"帕斯姆"号返航前，给这艘小船的船员送去了咖啡和橙子。加贝尔跟铁人一样，这次航行对他一点影响都没有。他安全地返回了欧洲，获得了一枚骑士十字勋章。但没有证据表明，他的旅客对纳粹夺取战争胜利有何帮助。匈牙利空军军官拉兹罗·艾马殊（László Almásy）伯爵也有类似的经历，他飞跃了 2000 英里宽的北非沙漠，在 1942 年 5 月把两名间谍送到了埃及。这是一个非凡的成绩，艾马殊后来有了灵感，写了一部小说和电影《英国病人》，但这个狂热的纳粹分子写的版本是虚构的。他的旅客在到达目的地后没有做出什么与这次历史性的旅行相匹配的成绩。在阿勃维尔大本营附近，英国人密切监听着他们的无线电报告，发现他们的海外间谍网几乎没有搜集到什么真实的新情报。

　　随着特雷弗－罗珀研究了越来越多布莱切利园破译的电报，他说："我们很快意识到，这个'海军小将'具有比我们想象的要更复杂、更富有争议的品格。随着我们更了解他的机构的无能，我们发现或推断，他陷入了一场政治纠纷，我们注意到他疯狂地去各地旅行，特别是西班牙，这点与我们的蜗居局长截然不同。"——特雷弗－罗珀指的是斯图尔特·孟席斯。在二战之后的几十年里，卡纳里斯被视为那个时代的主要人物，他是几本大部头传记的主人公。最引人的观点是卡纳里斯是反希特勒的秘密十字军战士，并秘密支持盟国的事业。有几个德国作家积极地支持这种观点，因为德国社会在战后极度需要找到几个敢于挺身而出反抗纳粹邪恶帝国，最后变成烈士的崇高人物。

如今我们知道这个说法是没有根据的。1938年前，卡纳里斯是纳粹的激进支持者，在此后的几年时间里，希特勒派遣他出国做自己的私人特使。这位海军上将温和地与德国保安总局的莱因哈德·海德里希展开合作。他俩的家庭关系密切：卡纳里斯夫人与大屠杀的策划者一起演奏小提琴。1939年之后，这位海军上将变得越来越阴郁和紧张——他的同事注意到他酗酒严重。特雷弗－罗珀认为那种说卡纳里斯正在领导"另一个德国"的说法是荒谬的幻觉。在特雷弗－罗珀眼里，这位阿勃维尔的首长个人能力有限，他的反纳粹活动仅限于把他自己的机构变成庇护天堂，庇护那些跟他一样越来越不喜欢希特勒那帮人、不愿参与纳粹暴行的军官。卡纳里斯的苛刻本性在纳粹的粗鲁行为面前退缩了，或者更确切地说是在纳粹的无情野蛮面前退缩了。

从目前掌握的情况看，在阿勃维尔中，仅身在瑞士的汉斯－贝恩特·吉泽菲乌斯（Hans－Berndt Gisevius）做过军情六局的情报员，此人原来是普鲁士律师，体魄雄伟，虽为盖世太保服务过5年，但痛恨不已，在1938年转入德国内务部，此后又转入阿勃维尔。卡纳里斯派遣他打着副领事的幌子去苏黎世，他后来向夏莲娜·希曼斯卡提供情报，他知道她是英国和波兰的情报员。在1940年8月至1942年12月之间，他从伯尔尼向百老汇街提供了25份报告，其中有些引用了卡纳里斯的观点；其中还有些报告源自希特勒的财政部长亚尔马·沙赫特（Hjalmar Schacht）。

替他传递情报的希曼斯卡，是一个既厉害又漂亮的女人，前波兰驻柏林武官的妻子，曾经与卡纳里斯在伯尔尼一起吃过饭。吉泽菲乌斯提供的情报大部分是准确的：1941年1月，希曼斯卡转交了有关德国飞机库存的报告，同时报告卡纳里斯认为入侵英国的计划被搁置的观点。她在4月引用了吉泽菲乌斯根据沙赫特的信息形成的观点，希特勒在下个月将入侵苏联——这确实就是希特勒本人的意愿。当然，德国人的情报中自然有糟粕：1941年3月28日，他对希曼斯卡说德军不会进攻利比亚——但两天后，隆美尔发动了一次大进攻。

吉泽菲乌斯和其他几个同事的贡献，并非是使阿勃维尔变成了抵抗纳粹的支柱。阿勃维尔并非背叛了纳粹，而在二战中的拙劣表现是因为懒散和无能。卡纳里斯不懂得如何给下属布置工作，他挑选出的下属都很无能。德国情报机构只有一项明显的成就，在1941年南斯拉夫进行紧急军事动员前成功地收买他们的军官，成功地完成了颠覆行动，但此后的间谍活动基本上是不成功的。这位海军上将是一个德国爱国者，他是不会积极地帮助德国的敌人的。像那个时候的许多人一样，他隐瞒了自己的政治观点。他是一个保守的君主制主义者，佛朗哥的西班牙是他的精神故乡；他尽可能多去西班牙旅行，不仅是去阿勃维尔在马德里的总部，还去会见与他有类似观点的西班牙政客和贵族。阿勃维尔在西班牙的航船观察哨，利用红外线技术监视进出直布罗陀海峡的盟国船只，并向德国海军和德国空军在意大利的第一航空队做报告，这项情报服务是阿勃维尔海外情报行动中给人印象最深的。

德国的情报机构缺少"大局"观，卡纳里斯对此要负主要责任，因为他无法在希特勒的干预下诚实地工作，无法向莫斯科情报中央那样在斯大林的阴影下工作。情报的结论不能超越元首能接受的条件。有一次，希特勒在一份有关苏联农业的报告上写下了评注："这是不可能的。"这严重削弱了德国的情报能力。德国陆军参谋长库尔特·蔡茨勒（Kurt Zeitzler）在 1942 年 10 月 23 日写道："苏联人没有值得一提的后备部队了，不再有发动大规模攻势的能力。"希姆莱在 1944 年大言不惭地宣称，德国情报工作的第一原则不是真实，而是对元首的忠诚。这是一句重要的话，以最生动的形式表达了阿勃维尔和德国保安总局在二战中的巨大弊病。

历史学家迈克尔·汉德尔（Michael Handel）写道："民主体制下的领袖更倾向于考虑广泛的可能性，在独裁或极权政治制度下的领袖做不到这点。在独裁国家中，要想向上爬，必须无情地夺取权力，合作和公开通常不受重视……偏离'政党路线'的思想宽容被视为对个人的批评。"独裁的这些特征不仅在战场上削弱了德国情报活动，有时还在削弱德国。例如，希姆莱的副官莱因哈德·海德里希不把德国保安总局看作是获得外国敌人的手段，而更感兴趣于把它当作在德国内部消灭敌人的武器。希特勒从来不希望把情报作为制订计划和政策的工具。他仅在战术上利用情报：纳粹对海外的事特别不好奇。

虽然阿勃维尔不是一个成功的情报搜集机构，但这不意味着希特勒在战场上是瞎子：德军的战术情报是很好的。在二战的前半期，德国人的无线电监听和密码破译取得了一些成绩，放在今天似乎也能给人留下深刻印象，当然不能把他们的成绩跟英国和美国相比。德军有极好的语音监听单位，为每个战场提供了重要的信息。"语音监听是最好的情报源。"隆美尔在北非的参谋官汉斯－奥托·贝伦特（Hans－Otto Behrendt）说。1941 年 8 月，在一位意大利员工的协助下，意大利情报提取处的两位特工打开了美国驻罗马大使馆武官的保险柜。他们从保险柜中拿走了军事情报第 11 号密码，然后进行了影印。这使轴心国在此后的 10 个月中破译了大量电报，这是极为严重的情报泄露事件。在 1942 年，由于美国驻开罗的武官邦纳·菲勒斯（Bonner Fellers）上校向华盛顿详细报告了英国人的计划和企图，在沙漠中作战的英国第 8 集团军因此而损失惨重。一位德国情报官赞扬说："这是无与伦比的真实可靠的情报源……在 1942 年上半年我们在北非的胜利做出了决定性的贡献。"

在海上，皇家海军的一些密码被德国人在"海豹"号潜艇上找到。1940 年 5 月 5 日，这艘潜艇在德国沿海被俘获，丢失密码是极其罕见的事，潜艇上的鱼雷官要负责，因为他应该销毁这些秘密文件。这使德国海军在 1941 年 8 月前能破译大量皇家海军在北海上的电报，甚至到 1941 年 9 月一些战舰的通信仍然可以被破译。在二战的前半期，德国海军的电子监听部破译了皇家海军护航船队的密码，给盟国的船运造成了严重的损失。即使电报不能被破译，无线电流量分析也能让轴心国的情报官有效地判断敌人的部署。到了二战后半期，由于盟军指挥官对保密问题越发重视起来，情况才有所好转。德军前线指挥官还利用巡逻、空中侦察、战俘审问不断获得有用信息，公开信息也很有用——监视敌人的报纸和广播。

1942 年前是二战的第一个阶段，在这个阶段里，德军在欧洲战场上获得凯旋，德国人的情报源向德军指挥官提供足够满足他们需要的有关世界和敌人的信息。德军的胜利掩盖了阿勃维尔人工间谍的失败。只要德国正在取得胜利，为什么要去干预德国战争机器中不完美的地方呢？只有到了希特勒的军队开始遭遇惨败时，他们才开始质疑帝国的政治和战略情报存在的深刻问题。当然，希特勒要受到谴责，但卡纳里斯负有行动不利的责任。这位海军上将失宠了，但太晚了——或许纳粹体制存在的制度问题，使纳粹不可能改正间谍机构的腐败和低效问题。

卡纳里斯焦虑地不想做坏人，但他也没有勇气去做好人。他根本不是一个历史性的人物，他是个小人物，无力地在困境中挣扎着。特雷弗－罗珀坦陈他在卡纳里斯和他的英国同行孟席斯之间看到了一种近似性。这两个男人都很保守，有荣誉感——都有软弱。有一个小巧合，卡纳里斯在维也纳有一个情人，她的姊妹嫁给了孟席斯的哥哥。特雷弗－罗珀认为，"阿勃维尔的许多弱点和荒谬，在英国的军情六局那里也能看到……我在战争的迷雾中看到，我在百老汇街和瓦登学堂的老朋友变成了提尔皮茨大厦或万塞情报站中穿着德军制服的人。"这位海军上将终将落入希特勒的行刑者的手里，因为他几乎没有做什么去改变这一命运：他经常谈及要叛变，但他没有采取任何行动。他远没有能成为"好德国"的烈士，仅是那个丑恶德国的笨拙仆人。

**第 3 章**

# 迟到的奇迹：布莱切利园

## "秘密消息"

1939 年冬天，白厅审查了军情六局，并加以严厉批评，而"芬洛惨败"使批评更加严厉。孟席斯（人称"C"号人物，因为这个职位很难坐稳）赶紧编纂了一份 26 页的文件为他的部门做辩护，这是他为保持自己的职位打出的一张险牌。他向上级承诺英国即将"收获军情六局的果实"，因为军情六局与盟国的情报机构展开了合作，"应该能在几周内给英国空军部提供无法估量的好处，而给海军部的好处或许只需一两个月而已"。这段含糊的话传达出一个重要的意思，孟席斯相信布莱切利园在法国人和波兰人的帮助下，接近于破译德国人的密码了。这样的成功，肯定能弥补军情六局在间谍方面的失败。但他的愿望在次年的大部分时间里都未能实现。在情报圈里，很少有人敢说英国能重复在 1914 年至 1918 年间第 40 号房间取得的成就，更不用说超过了。戈弗雷海军上将（Godfrey）是海军情报长官，他在 11 月 18 日写信给孟席斯说："无论密码分析是否能在战争后期提供给我们德军的调动情况，军情六局都应该在敌人的港口安插特工，报告舰船调动情况。"戈弗雷对密码破译似乎没有寄托很大的希望。

在和平时期，很少有国家让国内最聪明的人去从事国家安全工作。有才华的人很少选择情报职业——即使在军队里，情况也一样。当国家的生存遇到威胁时，政府才会动员大大小小的天才们为战争服务。在二战中，最初是英国人，后来是美国人，在利用人才方面做得比较成功。在英国和美国最聪明的人中，有很大一部分或早或晚地找到了能发挥自己才智的工作——做军队高级参谋官的有因诺克·鲍威尔（Enoch Powell）、约翰·弗里曼（John Freeman）、托比·奥尔丁顿（Toby Aldington）；在科技领域，特别是在情报领域，吸收了数千名来自各行业的杰出知识分子。例如，英国情报机构的德国分支就招募到了一些作家和学者，比如有诺埃尔·安南（Noel Annan）、埃里克·伯利（Eric Birley）、艾伦·普莱斯－琼斯（ Alan Pryce－Jones）。安南是剑桥大学的讲师，仅掌握基本的德语和法语知识，他惊讶地评论道："仅过了几周的时间，我就在汇编报告了，有的来自巴尔干半岛特工，有的来自布莱切利园的早期译码结果。"

唐纳德·麦克拉克伦（Donald McLachlan）是一名记者，为戈弗雷海军上将工作。在工作了一段时间后，他主张战时情报部的工作人员应该是穿军装的平民，因为他们没有职业军人的偏见："职业军人有修改原始情报，讨好上级的倾向。但律师、学者、旅行家、银行职员有抵御这种倾向的能力，甚至记者都能做到这点。"虽然军情六局在1945年之前仍然掌握在其老领导手中，但英国秘密战的大部分活动都受穿军装的平民控制——他们边学边干，大部分人在几个月后技能明显提高，但也有个别情况需要几年时间，但无论怎样，他们逐步地改善了情报分析的质量。海军部的潜艇跟踪室主任罗杰·韦恩（Rodger Winn）的职业是辩护律师，后来做了大法官。蒙哥马利将军的情报官埃德加·比尔·威廉姆斯，跟着蒙哥马利从阿拉曼（Alamein）一直打到吕内堡荒原（Luneburg Heath），他曾经是牛津大学的讲师，后来做了旅长。琼斯让他成了科学情报工作的传奇人物。

英国军队里像他们这样的人有成百上千，他们在二战中大部分时间里的主要工作就是截获和破译敌人电报，从中找到有用的信息，并加以分析。比尔·威廉姆斯在1943年前一直在地中海地区工作，后来去了欧洲，他在1945年的一份重要报告中说："必须指出只有英国的'超级机密'能把情报与地图联系在一起。在1942年能大量破译敌人密文之前，情报工作是参谋官的灰姑娘……有关敌人的信息经常被视为有趣的故事，而非有价值的，当然不同的指挥官有不同的态度。"

怀疑在很多情况下是有好处的，因为资料似是而非之处太多。1940年中东地区情报组的战争日志记载着一段既滑稽又无聊的短情报："所有匈牙利艺术家被要求在5月底前离开当地。"有关意大利军队的情报几乎没有。8月9日，情报部记录道："东昔兰尼加的利比亚部队的当前位置和机构的情报已经过时了。"一位作战参谋官在一周之后说："关于意大利地面部队从海上抵达利比亚的情况，没有任何进一步的可靠消息。"9月27日，在英军最高指挥层的情报周报上，有一段文字总结了德国国内的情况："一位中立国旅游者去了莱比锡博览会，根据他个人的可靠观察，纳粹和军队的关系不好。"在 3 周后，军情六局的政治处主任焦虑地说："有关德国国内的状况和经济形势，我们处于可怜的无知境地。"

只有当盟国军事领袖能看到敌人战场指挥官之间的通信或总部的通信的时候，对情报工作的怀疑的态度才逐渐被炽热的信任所取代。在布莱切利园能提供"超级机密"之后，不仅是英国首相，就连英军总司令对高级情报官的尊重程度之高，也是从前几乎没有过的。英国战时内阁的秘书伊恩·雅各布（Ian Jacob）准将说："我感觉自从有了超级机密后，丘吉尔就不从其他地方找信息了。"1943年，艾森豪威尔的情报官肯尼思·斯特朗在给一位受训的参谋官写的一份备忘录中说："我不再依赖间谍和特工的情报源。现代方法彻底改变了情报工作。"

当然，他指的是破译密码。英国破译密码活动源自布莱切利园的政府密码学院。大战爆发后仅几个月的时间，政府密码学院就猛地扩大了规模，源源不断地来了许多学者，他们中的许多人在战前就被内定好了。虽然他们中的有些人来自军队，但大家都有一个共识，他们不必接受军队的队列训练，也不必知道步枪的结构。他们面色蜡黄，穿着随便，抽着烟斗，住在郊区的房子里。政府给他们发工资，他们不穿制服，不敬军礼。来布莱切利园做研究工作的人越来越多，20岁的数学家基思·贝蒂（Keith Batey）也来了，他的女房东要求他提供雇主证明，证明他不是一个故意"逃兵役者"。这位女房东不知道他所从事的任务对英国来说绝对重要，可以弥补英国的致命弱点。什么任务呢？布莱切利园的这支小队伍，在 1939 年的时候一共才有 169 个人，其中包括后勤人员，他们当时只知道可以截获敌人用于通信的编码和密码。即使仅破译密文其中的一小部分，所获得的信息对战争来说有可能就是无价之宝。

最初，没有人知道截获的一份电报是希特勒给军队下达的进攻华沙的命令，或是东普鲁士德国空军要求文件柜供货的订单。译码员有大量的工作需要做，这需要动员尽可能多的人手去监视敌人在各个频段上传送的电报，形成大量的电报日志，确定发送者的地点和身份——是外交？是警察？是海陆空诸军种？接下来是更艰难的挑战，确定密文的含义。

无线电通信传输速度越快，安全性就越差。在陆地、海洋、天空战场上最简单的通信方式是语音。这使命令和信息可以立即传送到目的地，但任何人在那个频段都能偷听到。对名字类的词汇进行呼号编码是简单的安全措施——在不列颠战役期间，战斗机控制员把高度增加 5000 英尺，借以迷惑偷听者。但语音通信在本质上不安全：机密信息不应该用语音传递，但这条纪律经常被违背。

大多数军事电报用莫尔斯电键通过无线电传递。在战场上，低保密级别的资料可由普通人员手工加密，这需要利用 1 或 2 个字母数字组成的密码组——德国海军使用 27 种变异加密法。高层领导发出的比较敏感的信息，就需要用机器或手工编码员翻译密文，通常是 4 或 5 个字母数字的组合。英国人自认为自己的 X 型密码机是高度安全的，不过英国能用的密码机一直不够。* 美国人则很信赖自己的信格巴（Sigaba）密码机，它有 15 个转子。

在 1939 年至 1943 年的大部分时间里，德国人破译了盟军的一部分密码，其中包括美国国务院和美国大使馆武官与几个流亡政府（譬如波兰的和法国的流亡政府）进行通信时使用的密码。德国人有时还能破译英国陆海空三军的电报，包括皇家空军的四字母密码，后来还破译了美国陆军的 M－209 便携式机械密码机。值得强调一下的是盟国密码并非绝对安全，虽然许多西方历史学家不愿承认，但盟国密码的安全隐患给了敌人可乘之机，德国人获益匪浅，特别是在大西洋海战中。然而，保密级别比较高的英、美、苏之间的通信没有让敌人的歹意得逞：纳粹一直在监听丘吉尔和罗斯福之间的跨大西洋电话，但柏林没有获得任何有价值的东西。如今有人说，德国人破译了苏联保密级别较高的密码，对这类说法要谨慎对待：1942 年之后，没有证据表明希特勒的将领们因掌握了如此的内幕而受益；如果德国人真的掌握了内幕，就不会被苏联的欺诈所蒙蔽了。

大多数德国高官有信心恩尼格玛密码机不能被破译，但不能肯定德国译码员也都有此看法。恩尼格玛密码机有许多转子和插接板，其产生的加密信息只能由另一台具有相同设置的恩尼格玛密码机读懂，任何敌人都无法破译，确实是人的脑力无法企及的。在 1939 年的时候，德国人认为机电技术不大可能破译恩尼格玛密码机，这种观点并不奇怪，因机电技术当时还不存在。但真正不同寻常的是德国人在此后 6 年里一直如此平静地保持着信心，即使发现波兰人已经在战前成功破译了恩尼格玛密码电报，还有几个德国专家提出警告之后，那信心依旧如故。德国人的骄傲自大，可以从德国最后一任通信情报长官艾伯特·普劳恩中将一席话中看出来。战争结束的时候，他被捕了，他在盟军面前说："德国通信情报工作的成就……也许说明了德国式情报机构的优势。"针对他的机构，他又说道："这给了德国指挥官最大的通信安全。"

英国人先破译了恩尼格玛密码机，后来又破译了电传打字机，英国人的破译过程是循序渐进的，破译进展 1943 年至 1945 年才达到高峰，其间有中断，且并

---

* X 型密码机是皇家空军中校莱伍德（O. C. Lywood）和空军部信号处的欧内斯特·史密斯（Ernest Smith）借鉴了商用恩尼格玛密码机的原理，在 1934 年开发而成的，3 年后投入使用。

非所有密文都能被破译：即使在高峰期，也仅能破译截获密文的一半，有许多破译结果太迟了，无法对"战役结果"提供实际帮助。虽然布莱切利园取得了惊人的成就，但译码员的工作并非一帆风顺。

1939 年至 1940 年间的"假战争"没有带给英国多少好处，但给了政府密码学院一些宝贵的时间用于增强实力，改进密码破译方法。由于没有机器的帮助，布莱切利园的研究人员只取得了一些小成果，破译了少数几种敌人密码，而且所花费的时间比较长。德国人所用的缩写和代号，需要英国人花几周时间进行解读。在战争的前两年里，布莱切利园所做的工作的重要性，不在于使英国将领能躲避灾难性的惨败（英国确实遭受了惨败），而在于为黑暗点亮了一根蜡烛，使人们对译码员和逐渐成熟的破译技术怀有希望。借助那根蜡烛，作战指挥员能在一块巨大的拼图板上放置几块拼图，为日后的胜利做铺垫。

布莱切利园由一堆丑陋的貌似维多利女王时代的建筑物构成，周围有 55 英亩的林地和草地，距离伦敦有 50 英里，这个庄园的邮寄地址很特别：英国外交部邮箱第 111 号 X 站。1938 年，当时的军情六局的局长休·辛克莱爵士（Hugh Sinclair）海军上将为躲避德国人的轰炸，买下了布莱切利园；传说他用了自己的 7500 镑，但很可能是出自他控制的秘密基金。无论军情六局在人工间谍方面有多么薄弱，值得赞扬军情六局的领导的是，在资源极度短缺的情况下建立起了布莱切利园，而且要特别赞扬辛克莱。庄园买下后，立即就开始铺设直通伦敦的电话和电传打字机。次年，军情六局的核心密码分析小组就从百老汇街转移到了这个园子里，组长是阿拉斯代尔·丹尼斯顿。他在海军部的老同事迪尔温·诺克斯是一位研究埃及古文字的专家，成了布莱切利园最早的支持者。有许多年轻人来布莱切利园，其中最杰出的是来自牛津西德尼苏塞克斯学院的戈登·韦尔士曼（Gordon Welchman）、休·亚历山大（Hugh Alexander）、斯图尔特·米尔纳—巴里（Stuart Milner－Barry）、约翰·杰弗里斯（John Jeffreys）。艾伦·图灵也来了。

艾伦·图灵，27 岁，印度公务员的儿子，童年生活困苦，感情郁闷，这对他的性格形成影响甚大。此时，他刚从普林斯顿大学回来，他在那里学习了一段时间，手中拥有一项自己的发明，称为电路试验板上的电子乘数机。他在谢波恩中学（Sherborne）的校长曾写道："如果他继续在一所公立学校上学，他就必须学知识。如果他要成为一个独一无二的科学奇才，他现在等于在浪费时间。"按照校长的说法，图灵确实是在"浪费时间"：他变得害羞、狭隘、性急。诺埃尔·安南（Noel Annan）写道："我喜欢他那狡猾、神秘的幽默……他的内心世界比他的外面更加实在。他不喜欢权威……他喜欢游戏、寻觅财宝、安静……图灵是最单纯的同性恋，盼望拥有永恒的友爱和爱情。"但他的悲剧是，给予他更多折磨的不是他的性取向和经常表现出来的幼稚，而是天才所特有的孤独的痛苦。

此后又来了大批年轻的学者，有各种类型的译码员和语言学家，并且陆陆续续地来了一群年轻妇女，她们在"布莱切利园行动"中发挥了必不可少的作用。最先来的是丹尼斯顿的高尔夫球友的两个女儿，这使人想起私人关系在布莱切利园的早期招聘中发挥的重要作用，当时还没有必要进行大规模的招聘。确实，战时情报机构突出展示了英国上层社会生活的安逸特征。牛津大学出版社受委托印刷了大量密码簿、地图、报告，因为战前这家出版社有在保密的情况下印刷考试卷的经验。英国海军部负责与牛津大学出版社进行联络的是玛格利特·戈弗雷（Margaret Godfrey），她是海军情报部主任的妻子。皇家海军的地形摄影图书馆每个月要向战场发配 30 万张照片，其工作地点就在牛津大学图书馆附近的地下室里。一战时的老情报官绰号"信号灯"的海军上将威廉·霍尔（William 'Blinker' Hall）爵士把戈弗雷（戈弗雷是他的情报部继任者）介绍给了伦敦银行巨头孟塔古·诺曼（Montagu Norman）、奥拉夫·汉布罗（Olaf Hambro）、罗思柴尔德（Rothschild），请这几个巨头帮助戈弗雷为海军情报部寻找合适的人选。

申请来布莱切利园的候选者，经常会被问一个问题："你看其他人的信件会产生丧失原则般的焦虑吗？"当时 20 岁的哈里·辛斯利在剑桥的圣约翰学院接受了阿拉斯代尔·丹尼斯顿和高级译码员约翰·蒂尔特曼（John Tiltman）上校的面试。他们说："我们知道你去过一些地方旅行。你考试成绩很好。你为政府工作如何？你是喜欢入伍还是为政府工作？"辛斯利想为政府工作，他来到了布莱切利园，参加了布莱切利园针对海军的第 4 号棚屋。在 1939 年至 1940 年的寒冷冬天里，他跟许多男女同事一起努力破译恩尼格玛的密文。工作条件令人沮丧，工作人员穿着大衣，戴着厚厚的手套。在 1939 年 10 月 25 日，他们首次破译德国空军的恩尼格玛密钥，这种密钥被命名为"绿色"。12 月，据说艾伦·图灵在没有人提供协助的情况下，全凭个人的智力破译了德国海军在过去 5 天发送的电报量。到了 3 月，法国布鲁诺情报站，或更准确地说是在那里工作的波兰人，破译了 20 天的电报量。整个布莱切利园破译了 30 天的电报量。这批被破译的电报都是德国空军的。

图灵还有更重要的事要做。他整理出了 150 页的恩尼格玛密码机论文，论文纸中不时能看到男孩子写字常有的污点、删除标示、语法错误。大多数译码员丝毫不顾忌年龄和官阶，相互直呼名字或绰号，但几乎所有人都叫图灵"教授"，没有人叫他艾伦。1940 年年末，图灵的恩尼格玛密码机论文开始在布莱切利园里传阅，大家称之为"教授的书"。他下决心把他提出的"炸弹"解码机的概念变成现实，这款解码机虽然原始，却是革命性的机电设备，可用于验证多重数学组合。机器的名字是借用波兰人的，但结构设计完全是他自己搞的，它能在 20 分钟里验证 17576 种 3 转子恩尼格玛密码机的组合：这种机器的第一份订单是在 1939 年 10 月下的，原型机在 6 个月后就开始工作了。与此同时，工作人员越来越多，为此工人们在布莱切利园外面建造起来一长排低矮的木质房子。最后，只有管理人员在主建筑物里办公，大厅里放着电话交换机。在小棚屋之间，不同工作小组用缆车在一条临时建造的木质隧道里传递情报。

第 8 号棚屋主攻德国海军电报，然后交给第 4 号棚屋进行翻译和处理。同样，第 3 号棚屋翻译和处理第 6 号棚屋破译的德国国防军和德国空军的电报。第 3 号棚屋在盟军的战时情报工作中发挥了关键性的作用，但早期只有 4 个工作人员。富兰克·卢卡斯（Frank Lucas）是其中之一，他写道："在 1940 年 1 月的一个雪天里，在一个荒凉的小木屋里，除了一张桌子外，就是 3 把椅子，但几组恩尼格玛密码第一次被破译了。我们一点都不清楚自己发现了什么。"在几十码远的地方，第 6 号棚屋在戈登·韦尔士曼的领导下，破解了德国空军使用的"红色"密钥，而且是第一次实现了大量破译。

从一开始，布莱切利园在保密问题上煞费苦心，规定情报来自密码破译的事实只能让最高指挥官知道。这出人意料地提升了军情六局的威信，特别是斯图尔特·孟席斯的。琼斯把"超级机密"伪装成一份报告交给皇家空军信号情报主任纳廷准将（Nutting），这位空军将领感到既吃惊又钦佩，认为拿到这份情报的间谍太有勇气了，于是说："天哪，你手下竟然有如此勇敢的人！"有待截获的敌人电报量越来越多，数量多得吓人。战争中通信量有大幅增长。到 1943 年 8 月为止，德国空军兵力有 230 万人，其中 30.5 万人做通信工作——工作包括传送、接收、处理。交战双方的情况都是如此，所有兵种都是如此。

在英国政府密码学院内部，有人员冲突不可避免。戈登·韦尔士曼的创造性贡献仅次于图灵，此外他的组织能力也极有价值，但他发现很难与迪尔温·诺克斯进行合作，因为诺克斯易激动，脾气不好，有资格获得"布莱切利园最古怪的人"这一众人争抢的称号。诺克斯有胡乱开车的恶名，他曾大笑着说："你撞了人，被撞的人却满脸堆笑，表示道歉，这实在令人吃惊。"他大肆抱怨人员短缺问题、工作条件问题、工资低问题，他要求他在第一次世界大战时第 40 号房间的老同志丹尼斯顿为他解决这些问题。他甚至抱怨非密码分析专业的人拥有太大的权力："他们破坏和掩盖我们的成果。"诺克斯患了癌症，1943 年 2 月差点死了，但他仍然和韦尔士曼斗嘴："这老头指责年轻人超越原初设定的狭隘职责范围。"他对图灵也不耐烦，他写道："图灵很难安静下来。他很聪明，但相对不负责任，提出了大量好坏参半的建议。我刚好有恰当的权力和能力去管制他。但他对我的管制态度很好。"图灵突然想学射击，便高兴地参加了布莱切利园的地方志愿队。但在学会了射击后，他就不出队列进行练习了，这把队长气疯了。图灵是个超凡脱俗的人，他的行为举止让那些急于做出成就的人感到气愤。图灵的一位同事说图灵"几乎不能让别人理解他"。

基层怨气很大，这不令人感到奇怪，因为工作压力大，工作时间长，工作条件差。安格斯·威尔逊（Angus Wilson），后来成了小说家，有一次大发脾气，同事们厌烦地说："安格斯，别说了，再说的话，我们把你丢到湖里去！"威尔逊反驳道："别担心，我自己跳下去。"说完，他真的跳去房子前的水坑里。还有一次，他把墨水瓶向一名皇家海军女子服务队成员投掷过去。许多战时译码员都经历过身体和精神崩溃的时候，有人甚至终生受累，这全因他们面临的工作压力：威廉·弗里德曼（William Friedman），一位美国早期的密码工作人员，在 1941 年 1 月经历过一次精神崩溃，这使他在 3 月内无法工作。也是在这段时间里，休·特雷弗－罗珀萎靡不振了几个月的时间，其他人也常有类似的情形。

最先截获到德国人电报的是坐落在英国东南部查塔姆（Chatham）的古老海军堡垒中的一组军事电报员。这项任务后来转交给了工作地点在瓦登学堂的甘比尔·帕里的部门去完成。在战争初期，电报员的人手一直不够用，皇家空军和英国陆军不愿按照政府密码学院的要求改变工作优先级。监听到的德国电报按批次由信使骑着摩托车送到布莱切利园的守卫室，送货时间不固定，而且经常是在坏天气的时候来，然后电报被分给各相关的棚屋。译码员们很早就知道如何辨识德国电报的发电报人，方法是看电报未加密的前缀，长度不超过 250 个单词。此后，布莱切利园的那些具有突出逻辑能力或数学能力的男人们，还包括几个女人，便开始轮班工作，他们一小时接着一个小时地伏在松木桌子前，摆弄数字和字母，盼望能找到电报中有意义的片段。"理想的密码分析员，"斯蒂芬·布迪安斯基（Stephen Budiansky）写道，"是具有会计师思维方式的贝多芬。"当克里斯多夫·莫利斯（Christopher Morris）刚来到布莱切利园的时候，他问一位老同事这份工作的要求，那位老同事简洁地回答："哦，你需要一支削尖的铅笔和白纸。"莫利斯对工作要求有自己的看法——除了要有诺克斯、图灵、韦尔士曼、马克斯·纽曼（Max Newman，后来加入）那样的激情之外，还要有"耐心、精确性持久力、清晰的头脑、一点工作经验、与他人合作的能力"。

译码员做了大量的索引工作，索引卡片放在鞋盒里，摆放在棚屋的周围，卡片按照敌人的单位、人名、代号、地点、缩写、武器进行分类；用不同颜色标示出恩尼格玛密码机的密钥——譬如：黄、绿、红、蓝，分别表示挪威、德国国防军、德国陆军－空军、空军训练的密码。"当电报里出现了一个新词的时候，"休·斯克伦（Hugh Skillen）写道，"比如说一种新的飞机燃料，或一种机器部件，你就要在索引里寻找，如果没有，编索引的人要在索引卡片上写上时间和日期。"布莱切利园的这种严格做记录的方式是取得成功的关键因素。

出于安全考虑，布莱切利园的运作是严格地隔离开的，棚屋之间只有极少的信息交流和闲谈。许多年后，即使韦尔士曼都说他不了解距离他的棚屋几米远的同事在做什么。随着工作人员从数百人，上升到数千人，设施明显落后：有一个组长抱怨 200 多个男女工作人员只有一个公用厕所。按照战时标准，食堂里的食物算是差的。莎拉·诺顿（Sarah Norton）刚来，有一天晚上发现食物中有一只做熟的蟑螂："我正准备把食物退回给女服务员，我的朋友欧丝拉就像带着幼狮的母狮一样，抓过我的盘子说：'多浪费啊！让我吃！'"工作之余，最近的有美食的地方是布莱切利镇旅馆，那里能吃到牛心。韦尔士曼回忆他在当地的商店买东西时，需要自带报纸用以包裹鱼和土豆条。译码员分三班轮流上班，头班从早上 8 点干到下午 4 点。下班后，筋疲力尽的男男女女坐着汽车，穿越灯火管制区，回到住所后，几乎找不到任何舒适的生活：灯光暗淡，热水澡一周只能洗一次，严格的纪律不许异性访问。

有一点给人留下深刻印象，这些在布莱切利园工作的人们，在如此艰苦的条件下坚持工作，一天又一天，一个月又一个月，既没有荣耀，也没有兴奋，生活单调，没有色彩。在第 3 号棚屋里，值班员翻译着从第 6 号棚屋里送来的解码过的电报，电报写在复写纸上。解密电文应该全是德文单词，但经常做不到这点，常会出现断点，这时就需要语言学家来发挥想象力弥补断点。威廉·米尔沃德（William Millward）回想起一件令人羞愧的事，有一天晚上，他把北非沙漠距离卡塔热（Qatara）不远的一个地方命名为"Senke"——因为他忘记了这个词在德语里的意思是"洼地"。"学校老师做值班长最合适，"彼得·卡沃科雷西（Peter Calvocoressi）写道，"因为他们天生谨慎：如果他们不满意，他们就会把翻译结果退回去，即使对方是杰出的教授也无济于事。这使我想起在学校时主考老师看到'A'考分，总是把考卷退给助理考官，让他重新打分。"不爱玩脑力游戏的人，在政府密码学院待不下去。不过，也有沉闷无聊的夜晚，值班员既不能去睡觉，也没有密码电报可供破译。彼得·希尔顿（Peter Hilton）则利用这样的时光写无聊的打油诗玩："文件，笔记，我不同意。做得再快，也是一个大胖子。我要控制饮食，只吃密码中的字符。"

虽然艾伦·图灵是布莱切利园里公认最聪明的人，但他的成就是集体努力的结果；许多人提出了创造性的建议，韦尔士曼就是其中杰出的一个，他发挥的作用跟图灵是一样重要的。1940年2月的一个晚上，此时距离第一台"炸弹"解码机面世还有几个月的时间，21岁的牛津大学数学家约翰·赫里韦尔（John Herivel）在宿舍的火堆前吸烟，他全神贯注地思考着如何破译密码电报，甚至都没有意识到自己几次疲倦地睡着了。他突然获得了灵感，仿佛看到一名德国恩尼格玛密码机操作员。他看到这位操作员疲倦地开始了早晨的工作，竟然在没有改变昨天密码机的设置的情况下便开始加密电报了。赫里韦尔那一夜几乎没有睡觉，一直在推演如此的疏忽行为怎样才能探测到，如果能探测到了，又怎样用来破译密码电报。

韦尔士曼是赫里韦尔在牛津大学的指导教师，立即看出这个闪念的重要性，它把数学才华与人性的弱点结合在一起了。他激动地告诉这位年轻人，他是"不会被忘记的"。确实，这个灵感后来被称为"赫里韦尔的擦边球"。此时，迪尔温·诺克斯也找到了一个切入点，就是寻找操作员的错误——比如把Cillis输入为Sillies。后来，韦尔士曼写道："布莱切利园完全依赖赫里韦尔的擦边球和诺克斯的切入点结束了大不列颠之战。"换句话说，在发明解码机之前，英国人全凭人脑力破译了密码，几乎不靠任何机械的力量：在利用技术手段方面，英国人要落后于美国同事，美国陆军和海军的密码破译小组早就开始利用霍尔瑞斯打卡分选机，而这种机器到了1940年5月才在布莱切利园出现，因为主管密码破译工作的约翰·蒂尔特曼上校不信任这种机器。在1940年夏季，"超级机密"没有什么重大发现，只是发现纳粹入侵英国的"海狮计划"被延期了，有几个迹象能说明这点，其中比较显著的是德国空军在9月里的一份电报命令拆除几处荷兰机场的空运设备。

军情六局情报官弗莱德·温特伯森，后来被任命为"特别联络处"的处长，这个机构维持着一张大网，把破译的情报提供给战场指挥官。他把第一台解码机命名为"阿格纳斯"，这个名字源于某个东欧女神，这台解码机注定要成为布莱切利园的神仙。1940年3月14日，这台密码机被安装在第11号棚屋里，但问题不断。戈登·韦尔士曼在图灵的创新上做了项重要的改进，就是增加一个"诊断板"，增加了这个部件后，效果很好，改进型的密码机在8月中旬投入了使用。

"阿格纳斯"及其演化型解码机不是计算机，因为没有储存器，而是机电密钥搜索器，有 6.5 英尺高，7 英尺宽，装在棕色的柜子里，包含了 36 组高速电子驱动的恩尼格玛密码机的复制品。每一台"炸弹"解码机包含 11 英里长的电缆、100 万个焊点，制造厂商是莱奇沃思（Letchworth）的英国制表机器公司，部分零件要在附近的村庄里装配，参与生产 26 路电缆和一些小电器元件的临时工丝毫不知道他们的产品对战争的贡献。

在译码员根据电报的内容给出某种线索之后，"炸弹"解码机能设定恩尼格玛密码机的 3 个转子，测试数百万种数学可能性。打个比喻，"阿格纳斯"这类密码机是猎狗，需要让它嗅一嗅拖鞋或手帕。如果译码员给不出线索，"炸弹"密码机就找不到密钥，但幸运的是总能找到破译密码的线索。后来生产的几台"炸弹"解码机，工作很稳定，可以不停地工作，简直就是奇迹。皇家海军妇女服务队队员轮班操作这些解码机，她们给这些机器起了名字，通常是英国战舰的名字，比如"厌战号""胜利号"等等。"炸弹"解码机不能直接把敌人密文翻译为流利的德语文字。在译码员根据电报内容给出线索后，这些机器是极有价值的加速器。根据恩尼格玛密码机的特点，把一组英国 X 型密码机进行调整，让皇家海军妇女服务队的操作员在上面测试推测的破译方案，也能对破译工作提供有用的帮助。解码机数量不足是密码破译的瓶颈，这个问题在 1940 年至 1942 年间特别严重，英国海陆空三军的需求无法同时满足，只能对解码机进行分配，"解码机的工作时间"永远不够用。

在 1940 年之中，人脑仍然是布莱切利园取得成功的主要因素，而加入布莱切利园的人每周都在增加。然而，真正帮助译码员在 5 月破译德国陆军和空军"红色"密码的是"赫里韦尔的擦边球"，而不是"炸弹"解码机。那年被破译的大部分敌人电报属于德国空军，大约每天 1000 份，德国空军的电报可以比较快地被处理，比其他军种的电报要快。要想破译成功，需要有一个重要条件，就是译码员说的"深度"——对某个密钥而言，要储备足够多的用这种密钥加密的电报，以便让译码员有足够的空间进行计算和推测。

德国空军的电报为并行的德国陆军的活动提供了许多线索，但早期由于缺少对德国术语和缩写的理解，破译陆军密码的工作进展缓慢。1940 年 9 月，布莱切利园破译了戈林的前锋部队"KGr100"的一些电报，根据破译结果，可以预计几次轰炸机空袭的目标。但这种预警没有什么实际意义，因为英国的防御部队缺少实力，具体说就是黄金空军夜航战斗机缺少雷达导航，不仅数量有限，效果也不好。

由于害怕敌人攻击布莱切利园，所以又建造了许多台"炸弹"解码机。到1945年时，一共有211台了，分散在伦敦郊区。解码机的操作员，大部分是皇家海军女子服务队的年轻妇女，她们要长时间蹲在滚烫、难闻、噪音难忍的机器旁边，特别是她们必须用小钳子去调整电路连线的时候。有些姑娘因为单调的噪音而变得焦虑不安。有个姑娘说："就好像有许多织布机在工作——类似于咔嗒咔嗒之声。"她们下班回家时袖口都是黑的，那是"炸弹"解码机的旋转鼓喷出来的油渍染的。

英国人试探了好几个月都无法破译德国海军的恩尼格玛密码机。原因之一是德国海军的系统有8个转子，其中有3个是同时转动，这比德国陆军5转子系统要难破译。还有一个原因是德国海军的操作员比德国空军的操作员更守纪律，犯错的机会比较少，布莱切利园的可乘之机就比较少。1940年4月，曾经成功破译过德国海军的密码机，但持续时间很短暂，也就是5天的时间，此后就是长达一年多的沉寂——这对那些天天徒劳地与密码作斗争的人来说简直就是永恒——此后才迎来突破。丹尼斯顿忧郁地对1918年海军组的组长、1918年第40号房间的老兵弗兰克·伯奇（Frank Birch）说："你知道，德国不想让你破译。我也不能肯定你能破译。"自从图灵来到布莱切利园之后，就一直在跟德国海军的密码电报打交道。图灵的同事休·亚历山大认为，图灵之所以投入精力研究德国海军密码，是因为其他人似乎没有进展。于是他就孤独地钻研起这个深奥的难题了。

图灵想出来了一种新方法，这种方法被称为"班伯里方法"（Banburismus），因为需要使用班伯里（Banbury）生产的一种长条穿孔纸带。利用这种纸带，可以把恩尼格玛密码机可能的转子组合数从336种减少到约18种。这套破译系统是在1941年春季引入的，当时德国潜艇造成的英国损失大得开始令人感到惊慌。在陆地战中，虽然破译了有关德军运动的情报，但英军缺少实力和机会而没有作为。此外，是否能破译在很大程度上是靠运气。1941年年初，英国陆军在北非对意大利人进行了监听，因获得了一些不错的信号情报而获益匪浅，但真正加速战场决策速度的是破译了几条恩尼格玛密码机发出的电报。在海上则不同，英国密码学院的劳动比较早地就收获了丰厚的回报。

英国人在海上缴获了一系列文件，显著地帮助布莱切利园增加了对敌人海军通信的理解，这对破译成功是一股推动力。1941年2月23日，英国突击队对罗弗敦群岛（Lofoten）发动袭击，缴获了敌人武装拖网船"克雷布斯"号，在船上发现德国海军的恩尼格玛密码机的备用转子，但密码机被丢入了大海。这"刺激"了皇家海军展开行动，希望缴获更多的恩尼格玛密码机的材料，目标是德国往来于冰岛和扬马延岛（Jan Mayen）之间的武装拖网船。5 月 7 日，3 艘巡洋舰发现了"慕尼黑"号，于是发动猛烈的攻击，但还没有来得及拿到其恩尼格玛密码机，这艘船就沉入北极的深海。6 月 25 日，皇家海军抓住了其姊妹船"劳恩堡"号，仍然没有获得其恩尼格玛密码机，但拿到了有用的密码资料。

第 8 号棚屋如今有足够的信息破译一些德国潜艇的电报了，但真正能大量破译是出于偶然和勇气，而非有什么预谋。1941 年 5 月 9 日，一支护航船队攻击了朱利叶斯·兰普（Julius Lempe）指挥的德国潜艇 U-110 号，并迫使它上浮。皇家海军驱逐舰"牛头犬"号派出一组人登上了潜艇，领头的是海军中尉大卫·巴姆（David Balme），这组人控制住了潜艇，并阻止了其下沉。他们回到驱逐舰的时候带回了无价之宝：当时正在使用中的恩尼格玛密码机的文件。U-110 号在被拖走时沉没了——从保密角度看，这其实是一件好事，德国人以为英国人没有获得这艘潜艇的《信号手册》《军官密码使用指导》等文件，这些文件被安全地转交给了布莱切利园，这个秘密一直保守到二战结束。同时被缴获的还有一台恩尼格玛密码机和几种不同的转子，但这是战果中用途最小的，因为布莱切利园早就有了一台。几天后，第 8 号棚屋就能稳定地破译德国海军的电报了。拉尔夫·厄斯金（Ralph Erskine）是布莱切利园的大密码破译专家，他认为即使没有抓住 U-110 号，布莱切利园也快要能破译德国海军的电报了。但有一点可以肯定，如果没有缴获资料的帮助，布莱切利园不可能破译德国潜艇密码。破译德国潜艇密码的问题在二战后期变得非常重要。

虽然破译了德国海军密码，但成功来得太迟了，没有能在 1941 年 5 月底追击"俾斯麦"号战列舰的行动中发挥作用。皇家海军在 27 日拦截并击沉"俾斯麦"号那头巨兽，其关键是利用了传统的无线电方向定位法，并辅之以空中侦察，只是到了战斗的最后一个阶段，从被破译的德国空军的电报中才知道它航行的目的地是布雷斯特（Brest）。此后，布莱切利园破译了一系列电报，揭示德国潜艇的位置和航程。此后，英国人又破译了所谓的"九头蛇密码"（Hydra cipher），还逐步地破译了其他几种密钥：布莱切利园知道得越多，破译的结果就越多。然而，破译的速度无法保证，有时出现延误，这令人感到不安。高频无线电测向仪（High-Frequency Direction-Finding，Huff-Duff）在发现潜艇位置方面发挥了辅助性作用。结果是大西洋战役在 1941 年至 1942 年间双方实力对比发生了无情的转移。这件事说明情报无可争辩地影响了战局。

布莱切利园还破译了大量意大利海军的电报。1941 年 3 月 25 日，19 岁的数学家梅维斯·利弗（Mavis Lever）在破译一份意大利海军电报中发挥了关键作用，这份海军电报说意大利舰队就要出海攻击英国的商船队。利弗是迪尔温·诺克斯小组的成员，他的小组中还有几位女译码员，诺克斯支持有才华的女孩加入男性占主导的机构，他因此而名声大噪。这个预警使地中海舰队司令官海军上将安德鲁·坎宁安爵士（Andrew Cunningham）在马塔潘角（Cape Matapan）布下战场。在 3 月 28 日下午和晚上，皇家海军在此战役中取得了惊人的胜利。到了 29 日黎明时分，意大利舰队的 3 艘巡洋舰和 2 艘驱逐舰被击沉，"维托里奥·维内托"号战列舰受重创。这次战役使意大利水面舰队日后再也没有能力去阻断英国向希腊调兵遣将的行动了。

春季，破译的有关德军在地中海东部作战的情报越来越多。布莱切利园的高官们努力理顺信息流程，使布莱切利园的信息更好地流向战场，及时提供给战场指挥官。1941 年 5 月，德国入侵克利特岛的计划被截获，这份意义重大的情报说："准备结束日期：5 月 17 日。建议作战过程……猛烈攻击敌人空军、军营、防空炮火阵地……第 11 航空军：伞兵降落，占领马莱迈、干地亚、热淘磨；转移俯冲轰炸机和战斗机去马莱迈和干地亚；第 11 航空军的余部展开空投作战；高射炮部队、陆军、军需品走海上运输线。"丘吉尔亲自评注这份薄薄的文件："考虑到其重要性，我希望以最机密的方式把正文传送出去，并且注明这是绝密文件。"这份情报传递给了韦维尔（Wavell）和弗赖伯格（Freyberg），他俩是相关的指挥官，时间是 5 月 6 日 23：40。德军在 20 日的早晨发动了进攻，英国在克利特岛战役中失败了，这凸显出一个基本事实，虽然英国能破译恩尼格玛密码机了，但英国人还无法改变战局，只有等到英国指挥官和地面部队已经足够强大，才有能力和勇气去利用所破获的情报。第 6 棚屋的斯图尔特·米尔纳－巴里说他和同事认为克利特岛战役是"二战中最大的失落。每一项作战细节都摆在我们面前……本可以让敌人的进攻遭受可耻失败"。

克利特岛的这份情报，把德军的企图提前通知英国将领，给他们留时间做出反应，这在 1941 年是罕见的。布莱切利园能提供的情报逐渐多了起来，不仅在东欧，还包括其他地区，大部分信息源自德国空军的密码电报，或陆军－空军之间的密码电报。德国陆军的电报很难破译，但德国铁路编码提供了重要信息，比如德军在 1941 年夏季向南斯拉夫、希腊、东欧的运动情况。希特勒即将入侵苏联这件事，是二战中的巅峰事件，布莱切利园第一次明确地预见到如此具有重要战略意义的事情。虽然英国没有力量去阻止希特勒的"巴巴罗萨"行动，但丘吉尔和他的将军们能看到这件大事正在发生，这本身就是极其重要的。

虽然隆美尔在兵力和装备方面并无优势，且英军掌握越来越多有关德军部署和运动的情报，比如他们在哈尔法亚隘口的情况，但英军在北非仍然无法挫败或打败隆美尔。这让英国首相感到越来越焦虑。丘吉尔在日记中特意地记录下自己对布莱切利园提供的"超级机密"的思索。有一次，他读到一份解密报告，报告罗列出德国空军在利比亚几个机场的汽油储备量，他用红笔在报告上潦草地写道："空军司令，用这些汽油，他们能飞多远？——粗略估计一下？"英国空军元帅查尔斯·波特尔爵士（Charles Porta）不高兴地回答："很不幸，无法做概括的推断，因为这些数字仅说明了班加西的库存情况。我们不掌握利比亚的汽油供应和消耗情况。我们只知道德军燃料短缺，这限制了他们在战场上的行动。"当破译的信息不完整时，这样的说辞是很普遍的。英国首相曾多次表达想把"超级机密"分发给前线指挥官。斯图尔特·孟席斯成功地劝阻首相放弃这个念头。从安全角度看，这位军情六局的领导这次显然是正确的。此外，破译的电报缺少上下文，没有受过训练的人很容易看走眼。

在陆地战场上，布莱切利园在 1941 年提供的情报主要用于战略方面，而不是在战术方面：它给丘吉尔的最高领导层提供了德军在每一个战场的部署情况，虽然不全面，但很权威。在协助皇家空军与德国空军争夺制空权方面，"超级机密"的贡献很小。在地中海和大西洋，只有皇家海军受益于"超级机密"。到了 1942 年的后期，全球的力量平衡才对盟国有利起来，在此之前，德日利用军事优势不断取得胜利，这一事实是什么都无法改变的。布莱切利园是一个重要性越来越大的武器，但不是一把魔剑。

政府密码学院所做的事越来越多，纪律越来越严，人与人之间的争吵也多起来。佘杰尔·德格雷（Nigel de Grey）是副院长，他抱怨说在这个军事单位里，"人们的行为举止太不像军人了"。但又能怎样呢？诺埃尔·安南写道："许多参与制造'超级机密'的译码员密码分析员都是信奉不可知论、异端邪说的大学老师，他们不尊重爱国主义和民主。"纪律性对布莱切利园的平稳运作是必不可少的，但如何一方面维持纪律，另一方面又给住在庄园里的一些既任性又古怪的天才留有一定的灵活性，这并非是一件很容易就做的事。1941 年 3 月 2 日，蒂尔特曼上校悲哀地写道："密码分析员必须小心翼翼地加以对待，不能随意推行对情报工作必不可少的控制手段。"当皇家海军主管女兵的主任访问布莱切利园的时候，她不高兴地说："为什么我的女兵要与平民一起工作？"电传打字机室里有些空军妇女辅助队女兵，对必须接受平民发出的命令感到不满。1940 年 12 月，陆军部的情报官主任上演了一次从布莱切利园抢军事情报的闹剧。1941 年，海军部试图在自家的屋檐下展开一些密码破译工作。在第 3 号棚屋，三个军种的代表发生了争执。斯图尔特·孟席斯不断收到相互矛盾的情报要求。另一方面，布莱切利园把军情六局在百老汇街的总部视为"敌人"。这位"C"号人物受到不少批评，其中有一项最为持久，那就是他一方面乐于承担布莱切利园的荣誉，但在另一方面拒绝解决布莱切利园面临的长期资源不足的问题。这最终导致图灵和他的同事在1941年10月给丘吉尔写了一份请愿书。看到请愿书，丘吉尔发出著名的"马上行动"的指示："保证他们最优先得到他们想要的。"这是对孟席斯最严厉的指责，这说明这位政府密码学院的庄园主心不在焉。

尽管有英国首相的善意干预，但译码员的工作条件没有改变多少。爱德华·托马斯（Edward Thomas）是一位在布莱切利园工作的海军军官，他欣慰地看到这里从不论资排辈："虽然工作压力很大，但无论职位多低的人，都可用去找职位高的人谈话，可用谈任何想法和建议，无论多么疯狂都可以。"无论职务高低，很少有人感到自己不敢讲话——这在任何国家的军事机构里都是罕见的。从1941年开始，剑桥科学家和小说家斯诺（C. P. Snow）肩负起白厅联络人的角色，负责把合适的数学家和其他类别的学者介绍到布莱切利园。政府密码学院还雇用了大量低层次的工作人员，主要是为了利用他们的语言能力。在布莱切利园的档案中，记录了皇家空军人员面试工作候选者的情况，其中有一位是空中领航员贝里，他最初受训做飞行员，但故意不投炸弹。招聘人员发现他的德语仅是"B"级，但评论说："他对工作有兴趣，也许能做好，但需要仔细引导。"

空军二等兵格雷也是前机组人员，"因为飞机坠毁事件回到地面工作"，西班牙语级别是"B"。下士霍奇斯，26岁，不适合机组工作，"急于利用他的'A'级德语知识在建筑师事务所过平民生活"。28岁的泰德，德语"A"级，懂点西班牙语和丹麦语，在他父亲的皮革公司工作。在布莱切利园和空军部之间也有争执，因为后者不愿让空军在职人员协助做密码和无线电截获任务。从事监听工作的空军上校布兰迪抱怨说："这些特殊人才，有相当高的语言能力，受教育程度高……仅是因为空军战士和军士缺少权威才无法有效地完成任务。"

在布莱切利园里，不是每个人都能胜任工作岗位。1941年3月，有一份报告说一位皇家空军的军官在布莱切利园工作了一段时间后被遣返回部队："虽然他是优秀的语言学家，但我没有看出他在语言方面有探索精神。让他去做文书工作，但似乎也不配拿那份工资"。一些基层女性职员，同样存在表现不佳的情况。"有几个皇家海军妇女服务队队员表现不佳，肯威克做事粗糙，对工作不热心，不聪明。布坎南、福特无知，似乎学不会东西。罗杰患了幽闭恐惧症，不能在没有窗户的屋子里工作。"这份报告总结道："其他人做出了极好的工作，但要求各小组认识到妇女所从事工作的重要性，不要派遣太多的厨师和女投递员类型的人来。"

布莱切利园有严格的安保措施，人们在这个封闭社区里生活、恋爱、嬉戏。几乎每个人都拿微薄的薪酬：19 岁的数学家梅维斯·利弗是诺克斯的组员，最初每周拿 30 先令，她花其中的 21 先令付房租。当布莱切利园的年轻员工走出了园子的栅栏，他们会引得无知的人产生恶毒的推测，认为他们是战场的逃兵。过年的时候，业余剧团表演的戏剧和闹剧成为最受欢迎的运动：前牛津大学国王学院的弗兰克·伯奇（Frank Birch），当时是第 4 棚屋的领导，他在闹剧阿拉丁中演一个寡妇。

1942 年，布莱切利园依靠常识在管理中取得了一些重要的成功。每个小组都有了组长，任命组长不看是否有官阶。英军的密码分析全在布莱切利园和其印度分部进行，如此集中的密码分析在德国和美国都没有做到过。戈登·韦尔士曼成为人事关系的最主要的协调人；几个名声不好的官员被调走了；琼斯被任命为第 3 棚屋的领导。大家都同意只能给予平民译码员最小的权力，但布莱切利园的领导经常可以独断专行。

1942 年 2 月 1 日，德国海军上将卡尔·邓尼茨（Karl Doenitz）给为大西洋潜艇通信加密的恩尼格玛密码机上增加了一个反射器，即第 4 个转子，这个举动立即就给盟军在大西洋战役中带来厄运：这使恩尼格玛密码机的可能配置增加了 26 倍，布莱切利园失明了。沉船增多了。在海上，除非德国潜艇足够接近盟国护航船队，可以用水下潜艇探测器发现它们，否则皇家海军只能依靠高频无线电测向仪去发现它们。但护航船队在夜里无力抵抗海面的进攻者。德国的新密钥被命名为"鲨鱼"，破译这种密钥成为布莱切利园的最高目标，但这项挑战困难得让人感到害怕，紧张工作 9 个月都没有破译成功，参与这件事的人感到这段时间是二战中压力最大的。他们知道，在他们在这些简陋的小屋里弓着腰劳动的时候，每天海上就会有人因为他们无法破译敌人的密码而死去——不过，有理性的人都不这样说。

在 2 月 1 日这一天还发生了另一件巧合的事情，阿拉斯代尔·丹尼斯顿被调去了伦敦做一个副职，接替他的人是他的副手爱德华·特拉维斯（Edward Travis）。从某个角度看，这件事是人事矛盾的结果——丹尼斯顿与斯图尔特·孟席斯相互不喜欢，他俩之间的关系就是大官僚机构中常有的人事纠纷。自从战争爆发以来，这个机构扩大了 4 倍，重要性也是原来的几倍，大家都觉得在布莱切利园里运作一个部门的工作压力实在是太大了。权力斗争无法避免。丹尼斯顿是个和善的人，做了许多好事，但布莱切利园已经大得让他无力管理。特拉维斯是个怪人，他发布命令，总是用棕色的墨水。一般人都认为他在新岗位上做得很成功，至少对韦尔士曼这类具有创造性的人物。拉尔夫·班尼特（Ralph Bennett）也是一名译码员，刚从中东返回，他发现布莱切利园的气氛明显改变了："我离开的时候，这里是一群热情的业余爱好者。当我回来时，这里成了一个职业机构，有标准和声誉需要维持。成果不再是偶然的收获，而是不松懈地钻研细节的必然回报。"

在 1942 年，布莱切利园的活动因为缺少"炸弹"解码机而大受影响，所以有人提出要优化使用的问题。负责破译德国陆军－空军之间电报的第 6 号棚屋，每天收到 1400 份截获的电报，平均能破译 580 份，这个比率上升得很缓慢，在 1943 年 5 月达到了 50%。一般情况下，用于破译"鲨鱼"潜艇密码的 3 转子"炸弹"解码机只有一台，因为其他解码机被用来破译德国陆军和空军的密码。后来，译码员说，他们需要 10 台 4 转子的"炸弹"解码机，才能真正地提高速度，但当时没有这么多密码机。到了 11 月，一份绝望的请愿书投给了海军部，就"鲨鱼"密码一事请求关照布莱切利园。大西洋战役，根据海军作战情报中心的说法，是布莱切利园还没有发挥明显作用的战役——这次战役如果失败，整个战争就败定了，除非布莱切利园提供帮助。然而，一次重要的突破就要来临了。10 月 30 日，在地中海东部，德国潜艇 U－559 遭到一支护航编队的攻击，在深水炸弹的威胁下，被迫浮出了海面。托尼·法松（Tony Fasson），30 岁，"爆竹"号驱逐舰上的舰务官，他与一级水手科林·格雷齐尔（Colin Grazier）一起迅速脱掉衣服，游了 60 码远，游到了受损的潜艇旁边，然后爬上了控制塔。德国潜艇的艇员在打开通海阀后逃命去了。海水正涌入潜艇内部，那两位英国水手不顾一切地在潜艇控制室搜查绝密文件。

他俩找到了宝贝：第二版为恩尼格玛密码机编制的天气旗语通信手册。法松和格雷齐尔把旗语通信手册和其他文件放在防水布里，交给了 16 岁的海军小吃店的助理汤米·布朗（Tommy Brown），他跟着他俩也游到了潜艇旁边。就在这个关键时刻，有一艘捕鲸船正好路过这里，他把这包文件交给了捕鲸船的船员。布朗是个平民，因为勇敢的行为而活着接受了乔治奖章。但那两位极富献身精神的英国水兵再次潜入潜艇控制室，他俩要再次试一试自己的运气，希望能找到一台密码机。布莱切利园其实不需要密码机，因为他们已经造出了 4 转轮的恩尼格玛密码机：有用的是旗语通信手册。U－559 突然消失在地中海里，带走了法松和格雷齐尔，他俩死后都获得了乔治十字勋章。他俩找到文件，在 11 月 24 日送到了布莱切利园。12 月 13 日，在天气旗语通信手册的帮助下，第 10 号棚屋终于破译了"鲨鱼"密码。

那天，译码员用电传打字机把在大西洋上活动的 12 艘德国潜艇的中心位置告诉海军部的情报中心。虽然这些潜艇的位置信息已经是一周前的了，但仍然能为追踪德国人提供重要的指引。此后，"鲨鱼"密码电报一般能在 24 小时内被破译，但有时需要 48 小时。毫无疑问，这是情报战的决战时刻。一旦被破译的"鲨鱼"密码电报开始在皇家海军内部传阅，海上的局势便发生了戏剧性的转变。后来，第 8 号棚屋在破译"鲨鱼"密码电报时出现了比较多的延误，遇到了比较多的困难。尽管如此，英国控制的大西洋航道再也没有受到严重的威胁，德国潜艇沉船数量大幅增加。

布莱切利园真正引人注目的不是其内部周期性的争吵和发脾气，而是平均年龄 23 岁的第一线译码员能维持如此高的团队精神。根据德里克·陶特（Derek Taunt）的描述，他们当时感到"正在完成一项靠智力打败敌人的任务，高兴地成为执行这项任务的复杂机构的一分子"。罗尔夫·诺斯克维斯（Rolf Noskwith）称赞棚屋的领导风格是"以身作则"。破译工作需要第 6 号棚屋和第 8 号棚屋合作完成，这两个棚屋的协作受益于斯图尔特·米尔纳－巴里和休·亚历山大的私人友谊。但希望数千男女在高压下保持平静是不可能的，因为他们许多人的生命有赖于他们的努力，他们必须跟时间赛跑，而且需要月复一月，年复一年。1943 年 5 月 15 日，韦尔士曼给奈杰尔·德格雷写信表示歉意，因为有一次他俩在讨论机构问题和资源短缺问题时韦尔士曼大发雷霆。谈资源短缺问题永远令人发怒。"我当时爱发脾气，"他写道，"那是因为我时刻感到自己工作的重要性和紧迫性。在第 6 号棚屋的历史上，没有一段时间是我感到效率高的时候……如今的状况简直是一个丑闻，但我们确实不被别人追着要东西了。所以，请原谅我有时说话难听，脾气不好。"

他接着说："大部分工作单调得可怕，烦死人了，人长时间在如此状况下工作，精神就会受大影响。有些女孩一看到 X 型的密码机就恶心。如果我们的姑娘都疯了，我们绝对要失败了，即使有新人来帮忙，那也救不了我们……顺便说一下，你能不能说服特拉维斯去做一件事，请他让空军元帅查尔斯·波特尔、皇家空军情报部主任梅德赫斯特（Medhurst）、帝国总参谋长艾伦·布鲁克（Alan Brooke）花费一分钟的时间告诉这些女孩子她们的工作有多么重要。你能办到吗？你的戈登。"但很难找到合格的译码员，至少有一个原因是白厅不太清楚政府密码学院的重要性。当布莱切利园需要打卡机操作员的时候，招聘员便去约翰·刘易斯百货商店，因为这家百货商店有店员受过训练，会用打卡机。在选出了 10 名妇女后，发生了一件令人震惊的事，劳工部坚持要让她们去乡下干活。布莱切利园的一份内部备忘录激动地说："约翰·刘易斯百货商店这件事简直就是一个丑闻。"最后，这些姑娘还是被派到政府密码学院工作，但那是与英国政府的官僚机构进行了一场激烈争论的结果。

从战争开始的第一天，到结束的那一天，盟军的每一位军官都极力为"超级机密"保守秘密。1941 年，曾经在 1940 年驻法国的联络官英国皇家空军上校格里布尔（Gribble）出版了一本名叫《参谋官日记》的书，引发了白厅的一阵歇斯底里，因为白厅发现书中涉及"秘密情报源"的内容。批准格里布尔的这本书出版的人，不知道有布莱切利园这回事。如果柏林看到这本书，推断出自己的密码不安全，那将会怎样？于是军情五局把 7000 本库存全都买下了，寄希望此前的买家中没有德国朋友。1942 年 2 月，在新加坡陷落前，当地负责处理"超级机密"和语音监听的情报人员提前撤退了，驻扎在科雷吉多尔岛上的美国情报人员也在 2 个月后撤退了。如果他们被抓，不仅会面临英国和澳大利亚俘虏的可怕命运，宝贵的技能会损失掉，还有可能在严刑拷打面前泄露盟国密码破译工作，那是令人恐惧的。

大部分布莱切利园的人员都表现出惊人的自觉性，不泄露秘密，那些年轻的女人们能做到这点非常不容易——他们是英国情报战的前线士兵，做着单调的工作。1941 年，诺丁汉的一名平民医生给政府密码学院的领导写了一封信，报告了他的一位患者的情况。这位患者是皇家海军女子服务队成员，名叫阿黛尔·莫洛尼（Adele Moloney），她因高烧卧床不起，出现严重衰竭的病症。他写道："莫洛尼小姐自我控制力极强，丝毫不透露她所做的工作，其实她对那份工作没有兴趣。由于我不信这个年轻姑娘能做什么重要的工作，我作为她的医生不想因缺少知识而影响治疗，所以我写信求得你们的评论。"布莱切利园坦率地做了回答："她所做的工作绝对不会影响健康的。许多姑娘都在做同样的事，都没有出现难过的情况。"但布莱切利园告诉那位医生，莫洛尼小姐的意志力不仅是坚定的，而且"很值得表扬"。后来，她真的受到了表扬。

为布莱切利园工作的厨师、清洁工、工匠是流动人口，形成安全隐患，这让庄园的管理人员感到紧张。1941 年的一份报告反映出了他们的紧张程度："每天从职业介绍所有许多新面孔来布莱切利园。"1942 年春季，发生了几起公然泄密事件，致使一名高级管理人员给布莱切利园的所有人员写了一份备忘录："你们中最近发生了几起不计后果的草率之举，似乎不仅是无知或愚蠢，而且是蔑视我们大家都必须遵守的纪律。有一次，一位布莱切利园的员工把他们工作的性质在亲戚中传播……他的一位亲戚再次传播，这次是鸡尾酒会，有人恰好把这件事报告给了我。还有一次，这个机构所从事的最重要的任务被泄露出去了，泄露的动机可能是自豪或吹嘘，泄露发生在老同学晚餐聚会上，有人向我报告了这件事……如果你意识不到吹牛和闲聊……也许会把秘密传给敌人，从而导致我们本来已经成功的事业走向失败，还有可能让我们的水兵、士兵、飞行员丧失性命，其中可能会有你们的兄弟，最终导致我们胜利的希望破灭，那么你们的理智就出了问题。"

他骂得猛烈，但一点都不放纵。布莱切利园是英国战争努力中的重中之重，是使英国免于纳粹奴役的主要手段。1942 年 4 月，艾伦·布鲁克访问了政府密码学院，他后来在日记中写道："见到许多奇妙的教授和天才！我对他们取得成就感到惊奇。"机密泄露后，可能会导致追求自由的理想一夜之间溃败——最直接的后果是皇家海军无法定位邓尼茨手下潜艇的位置。在 1941 年 6 月苏联正式成为英国的盟友之前，英国的内奸把他们认为莫斯科可能感兴趣的有关英国超级机密的珍贵细节全都告诉了内务部的间谍；幸运的是斯大林没有把布莱切利园的活动告诉希特勒——实际上这是有可能的，在"巴巴罗萨"行动前几个月，斯大林拼命讨好柏林。

更幸运的是德国指挥官顽固地相信恩尼格玛密码机是不可破译的。早在 20 世纪 30 年代，戈林手下的密码情报主任格奥尔格·施罗德（Georg Schroder）激动地断言："恩尼格玛密码机就是一个垃圾箱！"没有人理睬他的警告，因为当时人们认为他说的是那台没有插接板的恩尼格玛商用密码机。1939 年 10 月，前捷克密码分析主管鲁塞克（Ruzek）中校在接受德国人的审问中透露了一个消息，波兰人联合法国人破译了恩尼格玛密码机加密的电报。在缴获的波兰文件中，纳粹发现了 1938 年德国巡洋舰在西班牙水域发出 3 份电报的破译版本。波兰战俘被折磨得死去活来，就是为了发现这几份文件是怎样被解密的，但德国反间谍局没有获得答案：所有知道答案的人，都在德国人抓不到的地方。德国最高统帅部的柏林密码处的密码分析员对此很失望，他们本该对德军的通信安全负责，但明令禁止他们拿恩尼格玛密码机做破译试验。尽管如此，他们相信恩尼格玛密码机的体系是安全的，并争辩说加密信号只能偶然被破译，原因可能是操作员不谨慎，忽视了操作规程。即使到了 1946 年，德军首席密码分析员威廉·芬纳（Wilhelm Fenner）仍顽固地说："恩尼格玛密码机被视为过时的东西，但正常使用仍然安全。"

确实可以找到英国在二战期间犯的几次错误，有可能使德国有机会发现他们的密码被破译了，从而切断布莱切利园发出的情报流。1941 年 8 月 24 日，丘吉尔在英国广播公司的广播中明确提及东线被党卫军屠杀的犹太人数目。德国注意到了这点，仅过了几天，党卫队的大队长库尔特·达吕格（Kurt Daluege）就发布命令，类似详细的杀人数目不应该出现在电报中："电报被敌人截获的可能性很大。为此，电报里只能传送不敏感的信息。"丘吉尔的这次事故带来许多后果，比如，英国外交部在 1942 年整理一份有关德国暴行的报告，其中特别谈及了犹太人，但这份报告没有公开，目的是避免再次连累情报源。

德国高层没有能从丘吉尔在 1941 年 8 月说的话中总结出意义深远的结论，这实属非凡。此后一年又发生了一件事与此类似，当时德军在审问盟军战俘中获悉，蒙哥马利的第 8 集团军正等待德国非洲军团在阿拉姆哈勒法（Alam Halfa）发动进攻，德国高层也没有反应。早在 1942 年，邓尼茨就怀疑盟军正在监视他与潜艇的通信。他后来放弃了这个毫无根据的猜疑，德国海军的电子监听部破译了英国护航商船队的通信，发现因为英国人的密码混乱不堪。恩尼格玛密码机果真不安全，这位海军上将推测，英国人应该能认识到他们自己的安全隐患：能破译德国潜艇密码的国家肯定会使用更加高明的密码。这位德国潜艇部队的司令官，感到有必要小心谨慎，便引入了 4 转子的恩尼格玛密码机，但没有足够的勇气去质疑自己体系的基础。

英国的"超级机密"在 1942 年遇到一次最大的威胁。5 月 5 日，澳大利亚货船"南京"号从弗里曼特尔（Fremantle）出发，满载着炸药、180 名船员、162 名旅客，去加尔各答（Calcutta）。10 月 10 日早晨，这艘船到了印度洋，一架小水上飞机在船的上空盘旋。不久，这架飞机的母舰突袭巡洋舰"雷神"号并开火了。在"南京"号发出"看见了袭击者"的信号之后，船长抛弃了机密文件，然后投降了，此时距离第一声枪响已经有一个小时。旅客和船员被转移到了"雷神"号和补给船上，同时被转移的还有几百包邮件。在这些邮件中，德国人发现了一包托运物品，发送者是新西兰惠灵顿联合情报中心。包裹内包含一份"最高机密"文件，这份文件主要是根据"超级机密"写出的，它综述了从 3 月 20 日至 3 月 21 日的情况，标示出了太平洋和印度洋上敌我战舰和商船的位置。如此重要的文件没有让"南京"号的船长携带，却用普通邮政投递，这样的粗心简直就是犯罪。

虽然联合情报中心的文件已经过时，但阿勃维尔只需发挥想象力进行分析，就能推断出至少是有些德国密码和日本密码被破译了。但似乎这样的评估没有做。"雷神"号舰长没有马上把缴获的文件送交柏林，因为他没看出有这个必要。到了 7 月底，这艘巡洋舰的补给船停靠了横滨，这时德国驻东京的武官才拿到联合情报中心的文件。又过了一个月，柏林才授权这位武官把文件交给亚洲盟友。此后，日本海军改变了密码，这就使美国海军在 10 月 11－12 日的埃斯帕恩斯角海战、10 月 26 日的圣克鲁斯岛战役、11 月 13－15 日的瓜达尔卡纳尔岛战役中，缺少"实时"破译的情报为军事行动提供帮助。

不能因此认为"南京"号的被俘改变了海战的进程，因为日本人改变密码是走正常程序，他们仍然顽固地否认自己的通信有弱点。然而，如果他们在德国人拿到联合情报中心的文件后不久就接手，并具有比较先进的分析情报的能力，他们肯定会在发动中途岛战役前几周改变密码，而不是前几天，那么战局就会大不相同了。英国似乎没有把"南京"号被俘的消息告诉美国人。这或许是因为这是一次严重的泄密事件，英国人怕丢面子。类似的事后来又发生了一次。美国人复制了两台日本的"紫色"密码机，并把其中之一用普通货船送给新加坡的英国情报小组。这艘货船在 1941 年 12 月离开德班，此后便杳无音讯了，其命运至今不为人所知。

在白厅没有找到有关"南京"号的通信外来记录，对此事进行过度推测并不合适。虽然盟国做了错事，但避免了重大后果。从上面的例证可以看出，德国和日本的情报体系缺少系统性和想象力，没有能利用盟国的失误从中获利。1942年 11 月还发生了一件极为危险的事：德军横扫了未被占领的法国。在德国人关押的维希法国的人员中，有 3 个是自 1940 年就为古斯塔夫·伯特兰的密码破译部门工作的波兰人，他们此前还为波兰的密码机构工作过。1943 年 3 月，德国信号情报专家对其中的两名波兰人进行审问，有一名阿勃维尔情报官在场。如果这两个波兰人说出了他们知道的，或是推测盟军在破译恩尼格玛密码机方面有进展，结果将会是危险的。很幸运，在审问开始前，这两个波兰人有一段短暂的共处时间，他们协调了口供，他们的口供被德国人接受了：有几份电报在 1938 年被破译，但德国改进了系统之后就再没有被破译过。这两个波兰人保护了盟国的"超级机密"，盟国欠他俩的人情债。柏林和东京的聪明人，本可以很好地利用落入他们手中的资料和俘虏，突然掐断盟国在天空中演奏的奇妙舞曲。

## 挑动美国人

丘吉尔自从上台那天起，到 19 个月后爆发珍珠港事变，此间他的最大政治任务就是把美国拖入战争，因为只有这样，深受战争困扰的不列颠岛才能生存下去。为此，英国人谋求与美国展开最密切的合作，只要美国愿意。英国人希望把合作扩展到情报领域，但维持一种单边的方式，就是要保护英国的机密基本不泄露。1940 年春季，斯图尔特·孟席斯请加拿大商人威廉·斯蒂芬森爵士（William Stephenson）试着打开与埃德加·胡佛（Edgar Hoover）的联系，他当时是联邦调查局的局长。斯蒂芬森渴望挤入贵人圈，努力地开始了工作。他打算利用一个别人无法想到的中间人，前重量级拳击冠军吉恩·滕尼（Gene Tunney），他俩 1918 年在法国一起打过拳。过去，这个加拿大人是战斗机飞行员，在 1930 年建立起自己的工业情报网，并把情报提供给英国政府。他因此与百老汇街的德斯蒙德·莫顿（Desmond Morton）和迪克·埃利斯（Dick Ellis）建立起了关系，二战爆发后，他们仍然维持着往来。胡佛想与这位热情的加拿大人见面，但仍然小心地在见面前先征得了白宫的同意。见面后，斯蒂芬森向伦敦做了汇报，他说美国联邦调查局的局长渴望与军情六局合作，并建议英国访客应该有某种官方头衔，这样在美国有个正式的身份。

孟席斯立即给了斯蒂芬森一个谦卑的纽约护照官的身份做掩护。斯蒂芬森在 1940 年 6 月 21 日开始运作。后来，这个加拿大人建立起一个相当大的机构，在 1941 年 1 月被英国政府命名为英国安全协调处（British Security Coordination）。这个协调处的办公地点在第 5 大道的洛克菲勒中心第 35 层和 36 层，负责破坏轴心国的行动，并与美国人合作，搜集敌人活动的情报。它还负责在美国全境开展反轴心国宣传工作。作为英国和英国间谍的旗帜，它取得了相当大的成功。1942 年春季，美国参战，英国和美国的国家级情报机构偏向直接做交易，它的地位才被取代。

纽约成了军情六局最重要的海外活动地点。在这里，英国间谍试图渗透入轴心国的公司和大使馆。1940 年 11 月，英国安全协调处办了一件值得称赞的事，他们通知联邦调查局一个消息，一名墨西哥情报员透露有 4 艘德国船企图突破英国在墨西哥湾的封锁线：美国海军阻止了那几艘德国船。胡佛也向英国安全协调处提出预警，意大利人企图向南非转移 400 万美元现金，这可能是一笔搞破坏的资金。有三分之二的钱已经转移走了，但英国安全协调处通知墨西哥城的警察这宗金融走私案：警察介入了，没收了 140 万美元。不过，斯蒂芬森也办过错事。他招募了几个明显有问题的情报官。军情五局的盖伊·利德尔对其中一个名叫英格拉姆·弗雷泽（Ingram Fraser）的人特别恼火："此人在华盛顿包养了一个情妇，据说是芬兰人的间谍。她每月获得 500 美元的房租和 500 美元的服务费，全部出自情报官基金。"英国安全协调处办的荒谬事，不比其他情报机构少：牛津大学讲师艾尔弗雷德·艾耶尔（Freddie Ayer）、比尔·迪肯（Bill Deakin）、吉尔伯特·海哥奈特（Gilbert Hignet）是旗下最聪明的情报官，他们三人花费了几周的时间研究如何阻止日本人入侵南美。

然而，最重要的是斯蒂芬森所扮演的联络官角色：他与许多杰出的美国政府官员形成了私人关系，特别是与威廉·多诺万上校（William Donovan），此人后来成为美国战时最具有影响力的对外情报官。多诺万是个天生的杂耍艺人，夜晚是他的天下，这与其他交战过的间谍头目不同，他们总是躲在暗地里，比如斯大林的情报头目。多诺万生于 1883 年，绰号"野蛮的比尔"，来自一个纽约州的贫困的爱尔兰家庭，在哥伦比亚大学法律学院与罗斯福是同学；他后来利用朋友关系能影响美国总统。他与潘兴（Pershing）一起与墨西哥的潘乔·维拉（Pancho Villa）打过仗。1917－1918 年间，他指挥纽约爱尔兰第 69 团在西线作战。回家时，他不仅是美国获得荣誉最高的士兵，还是一个获得荣誉勋章的上校。他是一个英雄，他的名誉具有相当大的真实性。后来，他为白宫做过几次调查工作。有一次是去苏联，时间是 1919 年，当时苏联刚成立，多诺万催促华盛顿不要去支持白苏联，他形容西伯利亚"向往布尔什维克"。当他成了纽约西区的检察官的时候，他真的成名了——恶名远扬——因为他积极实施禁酒法案。后来，尽管他是一个共和党人，但做了罗斯福民主党政府的特使，访问了阿比西尼亚（Abyssinia，在东非）和西班牙。他回国后成为希特勒不共戴天的敌人，拥护美国参加欧洲战争。

1940 年和 1941 年，多诺万去了伦敦，访问期间，斯蒂芬森为他安排了红地毯的待遇，包括与英国首相一起午餐。一些英国官员看到这位访客如此傲慢，尽量回避。军事情报主任约翰·肯尼迪少将（John Kennedy）在日记中写道："多诺万……对我们非常友好，是个精明的、令人愉快的人，很会讲话。但在我眼里，这个肥胖的律师，一个不交战国家的公民……只知道以极大的自信要求我们和其他深受战争威胁的国家什么能做，什么不能做。"

不过，多诺万是个对白宫有影响力的人，他确保英国人的感激之情和善意不会因为他而终结。1940 年 9 月，他说服罗斯福制定了一项情报政策，要求美国与丘吉尔的国家进行合作。1941 年 5 月，英国海军情报主任戈弗雷与他的私人助理军官伊恩·弗莱明访问了美国，他俩在纽约时就住在多诺万的公寓里。这位海军上将的访问称不上什么成功：美国陆军和海军的相互敌视程度之深，让他感到震惊，此外也未能说服胡佛，因为胡佛对参加针对轴心国的战争不感兴趣，只是希望联邦调查局能独霸美国的情报活动。在这点上，胡佛没有成功。虽然他的机构保留住了反间谍任务（在英国是军情五局负责此项任务），但戈弗雷和斯蒂芬森在某种程度上说服罗斯福相信他的政府需要一个新的情报机构，而多诺万就是运作这个机构的合适人选。从 1941 年 7 月开始，多诺万的头衔是信息协调员，但他的战争信息办公室却是一个情报组织的萌芽，他从此开始充满激情地监督其破土而出的过程，并使之快速生长。

多诺万和斯蒂芬森两人其实就是一对海盗——后者被美国人称为"小比尔"，不是"无畏的比尔"，因为这个名字仅在电报中用。在他俩的努力下，英国情报人员可以在美国自由活动，这违背了联邦调查局和白宫的意愿。虽然他俩关系极好，但未能改变英美自己的基本现实情况：英国和美国在战争中的关系伴随着紧张和猜忌，幸好有丘吉尔和罗斯福用冠冕堂皇的辞藻加以掩盖。在 1940 年至 1941 年间，英国人是在为生存而战，但美国人不是。确实，美国人就是用一手交钱一手交货的方式把武器运送给丘吉尔的人民。美国国防战线上的大多数人对英国都怀有某种敬意，但没有什么热情。

了解布莱切利园"超级机密"的英国情报官，都知道自己是英国国宝的看管人，如果没有看管好国宝，走漏风声让柏林知道了，就等于失去国宝。美国人的安全意识比较差，而且他们也没有承诺参战，所以根本不注意保密。英国情报机构的领导急于获得美国的善意，但怀疑美国同行到底能提供多少有价值的东西。如果能够实现双向交流，那么这对不列颠岛是有好处的，但英国人决定尽可能少地告诉美国人详情。还有更加困难的问题要回答：英国人应该告诉美国代表团多少情况呢？一位白厅官员痛苦地在 1941 年的辩论中潦草地写下一行字："如果他们知道我们在偷看他们的机密后，他们会怎样想呢？" 1942 年 2 月 25 日，丘吉尔在与罗斯福见面时就遇到了这样的小尴尬，最终丘吉尔保证在珍珠港事件之后不再破译美国的电报。

英美两国的译码员和情报官在 1940 年至 1941 年间很少有来往，因为双方没有相互信任，最后是美国人展示出大度。1940 年 8 月 31 日，英国被告知美国的通信情报部队破译了日本人的"紫色"密码。但这还是没有立即把布莱切利园的事引出来：当蒂泽德（Tizard）在 9 月份率代表团访问美国的时候，他展示出了一些革命性的技术，比如空腔谐振磁控管，这种技术虽然零件小，但很有吸引力，是建造新式战术雷达的关键，目的就是与美国人互惠，但有关布莱切利园"超级机密"的情况故意没有告诉美国人。在美国那方面，美国海军作战部通信保密科的劳伦斯·萨福德（Laurance Safford）同样反对与英国分享情报。1940 年 12 月，英美达成协议，双方仅分享有关日本的资料，这是最有可能近期实现的合作：1941 年 2 月，英国在新加坡的密码分析组与美国在菲律宾的同行交换了联络官，这两位联络官发现双方在破译日本人的密码方面基本上是同步的。在战争初期，英国人在监控日本军队基层通信方面做的工作比较好，但没有能破译高层的密码。1941 年，英军请求美国人提供紧急协助，对日本海军基地进行高空拍照时，华盛顿否决这项要求。

就在德国空军对英国发动闪电战的时候，两名联邦调查局的代表休·克莱格（Hugh Clegg）和克拉伦斯·辛斯（Clarence Hince）访问了伦敦，研究"战时执法"问题。军情五局的盖伊·利德尔虽然觉得这两位访客看上去有点像歹徒，但克莱格似乎是个"好人"。但美国方面的反应并不热情。在这两个美国人回国后，他们向胡佛提供了一份报告，报告用令人惊讶的轻蔑语言描述了英国人，特别是军情五局和伦敦警察厅的人。他们抱怨很难在早晨 10 点前和下午 4 点后安排会议。"因为交通状况很差，这你是知道的，"他俩说，"午餐通常花费 2 个小时，所以每天的工作时间很有限，特别是跟联邦调查局平时的工作时间相比。"他俩的结论是，英国人"可能会赢得战争，但条件是打仗不能很困难"。这份报告确定了联邦调查局在此后数十年里对英国人的基本态度。

1941 年 1 月，一支美国密码破译小组——两名组员来自陆军，另两名来自海军——首次访问了英国，他们慷慨地带来了一个非凡的礼物：一台小型化的日本"紫色"密码机，此后又提供一台做备用。英国的酬答是谨慎的。在经过丘吉尔的明确批准后，美国人被允许访问布莱切利园，并把棚屋制度解释给美国人听。英国人展示了"炸弹"解码机，这是政府密码学院最核心的发明，但当美国人提出想看一看这台被华盛顿人称为"破译密码的机器"的实际运作例子时，英国人支吾搪塞没有答应。英国人有好理由——美国还没有参战，"炸弹"解码机是罕见的珍珠。美国人发现这台机器比美国人正在做的先进。阿尔弗雷德·麦科马克（Alfred McCormack），这位后来战争部长的通信情报特别助理，针对布莱切利园说了一句话："不是好，而是超级好。"

然而，华盛顿的一些人很厌倦英国人的小气。美国人在破译恩尼格玛密码电报方面进展很慢，这种情况一直持续到 1943 年闸门被打开。一名被激怒的英国官员说："美国人没有给予布莱切利园和英国人正确的评价。"布莱切利园派驻华盛顿的代表爱德华·黑斯廷斯（Edward Hastings）在 1941 年 11 月报告说："这里的人们对没能自由交换情报感到极度不安和不满。"一些美国人顽固地认为英国人是故意抵制美国人。1942 年 12 月末，当艾伦·图灵访问美国的时候，他不能进入贝尔实验室，这显然是美国在报复英国人故意拖延合作。经过一番跨大西洋争吵，他才最终被允许进入。虽然威廉·弗里德曼后来与布莱切利园的高层形成了友好的关系，但他在1943年5月才第一次访问英国，那时两国正式签署了历史性的情报分享协定。与此同时，双方在合作时都抱有戒备之心，合作范围也不全面。即使到了珍珠港事变之后，布莱切利园以及其上级机构不仅害怕美国存在安全隐患，还害怕这颗大英帝国皇冠上的明珠被这位财大气粗、难以阻止、全球联盟的新霸道伙伴给抢走。阿拉斯代尔·丹尼斯顿写到，对英国来说，布莱切利园的超级机密是"几乎跟生命一样珍贵"，而美国并没有面临致命的危险，似乎仅把恩尼格玛密码机视为一个"新的且非常有趣的问题"。

1942年2月17日，此时珍珠港事变已经过去10周时间了，英国陆军部的情报官写道："在与美国人交往中，大原则是尽可能地坦率，但尽量不提供有关我们未来活动或情报源的信息，特别不能透露任何源自最机密的情报源（'超级机密'）的信息。"3月16日，英国内阁大臣爱德华·布里奇斯（Edward Bridges）写了一份备忘录，他在这份备忘录中警告，在伦敦和华盛顿之间的电话谈话，"仍然表明美国人缺少谨慎的品质"。斯图尔特·孟席斯和他在军情六局的情报官依旧不乐于向他们在战火中找到的新兄弟打开心扉和文件夹。

很不幸，这是英国人的困惑，在1942年大半时间过去后，英国人的这种困难仍然存在，但它引发了一些美国人的误解和越来越大的愤慨。这些情绪沉淀为一种信念——实际上是一种完全错误的信念——布莱切利园已经破译了德国潜艇的"鲨鱼"密码，但拒绝告诉美国海军。美国海军作战部通信保密科被激怒了，他们在1942年9月制订了一项计划，借此报复布莱切利园不交出"炸弹"解码机。这项计划要求在次年的8月份前建造100台4转子的解码机。当时英国人也仅有32台。美国人的机型证明在技术方面比英国的要好，而且更加耐用：1943年10月，有39台可以运作了，又到了12月，可运作的达到了75台，这么多机器已经可以满足美国海军的需要了。

在战争早期，英国情报部门与美国的合作是谨小慎微的；到了1943年之后，才全心全意。就如同英美的关系在各个方面一样，在战争开始的时候，特别是在盟国遭受失败的时候，双方争吵得厉害，这不令人感到奇怪。真正令人感到奇怪的是英美的合作关系最终变得亲密起来，而且是在取得了战争胜利的时候。

## >>> 第 4 章

# 咆哮的狗

## "露西" 间谍网

　　克里姆林宫的狗，习惯于在夜晚不停地咆哮。"巴巴罗萨"是纳粹在 1941 年 6 月发动的入侵了苏联的行动，这次行动是第二次世界大战中决定性的事件——也最令人困惑，因为它的来临让人大吃一惊。斯大林伸向海外的间谍之手，既长又硬，向他提供了有关这次军事行动的完整预警，值得赞扬。早在 1940 年 7 月，在被德国占领的波兰活动的苏联内务部的间谍报告说，德不仅大举兴建营房，还有部队的密集调动。那年的秋天，斯大林指示苏联情报机构建立一个特殊的档案，记录希特勒的各种企图，档案的代号叫"冒险"。到了 9 月，这个档案中又出现德军在苏联边境大规模部署、不断建造部队营房的报道。德国驻莫斯科大使馆里有一个苏联间谍，他报告说德国大使馆努力为阿勃维尔招募白苏联人和持不同政见的知识分子。1940 年 11 月，斯大林被告知德军有 85 个师驻扎在苏联边境线上，包含了希特勒至少三分之二的兵力。

　　在此后的几个月里，这些德国部队中的一部分被派遣去威胁罗马尼亚和希腊，后来真的占领了这两个国家。大部分西方人在 1941 年以及之后的岁月里，有一个迷惑不解的问题，为何斯大林会那么强烈地认定希特勒的野心集中在苏联也有重大利益的巴尔干半岛。西方人也不愿承认斯大林对英国有深刻仇恨和不信任。仅 20 年前，丘吉尔发动十字军攻势，企图用武力逆转布尔什维克革命。斯大林没有看走眼，他是丘吉尔那帮人的眼中钉，因为丘吉尔在他与希特勒之间埋下伏笔，迫使他与德国博斗。此举违背了苏联的利益，但符合大英帝国的利益。

　　克里姆林宫的这位主人意识到，纳粹与苏联的终极对决恐怕无法避免。1940

年 8 月，格勒乌提交了一份报告，报告引述希特勒派驻贝尔格莱德大使所说的话，借以展示出对方对这一问题的看法："对德国来说，巴尔干半岛是最重要的地盘，必须并入纳粹控制下的新欧洲秩序里；但由于苏联绝对不会同意这点，所以这意味着与苏联的战争不可避免。"但斯大林确信，这种观点完全背离了希特勒的兴趣，因为撕毁纳粹和苏联签署的协定，就等于放弃了苏联供给德国的大量原油和原材料。斯大林认为，选择何时摊牌是克里姆林宫的特权，而摊牌的时间还没有到。他坚信希特勒是虚张声势，目的就是威吓苏联允许德国拿下巴尔干半岛。贝利亚像奴隶一样支持斯大林的这个观点。奥古斯托·罗索（Augusto Rosso）是意大利驻莫斯科大使，他在 1940 年 9 月 21 日写道："德国人在苏联人面前树立起一道障碍：苏联人南下的道路被堵住了，石油供德国人支配……多瑙河成了德国的内河。这是斯大林同志第一次外交失败……但这次失败更具羞辱性质，因为它彻底地粉碎了占据苏联人灵魂深处缠绵了几个世纪的梦想：向南挺进。"

德国大使弗里德里希·冯·德·舒伦贝格（Friedrich von der Schulenberg）舒缓了莫斯科对柏林野心的恐惧，因为他是个诚实真诚的人，一直努力地在维持和平。贝利亚告诉斯大林，一旦维希法国和西班牙按照计划加入了轴心国，希特勒就准备诱导斯大林签署一份协定，形成对英国的铁链包围。这位苏联情报首脑在 1940 年 10 月 24 日写道："那时德国将会对苏联施压，迫使苏联与德国形成政治协定，向全世界表明苏联不再置身事外，积极地参加与英国的斗争，确保欧洲建立起一个新秩序。"11 月，莫洛托夫（Molotov）受命去柏林，任务是发现"德国策划新欧洲的真实意图"。这位苏联外长坦白地说，斯大林仍然谋求控制多瑙河口，这点希特勒不想让步，这次访问证明德国领袖想打仗。

苏联内务部在伦敦的情报员明确地指出，许多伦敦的商人和银行家偏向媾和。事情发展到这步，让莫斯科感到震惊，因为这意味着希特勒已经无法阻止。克里姆林宫希望看到德国被削弱，那样希特勒才更愿意达成协议。所以，斯大林带着对丘吉尔和英国人的蔑视，高兴地看待英国人在不列颠岛打败了德国空军，在北非打败了意大利人。苏联驻伦敦大使伊万·麦斯基（Ivan Maisky）在 1940 年 11 月 3 日充满热情地写道："英格兰不仅生存下来，且实力有所增强，要知道法国陷落后，以及'不列颠战役'期间英格兰的状况是很差的。希特勒跟 135 年前的拿破仑一样，遭遇了一次失败，这是战争开始以来的第一次；后果无法预测。"

在 1940—1941 年间的寒冬天里，风向变了，这让斯大林感到害怕。内务部和格勒乌用坚决且精确的语言做了报告，根据他们在英国政府内部的情报员的权威说法，英国正在考虑对巴库（Baku）的油田进行轰炸，苏联的燃油从这里流向德国空军。轴心国准备入侵希腊，这更让克里姆林宫惊慌失措，因为那预示着达达尼尔海峡就要被占领了，那个海峡是苏联人几个世纪以来的噩梦。如果土耳其参战，那么无论加入哪一方，斯大林都认为土耳其军队很可能会入侵高加索，那个地方是奥斯曼帝国在大约 70 年前失去的。弗谢沃洛德·梅尔库洛夫（Vsevolod Merkulov）是贝里亚的副手，他报告说土耳其人在苏联边境线上的情报活动异常猖獗。与此同时，土耳其人也对纳粹的野心感到害怕了。1941 年 1月，土耳其大使向苏联人通报了德国在罗马尼亚屯兵的事。1941 年 1 月 27 日，格勒乌断言，巴尔干半岛"绝对是政治斗争的中心，特别是当德国和苏联在此有重大利益冲突之后"。

　　虽然斯大林收到一系列情报说纳粹正在威胁着巴尔干半岛，但预计苏联将遭遇不幸的情报也如同洪水一般涌来。1940 年 12 月 5 日，苏联老情报官、驻柏林大使弗拉基米尔·杰卡诺佐夫（Vladimir Dekanozov）收到一封匿名信："给斯大林同志和莫洛托夫同志，非常紧急。苏联，请警惕起来，因为希特勒马上就要进攻你们。所剩时间不多了，但苏联正在睡大觉。难道你们没有看到边境线上正在发生的事吗？从默默尔到黑海，你们没有看到吗？东普鲁士到处是军队，新部队从早到晚不断涌来……"苏联驻德国的武官，在希特勒 12 月 18 日签署了第 21号命令之后的第 11 天，就通知了莫斯科这件事。希特勒在这份命令中呼吁德国国防军"在一场速决战中打垮苏联"。1941 年 3 月中旬，苏联驻布加勒斯特的武官报告说，一个德国军官朋友告诉他："我们彻底地改变了计划。我们的目标在东方，就是苏联。我们将夺取苏联的谷物、煤、石油。此后，我们就变得战无不胜了，能继续与英格兰和美国打仗。"

　　但贝里亚和斯大林认为，有其他证据表明这只不过是武力恫吓：希特勒在苏联边境线上展示武力，仅是为了在巴尔干半岛实现他的目标。1941 年 3 月 20 日，菲利普·戈利科夫（Filip Golikov）将军为格勒乌做了一份分析报告，他在报告中说了他的读者们想听的话："大部分情报指出苏联可能在 1941 年春节遭遇战争，但这些报告基本上都源自英美，他们最想做的事无疑就是促使苏联和德国关系恶化。"瑞典驻莫斯科的大臣威廉·阿萨尔松（Vilhelm Assarasson）对纳粹的决策有相当清晰的看法，知道纳粹下决心要展开"巴巴罗萨"行动。但阿萨尔松透露的消息没有受到重视，因为他的消息是由英国大使斯塔福·克里普斯（Stafford Cripps）转交给克里姆林宫的。苏联内务部截获了土耳其大使海达尔·阿克塔伊（Haydar Aktay）的信件，这封信不仅引用了阿萨尔松的信息，还有希特勒不小心对南斯拉夫保罗亲王泄露的战争预言。阿克塔伊的观点也没有受到重视。

3月，苏联的情报机构受到了一次震动。莫斯科认为，不让南斯拉夫落入希特的魔爪具有重要意义。当摄政王保罗亲王展示出投靠轴心国的意图的时候，所罗门·米尔施泰因（Solomon Milshtein）将军和格勒乌的一些"特工"被派往贝尔格莱德去组织一次政变推翻亲王。但英国特别行动局占了先手，先发动了政变，把国王彼得二世扶上了台。几天后，莫斯科更加震惊，因为德军横扫了南斯拉夫，几乎没有遇到什么阻力。苏联人是比较同情南斯拉夫人的，因为他们都是斯拉夫人，但斯大林拒绝了进行军事干预的诉求。他顽固地下定决心不受英国人的挑拨——在他看来，英国人就是想让苏联为南斯拉夫与德国展开搏斗。他仅是与贝尔格莱德签署了一份互不侵犯协议，可不久之后，德国人就把这届南斯拉夫政府推翻了。斯大林选择了一条延缓与希特勒对决的道路，下决心不让任何事情干扰他走这条道路，至少不能用情报来干扰他。在1940年9月至1941年6月之间，有大量情报涌向莫斯科情报中央。

很难评估瑞士苏联间谍这段时间的贡献，因为如今我们能看到的仅是几个主要人物后来写的回忆录。这些人天生是骗子，就知道夸大自己的作用，后面的叙述甚至比大多数苏联人间谍活动的叙述拥有更多推测的成分。战争爆发了，这给亚历山大·拉多带来财务困难和后勤困难。波恩没有苏联使馆，这样他就拿不到现金，而他的制图业务也逐渐枯萎了。他只剩下很少的钱供养家糊口了，根本不够负担一个情报网。在厄休拉·汉布格尔的培训下，亚历山大·富特成了亚历山大·拉多的电报员，身上的钱也不多了，但仍然要装出英国绅士的派头，希望战争结束时还能活着在洛桑过舒服日子。法国陷落后，无线电变得越发重要起来，因为没有信使可以替拉多绕道巴黎送信了。为了使情报网的通信更加安全，他开设了第二座电台，电报员是一位日内瓦的电气工程师，名叫爱德蒙·哈默尔（Edmond Hamel），此人接受过富特的培训。哈默尔是众人嘲笑的对象，因为他个子很矮，却娶了一个身材高大的女人奥尔佳做妻子，但他对苏联抱有理想主义的热情。

1940年3月，莫斯科命令阿纳托利·古勒维奇——"康德先生"——从布鲁塞尔去日内瓦，向拉多转交一份新的密码。这样做破坏了间谍工作的基本条例，可能会污染几个间谍网，但格勒乌乐于让他扩大他的联系范围。作为一个年轻富裕的"乌拉圭游客"，文森特·谢拉请托马斯·库克（Thomas Cook）为他做旅行安排。他动身时带上了厚厚的一本旅行支票供他掩盖自己的真实身份。在从巴黎去日内瓦的火车上，有个面熟的男人在他的对面坐下了。那人向古勒维奇做了自我介绍，说自己是让·迦本（Jean Gabin），当时最伟大的法国电影演员。迦本去日内瓦是去看儿子，因为他儿子做马戏团演员初次登场。他俩交换了名片。这位年轻的苏联人心旷神怡，觉得做秘密间谍有许多好处。

　　他在日内瓦的苏联饭店住下，除了花一部分时间去旅游、逛夜总会之外，他还去侦察了洛桑街（Rue de Lausanne）第 113 号，莫斯科情报中央说拉多住在那里。他在公共电话亭给那个匈牙利人打电话，然后去了一家电影院，在中途退了场，然后走到拉多的家。他受到了热情的欢迎，这让古勒维奇有些吃惊。拉多的"无忧无虑的风格"让客人感到困惑不解。拉多说，虽然战争造成了破坏，但他还有些钱，因他的地图业务还不算太坏。拉多把妻子莉娜介绍给客人，然后这两个男人在书房里闭门密谈起来。古勒维奇转交了一本法语小说，它是密码电报的新密钥。在此后的几个小时里，他俩多次练习了使用方法，直到拉多学会了，双方都满意为止。然后，他俩分手了，商定在洛桑再见。洛桑离蒙特勒很近，这位"乌拉圭游客"在蒙特勒预定了一个住处，能待几天时间。第二次见面之后，他俩共进了午餐，然后在街上散步。

　　大多数海外的苏联人都患有严重的思乡病。当苏联间谍在海外相遇时，一有机会闲聊，第一个问题几乎肯定是："村里有什么消息吗？"这就是他们称呼祖国的方式。虽然拉多是匈牙利人，但根据古勒维奇的说法，他俩不加克制地谈论起了在莫斯科情报中央的经历。据说拉多请他的联系人向莫斯科强调一点，他在柏林的情报源地位很高。这位日内瓦的苏联间谍还透露说，德国正在策划攻击苏联。但拉多在 1940 年 4 月说德国正准备入侵苏联不可能是真的，因为那时希特勒还没有做出决定，甚至连想都没有想过。然而，似乎可以肯定一点，莫斯科情报中央匆忙派古勒维奇去日内瓦，让两个苏联间谍谈他们本不该谈的事，这对两个情报网都是危险的。

　　1940 年 12 月末，厄休拉·汉布格尔离开瑞士，去了英格兰。她的哥哥是德国共产党员，正在英格兰过流亡生活。她的丈夫莱恩·布鲁尔不久之后也跟来了。她的电台被带到了日内瓦——按照她和丈夫的暗语，电台叫"音乐盒"，而铁匠叫"补鞋匠"，警察叫"医生"。亚历山大·富特带着他的电台回到了洛桑。在屋外竖立天线太危险了。于是他劝旁边的无线电商店提供方便，理由是他想听英国广播公司的广播。他花了几个月时间都无法引起莫斯科的注意。不知总共有多少个小时，他在厨房里拼命按电报键，但他发出的脉冲信号消失在太空里。1941 年 3 月 12 日，他终于等来了令人激动的时刻：他的耳机里传来微弱的回复：

"NDA，NDA，OK，QRK5。"他与莫斯科联系上了。

　　瑞士情报部门肯定注意到了拉多这伙人的无线电信号，但在当时的情况下没有进行干预。虽然盖世太保在边境外监视到了洪水般的无线电信号，并向伯尔尼提出严重抗议，但无济于事。这伙间谍又搞来第三台发报机：拉多遇到一位名叫玛格丽特·博利（Margrit Bolli）的年轻妇女，她的父母是坚定的社会主义者，她渴望为共产主义理想奋斗。这伙间谍们教会了这位 23 岁的姑娘如何操作发报机。最初她在巴塞尔的家中发报，但他父母并非不明智地阻止了她，于是她转移到了日内瓦。盖世太保监听博利、富特、哈默尔这三者发出的无线电信号，虽然还听不懂，但称他们是"三重奏"。

　　拉多平均每天收到 5 条来自德国的信息，他把这些信息转发给莫斯科，是谁在德国向拉多提供情报？雷切尔·杜奔多佛的活动此时已经融入这个这情报网。她的同事描述她是个毫无魅力的巴尔干女人。她与保罗·波特榭（Paul Bottcher）生活在一起，此人是德国前共产主义分子，非法地生活在瑞士：杜奔多佛不止一次用她丈夫的身份信息保住了波特榭的命。据说，"巴巴罗萨"预警情报就是她的情报源提供的。与此同时，拉多也发出过一份电报，时间是 1941 年 2 月 21 日，该电报引用了瑞士情报官迈尔·冯·巴尔代格（Mayr von Baldegg，绰号"路易斯"）的说法，预计德国要在 5 月底发动入侵，它可能是瑞士人在德国组建的维京情报网搞到的，一名杰出的日本外交官也表示支持。这个情报网还充当了导管的作用，把一些捷克情报传递到了莫斯科，大部分捷克情报都源自阿勃维尔的保罗·苏梅尔。5 月末，拉多引用一位法国外交官路易斯·萨斯（Louis Suss）的话，预计德国入侵的日期是 6 月 22 日——莫斯科对这份情报反应冷漠。鲁道夫·罗斯勒（Rudolf Rössler）也提供了一份类似的情报，他后来成了拉多情报网的主要情报源。他的代号"露西"已经变成了历史，因为格勒乌在瑞士的间谍活动变成了人们熟知的"露西"间谍网。

　　罗斯勒，生于 1897 年，身材矮小，头发灰白，戴眼镜，德国移民，一个绝对神秘的人物，许多间谍故事中的常客。他是一个信奉社会主义的记者，1935 年逃离了纳粹的统治，在卢塞恩（Lucerne）建立起一家小出版公司——他的代号源自这座城市的名字。他用笔名"赫耳墨斯"写作，描述纳粹对犹太人的迫害，警告纳粹将重新占领莱茵兰。柏林挖掘出"赫耳墨斯"的底细，在 1937 年剥夺了罗斯勒的德国籍。不过，他与许多德国人还保持着联系，特别是在德国国防军内部。他在瑞士既缺少朋友，也缺少钱，于是他开始为一家叫布罗哈（Buro Ha）的私人情报机构提供信息，这家机构坐落在卢塞恩南部的施图茨别墅区，由汉斯·豪萨门（Hans Hausamann）上校运作，他是一名反纳粹积极分子。布罗哈与瑞士情报部门有联系，这为罗斯勒提供了一定的保护。

他不断从德国获得信息，分别卖给瑞士、英国、捷克、苏联的买家。虽然他反纳粹的决心是毫无疑问的，但他提供情报主要就是为了钱——所有的客户必须付现款。到了 1942 年，他成了格勒乌最重要的瑞士情报源。他在拉多的间谍网中了扮演关键角色。莫斯科情报中央对这个神秘人物很不放心，坚决要求拉多促使罗斯勒说出他的情报从何而来，但这位记者以同样顽固的态度拒绝了。尽管他后来变得很重要，但不太清楚他在 1941 年到底提供了多少情报。罗斯勒进棺材的时候二战已经结束了，但他始终没有说出来谁在德国向他提供那些有用的资料，有些资料相当耸人听闻。后来对他情报源的推测集中在几个人身上：汉斯·奥斯特（Hans Oster）上校，阿勃维尔的副局长，汉斯·泽菲乌斯（Hans Gisevius），前莱比锡市长格德勒（Gordeler），或另外两位不知姓名的将军。

瑞士情报网向莫斯科提供的情报在时间和措辞上存在某种不确定性，这个问题在"巴巴罗萨"之前和之后均存在。真正能肯定的是格勒乌在 1941 年春季收到了一系列从瑞士发来的情报，其中有几份情报明确地指出希特勒企图攻击苏联。莫斯科的战略思考具有同等重要性。莫斯科情报中央知道罗斯勒一直是英国军情六局在伯尔尼情报站的情报员。克里姆林宫只需稍加思索就会做出一项判断，"露西"间谍网已经成了丘吉尔的工具，为了把苏联拖入战争，这个网络故意提供假信息。

## 佐尔格的警告

斯大林在日本的情报源，提供了跟瑞士方面一样的情报。不过，斯大林在日本的这位间谍大腕，自欧洲爆发战争后，深感压力巨大，因为他不仅要继续伪装自己，还要比"露西"那伙人摆出更高的姿态。理查德·佐尔格努力地发挥自己的影响力，劝德国不要与苏联打仗。他对德国驻东京大使说，诺门罕战役——1939 年爆发的苏联和日本的战役——对日本是个灾难，柏林应该注意到红军的实力和朱可夫的厉害。那场战役是朱可夫指挥的。就在这时，纳粹和苏联签署协定了《苏德互不侵犯条约》，其产生的巨大震动使日本政府惊呆了。

佐尔格也被惊呆了。1939 年 8 月 12 日，这位间谍报告有 12 个日本师正在向朝鲜和中国东北运动——实际上是 20 个师——提醒苏联政府准备打仗，但他判断日本可能会后撤。果然，9 月 4 日，东京正式宣布不干预政策。佐尔格告诉莫斯科，根据尾崎秀实的权威看法，日本只有在看出了谁是胜利者之后才会参战。他还说，德国大使馆希望日本保持中立，甚至有点担忧日本可能会加入盟国阵营。

佐尔格与奥特上校领导的大使馆之间的离奇关系面临着新变化，因为佐尔格接到一份工作邀请，请他做大使馆的新闻官。他像往常一样拒绝了，因为他怕审查他的历史问题。但他同意每天在大使馆的大楼里工作 4 个小时，同时做《法兰克福日报》的特约记者。10 月，东京警察局外国人部让 28 岁的西户玄次（Harutsugu Saito）跟踪佐尔格，此举实属正常。日本人怀疑佐尔格是德国间谍。西户玄次发现了马克斯·克劳森，并留意起了他。

在此后的几个月里，佐尔格情报网所受压力骤增。布兰科·德·武克利希把自己为苏联工作的事告诉了爱慕的情人山崎义子。1940 年，这一对人结婚了，她始终没有背叛过他，但他这样做的风险大得惊人。马克斯·克劳森变得太肥胖，健康状况恶化。他在床上躺了一段时间，最后不得不让妻子安娜装配了一台发报机，在病房里给莫斯科发电报。他的老板丝毫不同情他。苏联方面专横地通知他薪酬要削减了。他的小晒图公司雇用了 14 个人，在沈阳开了一家子公司，承揽日本战争部和海军部的活。莫斯科说它必须用公司的利润养活自己。克劳森变得越来越崇拜希特勒——这太滑稽了，但希特勒如今是斯大林的朋友了。

尽管发生了这些事，这位电报员继续发电报：他在 1940 年发了 60 次，一共发了 29179 字，字里行间包含着佐尔格的智慧。在佐尔格搜集到的情报中，最著名的是《日中和平协定草案》。只有中国和日本继续打仗，才符合苏联的最高利益，因为中国的战争一旦结束，日本军队就可以打击苏联了。这份协定泄露后，草案报废了，佐尔格甚至还提供了更新的版本——不过，新版本也没有签署。他从德国大使馆搞到了三菱和中岛的飞机制造厂的数据。他正确地预测到了日本会入侵法国控制的印度支那。他也犯过错，使莫斯科对他将信将疑。例如，他预计英国要拒绝东京要求关闭缅甸向中国供应的道路。但不久之后，英国人真的关闭了 3 个月。情报工作往往就是这样，佐尔格最初的报告没有错，但丘吉尔后来改变了主意。

到 1940 年年末，佐尔格在柏林的地位要高于他在克里姆林宫的。然而，他给纳粹的绝妙报告几乎毁了他：施伦堡的德国保安局对他进行了一次安全审核，发现他过去是共产党员。盖世太保的约瑟夫·梅森格（Joseph Meisinger）被安排在东京大使馆里做保安官，任务就是密切监视佐尔格，但此时纳粹还没有怀疑他是个超级双料间谍。梅森格并不适合这项工作：他是莱因哈德·海德里希的人，他是一个暴徒，他的名气源自他在华沙策划实施的几个月的暴行。对佐尔格的间谍网来说，更严重的是几个主要成员都失去了动力。虽然佐尔格还在做他的记者工作，在 1941 年前 6 个月就为《法兰克福日报》堆砌出 51 篇文章，但他变得萎靡不振起来。他酗酒更加厉害，石井花子发现情人的暴力倾向越来越严重。她哭着请求他解释，他阴沉地回答："我很孤独。"她说："怎么可能，你不是在东京有好多德国朋友吗？"他咕哝道："他们不是我的真朋友。"1940 年 9 月，他给莫斯科发了一份电报，他说自己 44 岁了，极为疲惫。他请求允许他返回苏联"老家"去，但他肯定知道，莫斯科情报中心不会同意的，除非战争结束了。

马克斯·克劳森病得很重，无法及时把佐尔格多得跟洪水一样的情报发送出去，只好随意选一部分发出去，并悄悄地把未能发送出去的资料销毁了。所以出现了一种情况，那些佐尔格声称他已经交给了苏联的信息，实际上苏联并不一定在 1941 年收到了：苏联人在 20 世纪 90 年代公布了一些佐尔格提交的资料，但这些资料一定要小心对待，因为是有意挑选出来的。自 1940 年年底之后，佐尔格就相信德国和苏联要打仗。一想到自己可能会卷入这场战争中去，他就感到深深的烦恼。在 1941 年年初的几个月里，他报告说，日本人越来越集中精力搞"向南攻击"的战略，其攻击目标就是欧洲人在亚洲的殖民地。3 月 10 日，他记录了德国对日本施压，要求日本"发挥其在三国同盟条约中的作用"，对苏联发动进攻。但佐尔格补充说，日本不会这样做，除非"现有的战争结束了"。

5 月，他断言希特勒下决心"打垮苏联，把欧洲控制在自己手里"，但暗示仍然有空间用外交手段防止战争。在那个月稍后的一个日子里，他说他在德国的联系人期待 6 月前发动进攻，但又说几个从柏林来的访客相信在 1941 年发动攻势的可能性降低了。这两个情报可能是佐尔格在与德国国防军朔尔（Schol）中校谈话后的反应，此人当时途经东京去曼谷做武官。5 月 30 日，他发电报说："柏林已经通知奥特大使，德国对苏联的攻势将会在 6 月下旬开始。奥特有 95%的把握战争将开始。我在这里能看到以下支持性的证据：在东京的德国空军技术代表团受命回国。奥特要求武官不要把重要文件借道苏联进行传输。途经苏联的橡胶运输量被降低到最小规模。"

历史上没有哪家政府间谍能比佐尔格做得更好了，但他仅是克里姆林宫周围荒野中嚎叫声中的一个。斯大林对这个东京间谍的信任，并不比对其他特务的信任多。有一次，有人请他介绍佐尔格的情况，他评价佐尔格是"依靠几个日本小工厂和妓院撒谎的臭狗屎"。虽然斯大林这个苏联战争领袖在"巴巴罗萨"问题上犯了大错，但很少有领袖是因为拒绝接受没有根据的间谍情报而丧失帝国的。

历史学家总是把间谍的话描绘成金玉良言，但很少详细说明间谍情报中经常有大量错误，有时甚至是谬误。莫洛托夫在晚年曾经说："我认为不能信间谍的情报……间谍能把我们带入无法摆脱的危险境地。双方都有奸细……人是天真的，容易受骗，沉迷于回忆录中，还不时加以引用：间谍是怎样说的，叛徒是怎样出轨了……"斯大林很可能更愿意相信佐尔格的情报是遥远的英国人编造的。

## 管弦乐队

在"巴巴罗萨"行动前，提交给莫斯科最权威的情报，来自苏联人在柏林的间谍网。这个间谍网就是后人所谓的"红色管弦乐队"，其背后所涉及的间谍其实不属于同一个实体，但德国人认为他们是一伙。他们隶属于几个独立的格勒乌和内务部的间谍网络，苏联这样做仅是为了更快地获取情报的权宜之计。"红色管弦乐队"对战争进程的影响并不大，实际上很小，只不过是存在而已。西方盟国从"超级机密"中获得了非凡的军事情报，但没能在德国安插下任何重要的间谍网。当然，这并非是说盟国没有，比如我们后面要谈到的"紫色"，再比如有一些反希特勒抵抗组织在 1943 年与美国战略情报局的艾伦·杜勒斯（Allen Dulles）取得了联系。苏联人不同，他们控制住了金矿的采矿隧道。

在德国内部，反纳粹的圈子越来越大，哈纳克/舒尔策－博伊森间谍网就是从这个圈子中搜集情报，然后提供给莫斯科。虽然他们都是一些左派人士，但似乎他们与一些保守派人士取得了联系，比如迪特里希·潘霍华（Dietrich Bonhoffer），还比如慕尼黑的"白玫瑰"集团（White Rose group）。考虑到"红色管弦乐队"涉及情报员的数目之大，以及他们对安全问题的淡漠，他们能生存到1942 年，应该不是因为他们的精明，而是因为阿勃维尔和盖世太保的无能。阿维德·哈纳克对理想非常投入，他参与印刷反纳粹小册子的活动，甚至当这伙人在晚上在街上贴标语时，他亲自去为他们放哨。这样的举动是勇敢的，但危及更加重要的情报工作。

在二战开战后前 22 个月里，英国人努力透过浓雾想看清欧洲大陆的情形，苏联人却能肆无忌惮地从事间谍活动。由于苏联保持中立，全世界的间谍们通过当地的苏联大使馆向莫斯科传递情报，不必使用危险性极大的无线电通信。在柏林，盖世太保的威利·莱曼变得憔悴起来，因为莫斯科自 1939 年签署了纳粹－苏联协定以来就停止与他联络了。莱曼是个孤独的人，为苏联人做情报工作是他为自己树立的目标。为什么苏联人要抛弃他？1940 年，就在不列颠战役进行期间，他冒险给苏联大使馆的信箱里投放了一封信，收信人是"大使馆武官或代理武官"。在信中，代号"布赖滕巴赫"的特务请求恢复情报关系。他说，除非能再次为苏联内务部工作，否则他"在盖世太保的工作就变得毫无意义"。他提供了一个密码，供电话联络之用。

莱曼的这封信，以及如何回复的请求，都交给了莫斯科。克里姆林宫发出严格的禁令，不许内务部在柏林情报网做任何有可能给德国发动侵略提供借口的事。不过，在经过讨论之后，莫斯科情报总部派了一名年轻的官员亚历山大·科罗特科夫（Alexander Korotkov），代号"斯捷潘诺夫"，去担任代理情报站长。他与莱曼联络上了，在进行了一次长谈后发回报告：此人似乎真诚地且不顾一切地想再次打通与莫斯科的联络线。1940 年 9 月 9 日，贝利亚亲自发出了一道命令给柏林："不要给'布赖滕巴赫'任何具体的任务。但你应该接收他直接有关联的领域内的所有资料，以及他能提供有关德国针对苏联情报工作的信息。""布赖滕巴赫"过度的热情引发了贝利亚的猜疑，觉得他是盖世太保的密探，想探听一下克里姆林宫对纳粹－苏联协定的真诚度。因此，这位苏联情报长官提出一项特别要求，要求这位柏林告密者为每个断言提供文件证据。由于受苏联大清洗的影响，内务部人手严重不足，只能派一个新手去做莱曼的信使：鲍里斯·茹拉夫列夫（Boris Zhuravlev）基本不会德语，所以刚到柏林的第一件事就是请一个德语教师。这个年轻人还买了一辆自行车，以便熟悉城市的街道。从一开始，他就被莱曼在晚间会面时提供的文件给吓住了，这些文件必须在晚上进行复制，然后在莱曼早晨去办公室上班前归还。

例如，1940 年 9 月 20 日，这个盖世太保向莫斯科发出警告，阿勃维尔正计划对苏联武官尼古拉·索恩雅科夫（Nikolai Shornyakov）用美人计，那美人是丽奥丽塔酒吧的歌手伊丽莎白·胡兰（Elisabeth Holland），她是这位武官女房东的奥地利朋友。"布赖滕巴赫"详细描述了处理这件事的阿勃维尔情报官齐格弗里德·穆勒（Siegfried Muller）的外貌：身材高大、蓝眼睛、黑头发、小胡须、深陷的面颊、敏锐的目光、大耳朵、细脖子。穆勒做事很不谨慎，冒充是盖世太保成员。这件事引起了希姆莱的副手海德里希的关注，他向卡纳里斯海军上将表明了严正立场，不许那个阿勃维尔情报官假冒盖世太保。

与此同时，亚历山大·科罗特科夫受莫斯科之命，重新建立起与哈纳克/舒尔策－博伊森那伙人的联系。为了完成任务，他在 9 月中旬冒险几次上门找哈纳克。有几次看门人告诉他哈纳克先生出去了。16 日，科罗特科夫终于见到了他想见的人。他俩的首次见面很紧张，因为哈纳克保持着警惕。最后，他终于相信了访客的真诚——把这个词用在苏联内务部情报官身上真滑稽。哈纳克有许多情报要对客人讲。他对这个苏联人说的有一点最重要，他和朋友都相信希特勒准备在 1941 年入侵苏联。回到大使馆后，科罗特科夫给内务部外事局局长帕维尔·费廷（Pavel Fitin）中将发了一份电报，电报是以他上司阿马亚克·卡布洛夫（Amayak Kobulov，代号"扎哈尔"）的名义发的：

　　最高机密

给维克多同志：
　　"下士"从"阿尔巴尼亚"那里听说一件事，此人与德国国防军的官员交谈过，德国计划在明年初发动对苏联的战争……

1940 年 9 月 16 日

扎哈尔

　　然而，莫斯科有理由怀疑这些耸人听闻的消息。历史证明这些消息是正确的，但 1940 年 9 月 16 日希特勒还没有下定决心。入侵苏联问题在纳粹高官和军队高级将领中争论得非常激烈。"巴巴罗萨"行动一直是争论的话题，而不是一个定论。虽然阿维德·哈纳克的预言最终成真了，但有一个重要事实不容改变，他当时仅是推测，这点与"露西"间谍网的拉多是一样的。只有到了 11 月时，希特勒才真正下定了决心。
　　苏联内务部在柏林的情报网是比较复杂的，因为他们最能干的人科罗特科夫招来了柏林情报站长的嫉恨。捷克的弗朗蒂舍克·莫拉韦茨在战争中与苏联人有很多交往，他做证说苏联情报官的人格粗野。阿马亚克·卡布洛夫就是其中之一，他当时是苏联内务部在柏林情报站的站长，他犯的错误比军情六局的拜斯特和史蒂文斯还多。卡布洛夫做官就是为了像奴隶般地忠诚于党。他是亚美尼亚人，出身于第比利斯的一个小生意人家庭中，他在 1927 年加入警察部队前一直做会计员。他能活下来，或者说是获得迅速的提升，是因为他哥哥波格丹（Bog-dan）跟贝里亚关系密切。卡布洛夫在乌克兰做副政委的期间犯下了臭名昭著的谋杀罪，之后被任命为柏林情报站的站长，但他一个德文单词都不会说。刚到岗位上，他就告诉下级必须绝对服从他。一名年轻的情报官抗议说，情报人员不是站长的家庭仆人，卡布洛夫像老板一样威胁要送他去卢比扬卡（Lubyanka）的地牢里腐烂。

卡布洛夫严厉地挑科罗特科夫的错，找个借口把他赶回了莫斯科，并写了一份非常负面的私人报告。贝里亚看到这份报告后，立即在 1941 年 1 月把这个年轻人的职务给撤了。不久，贝里亚又后悔了，但科罗特科夫已经在卢比扬卡做了几个月的文书工作。与此同时，卡布洛夫安排了一次与哈纳克私下见面的机会。这次会面没有被盖世太保注意到，但很容易造成这个情报网遭受致命打击。新年到了，莫斯科中心意识到只有科罗特科夫有能力对付柏林的情报源。于是他又再次被送回了德国，并给哈纳克带去了新任务。内务部让这个德国情报员多关注经济问题，而不是战略。内务部第五局指示科罗特科夫去研究德国内部的反对力量，确定如何加以利用。新指示中没有提及探听德国入侵苏联的事，但仍然保持警惕，防备哈纳克是盖世太保的密探，或是被拷问过。

这份指示用红笔做了批注：　"由政委批准。帕维尔·苏多普拉托夫。26.12.40."。科罗特科夫在最后一页上也签了字："已阅，懂了，视为命令。'斯捷潘诺夫'，26.12.40."。科罗特科夫选了一个合适的时间把这份指示传达给了柏林情报网，但没有让他名义上的上司卡布洛夫知道。在此后的几个月里，德国人源源不断地提供了一系列情报。1941 年 1 月 29 日，哈纳克报告说，德国经济部已经下令搜集苏联的工业目标信息，并绘制成地图，类似于对英国发动闪电战时用过的地图。他告诉莫斯科，柏林外国文学交流局下属苏联处的领导接到命令，要求准备军事翻译官；德国经济部下属的苏联局刻薄地抱怨苏联在《苏德互不侵犯条约》中承诺提供的原材料太少。

哈纳克深信希特勒正准备入侵苏联。他还提供了大量德国经济的细节——煤炭、生铁、钢材的生产量；合成橡胶的消费量；工业劳动力短缺困难，为解决这个困难，德国制订计划，准备从被占领的欧洲招聘工人进行生产。如此珍贵的信息，英国军情六局愿意用红宝石去换取。哈纳克报告的结束语，削弱了他在莫斯科眼中的可信性，因为他传了一个谣言："根据接近希特勒的人的说法，他的心理很不稳定，夜里会突然跑去看电影，或者在一阵暴怒中把窗帘撕碎，这样的事发生了不止一次了。"柏林情报站在 1941 年 2 月 26 日向莫斯科报告说：


最高机密


给维克多同志：
　　根据哈纳克从恩斯特·冯·阿尼姆（Ernst von Arnim）获得的信息，格德勒博士（反纳粹组织）试图与军方的领袖达成共识，组建一个新的德国政府……谈判结果不佳，因为军方领导人的态度是负面的。然而，根据恩斯特的说法，一些高级将领同意格德勒的计划……

扎哈尔

　　向莫斯科提出入侵警告的，并非仅有柏林情报站一家：1941 年 2 月 7 日，内务部第三局，根据这个局在土耳其安卡拉的代号"太妃"的情报源提供的信息，谈及了几种德国入侵苏联的谣言。一个版本是说会发生在德国打败英格兰之后。另一个版本被视为更有可能性，德国会在攻击英格兰之前进攻苏联，这样才能获得物资供应。次日，哈纳克又发来一份报告，报告说在德国最高统帅部广泛流传着一个说法，占领罗马尼亚是入侵苏联的前奏。3 月初，哈纳克又发来一份情报，声称德国食品供应恶化，这迫使纳粹进攻苏联。根据这位柏林情报员的说法，弗兰茨·哈尔德（Franz Halder）上将正策划占领乌克兰，那将是类似于 1940 年法国战役的闪电战，然后去占领斯大林的油田。哈纳克还描述了德国高层人士的担忧，入侵苏联有可能既捞不到经济好处，还受战争拖累。几天后，他在另一份报告中说德国空军加强了对苏联的空中侦察，并计划在 45 天内推进到乌拉尔山脉。

　　贝里亚的副手梅尔库洛夫看到了柏林情报网 3 月 11 日的报告。他跟所有的苏联官员一样都希望能生存下来，所以对一切都极度小心。他是 1895 年生人，与贝里亚在外高加索地区工作过，跟着贝里亚屁股后头狂吠，这才官运亨通；他的最新战绩是在卡廷屠杀了 25000 名波兰军官。在这种情况下，他问费廷："除了哈纳克，还有其他情报源吗？我们如何才能检验信息的真实性，又不让任何告密者知道我们在检验？这项任务要交给告密者去做，但方式方法要既大方，又要谨慎。"哈纳克 3 月份的报告是正确的，但莫斯科情报总部当时还收到了大量错误情报。"布赖滕巴赫"报告英国人正准备对德国释放化学武器，而德国则企图在对苏联的战争中使用毒气。舒尔策—博伊森宣称，他"有把握"美国驻莫斯科武官是德国特务。此人从苏联内部的联系人那里获得情报，然后交给德国人。

　　3 月 15 日，莫斯科情报中央提高了柏林情报源的风险等级，命令科罗特科夫去与舒尔策—博伊森建立起直接的联系，不再利用信使传递，目的是加快对情报的评估。第一次会议是在哈纳克的公寓召开的。舒尔策—博伊森当时是穿着德国空军的制服来的，把他的苏联同事吓了一大跳。"我没有时间换衣服。"他解释说。科罗特科夫向莫斯科报告说："我们主要谈论了他获得的反苏联的计划。他绝对知道他是在和苏联的代表交谈（而不是共产国际）。我的印象是他很高兴地告诉他所知道的一切。他回答我们的问题时，态度既不含糊，也不故弄玄虚。此外，他显然为这次会议做了准备，把要问我们的问题写在一张小纸片上……我们希望与舒尔策－博伊森建立起更加紧密的关系。然而，他现在受制于兵营，偶尔才能来镇子上，而且还穿着制服。我遇到他的时候，他就是穿着制服。约会地点必须灵活。"

4 月 19 日的晚上，在哈纳克的公寓里，科罗特科夫遇到了亚当·库克霍夫（Adam Kuckhoff），作家和戏剧导演，科罗特科夫立即招募他，代号"老人"。科罗特科夫给莫斯科发电报，语言坦率且谦虚："库克霍夫给人的印象是个有文化、有人教养的人，他的观点深受阅读列宁书的影响。他仍然保留着一些列宁的书，并认为自己是共产主义者。"莫斯科的共产国际翻阅了库克霍夫的档案，认同了他的资历。他们告诉科罗特科夫，"老人"对资本主义文化危机深有感触，"开始接触'知识分子工会'"。这位作家就这样成了哈纳克情报组中杰出的成员。

所有这些给莫斯科的报告，都有一个不变的主题，那就是纳粹的入侵快要来临了。1941 年 5 月 8 日，"扎哈尔"报告："有关德国要进攻苏联的谣言越来越多……宣战会在 5 月中旬。"潘友新（A. S. Panyushkin）是苏联驻重庆大使，但他还不同寻常地兼任内务部重庆站站长，在 5 月初向莫斯科报告说希特勒即将发动侵略。中国驻柏林的武官甚至向苏联人透露了德国人的进攻路线。

内务部在柏林的情报组是幸运的，熬过了苏联－德国这段格外敏感的时期，而且是在一个白痴做站长的情况下。但卡布洛夫出事了。在 1941 年 5 月大使馆为一个贸易代表团举行的宴会上，他在喝酒时扇了副代表团长一巴掌。为这事，大使要求内务部把这位驻柏林官员撤回去。卡布洛夫发动反攻，要求贝里亚把自己撤回去；并且说他讨厌大使馆内部发生争斗，就跟他讨厌英国人轰炸柏林一样。贝里亚觉得有必要把这件事上报斯大林和莫洛托夫，但拒绝把卡布洛夫调回来，因为卡布洛夫痛哭流涕地承诺未来有良好的行为；莫斯科下令不许他冒险亲自去接触哈纳克。

卡布洛夫这位内务部官员试图挽回自己做间谍头目的面子，为此他打算招募一位拉脱维亚记者，并给予代号"中学生"。他向莫斯科保证，此人"最可靠"。这个人，名叫奥雷斯特·柏林斯（Oreste Berlings），早就在盖世太保的间谍花名册上了，代号"彼得"，他是彻头彻尾的双料间谍。里宾特洛甫高兴地说："我们可以把任何信息灌输给他。"如此的愚蠢，如果发生在其他时候，并没有什么大不了的，可是偏发生在德国发动"巴巴罗萨"行动前的最后几周，这几周的来自柏林的情报对苏联的决策具有极其关键的作用。卡布洛夫的笨拙，致使克里姆林宫顽固地对内务部的情报持有怀疑态度。

1941年4月18日，虽然斯大林坚信近期苏德之间不会爆发冲突，但苏联的情报部门正式地进入了战备状态：格勒和内务部提醒了他们遍布欧洲的间谍网，并加强了瑞士和柏林的情报站的工作。但他们没有能改进对情报源的管理，这主要是因为他们缺少有经验的管理者。还有更严重的事，他们没有能为间谍提供远距离的无线通信手段。苏联产的无线电设备品质不佳：内务部的通信能力在战争后期才有所改进，因为卢比扬卡大街获得了美国造的发报机。在相当长的一段时间里，莫斯科与其海外间谍的联络很不稳定。1941年5月1日，柏林站急迫地请求为哈纳克情报组提供发报机。哈纳克本人不愿意接受发报机；他说一方面自己不懂发报机，另一方面他知道阿勃维尔和盖世太保的无线电测向仪无处不在。不过，他最后还是采取了相应的步骤，但仅是为了表明他的决心是符合逻辑的：战争马上就到了，他希望继续做反对希特勒的工作。在拖延了几周后，在6月中旬，他的接头人给了他两部发报机。第一部是便携式D-6，能传送500英里，电池寿命2小时。内务部承诺提供更多的电池，但承诺没有兑现。第二部稍微强大一点，需要电力供应。

科罗特科夫简单地解释了编码程序：间谍只需记住38745这个数和关键字"Schraube"。他催促哈纳克启用卡尔·贝伦斯（Karl Behrens）做他的第二个电报员，但被哈纳克推诿掉了。哈纳克指出，这项任务风险太大，因为贝伦斯有3个小孩。如果贝伦斯被抓，遭受损失，他无法原谅自己。无论怎样，贝伦斯已经处于盖世太保的监视之下，因为他为自己的犹太女儿伪造证据。第二个候选者是库尔特·舒马赫（Kurt Schumacher），被征召入伍了。最后，第二个电报员的工作落入一个名叫汉斯·科皮（Hans Koppi）的手中，舒尔策—博伊森推荐了他。然而，几周后，希特勒的军队横扫苏联，深入苏联境内，超过了柏林信号的传送距离。由于电报机不能工作了，哈纳克沉默了。他继续努力搜集情报，但缺少手段送出来。这样的困境在自东线战争开始后的前5个月里一直是如此。

与此同时，在威利·莱曼提交的情报中，也开始包括德国准备对苏联开战的证据。5月28日，他对联络人说，他受命执勤24小时，原因不明。几天后，他的身体垮了，只能休病假，到了6月19日才上班。他一回到到办公室，就听到一个消息，他不顾间谍工作的惯例，要求马上与他的信使茹拉夫列夫见面；盖世太保已经获得命令，开始对苏联的军事行动。这个报告立即被传给莫斯科，但贝利亚好像没有立即交给斯大林，而是拖到了德国入侵前的最后几小时。

沃尔特·玛利亚·斯滕内斯（Walter Maria Stennes）上校是苏联内务部另一个重要的情报源，他曾经是纳粹冲锋队的积极分子，与希特勒是好朋友。斯滕内斯在莫斯科情报中心的档案里的代号是"朋友"，他内心发生了一系列剧变，这次变成了纳粹政权的坚定敌人。他在监狱里蹲了很短一段时间，出来后去了中国，成了蒋介石的空军顾问，又被苏联人招募为间谍。1941 年 6 月 9 日，在与一位来访的德国国防军高层人士见过面后，他通知瓦西里·扎鲁宾（Vasily Zarubin）德国原计划 5 月入侵苏联，但推迟了，如今定下来了，这是一次 3 月的战役，从 6 月 20 日开始。扎鲁宾还对莫斯科说斯滕内斯与佐尔格在上海见了面，且听说了相同的情况。

6 月 11 日，舒尔策－博伊森给内务人民委员部的领导写信，警告苏联人"准备迎接突然袭击"。他催促莫斯科轰炸罗马尼亚的油田、柯尼斯堡的铁路枢纽、什切青的铁路枢纽、柏林的铁路枢纽，不仅如此，还要攻入匈牙利，切断德国去巴尔干的通路。一名德国军官能做到这点是非凡的，因为舒尔策－博伊森如今不仅是对政府不满了，还要求外国去轰炸自己的祖国。但这样的目标是难以实现的。总之，在 1940 年至 1941 年 6 月之间，哈纳克和舒尔策－博伊森提供了 42 份保存完好的报告，或许有更多报告，只不过是丢失了，或许还有一些没有能够送到莫斯科，这些额外的报告，肯定能提供有关希特勒的战役准备和作战计划方面更多的情况。除此之外，6 月 20 日，罗马的一个情报源通知莫斯科情报总部，意大利驻柏林大使馆向意大利外交部发回一份密码电报，报告说德国将会在 6 月 20 日至 25 日之间入侵苏联。

## 克里姆林宫的聋子

所以，从 1941 年初，洪水般的情报涌入了莫斯科，传递着一个共同的声音：希特勒即将发动进攻，虽然关于进攻时间有许多不同意见，但进攻是肯定的。实际上，这不奇怪，因为德国国防军的时间表不断因实际困难而后延。然而，在那个时期，苏联主要是防备其人民，而不是外国敌人。苏联的情报官忙于对付国内的敌人。他们害怕正在崛起中的乌克兰民族主义。贝里亚报告了犹太人和犹太复国组织的颠覆活动——他推说这些组织是在为纳粹服务。梅尔库洛夫谈到过波罗的海几个共和国里进行的清洗行动，行动很成功，清除了"反苏联分子"，逮捕了 14467 人，有 25711 人流放西伯利亚。

帕维尔·费廷中将主要负责对收到的情报进行分析，他自从 1939 年就掌管内务部的外事局，他是在大清洗中崛起的干部。他本无缘晋升，但政治可靠帮助了他。他年轻时做苏联共产主义青年团干部，后来又做党的干部，在莫斯科农业机械学院学习，后来从事农业咨询服务几年。此后，他去了巴拉希哈（Balashikha）的外国情报培训学校学习，那地方距离莫斯科 15 英里。前三年，学生 120 人，女生只有 4 个，他们学校有西方的资产阶级的生活方式：老师都具有西方的生活经历，教他们服饰、举止、"好品味"。受训人员每天学 4 小时的外语、2 小时间谍技术。1938 年，已经 39 岁的费廷才来到内务部工作。有一个来访问的美国人，看到他金发飘飘，蓝眼睛中传递着天真的幻觉，他更像是一个巡洋舰的舰长，而不像是间谍头目。虽然费廷不傻，但从来不在他的上级梅尔库洛夫、贝里亚，以及这两人之上的斯大林面前自我表现，避免引发气恼。1941 年 6 月中旬，内务部在赫尔辛基的间谍报告说芬兰部队有大规模的调动，这个消息使费廷感到紧张，他给副官潦草地写了一个便条："请仔细为主人分析一下。"人们就是这样称呼斯大林的。

在"巴巴罗萨"行动前，丘吉尔是最后一个外国情报因素。英国人对苏联和红军的潜力有自己的特殊看法，因为大多数士兵、外交官、保守派政客都讨厌血债累累的布尔什维克。此外，英国人对德国战略的预期是民族主义的，他们认为希特勒最终是想打败英国。3 月，英国驻斯德哥尔摩大使维克托·马利特（Victor Mallet）爵士在报告中说："柏林军事圈的人都相信春季将与苏联发生冲突，并且德国肯定能胜出。"英国外交部拒绝接受他的报告，认为仅是"像往常一样充满矛盾的谣言"。1941 年 3 月 24 日，斯塔福·克里普斯从莫斯科发电报，报告了瑞典同行提供的信息："德国的计划如下：对英格兰继续用潜艇和飞机发动攻击，但不会入侵。同时要攻入苏联。发动进攻是三支大规模军队：第一支从华沙出发，指挥官是冯·博克（von Bock），第二支从哥尼斯堡（Konigsberg）出发，第三支从克拉科夫（Cracow）出发，指挥官是李斯特。"

英国联合情报委员会拒绝接受这个警告。在 4 月初的时候，联合情报委员对形势的判断与斯大林的并非有什么不同："1. 这些报告是德国人宣传战的一部分。2. 德国入侵将导致苏联陷入混乱，德国必须重新组织被占领土，目前从苏联获得的供应也会在战争中损失掉。3. 德国虽然有巨大的资源，但无法一方面继续在巴尔干打仗，进攻英国，继续攻击埃及，另一方面攻占和重建苏联……5. 有迹象表明德军总参谋部反对双线作战，偏向在处理完英国后，再去攻击苏联。"

　　这里英国联合情报委员会犯了情报分析中最严重的过错：没有用纳粹的逻辑，而是用英国人的逻辑下结论。但英国首相早有预感，希特勒将转向东线。4月21日，他以个人名义向斯大林发出警告，理由是克里普斯的消息和布莱切利园发现的蛛丝马迹。这个警告受到对方的嘲笑。苏联驻英国大使麦斯基嘲笑英国内阁成员布兰登·布拉肯（Brendan Bracken）："丘吉尔从什么时候开始把苏联放在心上的？"他对布拉肯这位丘吉尔的密友说，伦敦发出这样的信件，最后只能是适得其反。他没有谈及一个至关重要的推论：白厅的叛徒已经告诉克里姆林宫，英国联合情报委员会不相信希特勒会入侵苏联。甚至到了5月23日，联合情报委员会还报告说德国和苏联的新协定马上就要面世了。如今你会觉得这样的推测愚蠢，但当时苏德刚在不到两年前签了一份如此邪恶的协定。如果那两个魔鬼曾经做过交易，为什么不能再做一笔呢？除了莫斯科，当时还有其他人也在质疑丘吉尔的真实用意。瑞典驻伦敦大使比约恩·普里茨（Bjorn Prytz）对麦斯基说，他认为英国首相不知道如何打赢这场战争，于是企图把苏联拉进战争。克里普斯对美国驻莫斯科大使说，他认为，只要希特勒与英国讲和，英国就赞成德国入侵苏联。

　　当有知识、有影响力的外国人持有这样的意见的时候，斯大林对丘吉尔的警告自然是很不在意，因为他知道丘吉尔的意见与自己顾问的不一样。4月，这位克里姆林宫的主人命令红军和情报部门不要理睬德军在边境的集结和德国空军频繁地侵犯苏联领空。月末，梅尔库洛夫提交一份报告，目的是让"主战论者"沉默，对于柏林的外交友好关系的前景大加赞扬。他说德国在北非的胜利鼓励希特勒先打败英国，然后再选新战场。希特勒和他的将领们确实进行了大量争论，这是毫无疑问的。内务部还提出另一个歪曲事实的观点，德国空军不愿与苏联打仗，因为红军的空军被认为有优势。斯大林告诉他的情报主管们，现在最高优先级是外交：澄清希特勒的要求，为保证和平，斯大林宁愿满足希特勒。德国人回答说，柏林很可能希望增加谷物、石油等原材料的供应。冯·德·舒伦贝格的外交活动加剧了斯大林的幻觉，甚至到了5月中旬，这位德国大使催促苏联独裁者写信给希特勒，以便找到共同的基础。与此同时，苏联与日本在1941年4月13日签订了中立协定，说明苏联绝望地想避免与两个国家开战，从而减少苏联所面临的威胁。当日本外务大臣松冈洋右（Yōsuke Matsuoka）来莫斯科签署协定的时候，斯大林以一种未曾有过的姿态去火车站迎接他。

　　苏联大使馆和情报站，严格遵循莫洛托夫和贝利亚的命令，凡是暗示战争不可避免的情报，一律不上报。5月24日，芬兰驻伊斯坦布尔的大使给苏联的同行德军在苏联边境的编队细节，斯大林的下属轻蔑地问芬兰人是否亲自数过士兵人数。一周后，铁木辛柯（Timoshenko）和朱可夫被召进克里姆林宫，希望获得让苏军处于戒备状态的命令。然而，他俩获得的是斯大林的一份批准书。德军要求进入苏联境内寻找 1914－1918 年的战争死尸，这个要求显然是虚假的，但斯大林竟然信以为真并批准了。苏联将领们只能暗自生气，而希特勒的侦察兵则在斯大林命令的阴影庇护下自由地勘察他们选定的战场。

5 月 10 日德国副元首鲁道夫·赫斯（Rudolf Hess）乘降落伞空降苏格兰，英国政府对这件事的处理比较笨，这本是一场希特勒必须化解的宣传灾难，但最后演化成了希特勒的大敌英国的一场困窘。这件事让斯大林相信，德国和英国正在玩弄他，但暗中却在眉来眼去地媾和。比弗布鲁克（Beaverbrook）勋爵，绝对是一个搬弄是非者，他的作用极具破坏性，因为他是丘吉尔公认的密友。他在伦敦对麦斯基说："赫斯显然是希特勒的使节。"勋爵强调说，赫斯谋求与英国一起对野蛮的布尔什维克发动战争。这话真是太有力了，麦斯基因此而推测，英国未来的行为不依赖于丘吉尔那帮人的决定（他以前以为如此），而依赖于英国是否接受赫斯带来的希特勒提出的条件。

1941 年春末，斯大林每天都会收到有关英国和德国媾和的细节，然后是柏林的要求，柏林不仅让苏联加入轴心国，还要求苏联加速对德国提供经济援助。甚至到了 1942 年 10 月，斯大林给麦斯基写信说："我们这些在莫斯科的人都感到丘吉尔想打败苏联，从而有条件与德国希特勒谈判，或拿我们做筹码。"此刻，斯大林展示出惊人的虚伪性，他决定暂时忘记一下"巴巴罗萨"行动开始后引发的恐慌，斯大林给内务部的帕维尔·苏多普拉托夫下了一道命令，让他委托保加利亚大使给柏林捎去一封克里姆林宫发出的密信，请求进行苏德和平谈判。只是由于希特勒不感兴趣，这个提议才没有结果。1944 年 10 月，在克里姆林宫的一次晚餐上，斯大林带着半严肃的表情，但嘲笑地祝酒道："为那个诱骗赫斯去英格兰的英国情报部门干杯。"

1941 年 6 月，内务部从卢比扬卡的一间牢房里把亚历山大·涅利多夫（Aleksandr Nelidov）上校拖出来，此人过去是阿勃维尔在华沙的情报官。内务部请他对赫斯的事发表评价。这位老战士立即回答："这场战争无疑是卑鄙的。赫斯是想拉英格兰做盟友，一起对付苏联……"涅利多夫，1893 年生，前沙皇的炮兵军官。白俄军队战败后，他在土耳其、法国、德国一带游荡。他与德军总参谋部建立起了友谊，参加了几次德军在 1930 年举行的战争策划会议，1939 年，他笨到接受了卡纳里斯的任命去了华沙，立即就被波兰人逮捕了。当苏联人攻占波兰东部后，发现他在利沃夫（Lvov）的监狱里奄奄一息。由于被认出是纳粹的情报官，他被送到了莫斯科。

那时，身材高大的卓娅·雷布金纳（Zoya Rybkina）是内务部下属德国处的高级官员，在 1940 年年中负责处理涅利多夫的案子。那时的涅利多夫是一个潦倒的人。1998 年，雷布金纳在回忆录中写道："他的态度很卑屈……我感到他很好玩，又为他感到羞愧，因为他是个老军官。"这位可怜的军官不断被从监狱里接受传唤，不分白天黑夜地被质问有关德国国防军的问题："他的午餐是从我们食堂拿给他的，当他第一次看到餐刀和餐叉的时候，他把它们推开，用可怕的声音说：'我不敢用刀叉。'"

雷布金纳让涅利多夫写一篇文章，描述他所参加的德国战争预演的情况，还要求提供地图和战役细节。涅利多夫对内务部的情报官员说，德国入侵苏联可能在第 5 天攻下明斯克（Minsk）。雷布金纳写道："我大笑起来。'怎么可能在第 5 天攻下?!'他感到尴尬，发誓说这就是凯特尔（总参谋长）的计划。"卓娅把这当作笑话告诉了费廷，费廷怒骂道："这个杂种是骗子。想一想吧，在 5 天里攻下明斯克!"戈利科夫（Golikov）是红军的情报首长，笑得更厉害："所以他们决定深入苏联腹地。想一想这个——他们计划在第 5 天拿下明斯克! 好，凯特尔，干得好，你是能人，厉害! ……"但涅利多夫还对关押他的人说，白发苍苍的德军前参谋长汉斯·冯·塞克特（Hans von Seekt）将军预计德国入侵苏联是一场灾难，因为后勤供应跟不上。

在"巴巴罗萨"之前，不清楚红军到底知道多少，这个问题恐怕永远也回答不了。朱可夫元帅一直坚持说，克里姆林宫没有通知他外国情报。如果德国人入侵，他自己判断他们会沿着西南方向前进，去夺取乌克兰的自然资源。不过，他也认为另一条进攻路径是里加－德文斯克轴线（axis Riga – Dvinsk）。苏联的一些武官，特别是在巴尔干地区履职的，提供了德军在大范围内进行部署的详细的准确信息。苏联的前线观察员提供的信息，比苏联间谍提供的多，帮助红军最高指挥部（Stavka）理解了德军的作战意图。到了 4 月份，朱可夫意识到德军计划中的中央战区的重要性——在东普鲁士和波兰集结大批军队。但情报之间有矛盾，说明希特勒和将领们之间有争执。

经常有人说德国人的进攻让红军大吃一惊。这不是实际情况。战争爆发前几周，虽然斯大林有怀疑，但他还是批准把部队重新部署在西部，并使之处于相对高的戒备状态。苏联人后来遭遇到的灾难，主要是因为苏军的状况不佳，领导层无能，而不是缺乏准备。1941 年苏联的遭遇主要应该谴责斯大林，德国的突然袭击最不该是灾难的理由。红军在各个层面上被德国国防军打败，但红军的一些部队展示出动物般的自我牺牲勇气，这使红军的敌人感到震惊。在德国入侵前，5月12日朱可夫把4个集团军的位置前移，涉及的兵力达80万人。6月2日，贝里亚对斯大林说德国全线处于最高戒备状态。12日，又有一份报告递交给斯大林，进一步说明了德国的部署，并注意到极高的敌对情报活动：德国国防军有200名"越境者"侦察苏联的边境地区。斯大林非常勉强地同意把步兵师的准备时间减少到2个小时，机械化师和炮兵师3个小时。面对威胁，这绝对不是被动状态。

苏联人和英国人都很天真，以为德国人进攻前应该发出最后通牒。6月11日，斯塔福·克里普斯回国提供"咨询"。召他回国的公开目的就是跟英国政府讨论令人迷惑的重大形势发展。德国展开一场宣传攻势，试图劝说全世界相信新一轮的苏德亲善即将来临，伦敦对此感到惊愕。克里普斯回国，让克里姆林宫感到震惊，但理由相反：斯大林认为，英国为了孤立苏联，正准备进行某种厚颜无耻的外交打击。6月16日，英国外交部召见麦斯基，宣读了"超级机密"提供的德军部署最新的情报。德军有80个师在波兰，30个在罗马尼亚，5个在芬兰和挪威北部，总共115个师。不过，这个数字仅是实际数字的一半，比格勒乌掌握的情报要少多了。这反映了"超级机密"在1941年时还不完整，表明了英国陆军部分析情报能力的水平低下，有些数字全错了。但那些当初怀疑联合情报委员会的人，此时再次怀疑眼前的现实：希特勒真的是要入侵苏联了。

在莫斯科，内务部使出了最后的绝招：内务部工作人员拦截了两名正要离开莫斯科去柏林的德国外交信使，他俩随身携带着德国大使馆的急件。有一个信使是在旅店的电梯里被拦截的，另一个被锁在套间的浴室里。5分钟后，电梯里的信使就被释放了，因为内务部工作人员已经把德国大使的信件拍了照片，然后又放回公文包里。内务部仔细阅读了信件，发现内容模棱两可：德国大使舒伦贝格报告说他有信心苏联想和平，但又宣称要遵守柏林的指示，把大使馆人员数目减少到最少，这显然是为了战争做初步准备。

克里普斯在回伦敦的路上，在斯德哥尔摩稍作停留，在那里他对瑞典外交大臣说了有关苏德新协定的谣言。"胡说八道。"那个瑞典人说。瑞典情报机构截获了给驻挪威德军部队的命令，命令说在6月20日至25日之间发动进攻。瑞典驻莫斯科大使是外交界的老前辈，他报告说："唯一确定的事是我们要么面临一场第三帝国和苏联帝国之间的重大全球战争，要么是历史上最大的讹诈。"卓娅·雷布金纳是内务部重要的德国情报分析员，她描绘了自己如何在6月17日准备了一份形势分析报告，交给帕维尔·费廷，然后由费廷呈现给斯大林。这份报告基本上是基于"红色管弦乐队"的情报，但也包括了其他情报源的情报——自然要包括佐尔格给格勒乌的报告。她后来承认说她当时的结论就是战争不可避免："德国的战争准备工作全部结束了，随时可以发动进攻。"在现实里，文件的措辞比文件作者后来坦承的要含糊一些，文件中多处出现："不清楚情报源为何……哈纳克不知道哈德尔何时、何地，跟何人说的这种观点……哈纳克没有对戈林的话做直接评论，仅是自己在吹牛。"写这份文件的人知道克里姆林宫顽固地拒绝几乎是现实的东西，所以被迫表达本来不存在的疑问。

6 月 17 日中午，梅尔库洛夫和费廷一起去克里姆林宫。费廷很少有机会见到斯大林，事后承认当时心里有点害怕，其实很可能就是恐惧。这两个身穿灰色衣服，面色惨白，以国家的名义无情地杀死过许多人的英雄，在主人进来前形成了共同的意见：他们把情报分析结果定义为"可能是真的"，而不是肯定的。他俩发现斯大林很平静，像往常那样在屋里走来走去。费廷看到斯大林的桌子上放着最近破译的柏林发出的密码电报。"我读了你们的报告。"斯大林说话缓慢、低调，这是他那习惯的方式。"所以德国已经准备好进攻苏联了？"斯大林盯着费廷和梅尔库洛夫。

他俩没有想到斯大林会这样坦白地谈论这个问题，感到迷失了方向。"我们沉默了。"费廷回忆说。"仅三天前，就是 6 月 14 日，报纸刊登了塔斯通讯社的声明，声明说德国仍然毫不动摇地坚守苏德条约。"他和梅尔库洛夫绷着脸一言不发，这似乎是唯一能活下去的方式。斯大林对内务部的情报源发出一连串轻蔑的质疑。费廷介绍了舒尔策－博伊森/哈纳克间谍网的情况。斯大林听了后说："听着，情报首长，德国人不可信，除了威廉·皮克（Wilhelm Pieck）。"——此人是共产国际的秘书长，如今在莫斯科流亡。此后是一段沉默，让两个访客感到漫长得没有边际。最后，斯大林盯着他俩，大声咆哮道："错误信息！你们可以走了。"故事还有另一个版本。斯大林让这两个情报首长回去审查情报源，检查信息是否正确，然后再次听内务人民委员部的评估。但可以肯定的是斯大林否定了战争警告。

雷布金纳后来写道："我们这个小组等着费廷从克里姆林宫回来，很难描述我们当时的心情。费廷让我和帕维尔·茹拉夫列夫（Pavel Zhuravlev）去他的办公室。"——茹拉夫列夫是德国处的老处长，同事们都很尊敬他。费廷把一份订好的文件扔在两个下属面前的咖啡桌上。"我向上级报告了，"他说，"斯大林研究了你们的报告，把报告退给我了。""这是虚张声势！"他气愤地说，"不要惊慌。不要失去理智。你们最好回去再整理出一个比较清晰的图像。"费廷对两个面带困惑的情报官说："再次核实，然后向我报告。"当雷布金纳和茹拉夫列夫单独在一起的时候，茹拉夫列夫展示出了在苏联这个国家生存下来必备的判断力，他对雷布金纳说："斯大林站得高看得远。除了我们的报告，他还看了苏军总参谋部情报总局的、大使的、贸易代表团的、记者的。"雷布金纳表示同意，并补充说："这意味着，虽然我们的间谍已经被考验了几年了，但仍然是不可信的。"茹拉夫列夫耸了耸肩，用一直真正的苏联式的宿命主义腔调说："等着看吧。"贝里亚，在主人的面前倍加奴颜婢膝，命令把 40 名提出战争警告的内务部的官员送去"劳改营锻炼"。6 月 21 日，他给斯大林写信说："我再次请求召回我们驻柏林大使杰卡诺佐夫（Dekanozov），并给予惩罚，他不断用'报告'轰炸我，这些报告指控希特勒准备进攻苏联。他报告说这次进攻明天开始……但我和我的同事，早就把您的明智结论深深地嵌入我们的记忆中了。希特勒不会在 1941 年进攻我们。"

历史学家花费许多笔墨试图发现有多少苏联情报部门获得的情报被送进了克里姆林宫，有多少还留在贝里亚、梅尔库洛夫、费廷的抽屉里。争论这个问题实在没有必要。毫无疑问，斯大林获得了大量的证据，足以证明德军在苏联边境的集结。他的历史性错误是低估了其重要性。后人总是嘲笑斯大林否认显而易见的真理。但他选择的战略观点很接近英国人的，特别是英国联合情报委员会的，唯一不同的是丘吉尔，但丘吉尔也是在"巴巴罗萨"行动前几天才有所顿悟。这点对理解那个暴君的行为似乎是重要的。幸亏有白厅的叛徒，克里姆林宫才知道布莱切利园已经开始大规模破译德国无线电信号，这使斯大林相信伦敦什么都知道。他过度地尊重英国情报人员的技能和英国人的外交手腕，这使他偏向于接受白厅对希特勒的图谋的看法，而不是绝妙的苏联间谍的看法。他不相信丘吉尔说希特勒想进攻苏联的判断，他诚实地表达了自己的不信任，他比英国情报机构更高明——英国联合情报委员会仅在希特勒发动攻击前一刻才改变了主意，但这仍然要归功于布莱切利园的"超级机密"。

克里姆林宫在德军入侵前的行为有一个最为突出的特征："巴巴罗萨"不是苏联情报机构的失败。历史没有几次军事行动像"巴巴罗萨"那样大张旗鼓。实际上，是苏联的国家领导错误判断了形势。斯大林在"巴巴罗萨"前奏期表现出的盲目，突出显示了苏联在情报体系、外交体系、指挥体系之间不可化解的矛盾。除非这三者能合作，否则单独一方是没有什么用途的。

在 1941 年 6 月 22 日最初的几个小时里，卢比扬卡街变得几乎寂静无声。内务部各部门的领导，按照习惯在昨晚 8 点钟都回家了，尽管贝里亚或梅尔库洛夫并未点头。凌晨 3 点钟，帕维尔·苏多普拉托夫来到了办公楼，除了地下监狱里的囚徒之外，他是最早来上班的几个人之一。这时电话铃响了，这是梅尔库洛夫的电话，他宣布德国开始入侵苏联了。苏多普拉托夫赶紧招呼员工来上班，包括他的妻子艾玛。艾玛原来做情报工作，现在从事培训间谍的工作。他的副手列昂尼德·爱丁根（Leonid Eitingon），像往常一样进办公室时总说几句笑话；但办公楼里的其他人，在那个致命的早晨，根本找不到理由破坏周围像瘫痪了一样的情绪。

在苏联情报官的回忆录中，他们有时会传递出一种幻觉，好像卢比扬卡的气氛与百老汇的没有什么不同，但仔细观察就会发现卢比扬卡处于系统性的恐怖之中。那个白俄军官亚历山大·涅利多夫是预言"巴巴罗萨"的人之一，但一直都不知道外面发生了什么。到了 1941 年 7 月 22 日，他才从牢房被带进卓娅·雷布金纳的办公室。他惊奇地发现她屋里的窗帘封得严严实实不露光，外面有炸弹爆炸声和防控炮火声。"卓娅·伊凡诺芙娜！"他惊呼道。"他们在射击。这是战争！"她点了点头。"今天正好是开战一个月。明斯克确实陷落了，但不是在你说的德国人预计的第 5 天，而是在第 6 大……"一个卫兵跑进来，喘着粗气，把涅利多夫带回了地下牢房里。这个老沙皇分子阴郁地说："再见，卓娅·伊凡诺芙娜。你可以相信我写的一切，就在这屋子里写的。"他在自己胸前画了个十字，低头离开了，显然他以为自己要被枪毙了。

两天后，他又回到了雷布金纳的办公室。他被粗暴地要求去旁边的屋里脱下破损的囚服，换上一套西服。儿分钟后，卫兵回报说涅利多夫坐着哭起来了，害怕得瘫痪了。那囚徒不断地问为什么要在杀他前让他穿这么好的衣服。雷布金纳走进旁边的房间，让那个可怜的人控制自己的情绪："来吧，亚历山大·谢尔盖耶维奇，你怎么能这样？你需要一次机会。我带你去见我的上级。"两人先去了帕维尔·茹拉夫列夫的办公室，然后是副手帕维尔·苏多普拉托夫的办公室。最后，这伙人一起去见帕维尔·费廷。这位将军要求惊恐的涅利多夫做内务部的间谍任务，去土耳其工作，那个国家他是很熟悉的。

涅利多夫喘不上气来，但仍然傻笑着说："但首先应该……枪毙我才对呀……"费廷不耐烦地说："我在问你愿不愿意去土耳其工作。土耳其，你知道的，是中立国。"涅利多夫咕哝道："随你便。"雷布金纳生气地看着她的这位举止不文雅的受保护人。此时的涅利多夫只是不停地低声说："随你便……"她带着这个像傻子一样的男人回到自己的办公室。这时涅利多夫才问了一个问题，为什么他刚才遇到的上级都叫帕维尔？这是共同的代号吗？不是，不是，涅利多夫的新老板生气地说那仅是个偶然。她带他走出大楼，来到附近的一家叫"阿拉格维"的餐厅，他俩坐在了红军军官中间，她建议吃烤肉串。

她的客人紧张得吃不下食物。她要了酒，但他害怕下毒，请求调换杯子。最后，他小心地抿了一小口，然后问道："他们什么时候来抓我？"雷布金纳疲倦地回答说："你难道没有听见他们念释放你的命令？"她的客人固执地说："我不懂。我怎么就没有罪了呢？"饭后，她建议带他去看看附近的农业展览会。他俩开车来到高尔基街，这里所有的橱窗都堆满了沙袋，交通警察戴着防毒面具。那天晚上，她让他住在莫斯科饭店，并对他说瓦西里·扎鲁宾被任命为跟他联络的情报官。

雷布金纳的故事充满了对涅利多夫的弱点的无情蔑视。像她这么好看的女人，任何理智的男人绝对不会背对着的，更不会沉默寡言。涅利多夫没有去土耳其。第二天早晨，扎鲁宾敲涅利多夫的房门，没有人给开门。砸开门后，他发现这位新员工撕床单做绳索上吊了。从一个死刑犯，一跃变成卢比扬卡大楼里的红人，涅利多夫承受不了这样的巨变，精神崩溃了。可是谁又能说涅利多夫最后的抉择不理智呢？

# >>> 第 5 章

# 神　风

## 弗格森夫人的茶具

在 1942 年至 1945 年间，日本人的情报工作不如其他交战国有效。但在日本决定参战之前几个月，英国人极不明智的举动在很大程度上影响了日本的参战决定。如果说维奥莱特·弗格森（Violet Ferguson）的精美茶具使日本进攻大英帝国，那是太夸张了。但这件事说明情报对国家的命运是有影响的。

1940 年 11 月 11 日，一艘 7528 吨、隶属于蓝烟囱轮船公司的普通英国货船"奥托墨冬"号，正孤独地向槟榔屿（Penang）航行，位置在印度洋苏门答腊岛的西面，远离任何战场。然而，早晨 7 点钟，瞭望官看到远处有一艘船，便叫醒了睡觉的船长。人称"老头"的老水手威廉·伊万（William Ewan）赶紧上了船的细长烟囱前的船桥。伊万竭尽全力用望远镜瞭望，看出陌生船是一艘荷兰班轮，决定保持航线。到了 8：03，对面船行驶到不到 1 英里远时，打出国际旗语"不许报警""停船"，并警告性地开了一炮，炮弹越过货船的船头飞了过去。"奥托墨冬"号这艘货船是 9 月 24 日从利物浦出发的，当时不列颠之战的硝烟正在散去，德国的闪电战开始了。货船上装载着飞机、汽车、机器零件、显微镜、军装、照相机、缝纫机、啤酒、550 箱威士忌、250 万根"切斯特菲尔德"香烟、600 万美元新印刷的印度海峡货币（Straits currency）。

前来拦截的是伪装成商船的德国武装商业巡洋舰"亚特兰蒂斯"号，这艘船是二战中最成功的商船袭击者，自从 3 月 13 日离开不来梅港市之后，已经俘获或击沉了 12 艘盟国船只。这两艘船在 11 月 11 日相遇不是偶然。7 月 11 日，"亚特兰蒂斯"号的舰长，41 岁的贝尔哈德·罗格（Bernhard Rogge）在一艘名叫

"巴格达市"号的货船上截获一组英国商船海军密码。在这组密码的协助下，他又拦截了几艘船。此外，一个在地中海地区活动的意大利情报组送来了几份破译的密码电报，对定位这艘货船提供了帮助。"奥托墨冬"的驾驶员没有看到德国人的旗语，船上电报员开始发出"RRR"求救信号。勇敢的伊万船长大叫道："抓紧方向盘！"他的船开始转向。然后，他说："各就各位，我们要战斗。"在船的后甲板上装备着一门老式的 4 英寸炮。英国人很不幸，"亚特兰蒂斯"号装备着 5 门 5.9 英寸炮，而且有先进的火炮控制系统。在截获了英国船慌张的呼救信号后，德国人真的开始了炮击。在"亚特兰蒂斯"号最初的那次短距离齐射中，有一发炮弹击中了货船的驾驶台，接着又有几发炮弹重重地击中了商船，无线电天线被炸倒了，有十几个人伤亡，把"奥托墨冬"号的上层建筑炸成了扭曲的钢铁，布满了大窟窿。此时，"亚特兰蒂斯"号离货船已经很近了，如果有英国海员向后甲板跑，一名德国军官就会从大喇叭里用英语大叫道："不要接近那门炮，否则我们要把你炸到天上去！"

货船二副唐纳德·斯图尔特（Donald Stewart）在驾驶台恢复了意识，发现船长躺在旁边，已经死了。大副彼得·埃文（Peter Evan）知道再抵抗也没有用，跑到保险柜那里，销毁了机密文件，这时敌人又开火了，他跟伊万一样被杀死了：埃文负了重伤，在船长舱的门口瘫倒了，保险柜的钥匙就在船长舱里保存着。一共有 6 名船员死了，12 名受伤。两艘船都停止了。斯图尔特和甲板水手表情阴郁地看着"亚特兰蒂斯"号的人登上了"奥托墨冬"号。一队惊恐的中国救火员在舱口出现，向货船的轮机舱走去，轮机舱发生了爆炸，有蒸汽泄漏。

德国人原计划把"奥托墨冬"号征用做供应船，但看到船被炮火毁坏严重，便打开通海阀沉船。乌利齐·莫尔（Ulrich Mohr）上尉，"亚特兰蒂斯"号的副官，匆忙地检查了一下战利品。在检查中，他把保险柜给炸开了，拿走了现金和机密文件。在海图室，他拿走了一个绿色帆布包。"奥托墨冬"号死去的军官本应该在遇到危险时把这个帆布包抛入海中。德国人征用英国水手把冻肉、威士忌、香烟转移到"亚特兰蒂斯"号，然后让货船的船员全都上了德国船。每个人钱包里的钱要被没收，但给了收据。罗格船长，不仅是一名好水手，有谋略，还是一个有荣誉的人，尽全力保护他在 8 个月非凡巡航中抓住的囚犯的福利。在被转移到"亚特兰蒂斯"号的英国人中有三名旅客，其中包括海峡轮船公司的总工程师，名字叫艾伦·弗格森（Alan Ferguson），还有他的妻子，36 岁的维奥莱特，他们这次是要去新加坡。自 1936 年结婚以来，弗格森夫人遭遇了一系列不幸，比如她曾流产了，在 1940 年 6 月她被迫乘坐最后一班轮渡从波尔多离开法国，这次遭遇"亚特兰蒂斯"号仅是她的一次新不幸。此时，她情绪激动地找到罗格船长，哭着请求留下她的行李——两个行李箱中保存着她的全部家当，包括一套昂贵的茶具。德国船长表示同情，并给还在"奥托墨冬"号的莫尔发出信号，让他去快速检查一下弗格森的行李。

唐纳德·斯图尔特是留在船上唯一的英国军官，尽全力阻止莫尔去船桥下的锁着弗格森夫人的行李的保险库，但"亚特兰蒂斯"号的副官没有理睬。他看到了一扇门，符合弗格森夫人描述的行李存放地，就把门炸开了。为了寻找她的行李箱，他发现了一包又一包的邮包，有的邮包上还注明了是政府公文邮包。此后不久，莫尔带着斯图尔特和登船小组回到了"亚特兰蒂斯"号，同时把弗格森夫人的行李和一大堆邮报也带回来了。

那货船在与"亚特兰蒂斯"号致命的相遇后几个小时沉入了海底。发动袭击的德国船匆忙驶离"奥托墨冬"号沉船的位置。与此同时，罗格和莫尔开始动手处理从英国人的船上搬过来的文件宝藏。商船上的海军密码和航行命令是熟悉的东西。但这两个德国人发现手中有更加有趣的东西——大量文件和信件，目的地是新加坡、上海、香港的英国军事和情报站。最机密的是给空军元帅罗伯特·布鲁克－波帕姆（Robert Brooke－Popham）爵士的信件，他是英国在远东的总司令。这些信件给出了英国战时内阁会议讨论亚洲战略的详情，会议时间是 1940 年 8 月 8 日，会议主席是丘吉尔。在附录中有英国在远东地区的详细军事部署，是由英军总参谋长为英国政府准备的。

罗格认识到必须立即把这些战利品送上岸。他把英国政府的邮件送上一艘驶往中立国日本的神户的挪威货船"奥勒·雅各布"号上，这艘货船也是缴获的，同时上船的还有大部分"亚特兰蒂斯"号上的战俘和少数几个受到嘉奖的船员。12 月 5 日，这艘货船抵达了目的地。英国人的文件被锁在一只箱子里，在有人护送的情况下，被送进了德国驻东京大使馆。德国大使馆的武官保罗·温内克（Paul Wenneker）仔细研究了这些文件——不太清楚他是否与理查德·佐尔格分享了秘密。他把一份摘要发电报给了柏林，然后把关键文件的副本通过跨西伯利亚铁路送回德国，经手人是保罗·卡门茨（Paul Kamenz）上尉，他参与了罗格船长的捕猎行动。又过了 5 天，卡门茨接到命令，是希特勒亲自下达的，要求把文件转交给日本政府，但规定要让荣誉属于阿勃维尔。德国大使馆被告知不许说这些文件是从一艘英国货船上截获的——可能是因为这会让日本人觉得丘吉尔政府并不太看重这些材料。与此相反，温内克被告知要给日本人一种印象，这批战利品是杰出的德国秘密情报部门获得的战利品。

12月12日，温内克亲自带着原文件以及翻译版，来到日本海军参谋部的办公室，在未加任何评论的情况下把文件放在近藤信竹（Nobutake Kondo）海军中将的桌子上，他是山本五十六的副官。日本军官开始读文件，而他则在旁边默默地坐着。这批信件让近藤信竹极为震惊，也很感激。那天晚上，他在请温内克吃东京最好的晚餐，席间多次表达感谢，并惊奇地说："从表面看，看不出大英帝国有如此重大的弱点。"文件中有什么，竟然让近藤信竹如此的惊奇？最重要的信息是英国参谋官写的那15页报告，在8月8日提交给英国战时内阁，报告的题目是：《远东的形势——如果日本人与我们作对》。这份文件的标题是：

第72份秘密副本
COS（40）302［also W. P.（40）302］
必须保存在有锁的地方

英军参谋长们做出了正确的预测，日本很可能会深入法国人占领的印度支那，并逼近马来亚。丘吉尔政府声称不愿为印度支那与日本开战，因为英国自认为处于劣势。香港是大英帝国在中国沿海的明珠，但英国政府承认这个地方无法把守；在战争中，只能象征性地抵御一下日本的入侵。皇家海军在远东水域的实力弱小得可怜，但除非地中海形势发展逆转，否则英国承认无法派遣大部队去增援。最好的情况，或者是遇到真正紧急的情况，只能有一艘战列舰和一艘航空母舰空供印度洋之用。如果日本进攻澳大利亚或新西兰，唯一可靠的应对方案是请求美国派兵援助。参谋长们写这份报告的主题是说明英国的战略弱势："马来亚的兵力不足，特别是空军……我们对欧洲的投入是如此巨大，我们的政策必须是避免与日本公开为敌……我们的大方针是拖延时间；除非必须，否则不让步；尽快建立起我们的防御力量。"这份报告还说明英国没有意识到日本在海军鱼雷轰炸机方面的可怕实力，这种武器是日本武器库中杀伤力最强的。

这就是德国人在1940年为实现最新的外交政策而做出的努力，目的就是把日本拖入战争。德国人的拖动力，传递给了日本陆军新成立的机构亚洲发展局，局长是冈田芳正（Yoshimasa Okada）中校，这个局的任务就是研究英国在亚洲的防御能力。最初，他的直觉是德国人为政治目的捏造了这些报告——日本人拒绝相信仅靠间谍能拿到如此的材料，这个推断是正确的。但冈田芳正和同事在研究了英国人的作战命令之后，发现与日本陆军和海军情报官的分析是吻合的。于是，日本人的信心增加了，最后完全相信这些报告是真的了。于是这伙日本军人给日本首相施压，最后首相也跟近藤信竹中将和冈田芳正中校一样相信了。

有一种荒谬的观点认为，"奥托墨冬"号上的文件导致日本决定在 1941 年 12 月冒险开战，其荒谬性在于假定历史是由单一因素造成的。但证据是明确的，截获的文件加速了日本人思维模式的改变，因为英国人自己都相信大英帝国在东南亚的殖民地极为薄弱，日本陆军和海军变得更加热衷于推行"南进战略"，向西攻击西方的海外殖民地，因为这条道路比去与苏联开战的"北进战略"更有吸引力。这是典型的军阀作风，他们早就想好了要侵略，而"奥托墨冬"号提供的材料鼓励了他们。日本领袖故意不重视从欧洲其他渠道获得的情报，特别是驻欧洲武官发回的情报，武官们怀疑德国是否能获胜，至少近期不会获胜。东京顽固地相信希特勒肯定会赢。日本将军变得越来越有信心，他们认为如果想分享轴心国的胜利果实，避免"错过这班车"，那就必须马上进攻西方国家。

1940 年 11 月 20 日，在英国巡洋舰"德文郡"号（Devonshire）的 8 英寸大炮进行完第一轮齐射之后，"亚特兰蒂斯"号在圣赫勒拿岛南面被其船员凿沉了。这个德国袭击者成了自己情报的受害者：它受命去会合点给 U－126 号潜艇加油，在南大西洋上的加油点位置被布莱切利园发现了，通知了皇家海军。贝尔哈德·罗格和他的船员搭乘小船逃跑了，没有被抓住，二战结束时还活着。在东京，"奥托墨冬"号的文件被视为罗格船长对日本在 1941 年至 1942 年大胜利的非凡贡献：新加坡陷落后，日本天皇十分感激，赠送了一把武士刀给他。除了罗格之外，德国人中受此荣誉的只有戈林和隆美尔了。

艾伦·弗格森和妻子维奥莱特被关押了几年后，活着等到了二战结束。她的茶具也留存下来了。放茶具的手提箱伴着她去了德国，英国人在 1945 年发现这只手提箱完好无损。手提箱被送到新加坡，在那里弗格森又重新开始做工兵，下午还能享受到妻子给他的上流社会款待。英国政府对待秘密文件简直是太粗心了，世界上都没有第二个，能把如此珍贵的文件放在"奥托墨冬"号让德国人截获。白厅花费大力气把这个大失误掩盖住，不让世人知道，直到后来一个偶然的机会才在数十年后在德国人的档案里发现了温内克的电报。这个故事生动地说明了，有时获得非凡的情报全凭运气，不是精力充沛的间谍。

## 日本人

"奥托墨冬"号上发现的文件，对东京形成本地区完整的情报图像发挥了巨大的作用，但自从日军在 1941 年进攻珍珠港和西方在亚洲的殖民地后，这幅情报图像就改变了。日本人在战争爆发前在情报工作上比较用心，开战后反而不如当初了。日本特务花费几个月的时间在马来亚转悠，勘探美国太平洋舰队在夏威夷的抛锚地点，在香港与黑社会交流。虽然日本陆军的主要精力和兵力都放在了中国，士兵们从 1937 年就在那里战斗并死去，但情报工作并不难，因为国民党的密码被破译了。1940 年 5 月，在宜昌战役期间，日本陆军的密码人员让日军能预测几乎每个中国师的行动。1941 年，在山西南部的战役中，由于破译了密码，导致 8 万中国军队伤亡，而日军仅损失 3300 人。工藤胜彦（Katsuhiko Kudo）上校被欢呼为日本的王牌密码分析员，并成为第一个被授予"金风筝奖"的情报官，借以表彰他在中国战争中的贡献。

日军中有一批"中国通"，其中最知名的是土肥原贤二（Kenji Doihara）将军，因为在中国从事间谍活动，而被称为"中国东北的劳伦斯"。1940 年 7 月，日本驻上海情报站的副官伊崎清屋（Kioya Izaki）冒充商人，花了一个月的时间访问了香港、广东、台北。这个情报站在中国进行了代号"樱桃树""竹子""富士－紫藤"的行动。其中有一项行动就是向中国大陆输入大量假币，假币是日本陆军科学研究所利用进口的德国高速印刷机制造的。与此同时，上海的反间谍部门扩充到了 1500 人。日本海军特勤处派遣伪装好的船只在沿海监视给国民党运货的货船的行动，特别是英国船只。日本海军还开办了一家贸易公司从事间谍活动。

但东京对共产党的情况知之甚少，因为毛泽东的军队使用了棘手的苏联密码。虽然日本展开了上述活动，但日本人在骨子里有一种文化优越感，他们不仅轻视盎格鲁－撒克逊人，还懒得认真地在中国从事情报活动。一位日本参谋官在二战结束后承认："我们没有意识到跟中国人的战争不仅是在战场上，也在政治上、经济上、文化上展开了。我们对后三个方面几乎视而不见。"一位驻上海的日本间谍甚至把史沫特莱写红军长征的畅销书当作情报寄给东京。

至少在 1942 年之前，日本野心勃勃的秘密战的目标，更多的是苏联，而不是西方国家。东京对这个共产党邻国有一种病态的恐惧。1939 年，在诺门罕惨败后，日军对苏联的军事能力怀有一种深深的敬意。日本宪兵队在海外有 22000人，这些人要么在中国维持治安，要么在监视苏联人。日本对间谍的培训极为细致，要求他们坐在火车厢里通过数列车压过的铁轨节来计算苏联大桥的长度。在长春市的情报站里，有 320 人窃听电话和无线电语音通信。专门监听苏联无线电通信的有 8 座信号情报站，有时日本人故意在库页岛换防，刺激苏联人发电报，希望能借此破译电报。1940 年，前波兰军队的一位译码员帮助日本破译了红军低保密级别的外交密码。每年有 300 名日本军官进哈尔滨俄语学校学习。

沿着中国东北与苏联的边境线，有 700 名日本兵不断地用望远镜窥视对方的动静，记录下看到的每一个人、每一匹马、每一辆车的行动情况。所有进出海参崴的船只也要记录下来。有几个沙皇时代的军官在哈尔滨混日子，他们为东京关注《真理报》《消息报》等苏联出版物。双方玩间谍游戏就跟一场永远也打不完的乒乓球一样，日本招募苏联人做间谍，派遣他们跨过中苏边境进入苏联，而这些间谍一进入苏联境内马上就会被策反：日本间谍平均只能自由活动一周的时间。1938 年，苏联内务部远东局的局长亨里希·柳斯霍夫（Genrikh Lyushov）将军避开死刑队的枪口，逃亡到了中国东北。他在东京遭软禁长达 7 年之久，但他的日本主人发现这个俘虏几乎说不出什么有价值的东西。在"巴巴罗萨"前夕，不断有苏联人逃入日本人控制的地区，到了 1941 年年底一共有 130 人，他们中的大部分人是内务部的特工。

有些日本人的活动收效甚微：日本陆军情报部资助登户（Noborito）的陆军科学研究所设计出一种能麻痹苏联看门狗嗅觉并使之发情的化学物质，继而使之行为不受控制；但结果是看门狗和看门人皆不为所动。日本人试图利用在苏联旅行的日本商人做情报员，但收效甚微，因为无论他们走到哪里，都有内务部的人盯梢，就好像日本驻苏联大使馆的武官被盯梢一样。情报官林三郎（Saburo Hayashi）中校抱怨说，刺探苏联的秘密就"如同在烂泥里挖金粉一样"。

日本搜集外国情报的思路主要集中在间谍活动上。日本间谍渗透进了苏联在北京的大使馆。1941 年，一个日本间谍躲进英国驻台北领事馆的图书室的橱柜，因为保险柜放在图书馆里。橱柜太小，这个间谍在里面失去了知觉。当领事打开保险柜的时候，这个间谍刚好恢复了知觉，看到了保险柜的密码组合，最后偷走了几份文件。在美国加利福尼亚和墨西哥，日本间谍假装成渔民、牙科医生、理发师；在巴拿马运河地带，有一个日本人开办的理发连锁店从事间谍活动。一些英美的变节者被招募来做间谍：前皇家海军潜艇中尉艇长科林·迈耶斯（Collin Mayers）靠卖信息赚钱，直到 1927 年被捕。前美国海军服务员哈里·汤普森（Harry Thompson）从日本联络人那里每月能拿 200 美元，最后在 1935 年被判 15 年监禁。

弗雷德·拉特兰（Fred Rutland）中校是一位获得过勋章的英国航空兵，退伍后靠卖情报给日本人补贴自己的服装生意——有一段时间还能住在贝弗利山的豪宅里。英国军情五局和联邦调查局都知晓他的活动。联邦调查局认定他是日本在美国的主要间谍。不过，拉特兰在 1935 年 5 月给东京的一份报告让人窥见他提供情报的平庸:"我认为美国陆军和海军需要几年才能参战……我遇到的所有美国人都认为与日本的战争不可避免。"日本海军驻伦敦的武官冈新太(Arata Oka)中校认为,"如果打仗,仅依赖拉特兰是错误的",因为拉特兰提供的情报太平庸。但日本人喜欢这位被驯服的叛徒,当他在1938年访问日本时,又多给了他4000镑。后来,忘恩负义的拉特兰去了美国,找到了美国海军亚洲情报专家埃利斯·扎卡赖亚斯(Ellis Zacharias),提出愿意出卖日本人的秘密。此举让联邦调查局感到迷茫,不知道拉特兰到底算哪边的人,但拉特兰确实是麻烦制造者,最终在1941年6月6日被捕。美国人害怕引发公共丑闻,便把他驱逐到了英国,他在英国被关押起来。拉特兰二战结束后被释放,但他自杀了。

冈新太中校在招募赫伯特·格林(Herbert Greene)这件事上做得比较漂亮,此人是威廉·格林的侄子。威廉·格林是英国海军部高级官员,小说家格雷汉姆·格林的兄弟。冈新太给赫伯特取了一个代号"绿河",给了他800英镑,希望他能透露伦敦贵族俱乐部讨论的内幕消息。1937年12月,格林向《工人日报》半遮半掩地透露自己的背叛行为,这份报纸立即在头版宣布他是日本间谍。1941年7月,当时日本还是中立国,日本武官正式地向英国政府要国家电网的信息。军情五局的盖伊·利德尔称之为"厚颜无耻",因为英国的监视官看到日本大使馆成员向一位阿勃维尔间谍的手中塞德国现金,而这位间谍又是英国的双料间谍。利德尔说,日本间谍有一个优势,"他们在欧洲人眼里长得都一样"。此外,伦敦晚上停电,日本大使馆武官的办公室有4个出口,很难监视他们的行踪。日本海军在伦敦培养的最有用的联系人是英国海军少将森皮尔(Sempill)勋爵,此人是纳粹的同情者。1941年,他被发现把机密信息卖给东京,他获准秘密地辞去皇家海军的职位,退休回到他在苏格兰的城堡;丘吉尔出于对古老的贵族制度的尊重,没有指控他叛国。

日本在美国的最后一个间谍是维尔瓦丽·迪金森(Velvalee Dickinson)——如果她够格的话——她通过一个布宜诺斯艾利斯的朋友向日本人传递美国海军的信息。她生于1893年,斯坦福大学毕业,在旧金山的银行里工作过几年,后来帮助丈夫做证券买卖,但买卖倒闭了。此后,她来到纽约,在布卢明代尔百货公司做玩具娃娃的女销售员。后来,她在麦德逊大道开办了自己的玩具娃娃店,这家店相当成功。她丈夫在1943年之前参加了一个日美社团,她与日本人的关系就开始于此。她为日本人做情报工作赚了25000美元,但这笔钱的代价是高昂的,1944年她被捕后,一个联邦法院以她违背审查制度为由,判她在监狱里蹲10年。除此之外,日本人在大西洋两岸展开的间谍活动都很笨拙,其中之一是加利福尼亚的"橘"间谍网。破坏这些日本间谍网不困难，给盟国带来的损失可以忽略不计。

日本军队高层领导几乎在所有问题上都有不同意见，但在情报搜集上有共识，他们认为情报工作是简单的机械劳动，可以让基层官兵去做，他们短视的毛病比希特勒手下的最高统帅还严重。陆军参谋本部第二部和海军军令部第三部负责对情报进行分析。日本海军把情报工作分成几类：特别情报、密码破译、电话监听、无线电高频定向。情报的确定性分为四级：确定、几乎确定、有点不确定、不确定。跟其他国家一样，做情报工作没有个人前途。战争爆发后，几乎所有的优秀大学毕业生被送去做炮灰，而需要智力才能做好的陆军和海军的情报工作却不给他们。

日本海军的译码员在破译英美的密码方面没有取得什么成绩，他们的主要精力放在无线电测向和电报流量分析上。日本诸军种之间竞争激烈，如果陆军破译了美国的低保密级的密码，陆军会保守秘密，不告诉海军，这种情况一直延续到1945 年。1943 年前，日军在监听西方盟国的通信和破译密码方面投入的人员和资源都严重不足，日军高层似乎不在乎这个问题。

日本人的民族自豪感极高，坚信自己的外交密码、陆军密码、海军密码是安全的。伊藤利三郎（Risaburo Ito）上校警告日本海军其密码有漏洞，但他的警告没有受到重视。日本的 91 型和 97 型密码机是海军工程师田边一雄（Kazuo Tanabe）发明的，美国人分别称之为"红色"和"紫色"，这两款密码机是难以破译的——日本外交部使用后者。日本海军的"珊瑚""翡翠"密码机使用了类似的技术，与德国的恩尼格玛密码机不同，不用转子，而是电话步进式开关。日本陆军的"绿色"密码机却使用转子。有一件事对盟国极为幸运，东京 1941 年漠视了德国驻华盛顿大使馆的警告。德国人从美国叛徒给苏联的情报中获悉美国译码员破译了"紫色"密码。柏林给了日本人几台恩尼格玛密码机，催促日本模仿制造，但这几台德国密码机生锈了都没有被利用；日本人坚持要用自己的密码机。考虑到美国和英国的译码员在破译日军的密文时遇到的困难，日本的决定是正确的。

日本的反间谍机构的名称十分怪异，叫作"阴谋处"，任务是铲除针对日本的阴谋。1937 年 12 月，日本开办了一所情报培训中心，就是后来知名的长野学校（Nagano Schoo）。这所学校除了提供普通的间谍情报技术课程之外，还提供开锁技能、武士道方面的课程，甚至还有"国家结构和思维方式"这样的意识形态灌输课程。长野学校的授课不同一般：鼓励军官活下去，而不是战败便自杀。

但日本的反间谍活动有一个缺陷：花费过多的精力在监视日本政治家身上，重点不是他们的叛国行为，而是要确保他们不偏离日军的外交政策。1937 年，近卫文麿（Konoye Fumimaro）亲王派使节去南京与国民党媾和，日军破译了亲王的电报，立即让宪兵逮捕了亲王的信使。

日本二战前的外相有田八郎（Hachiro Arita）悲哀地说："在日本我们很难进行真正的外交工作，因为日本政客总是受到军队的监视。我不能和缓地用外交语言说话……如果我在电报里说了错话，日本陆军和海军就能截获到，立即批判我……这种情况是如此笨拙。"日本内阁有一个情报部，任务是向首相提供情报，但日本陆军和海军维持着对日本内阁的垄断影响，只允许内阁做傀儡：内阁的情报部仅是一个宣传机构。

日本陆军部有自己的情报机构，有 50 多名工作人员，任务是掩盖日本的战争准备活动。在日本三菱公司的长崎造船厂，"武藏"号战列舰是在巨大的麻布帷幕的掩护下建造的。外国旅行者的行李必须接受检查。日本宪兵的第六处监视外国间谍在日本的非法无线电传输。几乎所有外国人的信件都被东京中央邮局拦截，在拍照后再投递。在美国大使馆外面，总是有一辆故障车停在那里，外交官都知道这是"间谍车"，车里藏着日本便衣警察，虽然车里热得他们只能穿裤衩，但仍然要坚持"24/7"式的监视。1936 年，日本宪兵偶然在东京帝国饭店发现一封英文信，信的签名是"吉米"，信的内容是"长门"号战舰（Nagato）大修的详细情况。日本立即展开调查，确定写信的人是路透社记者、军情六局的情报员詹姆斯·考克斯（James Cox）。他被捕了。3 天后，他从东京警察总部的 4 层跳了下来摔死了。

詹姆斯·考克斯是自杀，还是谋杀，这个问题一直都没有定论——后者似乎是可信的，因为日本宪兵残忍成性。英国外交部给他的遗孀 5000 英镑的抚恤金，并要求她保持沉默。然而，她丈夫并非唯一死于非命的英国人：1938 年 10 月，一位名叫皮科克（Peacocke）的皇家海军上尉也销声匿迹了。仅在 1940 年 7 月，有 15 名英国公民因间谍罪被逮捕，但大多数被释放了。如果这就是日本的反间谍成绩，那么就能解释为什么虽然日本人疯狂地仇外，但佐尔格间谍网却能在轴心国的战略心脏里活动长达 8 年的时间。

日本的情报机器在最关键的问题上不幸地失败了：没有能让国家的统治者理解主要敌人，而他们正计划向这个敌人发动进攻——这个主要敌人就是美国，地球上最强大的工业国。日本战败后，陆军作战部的高山大竹（Shinobu Takayama）悲哀地承认，日本在与美国打仗前，本应该谨慎地研究美国的实际和潜在的战争能力。日本领导层最惊人的特征是拒绝研究对自己不利的信息，更别说采取应对措施了。没有一个政府部门负责制定和协调总体战略。在与德国和意大利结盟问题上，日本陆军情报长官土桥雄一（Yuichi Tsuchihashi）少将事先没有被征求过意见，因为他反对这样做。日本陆军很少关心美国的事，因为那是海军和外交部应该关心的事。他们阅读一些低保密级的外交电报，从第二代日裔美国人那里获得一点情报，但大部分情报来源于公开信息，其实就是驻美的武官读美国报纸获得的。有几个军官研究过菲律宾，但从来没有认真地研究过美国军队的实力和潜力。战争爆发后，一些从前一直研究苏联的军官被随便调遣来监视美国。日本的南方战区甚至取消了美国和英国的情报部，因为战区的领导认为这个部门已经没有任何实际价值。作战部蔑视情报官为老妇人，埋怨情报官只知道阻碍行动。作战部偏好前线战士的观察报告。1940 年，当日军入侵印度支那时，作战部迅速把搜集情报的责任抓在自己手里，就好像没有情报官也能发动入侵战争一样。

珍珠港攻击前，日本海军的态度是十分矛盾的：海军高官用自己的脑力推断出日本的战略弱点，因为日本依赖石油和原材料进口，但几乎没有做任何努力去影响东京政府。他们知道消灭英国皇家海军在远东的小部队是容易的，但认识到美国海军的强大力量。作战部长中泽佐（Tasuku Nakazawa）在战斗开始前写道："我们与英美打仗没有获胜的希望。战争推演的结果是我们损失船运能力和航道。"海军上将山本五十六（Isoroku Yamamoto）讨厌美国的政策，但意识到美国在经济和工业方面的霸主地位，有这样思维的人在日本不只他一个。他和副手都很聪明，知道如果不能迅速打败美国，就永远没有机会了。1941 年 2 月，他们在一份评估报告中总结说："1944 年之后，美国海军肯定能取得胜利。"

1941 年，一个名为"全面战争研究"的国家研究所进行了彻底的战争推演，想看清入侵南亚的后果。研究结论是日本在两年内就会屈服，因为苏联会参战，给予日本致命一击。不久之后成为首相的东条英机，阅读了这家研究所的报告，然后评论说："你们做了一项好工作，但你们的报告是闭门造车的结果，不是真正的战争……打仗不能只靠计划。我们将面临不可预测的形势。"东条英机宁愿相信形势对轴心国有利。1941 年 9 月，日本陆军部获得了与战争研究所相同的结论，但日本领导层再次拒绝了他们的结论。日本帝国大本营的参谋长宣称，"这项报告违背了我们国家的政策。"日本的决心已定。

日军中的强硬派总是能胜出，他们唱高调说，日本有信心且有能力提早使敌人遭遇失败和羞辱，这导致美国政府和人民的精神崩溃，最终屈服。日本士兵也相信德国人是不可战胜的，怀疑者受到蔑视。1940 年，日本驻伦敦的武官和驻斯德哥尔摩的武官强调了英国成功抵御了德国对这两个岛国的猛攻，而且德国空军遭受了巨大损失。7 月 25 日，日本陆军的月度情报表达了对英国在保卫不列颠岛的空战中展示出的实力的尊敬："英国凭着极大的决心与德国抗争……英国民众继续支持政府的强硬路线。"这份报告明确总结出了希特勒"海狮"入侵行动的劣势，因为德国缺少两栖作战能力，而且没有获得空中优势。

帝国陆军大本营开除了这份报告的作者，理由是他们屈服于英国的宣传。大本营接受了日本驻柏林大使大岛浩（Hiroshi Oshima）的超级乐观的观点。在1941 年 6 月之前，日本外交部制定的外交政策有一个基本假设，那就是在英国战败后，纳粹将会与苏联结盟，共同分享战果。1941 年 4 月 13 日，苏联和日本签订中立条约，日本将领全都兴高采烈起来，他们相信此举避免了日本面临双线作战的危险。后来，大岛浩报告了希特勒计划入侵苏联，他在 1941 年 4 月 18 日提出明确的警告，并在 6 月 4 日还加重了语气，但日本政府拒绝考虑这种新情况带来的不利后果。到了离德国进攻的日子仅有两周的时候，日本外交大臣松冈（Matsuoka）顽固地坚持说可能性仅是 40％。陆军大臣东条英机说："我认为此事不紧急。"日本内阁拒绝讨论苏联与德国战争的可能后果，盲目地坚守无条件支持纳粹的政策。在不征求平民政治家意见的情况下，便派遣大量增援部队去中国东北，准备一旦有决策，就马上联手希特勒进攻斯大林。

在"巴巴罗萨"行动开始前，日本情报官林三郎中校提醒人们注意，如果苏联人能熬过冬季不败，苏军就能重组，坚持长期抗战，但作战部和日本高级将领立即否定了他的看法。林三郎在 8 月又写道："德国人有可能占领莫斯科，但1941 年不会有更大的战果了。在冬天，苏军将获得喘息的计划，绝对不会投降。共产党是强大的、坚实的。莫斯科陷落后，德国被迫继续打仗，同时守住大量被攻占的土地。总之，战争不会很快结束。"但高高在上的作战部预计斯大林将会被手下将领推翻。此时的日本跟德国是一样的，在制度上不允许有情报分析不支持国家政策的制定者。就这样在 1930 年至 1945 年间，日本的战略不断地被歪曲，去迎合军事指挥官的欲望，而不是去满足现实的状况。当时最重要的状况就是美国的经济优势和德国的战略困境。

在珍珠港事变前，给东京最尖锐的意见的人，不是日本分析员，而是丘吉尔。1941 年 4 月，他给日本外交大臣发去了一份备忘录，目的是想阻止战争。这位英国首相写道："我冒昧地问几个问题，这些问题我认为值得日本帝国政府和人民考虑。"

1. 在没有制海权和白天的制空权的情况下，德国能在 1941 年春季或夏季或秋季入侵并占领大英帝国吗？德国想这样做吗？等这些问题有了答案再做决定，难道不是对日本更有利吗？

2. 德国对英国船只的攻击能够强大到阻止美国的援助抵达英国海岸吗？德国能阻止大英帝国和美国把整个工业投入战争吗？

3. 日本加入轴心国阵营，会不会使美国更有可能参加眼前的这场战争？

4. 如果美国参战，并站在大英帝国一边，而日本站在轴心国一边，难道这两个英语国家凭借海军优势无法在欧洲打败轴心国后，再联手对付日本？

5. 意大利对德国有利，还是有害？意大利的海军是不是纸老虎？意大利是不是总是这样？

6. 英国空军在 1941 年年末会不会比德国空军强大？到了 1942 年年底会不会更强大？

7. 许多被德军和盖世太保镇压的国家会变得更加喜欢德国吗？还是逐渐地变得更加恨他们？

8. 美国在 1941 年的钢产量是 7500 万吨，英国是 1250 万吨，英美总共不就是 9000 万吨吗？如果德国被打败，以日本区区 700 万吨钢产量难道不是败局已定了吗？

回答这些问题，可能不仅帮助日本避免一场大灾难，还能标志着日本与两个西方最强大的海上强国开始改善关系。

东京显然只能做平淡无奇的回答："日本的外交政策是在全面且仔细考察了日本所面临的各种因素之后做出的不偏不倚的决定。"可是东京从来没有进行过这样的评估过程。日本拒绝了战略情报分析，拒绝了理性的决策，其结果必然是迈向 1941 年 12 月 7 日的灾难。

日本高层指挥官只关注与近期目标有关的情报。所以，日本陆军和海军这两个军种，在发动战争前的几个月里，积极刺探欧洲人在东南亚的殖民地、菲律宾、珍珠港的防御情况。1940 年 7 月，日本破译了一份从美国驻西贡领事馆发往华盛顿的电报，这份电报说英国在没有获得美国支援的情况下是不会在军事上对日本的活动做出反应的，而且美国也不会承诺给予支援。这份电报极大地刺激了日本深入印度支那的决心。8 月，日本又破译了几份电报，其中几份是维希法国在印度支那的政府发的，这些电报证实了西方国家没有能力或愿意抵御日本接管印度支那。所以，在 9 月 22 日，日本人强求法国人在一份协约上签字，允许日军进入印度支那。这是一个情报发挥重要作用的案例，只不过这次情报支持了日本统治者的意愿。

日军的东南亚集团军，成立于 1939 年，任务是夺取欧洲人的殖民地。由于泰国是那个地区唯一独立的国家，日本拿泰国作为情报中心，负责人是大使馆武官田村弘志（Hiroshi Tamura）上校，他的工作重点是发现入侵马来亚的路线。他指挥士兵测量从印度支那和泰国去马来亚的所有道路和桥梁。日本间谍非常勤奋地对荷兰人在巴邻旁（Palembang）的巨大炼油厂进行调查，日本伞兵后来在那里跳伞时知晓那座炼油厂的所有细节。日本人知道英国有一些非常厉害的译码员，集中在新加坡的远东联合情报局里，他们与布莱切利园有密切合作。日本海军译码员鲛岛（Samejima）中校专门监视他们的往来电报，他破译了一些资料，资料显示英国人可以在 24 小时内破译日本一些低保密级别的电报。鲛岛后来回忆说：“我意识到英国情报的巨大潜力。”他的上级只关心统计敌人士兵的数量。到 1940 年年末的时候，有上千名日本“旅客”在泰国活动，他们都是间谍学校的毕业生。在马来亚进行操练的英国兵，经常发现身后有手拿铅笔和笔记本的日本人骑着自行车跟着。他们的笔记本在日军内部传阅，被称为是“英军在马来亚的情报笔记”，其中包括新加坡守军的设施。从这类间谍报告中，日军总参谋部的结论是英军的种族多样性是一个弱点。日本人轻视澳大利亚人：“素质比较低。不是纪律严明的军队。他们在战斗中的勇气是有名气的，但士兵训练不够，武器不佳。”东京断言，许多印度士兵缺乏训练，对英国人抱有敌意；他们在正面阵地上时很勇敢，但遇到猛烈的侧翼进攻就居于劣势了——这是精明的评估，在后续战役中获得了证实。

在 1941 年里，日本间谍与印度人、马来西亚人、缅甸人进行接触，提出可以暗中支持他们实现独立的野心，许多人觉得日本人的提议有吸引力。1941 年 1 月，东京给日本在新加坡的总领事发去一份电报，命令他加紧进行“煽动动乱、政治策划、宣传活动、搜集情报”。5 月，日本外交人员处给那个地区的所有使团发电报，催促他们加紧在印度洋沿岸扩张间谍网，因为战争马上就要来了。日本人鼓动英属印度士兵的不满情绪，重点是印度人，印度人 1939 年开始行动。当日本人开始攻击马来亚的时候，有几个印度团表现不佳，这说明日本人的策反取得了一定的成效：例如，开战不久，海得拉巴邦第 1 营就分崩离析了，据说士兵枪杀了他们的英国团长和副官。

东京认为英国飞行员都是新手，确实在马来亚和缅甸的英国飞行员不如他们的日本对手有经验。日本人可能收到了英国叛徒提供的情报：在 1941 年的某几个月里，空军第 300 号情报联络组的帕特里克·希南（Patrick Heenan）上校可能把皇家空军的部署情况通过一部秘密电台发送给了日本人。希南，31 岁，生于新西兰，继承了他父亲对爱尔兰共和军的同情心。他在 1938 年被东京招募，在东京住了一段时间。在新加坡陷落前，他在海港围墙前被枪毙了。

在珍珠港，1941 年 8 月，日本海军英美情报处 28 岁的吉川猛夫（Takeo Yoshikawa）少尉假借外交官的身份，来到了夏威夷，住了几个月，在此期间刺探了所有可能对大本营策划人员感兴趣的地方，同时过着不同寻常的花天酒地的生活。他每周用"紫色"密码汇报 3 次，但次次都被美方截获了。华盛顿的美国信号情报局经常需要 3 周才能破译他发出的情报，至少有一个原因是他们中只有两个人能流利且准确地使用日语。10 月，吉川猛夫的上司中岛（Minato Nakajima）少校乘坐日本轮船亲自来接收少尉写的报告，这份报告详细描述了美国海军在当地的实力、部署、防御状况。珍珠港事变后，吉川猛夫被关押起来，但根据交换外交官的协定，他被允许返回了日本。

日本在当地领事馆的工作人员也搜集了不少情报，他们获得了日本在当地侨民的协助——当地侨民总共有 41346 人。日本海军根据他们提供的信息证实了珍珠港就是要打击的目标，而不是拉海纳镇港口（Lahaina Port）的美国锚地。日本陆军和外交部均不知道攻击目标已经确定，珍珠港也从来没有出现在海军的无线电通信中。这次袭击的关键失误不是出在情报搜集上，而是出在分析上：坐镇日本的海军上将们没有意识到珍珠港有巨大的油库和修理设施，这些重要目标没有被包括在攻击计划中。日本对美军的评价，跟他们对菲律宾军队的评价是一样的：美军士兵都是个人主义者，在长期的战斗中缺乏斗志。日本的将领计划在 1942 年春季结束太平洋战争，然后就向苏联发动猛攻。

所以，日本参战的时候对短期目标了解得很清楚，但对战争的长期后果缺乏认识，想法天真。山本五十六的航空队在 1941 年 12 月 7 日起飞朝着珍珠港飞去之时，也就是柏林意识到莫斯科之战败局已定之时。对东京的统治者们谨慎的劝告，仅有一次成功了，那就是不要在进攻美国和西方盟国的同时也向苏联发动进攻，而是要等到德国胜利在望的时候。日本决心发动战争阻拦住一个摇摇晃晃正要起身的巨人，日本人是因为无知才出此下策的。他们高估了德国，低估了美国。此外，他们相信自己能打一场有限战争，只有他们愿意，他们就可能谈判媾和。但他们最后发现他们打的是一场生存战争，如果不能取得彻底胜利，面临的几乎就是毁灭性的失败。

## 赢得中途岛的人

　　珍珠港事变让美国大惊失色，受惊程度不亚于苏联在"巴巴罗萨"中的遭遇，而且跟苏联一样有口难辩。在弗兰克·罗列特（Frank Rowlett）领导下，美国陆军的破译密码工作取得了卓越的成就，在1940年8月破译了日本"紫色"外交密码。在日本攻击夏威夷前几周，有大量说明战争就要来临的信息可供美国政府参考，就跟希特勒在发动攻击前有大量的信息可供斯大林参考一样。但美国政府的反应很懒散，这点跟克里姆林宫是一样。英国在战争的激励下，用了几个月的时间才发展出了有效的情报管理机制。同样，美国军队是在太平洋舰队的战列舰废墟上开始动手重建的。

　　1941年7月，海军上将约翰·戈弗雷写了一份有关美国情报机构的报告，他在报告中总结说："情报组织之间的合作不够，情报源之间没有协调而不能使有关部门相互受益。各部门之间的官员很少往来，大家都在'等新闻'……美国情报机构在欧洲获得的资料没有多少价值，但在太平洋地区和南美，美国获得的情报的价值总体上是很高的……海军情报部有退化为统计数字的墓地的危险，因为他们认为情报工作就是统计。许多罗列在这里的问题，与英国情报机构在战前遇到的问题是相似的。"戈弗雷总结说："一旦威廉·多诺万的新情报机构开始工作后，会做许多好事，但我们要清醒地看到，美国情报机构在未来几个月的联合作战中不大可能提供多少帮助。"

　　结果就是这样。在珍珠港事变之后的几个月里，美国陆军和海军没有向盟国提供多少有关轴心国军事行动的知识。然而，到了1942年6月，在瓦胡岛海军船坞的一个潮湿地下室里，一道耀眼的闪光喷薄而出，照亮了整个太平洋战场。借助这道闪光，美国海军取得了中途岛的胜利，这次胜利在48小时内改变了对日本战争的进程。有理由认为，中途岛之战取得了这场全球战争中最富有影响力的情报成就。

　　虽然英国在战前就安排聪明的平民从事密码破译工作，但美国海军盲目地从平庸的职业海军军官中去挑选情报官。由于资源少得可怜，美国海军取得的情报成就无法与布莱切利园相比，也没有能使美国避免遭遇1941年12月的"国耻日"。但那个为中途岛之战做出最伟大的贡献的情报官在退休的时候，竟然没有获得什么像样的荣誉。他的墓碑，只有历史学家才能认出来。

　　约瑟夫·罗彻福特（Joseph Rochefort）给人一种笨拙的印象：他是个穷水

兵，不会交重要朋友的技巧。然而，如果不是他的才华，就不可能在 1942 年 6 月 4 至 7 日之间打一场决定性的战役，美国也更加不可能获胜。那天发生的事，可不是一次灵感的闪现，而是 20 多年不求回报的繁重劳动的结晶。

罗彻福特生于 1900 年，父母是爱尔兰人，家中最小的儿子；父亲是俄亥俄州的一名地毯销售员。他是个衣着不整洁的孩子，在高中期间唯一学得好的课程就是数学。17 岁时，他参加了美国海军，做三级电气技师，靠预备役军人的津贴勉强度日，后来成了工程师。21 岁时，他娶了埃尔玛·费（Elma Fay），他俩青梅竹马，但他信天主教，她则是浸信会教友。1921 年，他想办法转成了正式的海军，但他在海军里的前途渺茫：他在旧金山湾一艘油轮上值班的时候，锚没有定好，他的油轮在 6 艘驱逐舰中间漂移了，这件事使他几乎被送上军事法庭。1925 年，他被"亚利桑那"号战列舰遣送去学习密码分析，这个填字游戏似乎适合他。他在华盛顿的宪法大道上海军部工作，但这项任命不是提升：情报工作在部队里的地位最低。美国海军此时还远不能取得美国陆军 1917 年建立的密码破译部门"黑室"的成绩，这个部门在赫伯特·雅德利（Herbert Yardley）的领导下，于 1921 年破译了日本外交密码。

但美国海军在学习进步。罗彻福特的入门读物是《密码分析基础》这本书，作者是美国陆军部的威廉·弗里德曼。弗里德曼在才华横溢的劳伦斯·萨福德（Laurance Safford）中尉手下工作，萨福德是美国海军预备役的文官首长。后来，萨福德做了罗彻福特的指导老师。协助他们工作的还有一位平民艾格尼丝·迈耶·德里斯科尔（Agnes Meyer Driscoll），她曾为密码分析做出过突出贡献。罗彻福特很喜欢这项工作。"破译密码，"他后来写道，"让你感觉良好，因为你打败了那些认为自己所用的系统是安全的人……总之，打败他们是一件愉快的事。"1925 年 2 月，萨福德因有要事在身而离开了，密码分析小组的工作就留给了罗彻福特。此时全职人员只有三个人：他是一个；前演员克劳斯·博格尔（Claus Bogel），此人除了吃饭，什么都不做；德里斯科尔，绰号"X 女士"，她骂人流利，蔑视化妆，但与罗彻福特相处得很好。日本的秘密永远是美国的主要目标。1920 年，美国海军情报部"入室盗窃"，在纽约日本领事馆内用照相机复制了日本的"红色"密码。有一点很清楚，密码破译员要想有大突破，必须有更好的语言技能：埃利斯·扎卡里亚斯（Ellis Zacharias）海军少校被请入罗彻福特的小组，扎卡里亚斯是一名职业情报官，能流利地说日语。

后来，扎卡里亚斯写道："分配做这件事的人数不多，大家都沉默寡言，从不讨论他们的工作……我们在一起工作几个小时竟然能一个字不说，只是坐在一大堆索引卡片前，卡片上写着一堆乱七八糟的数字和字母。"考虑到美国当时还未参战，也不想参战，这几个海军军官使出全身解数拼命工作，实属非同小可，与美国海军其他部门懒散作风截然不同。这班人，其中还包括一个非凡的女性，没日没夜地工作，星期日也不休息。办公室里整天烟雾缭绕：罗彻福特不停地抽烟，他抽烟斗，偶尔抽雪茄。有时他们回家太累了，吃不下饭，几个小时都缓不过来。所有人都瘦了。

为了监听到日本人的无线电信号，萨福德在上海、夏威夷等地建立起一系列的无线电监听站。当截获的电报被送到罗彻福特的办公室后，他的小组一起努力，争取破译。艾格尼丝·德里斯科尔是他们中最有能力的密码分析员。经常有新军官被送到这里来试用一下，看看他们是否合适。大多数被淘汰了：因为他们对密码的韵律缺少独特的感觉，这对密码破译工作必不可少。

就这样干了两年，罗彻福特厌倦了——不是译码工作，而是海军部里的人事关系。他的小组隶属于通信处，但情报处不断想接管他们。罗彻福特此时的军阶仍然是海军上尉，到一艘驱逐舰上做了副官。在海上，由于他做人不圆滑，显得极为笨拙，惹恼了他的上级。没事的时候，他就翻看美国海军的密码。有一次，他对舰长说通信系统里塞满了毫无价值的电报，这些电报不应该使用密码。他的意见受到了冷遇。

1929 年，罗彻福特的老同事埃利斯·扎卡里亚斯安排他去日本工作，以便学习日语。罗彻福特在日本服役了三年，他与另一位美国海军军官埃德温·莱顿（Edwin Layton）成了密友；他俩在一起的时候，除了他密码分析的旧事，他其余什么都不谈，这标志着他的判断力达到了病态的水平。20 世纪 30 年代，他一直都在海上，做过炮火控制官、情报官、导航官。1939 年，他来到了珍珠港，这里的纪律松懈得让他感到震惊，但他与他的上级一样认为没有敌人敢攻击夏威夷或菲律宾。

劳伦斯·萨福德这时已经是海军作战部通信保密科的科长了。当时半个地球都在打仗，日美关系也在恶化，密码处也在进行适度扩充。在 1934 年至 1939 年间，美国政府和军队忠实地遵守民法（1934 年联邦通信法第 605 条）——这条法律禁止截获美国和外国之间的邮政信件、无线通信、电缆通信。此后，乔治·马歇尔（George Marshall）批准给予密码破译机构在进行监听活动时某种程度的自由度，这才有可能实现破译日本"紫色"密码这个小奇迹。萨福德的活动是非法的，这与弗里德曼的一样。他请罗彻福特去负责珍珠港站，即所谓的"COM 14"站。罗彻福特最初不愿意，但最终还是接受了，因为他还记得部门之间的相互斗争的事。但不去这里又去哪里呢？他已经 41 岁了，没有人请他去工作。1941 年 6 月，他来到他的新岗位，直接向太平洋舰队的总司令赫斯本德·金梅尔（Husband Kimmel）报告。但 4 个月后，罗彻福特才得到正式任命。

"COM 14"又叫"海波情报站"，是罗彻福特这一组人创造历史的地方，它坐落在海军船坞管理大楼的地下室。地下室里回音绕梁，令人讨厌。管理大楼有士兵把守，大门上没有门牌号，门上安装着定时锁。站里的工作人员把它称为"地牢"，有点像小镇子上的台球房。房间里，每个人嘴里都叼着烟，空气中烟雾不散。军士长特克斯·罗里（Tex Rorie）坐在靠门口的桌子上，对访客进行盘查。地板是粗糙的水泥地，墙壁涂着土色的密封剂，通风设备非常原始。罗彻福特刚来的时候，看到地下室很大，有 100 英尺长，50 英尺宽，空荡荡的，但没有过几个月就坐满了人。一组 IBM 打卡机一刻不停地唠叨着：打卡机对"海波"小组的成功贡献很大，对美国的密码破译工作也一样，这点值得强调。到了 9 月，有 5 名懂日语的军官加入进来。很快地下室里就有了 23 人，分成 4 个小组：语言组、频率分析组、船图绘制组、密码分析组。托马斯·戴尔（Thomas Dyer）海军少校，矮个子，皮肤黝黑，戴着重度眼镜，看上去不像海军军官，更像一个古怪的教授。他被视为密码分析组中最厉害的家伙，后来真的成了美国密码战的英雄。其他还有：汉姆·莱特（Ham Wright）海军上尉，样子很像演员华莱士·比里（Wallace Beery）；杰克·霍尔特维克（Jack Holtwick）。罗彻福特此时已经不把自己看作是密码分析员；相反，他说："我觉得我是个翻译家。"

这里的工作环境像一个大学图书馆——没有人闲聊或大声讲话，只有刻苦认真。前潜艇艇员雅斯佩尔·赫尔姆斯（Jasper Holmes）因伤残而退役，参加了这个小组，他对这组人的劳动强度惊叹不已："如果我不是亲眼所见，根本无法相信会有这样一伙人在如此高的压力下，在如此长的时间里，仍然能持续地进行脑力劳动。"他又说："他们取得的成绩与他们花费的努力不成比例。"在 1941 年至 1942 年间，当布莱切利园已经在运作几台解码机的时候，罗彻福特这组人使用的工具仍然是白纸、铅笔、IBM 制表机。不过，霍尔特维克试验了一种粗糙的辅助性机械。密码分析员用数学技能在电报中找出密码组，如果他们找到了，就交给语言专家去做进一步的分析。给新来的人介绍工作很简单："先生们，这是你们的桌子。现在就开始破译日本人的密码吧。"人们在"地牢"里的工作气氛是争论问题不分职务高低。他们相互直呼名字，不说军阶，似乎不在乎穿衣。罗彻福特爱穿拖鞋、栗色的便服，他说这样可以防止患慢性感冒。雅斯佩尔·赫尔姆斯发现他的上司不会交朋友，但很有领导能力。他们上 6 天班，休息 2 天。大家的桌子附近有一根柱子，柱子上贴着一个标语："我们能做到任何事……条件是每个人都不争荣誉。"罗彻福特的安全意识特别强，他把自己的部门称为"海军通信辅助活动"。在海军船坞里有些人知道这个小组在干什么，总是以轻视眼光看他们，原因很简单，因为他们没有成果可展示，所以得不到尊敬。跟布莱切利园最初的情况一样，只有译码员才能理解到，他们有可能取得怎样的成功，如果获得成功，成功的意义将会是多么巨大。

珍珠港有两座监听站，一个坐落在瓦希阿瓦（Wahiawa），另一个坐落在卢阿卢阿莱（Lualuale），后者还有一个无线电测向仪，距离海军船坞有 30 英里。监听员把日语电报记录下来：内容混合了五十音图和罗马数字化的单字——所以，"JN－25"电报仅是数字。1941 年秋末，译码破译工作的后勤保障条件不佳。虽然监听员和"海波"的译码员早就开始夜以继日地工作，但在无线电监听站和"地牢"之间没有电传打字机连接线，只有一条单向电话线。每 24 小时，把监听到的信息放在一辆吉普车上，跑 40 分钟路送到海军船坞。全世界各地的美国海军译码员可以用内部的密码系统进行通信，即电动编码机二型，有 15 个转子，分三排，但译码员之间的联络少得令人尴尬。罗彻福特这一组人不知道华盛顿正在破译日本"紫色"密码，也不知道海军情报局 5 月份的壮举，他们在一艘停靠在旧金山港的日本货船上截获了日本"橙色"密码。确实，虽然"海波"情报组在努力工作，但没有人告诉他们在大局中的位置。在珍珠港，舰队情报官埃德温·莱顿——罗彻福特在东京的老朋友——就在距离海军船坞 1 英里外的地方，那里是舰队的潜艇基地。

美国海军情报部门暴露出的大部分问题，美国陆军也有，这些问题的根源在华盛顿。美军的高层将领无法正常理解信息收集和管理的本质，但他们比日本同行要理解得稍好一点。美国军官理解日本的空军力量——美国驻东京的海军武官斯蒂芬·尤里克卡（Stephen Juricka）在一次航空展上看到了一架日本"零"式战斗机，于是向国内发回一份详细的报告，但他受到了批评，说他对这架飞机言过其实。1940 年，一位友好的日本人向美国大使馆提供情报，详细地描述了九三式"长枪"鱼雷，这种鱼雷依靠氧气做燃料，当时是世界上最好的。美国海军军备局没有对这份报告给予重视，声称这样的武器是不可能制造出来的。这反映出了许多国家军队的原始部落心态：如果我们还没有这样的武器，他们怎么可能会有？不过，令人吃惊的不止于此。1942 年，在珍珠港事变听证会上，美国陆军情报部准将黑耳·克罗纳（Hayer Kroner）说他一直都不知道自己的部门破译了日本密码。1940 年，在美军的各信号部队之间，各军种之间都签订了幼稚的信息交换协议，陆军和海军隔天轮流破译"紫色"密码，隔月轮流向白宫汇报。海军作战部队和情报部门之间关系紊乱，一直都没有改善，致使后者在1941年一年内换了三次领导。只有残酷的战争经历才能使美国军队慢慢地学会如何严肃且敏感地对待情报工作，特别是密码破译工作。

　　1941年12月，"海波"小组还远未达到能破译日本舰队司令密码的地步，这不仅是因为截获的电报数量比较少，还因为他们在次要方面获得了一些进展。在1941年大部分时间里，美国海军作战部的密码处有10个人忙于破译日本海军的"JN－25"密码。在那个阶段，罗彻福特手中最重要的武器就是电报流量分析——虽然无法读懂电报的内容，但通过电报的流量就能确定日本军舰的位置。虽然美国海军做到了这点，但所使用的技术也比英国人为新加坡远东联合情报局开发的技术要差：英国人发明了"无线电指纹识别技术"，这种技术用照相术把示波器的图像记录下来，供分析人员定位船只。

　　在珍珠港事变前，在"地牢"里工作的那组人，显然意识到一点，日本人正在策划一次大行动，但他们不打清楚行动到底是什么。他们探测到日本海军集结了一支未曾有过的强大海军力量，但日本海军上将山本五十六释放出浓重的电子烟雾迷惑美军。罗彻福特花了几个月的时间跟踪这支日本舰队的运动，但在11月中旬的时候，有6艘航母失踪了。他在菲律宾监视站的同事充满信心地说，这几艘日本航母仍然在日本领海。罗彻福特没有想过珍珠港会受攻击：他了解日本，日本人是恪守逻辑的民族，与美国打仗，日本肯定失败，他相信裕仁天皇的日本不可能这样做。美国海军的情报联络工作实在太差了，从来没有人告诉罗彻福特一件事，在9月24日那天，东京发电报给日本驻夏威夷领事馆，要求知道美国战列舰在珍珠港内的准确位置。这份电报是使用日本驻外领事馆密码"J－19"写的，由于这种密码在美军中的破译级别比较低，所以其破译版到10月6日时才被送到华盛顿，一起送去的还有一大堆其他材料。即使华盛顿读了这份电报，美国陆军和美国海军情报主管也没有觉得有必要让罗彻福特这一组人传阅。

　　但罗彻福特此时已经相当肯定日本要来一次大行动，于是他在11月29日派4名军官去监听与"风"行动有关的电报往来，他们知道这个行动肯定要来。第二天，日本改变了舰艇的呼号设置，这是一个月来的第二次——这是大行动前的另一个征兆。12月3日，华盛顿终于放弃了官架子，通知珍珠港——罗彻福特——日本人下令所有驻外领事馆销毁密电码。联邦调查局窃听了日本驻檀香山领事馆的电话，证实他们确实接到烧毁密码的命令。但夏威夷没有截获到给日本舰队发去的"行动"命令。在暴风雨来临前一周，罗彻福特确实做了一件错事，他没有注意到有一份电报是发给一艘在 12 月 12 日之前一直是正常的潜艇。但即使他注意到了，也不会使局势有多大的转变，因为美国政府和军队当时基本上处于懒散的状态。星期六，12 月 6 日，疲惫不堪的罗彻福特中午回到家里。那天下午，日本领事馆发出了最后一份密码电报，详细指出了天空阻塞气球的位置和珍珠港锚地防鱼雷网的位置，这份电报交给了美国无线电公司去发送。这份电报的副本，标明要给美国译码员，但没有及时送到译码员手里。

"国耻日"那天发生的事，起始于普吉特海湾的班布里奇岛（Bainbridge Island in Puget Sound），那里的美国海军监听站截获了几份密码电报，这些电报是东京发给华盛顿的，使用的是马凯无线电报公司（Mackay Radio & Telegraph Company）的线路。班布里奇岛把这些电报又转发给了海军部的代号"20—GY"的部门，当时接收电报的是朗西斯·布拉泽胡德（Francis Brotherhood）海军上尉（初级），但这时已经临近他下晚班的时间了。为了回应美国要求日本撤出中国的外交照会，日本政府给驻美国大使馆发了一份电报，布拉泽胡德已经看到了这份电报中的 13 个部分。此时，打印机咔嗒咔嗒地响了起来，打印出了一份简短的解码后的电报——是一份日语电报。此时是早晨 5 点。美国海军翻译官阿尔文·克莱默（Alwin Kramer）海军少校在 150 分钟之后才到，因为他是 7 点 30 分上班。他花了几分钟时间就理解了这最后的一份电报，谈判破裂了，要打仗了。一名美军信使立即出发，带着一份副本送给了陆军部，其他几份副本送给了白宫和海军部。上午 9 点，即夏威夷时间凌晨 3 点 30 分，美国远东情报部主任鲁弗斯·布拉顿（Rufus Bratton）读到了这份破译后的电报，此时距离日本大使受命向美国国务院提交他的重要电报还有 4 小时的时间。布拉顿试着与乔治·马歇尔将军取得联系，但被告知他外出骑马了。一名助理去找这位美军总参谋长，但没有能找到。10 点 30 分，布拉顿终于和马歇尔说上了话，他向马歇尔强调了这个消息的紧急性，愿意马上去马歇尔在梅尔堡（Fort Myer）的住处。马歇尔没有坐等，而是驱车去了陆军部。到了陆军部，他坚持要按照顺序读完 14 页电报全文，而布拉顿则要求他直接读最后一页。上午 11 点，此时距离珍珠港被袭仍然有 2 个小时的时间，美军总参谋长不同意用防窃听电话机联络夏威夷，他给出的理由很古怪，说这种电话不安全。他选择通过陆军部的信息中心发电报，这份电报通过美国无线电公司在当地时间早晨 7 点 33 分抵达檀香山。等到交到当地驻军总司令沃尔特·肖特（Walter Short）将军手里时已经是当地时间下午 2 点 40 分了。此刻，美国舰队的锚地正燃烧着烈火。

夏威夷，星期天早晨 7 点 55 分，罗彻福特正在向汽车上放置家庭野餐的东西，这时第一架日本飞机划过珍珠港的天空。不久，戴尔在电话里激动地对他说："我们打仗了。"罗彻福特手下的一个人后来说："我们都感到懊悔，因为我们参与了一次巨大的情报失误。"有这样的感情其实很不合理。真正的问题与克里姆林宫在前几个月发生的情况是一样的，这实际上既是一次政治失败，也是一次作战失败。罗彻福特破译"紫色"密码的成就被浪费了，因为他的破译结果在关键事件没有被利用上。幸亏美国信号兵手中掌握着足够的证据，可以向国家的领导人和军方领导人说明是日本人蓄意发动战争的。可以假定日本的目标是英国和欧洲在亚洲的殖民地，不是美国，但美国没有处于最高戒备状态反映出来美国高层的失误。只是因为马歇尔将军拥有如此高的威望，他才躲避开人们对他的责难。他的国家遭受到 12 月 7 日这样的打击，他受责难是理所应该的。这样的话对美国总统和他手下的部长们也同样适用。然而，当谴责的声音提高到了夏威夷司令官和海军作战首长的时候就不许再提高了，这是出于实用主义考虑，而不是出于原则。

在这个时候重要的是进行反击。罗彻福特简洁地对他的组员说："忘了珍珠港，开始战斗。"1942 年的第一天，新的太平洋舰队总司令切斯特·尼米兹（Chester Nimitz）海军上将访问了"地牢"。这个时候访问很不合适。罗彻福特正忙着对付日本人的电报，仅草率地对这位能决定他未来命运的新领导表示欢迎。尼米兹也不希望获得什么好印象，因为他认为海军情报官要对 12 月 7 日的灾难负责。华盛顿的劳伦斯·萨福德向罗彻福特发出警告，在责任问题上，海军部与尼米兹的看法是一致的。尼米兹认为"海波"小组应该受谴责，因为被日本人欺骗了。几个月后，劳伦斯·萨福德也成了"国耻日"的牺牲者，被约瑟夫·雷德曼（Joseph Redman）取代，他是一位宣传自己的能力比密码分析能力要强的军官。雷德曼有一个重要的才能：他理解无线电欺诈在现代战争中的重要性，为海军作战部的首长们写了一篇论文。但他不喜欢罗彻福特，罗彻福特很可能因此要丢工作，但埃德温·莱顿支持罗彻福特，而尼米兹把埃德温·莱顿留下继续做舰队的情报官。

被截获的电报像潮水一样涌来，"海波"小组被淹没在其中了。有一天早晨，雅斯佩尔·赫尔姆斯带着一位海军朋友在情报部外谈话，他们看到托马斯·戴尔从"地牢"里冒出来，胡子拉碴，头发凌乱，因长时间劳动而筋疲力尽。那位军官毫无表情地盯着戴尔，说道："这里有一只鸟，应该送他去大海中锻炼锻炼。"译码员的军阶比较低，这是因为他们没有多少时间用于为晋升去活动。赫尔姆斯一直很注意遵守罗彻福特的安全要求，一边看着戴尔走远一边低声说："哦，他很好。"然后，他后来感到自己对不住"海波"小组的最有才华的译码员，对此感到内疚。

首要任务是破译敌人新投入使用的代号"JN－25b"的舰队密码。戴尔、怀特、霍尔特维克全力工作，力求突破——罗彻福特集中精力分析一些重要的电报片段。此时，利用机器做帮手的重要性被认识到了，需要更多的 IBM 分类机，这样可以使"海波"小组能记住更多的东西；每份被截获的电报需要建立 200 多张卡片。能提供帮助的只有被炸毁的"加利福尼亚"号战列舰上的乐队队员。联邦调查局因为安全原因要对这些人进行筛选，几个有外国名字的人被排除在外，但罗彻福特仍然聘用了他们；莱顿请尼米兹批准了。

在此后的几周里，"地牢"在舰队总司令心目中的地位很低，因为他不断要求知道日本航母的位置，而电报流量分析的结果不断出现错误。但罗彻福特这组人发现日本军队在特鲁克岛（Truk）集结，并正确地推测他们的目标是腊包尔（Rabaul）。舰队总司令的信心增加了。他指出日本人在马绍尔群岛（Marshalls）和吉尔伯特群岛（Gilbert Islands）的薄弱点，提议让哈尔西（Halsey）的特混舰队和弗莱彻（Fletcher）的特混舰队去打击。"海波"开始向舰队的潜艇中心提供潜在目标的情报，由于美国鱼雷性能有问题，潜艇没有能获得理想的战果——美国鱼雷的问题到了 1943 年才被解决。尼米兹从罗彻福特的队伍中抽调一些日语专家到美国航母上，目的是监听敌人飞行员的对话。这是密码破译工作的巨大损失，但这也许是在合理地分配极度稀缺的资源。

从 1942 年 1 月中旬开始，"海波"组开始能部分地破译"JN－25b"电报，当然电报中有许多字仍然无法读懂。3 月 2 日，罗彻福特预计夏威夷在 3 月 4 日将会受到袭击。果然，两架大型水上飞机在那天晚上实施了袭击——日本人在行动中借助了美国的天气预报。有些炸弹落在距离珍珠港 10 英里远的山上，没有造成伤害；美国战斗机没有能拦截住袭击者。但罗彻福特做出了正确的预测。此后，他又成功预警了一次 3 月份发生的对中途岛的空袭。这次突破还产生了一项最重要的成果，"海波"组知道了日本人给中途岛的代码是"AF"。到了 3 月底，有相当大数目的"JN－25b"电报正在被美国人阅读。在菲律宾，卡斯特译码组从遭难的科雷吉多尔岛撤出，重新在澳大利亚的墨尔本建立起一个联合行动组，很快就做出了自己的贡献。

"地牢"变得拥挤不堪，里面的工作人员承受着巨大压力——40 名军官和 100 名招募来的工作人员挤在地下室里，雅斯佩尔·赫尔姆斯认为这里可以与潜艇的作战环境相比。他和其他后勤人员感到很难过，因为他们没有能减轻少数几

个密码分析员所受的压力，这几个人的负担实在太重了。罗彻福特和戴尔为自己
制定了一个新的工作规程，每个人工作 24 小时，休息 24 小时。"海波"组的组
长，既不是一个乐观的人，也不喜欢闲聊，似乎永远都处于紧张状态。他说话越
来越少，要说只说正在破译的日本人的电报。他每天工作 20 小时，有时甚至更
长，累了就在"地牢"的角落里歇息片刻。另一方面，戴尔每天早晨吃苏醒剂，
晚上吃安眠剂。虽然后勤人员有比较长的休息时间，但他们也感到生活在这个汗
流浃背、地下的、男修道院般的环境里既无聊又孤独。汉姆·赖特（Ham
Wright）的住处离潜艇基地很近，成了军官的休闲室，如果他们不回自己的住
处，就在这里听他的歌剧唱片，喝杯酒。

罗彻福特在这段时间的成绩是毁誉参半，但并不比布莱切利园早期的成绩要
差。在 1941 年 12 月至 1942 年 6 月之间，华盛顿的海军作战部通信保密科破译
了 16000 件日本人的加密电报，"海波"组破译了 25000 件——IBM 的机器发挥
了重要作用，一个月要消耗 200 万至 300 万张卡片。1942 年 4 月 8 日，"海波"
组的组长正确地预言了日本人正在向新几内亚的莫尔兹比港（Port Moresby）进
发，日本人给这个地方的代码是"RZP"。但日本人还有其他几个目的地不太清
楚。此外，罗彻福特错误地假定海上有 5 艘日本航母，但实际上只有 3 艘。他准
确地提前掌握了日本人想在 5 月 7 日至 8 日打珊瑚海战的企图，但错误判断了其
航母的运动。日美两军交战的结果是平局，但美国在战略上胜利了，因为日本人
放弃了对莫尔兹比港的进攻。

5 月初，罗彻福特告诉尼米兹，日本人显然在策划一次新的大行动，但他不
肯定是什么。他有一个惊人的素质就是能记住大量的地名、单字、通信呼号。海
军部规定华盛顿、墨尔本、夏威夷这三个解码组应该处理自己地区内的敌人电
报，罗彻福特没有理睬这条不合理的限制，努力理解战略全局。"海波"组每天
收到 500 至 1000 份截获的电报，大约是日本人每天发送量的 60%，其中 40% 的
内容片断能被破译。到了 5 月 9 日，罗彻福特可以对尼米兹说日本舰队将出海进
行一次大规模作战，日期是 5 月 21 日，但他补充说："这支部队的目的地不详。"

总司令推测日本人可能企图对珍珠港发动新一轮攻击，甚至有可能攻击美国
西海岸。"海波"组知道山本五十六对美国在阿留申群岛的基地感兴趣，所以认
为有一种可能性是发动不止一个大行动，而是两个。5 月 13 日是关键的一天：
破译结果表明，珍珠港和阿留申群岛都不是日本人的优先目标。真正的目标是中
途岛，美军在太平洋上最前端的阵地，在夏威夷西北 1200 英里的地方。有一份
截获的电报指示供应船"近江"号在塞班岛装货，然后前往"AF"——罗彻福

特回想起在 3 月份就发现"AF"代表中途岛。他拿起加密电话给莱顿打电话："情况还不能肯定，但很严重！"那情报官说："蓝眼睛的人要知道你的看法。"

尼米兹确实感兴趣，但他正忙着其他事。5 月 14 日早晨，他派新任命的作战计划官林德·麦考密克（Lynde McCormick）上校去谈论中途岛面临的威胁。在"地牢"一块架在支架上的胶合板上，罗彻福特和他的组员展示出了他们的发现——那是一系列关键的截获电报，并附有同样重要的电报流量分析，然后他们讲给麦考密克听。这次谈话很热烈，相当长，谈了一整天。最后，麦考密克回到尼米兹的办公室，报告说他相信罗彻福特这次没错。虽然"海波"组没有提供完整的日本作战计划，但有一点很明确，山本五十六计划派 4 艘航母支持对中途岛实施两栖登陆。

这次讨论，不仅具有极高的重要性，还极其微妙，连华盛顿都知道了这件事。美国在太平洋上的战略地位居于劣势，日本舰队的实力很强。这片海洋方圆有数百万平方英里，大多数战舰在 24 小时里能航行 600 或 700 英里。尼米兹手里只有 2 艘最多 3 艘可用于作战，无法形成分兵拒敌。如果他想交战，必须下赌注把兵力集中在一点使用。误判日军大部队的去向，将会给美军带来灾难。欧内斯特·金（Ernest King）海军上将是海军作战部长，几乎没有给太平洋舰队的决策给予什么支持。虽然金将军口头上说支持任何对日本的军事行动，但他害怕任何可能消耗美国航母和巡洋舰的行动，因为美国的航母和巡洋舰的数量少到了危险的程度。

美国海军情报部仍然认为敌人最有可能的目标是约翰斯顿岛（Johnston Island），这是一个环状珊瑚岛，在珍珠港西面 720 英里处；这件事说明美国海军内部存在可悲的协调问题，海军情报部不知道罗彻福特早就知道日本人把约翰斯顿岛称为"AG"。另一方面，墨尔本的卡斯特监听站有个看法，山本五十六将投入大部队进攻马绍尔群岛中的一岛。莱顿坚持认为珍珠港是日本人的目标之一。身在华盛顿的雷德曼，一点都不赏识罗彻福特这个人，自然拒绝了他这次的预测。到了星期六，5 月 16 日，真正握有兵权的人越来越相信罗彻福特是正确的。尼米兹同意了日本人正向中途岛进发的观点，他的这个判断被那天新截获的一份电报所证实，这份电报给出了日本航母的位置。但华盛顿仍然不信中途岛是日本人的目标。罗彻福特很生气，骂雷德曼那帮人"那伙小丑"，不愿再理睬他们，但他们仍然是他的上级。

5 月 19 日早晨在地下室里召开了一次临时会议，大家都围拢在雅斯佩尔·赫尔姆斯的桌子旁边。如何才能驱散人们心中的疑云呢？赫尔姆斯想到了一个办法，立即就被大家采纳了：给中途岛的海军电报站用海底电缆发出一份密码电报，让他们用明码无线电信号向珍珠港报告淡水净化器出问题了，请求供应淡水。一个不知情的美国人惊呼道："中途岛上那帮笨蛋，用明码发这条电报干吗？"但赫尔姆斯的这一招很高明：淡水问题很小，用明码发电报可信，但这条发往海军指挥部的电报又足以能吸引日本人的眼球。

5 月 20 日，在"地牢"里工作的里德·拉斯韦尔（Red Lasswell broke）破译了日本的中途岛作战命令，但有一点美国当时不知道，这份电报仅包含了一部分计划：日本人的战列舰主力跟在航母舰队后面 600 英里，准备悄悄地跟进，一举在中途岛战场消灭美国太平洋主力——东京预计这个策略能成功。于是尼米兹发动一次虽小但有效的欺诈行动：让补给船"丹吉尔"号上的水上飞机对图拉吉岛（Tulagi）发动一次佯攻；其目的就是让日本人确信美国航母大队在图拉吉岛附近，距离中途岛有数千英里远。

第二天，墨尔本的卡斯特组宣称他们现在确信罗彻福特是正确的。5 月 22 日，英国远东联合情报局也根据破译结果得出结论，日本人的目标是中途岛。但在华盛顿，雷德曼和海军作战部通信保密科很生气，因为罗彻福特说服了尼米兹发出了那个淡水怪招，这么大的事竟然没有与他们商量。陆军部的斯廷森（Stimson）说，美国陆军仍然怀疑罗彻福特的形势评估，害怕"海波"组是日本欺骗术的受害者。5 月 26 日，尼米兹心神不安地写下自己的形势评估："我们唯一的信息源是信号情报……敌人可能在欺骗我们。"

在这段时间里，罗彻福特个人所遭受的压力是不容低估的。这不招人喜欢、笨拙的人，提出的理由不被他的大多同事接受，特别是他在华盛顿的同事。历史上很少出现这种千斤重担让一个小官承担的情况。如果他是错的，美国将在太平洋战场遭受一场战略灾难。5 月 27 日早晨，罗彻福特穿上一套干净的军装：他应邀与尼米兹和他的参谋官开会。就在他要离开地下室去总司令的办公室的时候，乔·芬尼根（Joe Finnegan）和汉姆·赖特刚好破译了一份电报，这份电报给出了日本发动攻击的日期：6 月 3 日阿留申群岛，6 月 4 日中途岛。为了这份电报，罗彻福特晚到尼米兹办公室半小时，他因此而受到冷淡对待。他被告知把自己知道的说出来，不要提及非"海波"组成员已经弄清楚的情报。

他略述日本人的双重打击计划，但错误地指出对阿留申群岛的攻击仅是佯攻；实际上，日本人动了真格。由于这个错误判断，尼米兹仅派出几艘巡洋舰和驱逐舰向北进发。但在阿留申群岛遭受痛苦打击的前一刻，美国太平洋舰队总司令做出了一项关键决定，派遣 3 艘航母去中途岛迎接敌人。这时，日本人改变了密码，引入了"JN—25c"密码。美军知道日本人要改变密码，但后果是"海波"组偷窥敌人的潜望镜被突然关上了，关闭时间长达几周。在 6 月 4 日前的紧张日子里，罗彻福特这组人只能依靠对敌人电报的流量进行分析，但电报的数量实在太少了：山本五十六要求攻击舰队实施无线电静默。

美国人太粗心，使尼米兹布下的罗网处于危险之中。他的战舰前去迎接敌人，水兵说话太多：美国海军的无线电信号突然增加了，这引起日本人的注意。但山本五十六误把一只大硕鼠当成了一只小耗子了。他所犯的大战争错误之一，就是他决定遵守无线电静默的规定，不给他的航母舰队司令官南云忠一（Chuichi Nagumo）海军中将发电报，这样南云忠一就没有收到美国人可能要采取行动，甚至可能来中途岛的警告。在这个关键的时刻，司令官害怕向太空发出一串电报码，这造成了恶劣的后果。在珍珠港，6 月 3 日那天显得特别长，气氛紧张到让人几乎受不了，因为中途岛的空中侦察飞机看不到预计中的敌人航母的影子。最后，在次日的早晨 5 点 30 分，就像严格执行罗彻福特的预测一样，卡特琳娜水上飞机发出一条重大的信号：看见了敌人的主力航母舰队。

美国人此后的凯旋，因此而注定了。南云忠一有 4 艘航母被摧毁了，太平洋上的实力对比发生了巨变，其中发挥作用的因素不仅有运气，还有美国海军俯冲轰炸机飞行员的技能和勇气。虽然尼米兹勇敢地下注促成了这次战役，但战役可能发展成为灾难的结局。6 月 5 日，如果"海波"小组没有发现山本五十六战列舰接近战场的情况，美国航母舰队就不会悬崖勒马，谨慎地后撤。但中途岛首先是一次情报战的胜利，其中包括借鉴了布莱切利园破译德国潜艇密码，这是美国最有影响力的西方盟友取得的战争情报成就。尼米兹认识到了这点，所以召开庆功晚会时，他派自己的车去请罗彻福特。这位"海波"小组的组长运气实在太坏了：他到了的时候，客人们刚散去。但尼米兹在召开参谋大会的时候，利用这个机会对这位破解敌人机密者给予了赞扬："中途岛胜利的主要荣誉要归这位军官所有。"

这些话是给罗彻福特的唯一奖赏。当他被推荐获得战时优秀军人勋章时，美国海军作战部的参谋长罗素·威尔森（Russell Willson）海军少将否决了这项提议："我不同意推荐他……他仅能有效地利用老工具。给一个恰巧站在一个岗位上的人奖章不合适，因为他仅是在特定的时间收获好处，除非他是在战场上与敌人作战。"雅斯佩尔·赫尔姆斯在写中途岛战之后"地牢"里的状况时说："这里没有非常喜悦的时刻。"罗彻福特在做"海波"小组的组长时，还获得了另一项重要成就：他发现日本人正要在 7 月 5 日在瓜达尔卡纳尔岛（Guadalcanal）登陆。美国人用陆海空兵力给予了回击，获得了一场大胜利。他还向麦克阿瑟的部队提出预警，说日本人企图翻越欧文斯坦利山脉（Owen Stanley range）向莫尔兹比港发动攻击。

然而，对华盛顿来说，罗彻福特远非是一个有待授奖的中途岛英雄，而是一个不服管的浑蛋，不讨任何人喜欢。1942 年 10 月 14 日，他被从工作岗位上撤了下来，派去指挥旧金山一处浮船坞。接替他工作的是威廉·戈金斯（William Goggins）上校，此人没有任何密码分析经验，被视为一个有能力的管理者。虽然官僚机构里到处是因权力而滋生的不公平的现象，但罗彻福特的遭遇格外悲惨，显得异常心胸狭窄。1944 年秋季，对罗彻福特的不公正待遇获得某种程度的纠正，他被派去指挥太平洋战略情报部，但他 1976 年死的时候什么奖章都没有。只是到了 1985 年，死后多年的他才获得了 1942 年拒绝给他的那个战时优秀军人勋章。

罗彻福特那组人，当时拥有的资源是非常有限的，他们能取得那样的成绩，实属奇迹。美国陆军和海军不和，这使美军的密码破译工作长时间处于分裂状态，而情报工作不受重视使情况更加恶劣。到了 1942 年，英国的布莱切利园和情报部门调动了数百名最聪明的英国平民，并且辅以少数职业海陆空军人，他们使用的先进技术是美国的"海波"小组或"卡斯特"小组所没有的。罗彻福特仅是一个极有经验的人，不是杰出的密码和语言分析员，他的小组不被海军军官们重视。

战后对美国海军太平洋战区情报中心的描述是很直接的："在战争的防守时期（1941 年至 1942 年间），无线电情报不仅是太平洋中区的最重要的情报来源，实际上是唯一来源。几乎没有缴获的文件或战俘。没有敌方阵地的照片……除了在所罗门群岛和新不列颠岛之外，间谍和海岸密探没有提供任何重要的情报。"在中途岛海战之后，日本海军总参谋长在作战日志中痛苦地记录道："敌人预先猜出了我们的企图。"但山本五十六和他的参谋官从来没有想到过他们的密码被破译了；日本人仅是觉得自己不走运，他们的航母被美国侦察机或潜艇看到了。

罗彻福特并非是什么必不可少的人物。他离开后，美国海军的情报和密码破译工作变得越来越先进和有效。当然，破译"JN－25"各种变异密码的工作遇到了困难，一直到 1944 年之后才破解。原先在 1941 年至 1942 年间的乡下作坊，变成了太平洋舰队无线电情报部（FRUPAC）——雇用了 500 人，成了尼米兹手中一种可怕的武器。但罗彻福特是个改变历史进程的人，值得我们纪念。可是美国海军领导人在给予他奖励时表现得既卑鄙下流，又忘恩负义，玷污了美国海军的荣誉。

## >>> 第 6 章

# 混乱中摸索：战争中的苏联人

## 莫斯科情报中央的动员令

只要研究一下苏联人的战争记录，任何人都无法再迷信他们的秘密战技能，无法再迷信他们是无所不知的。他们做的并不比西方民主国家更好，在某些领域里甚至还不如。希特勒 1941 年 6 月 22 日的入侵，使斯大林的情报机构陷入危机之中，就好像大清洗使红军陷入危机中一样。帕维尔·苏多普拉托夫在 1940 年 8 月组织人暗杀了托洛茨基。除此之外，他还积极参与了好几起肃清行动。他因此而获得了回报，在"巴巴罗萨"行动开始几个月后，他被任命为苏联内务部的特别任务管理局（Administration for Special Tasks）的局长，责任包括："破坏、绑架、刺杀。"他的这份工作，伊恩·佛莱明能为之写出几本小说。苏多普拉托夫曾向贝里亚提交一份包括 140 名情报官的名单，这些人因为在政治上有问题而被关在监狱里或古拉格集中营，如今他们对国家有用起来，可以当间谍或管理间谍。他注意到，当时抓捕这些人的命令的签署者，要么是斯大林，要么是莫洛托夫。如今，贝里亚根本不问这些人是否有罪，而仅是问："你肯定我们需要他们吗？"这位新的间谍头子回答说："是的，我绝对肯定。"于是他受命去释放他们。很不幸，苏多普拉托夫在回忆录中冷酷地评论说，三个最好的人已经被处决了。其余的人都回到了情报岗位，他们均受到不同程度的伤害。

苏联内务部的官员，虽说过着不稳定的生活，但他们享受一些津贴，这吸引他们继续为国家服务——比如，那些在国外从事"间谍"活动的人，他们的孩子可以不参加入学考试就进入大学。苏多普拉托夫占据了高尔基大街"发电机"体育商店楼上一套宽敞的套间，这个街区住的都是克里姆林宫的间谍，包括外国情报局的局长弗谢沃洛德·梅尔库洛夫。1941 年 6 月之后，有大量的政治嫌疑犯被释放，回到了情报岗位，其中有几个人临时住在苏多普拉托夫那里。一天晚上，梅尔库洛夫突然打电话说他要来谈话。那几个新近被释放的官员匆忙地躲进苏多普拉托夫的卧室，怕被人看见而尴尬。苏多普拉托夫有足够的自我保护意识，不亲自签署释放他们的命令。他让费廷去签署——1946 年，就是因为他当初没有签字，才保全了性命。

从古拉格集中营释放出来的情报官，因自己重获自由而高兴，但他们高兴得太早了。其中有个叫伊凡·克文斯基（Ivan Kavinsky）的，他脱下囚犯的帆布衣，穿上三件套，就在苏多普拉托夫的公寓里跳起舞来。克文斯基欣喜若狂，因为他最终被确认为是爱国者。几个小时之后，他就被派往乌克兰的腹地，在日托米尔（Zhitomir）做敌后特工，因为那个地方即将被德国人占领。他刚到那里，就被乌克兰人出卖了，同时被出卖的还有许多莫斯科来的特工。到了接头地点，克文斯基就感到中了埋伏，开枪自杀了。其他监狱室友在与盖世太保的枪战中被杀。与此类似，还有几个苏联内务部在当地的重要居民也被德国人杀了。贝里亚疑心很重，在 1941 年执行了一次极其狠毒的诡计：他让内务部的特工假装成纳粹伞兵，空降在伏尔加河流域的日耳曼人自治地区，借用测试当地居民的忠诚度。那些为新空降兵提供庇护所的村民都被消灭了；这个地区剩下的人口，最终被遣送到西伯利亚和哈萨克斯坦。

一些为战争而被释放出来的情报官，在监狱中遭受到了可怕的待遇，但这类待遇都是他们曾经给予他人的。德米特里·比斯特乐特夫（Dmitri Bystroletov）在战前曾经在柏林负责指导间谍工作，有人用铁丝挂着滚珠轴折磨他。在签署了一份忏悔书之后，他在 1939 年被判处 20 年徒刑。他的妻子被舍尔马托娃送到古拉格集中营，在那里她用餐刀割喉自尽了；比斯特乐特夫的母亲服毒自尽了。很难说恢复自由能使他更幸福一些。另一个具有类似经历的人是彼得·祖波夫（Pyotr Zubov），由于他在南斯拉夫组织政变失败，所以被人唾弃。自从 1939 年起，苏多普拉托夫恳求把他视为一个合格的情报官，但没有提及他在贝里亚获得权力中发挥的重要作用。在监狱中，他拒绝承认自己犯了叛国罪，即使有人用锤子打碎了他的膝盖，他也不承认。他因此而终生残废。祖波夫被关在卢比扬卡大街的一间牢房里，这间牢房里还关着斯坦尼斯拉斯·索斯诺夫斯基（Stanislas Sosnowski），此人是波兰在柏林情报网的头目，还有波兰亲王亚努什·拉齐维乌（Janusz Radziwill）。内务部决定为他俩找点事做。苏多普拉托夫释放了祖波夫，让他做一个小部门的头目。人们经常能看到祖波夫一瘸一拐地在卢比扬卡大街附近走动。

索斯诺夫斯基开始为苏联人工作，苏联谋求利用他在柏林的老情报员，这些情报员大部分是妇女。他的老情报网在 1935 年就被纳粹破坏了，他也被当作间谍关进了监狱，并被迫在布拉曾西监狱（Plotzensee jail）观看他的间谍被逐一斩首的过程。最后，他被用来交换波兰的日耳曼少数民族领袖。此后，他陷入一桩金钱丑闻而被开除了公职。当苏联人 1939 年入侵时，他已经退休，但仍然被抓了起来。他宣称他有两个德国情报员还活着，在内务部的吩咐下，他前去联络这两个情报员。苏多普拉托夫提出，他在 1942 年之前对苏联是有用的，所以被留在了卢比扬卡，理由是苏联老套话："他知道的东西太多。"

拉齐维乌亲王是前保守党政客，60 多岁，由贝里亚亲自处理，因为他据说在纳粹高层中有朋友，其中包括戈林。当内务部看到拉齐维乌令人满意地处于控制下之后，立即就允许他返回了柏林。贝里亚对他说："亲王，你这样的人，我们总是需要的。"但苏联人高估了这位贵族与帝国元帅们的亲密关系，高估了他的情报的价值。他与莫斯科在 1942 年断绝了往来，但 3 年后付出了代价，再次落入苏联人之手，这次他的妻子也被抓了，最后死在苏联监狱里。他家族的巨大财产被波兰共产党政府没收了。

苏联内务部策划的大部分情报活动都失败了，因为这些活动要么是出于幻想，要么很愚蠢。1941 年冬天，在斯大林的命令下，形成了一个刺杀计划，刺杀目标包括希特勒、拉齐维乌亲王、奥尔加·契诃娃（Olga Chekhova）。契诃娃是俄国著名作家契诃夫的侄女，住在柏林，是苏联间谍，但不搜集情报。充当杀手的是内务部的"间谍"，名叫伊戈尔·米克拉舍夫斯基（Igor Miklashevsky），前拳击冠军。1941 年 12 月，他假装成叛逃者，成功潜入德国。他的真实身份被他舅舅发现了。他的舅舅反对斯大林，是真正的叛逃者。

米克拉舍夫斯基在此之后的职业经历简直令人难以置信。他与德国英雄马克斯·施梅林（Max Schmeling）打一场拳击，而且他设法赢了。他向莫斯科报告说，接近希特勒似乎很难，但刺杀戈林很容易。莫斯科情报总部拒绝了这个建议，因为除掉戈林似乎可能更加助长纳粹针对苏联的战争行为。1944 年，他谋杀了他的舅舅后，这才从德国跑到了法国。另一方面，斯大林撤销了刺杀希特勒的命令，因为害怕除掉了希特勒会促使西方要单独与接任的德国领袖媾和。法国解放后，米克拉舍夫斯基又在西方逗留了 2 年，追杀希特勒战争时期的乌克兰叛军"苏联解放军"。此后，他回到了莫斯科，继续他的拳击生涯，直到退休。

随着德国人离莫斯科越来越近，苏联首都有可能陷落，内务部赶紧组织敌后特工网。他们准备好在关键地点实施爆炸，包括苏联政治局成员在郊外的别墅。此时已有很多内务部工作人员离开了卢比扬卡大街，苏多普拉托夫的特务组织接管一些办公室供搞破坏的人使用。卓娅·雷布金纳就是参与者之一，根据她的描述，保险柜里没有了机密文件，都塞满了武器、弹药、指南针、炸药、雷管，甚至有燃烧弹。夜晚，特务组织开始把武器埋藏在城市公园的地下。"我们有一百天没有回家，"雷布金纳写道，"睡在防空掩体里，枕头边上放着防毒面具。"每个敌后小组按照"家庭"组织起来，"爷爷"和"奶奶"是组长——通常是布尔什维克分子，由老战士格奥尔基·莫尔季诺夫（Georgy Mordinov）上校亲手挑选出；有些是参加西班牙国际旅的老战士，他们过去都是特工，如今太老了，不能从事军队活动了。电报员和译码员被指定为"孙子"和"孙女"。有一次，雷布金纳去比古维亚（Begovaya）的公寓看望他，发现这位老革命分子睡在炸药包搭的床上。

高官们发现无法向诸如体育馆和火车站这样特大型建筑中填充足够多的炸药，为此他们感到绝望。苏多普拉托夫在回忆录中声称，他的特工组织可以召集起 2 万人的摩托化旅，包括 200 名外国人——德国人、奥地利人、西班牙人、美国人、中国人、越南人、波兰人、保加利亚人、罗马尼亚人。他还吹嘘有一支伞兵部队，能够随时反击德国突击队的进攻，而且是用自己的飞机——比如去保卫克里姆林宫。一些苏联最好的运动员也参加进来，目的是提升爱国情绪，特别是在条件艰苦需要身体棒的地点。

但苏多普拉托夫隐瞒了真实情况，这支精英部队中的大多数人是在开战后才加入的：1941 年冬天，内务部人手非常短缺。其中有数千开小差的人，一名苏联军官记录了一个名叫奥莎娜的乌克兰女孩的情况。苏联第 20 集团军好几次派遣她去顿河盆地前线，但发现她投奔了轴心国。在审问之后，她承认被轴心国俘虏了，为了活命，"接受了一名意大利军官的保护"。苏联法庭没有给她判死刑，而是长期监禁，但几乎所有被判这种徒刑的男女都很快会被处决。所以，很难说法庭在这个案例中有怜悯之心，此时正好是苏联最糟糕的时期。

由于特别行动队有了新的重要性，苏多普拉托夫在苏联统治集团里的地位上升了。1942 年 2 月，他成为一名国家安全委员，军阶升为中将。8 月，他和贝里亚、梅尔库洛夫这两位内务部人民委员一起乘坐着美国提供的 C—47 运输机去了一趟高加索，他们此行是为了在当地部署封锁山隘口，并展开敌后破坏活动。这位特别行动队的队长承认自己没有受过军事训练，感觉很不适应前线的情况。他的追随者也一样，他们选择了上山打游击，而不是战斗：那些在高加索参加战斗的部队死伤惨重。贝里亚提议让康斯坦丁·加姆萨科胡蝶（Konstantin Gamsa-khurdia）做高加索大队的队长，此人是当地杰出的知识分子。苏多普拉托夫认为这是一个很坏的想法：加姆萨科胡蝶早年草率地参加过一次格鲁吉亚民族主义运动，几年前才被迫加入内务部做了情报员。这次他在第比利斯的苏联国际旅行社见到了这位教授，没有留下好印象："他让我感觉不可靠。此外，他的间谍经历不能激励人民，他只能做提供信息的工作。他太热衷于写作，不仅写诗，还写小说，写他认为伟大的格鲁吉亚语小说，题材是诱拐月亮这样的中世纪传奇。"

苏多普拉托夫偏向让一个当地剧作家格奥尔基·马彻维热那尼（Georgi Ma-chivariani）做领袖，此人向游击队捐助了一小笔金子和银子。当时第比利斯还没有被德国人攻占。后来，当地的形势变了，马彻维热那尼又把当初捐出去的钱要了回来一部分。苏多普拉托夫说这让他感到吃惊，但没有评论马彻维热那尼的行为是好或是坏。当贝里亚和副手回到莫斯科后，斯大林训斥了他们冒险进行战争。斯大林需要他的间谍头目离家近一点。

## 佐尔格的结局

德国入侵苏联后，日本变得极为重要起来，这种新形势让理查德·佐尔格感到深深的忧虑，他周围的人都看出了他的变化。莫斯科需要回答一个关键的战略问题：日本会抓住机遇从东面打击苏联，迫使红军双线作战吗？佐尔格的情报员尾崎秀实是日本两个政府顾问组的成员，他通过这两个顾问组极大地发挥自己的影响力，催促日本向南进发，去夺取欧洲人的殖民地，而不是向苏联人进攻。6月29日，马克斯·克劳森给莫斯科发去一份佐尔格的电报，报告了日本正在测试对苏联进行战争动员，但日本首相近卫文麿坚持反对这种好战行为。他的电报员发电报期间，经常有日本宪兵队队员来打扰，这对他的精神健康状况没有一点好处。

7月10日，佐尔格对莫斯科说，虽然日本继续做与苏联开战的准备，但其主要的进攻政策是在谋求与美国媾和的同时，准备与欧洲诸帝国开战。东京只有在苏联似乎即将崩溃的时候才会发动进攻。不过，他的措辞是模糊的，没有给明确的结论。这反映了一种现实情况，佐尔格和德国海军武官维尼戈认为日本不会在1941年与苏联打仗，而奥特和他的副官不同意，坚信东京在秋季要开战。佐尔格几次断言，如果列宁格勒和莫斯科陷落，日本可能会倾向于进攻苏联，但他从来没有明确地、毫不含糊地向莫斯科保证苏联不会受到日本的威胁。相反，他报告说，德国国防军高层判断在几周后进入苏联首都，这实际上意味着日本肯定会从东面进攻已经晕头转向的苏联。

许多年以来，许多人都说，佐尔格的情报改变了历史进程，使斯大林敢把大部队调出东方，从而阻止了纳粹在 1941 年秋季的进攻。实际上，这样的部队调动在 5 月份就开始了。根据当代俄罗斯的说法，莫斯科情报总部在 1941 年下半年收到了来自不同外国情报员的信息，证实日本没有攻击苏联的企图，据说相关文件仍然存放在莫斯科情报档案中。7 月 17 日，苏联内务部在伦敦的情报站，把布莱切利园破译的一份日本外交部的电报发回苏联。这份电报宣称在一次帝国会议上做出了决定，日本不参与希特勒进攻苏联。东京间谍的信件也许增加了红军最高指挥部削减亚洲兵力的意愿，但各方面的情况对情报工作都重要，有许多情报源和因素影响了斯大林的决策，而下面谈到的密码破译工作也许也发挥了一定的作用。间谍提供的报告，无论多么到位，其内容多么吸引人，从来不能给国家领袖以确定性，有时甚至可能性都没有。杰克·马斯特曼（Jack Masterman）是英国"双十系统"的总指挥，他曾写道："那种认为越是高官就越能提供好情报的观点是错误的，比如，内阁成员或外交官或政府高级职员就不一定能提供最好的情报。部长们和将军们私下的谈话不带有多少确定性。历史研究表明，我们所听到的外交谈话和大使馆传言，基本上都是谎话。"

佐尔格跟其他间谍一样难以看穿如此浓厚的战略迷雾，即使有破译电报或捕获的敌人文件也无济于事。他只能提供线索和建议。比如，他提供了日军的部署情况，而尾崎秀实获得了日本石油储备的数据，这是非常重要的情报。7 月，奥特派佐尔格去上海调查是否可以在中日之间斡旋和平。回到日本后，石井花子说日本警察问了她有关他的情况。不久，又有一名警官来他家里询问，佐尔格非常生气，打了那个男人。虽然他没有因这次打人而被捕，但显然他此时已经接近精神崩溃的边缘。

他向莫斯科报告说日本人加强了在中国东北的兵力部署，但他的许多情报没有送到格勒乌，比如，那份有关日本石油储备下降的重要情报就没有送出，因为克劳森已经来不及处理堆积如山的等待加密后发送的电报。8 月 20 日，终于有一份电报被送到了目的地。这份电报说日本军事领袖不愿参战，等着德国在西线取得胜利，但这份电报再次没有给出结论，而仅说："日本今年可能不参战，但决定还没有形成。"还是在 8 月，尾崎秀实以高级铁路管理顾问的身份访问了中国东北。9 月 14 日，他写了一份报告给苏联人，报告说日本人正在减少在中国东北的军事投入，但正在建造一条战略要道，准备在 1942 年与苏联开战。10 月

4日，星期六，又有一份电报说日本不大可能在战争初期进攻苏联。这是马克斯·克劳森发出的最后一份电报。

1941年10月10日，东京警察先逮捕了北林智子（Tomo Kitabayashi），接着又逮捕了宫城与德（Yotoku Miyagi），他俩都是美国共产党员。在搜查后者的房间的时候，发现了日本石油储备的报告，这不是艺术家应该读的资料。审问中，宫城与德突然一跃而起，从窗户跳了出去，企图自杀。他坠下2层楼，有一名警察跟着也跳了下来。他俩都没有死。在进一步的审问中，宫城与德说出了他所知道的一切，提到的名字有：克劳森、武克利希、尾崎，最后是佐尔格。最初，东京警察拒绝逮捕佐尔格，因为他是德国驻东京大使馆社区里的名人。10月15日，尾崎秀实在家中被捕。进了东京的目黑区警察局，他便开口说话了，而且说得很多，他在18日充满信心地说近卫文麿之后的东条英机政府："这是一届要与美国开战的内阁。"同一天，克劳森、武克利希、佐尔格分别在各自的家中被捕。那位电报员甚至都没有试图破坏他的密码簿和几份已经发出的电报的副本。日本警察以为他们都会自杀，但他们都开口说话了。这很可能是严刑拷打的结果，因为他们的道德感已经被折磨光了。对他们的审问是用英语进行的。

审问开始的时候，佐尔格坚决不说话，他是那几个人中唯一做到这一点的。尤金·奥特来看佐尔格了，他不仅对日本警察暴怒，还顽固地不相信自己的朋友有罪——他到老了仍然坚信这点。10月24日，这位间谍突然开口了。他用铅笔写道："我自从1925年就是国际共产党员。"之后便大哭起来。他滔滔不绝地说，审问者应接不暇，于是给他配备了一台打字机，让他自己打字。他开始把自己的经历详细地写下来，但他的大部分手稿在1945年的东京大轰炸中被火烧毁了。他请关押他的人与苏联人进行联络，争取安排人质交换，但苏联大使馆反应冷淡。德国大使馆深受打击，哑口无言，震动余波传到了柏林。盖世太保的约瑟夫·梅森格遭贬黜，因为没有发挥保安官的作用。瓦尔特·施伦堡被希姆莱训斥了一顿。奥特被召回德国，希特勒也知道了这件事。暴君的行为往往难以预计，元首决定不进行大规模的惩罚。德国大使被免职，如果他是斯大林的仆人的话，在莫斯科等待他的肯定是刽子手。

一般说来，被关押在东京监狱里的外国间谍都丧命了。二战中，大量战俘受到日本人的野蛮对待，但对待佐尔格和他的间谍网的成员却相当仁慈，这很令人感到奇怪，不过他们仍然在监牢里蹲了3年。虽然他们不断受到审问，但没有证据表明他们像其他东京的囚犯那样受到了折磨；他们的家庭成员也没有被迫害或被杀。日本人的克制，可能是害怕激怒莫斯科，因为日本拼命想避免双线作战。

武克利希死在北海道的监狱里，时间是 1945 年 1 月 13 日。克劳森战后活下来了，同年 10 月 8 日获释。他乘飞机去了莫斯科，他退休后与妻子住在东德。

对佐尔格和尾崎秀实的审判一直拖到了 1943 年的 9 月，只有他俩被处以死刑。死刑在 1944 年 11 月 7 日执行，地点是东京的巢鸭监狱。狱长一岛菊安（Kikuyasa Ichijima）穿着制服参加了。尾崎秀实选了一套黑色的和服穿，脚上蹬着黑色的厚底短袜。他在去刑场前，被蒙上了眼睛。一共有 4 名刽子手同时拉开陷阱，这样谁都不负杀人的责任——这样的事竟发生在这场上千万人被屠杀的战争中。接着被拉来刑场的是佐尔格，他穿着黑裤子、开领衫、宽松的上衣。狱长问："你是理查德·佐尔格吗？"那死刑犯默认了，然后问道："是今天吗？"狱长点头。佐尔格说希望把他的财产交给安娜·克劳森，她是他的电报员的妻子。她确实收到了等值于 4000 美元的日元——虽然石井花子像奴隶一样忠实于他，但没有获得回报。按照仪式安排，佐尔格能喝茶，吃点心，但他拒绝了。不过，他要抽烟。狱长说这违反规定。参加行刑的军官恳求答应佐尔格最后的要求，但狱长很坚决。

在被套上绞索时，佐尔格很镇定，然后他用不流利的日语高呼："红军、国际共产党、苏联共产党。"参加行刑的警察后来说佐尔格好像是在祈祷。到底佐尔格最后说了什么话，有许多种版本，但上述是比较可信的：他想给自己的劳动以某种荣誉，这样他就必须让周围的人能听懂他说的是什么。上午 10 点 20 分，陷阱门打开了，又过了 19 分钟，佐尔格死了。德国大使馆和苏联大使馆都不想要他的尸体，最后埋在监狱的墓地里了。

大部分间谍都不是正常人，佐尔格也不是。他生活在复杂的骗局中，这给了他感情刺激。他与金·菲尔比有点相似——虽有魅力，但很鲁莽，在漫长的间谍生涯中散发出惊人的闪光。佐尔格是名人，这不仅是因为他有非凡的人格，还因为他取得了很高的地位。二战中，英国、美国、德国没有间谍能做到这点。但那种认为他一个人改变了历史的说法是很令人怀疑的："世界瞬息万变。"

## 第二情报源

佐尔格被捕，他的情报网被破获，通常让人认为这标志着苏联在日本的渗透完结了。但实际情报并非如此。莫斯科情报中央还有另外一个了解东京情况的重要情报源——此人可能破译了日本人的密码。谢尔盖·托尔斯泰（Sergei Tolstoy）是内务部第五局（密码局）的日本专家，他是苏联所获荣誉最多的密码专家,紧随其后的是鲍里斯·阿热斯基(Boris Aronsky)。一些现代的苏联作者认为,托尔斯泰领导的小组向克里姆林宫提供的有关东京战争企图的信息,比佐尔格更具权威性。1941年10月和11月,苏联向西线调入了8个步兵师、1000辆坦克、1000架飞机。苏联人声称读到了11月27日东京给柏林的大岛男爵的指示:"去见希特勒和里宾特洛甫,向他们解释我们与美国的秘密关系……向希特勒解释日本人的重点是在南方,我们建议削减在北方针对苏联的作战。"据说,这份电报是金·菲尔比让内务部在伦敦的情报站转交给莫斯科的。这些似乎说明了一点,在"巴巴罗萨"行动开始后,除了佐尔格的情报,苏联人还有大量情报告诉他们苏联的东侧是安全的。

在破译密码方面,苏联人的成就远比不过布莱切利园、阿灵顿学堂、美国海军作战部通信保密科,因为苏联人制造不出解码机,不允许有年轻的革新能手,这不同于英国,英国就是靠这类人才领导密码破译工作的。西方的密码分析专家还争辩说,为了一致地破译"紫色"密码,苏联人需要取得美国那样的成绩,复制一台密码机,但苏联的技能达不到这个要求,苏联人从来没有提供过证据——德国最高统帅部信号情报处也没有能破译日本的"紫色"密码。东京给大岛男爵的电报,很有可能不是苏联情报机构破译出来的,而是英美的叛徒在华盛顿或伦敦转交给莫斯科的。

不过,苏联人在破译保密级别比较低的敌人无线电信号方面取得了一些成就,但没有受到相应的认同。如今我们知道了,给莫斯科情报中央提供珍贵的密码材料的人是一个日本情报员,名字叫高藏和泉(Izumi Kozo),这个名字应该让更多的人知道。他是个罕见的语言学家,能说俄语和英语。1925年,他33岁,在日本新建立的莫斯科大使馆工作。他租了一间房子,房主是将军的寡妇,名叫伊丽莎白·珀斯卡亚(Elizaveta Perskaya),她的女儿埃琳娜在大学里学文学,毕业后在内务部工作。高藏和泉爱上了埃琳娜,两年后他们结婚了。然而,这不是偶然的,这个家庭的全部成员都在为国家政治保安总局工作。这个家庭之所以这样,恐怕有难言之隐,因为伊丽莎白的儿子因反对布尔什维克而被处死。

似乎可以肯定地说,埃琳娜是在苏联情报官的命令下才与高藏和泉建立起关系的。他后来被调到日本驻哈尔滨领事馆,他的妻子和岳母带着一个婴儿也跟着他去了。再后来,埃琳娜与内务部断绝了联系,被剥夺了苏联公民身份。她母亲伊丽莎白匆忙返回了莫斯科,立即就被抓了起来,以间谍罪判了10年徒刑。伊丽莎白的第二个女儿薇拉与其丈夫一起被枪杀了,但薇拉的家人被告知薇拉在疯人院。很难相信高藏和泉的家庭生活能有多少快乐。

　　1935 年，高藏和泉成了日本驻布拉格大使馆的三等秘书。两年后，埃琳娜走进当地的苏联大使馆，提出正式恢复国籍的申请，为的是她能回莫斯科养育她的儿子。她说那孩子不是高藏和泉的儿子，但苏联外交官认为是。莫斯科情报中央有了一个主意。他们问这位麻烦缠身的女人，她的丈夫是否是情报人员；她说她只知道他学过法语和德语，并花费很多时间阅读有关苏联流亡者的新闻报道。苏联内务部做出定论，应该让内务部联络员重新与埃琳娜建立联系，争取获得日本的外交密码。苏联人有两个支点可以利用：无论埃琳娜怎样对待她丈夫，但高藏和泉对她和孩子的感情很深厚；他对日本采取侵略性的外交政策很痛心。

　　高藏和泉的夫人这样做是为了钱，但她丈夫并不为钱所动：1938 年 5 月 3 日，在布拉格的一次见面中，埃琳娜提出用 7 本日本密码簿换 1 万英镑。由于这笔交易没做成，她又把密码簿放回了日本大使馆。9 月，她要求重新谈判，这次提出要 5000 镑，可以每月给 100 镑。最后，她到底收到了多少钱，至今仍然是个谜，但内务部驻布拉格的官员收到了 7 本密码簿和一些机密电报，莫斯科对此表示欢迎。借助这些材料，似乎苏联能解码东京的外交电报了。在慕尼黑危机之后，日本大使馆把家属转移到了芬兰，但高藏和泉在 10 月底之前一直滞留在布拉格。虽然他不是职业情报官，但做一些情报工作。不久，他就向负责与他联络的内务部情报官转交了当地日本间谍的名单和电报。10 月 4 日，他提供了一批电报，其中有 25 份来自德国，29 份来自伦敦，13 份来自罗马，15 份来自莫斯科。一周后，他又提供了一份有关日本海外情报机构的备忘录。但内务部继续谨慎对待高藏和泉，决定主要通过他的妻子与他打交道，他们觉得他的妻子能控制他。老情报官卓娅·雷布金纳被派到赫尔辛基与她打交道。

　　在第一次见面时，埃琳娜就恳求雷布金纳允许她回家，但莫斯科决定不接受这个恳求，因为她离开会引起东京怀疑高藏和泉。在 1939 年里，这位日本外交官——代号"尼禄"——通过埃琳娜向内务部提供了一系列有关日本谋求与德国军事结盟的报告，其中有一份报告是德日在柏林召开的一次有关联合进攻苏联会议的详细情况。当苏芬战争爆发后，苏联方面询问高藏和泉有关日本陆军部新密码的详情。此后，双方失去联系，到了 1940 年春季之后才恢复。实际上，这位日本外交官被调到了保加利亚的索非亚。在一个天气极好的早晨，埃琳娜在未事先通知的情况下来到了索非亚的苏联大使馆，要求面见苏联内务部的派驻官员。她对那官员说，她丈夫很高兴恢复为莫斯科做事，但她本人要与他离婚，返回苏联。莫斯科情报中央中心再次把这件事搪塞过去了，同时继续愉快地接受高藏和泉提供的资料。1940 年 11 月，他提交了日本最新的外交密码——这时日本已经使用"紫色"密码了——此后，还提供了一些其他资料，最惊人的是在 1941 年 4 月的一批密码电报，一共 302 页，这似乎能帮助莫斯科在整个夏季理解东京与各大使馆之间的电报交往。

1941 年 5 月，你可以想象得出这对夫妻之间发了什么，日本丈夫含情脉脉，但苏联妻子苦苦地想离异，最后埃琳娜被允许返回莫斯科与儿子团聚。她走后，高藏和泉继续提供信息，但从来不要钱；他要求把钱给埃琳娜，不过不清楚埃琳娜是否真的收到了钱。此后，他提供了一份 5 月 21 日成文的报告，这份报告描述了德国和日本正在柏林商讨在两个月后发动一次对苏联的战争。6 月 22 日，在"巴巴罗萨"行动开始后，东京改变了所有的外交密码，但他迅速地提供了日本在欧洲的密码，这对他来说很容易，因为他被任命为索非亚的副大使。他在 1944 年之前一直向莫斯科提供重要的日本密码信息。此后，因为欧洲陷入大乱，他与苏联的联络中断了。

战后，他继续为苏联内务部工作，一直延续到 1952 年。埃琳娜和她母亲的情况不得而知。只要苏联内务部和格勒乌的档案不向研究人员开放，根本无法知道莫斯科破译了多少日本外交电报。根据布莱切利园的经验，仅知道敌人的密码技术和密码簿是不够的：为了快速破译敌人电报供红军战场之用，需要投入巨大的智力资源，并制造辅助的机电设备。但考虑到高藏和泉所发挥的情报员作用，似乎他提供的资料使苏联人确认了佐尔格从东京发出的日本决定在苏联战败前不进攻斯大林的情报。与普通间谍不同，他坚持提供机密信息，一直坚持到战争的最后阶段。

## 古勒维奇掌权

一份从莫斯科情报中央发往世界各地情报站的电报证实了 1941 年 6 月 22 日的新闻："法西斯野兽入侵了工人阶级的祖国。你们要尽全力做好你的工作。"苏联在欧洲布下的巨大间谍网中的间谍，深深地被这份电报震撼了，或许德国早期取得的胜利也具有同样的震撼力，他们见面时都热烈地讨论当前的局势。在瑞士，"露西"间谍网加紧工作和报告。7 月 2 日，亚历山大·拉多报告说希特勒的主要目标是莫斯科，其余目标是佯攻。德军将领肯定希望这是真的，这也许解释了为什么会有这样的信息从柏林传递给拉多。但真实情况是希特勒坚持要猛攻南面的高加索油田，德军总参谋部为此暴怒不已。8 月 7 日，拉多引用日本驻伯尔尼大使的话："除非德国胜利了，否则日本保证不会进攻苏联。"在"巴巴罗萨"行动前，亚历山大·富特向莫斯科发电报的频率是每周 2 次，时间是凌晨 1 点钟。如今，他每天发电报，其中有些电报是德军的作战命令。

苏联变成交战国后，现金就不能通过大使馆转交了，苏联间谍马上就有了资金问题。维持间谍网的运作，必须有钱才行——鲁道夫·罗斯勒爱财，没有钱，绝对不做事。有一次，莫斯科情报中央竟然荒唐地指示亚历山大·富特到法国城市维希去领钱，仿佛英国人能自由地在敌占区闲逛一样。最后，莫斯科找到了一个办法，先把钱付给美国银行，然后再记在日内瓦分行的账上。这对美国人很合适，他们利用官方的美元兑法郎的汇率，每笔交易能赚 100％ 的利润，这还不是用黑市的汇率。数十万美元用这个办法转交给了苏联的间谍们。不过，莫斯科情报中央每次从来不超过 1 万美元，除非是无法抵御的"私人"情报。

通过拉多传话，莫斯科多次要求罗斯勒说明他的情报来源，但罗斯勒次次都拒绝了。克利斯蒂安·施耐德（Christian Schneider）博士，是一个德国流亡者，代号"泰勒"，加入了罗斯勒的情报网。为了测试他是否有价值，他被请去搜集德军在苏联南线战场的部署情况，同时参与这项测试的还有几个落入苏联之手的德军战俘。他正确地回答了问题，这给莫斯科留下了深刻印象。德军总参谋长弗朗兹·哈尔德（Franz Halder）后来对国防军最高统帅部和陆军总司令部表示了愤怒："几乎所有的作战计划在放在我桌子上前就已经透露给敌人了。"即使到了 21 世纪，人们仍然好奇谁源源不断地给了罗斯勒那些非凡信息。他曾简单地说他在德军高层有广泛的人脉。后来，德军东线的情报首长赖因哈德·盖伦（Reinhard Gehlen）竟然荒谬地声称，罗斯勒买通了希特勒的私人秘书马丁·鲍曼（Martin Bormann）。

战后，拉多透露了他和罗斯勒长时间保守的秘密，他俩的情报源……是打印机的色带。在战争中，每天大约有 3000 份电传打字机信件从国防军最高统帅部传给元首总部。由于使用安全的地上通信线，所以是不加密的。罗斯勒手下的一名特务说服两个女性电传打字员不要把用过的色带丢掉，而是转交给他。用这个办法，这个特务获得 4500 份机密信件和 800 份特别报告，然后让信使运到瑞士去。如果这个版本的故事是真实的话，那么罗斯勒一定是虚构了几个手下的间谍——他们的代号是"奥尔加""维特""特迪""安娜""费迪南"。

真相永不为人所知。只有一件事能肯定，拉多从罗斯勒那里获得了量大得惊人的高度机密信息，然后传递给了莫斯科，而其中一部分被阿勃维尔公布出来了。1943 年 3 月，他警告德国企图进攻库尔斯克（Kursk）。4 月 15 日，他把希特勒的作战部署传了出来。4 月 20 日和 29 日，他发电报说进攻被拖延了。最后，他报告说"堡垒"行动预计在 6 月 12 日开始。4 月 17 日,他罗列出新坦克编队和新步兵编队的位置和番号;6 月 28 日,他发一份电报通知了德国空军的作战命令,又发了另一份概述了德国坦克的生产情况。9 月 25 日,他提供了在希特勒的总部召开的经济形势会议的纪要。如果拉多偷电传打字机色带的故事似乎难以置信,那么他提供情报的价值只能用其他同样令人吃惊的故事才能加以解释。虽然瑞士情报网的情报在数量和准确性方面无法与英国的布莱切利园提供的情报相比,但苏联人因此获得了极好的情报,德国所获得的有关盟国军事活动的情报根本无法与之相比。

但有证据说明,莫斯科并非充分利用"露西"情报网输出的真正价值。例如,由于柏林不断地改变计划,情报会出现前后不一致、不准确的情况,内务部的领导们,不仅不承认这种现象,反而采取苏联人常有的那种冷嘲热讽的态度,认定罗斯勒和拉多有意或无意地在为纳粹进行欺骗,这种情况一直延续到二战结束。最奇特的现象是当英国的叛徒传过来的情报与瑞士提供的情报吻合时,苏联的疑心立即就大增。代号"鲁特兹"的鲁道夫·罗斯勒和他的朋友会不会是英国人阴谋诡计的一部分?就目前掌握的情况看,莫斯科没有人意识到一个简单的道理,格勒乌在瑞士的间谍提供的某些电报,就是布莱切利园所截获的德国电报。

从 1941 年 6 月至 11 月,"红色管弦乐队"与莫斯科失去了联系,因为德军这时正在向东横扫苏联,把内务部的电台赶到了柏林间谍微弱的无线电信号发送不到的地方。对苏联人来说,重新与哈纳克、舒尔策-博伊森、"布赖滕巴赫"取得联系是一件十分紧迫的事。如果有可能,还要去了解一下布拉格情报网的状况,那个情报网也沉寂多时了。于是莫斯科情报总部打破间谍工作的基本规矩,命令格勒乌的利奥波德·特雷伯寻找合适的方式,与在柏林活动的内务部的间谍网取得联系。虽然这几个间谍的无线电信号到不了莫斯科,但可以给予他们必要的密码,让他们把电报送到比利时,然后再转送到情报中心。9 月,特雷伯从巴黎回到布鲁塞尔,与代号"康德先生"的阿纳托利·古勒维奇讨论这件事。

自 1940 年起,古勒维奇在比利时取得了极为显著的成功,借助莫斯科的钱和朋友的贷款,他建立起一家名叫"西米斯科"(Simexco)的全新贸易公司,并在皇家大道上租了一间豪华的办公室,为他的间谍网打掩护——这家公司运作得非常好,利润惊人。公司买了汽车,还雇用了一位厨师。他积极与布鲁塞尔的德国新主人建立起关系,他们中的大部分人非常容易被腐蚀,特别是克兰兹布勒(Kranzbühler)少校,此人是纳粹政府中的关键人物,很乐于为公司的总经理提供通行证、宵禁令免验证、介绍信,而总经理也渴望给予回报。克兰兹布勒在当地有一个德国女情人，古勒维奇帮助她做了流产，这增进了克兰兹布勒对他的好感。这位苏军总参谋部情报总局的间谍让自己的情人玛格丽特·巴克扎（Margaret Barcza）做女主人，在家里热情款待德国人和跟他合作的人，这些人愉快地享受着莫斯科情报中央的慷慨。他从黑市上买汽油票，开车带着玛格丽特去农村买火腿、鸡、黄油等普通比利时人享受不到的美味佳肴。

德国占领了欧洲后，德国公司渴望进入有利可图的欧洲市场，于是他就与德国公司建立关系，特别是纳粹的托特组织（Todt Organisation，为纳粹招募劳工的组织）。他从托特组织那里获得了一大笔订单，向德国多处关押政治和军事犯人的监狱提供廉价的匙子和叉子。他在巴黎还有一家分公司，名叫"西米斯"（Simex），在著名的丽都餐厅上面租了一间办公室，他在这里招待了特雷伯手下的许多间谍。虽然如此阔气的排场对掩护间谍网有帮助，但古勒维奇这位从哈尔科夫来的药剂师的儿子、前共产主义青年团的积极分子，毫无疑问喜欢在这场假面舞会中扮演富裕的商人、花花公子、黑市老板。

普通比利时人对他和他的那帮人有什么看法，他没有说明过，但这并不难猜，因为普通的比利时人恨被占领，恨纳粹恐怖统治下的生活。没有什么证据说明他为莫斯科搜集到了什么情报。他声称，借助他在托特组织的联系人，他跟"露西"情报网一起警告苏联即将到来的对苏联的入侵。但真实发生的事是莫斯科情报中央突然在1941年6月中断了对情报网的资金支持，而苏联外交官也被驱逐出了西欧。此后，古勒维奇和特雷伯只能靠从西米斯科和西米斯这两家公司的利润中提取现金生存。对这两个间谍来说，滑稽的是他们为共产主义做间谍的同时，还必须是成功的资本家。

此时已经是1941年9月，特雷伯问古勒维奇在西米斯科和西米斯这两家公司内部是否能找人去一趟布拉格和柏林。代号"康德"的间谍说他是唯一有关系能获得旅行授权的人。他开始大把花钱，在郊外搞了一次奢侈的野餐会后，又在家里搞一次晚宴，用以款待他的德国朋友，然后他对克兰兹布勒说他想去旅行。那纳粹军官毫不犹豫地回答："文森特·谢拉永远对德国利益有帮助。"他提供了旅行必需的文件。1941年10月，古勒维奇借道德国去了被占领的布拉格，没有遇到任何困难。在布拉格，他侦察了莫斯科提供的地址。他不喜欢他看到的情况。那房子好像是空荡荡的。他感到紧张，便走开了。他的预感是正确的：几个月前，德国人把格勒乌在布拉格的间谍组织一锅端了。

古勒维奇去了柏林，住进了埃克塞尔西奥大饭店。然后，他去找莫斯科情报中央指定的联系人：艾斯·斯图碧、哈罗·舒尔策－博伊森、阿维德·哈纳克等等。在电话中，斯图碧的母亲说艾斯去了德累斯顿，无法联系上。古勒维奇在试图与库尔特·舒尔茨（Kurt Schulze）取得联系时有点进展，此人是出租车司机，担任斯图碧情报网的电报员。古勒维奇去了舒尔茨的家里，花了几个小时介绍新的电报程序，并提供了给电报加密必备的书籍。

然后，古勒维奇开始侦察奥腾伯格大街 19 号，他描述这是一栋"宏大的房子"——哈罗·舒尔策－博伊森的家。他看了看就回旅馆了，没有走近这栋房子。他没有发现有人跟踪他，这让他感到满意。第二天早晨，他为西米斯科的事参加了几个商业会议。晚上，他终于给舒尔策－博伊森打电话了，听电话的是哈罗的妻子利伯塔丝，他提供了预定的暗号。她高兴地让他来家里坐坐；她丈夫去空军部上班了，但她高兴见到他。古勒维奇建议去附近的尤巴恩火车站见面，在街上走一走。古勒维奇说他很好认，他抽烟，拿着鳄鱼皮包。过了 15 分钟，"一个优雅的年轻女人"，快步走来，并毫不犹豫地伸出手来。"叫我利伯塔丝。"她说。她的友好态度驱赶走了这位苏联人的忧惧。她做事如此老练，这给古勒维奇留下深刻印象：任何人都猜不出他俩是第一次见面。"我不会忘记我是你们中的一员。"她说。她说她丈夫一直在等待"康德"的来访——他想让格勒乌的客人看看他的组织成员。"间谍网的状况很好，"她说，"我们都很安全，也很可靠——我们都为共同的理想在努力工作。诚然，生活不易，但今天看前途就比昨天看的要好——今天有苏联代表来访就是证明。"

她要求他不要再打电话了，因为她家的电话被窃听了；尽管古勒维奇操着流利德语，但有外国腔调。她问他的姓名，这让他感到一阵难堪，因为他没有想到她会如此的坦率。"叫我瓦尔德斯。"他说。他俩都笑了。利伯塔丝说她在宣传部工作，为政府做动画电影。她警告他的服装让他看上去像外国人，而古勒维奇对自己的服装很骄傲。然后，他俩分手了，苏联人回到了他的旅馆。

第二天晚上，下大雪，他去了约好的接头地点。看到一个穿制服的军官走过来，他几乎突发心脏病。这时，在德国空军工作的哈罗·舒尔策－博伊森做了自我介绍，热切地说："见到你我很激动。"他带古勒维奇回到家里，他俩换上拖鞋，因为外面正在下雪。访客被让进一间漂亮的书房，古勒维奇注意到德语书旁边有俄文书，有些是苏联出版的。舒尔策－博伊森不能说有安全意识，但他说他可以向盖世太保解释自己在空军部的工作有这个需要。他对古勒维奇说，他不仅喜欢诗歌，自己还写，不过对自己的作品他并不满意。他提议喝一杯伏特加，简洁地说："战利品。"然后他俩坐下吃晚饭。

他俩边吃边谈，古勒维奇后来回忆说："我无法摆脱一直不真实的感觉。似乎很难让人相信，在这个到处充满恐惧的政权下，每个人都在窥探他人，竟然有一伙人能冒死渗透到国家机构和军队中，为了德国日后能重新获得荣誉，德国人们能重获自由。"舒尔策－博伊森坦率地问古勒维奇，苏联人怎么可能会对 1941 年 6 月的事感到震惊，因为他的组织多次警告"巴巴罗萨"行动即将来临。这个问题让古勒维奇感到一阵难堪。古勒维奇不知道如何作答，其他人也无法作答，恐怕只有斯大林本人能回答。

根据古勒维奇的记录，晚饭后，利伯塔丝走开了，他与舒尔策－博伊森单独谈话，他俩认同没有必要见组织里的其他成员；来客已经把关键的通信原则告诉了库尔特·舒尔茨，这就足够了。他俩热情地拥抱后便分手了，那苏联人回到了旅馆。此后，他花了几个小时用密写墨水在便携笔记本上给莫斯科写了一份有关这次谈话的详细报告。接着又发生了一件做间谍偶然会遇到的事。在 1941 年 11 月的最初几天里，他发现笔记本上那本来应该"看不见"的笔迹，竟然能十分清楚地看见。这可能是从柏林出来坐火车时车厢里太热的缘故。如果这时遇到边境警察，代号"康德"的间谍就要完蛋了。但没有警察出现，他毫发无损地完成了这次危险的旅程。他给莫斯科发了一份长篇报告，详细记述了德军在苏联领土上遭受的困境，这些都是舒尔策－博伊森向他描述的。这份报告很可能斯大林要亲自过目，但报告中包含了一段错误且危险的信息：德国情报首长卡纳里斯成功地招募了戴高乐将军在伦敦的情报官安德烈·德瓦弗兰（André Dewavrin，代号"帕西上校"）为轴心国工作。

就这样，柏林的间谍网开始通过特雷伯那伙人的发报机向莫斯科传递报告了。几个月之后，德国人发现了他们的无线电信号。德国人这时还不知道哈纳克、舒尔策－博伊森等人的身份，以为是共产党间谍正在向莫斯科发报，于是称他们是"红色管弦乐队"。这个名字用于区分希特勒政权的其他秘密敌人——"黑色管弦乐队"，指的是一伙企图暗杀希特勒的德国人。

"红色管弦乐队"的情报收获很多，而且很迅捷，其中之一是 1941 年 12 月 2 日的一份报告，转交给了斯大林的国防委员会。这份报告给出了德军的燃油供应情况，德军目前的燃油储备只能坚持到来年 2 月或 3 月，因此德国人寄希望利用苏联在迈科普（Maikop）的油井。莫斯科还被告知德国空军损失惨重，特别是在希腊的克利特岛，能飞行的只有 2500 架了。12 月份还有一份报告说要警惕德国一款新梅塞施米特式战斗机，装备着两门炮、两挺机关枪，速度能飞到 600 千米/小时，一种近炸引信的防空炮弹，过氧化氢推进飞机的发展状况。"红色管弦乐队"说，德军 B 集团军群在春季将以沃罗涅什（Voronezh）为轴心发动进攻——确实发生了。柏林希望在5月1日前完成集结，然后向高加索进发。1月17日，红军最高指挥部截获了一份意大利密码电报，这份发自布加勒斯特的电报说，罗马尼亚国内的铁路运输被停止了，以便让数百列德国运兵列车通过，目的地是苏联南部。

苏联人被告知要注意德国的一项欺诈计划，计划的代号是"克里姆林宫"，这份计划就是要让苏联产生一种错觉，希特勒准备在冬天进攻莫斯科——德国空军的侦察机会大摇大摆地来莫斯科上空，而且德军中央集团军群司令官陆军元帅克卢格（Kluge）会在1942年5月29日签署一道假作战命令。到了3月23日，格勒乌断言："这个夏季德军不仅会抵达伏尔加河和里海，还会对莫斯科和列宁格勒发动进攻。""红色管弦乐队"坚持说莫斯科是次要目标——斯大林格勒和高加索才是希特勒的主要目标。但红军最高指挥部没有理睬间谍们的警告；在1942年作战季节中，斯大林是按照苏联首都是重点攻击对象进行兵力部署的。"红色管弦乐队"和"露西"情报网冒着生命危险搜集情报，却几乎没有改变克里姆林宫的决策，反而毁了这些间谍：德国的阿勃维尔开始寻找办法破获哈纳克、舒尔策－博伊森领导的间谍网。

# 第 7 章

## 英国的秘密战争机器

### 尖端

英国的情报机构比其他国家的运转得好，并且在海战中发挥了特别关键的作用。请看一个具体案例：1941 年 11 月 8 日的夜幕刚刚降临，英国海军分遣队 K 舰队（英国皇家海军在马耳他的舰队）在轻型巡洋舰"奥罗拉"号和"珀涅罗珀"号的率领下，从马耳他的大港出发，迎风破浪高速向北进发。凌晨 4 点钟，大约在锡拉库扎（Syracuse）东面 140 英里处，英国舰队遇到一支意大利去北非的运输船队。英国舰队借着月光航行，没有让对方发现。巡洋舰上的 6 英寸大炮，在瞄准好了目标之后就开火了，曳光弹照亮了夜空，借着炸弹像雨点一样落向运气不佳的敌人。英国舰队的破坏持续了半个小时：7 艘商船，总吨位达 39000 吨，要么正在下沉，要么已经沉没了，陪伴商船下沉的还有担任护航任务的 6 艘意大利驱逐舰。战斗中，"奥罗拉"号舰长威廉·阿格纽（William Agnew）舰桥上只发出了一条命令，他让各战舰"不要浪费弹药"，因为马耳他的弹药库存不足。敌人有一支包括 2 艘重型巡洋舰、6 艘驱逐舰的掩护舰队，由于没有雷达，没有能来援助。夜里 1 点钟，英国舰队凯旋，回到了马耳他的锚地，毫发无损，还收到了海军上将安德鲁·坎宁安（Andrew Cunningham）爵士发来的祝贺。坎宁安是英国地中海舰队的总司令，他称这次行动是"领导力和深谋远虑的典范"。墨索里尼的外交部部长齐亚诺（Ciano）伯爵对这次作战感到愤怒，他在日记中写道："结果不可理喻。我想说，我们的商船全都沉没了。英国皇家海军从天而降，如同羊群中的几只饿狼。"

11 月 24 日，K 舰队再次取得了胜利。当另一支轴心国商船队正在海上航行的消息传到马耳他的首都瓦莱塔（Valletta）的时候，英国舰员们正在岸上狂欢作乐。舰员们赶紧返回了战舰，巡洋舰偷偷地出海了。在与敌人侦察飞机周旋了几个小时之后，英国人的战舰终于在夜里 3 点 45 分看见了两艘德国货船"玛丽察"号和"普罗奇达"号，运载着燃料给班加西的德国空军，汽油罐都排放在货船的甲板上。敌人护航的鱼雷艇开火了。英国巡洋舰发动了猛烈的攻击，舰上的防空炮射下了德国空军 Ju－88 型的轰炸机，而战舰上的主力炮火在雷达的指引下向商船射击。货船燃起大火，船员匆忙地夺路而逃。英国驱逐舰"莱夫利"号救起德国和意大利幸存者，然后这支分遣队以 28 节的速度返回了马耳他。

按照坎宁安在电报中说法，英国人的这两次胜利，以及在这段时间里的其他几次胜利，是海军的军官深谋远虑的成果。不过，这仅是一面之词。这些胜利也是布莱切利园的"超级机密"在海战中应用的早期成果。在 1941 年 6 月以后，布莱切利园不仅破译了德国空军的电报，让英国人注意到德军在北非遇到的长期燃料短缺问题，而且破译量逐渐增加——在 1941 年 7 月是 600 份电报，而一年后是 4000 份电报。这些破译的电报不仅透露了敌人地中海商船队的运动情况，还透露了隆美尔在岸上遇到的后勤保障问题。不错，德国在地中海战争中也取得了重大的无线电情报胜利——德国无线电监听部破译了英国的电报，泄露了英国商船队的运动，而且德国非洲军团尽情享受着有关英国第 8 集团军的信号情报。但坎宁安的战舰之所以可以拦截轴心国的供应线，是因为布莱切利园的"超级机密"发挥了关键作用，这种形势一直持续到 1942 年年初。此后形势有变。英国在海上遭受了损失，德国取得了优势，特别是空中优势，英国人有几个月时间没法破译敌人密码，英国海军既没有战舰发动进攻，也没有战斗机提供掩护。

在这里，真理再次显示出威力，除非海陆空有足够的实力有效利用情报，情报本身是无能为力的。"超级机密"从来没有能预警所有的德国行动。在二战大部分时间里，敌人强制实施无线电静默，破译不仅有延时，还有中断，这些因素都妨碍了盟国利用密码情报。丘吉尔暴躁地质问英国中东地区的总司令奥金莱克："你有没有正常地使用这些珍贵的情报（从来没有出过错误）?"奥金莱克在回答中承认布莱切利园的情报具有"极高的价值"，但又说："有些情报来得太晚，对作战没有帮助，另外还有一些没有什么用。"即使把间谍、空中侦察、"超级机密"这些手段加起来，也没有能使英国人在 1942 年免于一次大羞辱。一支由"沙恩霍斯特""格奈森瑙""欧根亲王"三艘巡洋舰组成的令希特勒感到骄傲的舰队，在距离多佛尔的悬崖峭壁 20 英里的航线上通过了英吉利海峡。当时英国的状况不佳，在沙漠和远东都吃了败仗，这件事让英国议会和丘吉尔的人感到震惊。

这几艘战舰是 1941 年春季部署在法国的布雷斯特港的，当时德国正处于对外扩张的高峰期，但柏林后来发现它们在大西洋沿岸不仅不能发挥什么作用，还成了英国皇家空军轰炸机部队的靶子，这三艘全都受过伤。5 月，"俾斯麦"号被炸坏，这说明希特勒的大型战舰不能再冒险走大西洋的航线。因此他决定这几艘战舰应该回到德国的港口——这个动向被英国人知道了。军情六局在法国的密探每个小时都要去港口侦察一下，皇家空军的照相侦察飞机每天要飞来照相。12月 24 日，海军部通知皇家空军司令部，德国人随时有向东强行突破的可能性。1942 年 1 月末，"超级机密"显示出，"沙恩霍斯特"号的炮组成员在波罗的海上进行演习，并登上"舍尔"号重型巡洋舰。有多个情报源说，这三艘大军舰在野外驶出布雷斯特港进行训练，天亮前返回。他们还注意到，在英吉利海峡活动的德国轻型舰队增加了实力，频繁进行扫雷活动。2 月 3 日，第一海务大臣海军上将达德利·庞德（Dudley Pound）爵士对参谋长们说，德国空军的战斗机在海峡沿岸集结，这说明"沙恩霍斯特"号及其同伴企图冒险通过英吉利海峡。不过，他并不知道希特勒已经下了命令，要求三艘德国战舰在白天通过英吉利海峡最窄的航道，当时德国空军的优势处于巅峰，几乎肯定能阻止英国皇家海军派来的重型战舰。

英国人如何阻止德国战舰跑回家？有一点很关键，英国本土舰队没有一艘重型战舰被部署在附近。确实不能让德国空军轻松地就能打击到英国战舰，那是不可思议的，特别是就在几周前日本鱼雷轰炸机刚炸毁了"威尔士亲王"号和"反击"号巡洋舰。阻挡德国海军中将奥托·塞利亚斯（Otto Ciliax）分遣队的责任，有一部分交给了在英国南海岸活动的驱逐舰、鱼雷艇，其余更多的责任落在皇家空军和舰队航空兵身上，有关的空军部队按照一项代号叫"富勒"的紧急计划行动动员起来。只有两艘英国潜艇可用于在布雷斯特港口外进行巡逻。

2 月 5 日，"超级机密"显示塞利亚斯在"沙恩霍斯特"号升起他的旗帜。又过了 3 天，英国空军海岸司令部警告皇家空军战斗机部队和轰炸机部队，敌人很可能在 2 月 10 日星期二之后的某个时间逃窜掉。虽然轰炸机部队派来参加"富勒"行动的兵力本来就不大，但在 10 日撤下了一半，并且没有通知海军部。这也许不符合空军和海军合作的精神，但反映了空军的骑士思维，他们的优先目标是轰炸德国，而不是协助海军。"超级机密"此后又提供了电报，显示出德国海军加强了赫里戈兰湾外的扫雷工作。一个长期存在的疑问被澄清了，这里就是德国战舰的目的地。

2月11日，晚上10点45分，塞利亚斯海军中将的分遣队才从布雷斯特出发，从此刻起，只要英国人做点什么，德国人的行动就可能失败。布莱切利园在破译德国海军的恩尼格玛密码电报时遇到了不同寻常的困难：德国人在2月10、11、12日发出的电报，到了15日才被破译出来。英国"海狮"号潜艇很勇敢，在11日下午冒险深入布雷斯特港水域，由于没有发现什么不寻常的，就撤退了。如果德国人按照原来的下午5点30分出发的计划，"海狮"号肯定能看到德国战舰，但塞利亚斯的航行时间因为皇家空军的轰炸袭击而被迫推迟了。三架海岸司令部的夜间侦察机在天上监视德国分遣队的航迹，但此时的超视距雷达很原始。黑暗中，一个机组在雷达屏幕上没有看到什么；第二个机组的雷达坏了；第三个机组因大雾被提早召回了基地，但这时德国战舰才进入他们的搜索区域。即使到了白天，由于云层比较低，且德国战舰释放出的烟幕大掩护，布雷斯特上空飞翔的照相侦察机也看不见下面的大型战舰。英国海岸雷达站发现了敌人战斗机在空中集结，致使雷达波长被阻塞，但没有能形成正确的结论。

两架"喷火"战斗机飞行员在次日早晨10点42分看到一支德国分遣舰队，地点在勒图凯（Le Touquet）正西。但飞行员严格遵守无线电静默规定，在早晨11点9分降落在地面后才报告这一重大消息。在16分钟后，这个消息被传递到所有英国指挥官的耳朵里，接着是一连串失败的攻击。爱德华·埃斯蒙德（Edward Esmond）少校是死后获得维多利亚十字勋章的，他当时率领6架老式的剑鱼式鱼雷轰炸机，从肯特郡的曼斯顿起飞，这几架飞机一起冲入防空炮弹横飞的英吉利海峡。此时，德国战舰已经通过了英吉利海峡最窄处。剑鱼式鱼雷轰炸机在12点42分赶到，这支飞行中队的825枚鱼雷全部没有击中目标。有5艘鱼雷艇从多佛尔的港口冲出来，其中一艘很快就瘫痪了。其余4艘指挥艇看到它们无法穿越德国战舰的防护炮火，所以在极限距离上发射了鱼雷，一发没有命中。剩下的3艘，在拉姆斯盖特（Ramsgate）遇到坏天气，只好返回，没有能发现"沙恩霍斯特"号及其同伴。

在12日的下午，双引擎的"博福特"式和"哈德逊"式发动了一系列的小规模的鱼雷攻击和轰炸，对潜逃中的德国战舰没有造成任何损伤，英国人还损伤了几架飞机。下午3点43分，5艘驱逐舰从哈里奇港（Harwich），冒着猛烈的德军炮火，发动一次鱼雷攻击，距离敌人大约3000码，再次没有命中敌人。与此同时，242架英国轰炸机起飞去对塞利亚斯的分遣舰队进行轰炸，其中只有39架进行了投弹，炸弹在德军战舰附近爆炸，没有击中，有15架英国轰炸机被击落，在整个作战中，皇家空军投入了398架战斗机，损伤了17架。

德国人猛冲过了英吉利海峡，这件事证明德国海军在策划、技能、勇气、运气方面取得了一次大胜利。难道不是吗？"沙恩霍斯特"号在下午 2 点 31 分撞上了英国的空投鱼雷，但没有受到什么伤害。同样，"格奈森瑙"号在下午 7 点 55 分遇到类似的情况。但在下午 9 点 34 分，在泰尔斯海灵岛（Terschelling）外，快要回到德国的地方，"沙恩霍斯特"号被第二次击中，这次造成了严重损伤。这艘战舰在 2 月 13 日早晨爬进了威廉港（Wilhelmshaven）时发动机已经无法工作，其他几艘战舰在同日早晨 7 点钟进港。然而，英国人不知道日后降临在德国人身上的灾难，因为希特勒的参谋官们称这次事件是"战术上胜了，但战略上败了"。丘吉尔的同胞仅看到了敌人的分遣舰队在大白天、在能看到悬崖的地方，打败了强大的皇家海军。《泰晤士报》大吼着说塞利亚斯将军在西班牙无敌舰队失败的地方取得了胜利。在一次司法调查中，调查结果对所有参加战斗的英国将领评价极低。

确实，英国当时状况糟糕，德国战舰趁机冲过了英吉利海峡，这让英国政府感到深深的尴尬，尽管如此，这件事并不重要。布莱切利园的情报告诉了英国海军部"沙恩霍斯特"号所受到的伤害，这艘战舰到了 1943 年 1 月才恢复作战能力，在挪威湾与"提尔皮茨"号战列舰会合。另一方面，1942 年 2 月 26 日，皇家空军的轰炸机击中了停靠在基尔码头上的"格奈森瑙"号，重创这艘巡洋舰，致使其此后再也没有出过海。把这些好消息广播给英国人民听，必然破坏布莱切利园的保密性，所以公众才觉得那几艘德国战舰毫发无损。英国公众因觉得被打败了才怨恨了好几年的时间。

没能在英吉利海峡最窄处摧毁德军的战舰，这个错不是情报工作犯的，因为情报工作为指挥官提供了他们所期待的最好的信息，知道了敌人在出发前的真实企图。英国指挥官对塞利亚斯可能的航程做出了合理的推断，仅没有猜出来他会选择在夜晚通过英国沿海。真正的问题是英国那时没有能力挑战德国的舰队，这个问题早就出现过。英国的海军航空兵和皇家空军一直缺少足够的手段打击舰船。经常有人会说，如果英国人早一点知道塞利亚斯出海了，结果可能会不一样。这似乎是不可能的。在作战中，许多英国人的空中攻击没有能击中敌人的水面舰艇。除非有足够的实力，否则光有知识是不够的。

## 大脑

二战制造出了大量令人失望的失败，每个都跟 1942 年 2 月英吉利海峡最窄处的那个差不多，但不能因此而贬低英国的"大脑"的成绩，这个大脑就是英国的指挥作战体系，这个体系把情报的搜集、分析、分发集成在一起。布莱切利园译码员，如果在这大丰收季节里没有一台打谷机，肯定不会有什么好收成。这一切只有在一位明智的首相指导下才能实现，他对如何打仗有深入的理解。

丘吉尔主导了英国的决策，其主导程度远要高于罗斯福主导美国决策的程度。虽然丘吉尔经常反对与他观点不符的判断，但他不是独裁者，从来不质疑参谋官和情报官的权利和义务，允许他们说出心里话。英国情报工作的效率是全世界最高的，丘吉尔功不可没。由于他尊重情报工作，所以他想尽办法让英国情报机构有足够的资源，特别是布莱切利园。

这位英国首相经常用破译的情报做武器与参谋官进行辩论，就跟对待敌人一样。"丘吉尔有捏造情报的倾向。"联合情报委员会的主席本廷克暧昧地说。但参谋们极少会偏离客观分析证据的原则。"最好的安排，"后来联合情报委员会的主席珀西·柯利达（Percy Cradock）写道，"是把搞情报的和制定政策的人隔离开，找一家便宜的旅馆，让这两帮人住在相邻的房间里，房间之间有相通的门，墙壁要很薄。"白厅就是采用了这样的布置。到了二战的后半期，随着英国的战争行动变得更加条理分明，英国有了一个能把信息先进行整理，再加以审核，最后将信息从秘密部门传递到作战指挥官手里的系统。这个系统不仅稳定，还敏捷，给人留下深刻印象。

按照本廷克的看法，皇家空军司令官查尔斯·波特尔是英国三军司令官中最聪明的，帝国总参谋长艾伦·布鲁克爵士有一种拼命追赶属于自己的那匹旋转木马的顽固，这点让本廷克感到苦恼。例如，在1941年年末，布鲁克不顾联合情报委员会的明确看法，不顾布莱切利园提供的所有证据，坚信德国保留了一支大"机动部队"，没有投入东欧战场，可以用于入侵英国。有一种普遍的看法，英国三军司令官各个自以为是，只想听自己想听的，而英国陆军部连续几任情报官太渴望满足他们。联合情报委员会则不同，绝对不做这类事：他们提交的情报有可能错，但绝对诚实。

联合情报委员会的全名是总参谋长下属联合情报委员会，自1940年丘吉尔上台和法国陷落后就获得了未曾有过的重要性。他们的办公地点在瑞池门德阳台（Richmond Terrace）的一栋房子里，这栋房子属于本廷克的舅舅，走不远就能到战时内阁的办公室。委员会主席拥有纯粹的贵族血统，死的时候是末代波特兰公爵，但他个人的历史非常不值得羡慕。他生于1897年，在威灵顿学院接受教育，学院的生活让他难过。1918年，他参军了，但服役时间不长，没有去前线，随后进入外交界。凭着他的长相、随和的举止、高超的智慧，他本能迅速获得最高职务，但他 1924 年娶了一个名叫克洛丝尔德·奎格利（Clothilde Quigley）的美国女人，这场婚姻简直是一场灾难，不仅毁了他的前途，还留给他两个孩子。本廷克不是长子，所以相对比较穷——特别是在几次草率的股市投机之后就更穷了。他的妻子花销极大，与其他外交官的妻子争吵得厉害，她丈夫去哪里任职，她就吵到哪里。本廷克从享有声望的巴黎大使馆，先被调到雅典，后来又被调到圣地亚哥，一路上留下克洛丝尔德的毒辣言辞。他在 1939 年回到伦敦，这时联合情报委员会刚刚成立，他便被任命为联合情报委员会的主席，原因只有一个，只要那泼妇还跟着他，就没有人能与他打交道。

战争刚开始不久，他在办公室里接到他的匈牙利女仆的电话，那女仆的话他几乎听不懂，最后他才理解了本廷克夫人带着行李和孩子离开了，显然是去了格拉斯哥，然后从那里乘船去美国。"简直就是一场法国人的闹剧。"联合情报委员会的主席冷淡地说。本廷克对外保持着一种贵族式的淡泊，借用隐藏这件事给他造成的创伤。此后，他的妻子不断制造麻烦，直到他俩在 1948 年闹僵离婚为止，尽管如此，他专心致志地工作，大部分旁观者认为他胜任这份工作。诺埃尔·安南觉得本廷克"给人留下深刻印象……他的性格极为多疑，却完全相信盟军会取得最后胜利"。有一段时间孟席斯的地位出现动摇，本廷克被捧为军情六局局长的新人选。

联合情报委员会主席并非是一个绝顶聪明的人，但天生精明，举止毫无破绽，有一股散漫的魔力，这使他在长达 6 年的任职期间能成功地驾驭经常场面火爆的联合情报委员会的会议。委员会中最聪明、最自信的委员是约翰·戈弗雷，他是海军情报部的主任，但这位海军将领的骄傲自大惹怒了与他工作的人。另一方面，本廷克觉得委员会中来自陆军和空军的代表太平庸。经济大臣到了战争后期才发挥作用，因为换上了杰弗里·维克斯（Geoffrey Vickers）爵士。虽然维克斯是个律师，但军方代表都不敢批评他：他在一战中就是维多利亚十字勋章获得者，担任过步兵营的营长。

联合情报委员会的讨论话题异常广泛。除了大战略问题外，在 1941 年 7 月和 8 月里，这个委员会提出了如下的报告：《维希法国正在做入侵乍得的军事准备》《误导敌人的谣言》（这是一个保留议题）《马达加斯加岛》《冰岛的新闻记者、电影通讯员、广播通讯员》《轴心国向苏丹和阿拉伯半岛推进》。每个星期二上午 10 点 30 分，委员会成员一起来到大乔治街地下室中的战争内阁会议室，向英军总参谋长做报告。本廷克讽刺说："我必须领着我的唱诗班一起唱。"他们对形势的评估，有时能影响英军首长的决定，也有时不能，但都会交给联合作战参谋官，供他们制定作战计划和命令之用。联合作战参谋官都是有名的聪明人，他们经常要工作一整夜为首长们准备材料，供他们在第二天早晨8点钟开会用。丘吉尔曾经向艾伦·布鲁克抱怨说："你的那些可恶的计划员只会给困难做计划。"不过，英国首相不是希特勒，他承认计划员有本职工作要做——后来，寻找应对策略的工作也归计划员做了。

联合情报委员会最重要的组成部分是那个为委员会提供支持的联合情报组，联合情报组成立于1941年，这个组从各个渠道搜集信息，向委员会提供内部分析资料，供联合委员会成员讨论之用。技术发展日新月异，技术应用研究的领域几乎无穷无尽，但必须把好钢用在刀刃上。皇家空军飞行照相侦察行动的负责人空军上校彼得·斯图尔特（Peter Stewart），有一次被他的上司激怒了，因为这位高官要求他提供某个欧洲国家"全面的情报"。斯图尔特回答说，如果我知道对方大概想要什么情报，我就能提供有用的情报——比如，"海军的、陆军的、空军的、宗教会的"。琼斯曾经指出，必须先搞清楚指挥官想知道什么，特别是牵涉到技术问题的时候。然后，再利用空中侦察、战俘审问、信号解码等技术手段去获得，"就好像陆军指挥官用炮兵、坦克、步兵发动进攻一样。有待破解的目标可以是我们正在努力做到的事，或许敌人也有可能正在做，例如雷达和原子弹"。

联合情报组招募的组员都是极有能力的平民，并让他们穿上军装。本廷克每周要召集手下的30多个情报官进行一次"头脑冲锋"，大家一起讨论敌人的部署和活动。他鼓励低级军官说出想法——他们确实这样做了，比如谈论德国人和英国兵的差异。诺埃尔·安南坦率地说："英国军队和美国的新军队在军事技能和勇气方面不如德军。"联合情报组的判断远非完美，但正确的时候多，错的少。联合情报组曾一致反对在1940年9月发动达喀尔战役，理由是自由法国认为维希法国的军队会热情地欢迎他们，这太乐观了。他们在1940年至1941年写了几份值得夸奖的报告，他们在报告中称承认全世界都认为丘吉尔的国家要战败，不过他们的态度具有足够的民族主义勇气，毫不动摇地坚信英国是德国的天敌。到了1941年6月中旬的时候，联合情报委员会看出纳粹可能会进攻苏联，他们认为这是希特勒在为日后进攻英国做铺垫。联合情报组争辩说，德国的重要目标之一就是"利用苏联使我们尴尬、使我们精疲力竭，最后实现德国的最高目标，打败大英帝国"。

在1941年夏季至冬季这段时间里，英国人相信苏联必败无疑。在7月28日的报告中，联合情报组自我安慰说"巴巴罗萨"行动给英国一些喘息的时间："假定对苏联的战役取得胜利，德国肯定需要休整部队才能在其他地方展开大规模进攻。"在亚洲，日本变得越来越有侵略性，联合情报委员会在监视日本的行径方面展示出了比较好的判断力。1941 年 6 月 25 日，他们分析了日本可能借机攻击苏联的可能性："我们认为日本倾向于不入侵苏联，而会继续南下扩张的政策，这会增加我们在印度支那基地和设施的压力……我们有一个共同的看法，虽然德国对苏联进攻了，但不会削弱我们准备抵御日本的需要或支援中国的需要。"那年的 12 月，日本对欧洲人在亚洲的殖民地发动了进攻。在此之前，联合情报委员会在评估日本人可能的行为方面一直都表现得相当高明。

1941 年 7 月，联合情报委员会讨论了如何利用前莱比锡市长卡尔·格德勒这条"最秘密的渠道"与德国谈判的事。格德勒这个人"与德军中那帮希望在战争爆发之前与英国和谈的军官有来往"。联合情报组轻蔑地做了评论："但他有不可靠的名声，他可能被德国利用了，他自己或许知道这点，或许不知道。"格德勒对联系人用相当确定的口吻说，弗朗兹·哈尔德和其他高级参谋官反对发动"巴巴罗萨"行动。但联合情报组谨慎地评论说，这种说法不符合伦敦获得的其他"可靠信息"。

此外，格德勒和他的朋友提出的条件根本无法让英国政府接受："作为先决条件……他们要求英国保证停火的同时，并与美国强迫苏联与德国按照合理的条件划分波兰边境。"这项建议被断然拒绝了，就如同战争后期其他几项建议被断然地拒绝一样，这些建议都是由反希特勒团体中几个著名成员提出的，比如阿勃维尔的赫尔穆特·冯·毛奇（Helmuth von Moltke）在 1943 年 3 月借道斯德哥尔摩发给伦敦的信件。如此苛刻的政策，必然导致了一个后果，德国内部"人工情报"被苏联人和美国人垄断。美国人是后来者，他们利用伯尔尼的艾伦·杜勒斯分享了苏联人的垄断。但苏联和美国的政策并未因此而有任何改变。

情报机构的结论有时会被首相或总参谋长否决。1942 年春季，连续有几份情报特别谈到了轴心国空军企图破坏英国在马耳他的潜艇舰队基地但失败了的事，并以此为据，强调了摧毁布雷斯特港和洛里昂港德国潜艇的巨大混凝土巢穴的困难。但皇家海军坚持要求皇家空军不畏代价和失败继续攻击德国潜艇的巢穴。1942 年 7 月，当时是第一海务大臣的海军上将达德利·庞德爵士驳回了他的情报参谋的意见，出现了一个灾难性的判断失误，他断定编号 PQ17 的北极商船队受到了德国主力战舰的威胁，必须四散开来，各奔东西。由于这个错误决定，分散后的船队被消灭了，他本应因此而被撤职。被忽视的情报是没有任何用途的。虽然这类错误受到历史学家的责难，但有一点很重要，需要加以强调，英国与德国不同，英国的领袖很少忽视情报官和作战参谋的意见。

但如果证据中存在明显的矛盾，那么进行争论是完全有必要的。例如，在1944 年，经济战部争辩说，德国的人力状况恶化，但陆军部看到德军实力有惊人的增长，这点可以从联合情报组每半年出一期的《敌人实力和部署报告》中看出来。后来才发现，希特勒为了夸大军力，把德军师的数量调高了。类似的事件还有一个，经济战部的杰弗里·维克斯提出一个观点，由于缺少原油，德国可能提早崩溃，联合情报委员会竟然在 1944 年夏季相信了这个观点。委员会对石油的重要性的认识是正确的，希特勒确实有石油短缺问题，但因此预言希特勒的军队会很快崩溃，就过于乐观了。1944 年 9 月 5 日，联合情报委员会还犯了一个大错误。此时已经是法国解放前夕，他们高兴得失去了理智："现在，德国在苏德前线仍然部署着重兵，但在西方前线，德军只剩下毫无组织的烂摊子，无法抵御盟军攻入德国。"英国首相明确表示不同意这种观点，他争辩说希特勒的军队还没有被打败。丘吉尔的直觉比联合情报组的分析更准确。

做情报工作的人都知道秘密和神秘之间的区别：秘密是可知的，神秘是不可知的。当一次军事行动设定了开始日期后，就有了一个秘密，就有可能被敌人发现。但敌人在未来的行为方式是一种神秘，因为敌人自己还没有做出决定。在预计德国将会如何应对盟军的攻势方面，联合情报组曾经做出过严重的误判——例如，1942 年 11 月盟军发动的"火炬"北非登陆行动，以及盟军 1943 年 6 月入侵西西里岛的行动。战后，一名联合情报组成员写道："我们的错误是没有认识到希特勒竟然如此顽固。我们多次预计他会在某个战场撤退，缩短防御系，节约使用兵力，比如在意大利，或苏联，或巴尔干。"他挖苦说："我仍然认为如果希特勒按照我们的建议行事，他的结果可能会好一些。"我们前面谈到过 1941 年联合情报委员会曾推测德国可能要入侵苏联——这个预测造成的后果对莫斯科的影响要大于对伦敦的，因为这个预测让斯大林觉得那是丘吉尔的阴谋诡计。即使有"超级机密"提供帮助，战时情报工作也是很困难，所以说联合情报委员会似乎仍然算是成绩斐然。历史学家特里维廉（G. M. Trevelyan）在写 16 世纪英国女王与她的情报大臣的关系的时候说："如果伊丽莎白对沃尔辛厄姆言听计从的话，她肯定早就被毁了。如果她不听，她也一样会被毁。"丘吉尔与联合情报委员会的关系也许就是这样的。

英国的指挥结构比美国的要集中：丘吉尔的英国前线指挥官毫无疑问要听从伦敦的命令，但在大西洋对岸的美国同行则不听，华盛顿的情报参谋一想到前线指挥官就心情沮丧，前线指挥官通常不尊重国防部或海军部的意见，特别是西南太平洋战区的麦克阿瑟将军。此外，英国各军种之间确实经常发生争执，但大家都能诚信遵守"联合作战"的原则，这种情况在美国陆军和美国海军之间是没有的。另一方面，罗斯福总统很少参与作战问题的讨论，似乎极少想到要去阅读一下提供给他的布莱切利园的"超级机密"。

在英国这一侧，各军种之间的合作比较容易一些，因为统治阶层的人数不多。海军驻联合情报委员会的高级代表是一名老水手，名叫查尔斯·德雷克（Charles Drake）。有一天，英国首相在他大乔治街的办公室走近他说："上校，我有个想法。"丘吉尔用他那常有的慢吞吞腔调说，"我们肯定有血缘关系。"德雷克回答："我想我们有。"这话引得丘吉尔继续问道："你为什么这样说？"这位海军军官就像打了胜仗一样说他读过丘吉尔写的两卷本的《马尔伯勒的一生》，丘吉尔在书中记录了第一代马尔伯勒的血统，他的父亲是 17 世纪的温斯顿·丘吉尔伯爵，母亲是伊丽莎白·德雷克。首相进一步问："你相信吗？""是的，真信。""好，上校，那么我们就是血亲了。"这个故事说明了英国最古怪的首相竟然如此可爱；英国官员之间的这种亲密程度，是其他交战国的官僚无法比拟的。

总参谋长们时常会对体制外的有影响力的人感到不满，德斯蒙德·莫顿（Desmond Morton）是这类人中的典型，他是丘吉尔 1916 年在法国认识的。1940 年，作为丘吉尔的情报联络官，他成了唐宁街上的重要人物。莫顿是个很有影响力的人，但随着他缺少外交手段的弱点变得明显，他的权威也随之消失了。休·多尔顿（Hugh Dalton）在 1942 年前是对特殊行动执行局负责的大臣，他写到，这位恶名远扬的大人物"说所有人的坏话，在他嘴里没有好人"。美国人冷漠地称他是"莽撞的德斯蒙德"，罗伯特·布鲁斯·洛克哈特（Robert Bruce Lockhart）给他起绰号"首相的厨房门"。比尔·本廷克冷淡地把莫顿描述成："一个奇怪的人。没完没了地说。他其实不起重要作用。"虽然莫顿喜欢搬出丘吉尔的名字干涉白厅的事务，但他几次想成为情报界的首脑都没有成功。他远没有成为首相的幕后高人，而是成了一个高级雇员，为首相跑腿，主要联络对象是自由法国那帮人。虽然他知道布莱切利园在干什么，但他的名字有意没有出现在布莱切利园情报的收件人名单中。

1942 年之后，"超级机密"主导了联合情报委员会和联合情报组的活动。虽然军情六局和军情五局提交了数千页的文件，但其权威性不如解密后的电报。这两个机构有一个不寻常的共同点，二战中没有进行过任何机构改革。在 1940 年至 1941 年间，代理军情五局局长一职的是无能的奥斯瓦尔德·"贾斯珀"·哈克（Oswald 'Jasper' Harker）准将，后来被稍微有点能力的大卫·皮特里（David Petrie）爵士取代，此人是当时军情六局的副局长。凯思琳·西斯门（Kathleen Sissman）是少数几个女情报官之一，极有才华，猛烈地抨击哈克，说他不适合现有岗位，她因此而被解雇，被迫转移到了军情六局。军情五局有福气，哈克和皮特里有几个杰出的下属，比如盖伊·利德尔和汤姆·罗伯森（Tom Robertson）中校，还比如一些在战时应征入伍的平民。军情六局的情况也类似，斯图尔特·孟席斯手下也有几个资深情报官，比如丹希、维维安、考吉尔。这几个核心人物与那些战时才入伍的人员维持着艰难的关系，休·特雷弗－罗珀是新人中的杰出人物。"当我冷静地看我周围的世界的时候，"这位大学讲师写道，"我有时想到，凭着这帮情报人员，我们肯定要打败仗。"这位历史学家认为孟席斯是一个诚实的好人，但孟席斯手下的资深人员不这样看。不过，特雷弗－罗珀又补充说："我认为孟席斯不理解他在打的是一场什么样的战争。"

特雷弗－罗珀与这些业余人士合作没有什么困难，比如从陆军来的布莱恩·梅兰德（Brian Melland），他的表兄弟；皇家空军来的约翰·蒲伯－亨尼斯（John Pope－Hennessy），一个艺术史学家；海军部的律师艾文·孟塔古（Ewen Montagu）。他极为尊重布莱切利园的工作人员和军情五局的利德尔。但他向白厅的安全监管机构的主席斯温顿（Swinton）勋爵抱怨军情六局的失误。他与首相的密友彻韦尔（Cherwell）勋爵在基督教堂关系密切，利用这层关系，他写信给彻韦尔，用同样恶毒的语言抱怨他的上司甘比尔·帕里（Gambier－Parry）。百老汇大街很快就知道了这些事，孟席斯和维维安正式地谴责了特雷弗－罗珀。

1941年圣诞节，布莱切利园破译了阿勃维尔主要的恩尼格玛密码，借着这件事，特雷弗－罗珀从容地建议在军情六局内部组建一个新的部门，利用新获得的"超级机密"去研究卡纳里斯的机构。他发现百老汇街对这项建议没有什么兴趣，于是去找彻韦尔。毫不奇怪，特雷弗－罗珀的上司对他如此耍手段大为恼火。布莱切利园的副主任奈杰尔·德格雷怒气冲冲地写道："有必要与一个小官争论吗？……从我个人的角度看，如果他是我的雇员，我就应该让他闭嘴——如果他不闭，我应该解雇他。"有一段时间，德格雷不许特雷弗－罗珀进入布莱切利园，指责他"不适合在此工作"。他俩的相互斗争在1942年达到了高潮。特雷弗－罗珀去爱尔兰度假，弗兰克·帕克南（Frank Pakenham）让爱尔兰警方逮捕了他，说他是英国间谍，百老汇街对此很不高兴。此后，特雷弗－罗珀向盖伊·利德尔的人透露了一件事。德国人发现了几个英国间谍的行踪，军情六局截留了这份报告不给军情五局。维维安和考吉尔知道了特雷弗－罗珀泄露了此事，呼喊着要解雇他，但利德尔警告说英国会因此损失一个情报天才。令人震惊的特雷弗－罗珀竟然成功了，他成了针对阿勃维尔新部门的主管，后来晋升为少校。这全要归功于孟席斯，孟席斯之所以能保持住职位，是因为德斯蒙德·莫顿和白厅里批评他的人都缺少赶走他的影响力。更重要的还有一点，孟席斯利用他是布莱切利园监管人的身份，亲自向首相报告破译的"超级机密"，并说情报是代号"博尼费斯"的间谍提供的，这掩盖了军情六局在人工情报方面的不足。按照琼斯的说法，有一种情况在情报机构内比普通政府机构更加严重，"如果有了好的结果，荣誉都给那个面对军方或政客们宣布结果的官员"。比尔·本廷克也说过类似的话："他孟席斯是靠布莱切利园才保住了职务。他能力不强，也不聪明。"在二战中，许多政府机构都改变了自己原先的职能，但百老汇街的情报机构避免了这样的命运。然而，任何国家安全机构都难以做到十全十美，真正令人吃惊的不是孟席斯和他的下属能力低下，而是英国这部大机器仍然在运转着。

美国战略情报局的阿瑟·施莱辛格（Arthur Schlesinger）写道："情报不是递交出去就算成功了……即使是最好的情报系统，如果决策人没有做决定的需要，他们是不会抽时间去阅读政治形势分析报告的。"首相和总参谋长对最长不过一页纸的"超级机密"的关注，要远远超过对联合情报组的长篇分析文章的关注，无论这些分析文章写得有多么好。不能错误地假定，由于布莱切利园这个令人羡慕的系统是丘吉尔建立的，所以它就总能工作得像丝绸一样平滑顺利。怎么可能呢？丘吉尔是一个有独立思想的人，他的态度和要求并非一成不变的。在白厅，在总参谋长办公室，在情报界，出现了一种司空见惯的呻吟，诉说丘吉尔如何虐待情报界的小人物，用愚蠢和缺少理智的主意干扰情报工作。1941 年的一天，亚历山大·贾德干爵士在日记中抱怨道："根本无法继续这样工作下去。外交大臣艾登没有看到文件，他被拉到伦敦停留 24 小时，与首相吃饭。他俩偶然看一份'超级机密'说我们好像能把德国人赶出阿富汗。他俩认定这事可以做，于是我被告知要马上着手做。但有些情况他俩是不知道的，这两个幸福的傻孩子。"

从正面的角度看，这个系统把破译的超级秘密传递给战场指挥官，而且做得越来越精细。1941 年 3 月 5 日，布莱切利园给埃及开罗的情报主任发去一份重要的电报，宣布日后破译的有关德国部队作战的数据要直接发给他，这样可以避免在伦敦的官僚机构里浪费时间。这类电报将会冠以"OL"："这些电报是绝对可靠的，但必须保守最高机密……虽然情报的来源是你们知道的，但绝对不要提及。努力检查一下安全隐患，只能让极少数的人看到这些电报。"特别联络小组制度建立起来了：在各大作战指挥部里都有，成员是穿军装的军情六局人员——他们独立于当地的情报人员，专门负责接收恩尼格玛情报，并加以处理。此后，这些情报要交给高级军官，并给予适当的提示，帮助他们如何以最好的方式伪装内容，然后再传递给下级军官看。这个联络小组机制，以及相应的安全措施，工作得很不错，但到了1942年下半年，"超级机密"情报流变得正规、顺畅起来，迅速地赢得了沙漠中的英国将军的信任。另外，有一点永远都不会改变，需要长期做艰苦努力，才能把有关敌人部署的知识，转化成为战场上的胜利。

在利用情报方面，英国皇家空军最缺乏想象力。波特尔无疑是个聪明人，但自1940年10月之后，在这位空军总参谋长的领导下，空军情报部的工作十分不力。空军很难衡量敌人的作战实力，因为没有船和坦克可以统计。在二战中，各国的空军都夸大飞行员的战绩，高估了消灭敌机的数目。盟军情报工作最大的失误，可能是误判了德国的经济。造成误判的原因之一是大部分敌人的工业信息不是用无线电传送的，而是用书信或有线电话，因此"超级机密"只能为盟国提供极少的有关敌人工业的情报。有一个例子可以说明这点。劳合委员会（Lloyd Committee）提出一份有关德国石油资源的报告，这份报告估计皇家空军在1940年12月底之前的轰炸已经使德国减少了15%的燃料供给。可是就在此时此刻，柏林甚至都没有意识到英国在进行有系统的空中打击。

这种情况到了战争后期也没有改善。1945年2月5日，杰弗里·维克斯爵士在回顾往昔的经济情报工作时写道："如何摧毁有组织的战争工业是一门科学……因为战争工业是异常复杂的社会和物质有机体，在二战开始的时候还不存在……在对工业发动进攻的时候，军事指挥官比军事顾问更缺少专业知识……选择有待打击的工业目标的时候，需要进行复杂的因素分析，远比为确定战役战略时所需的因素分析要复杂，没有多少科学知识或经验可供参考……在评估工业打击的效果时所需考虑的事件，要远多于战场打击……在这场战争中，经济情报工作一直有一个欠缺，没能与我们自己战争工业计划者和管理者的沟通。"

英国空军一直高估轰炸的成就，他们不仅高估了正在轰炸的效果，还高估了他们过去取得的效果，特别是高估了对德国的轰炸效果。有几个因素造成了这样的局面：一是证据太少，分析低劣；二是对纳粹工业基础的假设是错误的；三是皇家空军的"轰炸机男爵"狂妄地自以为是。另一个问题是"超级机密"提供的工业数据，远远少于提供的陆军和海军的数据。总之，本书的论点是盟国的情报工作有别于轴心国的，因为盟国的情报工作即使无法获得成功的时候，也努力做到诚实和客观。但在二战的空战中，这一原则被破坏了。为了证明战略轰炸能赢得战争，英美两国的空军高官只顾满足自己的决心，而轰炸机部队的情报部门表现出一种制度化的梦想狂，这种梦想狂在德国和日本的高官中更加常见。

美国空军很像英国皇家空军，有几年的时间不愿使用陆军和海军提供的情报，更喜欢使用空军自己的情报，特别是在评估轰炸效果方面。1939 年，素有"幸运儿"美称的阿诺德（Arnold）将军召集起 4 位军官研究轰炸目标问题。1941 年夏季，海伍德·汉塞尔（Heywood Hansell）将军从英国访问回来，带回了大量的皇家空军的轰炸目标文件，他认为美国人对德国石油设施和电厂的知识要比英国人知道得多，但皇家空军似乎很了解敌人飞机生产和运输系统的情况。阿诺德让汉塞尔建立自己的机构，在民间寻找情报源了解有待轰炸的经济目标，为此纽约有了一间办公室。这间办公室聘用了一组学者，有几个非常能干：威尔玛·布朗（Wilma Brun），他在哥伦比亚大学教德语；马文·迪基（Marvin Dickey），他是康奈尔大学的德语教授；马尔科姆·莫斯（Malcolm Moss）是个商人，非常能干——就是他推荐聘用他的一个名叫麦基屈克（McKittrick）的朋友，此人为美国银行研究德国和奥地利的发电厂。根据汉塞尔的说法，麦基屈克简直就是一座"金矿"。到了秋季，编排出来一个很长的目标清单，决定因素是经济指标而不是军事指标。难以置信地，有些目标在南非，因为华盛顿怀疑这些目标属于德国人。不过，在 1944 年之前，美国空军的努力成果很少。针对英美联合对德国实施轰炸，丘吉尔发话了，他说这是"一根大头棒，而不是一柄长剑"。

有许多科学家和统计学家试图对空袭进行客观的分析，皇家空军的运筹学研究部的弗里曼·戴森（Freeman Dyson）就是其中之一，他在二战后是美国名人。这些运筹学家研究什么是空袭目标，什么不是，空袭的成果如何。但他们发现自己被边缘化了，他们的劝告没人理睬。只有在二战的最后的 15 个月里，美国空军的表现才有所改善，但此时美国空军的硬实力有了长足的长进——比如说轰炸机和战斗机的数量。美国空军除了在空中消灭德国空军力量之外，还正确地发现了炼油厂是希特勒的薄弱环节。有一点很令人吃惊，布莱切利园的空军小组认为美国空军是他们最密切的合作伙伴、最积极的情报消费者，而英国空军却不是。英国空军部见识太短。

## 海上

皇家海军的情报部，或者说整个海军部，所扮演的角色是与陆军部和空军部极为不同的，因为陆军部和空军部仅负责制定本军种的政策和进行监管而已。在皇家骑兵卫队阅兵场北侧有一栋 18 世纪建造的宏伟大楼，这是英国第一次为特定目的而盖楼，就是这栋大楼，不仅管理着英国的舰队，还是舰队的作战指挥部，每天都要发布命令，指挥数百艘船只进行巡逻、加油、护航、修理、战斗。自从世界上有了海战之后，海军指挥官最大的挑战就是掌握敌人船只的位置：纳尔逊一生中有好多年率领着一支舰队在海上游荡，就是为了找到法国人。到了 20 世纪，无线电改变了历史：陆地上的指挥官，不仅能随时向数千英里外的战舰发出改变其航程的指令，还能探测到敌人船只的位置。

海军情报局有 2000 名工作人员，其中有海军上将约翰·戈弗雷手下的 15 个人，他们聚集在海军部大楼的第 39 号房间里。这个房间的官方名字是"NID17"，是海战中的信号舰桥。从这个房间向西的窗户向下看，能看到唐宁街花园、英国外交部、圣詹姆士公园、皇家骑兵卫队阅兵场、一堆堆战时破坏风景的阻塞气球、汽车、临时营房。唐纳德·麦克拉克伦在二战中为戈弗雷工作，他崇拜戈弗雷，也知道为什么戈弗雷招众人怨恨："他就像参加比赛的赛车手一样，不顾一切危险拼命加速。"戈弗雷缺少耐心、脾气暴躁，1942 年年末被撤换，但他创造出的情报机构几乎一成不变地被维持到了二战结束。

在戈弗雷海军上将那扇绿色粗呢房门的外面，坐着他的私人助理，他就是劲头十足的前新闻官伊恩·佛莱明。再借用一下麦克拉克伦的评论："此人如果不是第 39 号房间里最明智的，也是最活跃的……写分析报告不是他的看家本领，催别人写分析报告才是。他办事很有一套，一个精力充沛的表演者……一个最会抬出名人显贵以提高自己身价的人。"海军情报部还有作家和历史学家，其中包括希拉里·桑德斯（Hilary Saunders）、威廉·普洛默（William Plomer），以及查尔斯·摩根（Charles Morgan），艺术史学家，负责处理战俘审问报告；查尔斯·米歇尔（Charles Mitchell），他是托马斯·库克（Thomas Cook）旅行社在伦敦西区办公室的前任经理，此时负责北欧情报。人称第 39 号房间是"秘密妇人"，打字员们称之为"动物园"。

麦克拉克伦按照重要性的高低详细罗列了 17 种戈弗雷部门搜集和审核的资料。不奇怪，这个列表中排在头位的是破译的敌人电报：在 1943 年年底之前，海军上将邓尼茨和他手下的人，想在陆地上直接指挥德国潜艇的攻势，所以他就必须不停地给海上的潜艇艇长发电报，英国人从中收获甚大。这个列表中此后的几个项目是：缴获的文件；高频无线电测向仪给出的敌人方位；窃听敌人语音通话的记录；空中拍照；飞机空中目测；密探和友好的情报机构提供的信息；战俘的审问报告；电报流量分析；敌人的公告；截获的平民通信中透露出的线索；公开的地理信息和技术信息；友好和中立的观察者；海战中搜集到的战术信息；商船看到情况或海岸瞭望哨看到的情况；其他军种提供的情报；受英国控制的双料间谍提供的地方指示。这些资料按照可靠性和重要性进行排位，级别从"A1"至"D5"。

为了保护"超级机密"，对敌人的行动就必须有所顾忌，但顾忌多大算合适这个问题，引发了持久的争论，有时甚至达到暴怒的程度。1942 年 3 月 11 日，普利茅斯的总司令给海军情报主任戈弗雷写信，抱怨情报延迟问题。有一次，一艘敌舰被拖往瑟堡（Cherbourg），还有一次是德国护航游轮在海上航行，如果英国人能及时获得相关情报，就能发动攻击，但情报被送到作战指挥官手里时已经晚了 10 天。曾经批评英国海军"走错了路"的海军元帅查尔斯·福布斯（Charles Forbes）爵士，自 1940 年 4 月德国发动进攻前，就把英国本土舰队带出了挪威水域，他曾大声斥责道："把所有情报都包裹在'超级机密'的外衣下，这种严厉的保密措施对作战已经形成不利的影响。确实，目前的倾向是把保密性放在进攻性之前……我想不能过度强调情报的保密性，但这样的情报是不会产生结果的，如果情报不带来行动，情报就没有价值。"

福布斯写的这封信是很有意义的，因为它突出显示了"超级机密"保护者所面临的难解困境。另一方面，它也说明了英国军官和大多数美国军官（不可能是全部军官）为了打赢战争是何等的明智，他们在秘密战中为了保护盟国更广泛的利益，多次抵制住了利用破译结果的诱惑。在 1942 年的后半年里，在"超级机密"的指引下，空袭有效地阻断隆美尔在地中海上的供应线，但为了掩护英国情报的真实来源，每次皇家空军在发动攻击前，总是让侦察机先出发。

如果布莱切利园输出的是最重要的情报源，辅助的资料也是必不可少的。信号情报并非想要就要——比如，德国的主力战舰在航行时经常要实施无线电静默。在挪威活动的密探监视着"提尔皮茨"号战列舰抛锚的峡湾，注意着这艘战舰出发前的各种迹象。一位海军情报官写道："这项工作是如此可靠……伦敦作战情报中心对特工提供情报的准确性和规律性是十分信任的。"军情六局在这方面做得很好。如果天气好飞机能飞，空中侦察就能提供珍贵的情报，但做不到精密。如果海军情报官必须依赖飞行员的记忆而不是可供专家分析的照片的时候，其不精密性就更加明显了。机组成员在数千英尺的高空，很难辨识出战列舰、重型巡洋舰、大型驱逐舰。1942 年 7 月，一名德国空军飞行员在挪威的天空上看到一架英国飞机，这竟然让德国不敢派"提尔皮茨"号战列舰出海去拦截

"PQ17"号护航船队。那位德国飞行员报告说看到了一架运输机，但实际上仅是一架水上飞机，德国海军不敢冒险让德国最珍贵的怪物进入航母的攻击范围。

在二战初期，英国对德国潜艇的知识很少，部分原因是海军情报部缺少高明的审问员。高明的审问员知道问战俘什么样的问题。到了1942年，情况有所改善：英国战俘营里的德国潜艇艇员不仅透露了德国潜艇配备了可以迷惑声呐探测器气的泡喷射技术的情况，还透露了德国鱼雷和雷信号搜索技术的情况。盟军审问员学会了通过在战俘面前显得很了解他们国内的情况，逼他们开口说话，比如，可以提一提法国洛里昂的德雷恩咖啡厅里红发女招待的魅力——这点与德国空军同行审问盟军的空军士兵是一样的。有一个问题一直存在，皇家海军不相信敌人的技术比他们的先进——比如，他们不信德国有了几项潜艇改进技术，以及驱逐舰上安装的5.9英寸大炮。

有些审问员喜欢给知名的战俘优惠的待遇，借以换取重要信息。1944年10月，海军情报部主任惊恐地发现他手下的军官花了2镑去请一位潜艇艇长吃饭。海军情报局发出正式警告，不许"在里兹大饭店请战俘吃饭，不许买大量的杜松子酒。如果这类事被人知道，肯定是丑闻。此外，我和我的同事都没有能力享受这些奢侈品，显然不应该让我们的敌人去享受"。那位不知悔改的审问员反驳说，似乎花2镑纳税人的钱让一个特殊的纳粹分子看看里兹大饭店仍然伫立着是值得的。

太顽固了，即使战争前景对德国不利，一些被俘的邓尼茨艇员仍然保持着顽强的警惕性。1944年3月12日，海军情报局通知第一海务大臣审问战俘的最新情况。大约70%的德国潜艇艇员接受这场战争德国失败了，有25%公开向英国军官承认了这点。但德国艇员受到过良好的训练，抵抗审问；甚至到了纳粹帝国垮台前的几小时里，"德国战俘普遍认为泄露机密在战后要被惩罚"。当检查人员发现德国潜艇战俘用简单的密码把敏感的材料通过信件发回德国的时候，海军情报部没有阻拦，希望可以加以利用。

海军部的邻居是作战情报中心，坐落在新盖的大城堡建筑中，它是一个潮湿的混凝土大块头，里面挤满了患有慢性感冒和病毒性感染的人。作战情报中心水面舰艇处的处长是诺曼·丹宁（Norman Denning），他在几次应对危机的行动中发挥了核心作用，比如：追击"俾斯麦"号、"英吉利海峡冲刺"、北极护航船队"PQ17"。在做困难决策的那些紧张的日日夜夜里，第一海务大臣和他的助手是作战情报中心的常客。在二战初期，根据破译的情报制定作战决策的制度迟迟没有建立起来。远东联合情报局最初是在新加坡，它是布莱切利园的海外站点，后来转移到了科伦坡。日本人发现的"威尔士亲王"号和"反击"号的电报，就是被他们破译的，他们甚至还破译了日本人的攻击命令。他们破译之后 4 小时，第一波的炸弹和鱼雷击中了那两艘英国大型战舰。当时，海军上将汤姆·菲利普斯（Tom Phillips）就站在"威尔士亲王"号的舰桥上。当他看到日本人的飞机从他的头顶上飞过，知道自己的命运就此完结了的时候，才知道日本人电报被破译的事。幸运的是皇家海军传递紧急情报的速度后来加快了。

　　海战比陆地战更依赖于信号情报，因为船队和潜艇的速度比坦克慢。破译敌人密码电报最少也要几个小时的时间，有时需要几天的时间，破译结果有可能在战斗爆发前送达海战指挥官手里，而通常在陆地战中就太迟了。在 1941 年至 1945 年间的大部分时间里，英国海军总部最重要的地方莫过于潜艇跟踪室。在这里，根据潜艇跟踪室的主人、极受人尊敬的海军中校罗杰·韦恩（Rodger Winn）提供的潜艇最新的位置信息，海军中校理查德·霍尔（Richard Hall）——他父亲是船上操作信号灯的——下达作战命令，改变护航船队的航线。潜艇跟踪室有一条古怪但绝对诚实的格言："错误不能犯两次。"韦恩从小就不走运，患了小儿麻痹症，是个拐子，脊椎是弯的，但具有非凡的人格，他对上级给予适度的尊重，就好像陪着律师出庭的法律顾问，他后来还真的就成了一名法律顾问。但他总能坚持己见。他有一种极为惊人的坚持正义的勇气，这使他有别于许多敌我双方阵营中的同行。他拼命激励他的下属，用尖刻的语言拒绝错误，坚决要求潜艇跟踪室对每一个案例都提供一张包含各种信息的视图。

　　虽然如此，同事间的关系是随和的：地位平等，不在乎军阶高低。来自民间的值班人员和研究人员在日志上把信号记录下来，然后整理这些记录，形成统计数字。墙上挂着图表，记录着商船、潜艇沉没的高峰和低谷，同时还标注出新情况的进展。潜艇跟踪室的核心是一张 8×8 英尺的桌子，上面安放着北大西洋的地图。在这张地图前，韦恩或他的副手每天工作最长 14 个小时，他们手托住下巴，在地图上计算速度和角度，不时瞟一眼那突然唠叨起来的电传打字机，吐出布莱切利园发来的新鲜事。在地图上，盟军的空中掩护用红色弧线框出。德国潜艇的位置用有颜色的大头针标出：红色的代表肯定了的，白色的代表目测出的，蓝色的代表测向仪测出的。

　　在德国潜艇发动狼群式攻击的高潮期，皇家海军的护航队在一个小时里可能获得 40 个高频测向仪测出的邓尼茨潜艇的"方位"。为了获得比较准确的潜艇位置信息，船需要驶入距离潜艇的传输信号 40 或 50 英里的范围内。如果天气好，护航商船队的航速能达到 7 至 9 节。潜艇在水面的航速能达到 11 节，但在水下只能达到 2 至 3 节。只要护航商船队在盟军飞机的巡航半径里，这些飞机就能发挥关键作用，即使投掷的深水炸弹没能击沉潜艇，潜艇也不得不潜入水下。由于海战的节奏比较慢，护航商船队只需改变航向，邓尼茨的狼群可能就追不上了。

每天早晨，韦恩或他的副手要与利物浦西部水道的总司令和皇家空军海岸部队的总司令开电话会议。在电话会议上，韦恩要讲述昨天晚上发生的主要事件。到了中午，理查德·霍尔要向丘吉尔提供一份 4 页纸的形势报告。每一周都需要换一张新的地图，因为老地图上点满了大头针。韦恩的一位同事写道："韦恩在推测德国潜艇行为时，表现出了不可思议的天赋。"护航商船队的战役通常要持续几天时间，"为进行这些战役所花费的脑力劳动是巨大的，只有那些喜欢象棋或桥牌的人才能忍受……他们不敢想象自己的失误造成的人间苦难，比如说，想象一下没有能成功地把一支油轮船队从进攻的狼群中解救出来的后果。想象带来的心理压力实在是太大了"。有时，他们不得不强忍着镇定。一位从前在潜艇跟踪室工作的同事波义耳中校，率领一支商船队从特立尼达拉岛返回，总共有 11 艘油轮，一艘接着一艘地被击沉，最后只有一艘回到了港口。

1942 年 12 月，韦恩在极大的压力下才允许一支往南航行的大西洋商船队出发，这支名叫"陶瓷"号的白星航运公司的船队，旅客中有一群机场建设的专家，他们是西非的塔科腊迪（Takoradi）急需的人才。连续 4 天，韦恩抗命不放行，因为他断言德国人正在跟踪这支商船队，很快就要发动进攻。最后，韦恩屈服于运输部的压力放行了。"陶瓷"号商船队出发了——这支商船队被击沉，只有一名幸存者。到了 1943 年，韦恩的判断力获得了极大的尊重，海军部宣布，任何船或船队，都不能违背他的建议。不过，由于责任太大，这位中校只干了一个月就辞去这职位，因为他精疲力竭了。

布莱切利园确实破译了德国潜艇的密码，但这个胜利的故事被书写得过于浓重，扭曲了大西洋战役的真实性。德国海军的电子监听部的良好成绩也值得关注。在 1942 年 7 月至 1943 年 6 月这近一年的时间里，虽然有断续、有延迟，但邓尼茨译码员向德国潜艇部队提供了极其丰富的商船队运动信息，这是盟国商船队在这段时间里损失大增的重要原因之一，另一具有相同重要性的原因是布莱切利园在这段时间里无力破译"鲨鱼"密码。这两者是一对致命的巧合。

德国潜艇的行动受控于一个 5 人核心小组，他们是邓尼茨身边的参谋官。这个指挥部最初位于洛里昂，后来搬到了巴黎，到了 1943 年 1 月又搬到了柏林。他们中最重要的人物是信号专家汉斯·默克尔（Hans Meckel）。潜艇被盟军击沉后，必须进行极其细致的研究，至少要研究是否让盟军钻了安全漏洞。德国海军无线电监听部的首长是海因茨·博纳茨（Heinz Bonatz）上校，工作地点在德国海军总部，有 6000 名工作人员。电传打字机不断地吐出从欧洲各地监听来的信号，其中大部分监听点位于荷兰境内。领导译码工作的是老兵、前海军电报员威廉·特拉诺（Wilhelm Tranow），他的工作得到了邓尼茨不少帮助，因为邓尼茨是少数几个重视情报工作的德国高级将领之一。特拉诺跟他的盟军中的同事一样，认识到海战最重要的是发现敌人的位置。

在 1940 年的春季和夏季，德国无线电监听部每个月能破译 2000 份英国电报，但这个数字在 8 月皇家海军修改了密码之后大幅下降了。从 1940 年至 1944 年，博纳茨的人在破译商船队密码方面取得了相当不错的战绩。1942 年 3 月，在破译了"第二版的商船密码"之后，他们基本上就能破译所有的商船电报了，并且开始对英国人电报的流量进行辨识，就如同布莱切利园对德国人的电报流量进行辨识一样。在这个阶段，他们也开始使用 IBM 卡片机这样的技术。

布莱切利园在二战中犯了几个严重错误，其中之一是他们的密码安全小组在几个月的时间里没有能发现并提醒英国有部分密码容易被敌人破译。当时确实有海军军官要求布莱切利园提供援助，但没有获得回应。德国人破译了纽约港的港长发出的电报，他的电报里给出了商船队的组成信息和向东航行的商船队航程的最新信息，甚至包括被罗杰·韦恩调整了航向的船队的信息。无线电监听部破译了皇家海军第三号密码的一部分：许多电报破译需要几天的时间，只有十分之一的电报能被及时破译，供集结潜艇之用。但幸亏有了信号情报，邓尼茨对盟军行动的大体情况是了解的，这点很惊人。

二战后，美国人研究了德国海军通信情报工作，审问大量人员，研究缴获的文件，针对德国海军的无线电监听部，美国人的结论是："敌人对大西洋商船队的全貌始终是相当清晰的，但不同航线的准确度不同，每天的标图的准确度也不同……有时能从破译的电报中知道商船队转向了，德国潜艇据此调整巡逻路线……在 1943 年 12 月至 1944 年 1 月之间的一系列电报中，可以找到德国海军护航船队情报的最完整表述。这些电报显然复制了盟国当时的护航船队在北大西洋上的航海图……海上的护航船队有正确的标示和数目，不仅如此，还有准确的船队的周期信息、速度信息、航向信息。"

美国人的研究成果，非常清晰地表明海上的无线电之战绝非是单向的。英国海军部和布莱切利园也有过失，造成船只和人命损失。德国无线电监听部的译码员有相当高的技能，但达不到布莱切利园第 8 号棚屋的水平。在 1943 年 3 月 9 至 19 日这 10 天的时间里，德国海军在与皇家海军对抗时，赢得信号情报战的胜利。在 SC121、HX228、SC122、HX229 这 4 支商船队中，每支船队都损失了 5 艘船，这是个灾难性的损失率。然而，前进和后退有时会产生相反的后果。皇家海军密码被破译，虽然代价巨大，但也给盟军的事业带来了宝贵的利益。在整个二战期间，邓尼茨曾多次深深地怀疑恩尼格玛密码机已经被破译了，最早的一次是在 1941 年。9 月 28 日，一艘英国潜艇伏击了德国潜艇 U－67 和 U－111，伏击点是在离塞内加尔不远的佛得角群岛（Cape Verde islands）。英国人的鱼雷没有击中目标，但第三艘在场的德国潜艇撞上了鱼雷。在听说了这件戏剧性的事后，这位德国海军上将说："英国潜艇是不会无故去那样偏远的地方的。"他下令进行彻查。但调查的结果是："那些重要性更高的密码似乎没有被破译。"1943 年 2 月又进行了一次调查，结论是一样的，理由仍然是英国密码存在明显的漏洞，英国的密码漏洞一直保留到 6 月份。如果英国海军有能力破译德国的密码，英国海军的领导人肯定早就把这个代价高昂的漏洞堵上了。

与此同时，威廉·特拉诺强烈要求用密码簿，不用密码机，但德国潜艇司令部没有理睬他。日本军队用了密码簿，给美国解码员带来极大的不便。到了 1943 年 8 月，瑞士情报机构出来一名告密者，他对当地的阿勃维尔的情报站说盟国破译了德国潜艇的密码。这个警告立即被传递给柏林的潜艇司令部。邓尼茨下令对密码安全性进行一次新的调查。这次调查结论依旧，令人震惊的是邓尼茨又被说服了。

这位德国海军上将在战后写道："到底敌人能以何种程度对付我们的无线电传输，这件事我们一直都无法得出定论。有几次，商船队突然改变了方向，这使我们推出敌人破译了我们的密码。另一方面，有许多次德国潜艇在某个水域无线电信号很活跃，但敌人的战舰仍然大摇大摆地进入该水域，商船也一样。"由于对恩尼格玛密码机的安全性感到满意，邓尼茨决定不理睬汉斯－约阿希姆·弗罗魏因（Hans－Joachim Frowein）海军上尉提出的安全警告。弗罗魏因的警告是有基础的，因为他自己用孔卡片机技术做了研究。如果大西洋战役这场仗，盟军表现出无所不知，根本不会犯错的样子，那么很可能邓尼茨会猜到英国人握有某种"超级机密"。

1943 年 6 月 1 日，皇家海军放弃了第三套和第四套海军密码，采用了第五套。美国和加拿大在大西洋上的军事行动也在 6 月 10 日采用了这套密码。这套密码是德国无线电监听部无法破译的。换密码花费很长的时间，布莱切利园为此很恼怒，因为他们已经在 8 个月前就指出了老密码有安全漏洞了。但海军部在执行中遇到巨大困难，需要先向数千艘船发送新密码。此外，政府密码学院的密码安全小组也应该受谴责。

虽然海战中的密码破译工作对胜负的影响要大于陆地战，但那种认为大西洋战役是一场英国的布莱切利园对德国无线电监听部之战的看法是错误的——大西洋上的情况跟其他地方一样，硬实力是关键。1943 年，在政府密码学院成功地破译了"鲨鱼"密码后，盟国的海上实力有了大的飞跃，拥有了新的护航大队、护航航母，具有了改进技术的远程轰炸机（大部分是"解放者"式的）。这带来了一种政策上的改变，商船队不再躲避，而是迎头与德国潜艇硬拼。到了冬天的时候，虽然德国无线电监听部再次破译了英国商船的密码，但邓尼茨已经没有能力利用破译结果了。德国人只能零散地发动针对商船队的攻击，这种情况一直延续到二战的最后几天，但德国在大西洋上早就失败了。主要原因是邓尼茨缺少足够的潜艇去切断大西洋航道。布莱切利园的"超级机密"协助盟军在 1943 年夏季大批屠杀了敌人的潜艇，特别是为美国海军护航航母提供了目标。不过，此时我们仍然要回顾丘吉尔所说的那句话："世界瞬息万变。"

战后，唐纳德·麦克拉克伦和他的同事一起罗列出了皇家海军情报部在战时所犯下的主要错误。一是让德国海军破译了英国最重要的无线电电报。二是让"沙恩霍斯特"号猛冲过英吉利海峡。三是让几艘德国大型战舰的劫掠得逞。这些错误让英国人处于持久的尴尬之中。海军部低估了意大利蛙人造成的威胁，让他们在 1941 年给予英国人以重创，而且海军部的反应既轻又慢，在很长一段时间里没有意识到英国战舰在空袭中很脆弱。海军部没有能回忆起在第一次世界大战中学习到的德国潜艇战术，在许多个月里拒绝相信邓尼茨的战术是在晚上发动水面袭击。二战前，海军部的信号情报主任反对为发现战舰的位置而扩大使用无线电测向仪网络：他宣称这种设备浪费资源，因为在战时敌人会实施无线电静默。所有上述情况，代表了英国人本可以获得信息的机会，利用这些机会，英国人就能根据敌人的行动采取反制措施或者先发制人，但英国海军部缺乏想象力，没有去利用这些机会。然而，英国海军部的海军情报局是英国三军中最好的情报机构，在战时的表现比对手给人留下更深的印象。邓尼茨从没有承认过自己最敏感的通信中有张着大嘴的漏洞，但英国人及时弥补了自己的漏洞，夺取了海战的胜利。

>>> **第 8 章**

# 火星行动：最血腥的欺诈

## 盖伦

德国的情报工作既无能，又短视，这是怎么回事？德国有最先进的文化，最伟大的技术和科学成就。希特勒的军队，虽然怀抱着恐怖的理想，但在一段时间里拥有人类历史上最好的战斗力。德国海军上将卡纳里斯并未真正地在支持盟国的事业，任何负责任的历史学家都会同意这个看法——换句话说，他仅是一个叛徒。虽然阿勃维尔和盖世太保精于镇压被占领土上的抵抗活动、抓捕盟国的间谍，但"红色管弦乐队"在他们的眼皮底下生活了 7 年时间。卡纳里斯的情报搜集活动很不成功，令人耻笑。他派去英国的间谍全部落网，他的间谍在美国的表现也没有好到哪里去。1942 年 6 月，这位海军上将发动了"帕斯托瑞亚斯"行动（Pastorius），有 8 名密谋搞破坏的人，登陆不到两周的时间就被联邦调查局抓住了，其中 6 个人坐了电椅。德国在其他国家的行动也同样糟糕。可以用体制问题部分解释他的失败，这种解释似乎毫无新意，但德国阿勃维尔的情报官工作不努力是确实的。在德国派往海外工作的人中，有一大部分人仅满足于享受比国内更加舒适的生活，瞎花经费，从英国军情五局控制下的双料间谍那里获得点风声，就胡乱编出无用的大杂烩信息发回德国。柏林竟然没有人想严加管教他们。

德国入侵苏联时的心态是鲁莽和傲慢的，因此德军在几周的时间里没有想去破译红军的密码，因为他们认为无论敌人做什么，他们都有信心取得胜利。随着苏联加强了抵抗力，这种心态发出了巨变。希特勒部队在占领了基辅后，遭受令人震惊的重大人员伤亡：苏联在德军周围引爆了几枚巨型炸弹，炸弹是无线电控制的。德军开始意识到有必要监视无线电波。1941 年冬天，德军截获了红军的一些电报，这些电报都来自几个番号均是"400"系列的师。在这些被截获的电报中，最令人不安的暗示是红军残留着巨大的兵力——柏林立即否定了斯大林能集结起如此巨大兵力的可能性。苏联疆土浩大，这给信号情报带来难以克服的困难：即使德军在东部边境部署上百个监听站，仍然无法覆盖整个苏联。

德军抓住了苏联第 20 集团军的通信兵的首长库明（Kurmin）上校，这才对苏联的无线电运作程序有所了解。当布莱切利园截获的情报暗示苏联的通信有很大一部分已经被破译了之后，英国人感到大为惊慌："德国人能迅速破译重要的苏联海军、陆军、空军密码……但这个问题苏联人一点都没有意识到。"毫无疑问，在 1941－1942 年间，红军保密级别低的密码是容易被破译的。此外，有一些红军电报员重复使用一次性的密码簿，他们发出的电报也让德国无线电情报部门给破译了。但要想说德国人系统地破译了苏联保密级别高的密码，就需要有证据表明希特勒的高级指挥官确实利用了破译结果。但实际情况是只有少量红军最高指挥部的电报被破译了，而且都不重要。在德国人破译的电报中显然有一些是苏联人的欺诈电报。东线战场第一年的主要战况是明确的，无论是否破译了苏联的密码，德国人都没有拿下莫斯科和列宁格勒，拿下这两座城市是德国人的主要战略目标。在 1942 年 4 月 1 日之后，红军引入了新的密码和呼号，德国人的破译量明显减缓了。

赖因哈德·盖伦中校一直在东线做高级情报官，从开战就开始了，差不多坚持到战争结束，他获得了德国情报界战时最高声誉。1902 年，他生于爱尔福特（Erfurt），父亲是图书商。1920 年，他参加了炮兵，并娶了一个来自著名普鲁士军事家族赫拉特·冯·塞得利兹－库尔兹贝克（Herat von Seydlitz－Kurzback）的后代。1935 年，他受提拔进入总参谋部。二战初期，他是作战参谋，赢得极大的赞誉。1941 年 7 月，他晋升为中校，加入东线情报处，并在 1942 年 4 月晋升为处长。他的前任在莫斯科战役中表现不佳被解职了，成为德军失败的众多替罪羊之一。

盖伦是一个简朴的人，沉默寡言，其貌不扬，非常善于讨好上级，同时把自己的残忍野心隐藏起来，不让同事知道。他干工作有热情和想象力：大部分同事认为军队应该招聘传统的参谋官，盖伦却坚持招募比较聪明且不太在乎军事成绩的人。他在德军中寻找语言学家、地理学家、人类学家、律师为他做事，虽说这些人的工作质量不好评价，但从事情报分析和报告的人数猛地增加了。他不仅充分利用侦察队，还截获苏联人保密级别低的电报和语音通信。盖伦也重视审问战俘，盘问落入德军之手的许多苏联高级军官。他在东普鲁士建立了一个"名人集中营",名叫"博延堡"(Feste Boyen),能容纳 80 位"嘉宾",最重要的还能住单间。所有战俘都享受德军的定量供应,最合作的战俘可以无限期地住下,目的是让他们随时准备回答东线情报处提出的问题。

有些战俘顽固地拒绝与盖伦手下的军官交谈,这些德国军官注意到:受过良好教育的人通常选择合作,而地位卑微的人保持沉默。很大程度上战场形势决定战俘的态度。当苏联人似乎要战败,士气低落时,前线下来的战俘就更愿意提供信息。当战场形势逆转了之后,合作的战俘就少了,因为战俘害怕帮助希特勒招致不幸——如果斯大林获胜,他们害怕遭殃。在从苏联士兵那里获得情报时,主要的困难是他们是在世界最诡秘的社会里服役:即使是高级军官,也不知道多少本单位之外的情况。

盖伦不笨,比他的同事更加讲究实际,而且他还很会说。例如,他在 1942 年 8 月 29 日分析了苏联的条件,指出莫斯科在冬天的几种选项。此时是战争的关键时刻,斯大林格勒战役的前夜。东线情报处的处长向德国高层提供一系列可选方案。他提出的方案是值得关注的,因为他是德军中最著名的情报官。根据盖伦的说法,他推测列宁格勒、斯大林格勒、高加索北部将会被德军攻占,使波斯战场和北极圈战场连成一片。决定苏联未来的行动的因素有几个:夏季和秋季战役的结果;德国和苏联的资源对比;苏联领导层观点的演化;苏联的目标。"苏联人想为冬季战役节省资源和战斗空间。"盖伦说。

"他们似乎可以接受损失掉列宁格勒、斯大林格勒、北高加索,或许还能接受损失掉南高加索,甚至莫斯科。苏联的损失在 1942 年比 1941 年少。他们似乎对德军遭受的不小的损失感到满意。他们通过削减兵役豁免权增加了兵源,动员了 1925 年出生的 140 万人。不仅如此,他们还减小了师的建制。可以预计敌人在这个冬天将会派更多的新部队上战场。总之,在可以预见的未来,没有迹象表明德国和苏联之间的实力平衡会向对苏联不利的方向发展。"——这句婉转曲折的陈述可以跟苏联内务部的媲美。

盖伦提出一个观点,英国提供的战争物资可能是一个重要因素,特别是在高加索地区。他说,苏联人很会学习,采用了许多德国人的战术:空军近距离支援陆军、进逼式巡逻、在冲锋的步兵之后跟着部署坦克防御。然而,苏联的中层和低层军官的人数下降了。"总之,"这位情报处长写道,"敌人肯定会在秋季和冬出动的,利用成熟的战法,特别是游击战和空降部队。苏联人会谋求在尽可能多的点上突破德军的防御,一旦机会出现,立即发动大攻势……这种可能性似乎存在于 B 集团军群(斯大林格勒)和中央集团军群(斯摩棱斯克)中……在 A 集团军群，在失去了被高加索之后，敌人利用高加索山脉的便利进行防御，敌人肯定会在地形合适的地方发动大反击的，目标主要是破坏德国的石油生产。"

盖伦总结说，苏联军队在进入冬季时的状况是"被削弱了，但没有被消灭，所以有可能发动进攻……这取决于苏联领导层手中握有的兵力和夏秋季战役后部队在前线的位置，苏联人可能发动大型攻势的地方包括：a) 斯大林格勒或其西面。b) 轴心国部队的结合部。c) 沃罗涅什。d) 姆岑斯克—奥廖尔。e) 苏希尼奇。f) 勒热夫。g) 中央集团军群与北部战区的结合部。h) 列宁格勒……条件是如果苏联在 1942 至 1943 年的冬季中没有取得实质性的胜利；如果欧洲没有可能展开第二战场；如果今年的领土损失（包括巴库）带来了严重的经济后果，我们不能假定最终能打败苏联人的抵抗。这意味着不会在 1943 年夏季前发生。"

这不是一份愚蠢的文件：它以理性完整地分析了苏联人的选项。它提及了斯大林格勒，不过他总共罗列了 6 种苏联进攻的可能性。疑心重的读者会说，他的预言简直就跟断言一副扑克中肯定有 4 个 A 一样。但在接下来的几个月里，盖伦严重误判了东线的大事件。第一，他坚持说，苏联人在德军重要集团军群北侧展开的"火星"行动是斯大林的大攻势，而"天王星"行动——斯大林格勒的钳形运动——仅是借机发挥的辅助性动作。

在德国承认库尔斯克大攻势失败两周之后，盖伦在 1943 年 7 月 25 日向德军高层保证苏联人没有计划主动地发动一次大进攻——要有也仅是局部进攻；但 9 天后，红军向西推进了 100 英里。1944 年 3 月 30 日，盖伦对前线的评估忽略了苏联即将对克里米亚发动进攻，这给德军带来一场新灾难。"巴格拉季昂"夏季行动是盟国在二战期间最大规模的攻势，在苏联人发动这次攻势之前，盖伦把苏联在德军中央集团军群前沿进行的战役准备活动贬低为"明显的欺诈"，并预计斯大林将向南攻击，进入巴尔干地区。

然而，盖伦不仅保住了官职，还保住了德军将领对他的尊重，一直延续到战争结束。他能做到这些，有一部分原因是他的善辩和宫廷政治手腕，但主要原因是他成功地在苏联内部安插了间谍，提供了极好的信息，间谍的报告对德军的部署产生了实实在在的影响，从而决定了东线的命运。盖伦也许可以被视为二战中交战双方最具有影响力的情报官。但他到底在为谁服务呢？最新的证据表明他是苏联操纵（大规模军事欺诈）的受害者；这与他的自吹自擂是不同的，实际上盖伦极容易上当受骗。

# 代号"马克思"的间谍

在 1942 年初的一段时间里，斯大林坚决要求直接对苏军的军事行动进行控制，他采取的行动之一就是重组军事情报部门，解散了负责处理战场信息的单位，这引发了半年的混乱。伊戈尔·达马斯金（Igor Damaskin）是研究那段历史比较有信誉的现代苏联历史学家，他写道："在那段时间，格勒乌出现了混乱，导致军事行动失利，造成严重伤亡，因为前线指挥部极度缺少敌人的信息。"斯大林拒绝任何与他直觉不符的报告，例如，1942 年 3 月，格勒乌正确地预计希特勒要发动"蓝色"行动：德军正在为一次春季攻势做准备，这点可以从德军部队的调动和物资运输中看出来……敌人春季攻势的中轴将转移到南路，在北面有一个附加的攻势，同时中央集团军群对莫斯科也要发动进攻……最有可能的进攻日期是 1942 年 4 月中旬到 5 月初这段时间。斯大林硬说军事情报有错，使之服从于他所谓的显而易见的德军欺诈。他坚决要求在 5 月发动哈尔科夫攻势，导致苏联遭受新灾难。到了 6 月 19 日，在一架被击落的德国飞机上发现了一些文件，证实了希特勒的重点在南部，要猛攻斯大林格勒和高加索，斯大林说这些文件是德国人的阴谋，不予考虑。

不过，仅过了几周，斯大林就被迫承认保卢斯（Paulus）第 6 集团军的可怕实力，这支部队强行向斯大林格勒推进。最后，这位克里姆林宫的主人屈服于现实：1942 年夏季，苏联作战的方式发生了巨变。斯大林隐晦地承认自己作为苏联军队的战略家和指挥官犯了错误。他下放权力给手下的将领们，至少是在集团军群的级别，再次允许情报部门以符合逻辑且职业的方式发挥作用。秋天，斯大林格勒战役开始了，苏联人在战场上展开了非凡的战略欺诈活动。他们发动了二战中最伟大的"修道院"行动，至少与英美为掩护诺曼底登陆而发动的"坚韧"行动一样重要。

"修道院"行动构思于 1941 年 7 月，行动的目标有限，仅限于渗透到敌人情报部门的内部，找到苏联内部与纳粹合作的叛徒。当时红军正在向东撤退，在那个艰难的时期能发起如此计划，似乎非同小可。内务部和格勒乌联手虚构了一个反苏拥德的抵抗运动，在苏联的高级指挥层内部展开活动，活动代号"君主"，参与的人都是经历过数十年迫害幸存下来的俄国旧贵族，他们组成了一个双料间谍网。"修道院"行动启用了历史上苏联人搞阴谋的手段。一位名叫格列波夫（Glebov）的老人，被指定为"抵抗运动"的名誉领袖，此人曾经在末代沙皇的宫廷里任职。他过去是个在修道院里混饭吃的小人物，但在白俄的流亡者中比较有名气。但真正关键的人物是内务部派出的，担任最危险的角色，此人名叫亚历山大·杰米亚诺夫（Alexander Demyanov）。他生于 1911 年，纯贵族血统。他祖父是库班河的哥萨克人；他父亲 1915 年为沙皇打仗而亡；他的母亲是莫斯科有名的美人。俄国革命后，他家生活在贫困中，亚历山大的家庭背景使他无法接受高等教育。他只能做电工混口饭吃。1929 年，他因散布反苏联言论被捕。他为逃避流亡或死刑，同意做告密者，这是当时的流行办法——他为此在莫斯科的好莱坞中央电影制片厂的电工部获得了一份工作。杰米亚诺夫性格外向，讨人喜欢，在明星圈和文学界很受欢迎。内务部花钱给他买了一匹马，他不仅陪制片人，还陪外交官和商人外出骑马，其中有许多人是德国人。他娶了一个名叫塔蒂阿娜·别列赞索夫（Tatiana Beresantsov）的女孩，她是莫斯科电影制片厂的技术员，她的父亲是物理学家，过着极有特权的私生活。

莫斯科情报中央认为杰米亚诺夫很适合打入敌人内部，不应该仅是做密探的工作。此后，他就变成了反苏联和民族主义分子圈子里的知名人物。就在"巴巴罗萨"行动前夕，这个年轻人报告说有一个德国贸易使团的成员主动接近他，那人明显为阿勃维尔工作，内务部听了这个报告后极为高兴。杰米亚诺夫的上级指示他显示出没有兴趣的样子，以免过度热情吓跑那个想招募他的人。尽管如此，柏林仍然为杰米亚诺夫建立了档案，代号"马克思"。战争爆发后，他参加了红军的骑兵团，但很快被帕维尔·苏多普拉托夫调走。苏多普拉托夫视他为理想的特工，有十年做特工的经验。1941 年夏末，苏多普拉托夫对贝里亚说，这个人可以领导"修道院"行动。

于是在那年 12 月的一天，当时正值莫斯科战斗进入最艰苦的阶段，亚历山大·杰米亚诺夫——这时已经被总部授予代号"海涅"——滑雪逃离了红军在离苏联首都 120 英里远的格扎茨克（Gzhatsk）的前沿阵地，投奔了德国人。这次使命极度危险，几乎夭折：他抵达了德军的阵地，宣称自己是纳粹支持者，德国人不信，部分原因是他声称走的路线是德军的地雷阵。后来，杰米亚诺夫对内务部说，他被假装送去枪毙，迫使他交代。无论这是否属实，他确实差一点死了。最后，他被送到了阿勃维尔。阿勃维尔的情报官对"君主"抵抗组织不感兴趣，但立即招募他做了间谍——有数千个像他这样的人被草率地培训后送去执行任务，任其自生自灭。

然而，当德国人看到了他的档案之后就变得高兴一些了，因为他的档案上做了记号，说他在"巴巴罗萨"行动前就是潜在的间谍了。他有前朝贵族背景，符合俄国流亡者圈子里中的反苏的狂热者的条件。虽然阿勃维尔没有按照内务部的剧本真信苏联内部有一个虚构的反革命派别，但杰米亚诺夫的联络人认为他相当聪明，有人缘，于是他成了一个受德方重视的间谍。在接受德国人的培训期间，他面临的大问题是如何掩盖过去，比如他必须假装自己不是一个熟练的电报员。1942年2月的一个晚上，一架德国空军的飞机跨越了双方战线，飞到莫斯科附近的参考坐标点，杰米亚诺夫和两名助手在漆黑的苏联上空跳下了飞机。

他们跳伞时遇到恶劣天气，在雅罗斯拉夫尔（Yaroslavl）附近艰难地在暴风雪中跋涉，相互之间失去了联络。亚历山大立即与最近的内务部的情报站做了报告。一两天后，他的两名助手被找到了。在接下来的几周乃至几个月里，莫斯科的行动在苏多普拉托夫的领导下变得更加离奇古怪。杰米亚诺夫在莫斯科有一套公寓，妻子和岳父跟他住在一起，如今变成了抵抗组织的中心——他全家都参与到这个阴谋中来了。阿勃维尔派来了几个信使，其中有几个获准自由行动，能去外面走走，见见人。其余的，有的被"策反"了，有的被关押或枪毙了。只有少数几个被允许返回德国方面做报告。

对杰米亚诺夫而言，行动最危险的部分已经过去了：他又回到了自己的大本营。他的故事很难让人相信，任何想冒险、想品味秘密生活的人，都无法能像他那样，敢把自己暴露在纳粹德国之下玩这样一个既巧妙又危险的游戏。不过，军情五局曾派英国人埃迪·查普曼去做类似的事，但危险性远不如杰米亚诺夫的大。此后，杰米亚诺夫只能在上级的监督下完成自己的使命。德国人给他配了一部发报机。莫斯科情报中央的"威廉·菲舍尔"被指定为他管理电报的收发——此人就是鲁道夫·阿贝尔（Rudolf Abel），父母都是苏联人，生于泰恩河（Tyne）边的纽卡斯尔，战后去了美国做苏联间谍。

苏多普拉托夫和他的下属面临的挑战是与阿勃维尔把这场戏演完。贝里亚警告苏多普拉托夫这位特勤局的局长，如果代号"马克思"的间谍导致苏联境内出现破坏活动，苏多普拉托夫必须为之负责。当初苏联人没有意识到，他们推出的这项行动会持续数年的时间——不过，仅用了几周时间，他们虚构出的电报往来就被敌人发现了。内务部的首要目标是在德国人心目中建立起"马克思"的信誉。他向德国人报告说，"君主"组织在高尔基城附近破坏了铁路，而苏联的报纸及时地对火车事故进行报道，支撑他对德国人讲的故事；英国人偶尔也用类似的手段，让双料间谍报告英国发生的破坏活动。

在1942年下半年，杰米亚诺夫向阿勃维尔和东线情报处的赖因哈德·盖伦做了报告，说他被任命为莫斯科红军最高指挥部的初级电报员，这个说法后来帮助他向德国人解释清楚了为什么他能搞到不同寻常的苏联机密。在接下来的数月乃至数年时间里，他给盖伦发去了大量有关红军作战命令和战略企图的资料，这些资料通过保加利亚的索非亚传递到了柏林和东线情报处。在东线的德军——具体说就是盖伦——越来越感受到他发来的情报有极高的价值，越来越愿意承认其真实性。东线情报处发出一系列电报欢呼所取得的情报成就。

此时，莫斯科看到了利用"马克思"实现大规模欺诈术的机会，为此内务部和格勒乌展开了合作。当时格勒乌的局长是费奥多尔·库兹涅佐夫（Fedor Kuznetsov）上将，他扮演的角色类似于伦敦军事欺诈协调组（London Controlling Section）的约翰尼·贝文（Johnny Beva）上校和联合情报委员会的本廷克——不仅要负责控制欺诈计划，还要向德国人提供一组能自圆其说的欺诈信息。1942 年 11 月，"修道院"行动进行了至今为止最为重要的、历史上最富争议的欺诈，这时是二战史上的关键时刻。19 日，红军发动了"天王星"行动，在斯大林格勒对德国第 6 集团军实施了历史性的两翼包围。又过了 4 天，在莫斯科西北 100 英里远的加里宁前线的勒热夫（Rzhev），6 支集团军一起发动第二场大进攻，这就是"火星"行动。苏军的这次行动因遇到了德军大部队而惨败。苏军发动了 4 次进攻，全被德军粉碎，有 7 万苏联人战死。朱可夫元帅后来承认"火星"是他的败笔之一。

然而，半个世纪后，帕维尔·苏多普拉托夫在回忆录中说，在斯大林的直接领导下，他在未通知朱可夫的情况下，就把"火星"行动计划提前透露给了德国人，目的是把敌人的兵力从关键的斯大林格勒"天王星"行动中抽走。亚历山大·杰米亚诺夫被用来向敌人高层传递信息。这个说法，虽然在历史学家中争论很大，但基本上被苏联历史学家接受了。一些西方历史学家认为这个说法不可思议，因为这等于说斯大林为了大局的需要，竟然让数十万自己人去死或残废。但证据似乎很确凿，而且是决定性的，那就是苏多普拉托夫说了真话。毫无疑问，杰米亚诺夫是内务部的间谍，受莫斯科的控制。另一方面，德国人把他看作是他们杰出情报的来源：赖因哈德·盖伦在 1979 年进坟墓的时候仍然骄傲地声称自己曾经极好地处理了"马克思"提供的情报。还有一点非常有意义，在德国弗莱堡（Freiburg）的德国军事档案馆，大量"马克思"发出的情报随时可以阅读。

"马克思"的情报有几份惊人的，其中一份标明的日期是 1942 年 11 月 6 日，标题是《东线外国军队——重要情报报告》。这份报告说：

代号"马克思"的间谍说，11 月 4 日，莫斯科战争委员会召开了会议，主持是斯大林。有 12 名元帅和将军参加。会议上制定了下述原则：a）谨慎行动，避免大伤亡。b）领土损失不重要。c）从危险地区把工厂和供应站尽早撤出来加以保护是生死攸关的，基于这个原因：把格罗兹尼和马哈奇卡拉（Grozny and Makhachkala）的炼油厂和机器厂搬家到新巴库、奥尔斯克、塔什干（New—Baku，Orsk，and Tashkent）。d）依靠自己的力量，不要寄希望于盟军的帮助。e）严厉对付开小差者，一方面国家政治保卫局（State Political Directorate）加强控制，处死开小差者；另一方面加大宣传，改善伙食。f）执行所有计划好的攻势，如果可能在 11 月 15 日之前，只要天气允许（"火星"行动因天气被延误了。）主要攻势包括：

— 从格罗兹尼向莫兹多克
— 在顿河地区的靠近尼紫尼和卧车尼—马猛（Nizhny and Werchny—Mamon）的地方
— 在沃罗涅什附近
— 在勒热夫附近
— 在伊尔门湖（Ilmen）南部和列宁格勒

有必要可以从后方向前线调去后备兵力。虽然这份电报总体看是笼统的、模糊的，没有明确谈及"火星"行动，但似乎证明了一件事，在莫斯科情报总部的命令下，杰米亚诺夫警告了德国人，苏联即将进攻中央集团军群，并要包围在斯大林格勒作战的希特勒第 6 集团军。要想正确地理解 11 月 6 日的这份报告，需要把它与"马克思"在"火星"行动预备阶段提供的一系列苏军作战命令联系起来解读，下面这份作战命令样本值得引用，因为它显示出莫斯科在捏造细节方面的创造性：

重要情报：1. 10 月 8 日，间谍（马克思）：1 骑兵旅、1 马拉炮兵团、1 前锋营，全从前线下来，抵达图阿普谢（Tuapse）。这些部队将做后备部队。2. 10 月 8 日，间谍（马克思）：1 步兵师、3 坦克营，从几个特种师抽调出的炮兵，他们在撤退中实施破坏活动，都来自马哈奇卡拉，抵达格罗兹尼。3. 10 月 8 日，间谍（马克思）：1 骑兵师、4 混合坦克营、2 炮兵团、40 门反坦克炮抵达卡卢加。4. 他们被指派给达卡卢加前线的西部战场。5. 10 月 9 日，间谍（马克思）：米希纳（Mischina），坦克营被打散成战斗组。米希纳有许多反坦克炮和一个燃料库。

6.10 月 8 日，间谍（马克思）：1 军事代表团、2 步兵将军、1 坦克将军、1 空军将军、2 海军将军、2 工兵，离开莫斯科乘飞机去伦敦。

德国人喜欢这样的情报。这对阿勃维尔和东线情报处来说是珍贵的，因为说明他们的首长成功地在苏联权力核心安插了间谍。就目前所知，只有一位阿勃维尔的高级军官质疑过"马克思"提供的情报的真实性，他是瓦格纳·德利厄斯（Wagner Delius），阿勃维尔在索菲亚情报站的站长。但对东线情报处的调查还没有开始，被激怒了的赖因哈德·盖伦便出面干预了。他说，"马克思"的报告是"绝对必要的"，且"决不能被破坏"。调查就此结束了。"火星"行动失败后，内务部得知杰米亚诺夫受信任程度大获提升，于是继续向敌人提供一系列的情报，比如这份 12 月 3 日的报告：

间谍（马克思）：莫斯科会议，会议主持是斯大林和朱可夫、铁木辛哥、科斯洛夫：在勒热夫的北面战场（"火星"行动的战场）5 个师长（被撤职）。他们被 5 名少校取代，并晋升为上校。斯大林对勒热夫和大卢基（Velikiye Luki）之间的作战不满意。朱可夫要求获得装甲兵和步兵增援。斯大林说上层肯定有告密者，因为德国人非常清楚苏军的行动计划和兵力情况。他要求建立一个国家政治保卫局委员会，进行严格的控制和调查（可能的叛徒）。

这里有一个有趣的插曲：1942 年秋季，身在英国的休·特雷弗-罗珀开始思考一个问题，为什么有一些电报让敌人阵营异常兴奋。特雷弗-罗珀发现，这些被德国东线情报处和阿勃维尔归类为"克拉特"的机密资料被"德国人视为具有极高的价值"。特雷弗-罗珀和他的小组一直困惑不解，那个"马克思"是否是一个被莫斯科控制的双料间谍。最初这似乎极为有可能——特别是当伦敦警告苏联秘密被泄露的时候，苏联对阻止秘密泄露没有表现出兴趣。1943 年 7 月 31 日，英国无线电安全局（Radio Security Service）表达了自己的看法——"马克思"是苏联的间谍，因为他最近发的电报准确地预报了苏联的战术部署。

"马克思"预见到了苏联在重要的库尔斯克-奥廖尔战区的攻势。英国陆军部的军情十四局的布莱恩·梅兰德少校评论说："我们感觉，'马克思'是间谍的可能性被否定了……有大量的证据说明，德国情报部门和部队认为'马克思'的报告具有极高的价值；这是可能的，实际上，这些报告算是敌人能获得的最好的情报。"到了 8 月份，英国人对"马克思"有了看法，至少是短期的看法，那就是他是真正的间谍——或者说是苏联阵营里的真正叛徒："最近的核查表明他的报告极为准确地预计了苏联人的行动。"军情五局的盖伊·利德尔在8月12日写道："间谍'马克思'必须被视为一次成功（阿勃维尔的成功）……他的报告异常准确地预计了苏联人的行动，那种认为他是苏联人的双料间谍的说法必须放弃。"

特雷弗－罗珀始终不敢对"马克思"下定论，他在1945年4月的告别报告中表达了这个观点。他说那些材料，在他的团队的眼里，似乎"几乎没有什么问题，大多数间谍报告做不到这点，很令人生疑"。传递给德国人的信息，在时间上很准时，信息量很大，不仅来自"马克思"，还来自据说是他手下的人，有的在列宁格勒，有的在古比雪夫（Kuibishev），有的在诺沃西比尔斯克（Novorossiysk）。"虽然我们向苏联人通报了事实，以及涉嫌其中的人名，他们没有采取任何行动去压制这明显是非常危险的泄露。我们试探了各种假说，但都站不住脚（我们当时无法下结论）。所以，我们认为，唯一令人满意的解释就是'克拉特'（这个名字至少意味着'马克思'的报告）是一个苏联人控制的用于欺诈德国人的间谍（也许他自己没有意识到这种情况）。"总之，英国人从来没有彻底地去探索"修道院"行动的真相，有一部分原因是这超越了英国情报官的想象力，即使是极具疑心的特雷弗－罗珀，也没有想到苏联人会提供如此多的真实信息，让自己的士兵血流成河，就是为了实现战略欺诈。

苏联的情报机构是粗野和无能的奇怪组合，典型的例子是1939－1942年间对在柏林活动的"红色交响乐"间谍网的错误管理，而与此对立的例子是"修道院"行动，这或许是他们的神来之笔。只有在斯大林的可怕世界里，为了国家的更高利益，才有可能毫不犹豫地、残忍地牺牲7万士兵的性命。勒热夫战役在20世纪前极少受到苏联历史学家的关注，可能的解释就是"火星"行动是故意泄露给德国人的。亚历山大·杰米亚诺夫的双料间谍生涯一直持续到二战结束——后来苏联利用"马克思"又进行几次欺诈行动，我们在后面要讲到。内务部授予他红旗勋章以表彰他的贡献——而赖因哈德·盖伦则授予他铁十字勋章。杰米亚诺夫的妻子和岳父也获得奖章，感谢他们支持用家庭做掩护而编制出骗局。

然而，不能因此而假定杰米亚诺夫这件成功的大事在莫斯科赢得了一致的赞扬。维克多·伊雷因（Viktor Ilyin）是卢比扬卡大街与他接头的人，在苏联情报机构内部斗争中遭受了可怕的不幸。斯大林有一个心愿，就是让维克多·阿巴库莫夫（Viktor Abakumov）去压制贝里亚。1943年，斯大林让阿巴库莫夫担任苏联锄奸队（SMERSh）的队长，任务是发现和处决叛徒。此外，斯大林还让阿巴库莫夫做国防部长，做自己的副手。阿巴库莫夫上任初期就把矛头对准了内务部秘密政治处的处长伊雷因。伊雷因运作"海涅"已经有 5 年时间了，帕维尔·苏多普拉托夫这类人视他为苏联情报机构少有的诚实人。伊雷因是鲍里斯·泰普林斯基（Boris Teplinsky）少将的朋友，泰普林斯基被指定做空军总部的部长。阿巴库莫夫指责泰普林斯基是人民的敌人，并断言伊雷因蓄意保护泰普林斯基。斯大林授权逮捕这两人。阿巴库莫夫亲自审问泰普林斯基，第一晚的审问就打落了泰普林斯基的两颗门牙。在被痛打成残废后，这个可怜的人承认他几年前对伊雷因说自己同情大清洗中被处决的人，而伊雷因告诉他如何避免暴露自己。

在与伊雷因在卢比扬卡街的地下室做对质时，这位将军复述了他编造的谎言。伊雷因抽了他嘴巴，告诉他做事要像个男人。伊雷因拒绝承认任何事。但顽强没有能够救他。他被单独拘禁，不断地被严刑拷打逼供，从 1943 至 1947 年长达 4 年。他自始至终都保持着充满怨恨的幽默。有一次，他问一个审问员，他胸前的带子是什么。那个男人回答说："列宁勋章。"伊雷因说他很高兴，因为他的案子这样重要。1947 年，对他的审问停止了，但他仍然又被关押了 5 年。他最后能被放出来，皆因苏联高层出现了荒唐事——他突然被带去控告阿巴库莫夫，因为阿巴库莫夫失宠了，被关押起来了。泰普林斯基在监狱里一直待到 1955 年。

帕维尔·苏多普拉托夫太谦虚，没有提及苏联有几次失败的欺诈行动，因为德国人没有上当——例如，1943 年 7 月，红军在在顿巴斯（Donbas）发动进攻时，以及 8 月和 9 月在切尔诺夫－普里皮亚季地区（Chernyov－Pripyat）发动进攻时。苏联人的无线电很不安全，德国窃听者正确地预测到苏联进攻的轴心所在。然而，从整体看，红军最高指挥部在二战后半期的战略欺诈是成功的。第二个大行动"投递员"的参与者也需要斯大林的亲自介入才避免死于行刑队乱枪之下：没有斯大林的同意，谁也不敢再创造虚拟的反苏运动了。

瓦西里·拉特米罗夫（Vasily Ratmirov）主教，54 岁，在加里宁的一座苏联东正教教堂里工作，当德国人占领了这个地方之后，他接受内务部的卓娅·雷布金纳指挥。由于他证明有爱国情怀，莫斯科情报总部请他为"投递员"行动做掩护。1943 年，当德国人向西推进时，这位主教被安置在伏尔加河流域的萨马拉（Samara）。他派两个年轻的信徒，带着他的亲笔信去找列宁格勒西南面的普斯科夫修道院（Pskov）的院长，这位在德战区工作的院长与德军合作。那两个年轻信徒，实际上是内务部的特工，其中一人是瓦西里·伊万诺夫（Vasily Ivanov），接受过艾玛·苏多普拉托夫（Emma Sudoplatov）的训练。策划这次任务并非没有困难。主教要求给这两人保证，绝对不会"在没有上帝的同意的情况下用鲜血亵渎神圣"。在训练这两名特工成为神职人员的时候，主教对一个粗俗的、无礼的前共青团员电报员失去了耐心，因为这个人嘲笑圣餐说："哎呀，神父，黄油煎饼。把煎饼拿到桌子上来！"取代他的是一位22岁的下士伊万·库利科夫（Ivan Kulikov）。在来主教这里之前，一位内务部的军官对库利科夫进行了测试，库利科夫被难住了，但最终还是被接受了，因为他对穿教士礼服表达了一种恰当的尊重。

8月，他们出发了，先去了加里宁，然后去普斯科夫，两人都蓄着大胡子，做出是教会反苏联抵抗组织代表的样子，并向德国人说明了来意。阿勃维尔给他俩配备了电报员。他俩与苏联的战俘进行了私下谈话，这些战俘在这两个"年轻教徒"的劝说下，相信最好是听从莫斯科情报中央的指示，而不是卡纳里斯的。此后，德国人心满意足，以为自己正在与红军背后的神职人员进行交流，而实际上这些神职人员是受苏联内务部控制的。当苏联人夺回了这个地方时，拉特米罗夫主教和那两个年轻教徒被当地人谴责为德国人的帮凶；苏联锄奸队要杀死他们，最后内务部介入，给他们戴上花环捧为英雄。

这次任务的胜利，使斯大林相信东正教是可靠的；1943年，斯大林做了一件让他的下属吃惊的事，他嘉奖了那位主教，让他做了总主教，帕维尔和艾玛·苏多普拉托夫都参加了仪式。战后，拉特米罗夫成了大主教，获得一块金表和一枚奖章做奖励，借以表彰他的贡献。伊万·库利科夫晋升为上校，与他在加里宁的圣会上遇到的一位姑娘结了婚。

除了"修道院"和"投递员"之外，苏多普拉托夫证实苏联在战时还进行了40次的无线电欺诈行动，这些行动都由苏联锄奸队控制，而不是内务部。1943年2月2日，保卢斯第6集团军在斯大林格勒的总部被攻占，虽然德军参谋官企图销毁秘密文件和密码材料，但没有成功，这使苏联的无线电安全有了很大的改进，对德国人通信的渗透能力也增强了。苏联的伪装战术在1944年获得了极大的成功，苏联人成功地让德国人相信主攻方向是在波兰的东南部，而不是白苏联，实际上苏军在消灭了3个德国集团军后，在秋季才把主力转移到波兰。赖因哈德·盖伦做德国东线情报处长一直到战争的最后几天，但新证据表明他被莫斯科的红军最高指挥部蒙蔽，受蒙蔽的程度要高于1944年德军最高统帅部在西线的情报官被英国人和美国蒙蔽的程度。无论苏联的战时情报工作有何局限，他们的欺诈行动都是搞阴谋诡计的典范。

# >>> 第 9 章

# 红色管弦乐队的最后表演

从 1941 年秋天起，苏联在欧洲的间谍网处于危险的边缘，造成如此危险状况的有两个原因，一是间谍网内的主要人物的身份暴露了，比如内务部"露西"间谍网的主要人物，以及"红色管弦乐队"间谍网的主要人物利奥波德·特雷伯和阿纳托利·古勒维奇；二是除了莫斯科情报中央的行为不谨慎之外，德国内部持不同政见者的行为也不谨慎。欧洲人交友太多，逮捕了一个，能暴露出一大批人。1941 年 12 月 13 日凌晨，德国人通过无线电定向技术，在布鲁塞尔的阿特雷巴特大街抓住了电报员米哈伊尔·马卡洛夫这位代号"卡洛斯·阿拉莫"或"开姆尼茨"的间谍，"红色管弦乐队"的命运就此了结了。

前一天，特雷伯事先没有跟任何人说便突然出现在布鲁塞尔。此时他与古勒维奇互相猜忌，关系迅速恶化。"奥特"到了两天之后，古勒维奇接到电话，要求他去特雷伯的公寓见面，当时古勒维奇正在西米斯科公司的办公室里处理利润异常丰厚的业务问题和间谍活动问题。他到了特雷伯的公寓之后，发现这位远方的客人处于惊恐之中。特雷伯说德国人怀疑上他了，提议立即乘坐下一班火车回法国。让古勒维奇感到惊骇的是这位间谍头目在被怀疑的情况下还给他家打电话。古勒维奇前思后想，希望找到整个网络中的薄弱环节。他的注意力停留在了"开姆尼茨"身上。虽然古勒维奇自己从来不节俭，但他觉得此人生活过于骄奢。这个电报员不仅认识古勒维奇的情人玛格利特·巴克萨，还与这个组织中的许多人有联络。突然，门铃响了，这个苏联人惊恐地把门打开，来人是一位比利时熟人，为德国军事管制总部工作。那人竟自走进屋里，要求借钱。古勒维奇给了那人一些现金，把他打发走了。然后，古勒维奇陪着特雷伯去火车站，赶下一班去巴黎的火车。如今出现了这种情况，古勒维奇对巴克萨说布鲁塞尔太热，住着不舒服了。他建议去法国，他要求她去联络她在美国做难民的父母。她顿时大哭起来，坚决地说无论他去哪里，都要带着小儿子勒内跟他走。古勒维奇同意了，但他知道莫斯科情报中央肯定会对他的这段情缘发怒的。这段情缘有害，但不比特雷伯与乔琪·德温特（Georgie de Winter）私通更有害。

他俩马上离开公寓，躲进一套大房子中，这套房子被西米斯科的"首席"董事占据着，他是从比利时外交部部长的侄子那里租下的这套房子。古勒维奇给了员工几个月的工资——这位格勒乌年轻间谍肯定是发大财了——他这样做，就是为了制造未来要回来的假象。他在此后的几天里忙于让他网络里的间谍都进入"休眠状态"。然后，他登上去巴黎的火车，两天后玛格利特和勒内也跟着去了。他们住进了布洛涅森林附近的房子里，那里是古勒维奇上次来法国首都时住的地方。当他刚见到特雷伯，就轮到"食客"发泄怒火了。他说古勒维奇的到来，可能会威胁他的法国幌子公司和间谍网络。他坚持让他的副手赶紧离开。他们决定古勒维奇应该去未被德国占领的维希法国的马赛，在那里，西米斯公司有一个分公司。玛格利特和勒内先走了，在向南的旅途中没有遇到困难。母子二人利用特雷伯的关系，在马赛与一个捷克家庭住在一起。

与此同时，古勒维奇见到了赫尔施（Hersch）和玛拉·索科尔（Myra Sokol），他俩是波兰共产主义分子，为特雷伯做电报员。后来，古勒维奇这个逃亡者声称他让索科尔发了一份电报给莫斯科情报中央，报告他的网络有崩溃的危险，而他自己已经逃离了布鲁塞尔。但这份预警电报，根据他的说法，是在12月份发出的。当时德国正在进攻莫斯科，格勒乌已经撤离了，没有收到那份电报。所以，他的雇主是过了很长时间之后才获悉布鲁塞尔危机的，那时已经是1942年2月了。他认为，就是因为有这个认知延误，他才在1945年被指控叛变。古勒维奇在1942年1月抵达了马赛，一路上没有遇到任何问题。他在马赛长达10个月的生活不能说不舒服，不必假装进行任何间谍活动，大部分时间用于跟玛格利特一起娱乐。幸亏有莫斯科情报中央给的汇款和西米斯科公司的高额利润，他们有足够的钱生活。这首田园诗——玛格利特后来就是这样称呼这段生活的——持续到11月9日；那天，法国警察突然来了，不仅抓住了古勒维奇、玛格利特，还缴获了存储在地窖里的大量香烟和丝织品。这两个囚犯被移交给了德国人，此时整个维希法国都被德国人占领了。德国人最终破获了"红色管弦乐队"。德国人每抓住一个间谍，这个间谍所透露出的真相，就会在欧洲大陆产生一阵骚动。

这是一场可怕的瓦解，莫斯科是促成原因之一，事情开始于1942年的春季，当时内务部的亚历山大·科罗特科夫再次在卢比扬卡获得了权势。他押了一次赌注。考虑到比利时和法国遇到的困难和混乱，他谋求在柏林和莫斯科总部之间建立直接的联系，这需要向"红色管弦乐队"提供新密码和更加强大的发报机。卓娅·雷布金纳在她的回忆录中描绘了他和丈夫"金"（当时掌管人民委员部在斯德哥尔摩的情报站），受命寻找一个投递员，给柏林的舒尔策－博伊森送货。在做了巨大努力之后，他们找到了一个瑞典商人，说服他去完成送货工作。卓娅把密码和指示缝在那人的领带里，这批货要放在德国空军的墓地。那瑞典人从德国出差回来后承认失败了：他很害怕没有敢去完成任务，他说柏林的每个人好像都盯着他的领带。又过了一周，他再次去德国，这次他报告成功了；无论真假，他把密码和水晶放在了"秘密供货点"。

与此同时，科罗特科夫在莫斯科挑选出来两名特工去德国旅行，带着新无线电台给"红色管弦乐队"，并下达去联系"布赖滕巴赫"的命令，此时"红色管弦乐队"并不知道有这样一位盖世太保军官的存在。这两位信使是老德国共产党员阿尔伯特·赫斯勒（Albert Hessler）和罗伯特·巴特（Robert Bart），他俩都30多岁了。赫斯勒曾参加西班牙革命，率领国际旅的一个连作战，战斗中负了重伤。他与一名苏联姑娘结婚，于是自愿参加了红军，受训做了电报员。巴特的职业是印刷工人。纳粹初上台时，他在普勒岑塞监狱（Plötzensee jail）蹲过一段时间，然后应征入伍，在1940年的法国战役中获得铁十字勋章。不久之后，他被调往东线，在那里他投奔了苏联人。

这两个人同意去柏林，但这有极高的风险。据说他俩是自愿，但这点值得怀疑。他俩都拥有假身份，一个是中尉，另一个是军士长，正在休假。他俩在莫斯科附近的波德利普基（Podlipki）乘坐第1远程飞行师的 C－47 运输机出发，在被占领的布良斯克（Bryansk）和高美尔（Gomel）之间跳伞，时间是1942年8月5日夜晚。向导领着他们来到火车站，他俩带着两部发报机，坐了一周时间的火车，途经比亚韦斯托克（Bialystok）、华沙（Warsaw）、波兹南（Poznan），最后抵达了柏林，这本身就是不小的成就。

他俩最初去了"红色管弦乐队"联系人库尔特·舒马赫（Kurt Schumacher）的公寓。舒马赫接待了他俩，并让他俩分别住进熟人家中。最初，赫斯勒是在一个名叫奥达·斯考特姆勒（Oda Schotmüller）的外国舞蹈家的演播室里发电报的，后来转移到了女伯爵埃里卡·冯·布罗克多夫（Erika von Brokdorf）的公寓里。在8月中旬，他告诉莫斯科："一切进展顺利。这个组织扩张得很快，因为反法西斯运动很强劲，大家工作很积极。当这份电报你们确实收到了，我要发送从哈纳克和舒尔策－博伊森获得的附加信息。我正在忙着找住处。"从最开始，这两个内务部的间谍就受到了盖世太保的监视。利奥波德·特雷伯在比利时的电报员是个德国人，名叫约翰·文策尔（Johann Wenzel），在 1942 年 6 月 30 被捕了，同样是被无线电测向仪跟踪上了。虽然很难确定到底是谁告发了谁，但审问中似乎马卡洛夫和文策尔都招供了，这是极为重大的事件。一拨一拨的人在欧洲被捕。盖世太保组建了一支特遣队，队长是豪普斯特富勒·霍斯特·科普科（Haupsturmführer Horst Kopkow），任务是调查苏联的间谍团伙。现实让这支特遣队感到惊骇：第三帝国某些最高指挥部里都有苏联间谍；数百个德国人系统性地泄露德国的机密。8 月，盖世太保开始围剿哈纳克和舒尔策－博伊森的团伙。内务部的阿尔伯特·赫斯勒在 9 月中旬被捕，给他提供住处的人也同时被捕。9 月 3 日，他发出了被捕前的最后一份电报；9 月 21 日，他又发了一份电报，但那显然是在盖世太保控制下发的。

莫斯科的感应比较迟钝，一直到了 1943 年 4 月才获得有关这场灾难的详细报告，而且颇费周折：沃尔夫冈·哈弗曼（Wolfgang Havemann）是哈纳克的外甥，受到了盖世太保的审问，但盖世太保缺少证据，只好释放了他，但送他去了东线打仗。他看准机会，投奔了红军。他证实内务部在柏林的团伙覆没了，48 个人被处决，其中有一对夫妻汉斯和希尔达·科皮（Hans and Hilda Coppi）。汉斯被立即处决了，希尔达快要生小孩了，于是让她把儿子生了下来，又给了她 8 个月养儿子。1943 年 8 月，她被斩首，她的孩子交给了祖父。这个孩子后来成了历史学家，专门研究德国人的抵抗运动。

罗伯特·巴特落入了圈套，因为他不顾一切去看妻子和儿子。有个情况莫斯科不知道，盖世太保监视所有政治嫌疑犯的家庭：巴特早就被怀疑投奔了苏联人。他的妻子病倒了，住在柏林诺兰大街上的一家诊所里，到了 1942 年 8 月时已经是命在旦夕。这位苏联间谍疯狂地冒险去看她。一个护士背叛了他，于 9 月 9 日在诊所被捕。他立即在特遣队的控制下给莫斯科发电报。后来，他声称在 10 月 14 日曾经用电报码发出警告，但莫斯科情报总部的电报员缺乏经验，没有注意到英国特别行动处在荷兰的电报台也曾经受到过阿勃维尔的控制。作为回应，莫斯科情报中央有礼貌地提供了与"布赖滕巴赫"会面的程序。1942 年 12 月中旬，威利·莱曼此时已经有 58 岁了，由于长时间从事机密工作，做事变得急躁起来，有天晚上，他在家里接到电话，来电者用密语介绍自己是"大学同学普罗伊斯"。莱曼理所当然地回答："来我办公室见我。"接头时间定在第二天下午 5 点，地点在康德大街上两个电影院之间，其中一个叫"奥林匹亚"。接头程序是来人走近莱曼问路。莱曼则回答他就住在那里，可以带问路者去。

接头的人按时来了，但是一个盖世太保，名字叫奥伦霍斯特（Olenhorst）。莱曼被逮捕了，受到了严刑拷打逼供，两周后被秘密杀害了，尸体被焚烧了。他的妻子不知道他在为苏联工作，被告知他在执行任务中死了；盖世太保可能焦虑地想掩盖队伍中出了叛徒。莱曼的命运在 1945 年 5 月获得了证实。内务部下属的一个小组，来到了柏林阿布雷契亲王大街（Prinz－Albrecht－Strasse）的盖世太保总部，在总部的废墟中发现了提及莱曼死亡消息的文件。巴特活了下来，战后投靠了美国人，而美国人立即就把他交给了苏联人。他在 1945 年 11 月 23 日被死刑队枪毙。1996 年，红军的军事检察官恢复了他的名誉。不过，他是否满意就不知道了。

根据卓娅·雷布金纳的记录，"红色管弦乐队"垮台后，内务部对身在瑞典的她和丈夫进行了责备；半个欧洲都陷入了寻找替罪羊的混乱中，有人提出舒尔策－博伊森是被那个去柏林送货的瑞典商人给出卖的。1943 年夏季，"金"被召到了莫斯科，他的妻子被迫在斯德哥尔摩继续为内务部工作，却不知道丈夫是否已经被枪毙了。她写道："莫斯科情报中央不断发电报询问'金'处理过的案子，而我无法理解这是为什么。"她本人在 1944 年 3 月回到了莫斯科。在这里，她发现丈夫的犹太家族，除了一个弟弟外，全死在德国人手里。在经过长时间的调查，并且在长达数月英国情报机构的奇怪质疑下，雷布金纳夫妇的名誉被恢复了，再次成为卢比扬卡的红人，晋升为上校军阶。

"红色管弦乐队"暴露后，希特勒政权收获了两个重要的后果。第一，这是德国保安部的胜利，保安部的工作人员破获了间谍网，而阿勃维尔却茫然不知。第二，这事破坏了戈林的名誉，因为空军部布满了共产党叛徒：在婚礼上，那帝国元帅把新娘给了舒尔策－博伊森。应该说德国空军在空战的失利是戈林失宠的大原因，而"红色管弦乐队"仅是一个次要原因。如果放在苏联，这个"胖子"就会被枪毙。对盟国的事业而言，英国特别行动局和军情六局的荷兰的网络被德国反间谍机关摧毁是一个损失，但莫斯科的"红色管弦乐队"的破灭更加严重，因为这个情报源了解更加重要的机密。把"红色管弦乐队"、"露西"、特雷伯的网络的情报人员加起来，一共是 117 人：48 人在德国，35 人在法国，17 人在比利时，17 人在瑞士。利奥波德·特雷伯有几个月的时间避开了追捕，而他手下的情报员在法国、比利时、荷兰被一网打尽。这位老间谍到了 11 月 24 日时才被抓住，地点在巴黎一家牙科诊所的候诊室。此后，他与德国人似乎进行了自由的对话，对话过程中显然没有动用酷刑的必要；他甚至发出邀请，让情报员来接头，供德国人抓捕。所有苏联人使用的密码落入了党卫军保安局之手。

初战告捷，德国人迅速采取无情的手段镇压国内的叛徒。1942年8月31日，哈罗·舒尔策－博伊森在空军部被捕。哈纳克和妻子米尔德里德在度假时被捕。在贝多芬的歌剧《费德里奥》中，被判死罪的弗洛雷斯坦高唱道："我心平静，因为我做了我该做的。"哈纳克似乎也拥有这份情怀。最终弗洛雷斯坦获救了，但这位苏联在柏林的间谍没有。1942年12月22日，"红色管弦乐队"中的6男6女，在普勒岑塞监狱上了断头台。同一天，舒尔策－博伊森、哈纳克、前者的妻子利伯塔丝被绞死，这是为了让他们死前更痛苦。哈纳克死前在给米尔德里德的最后一封信中说，"尽管发生了这一切"，他在回顾往事时仍然觉得，"黑暗战胜不了光明"。他们的尸体被送去解剖分解，这样他们的肢体就无法分辨了。

盖世太保扣留了116名"红色管弦乐队"成员，在经过漫长的审问之后，几乎一半的人被处决。米尔德里德·哈纳克就是其中之一。最初，她被判了6年的苦役，但希特勒亲自介入，坚持要重新审批，治她死罪。她生命最后几小时是与哈拉尔德·波尔肖（Harald Pölchau）牧师度过的，这位监狱牧师为希特勒的数百位政治受害者提供过慰藉；她先请他背诵浮士德的《天堂序曲》，然后她唱道："我祈祷爱的力量。"她在1943年2月16日上断头台前写下几个奇妙的字："我非常爱德国。"她当时刚40岁，在被关押的几个月里头发全白了。她肯定感到从美国威斯康星州来到德国的旅途实在是太漫长了。

虽然人们极为同情"红色管弦乐队"成员的命运，但有一点值得指出，他们的间谍活动即使是在英国和美国，也会被处以极刑。但他们反抗希特勒的勇气赢得了后世的尊重，这种尊重并没有因为他们对苏联抱有幻觉而有所削减。有人讽刺说："凭什么说哈纳克、舒尔策－博伊森以及他们的同志在道德上超越了诸如金·费尔比和阿尔杰·希斯那样的英美叛徒？"坦白地说，他们是在反抗一个暴君，但他们效忠的那一个暴君同样令人讨厌。任何对这个问题的回答肯定是主观的，但背叛残暴的独裁政权比背叛有法制的民主更容易找到理由。

阿纳托利·古勒维奇在回忆1942年11月他被捕后的经历时写道："我生命中最黑暗的时期开始了，对玛格利特也一样。"德国人带着这对夫妻从法国马赛北上，途中对他们非常有礼貌，让他们住旅馆，房间里慷慨地堆满了酒。最初与押解人的交流还能以对话的方式进行，而不是审问。长时间坐汽车旅行后，夫妻被允许同宿，但他们的衣服被拿走了，早餐桌上不许有刀叉。他们给钱让护卫去买烟供古勒维奇抽，因为他不停地在思考什么能说，什么不能说。这一小队人在路上走了3天，再次进入了比利时。古勒维奇夫妻被关进布伦东克集中营（Breendonk）两个不同的牢房里。他俩的食物仍然不错，询问也有礼貌。汉斯·

捷林（Hans Giering）是"红色管弦乐队"调查组的组长，后来阿勃维尔又派来了哈里·皮佩（Harry Pipe）协助调查，那个苏联人发现此人很熟悉情况。古勒维奇说服德国人派人来翻译他的问题，这样他可以获得思考时间。他承认审问者和蔼的态度和举止让他产生了错觉。

虽然这位格勒乌间谍的回忆录大部分似乎可信，但他描绘被捕后的事，明显前后有矛盾不可信。他和后来被捕的特雷伯，之所以受到慷慨对待，并非是盖世太保有人情味，而是因为没有必要用刑他们就说话了。无法知道他们以及其他苏联间谍到底泄露了多少机密，才致使盖世太保把他们手下的情报员一网打尽。这些人后来相互指责。德国人对古勒维奇说，马卡洛夫——"开姆尼茨"——说他是比利时的苏联间谍头目。对此，古勒维奇给予否定，捷林则命令把另一个莫斯科间谍"鲍勃"——赫尔曼·伊斯布斯基（Hermann Isbutski）——从另外一个牢房里带上来，此人显然在酷刑下招供了，立即认出了古勒维奇，古勒维奇被惊呆了。审问持续了数小时，其间捷林提供了大量的食物。一周后，这个德国人写出了两份破坏性的文件：第一，莫斯科指示"康德"来柏林与哈罗·舒尔策－博伊森相会；第二，他给莫斯科情报中央的报告。这个苏联人说，这显然说明盖世太保破译了从电报员那里获得的他的一些电报。

有一天晚上，他被允许与玛格利特见面，他发现她的心破碎了，这不令人奇怪，因为古勒维奇声称她不知道他的间谍活动，甚至不知道他不是乌拉圭的"文森特·谢拉"。布伦东克集中营接到命令：把古勒维奇和巴克萨转移到柏林去。第二天，他俩上了一辆快车，坐在两个护卫之间出发了。这辆车路上几乎没有停歇，直接到了柏林的一座灰色的建筑物中：这里就是阿布雷契亲王大街第8号盖世太保总部。这个苏联人被带进一个牢房，他的同伴被转移到了亚历山大广场的女子监狱中。虽然古勒维奇在回忆录中没有说他很害怕，但在此后一周肯充满了惊恐。他见到了盖世太保的头目海因里希·穆勒（Heinrich Muller），穆勒向他展示了他与"红色管弦乐队"交往的证据。他与艾斯·斯图碧进行了对质，他在当初去柏林时没有见到过她，但她显然深受酷刑的蹂躏，样子十分"可怕"。一个审问官试图说明舒尔策－博伊森性生活混乱，拿出一张利伯塔丝的裸照证明这点。古勒维奇被告知利奥波德·特雷伯现在被关押在弗雷讷监狱（Fresnes）与德方合作。古勒维奇在阿布雷契亲王大街被单独拘禁了一个多月。一天早晨，他在看守的监督下去公共厕所，走过哈罗·舒尔策－博伊森身旁。两人都假作不认识。这个苏联人说，这个曾经与他一起吃过饭的人看上去没有遭受过酷刑："我不知道他只有几天可活了。"

　　1942 年 12 月底，古勒维奇被带回巴黎。他和特雷伯一起参与到一场盖世太保与莫斯科展开的无线电对抗中了，这场对抗持续了几个月之久。他在弗雷讷监狱待了很短时间，然后被转移到汉斯·捷林在索赛斯街（Rue de Saussaies）的总部。后来，古勒维奇声称，在接下来的几个月里，他一直在抵御德国人哄他用电报制造假情报的骗局。但事实表明，特雷伯的发报机自 1942 年圣诞节就在德国人的控制下开始工作了，而古勒维奇的发报机在 1943 年 3 月 3 日开始活跃起来，但后者只被德国人允许离开柏林去了巴黎一次，因为德国人有信心控制他了。

　　几个月后，整个"被策反"的苏联间谍小组被转移到了巴黎郊外纳伊区（Neuilly）雨果大道上的一套宽敞的大房子里。特雷伯和古勒维奇占据了宽敞的房间，有最好的食物，能自己洗衣服、熨衣服。1943 年 7 月，捷林的喉癌加重，一个月后死了，接替他职位的是海因茨·潘维茨（Heinz Pannwitz）。9 月，特雷伯去巴黎买东西，有看守陪伴，但他利用机会逃跑了，但显然没有引发关押他的那一方的担心，因为特雷伯的价值已经被榨取光了。特雷伯成功地与乔琪·德温特恢复了联系，他俩在名叫"斯帕克"的抵抗组织的帮助下躲藏了起来。至此，德国放松对古勒维奇的行动限制，他回到了巴黎。在巴黎，他获准与玛格利特·巴克萨再次生活在一起；她生了一个儿子，名叫萨夏，时间是 1944 年 4 月中旬。特遣队此时的构成非常复杂，还包括了一个年轻漂亮的英国姑娘，名字叫托妮亚·里昂－史密斯（Tonia Lyon－Smith），她的状态令人迷惑：她负责缝补衣服、沏茶，没有人看守绝对不能离开建筑物，但她后来变成了盖世太保翻译员卡尔·加杰尔（Karl Gagel）的情人。她的故事令人惋惜：她父亲是英国陆军军官，她 15 岁那年正好遇到德军在 1940 年攻陷了法国，她抱着泰迪熊玩具和保姆一起在法国的布列塔尼被抓住了。她在拘留所里待了一段时间，然后在法国过着流浪生活，后来与"斯帕克"抵抗组织住在一起。她似乎与特雷伯和乔琪·德温特有来往，确实写过一封信请一个朋友收留德温特——在这里，德国人找到了那个英国女孩，并抓起来。英国人后来怀疑，1940 年，当里昂－史密斯落入盖世太保之手后，泄露了"斯帕克"抵抗组织的秘密，她在死前一直都否认这个指控。她的经历是特雷伯情报网中无数小秘密中的一个。

　　潘维茨对古勒维奇有某种依赖，很难说这是因为古勒维奇愿意深度合作的结果，或是反映了潘维茨对自己前途的某种担心，究竟详情为何无人知晓。根据格勒乌的说法，盖世太保军官潘维茨意识到这场战争打败了，所以拼命想避免西方盟国逮捕他，因为他手上有血债。1942 年，莱因哈德·海德里希被两名英国人训练的捷克人杀害后，他率领纳粹分子进行了报复，包括在利迪策（Lidice）的大屠杀。古勒维奇劝说这个德国人去莫斯科，因为那里会欢迎他去的。古勒维奇之所以这样做，是因为他相信如果带一个盖世太保高级军官回家，等于有了自己的战利品，一定会使自己的前途光明。古勒维奇与潘维茨维持着密切的关系，直到潘维茨在巴黎解放前夕撤回德国。后来，潘维茨在 1945 年回来过一趟。与此同时，利奥波德·特雷伯平安地躲在他的避难所，直到 1944 年 9 月盟军打了过来。

在"红色管弦乐队"被破坏后，"露西"间谍网就成为莫斯科唯一搜集柏林高层情报的手段。然而，很不幸，就如同未经上级同意的爱情使特雷伯和古勒维奇面临复杂局面一样，瑞士的间谍也陷入类似的复杂情况中。突然之间，亚历山大·拉多觉得自己爱上了电报员玛格丽特·博利，她只有他一半的年龄。他几乎发疯了，每天都去看她。为了有利于见面，虽然他身在日内瓦，却在伯尔尼租了一套公寓住。

这个爱情故事后来演化成为一个悲惨的闹剧。那姑娘说她爱上了别人——对方是一个漂亮的年轻人，名叫汉斯·彼得（Hans Peter），此人实际上是特工，代号"罗密欧"，受德国领事馆的阿勃维尔代表赫尔曼·亨斯勒（Hermann Hensler）的控制。特雷伯的情报员有几个落了入德国人之手，他们认出了拉多，德国人决定不仅要把他抓住，还要把与他联络的人抓住。博利被她的"罗密欧"给迷惑住了，竟然邀请他去她放着发报机的公寓做爱。瑞士警方表现出一股顽强劲，不愿对"露西"间谍网采取强制措施，但其活动太明显，不能再漠视。1942年 10 月 27 日，埃德蒙和奥尔加·哈默尔被捕了。他们想办法把发报机藏了起来，所以最后被释放了，但他们从此不能再为莫斯科服务了。在 1942 年，阿勃维尔成功地破译了一些格勒乌的间谍从瑞士发出的电报，掌握了一系列间谍的代号。1943 年 3 月 16 日，糊涂的博利用明文给"罗密欧"发去一份电报，这进一步帮助了德国情报机关。此时，德国人已经把拉多和他集团中的大部分人置于密切的监视之下了，并给瑞士当局施加巨大压力，要求逮捕他们。

从 1943 年 6 月之后，亚历山大·富特知道自己也被当地警察监视上了。他告诉莫斯科他不能安全地每周发送一次电报了，但格勒乌再次体现出无情的特点，坚持他应该比过去更加频繁地发报，这使无线电定向非常容易。11 月 20 日早晨，一群人冲进他的公寓，其中有一个人拿着手枪，用德语喊道："举起手来！"富特心里一惊，害怕来客是阿勃维尔的人。一般说来，交战过的间谍在瑞士不应该受到暴力对待，但总会有第一次的。这位英国人是少数几个带枪的间谍，他有一支 32 毫米口径自动手枪："在一些困难的接头地点上，有枪让我感到精神舒服。"但他现在着急了，他从来没有想到过开枪逃跑。

抓他的人找到了发报机。当他发现抓他的人仅是瑞士警察时，他放心了。在他被带走前，他成功地吞食了藏在手电筒里的一些电报和花名册。后来，他声称并不讨厌关押他的监狱："几年来，这是我第一次彻底地放松。"他被允许穿自己的衣服，吃外面送进来的饭菜。1944 年 9 月 8 日，他被释放了。不过，"露西"间谍网已经不存在了。

莫斯科在瑞士的间谍，就这样一个接着一个地被抓走了，安娜·穆勒（Anna Mueller）就是其中之一。这位老苏联情报员，被亚历山大·富特形容为"她是个具有慈母般心灵的人，我丝毫不怀疑她在过去的一段时间里像女佣一样工作"。穆勒是苏联间谍网与瑞士护照办公室一名腐败官员之间的联络人。她被抓是中了德国人的奸计，他们给她发电报说她的那个住在德国弗莱堡的表姐生病了。当她发现电报是盖世太保发的时候已经太晚。此后她一直待在集中营里，直到战争结束。富特冷漠地说，对于她为社会主义事业而遭受的磨难，格勒乌从来没有给过她 1 马克或 1 法郎的补偿。

雷切尔·杜波恩岛佛（Rachel Düberndorfer）——"茜茜"——被瑞士警方逮捕后指控她犯了间谍罪，她则声称为英国情报机构工作，希望这样能获得当局比较宽大的处理。虽然判决她入狱 2 年，但她很快被保释，并让她躲藏起来。但她坚持说自己为英国人工作，引发了内务部的怀疑，当她在 1945 年抵达莫斯科后，就被抓了起来，关进了卢比扬卡街的监狱。亚历山大·拉多在他的电报员被捕后，躲了起来，最终偷偷地跨过了边境，进入了法国。他在法国过着地下生活，直到法国解放。鲁道夫·罗斯勒在 1944 年 5 月被瑞士警察逮捕，一直关押到 9 月。虽然他被释放了，但"露西"间谍网这场戏演完了。

后来，苏联人声称，他们在 1944 年初时有 97 名间谍在德国境内活动，其中 10 人是德国人，其中最活跃的（莫斯科说）是"伊恩"——费伦茨·帕塔基（Ferenz Pataki），一个匈牙利人，曾经为契卡（全俄肃反委员会）工作过，最终被人出卖而遭受极刑。赫尔曼·塞林格（Hermann Salinger），代号"达真"，是前国际旅的战士，在 1944 年 1 月被空投到了德国境内——根据苏联人的说法，英国人帮助了他，但西方没有他的档案。海因茨·格洛德甲（Heinz Glodjai），代号"尖锐"，在 1943 年被空投到东普鲁士从事情报工作。1944 年 8 月，皇家空军轰炸柯尼斯堡（Königsberg），他被炸死。

苏联现代的情报编年史学家一直在吹嘘苏联在德国的间谍在二战后期的贡

献，但吹嘘是一回事，实际贡献是另一回事，很难证明他们提供的情报是有用的、可用的。在"红色管弦乐队"覆灭之后，德国反间谍机关的监听人员再没有发现盟国间谍从德国境内发信号的证据，这似乎驳斥了苏联方面说他们在 1943 年和 1945 年在德国境内大量部署了有能力的间谍的说法。躲在德国境内的苏联情报员所提供情报的权威性，远不如早期的"红色管弦乐队"和"露西"所能提供的。然而，在战争后期，战略情报的意义并不重要，因为苏联人在战场上具有压倒性的优势。此外，虽然苏联认为西方盟国否定他们提供资料的重要性，但英美不断地把德国军事活动的信息全面地提供给莫斯科，这些信息均来自于英国的"超级机密"，这些情报不仅告诉莫斯科他们面临的危险，还能帮助他们作战，但莫斯科情报中央从来就没有表示过感谢。

# >>> 第 10 章

# 游击队

## 抵抗者和袭击者

情报和军事行动是相辅相成的，这种情况在战争中非常常见。1942 年 1 月 24 日深夜，在巴黎的德拉莫特匹克大街的一套公寓里，代号"雷米上校"的吉尔伯特·雷诺（Gilbert Renault）——戴高乐抵抗组织的头目——解密了一份从伦敦发来的电报。这份电报包含了一项非常困难的任务：要求他以最快的速度去侦察诺曼底的圣布吕讷瓦勒（Saint－Bruneval）附近一条德国水道的详细情况；与此同时，"为了迷惑德国兵，要他选另外三四处类似的地方进行勘察，随时准备回答上述问题"。雷诺，37 岁，体型消瘦，非常爱国，但 1939 年因超过年龄限制而未能入伍，后来成为秘密战中的卓越人物。天主教是他做间谍的主要驱动力。后来，他激动地写道："如果这是外国的任务或理由不够充分，我是绝对不会去完成任务的。"他形容抵抗运动是"在活动的瓦片上放置瓦片"。他招募具有不同背景的情报员：前军人、建筑师、农夫、贵族。虽然他是一个极端保守派，但为了法兰西的神圣事业，他与共产党人合作。伦敦认为他在安全问题上太粗心，太不讲究间谍的手段，难以成为间谍首领，但他获得过惊人的成功。不过，最终他的弱点毁了他。此时，他派遣罗杰·杜蒙特（Roger Dumont）去侦察布吕讷瓦勒。杜蒙特曾经是飞行员，代号"宝禄"——意思是"宝禄爵"香槟酒。

到了 1 月底，"雷米"的另一个联系人，勒阿弗尔（Le Havre）的修车厂老板查尔斯·肖沃（Charles Chauveau），开着他的西姆卡五型汽车接杜蒙特上路。在快到目的地的时候，他们换上了假汽车牌照。由于有德国人的监视，开车去太危险，于是这两个男人回到了勒阿弗尔。杜蒙特在港口找了一家旅馆住下，旅馆的房间破旧不堪，冷得让人睡不着觉，只能穿着衣服坐在椅子上哆哆嗦嗦地过夜。第二天早晨，天下雪了，杜蒙特和肖沃给那辆西姆卡车的轮胎绑上铁链，吱吱嘎嘎地来到布吕讷瓦勒北面 12 英里的地方。小村子里有一家小旅馆，老板叫保罗·费尼尔（Paul Vennier），是肖沃的朋友，修车厂老板称他是"最好的人"。费尼尔说特维尔（Theuville）有一个大村落里驻扎着德国空军，并且知道德军的人数。他还告诉他们在一个叫"斯泰拉－马利斯"的海滩别墅有一个德军的哨位。他报告说，德军卫戍部队有一个排的兵力，指挥官是一个积极能干的军士长，驻扎在博铭特（Beauminet）。费尼尔不知道半英里外悬崖顶上那间孤零零的房子和附近的"无线电站"的情况。杜蒙特请他带路，去海滩上德国人铺设铁丝网的地方看看。他们遇到一个哨兵，哨兵很友好，对他们说，传说海滩上有地雷阵，但那是假的，只是为了吓唬人别来。在粗略地勘察了地形之后，杜蒙特回到了勒阿弗尔，然后去了巴黎。2 月 9 日夜晚，吉尔伯特·雷诺手下的那个被英国特别行动局训练出来的代号"鲍勃"的电报员——罗伯特·德拉特（Robert Delattre）——给伦敦发去了一份电报，报告了布吕讷瓦勒的情况。这次行动是成功的，因为没有人员伤亡，但不应该掩盖一个致命的危险。根据杜蒙特的报告，布吕讷瓦勒有守兵，但兵力不强。

参战人员必须永不休止地搜集敌人的武器系统的情报，有多种办法能达到此目的：间谍、侦察照相、巡逻、审问战俘。士兵有时对战略和政治情报工作表示怀疑，甚至于蔑视，这时只需要告诉他们情报工作可以获得敌人所用武器的信息，他们就能理解了，因为这意味着可以想办法加以应对。在欧洲上空展开的空战中，双方都使用了最先进的技术，双方都非常热衷于了解对方的技术。德国人在这方面容易一些，他们可以研究在欧洲大陆上被击落的英国和美国的飞机残骸，飞机上装备着最新的导航和轰炸定位装置。但英国人就不同了，与战场隔着一条英吉利海峡，只能依靠情报官和科学家的脑力去探究德国空军的秘密。

1941 年的冬天，英国人意识到德国的夜航战斗机有两套路基雷达系统提供导航，这两条系统的代号分别是"弗雷娅"（Freya）和"维尔茨堡"（Würzburg）。琼斯当时 28 岁，是空军部科学情报处的助理主任和军情六局的顾问。他与斯沃尼奇电信研究所（Swanage）的"技术专家"判断，这两套系统是所谓的"康胡贝线"（Kammhuber Line）上的导航点，德国空军在导航系统的引导下，给英国皇家空军的轰炸机部队造成严重损失。英国人知道"弗雷娅"有巨大的天线阵列，能监视英国的轰炸机。英国人推测"维尔茨堡"可以是用来给战斗机导航的，希望找到一个机会仔细研究一个样本。1941 年 12 月 5 日，隶属于皇家航拍分队的一位年轻的"喷火"战斗机飞行员托尼·希尔（Tony Hill）低空掠过布吕讷瓦勒的悬崖顶上的堡垒，这个地方发出的波长 53 厘米的无线电波在英国本土都能探测得到。琼斯仔细研究了希尔的照片，照片显示"弗雷娅"距离那间房子很近，在房子的南面大约 400 码远的地方，飞行员描述说那里有一个像"碗状的热风机"的装置，直径有 10 英尺，——显然是一个抛物面接收机，肯定是"维尔茨堡"的。

那地方离大海不远，离海滩有四分之一英里。附近没有明显的障碍，也没有看见有铁丝网。显然有可能出奇兵闯进去——更重要的是拿到宝贵的战利品之后能逃出来。琼斯此时已经被英国战争机器的核心所接受，因为他 1940 年在解决德国空军夜间轰炸机导航问题上的突出贡献。现在，他建议对布吕讷瓦勒发动袭击，他的这个建议受到空军参谋部、唐宁街、联合作战总部的热情支持。最后的决定是让袭击者从天而降，然后乘船逃走。

这项袭击任务交给了一个新成立空降兵团里的一个代号"红色贝雷帽"的连队，连长是约翰·弗罗斯特（John Frost）少校。这个连在接受培训后，将要在那栋房子和装置的东面空降，发动奇袭，把那两个装置夺下。丹尼斯·弗农（Denis Vernon）中尉率领一个工兵班负责拆解并搬走关键部件，皇家空军机械师查尔斯·考克斯（Charles Cox）空军上士提供协助。为此，考克斯在灵韦（Ringway）仓促完成跳伞学校的课程。琼斯亲自给考克斯和弗农做了指示，并让他们在一部英国的枪炮瞄准雷达上做了练习。参加袭击的人都在一个布吕讷瓦勒的详细模型上花费几个小时熟悉地形。在多塞特海岸（Dorset coast）上展开的训练很不顺利，不断受到恶劣天气的影响，而且训练结果也不理想，空投飞机和接应的船总是错过接头地点。2 月 22 日，星期日，进行了最后一次训练，结果是伞兵落在齐胸深的冰水里，而水手们竭尽全力营救陷入沙丘中的飞机。这一切预示着这次任务可能遭遇不幸，就如同一周前德国"沙恩霍斯特"号和"格奈森瑙"号战舰刚逃窜过英吉利海峡给皇家海军和空军投下的阴影一样。

这次袭击必须选在有满月的那 5 个晚上进行，这样皇家空军和弗罗斯特的队员才能看清目标。前三天的天气不合适，袭击队员的情绪低落。27 日，星期五，这是最后一个可行的时机了；下午 5 点，上级下达"行动"的命令，大家如释重负。"艾伯特王子"号攻击舰载着海上部队，在炮艇的护卫下出发了。晚上 9 点52 分，6 架飞机降低了高度，每一架飞机携带着布朗式轻机枪和海军小组。那天晚上很巧，正好有皇家空军第 51 中队的 12 架"惠特利"轰炸机从南面飞跃英吉利海峡，于是把弗罗斯特的伞兵载上了。一架"莱桑德"轻型飞机则向北飞，载着"雷米上校",从法国飞到伦敦与戴高乐的情报官开会。正当袭击者开始出发时,雷米也完成了他在"反咬"行动中的任务。

在这支队伍从威尔特郡的斯拉克斯顿(Thruxton in Wiltshire)起飞前,他们听说法国北部下雪了。当部队离开在蒂尔尼(Tilney)的临时营房的时候,白雪覆盖了一切,弗罗斯特认为这是好事,因为士兵在雪地视线比较好。当伞兵上飞机时,一个风笛手吹起了一首悲哀的风笛曲,伞兵队中的苏格兰人听了后感到高兴。天气恶劣了一周之后突然晴好了。袭击者出发时喝了暖和的茶和朗姆酒。上了飞机,他们就唱起了喜欢的老歌——《安妮·劳丽》《特拉里的玫瑰》《卢卢》。在飞行了 2 个小时后,午夜刚过 2 分钟,第一组伞兵从飞机轰炸机地板上洞口跳了下去,几分钟后他们安全地降落在松软的白雪上:布吕讷瓦勒毗邻海岸,能进行精确的导航。在空中的时候,斯拉克斯顿的茶流到了队员们的膀胱里,所有人在小便之后才开始行动。弗罗斯特集合好部队,根据他后来的回忆,他很害怕如此清晰的夜晚会使他们暴露在月光下。但周围寂静无声,只有一条坏消息:有两个班的人,大约 20 个人,失踪了,显然偏离了预定落点。

不能为找迷路的朋友而浪费时间。落地后不到 10 分钟,弗罗斯特率领突击部队快速向那间"孤零零的房子"进发——那堡垒里安装着"维尔茨堡"雷达——另有一组人去巡视海滩,为撤退做准备。少校带队到达了那座建筑物的前面,吃惊地发现门是打开着。他吹着口哨冲了进去,发现只有一个德国人,那德国人企图从楼上射击,他们立即杀了他。与此同时,彼得·杨(Peter Young)中尉那组人占领了"维尔茨堡",一阵乱枪使守军不知所措,四散逃跑了。考克斯上士撕下掩盖着雷达室的门帘,发现雷达还是温的——显然几分钟前,这台雷达还在引导德国战斗机的飞行。弗农中尉,皇家工兵小组的组长,开始在闪光灯下拍照,闪光引来了德国人的炮火,炮火来自黑暗中的某处。

英国人发现,"维尔茨堡"的底座安装在一辆平板货车上,可以旋转,周围有厚厚的沙袋保护。一名工兵用锤子和凿子除掉外壳上的德律风根(Telefunken)的标签和序列号。考克斯不得不用撬棍去撬开发射器的仪表盘。此时,从数百米远处的地方发射过来的德军炮火,虽然准确性不高,但越来越密集,英国人冒着炮火,把德军雷达的关键部件搬到带来的手推车上。弗罗斯特手下有一个人被流弹杀死,但弗农、考克斯和同其他人没有受伤。根据计划,工兵需要在半个小时内把德国雷达取出。但仅 10 分钟,卡车的大灯表明敌人的增援部队来了。少校对弗农说,士兵们拆下多少,就拿多少走——对琼斯和他的同事有用的东西都拿到了。

负责控制海滩的小组受到了德国人的火力压制,但时间不长;连长斯特罗恩(Strachan)被机关枪子弹打成重伤。跟着弗罗斯特,考克斯同其他人一起向海滩移动。他们看到德国人重新占领了那堡垒。突然,东南方向爆发出猛烈的枪声;降落到错误地点的那两个班加速向布吕讷瓦勒赶来,从德国人的背后发动了进攻,就是因为有这次幸运的牵制行动,他们的同志才安全到了海滩。这时出现了几分钟极度紧张的情况:弗罗斯特用无线电信标招呼英国海军,但没有答复。后来,海滩上的英国兵连续发了几颗信号弹,登陆舰才出现在接头地点,伞兵们悬着的心才放了下来。快到凌晨3点的时候,包括考克斯和珍贵的货物在内的袭击部队上了船。"维尔茨堡"的零件刚离开被搬上船,立即就被转移到了一艘摩托炮艇上,然后以20节的高速驶向朴次茅斯,而弗罗斯特的人则坐在登陆艇上慢吞吞地跟在后面,由另一艘炮艇拖着。这次行动死了2人,失踪了8人,这些人一直待在战俘营中,直到战争结束;德国人损失了5人,另有3人被带回英国做战俘。2月28日晚上6点钟,整个队伍登上了"艾伯特王子"号攻击舰,然后召开了一次新闻发布会宣布行动胜利。在那个充满失败的时期,这个小胜利是无比珍贵的,温暖了英国人民的心。

袭击布吕讷瓦勒是二战中最成功的行动。投入不多,损失可以忽略,弗罗斯特的伞兵和考克斯上士给英国带回了"维尔茨堡"雷达最核心的机密:天线、接收器、接受放大器、调制解调器、发射器。这些细节能够帮助琼斯和他的同事理解"康胡贝线"的基本原理——这条导航线由一系列"盒子"组成,每个盒子都装有"弗雷娅"和"维尔茨堡"雷达,引导夜间战斗机去追随一架轰炸机。了解到这点之后,皇家空军就有了显而易见的应对措施:让飞机沿着无线电信号强度最高的航线航行,淹没德国人的电子防线。英国的"洪流式编队"发挥作用了,德国人的"康胡贝线"报废了。虽然轰炸机的损失仍然严重,但布吕讷瓦勒为盟军提供了珍贵的情报突破。此外,此事发生后,德国人被迫加固他们在海岸边的雷达站,这些雷达站可以用航空照相侦察轻松地识别出来。

这次攻击代表了一个协作的典范:在琼斯领导下的一群"学者",他们指出需要找到什么秘密;当地的间谍——"雷米上校"的人——为军情六局侦察到目标;作战计划人员,把间谍的报告与航拍的照片相比较;特种部队,他们执行"反咬"行动。除了空降部队获得奖励之外,琼斯获得大英帝国指挥官勋章。在这次袭击中,袭击条件比较便利,皇家空军和海军能比较容易地找到海边上的目标。在1942年2月的时候,法国海岸线没有重兵把守,但两年后就有重兵把守了。或许最重要的是运气在英国人这边。虽然有许多间谍被抓住了,但"雷米"

的间谍没有被抓住；这次行动伞兵的落点有的准确，有的不准确；德国人没能组织起有效的抵抗力；考克斯成功地拆下了核心部件。在 1940 至 1945 年间，不知有多少次行动让英国策划者感到后悔，英国的秘密战行动很少有如此顺利的。

## 英国特别行动局

在 1940 年法国陷落后，丘吉尔在此后的 4 年战争里，一直认为英国无力在欧洲大陆与纳粹的军事实力对抗，即使后来苏联和美国参战后，他仍然没有改变这一判断。所以必须用其他手段对付敌人——比如，可以对德国进行战略轰炸，也可以在被德国占领的国家展开游击战。就是在这种情况下，英国建立起了特别行动局和政治战管理局（Political Warfare Executive）。稍后，美国也成立了战略情报局和战争信息办公室。这些举措皆因一种错觉，错误地认为希特勒在1939 至 1941 年闪电战的成功是因为希特勒利用了受害国内的秘密支持者组成的"第五纵队"。许多人认为古代就有"第五纵队"。古代围攻城池时，挖地道从城墙地下进入城区，然后发动攻击。英国首相显然持有这种看法。所以丘吉尔谋求为了盟国的事业组织起自己的"第五纵队"。他害怕欧洲被德国占领的国家中的人民，在孤立无援的情况下，将会变得被动，默认德国人的统治，甚至与德国人协作——他的这个看法或许是正确的。

英国首相之所以鼓励在敌后发动袭击和反抗，是因为他有四个目标。第一个目标的重要性最小，就是要完成某些军事任务，在这方面惨败的例子很多，比如，1941 年为摧毁意大利西南部卡拉布里亚的一座铁路高架桥进行的空降联合行动，再比如 1942 年的迪耶普（Dieppe）袭击，还比如战争初期在挪威的一些破坏活动。第二个目标是让英国人民和世界人民认识到战争正在以积极的、有效的方式进行着。本书作者认为应该选用"战区"这个词比较合适。不过，这个说法到了 1942 年后期才成立。第三个目标是使希特勒的帝国产生内耗。第四个目标最重要，就是在纳粹和被征服的人民之间激发起紧张、相互指责、仇恨。在丘吉尔眼里，纳粹的镇压不仅远没有抑制抵抗活动，而且其野蛮行径反而在帮助他实现自己的目标。"殉教者的鲜血，"他 1943 年 8 月 2 日在内阁的防卫会议上说，"是教会的种子。"事实上，大多数欧洲被德国占领的国家的人民在二战结束时都讨厌德国人，部分原因是希特勒的政策所致；还有部分原因是英国和后来的美国鼓动叛乱的结果。抵抗组织的军事成就非常有限，但道德成就是巨大的。

敌后武装游击队的行动与戴着眼镜的数学家和象棋高手的密码破译工作截然

不同，他们蜷缩在布莱切利园、阿灵顿学堂、苏联内务部大楼里摆弄着密码。然而，游击战是秘密战的重要组成部分，最终获得了大量资源，与情报搜集获得的资源一样多，经常是两者间有重叠。1940 年 7 月，英国首相给予特别行动处"火烧欧洲"的特权。他下决心用新手段打一场新战争，而且要用新人，而不是英国总参谋长和百老汇街的首长。他让休·道尔顿（Hugh Dalton）去实现自己的新理念。道尔顿，虽然名声不好，却是经济战大臣、工党议员。一位英国内阁成员告诉外交大臣哈利法克斯（Halifax）勋爵："你从来不同意任何事情，所以根本不必征求你的意见；你组织不起一伙歹徒。"虽然老情报部门像跟德国人一样与新暴发户展开激烈的斗争，但特别行动局变成了一个比军情六局更有效的机构，领导人的个人能力也比较强。

但在 1940 至 1943 年间，轴心国占据优势地位，特别行动局的活动受阻。在被占领土上，德国人和日本人被当地居民视为胜利者，只有疯子才敢去挑战。联合情报委员会的本廷克告诉道尔顿，他反对唤醒欧洲人民起义："时机还没有到，许多无辜的人会被枪毙。"道尔顿耸了耸肩说："这些是首相的命令，必须执行。"道尔顿这位大臣，野心勃勃，为人轻率，大多数同僚都不信任他，但他渴望在战争中扮演比无趣的经济封锁更加活跃的角色：替英国管理游击队便能满足他的这个愿望。后来，对这位想取代安东尼·艾登（Anthony Eden）做外交大臣的道尔顿，有一位特别行动局的官员评论道："他给丘吉尔和其他内阁成员说的，都是他自己对抵抗活动的预测，他在不考虑任何现实条件下假定存在一种反抗的意愿。只有到了苏联和美国加入盟国之后，被占领土上的人民才燃起了真正的胜利希望。"

在 1944 年希特勒的败象显露出来之前，大多数欧洲大陆的社群不想参与起义，害怕由于支持遥远的盟国，会给自己的家庭和家族带来可怕的危险。在与纳粹合作的法国知识分子中，让·科克托（Jean Cocteau）是比较出名的，他对一位想参加抵抗组织的年轻诗人说："你错了。生活比那要严肃多了。"后代人相信科克托说错了，但在二战初期，他的观点在欧洲国家社会和政治精英圈子里很盛行。在德国 1941 年占领南斯拉夫前，特别行动局在敌后部署了 7 台发报机，但没有一台进行发报。有少数几个极为勇敢的被占领土居民，在二战初期便组织起了抵抗组织，比如与军情六局合作的法国人米歇尔·霍兰德（Michel Hollard）、玛丽·玛德琳·富尔卡德（Marie－Madeleine Fourcade），这些早期抵抗人士值得给予最高的尊敬，因为他们的大部分同胞都是在盟国的事业变得很兴旺的时候才加入的。

　　罗伯特·布鲁斯·洛克哈特（Robert Bruce Lockhart）是政治战管理局的局长。在俄国爆发布尔什维克革命后，他是英国秘密情报局的老兵。1942 年 5 月 29 日，他跟英军的几位参谋长谈起抵抗组织的局限。他说，积极分子有时忘记了，盟军的军事胜利或失败决定了本地抵抗活动的高潮或低潮。英国人的声望因打了几年的败仗而受到损害，这是令人悲伤的。此外，无情的占领军比平民抵抗分子强大得多："在俄国 1905－1906 年的革命中，拿着步枪的工人躲在障碍后能与军队展开对峙，"罗伯特·布鲁斯在会议笔记上写道，"今天，根本无力抵抗几辆坦克和一两架俯冲式轰炸机。实施控制变得比较容易……盖世太保的反破坏部队很无情。"他总结道："我认为现在就刺激抵抗运动，使之变得更加积极，希望不大，需要等到英国和美国取得军事胜利之后才行。宣传替代不了军事胜利……时机不成熟，起义很容易被摧毁，我们不应该去推动时机不成熟的起义。"在被占领土上，德国的镇压起义的政策很有效。

　　特别行动局的领导把抵抗运动发展缓慢的原因，归咎于缺少武器，特别是在法国：在 1944 年之前，虽然唐宁街不断提要求，但皇家空军拒绝派遣大量轰炸机给游击队运送武器。然而，过早向抵抗组织提供武器，只能让德国人把他们中更多的人杀掉。没有受过训练的平民获得武器后，只能去进行刺杀和骚扰，如果让他们与德国国防军和党卫军发生正面冲突，结果只能是血腥的失败——这点在 1944 至 1945 年被多次证实了。战略情报局的军官麦克唐纳·奥斯丁（Macdonald Austin）在谈论法国抵抗运动分子时说："有时他们做的事奇妙极了，但你必须注意，他们在下次行动中可能会忘记给车子装载木炭。"——法国被占领后，汽车烧木炭做动力。盟国远征军最高统帅部的一位情报官说："你制订军事计划不能依赖游击队，因为你无法知道他们会怎样行动。"

　　从 1938 年起，至特别行动局建立为止，在这段时间里，军情六局供养着一个名叫"D 小组"的敌后破坏部队。组长叫劳伦斯·格兰德（Laurence Grand）工兵少校，他是一个瘦高个，脾气古怪，喜欢抽长柄烟斗，扣眼上挂着康乃馨。格兰德有许多奇怪的想法，但没有一个是能实现的。在战争初期，他提出奇怪的招数，比如付钱给斯洛文尼亚流氓团伙，让他们把沙子撒在开往德国的列车的轴箱里。格兰德手下新来的助理，无法相信格兰德竟然让他通过邮局寄现金去资助东欧的破坏团伙。没有人相信格兰德。英国外交部的格拉德温·杰布要求把格兰德撤换掉，他在给贾德干的信中口气轻蔑地说："我能看到的他的唯一优点是对手下人大方，受众人爱戴，他手下人中有一两个能干的。但让这样的人去跟德国总参谋部和德国情报部门对抗，就如同让一个骑着驴子的演员进攻一支装甲部队一样。"

　　听到这样的汇报，英国首相决定介入此事，坚持应该建立一个新的机构，在整个欧洲进行破坏活动，并扩张到巴尔干，后来又扩张到了远东。最初，特别行动局的领导是弗兰克·纳尔逊（Frank Nelson）爵士，前帝国商人、议员，1914至1918年做情报官。1942年，他被银行家查尔斯·汉布罗（Charles Hambro）爵士取代。戴高乐的情报官安德烈·德瓦弗兰（André Dewavrin）在评论汉布罗时说："一个有魅力的人，但总是看不见他的踪影，因为他有好多事要做。"自特别行动局成立初期起，其行动处的处长科林·格宾斯（Colin Gubbins）就是最能干的人，他是来自苏格兰高地的军人，做过情报工作，在陆军部著名的不守常规的勇士约翰·霍兰德（John Holland）上校手下服役。1943年9月，格宾斯晋升为少将，接替了汉布罗做了特别行动局的局长。

　　特别行动局——有些人不敬地称之为"歹徒"——是在贝克大街64号诞生的，对外的名称是军种关系研究局（Inter－Service Research Bureau）。到了1945年，它的地盘扩大了，办公区占地6英亩，从贝克大街地铁站一直延展到波特曼广场。特别行动局雇用了各类人员：来自不同军种的士兵、来自占领区具有专业知识的平民、难民、找不到合适位置的冒险家。特别行动局在斯蒂夫尼奇（Stevenage）建立起一所培训敌后破坏技能的学校，在沃特福德（Watford）的是一所恶意宣传学校，在爱洛特湖（Loch Ailort）的是野外生存学校，在阿里塞格（Arisaig）的是游击战术学校。在内布沃斯（Knebworth）附近的阿斯顿宅邸有一所培训颠覆技能的学校，其中最知名的教员是前上海警察费尔伯恩警长和赛克斯警长，他俩教的所有课程都以徒手格斗做结尾，并且口中念念有词道："最后踢他的睾丸。"军情六局在工作人员培训方面做得很少，工作人员要像业余绅士一样边干边学，这是一个明显的失误。即使是百老汇街的官方历史学界也承认，特别行动局的工作培训很好：有几所培训学校在战后融入了秘密情报机关。

　　特别行动处有野外任务，这需要与军情六局截然不同的技能。"对获得情报感兴趣的人必须喜欢安静，但敌后特工绝对不行。"比卡姆·斯威特－艾斯科特（Bickham Sweet－Escott）写道，他曾经为这两个机构都工作过。相反，被派到野外进行游击战的特工必须要能制造混乱，很可能派出去执行任务的人就回不来了。特别行动局在早期犯过很多错误，这说明他们没有经验。杰克·比弗尔（Jack Beevor）是律师，曾在一战中是炮兵军官。特别行动局派他去中立的黎巴嫩，他在那里用自己的名字租了一套公寓，供军情六局的同行与当地的情报员见面之用，但房主向葡萄牙当局告发了他，当局立即驱逐了这位特别行动局的代表。1942 年春季，特别行动局的一名先遣登陆部队的队员，在地中海安提帕罗斯岛（Antiparos）被意大利人逮捕；他身上带着一份英国在雅典的联系人名单，这个不谨慎的行为造成倒霉的希腊人丢了性命。特别行动局在伊斯坦布尔的港口里部署了水下爆破弹，但没有能炸毁为轴心国运送石油的罗马尼亚油轮。

斯威特－艾斯科特描述了他在早期对这个新成立的机构的看法，他当时与白厅都认为特别行动处是"在浪费时间、精力、金钱……我们的成绩……可以忽略不计。但我们的胜利和失败取决于敌占区的男男女女是否愿意为盟国的事业献身……如果他们不信我们会取得最后胜利，他们的意愿就会降低。他们的态度影响了我们的行动是否会成功"。在 1941 至 1942 年间，特别行动局面临的任务都非常棘手，因为需要深入敌人腹地——例如，德国空军"秃鹰"远程海上侦察机的基地在法国的布雷斯特，但法国行动组在那个地方缺少当地人的支援去进行破坏。在发现英国人没有像在一战中那样攻击罗马尼亚的油田之后，阿勃维尔困惑不解，但实际情况是贝克大街缺少手段。

在德国入侵英国之际，特别行动局开始接受任务，其中有几个任务是组织起了敌后武工队，摧毁一些重要的设施。此后，特别行动局开始培训年轻的男男女女，然后派遣他们去被德国占领的国家，尽可能与当地的同情者取得联系。这个工作很不容易，而且还需要皇家空军提供帮助，这就更不容易了。贝克大街第一个大胜利是 1941 年 3 月的"瓦砾"行动。在这次行动中，乔治·宾尼（George Binney）指挥 8 艘货轮，满载着稀缺的商品和工业材料从瑞典的哥德堡（Gothenburg）溜走了。这个任务军人是做不到的，因为违背了瑞典中立的原则。在那年的后半年，特别行动局又成功地进行了另一次类似的行动。与此同时，派头十足的格斯·马池－菲利普斯（Gus March－Phillips）在西非指挥了一次袭击，任务是"除掉"7600 吨的意大利"奥斯塔公爵夫人"号远洋客轮，这艘船在裴南多岛（Fernando Pó）外享受葡萄牙人的保护。他割断那船的缆绳，然后把船拖到公海，交给了皇家海军。马池－菲利普斯的行动被命名为"邮政局长"，对宣传很有利，表明英国人神通广大。

特别行动局的某些计划极具想象力，能与阿勃维尔媲美。1942 年 1 月，贝克大街建议派遣特工去阿富汗，鼓动当地部落起义，借以阻止德国可能入侵印度——这些部落包括：巴拉克扎伊斯（Barakzais）、佛帕尔扎伊斯（Fopalzais）、阿里扎伊斯（Alizais）。他们还制订了对日本发动生物战的计划，空投有害的昆虫到农田里。特别行动局的一名官员与伦敦自然史博物馆的专家讨论了可能的手段，回来后报告说："他说棉铃象虫不是最理想的害虫。更加厉害的是棉红铃虫，这种害虫在埃及每年造成上千万镑的损失。"虽然日本人确实在中国使用了生物武器，但贝克大街没有学日本人，既没有拿人做试验品，也没有投放棉铃象虫。

许多人批评特别行动局。1941年英国驻巴格达大使给伦敦发回一份电报，用轻蔑的口吻批评诸如朱利安·埃默里（Julian Amery）那样的年轻军官是"为了战斗而战斗"。有这种抱怨的外交官很多，但这正好反映了他们还不理解"为了战斗而战斗"正是英国首相的意图。欧洲各国在伦敦的流亡政府偏爱低调的抵抗运动政策，等待解放的日子来临，但丘吉尔要求立即展开引人注目的方式进行武装反抗。还有人甚至批评特别行动局宣称的成绩并没有实际效果。特别行动局摧毁了希腊戈尔戈普特姆斯高架桥（Gorgopotamos viaduct），这显然是一项成就，但这项成就到了1942年11月才实现，这时英国第8集团军已经从埃及向西运动了，德国在希腊的供应线对北非战役已经变得无关紧要。

即使是贝克大街的人，也认为有些行动更多是满足了年轻军官的冒险精神，并非真正加快盟国的胜利。比卡姆·斯威特－艾斯科特反对特别行动局在克里特岛绑架一名德国师长，虽然这项战果能带来好名声，但必然导致德军对当地居民进行报复。"这样的牺牲在1941年的严冬里也许是值得的，因为那时局势很糟糕。"他写道。但到了1944年4月，特别行动局几个勇敢的冒险者展开这项给他们带来好名声的刺杀行动，结果是残忍的弗里德里希·缪勒（Friedrich Müller）将军取代了"相对无害的海因里希·克赖佩（Heinrich Kreipe）将军……但此时已经是1944年了，离胜利仅几个月的时间，我认为难以证明这项行动的代价是合理的"。

在占领区，许多当地人对搞派系斗争比较感兴趣，反而对按照伦敦的指示为盟国做事没有多少兴趣。特别行动局和战略情报局来的派出人员都很年轻，其中还有少数是女的，他们既大胆，又傲慢，刚到就要求当地人放弃地区差异，追求打败轴心国的最高目的。但许多法国人、希腊人、南斯拉夫人、意大利人、阿尔巴尼亚人、马来人、缅甸人拒绝接受这样的要求。只跟德意日三国的人斗，不跟其他人斗，这或许符合外国人的利益，但不符合许多当地帮派的利益。这些来自英美的军官，战后都不想留在那些国家里；他们来到当地，就是为了鼓动起义。除了自己的性命，他们没有什么可损失的，而他们都是未婚的年轻人，对生命不吝惜。

1944年4月，军情六局的奈杰尔·克莱夫（Nigel Clive）从希腊发回一份报告，他在报告中强调公众期待夏季获得解放，并给出了精明的预测："真正重要的是战后的事。流行看法是解放之后，城镇要变成内战的战场。公众的需要按重要性排列如下：食物、自由、让大家能开始生活所需的最低限度的安全。希腊没有一个政治运动能满足最后一个要求。希腊有几个山区武装游击队，他们之间相互不信任。"南斯拉夫的情况也类似，不符合规矩的土办法大行其道：德国人生气地从一份截获的电报中发现，米哈伊洛维奇（Mihailovic）将军率领的南斯拉夫游击队释放一位被俘的意大利将军，换回一门野战炮和一些弹药。

1943 年 1 月，斯图尔特·孟席斯对特别行动局一直不满，有一次在罗伯特·布鲁斯·洛克哈特面前爆发了，洛克哈特记录下这次对话："能不能做点什么别让他们继续演戏？"孟席斯强烈要求道。"他们从来没有取得过任何成绩，他们的特工全都处于危险之中，他们在政治上是新手……（孟席斯）认为如果不让他们乱作为，我们情报部能大有作为。"1943 年 3 月，军情五局的盖伊·利德尔写道："我们与（军情六局）和特别行动局之间行动不团结，这是个大威胁。"在这三个部门之间，经常讨价还价，除了痛苦的争吵，还有滑稽的斗嘴。1941 年11 月，特别行动局的阿奇·波义耳（Archie Boyle）空军准将在百老汇街与克劳德·丹齐讨论如何给间谍取代号，他们之间的对话记录如下："希腊字母表，以及汽车的名字、运动项目名、水果名、颜色名字预留给军情六局……我决定特别行动局今后不会再用水果名字了……我理解你提议把音乐家和诗人留给军情六局，因此我将远离这些人的名字。"如此幼稚的争吵使百老汇大街和贝克大街各自成立了独立的无线电机构。在战场上对立情绪能走上极端：特别行动局的军官斯皮克·莫兰（Spike Moran）射杀了军情六局的科斯塔·劳伦斯（Costa Lawrence），此人是一个精神有毛病的希腊人，他对共产党领导的希腊人民解放军有一股异常的热情，当他发现那个英国小组正在与希腊人民解放军联系时，便把消息泄露给希腊人民解放军的敌人德国人。

特别行动局曾经做过一系列的蠢事，遭受了人员伤亡，几乎断送了自己的前程，事情败露后，引发极度尴尬。总体看，最大的失败发生在荷兰，军情六局也身陷其中。1941 年夏季，一名百老汇大街的间谍被捕了，同时被缴获的还有一大堆过时的电报——这是秘密电报员常见的错误。根据这些过时的电报，德国军事谍报局在德国密码专家梅宜（May）中士的帮助下破译此后的一系列电报。1942 年 2 月 13 日，两名军情六局的间谍被捕了，其中一个招供了。

另一方面，特别行动局的两名荷兰特工被空投后发现贝克大街太粗心了：他俩的身份证是伪造的，但荷兰皇家徽章上两头狮子朝着同一个方向，而不是相对着。更令人难以置信的还有，许贝特斯·劳韦尔斯（Hubertus Lauwers）和蒂斯·泰肯尼斯（Thys Taconis）获得了一模一样的平民衣服。空投在 1941 年 11

月 6 至 7 日夜晚进行，空投前，他俩在纽马克特（Newmarket）的准备棚里向指挥官抗议衣服的问题，那指挥官安慰他俩说没有人会注意。不过，他俩安全落地了，而且在海牙和阿纳姆（Arnhem）还展开了工作。有个本地人帮助了泰肯尼斯，此人名叫雷德霍夫（Ridderhof），他是德国的情报员。荷兰在 1941 年时有许多德国情报员活动。泰肯尼斯所做的一切，都上报给了阿勃维尔的聪明能干的赫尔曼·吉斯克斯（Herman Giskes）将军。1942 年 3 月 6 日，劳韦尔斯在海牙发电报的过程中被捕，身上搜出几份过时的电报。当他恢复发报后，接收方的电报员没有注意到他按照协定给出的表示已经被敌人控制的信号。于是，一个接着一个特工被空投到荷兰，迎接他们的都是吉斯克斯的人。这些被俘的特工感到了震惊，因被出卖而感到痛苦，大多数人开口说话了，每当审问一个新话题时，他们发现德国知道的是如此的多，这让他们感到慌乱。劳韦尔斯在后来几份电报中又插入了警告信息，包括"被捕"这个词，但伦敦的电报接收员傻乎乎地忽略了。

特别行动局扩张的速度很快，这意味着许多特工是在匆忙培训后就被派上前线的，特别是电报员，包括他们在哈登学堂的同行。后来，有一位名叫阿洛伊斯·施瓦策（Alois Schwarze）的阿勃维尔侦听专家被英国人抓住了，他表达了对英国特别行动局在法国的无线电纪律的质疑。这位 24 岁的军士说，许多盟军的特工发电报很慢；他们用明文或很简单的密码报告下次行动的时间安排；他们使用的三位字母的呼号很容易理解，就跟他们说"喂和再见"一样。施瓦策说，他和同事吃惊地发现，这些许多被抓住的电报员根本没有意识到他们被德国的无线电方向仪器监视着。他们被抓住的时候，经常还带着过时的电报，这点跟荷兰人一样。匆忙对平民进行间谍培训，然后就派他们去前线，必然导致他们短缺职业技能。尽管如此，他们因此而丢性命的不多。

传说盟国的特工和抵抗组织成员落入德国人之手后很少交代，但这种传说是不正确的，荷兰的经验就证明了这点。几乎每个国家的囚犯都或多或少交代一些，无论是否遭到了严刑拷打。首长们只能希望前线的军官和特工能坚持至少 24 小时或 48 小时招供，利用这段时间，这样可以取消会议，让联系人逃跑。在法国的盖世太保，聘用拉脱维亚人、荷兰人、法国人执行拷打囚犯的任务，执行拷打任务最多的是法国人，而德国军队在一旁提问。间谍被抓住后，如果交代，就能给50%的活命机会，有时还能说到做到。魏格尔（Weigel）下士是党卫军的翻译官，参加了许多次在凡尔赛进行的"终极审问"。据他回忆，只有两个人保持了沉默：其中一人是齐格勒太太（Ziegler），魏格尔认为她是一个阿尔萨斯人；

另一个是坦什布赖（Tinchebray）上校，于 1944 年 6 月在圣马塞尔（Saint－Marcelle）被捕。不招供的人仅是少数情况，他们的事迹被占领军、抵抗组织、伦敦的首长们赞许。从各国的情况来看，间谍落入敌人之手，如果还有利用价值，就可以活命，等价值用光了，就要被枪毙了。"谋杀"这个富有感情色彩的词，在二战结束后经常用来形容特别行动局的特工被德国人杀死的情况，特别是当受害人是妇女时。特工被抓后，总是想透露多少信息而不会被视为叛徒，有些特工在回答这个问题时做出了错误的判断。

最后，吉斯克斯在这场所谓的"英格兰游戏"中操纵了 14 部英国人的发报机，在长达 2 年的过程中，不断有空投的武器弹药、游击队员、电报员直接落入德国人手中。在被俘的人员中 51 人来自特别行动局，9 人来自军情六局，一个妇女来自军情九局，他们中只有几个人被枪杀。1943 年 8 月，有 5 个被俘人员逃跑了，他们向伦敦发出了这场灾难的警讯，但给他们发电报的人是德国特工，所以这份电报没有发出去。在逃跑的人中有两个成功地返回了英国，但阿勃维尔用一部受控的发报机告诉特别行动局这两个逃犯是受盖世太保控制的，结果他俩刚回到英国就被关进了监狱。最后，吉斯克斯认为他的这个"北极"行动已经用光了所有可能性，于是在 1944 年"愚人节"发出了最后一份嘲笑特别行动处的电报："无论你们何时来这片大陆，你们可能都会受到相同的照顾，结果跟你们之前送来的所有人是一样的。"除了军情六局和特别行动局损失的特工，数百名本地抵抗组织成员被消灭了，这全是因为特别行动局下属荷兰小组的领导人查尔斯·布利泽德（Charles Blizard）少校、西摩·宾汉（Seymour Bingham）少校的过错。1944 年 6 月 19 日，休·特雷弗－罗珀写到，虽然他一直蔑视德国的情报工作，但德国情报官在镇压抵抗组织方面展示出可怕的高效率："无论德国保安局在评估情报方面有多少欠缺，他们在反间谍方面的能力是毋庸置疑的。"

那些嘲笑德国人在英国的双料间谍系统面前做傻子的人，此时应该注意到特别行动局和军情六局在荷兰行动中表现出的轻信毛病。当然，这两者之间还是有区别的。对德国来说，阿勃维尔通过受英国控制的双料间谍传送的情报具有战略意义，但对盟国来说，"荷兰事件"仅具有局部意义。就因为这个丑闻，荷兰政府气急了，他们有一段时间竟然相信宾汉少校是为纳粹服务的双料间谍。实际上，无能是他的问题，但他明智地移民到了澳大利亚，这样他在那块儿不知道他羞耻的大陆上开始新的生活。荷兰惨败的事暴露后，虽然白厅要求特别行动局关门，但它还是熬了下来，因为丘吉尔拒绝任何在二战结束前对情报部门做彻底的改革。

二战后，有一位匿名的批评家，此人显然熟悉情报界的内幕，可能本人就是对特别行动局不满的军情六局的老兵，曾经这样评论特别行动局的高官，这些人"展示出了一种肆无忌惮的热情，有些人有共产党背景，这需要认真审查。其中有几个人简直就是疯子"。然而，比较熟悉情报界高层的本廷克，在他晚年给予了特别行动局热情的评价，声称这个机构里有"好人，非常好的人"。或许科林·格宾斯不是一个杰出的人，但他是一个有能力的组织者，并且有一些穿军装的平民支持他。不过，本廷克也说出了军情六局的弱点："那里面有许多老兵，都是参加过一战的……他们幻想自己是间谍网的首脑。"奈杰尔·克莱夫是军情六局的特工，他说："特别行动局无疑是最好的。"

自那时起，总有一些人夸大抵抗运动对战争进程有影响。哈里斯·史密斯（R. Harris Smith）是美国战略情报局令人尊敬的编年史学家，他写道："游击战是正面战场的必要补充，但盟国总部反对游击战，他们的偏见妨碍了特别行动局和战略情报局的军官与抵抗组织建立联系。"英国和美国的老兵们确实怀疑游击队的作用，但他们的怀疑是有好理由的。游击队在几个战场有边际效益，但即使在南斯拉夫和苏联，游击队也无法取代正规军。许多国家都有抵抗组织，他们在二战结束后发挥的作用比较大，在打败轴心国上发挥的作用比较小，典型的例子是巴尔干地区的游击队。

1943年之后，南斯拉夫变成了特别行动局的焦点，特别行动局雄心勃勃地支持铁托的游击队，铁托的游击队所获得的武器是各国游击队中最好的；但法国仍然是贝克大街最有名气的战场。实践证明派轻型飞机去法国北方跳伞相对比较容易。在1941至1944年间，皇家空军"莱桑德"式联络机飞行了320架次，其中210架次是成功的，投放了440人，营救走了630人，仅6名飞行员被杀。在农村，许多英国特工和电报员可以自由生活很长时间。但在法国城市里则不同，到处是协助纳粹的人和告密者，人员损失率是极高的。1943年6月5日，军情五局的局长大卫·皮特里爵士给孟席斯写信猛烈抨击了军情六局和特别行动局，说他们"近几个月以来，在欧洲大陆，特工遭受严重损失"，因为有德国人的渗透——这时荷兰的那场灾难还没有被披露出来。

大部分在欧洲大陆被德国人抓住的盟国特工，都是因为有人叛变。奥卢夫·雷德－奥尔森（Oluf Reed－Olsen）描写了他在挪威做英国间谍的故事："最令人害怕的是自己人；我认为挪威的所有特工、游击队员、'访客'都会同意这个观点。那里有许多人对苏联人既恨又怕，即使你让他们做一点事，他们都不情愿，因为他们认为盟国的事业太有赖于共产主义了。"奥尔森的苛评对法国也适用，几个英国叛徒造成了可怕的伤害。在比利时北部领导逃亡通道的人，是代号"帕特欧乐锐"的比利时军人艾伯特·格里斯（Albert Guerisse）上校，他在1941 年冬天招募了一个帮手，此人自称是哈罗德·科尔（Harold Cole）上校，他说自己是在 1940 年英国远征军撤退时留下来的。陆军部负责逃亡通道的单位是军情九局，他们没有发现英军记录里有这样一个，倒是有一个叫哈罗德·科尔的下士带着部队的现金开小差了。格里斯此时已经怀疑上了科尔，因为此人拿着逃亡通道的现金过着奢侈的生活。双方在进行了一次紧张的讨论之后，格里斯派遣这个令人讨厌的人去了里尔（Lille）。

1941 年，科尔去了那座城市没有几天，就协助德国人逮捕了逃亡通道最忠心耿耿的协助员卡尔庞捷神父（Abbé Carpentier），神父在一家本地报社为逃亡者印刷身份证明文件。又过了很长一段时间，科尔实际上为阿勃维尔工作了很长时间了，有好几个化名。抵抗组织发出了命令，遇见就枪毙他。1942 年 5 月，科尔被维希法国的警察在未被德国占领的法国领土上逮捕，并判了长期徒刑，此后就消失在抵抗组织的视线外了。1945 年，他再次露面，在美国人占领的德国地区被捕，仍然冒充是英国上校。在拘留期间，他逃跑了，来到了巴黎，最终被当地的警察枪杀了。军情九局认为他要为与格里斯逃亡通道有关的 50 条人命负责。

在二战的大部分时间里，英国和自由法国对抵抗运动有矛盾，矛盾主要体现在未来前景上。丘吉尔渴望立即发动武装起义，协助盟军打败纳粹政权。戴高乐将军则不同，他抱有一种政治理念——拯救法兰西的灵魂，使之摆脱 1940 年投降陷入的羞辱的泥潭。他把抵抗运动定义为"一种民族的表达"。自由法国的情报人员在英国特别行动局的设施里工作，由安德烈·德瓦弗兰在伦敦进行指挥，他是工兵军官，生于 1911 年，绰号"帕西上校"，毕业于巴黎综合理工学院，在法国圣西尔军校做过教员。德瓦弗兰无疑是个聪明的人，仪表堂堂——身材高大，稀疏的金发，有一种迷惑人的柔软腔调。实际上他是技巧高超的政治斗争高手，这在伦敦这个充满了流亡者的疯人院里是必不可少的。他习惯穿平民服装，但特别行动局的官员发现，如果他穿军装来上班，肯定是他要与谁吵架了。他的部门叫"军事行动中央情报局"（Bureau Central de Renseignements et d'Action militaire，缩写是 BCRA），工作地点在圣詹姆士广场，泡尔商业街对面正好是戴高乐在卡尔顿花园的总部。德瓦弗兰招募到了一些非凡的人物，他们中杰出的是"雷米"吉尔伯特·雷诺，此人最初受委托在西班牙组织一条逃亡通道，因为他曾经拍摄过一部有关哥伦布的电影的短暂经历。他的机构叫"巴黎圣母院团"，很有名气，在布吕讷瓦勒袭击中发挥了作用。

然而，戴高乐和德瓦弗兰在很大程度上把他们在敌占区的特务视为自由法国的使者，而不是盟军夺取胜利的工具。有一件事让自由法国的声誉大跌，1940年，当第一名军事行动中央局的特工被派往敌占区时，他乘坐皇家空军的飞机到达了跳伞点，但他拒绝跳下飞机。在此后的二战期间，他一直在卡尔顿花园做参谋。1941年夏季，军事行动中央局在德占法国境内仅控制2台电报机，其中一台在8月中旬关闭了。当有人从法国逃到英国后，特别行动局就把他们中最有希望的人挑选出来，送这些人去旺兹沃思的维多利亚女王爱国学校，在那里接受长时间的审问和审查，那地方真可谓是巴比伦的"通天塔"。此外，戴高乐设计的民族运动是一个高度集中的机构，这使军事行动中央情报局极容易被德国人渗透。

戴高乐将军曾公开说自己受到了英国人的羞辱，因为英国人不把机密告诉他的法国同伴——布莱切利园的"超级机密"严格地把法国人排除在外了。军情六局是这样形容与自由法国的关系的："试图跟一个妒忌心重、敏感、控制欲强的老婆保持和睦的关系那样。"例如，英国译码员发现戴高乐手下的人正在与中国人谈判，争取在中国人帮助下保住印度支那地区。1944年5月，英国人被迫从自己的秘密基金中拿出5000镑付给一个叫杜富尔斯（Dufours）的法国人，让他闭上嘴，因为此人把伦敦的戴高乐分子告上了法庭，控告他们非法拘禁和折磨他。卡尔顿花园对这桩英国人称为丑闻的事极其不敏感。自由法国的高官觉得他们有权随意对待同胞，即使在伦敦中心也无所谓。

自由法国的军事行动中央情报局继承了法军对待信号安全的草率，他们使用的密码被德国人破译了，军情六局的警告也没能让法国人警惕起来。在对法国的闪电战中，德军获得了一列车的法国情报文件，懒散的阿勃维尔花费了2年的时间才分析完。1942年，他们在其中发现一份法国在德国的情报员人员名单以及所付的情报费。拿钱最多的是"阿舍"，简称"他"，后来德国人认为此人就是汉斯—提罗·施密德，他在战前向盟国提供了恩尼格玛密码机的信息。他在1943年4月被捕，在9月去世了，不清楚是被杀或自杀。

那个春季，安德烈·德瓦弗兰去了一趟法国，考察一下被占领土的情况。此举显然是勇敢的，而且他安全地返回了。不过，他所冒的风险并非仅是他个人，而是整个机构的机密和所有联络人的性命。炫耀是间谍的大敌。戴高乐和丘吉尔都对抵抗组织的成员德拉瓦杰尔（de la Vigerie）有吸引力，此人是贵族后代，后来成为戴高乐的最杰出的支持者。但许多认识德拉瓦杰尔的人都觉得他是个不稳定的幻想曲作曲家。有一次去美国，他头上戴着麻布袋去参加了一次新闻发布会，借以不让外人知道他是谁，但从柏林到华盛顿，大家都知道他是谁。在英国外交部的一次会议上，军情六局的局长和特别行动局的局长都表达了他们共同的观点："包括德拉瓦杰尔在内的法国抵抗运动的领导并非对与德国人战斗感兴趣，而真正感兴趣的是建立起一个机构，在把德国人赶走后攫取权力。"这样说是有根据的。军情六局和特别行动局汇集了从法国搜集到的人工情报，特别是其中包含了在诺曼底登陆前的情况。德瓦弗兰尴尬地发现，抵抗组织战斗队的队长亨利·弗里内（Henri Frenay）把情报卖给了战略情报局的艾伦·杜勒斯，获得了一大笔钱，这些钱没有捐给自由法国的事业。

英国人知道戴高乐分子在法国的政治结构有问题，导致情报员容易受到伤害，这点在 1943 年春夏获得了证实，因为盖世太保逮捕了许多人。受害者中包括：让·穆兰（Jean Moulin），"伦敦法国人"的旗手，严刑拷打后被处死；查尔斯·德·莱斯特仁特（Charles de Lestraint）将军，63 岁，戴高乐推荐他做"秘密军"的指挥官。莱斯特仁特没有秘密战的天赋，也没能拯救反抗维希法国统治者的运动。1943 年 6 月 6 日，他被捕后并非给盟军的战争努力带来不利影响。虽然政治宣传把戴高乐在诺曼底登陆时捧为法国巨人，但批评者断言军事行动中央情报局创造出来的殉道者人数，远比创造出的抵抗者人数要多。

民主国家的平民很难适应情报工作铁的纪律——做秘密工作的人信任他人是危险的自我放纵。这就意味做情报工作的人不能为了使自己显得伟大，而随便表达自己的民族感情，不能说自己在为民族自由而战斗，因为这样做是极度危险的。奥卢夫·雷德－奥尔森承认同胞不谨慎的弱点："并非只有挪威人有这个弱点，要知道我们国家已经有 125 年没有战争了。饶舌是我们的大问题……人们忍不住告诉朋友自己在干什么。"绝大部分衷心的抵抗分子来自卑贱的底层社会。军情九局的官方历史学家写道："逃亡者和躲避者表现出了一致性……穷人勇于帮助他人，富人则袖手旁观。"秘密活动中也有类似的规律：可以大胆地说，财产多的人最不反对德国占领军，但财产最少的人反抗得最激烈。

乔治·希勒（George Hiller）为特别行动局工作，在 1943－1944 年间去法国农村做特工。他后来回忆这段经历，他的描述很感动人。根据他的说法，在庇护者和受庇护者之间，存在着一种最紧密的关系，因为他当时就躲在人民大众之中：他是个英国特工，每天的命运都取决于法国当地人和他们的家人——这些当地人都是小人物，比如是农民或教师或工会分子，他与他们素不相识，如果在和平时期，他和他们肯定会被阶层差异、社会差异、文化差异隔离开来。可他们保护他，尽管他们知道这样的友情被暴露后，他们可能会被囚禁，会遭受严刑拷打，甚至生命财产都会被剥夺。

平民旁观者如果偶然接触到秘密信息，会很担心受到别人的揭发或占领军的报复。有一天，雷德－奥尔森在挪威坐火车时突然遇到搜查。他从车窗把三本护照、一把左轮枪、一大卷钞票丢到田野里，而旁边的旅客恐惧地看着他，不过这也就是他们能做的。军情九局的詹姆斯·朗格利（James Langley）在战后提出一个看法，每一个盟军士兵或飞行员通过秘密通道逃生，就会有一个抵抗组织人员丧命。当著名的"彗星"间谍网被破获后，有大批成员被囚禁等死，朗格利为此而动容，请求军情六局去拯救他们。克劳德·丹齐用在莫斯科情报中央才能听到的尖刻语言说："吉米，你的问题是你爱你的特工。"

地中海是特别行动局最佳的打猎场，许多特工在此收获甚大。一些批评家认为，特别行动局在开罗总部的格雷·皮乐斯（Grey Pillars）把这个重要作战中心形容得太舒适了。1941－1942年间，建设性的气氛被敌意和相互猜忌给破坏了：一名上校在自己的电话上安装窃听器，以便记录下他与同事的对话。1943年，特别行动局的开罗总部出现了一次大的机构调整，但它从来不是一艘幸福的航船，至少在那些共产主义的支持者（其实是宣扬者）和英国军官及比较保守的成员之间有矛盾。

在南斯拉夫，特别行动局原来支持保皇派米哈伊洛维奇将军，后来转而去支持共产主义分子铁托，这种工作方式的转变带来了永久的痛苦，因为有几名英国特工因此而被杀。人的性格对结果影响很大：与米哈伊洛维奇一起工作的人都是死气沉沉的记者，但在丘吉尔的前历史研究员威廉·迪金（William Deakin）少校和日后的保守党议员菲茨罗伊·麦克莱恩（Fitzroy Maclean）上校发回的报告中，充满了激励人心的火花，这是因为他俩被铁托的人格、政治目标、对待德国人的手腕迷惑住了。迪金和麦克莱恩成为二战中最有影响力的秘密间谍；他俩的报告决定了英国首相到底支持谁，这最终导致英国为共产主义事业提供了大量的武器装备。

1943年之后，各种作战资源变得充沛起来，特别行动局在开罗展开了大规模的行动。到了10月的时候，在巴尔干地区已经展开了80次野外行动，空中运输部门的前诺丁汉电车公司的经理，名字叫威金顿（Wigginton），此人做事极为高效，深受赞誉。与此同时，"船长"普尔（Poole）指挥着名字吓人的黎凡特渔业巡逻船向希腊提供各种物资。在所有被占领国家，与抵抗组织联络的人都会遇到帮派斗争的危险。1943年12月，军情六局的奈杰尔·克莱夫在希腊空降，他落地后的第一个小时一直在听特别行动局的弗雷德·赖特（Fred Wright）既冗长且枯燥的抱怨，赖特对无法进行大规模的破坏活动感到失望，因为"所有精力都用来完成上级交给的政治任务，就是要他防止希腊全国民主军和希腊人民解放军之间的内战。"克莱夫写道，"参加希腊抵抗组织的条件是看政治态度，而不是技术或军事素质。"

　　在 1944 年诺曼底登陆前，特别行动局一直存在一个大问题，就是缺乏能够激励抵抗组织的清晰的、统一的战略目标。"火烧欧洲"仅是一个口号，不算是一个连贯的活动。是贝克大街要组建游击队与德国打仗吗？或是搜集情报？或是破坏轴心国的战争成果？这个困难被科林·格宾斯写了下来："同时要做两类不同性质的工作，而且每天都要做，每周都要做，一方面在被占领国家的特定目标发动进攻，另一方面要建立秘密部队，并给部队配置武器，组织起来，随时准备迎接盟军的进攻。每次进攻都会引起盖世太保的警觉。"丘吉尔的浪漫远见，没能吸引他自己的参谋长们的兴趣，他们不喜欢特别行动局，甚至谴责其海盗行径。从单纯的军事角度看，他们说的没有错，即使有抵抗组织，欧洲大陆也不会立即从纳粹独裁统治下解放出来。但后代可能把这件事视为丘吉尔作为天才的战争领袖的一个重要部分，因为他理解其巨大的精神价值。

　　到了 1943 年，战争形势逆转，用斯威特－艾斯科特的话说："与一年前相比，有更多的男男女女愿意为盟国的事业去冒险了。"到了 1944 年中旬，特别行动局在西欧的行动拥有了皇家空军 5 个轰炸机中队的支援，一个月内能达到 1000 架次。在 1944－1945 年，德国监听者发现在纳粹控制的地区或纳粹有重大兴趣的地区，出现了数百台盟国特工或游击队的发报机。他们在波兰发现 20 台，捷克斯洛伐克 6 台，挪威 17 台，丹麦 4 台，荷兰 22 台，比利时 27 台，巴黎 35 台，法国西部 20 台，法国南部 61 台，诺曼底和布列塔尼 15 台，西班牙 10 台，瑞士 4 天，意大利北部 25 台，意大利南部 8 台，南斯拉夫 30 台，苏联 140 台。阿勃维尔利用无线电测向仪在 1941 年进行了 30 次逮捕，1942 年 90 次，1943 年 160 次，1944 年 130 次；这些数字更多是反映了抵抗组织实力的增长，而不是德国人的警惕性在提高。

　　二战结束了，随着被德国占领的领土不断获得解放，出现了一场激烈的争论，争论的焦点是特别行动局是否值得花那么大的代价去夺取那么一点成绩。贝克大街可以列出几个著名的成绩，比如，1943 年 2 月破坏挪威尤坎（Rjukan）重水厂，以及一年后击沉一艘从这个厂出发的轮船，船上运载着铁路油槽车，油槽车里有 1500 公升这个厂的贵重产品。克努特·郝克里德（Knut Haulkelid）、克努特·赖尔－汉森（Knut Lier－Hansen）、罗尔夫·索尔利（Rolf Sorlie）这三名挪威特工假装成加油工，登上了那艘轮船，安装了定时炸弹，最后船在汀周湖（Tinnjo）中央爆炸沉没了。到了二战结束后，人们才知道纳粹的原子弹进展实在太慢了，不能对战争有任何帮助；但这不能否定这次沉船任务的意义，也不能否定那几个执行任务的特工所具有的勇气和智慧。在法国，抵抗组织在诺曼底登陆之前和之后，对德国的通信线路进行了广泛的攻击，虽然不如盟国的轰炸管用，但是德国占领军大为恼怒。

但批评之声不断，特别是在巴尔干地区，共产党在那里的影响力是最大、最无情、最恶毒的。大卫·华莱士（David Wallace）是特别行动局的军官，在1944年8月19日执行任务中被杀。他在死前粗鲁地向开罗报告说："我们在希腊做了努力，不仅有人力，还有金钱，但我们取得的结果与我们付出的不符，不仅在打击德国人方面结果不利，在给希腊人民的帮助上也不利，希腊人无法拯救自己，也不值得我们去拯救。这是在这个国家工作过很长时间的所有英国联络官的一致意见。"华莱士说他的观点受到在希腊或西欧的所有英国军官的支持，这点他说错了。奈杰尔·克莱夫描述了他参加的一个盛大庆祝大会，庆祝1944年德国撤出了希腊。他使用了英美军官在分享被占领土上的秘密生活时常用的感情语言："我享受着罕见的骄傲时刻，因为我活下来了，我工作了，我与跟我一起在这个夜晚庆贺的人共同战斗过了。我能成为他们之中的一员，似乎使我的全部努力变得有意义……面对着他们，虽然他们没有什么军阶，仅有基督徒的名字，但我必须向他们鞠躬敬礼。他们对生活没有什么大要求。他们幻想着胜利时的大理石殿堂和闪光的虚饰。外国侵略者破坏了他们朴素的农村生活。为了反抗，他们付出了他们拥有的最好的东西：勇气和朴素的智慧，他们的宁死不屈，他们的理性，他们对自己的某些领袖所持有的动机的质疑……毫无疑问，他们认为与英国人交往值得。"

这是一种浪漫的看法。根据记载，在解放后，盟国提供给许多国家抵抗组织的武器，更多的是被共产党用于谋求自身的利益，而不是用于反抗轴心国的占领。一名被空投在意大利北部的战略情报局的少校报告说："在游击队中有20%人为解放而战，80%的人为苏联而战。我们发现他们把缴获来的德国武器埋入地下。"从1945年起，有大量虚构的作品出版，这些作品夸大了盟国特工和抵抗组织给轴心国带来的物质损失，特别是在诺曼底登陆时的情况。把这些作品与德军战争日志加以比较是有益的，德军战争日志说明游击队造成了相当小的德军伤亡：例如，1944年6月，党卫军第2装甲师从蒙托邦（Montauban）去诺曼底的路上被打得血流成河，但德军 15000 人的部队，总共才死了 35 人。

　　游击队员比正规军冒的危险和损失要大。迪克·巴里（Dick Barry）上校是为格宾斯坐镇贝克大街的参谋长，为人性格稳定，他在事情过去很长时间之后总结了自己在战争中的贡献："还算值得。"尽管如此，特别行动局的行动是重要的，以现在的观点看倒是合理的，因为它在德国占领军中造成了精神压力，使德军士兵滋生出不安全感和紧张情绪，有时是致命的歇斯底里。幸亏有特别行动局和战略情报局向当地人提供的帮助，这才有了公众的反抗意识，这对 1945 年在欧洲恢复民众的自尊有巨大作用。民主的敌人从来不敢说英国和美国抛弃了被占领的国家，听任其消亡。

　　在欧洲——亚洲的故事我们后面要讲——那些为特别行动局去敌占区做特工的男男女女为自由的事业付出了牺牲，他们的业绩已经为被占领国家的人民所知晓，不过他们在做贡献的时候可不知道会有这样好的结果。此外，上述令人尴尬的负面事件，不应该压过历史的真相，数十万勇敢的好人在被占领国家里抵抗侵略者，甘愿冒一切危险。如果没有特别行动局提供的资金、武器、无线电设备，他们是无力做出这样的选择的。二战后，人们的注意力和钦佩之情主要集中在那些为特别行动局工作的外国特工身上，他们为了一场浪漫的大冒险甘愿献出自己的生命；人们几乎没有注意到那些参加数百个抵抗组织的欧洲人，他们中有男也有女，有老也有少，他们也值得关注。对他们贡献的评价，不能看他们的军事成就，而要看他们所冒的风险和所做的牺牲有多大。虽然特别行动局既铺张，又笨拙，但它是英国在二战中最有效的秘密机构，验证了丘吉尔突发奇想创造这个机构的正确性。

## >>> 第 11 章

# 胡佛的调查员，多诺万的野人

## 冒险

绰号"野蛮的比尔"的多诺万，凭空创造出了对外情报局（战略情报局），这个局在运作中遇到的困难、事件、批评与特别行动局遇到的基本上是相同的，甚至更多。1945 年初的一天，在法国最东面的某处，一位美国陆军师的参谋长在同事面前侃侃而谈，而且是当着多诺万的一位部下："先生们，我要告诉你们战略情报局是什么……我们军队中最令人惊奇的机构。这个结构的成员做令人难以置信的事。他们勾引德国间谍。他们在西西里跳伞后的第二天就在瑞吉酒店的屋顶上跳舞。他们炸毁高架桥，向德国空军的汽油罐里撒尿，与德国的法本公司和克虏伯公司玩游戏，"说话的人在挥了挥手后继续说道，"但其中 90% 与这场该死的战争无关。"

这位参谋长的咆哮，也许是受到了来宾的刺激，这位来宾假装成好莱坞影星，实为多诺万的部下。但这故事是那演员记录下来的，他自己心里半信半疑，不清楚许多穿军装的人对战略情报局的怀疑是否正确：华盛顿陆军部的档案拒绝让多诺万的人看，而且他们确实不在布莱切利园"超级机密"的接收人名单中。马歇尔的情报官乔治·斯特朗（George V. Strong）少将一直蔑视多诺万的活动。不仅如此，他还蔑视 1944 年接替多诺万的克莱顿·比斯尔（Clayton Bissell）。战略情报局是一个华而不实、缺少纪律、漫无目标、极为放纵的机构，完全反映了其发起人的性格。比较冷静的人组建的机构可能会更加谨慎一些。但美国面临巨大的困难，必须在战争中创造出一个具有全球责任的情报机构，不仅负责情报工作，还要负责搞破坏和游击战。如此多的任务，在其他国家要由几个机构去完成。

1942 年，一位英国特别行动局的访客来到白宫，看到旁边街道上立着一个标牌："不许停车：仅供美国秘密情报局使用。"美国的"秘密情报局"并不秘密，其官员们只负责保护美国总统和镇压伪造货币罪。美国战略情报局的愚蠢和失误，不仅繁而且多，但并不比盟国和轴心国的同行更多。不同的是其他国家在战后试图把它们的失败经历埋藏起来，而美国人则自愿地说出来。此外，战略情报局组建的研究和分析处，是世界情报界中最好的。

在珍珠港事变前几个月里，以及之后的几个月里，英国人害怕美国国内的反英分子会阻止多诺万上台，因为多诺万对丘吉尔那帮人特别热情。多诺万最初的敌人不是德国人，而是美国联邦调查局的胡佛。跟其他国家的安全机构一样，美国联邦调查局在战争期间有了迅猛的发展，从 1941 年的 2280 人，上升到 1945 年的 15000 人，其中特工有 5000 人——小报戏称他们是"调查员"。1941 年 12 月 23 日，白宫发出指示，批准美国联邦调查局扩张，在整个美洲大陆开展反间谍活动。有了这项授权，胡佛建立了一家新公司——进出口商服务社，总部设在纽约洛克菲勒中心里——借以掩护其派往海外的特工。后米，联邦调查局说服了几家好公司为其特工人员提供信用额度——这几家公司包括：读者文摘、20 世纪福克斯、宝洁、亨氏。有一个叫理查德·奥尔巴赫（Richard Auerbach）的特工，作为华尔街美林公司的代表去了波哥大，据说在那里卖出去了 1 亿美元的股票和证券。

胡佛匆忙采取措施防止多诺万的人涉足南美，但战争中旅行问题巨大，即使是美国特工也难以获得舒适的待遇。理查德·克劳（Richard Crow）是一位特工，受命去拉巴斯（La Paz），他乘飞机出发，困顿在巴拿马 10 天后才上了去哥伦比亚的航班，他在那里又坐了冷板凳一周时间，才飞到利马（Lima）。在利马待了 5 天，他认为没有希望搞到机票了，于是租了一辆汽车去秘鲁的南部，然后乘坐火车去了的的喀喀湖（Titicaca）。他乘坐土著的船渡过了湖，然后乘火车进入了玻利维亚的首都。他没有记录在那里的所作所为，也许这不如旅行令人感兴趣。

联邦调查局自吹成功阻止了轴心国间谍渗透进入美国，其实这项任务是比较容易完成的，因为阿勃维尔和日本人在这方面的行动很笨拙。实际上，联邦调查局把主要精力都放在了与美军各部门吵架方面了，因为联邦调查局既不愿与美军合作，也不分享掌握的情报和情报员。美国海军情报局对胡佛的不合作非常生气。1942 年 8 月 13 日，霍格（W. S. Hogg）海军中校向联邦调查局发动猛烈的攻击，"指责其无力与军方共同展开任何活动。联邦调查局是和平时期的产物，它建立在宣传之上，偏好公众和国会的支持，有保护人民的声誉。在和平时期雄心勃勃，但在战争状态下就不一定了……曾经为联邦调查局做过特工的人说，每个特工必须宣誓先效忠胡佛，然后再效忠美国"。

这时发生了一件很典型性的事件。彼得·克鲁格（Peter Krug）是德国飞行员，开了小差，在圣安东尼奥（San Antonio）被捕了：美军的情报分支对此一无所知，等到了联邦调查局开新闻发布会才知道。与此同时，海军情报部的劳伦斯·萨福德也与联邦调查局发生大争执，争执点是谁应该获得联邦调查局在旧金山缴获的德国外交密码。看到战略情报局刚成立就想介入南美的事务，胡佛向它发动了猛烈的进攻，谴责多诺万竟然敢在"西半球干扰联邦调查局处理和控制外国间谍的责任"。胡佛局长甚至对丘吉尔领导下的英国和英国情报机构更具敌意。联邦调查局内部历史记录抱怨道："英国军情六局展示出的不合作态度是如此严重，本局不得不在1944年2月4日向纽约的英国安全代表和伦敦总部进行强烈抗议。"从军情六局那方面看，他们已经放弃与联邦调查局在南美进行的不成功的合作，转而与美国陆军的情报部门进行合作。

所有的情报机构都争取自己的利益，并夸大成绩，但二战中联邦调查局在为自己争利益方面达到了疯狂的程度。胡佛为了上新闻头条，喜欢公开进行抓捕活动，而不是暗中追踪或收买间谍，英国人为此很生气。特别让英国人生气的是英国代号"嘉宝"的双料间谍于1943年在美国待了几个月，但联邦调查局对待他的方式非常不合适，几乎暴露了身份。此外，联邦调查局还大言不惭地自夸，声称自己成功地利用双料间谍网络误导德国对登陆日期的判断：联邦调查局的间谍部在1944年5月1日编制的季度总结报告中把这作为"杰出成就"，并让罗斯福的政府高官传阅，这份报告是这样写的："3月17日，第一份欺骗德国人盟军登陆日期的电报由联邦调查局代号'派特J'的双料间谍用无线电发出。这份电报之后，又发出几份具有相同目的的电报……这个季度所使用的双料间谍行动将会继续保留在本局的标准作业程序中，并使用在德国情报机关雇用的人员身上。"1944年冬天，联邦调查局传阅了一份备忘录，其权威结论是："经研究后决定，在停战后继续派一些双料间谍深入德国进行地下活动。"与其他情报或安全机构相比，联邦调查局——更确切地说是其首脑胡佛本人——宁愿把战争当作扩大自己的权力和名声的舞台，而不是打败轴心国的使命。

联邦调查局成功地在美洲进行了扩张，但多诺万在全球其他地区大获全胜，很快便坐拥了一个巨大的情报帝国。英国联合情报委员会的本廷克一直坚信英国首相建立独立的特别行动局与军情六局竞争是一个错误。他力劝多诺万把负责"诡计"的部门和情报搜集部门置于同一屋檐下，美国人按照他的建议做了。1942 年 6 月，美国总统颁布行政命令，把战争信息局改为战略情报局。战略情报局的工作地点在公共卫生署腾出的几栋楼里，很快就建立了 4 个分支：秘密情报（SI）；秘密行动（SO）；心理战和道德战（MO）；反间谍（X-2）。

华盛顿人满为患——珍珠港事变后仅一年，激增了 7 万人——此后，每个月增加 5000 名联邦工作人员，许多人是带着家眷一起来的。电话局努力满足通话的需要，特别是长途通话业务。美国政府的花销是世界上从来没有见到过的——简直是浪费钱。仅几个月的时间，市中心的绿地上就建起了一些"临时"建筑，供新成立的部门使用。纸张、文件柜、打字机极为短缺；此时掀起利用机器的浪潮，电台里不断重复说着一句简洁的话："让打字机闲着就是在帮助希特勒。"美国的首都从一个僻静之处，变成了一个嘈杂、拥挤、昂贵的城市，滋生出大量新机构的缩写，譬如：WPB、OPA、WMC、BE、NWLB、ODT。如今又多了一个 OSS——战略情报局。

对此，英国表示高兴，但军情六局的克劳德·丹齐是例外，他表示了厌恶。他恨美国和特别行动局。如今特别行动局又有了一个美国同行，这让他感到惊愕，因为这两家机构都下决心走相同的"喧嚣"之路，两家的领导人都华而不实，在丹齐的眼中，他们"只热衷于搞宣传"。百老汇街认为，多诺万对搜集情报不太感兴趣去，而真正感兴趣的是在敌后进行惊险刺激的准军事行动。美国情报界有一个非常关键的任务，就是防止战略情报局染指密码破译工作：多诺万对美国陆军和海军的译码员没有影响力，译码员代表了战时情报工作的主流。1942 年发生了一件让多诺万懊恼的事，原来他负责的宣传工作被分出，给了艾莫尔·戴维斯（Elmer Davis）的战争信息局。多诺万手中握有的是特工、破坏分子、游击战顾问。

战略情报局的这位创始人，有一股狂躁的激情，在他的刺激下，他的机构就像一个大气球一样膨胀起来了。多诺万答应罗斯福总统一个条件，他的组织将会建立在"有预谋的粗野""守纪律的大胆""训练有素的攻击性"上。有个军官参观了这个组织在纽约的办公地点，他觉得那地方就好像不断换剧本的哑剧团一样："每个人都在写剧本。一切都闪烁着神秘，很少有人知道其他人在干什么。布鲁克斯兄弟公司是指定的便装制造商，阿贝克隆比和费奇公司提供各种市区生活的装备，包括充气床垫、睡袋等小男孩和平民假扮游击队时热衷要的全部道具。"阿瑟·施莱辛格（Arthur Schlesinger）是在 1943 年加入战略情报局的，他给父母写信说这里似乎没有人在努力工作，工作资料很有趣，多诺万的核心圈子还有额外津贴，比如私下播放好莱坞新上演的电影。但这位年轻的学者批评了这个新机构，因为他觉得离现实太远："虽然办公室里看到的大部分资料跟死亡一样神秘，但办公室的气氛如同象牙塔一样安静。"

战略情报局最终雇用了 13000 名美国人，还有许多外国人。他们似乎有无数的钱用于买武器、飞机、汽车、办公室设备、房屋。马尔科姆·蒙格瑞奇（Malcolm Muggeridge）当时在洛伦索马贵斯（Lourenso Marques）为军情六局工作，他抱怨说自从当地来了战略情报局的代表之后，行贿都变得不如从前容易了。一位被派往地中海工作的美国军官写道："战略情报局在海外总部的首长在过奢华生活方面很有才能。他们在开罗的别墅就跟印度的泰姬陵的赝品一样。高高的围墙，大大的铁门；镶嵌瓷砖的宽大阳台，巨大草坪上到处是树荫。一队仆人不停绕着圈游走着，吊扇在头顶旋转着，从树叶的缝隙中，你能看到一对埃及女孩在相互梳头。"战略情报局在印度的总部坐落在德里费鲁扎哈大街 32 号，周围环境极佳，门牌上清晰地写着："史密斯博士，美国牙科医生。"

多诺万对管理没有耐心，对会计更没有耐心，这使几个战略情报局的官员盗走了大量的现金。威廉·霍楼汉（William Holohan）少校是哈佛法律系毕业生，前美国证券交易委员会的律师，1944 年 9 月，他执行战略情报局的任务，在意大利北部空降，随身携带 16000 美元的活动费，同行的还有一个翻译官，此人是意大利裔美国人奥尔多·伊卡尔迪（Aldo Icardi）中尉。后来，伊卡尔迪报告说他的上级在一次德国人的伏击中被杀死了。但战后，一个意大利法庭缺席裁决，伊卡尔迪和他手下的中士，一名在纽约当工人的西西里人，共同毒死了霍楼汉，把他的尸体沉入湖底，拿走了他携带的那一大笔钱，给了一个共产党游击队。这个故事的真实性有待澄清，但战略情报局曾经愉快地承认雇员中有杀人犯，包括公认的黑手党成员。

虽然多诺万的大多数部下都穿军装，但不敬军礼，没有着装要求。各国的情报首长都受政府支配，但他独来独往，因为他手中有美国总统的手谕。这是英国人苦恼的来源；在此后的战争时间里，英国的情报首长们对多诺万感到左右为难，有些人把他蔑视为吹牛大王，另一些人则妒忌他在华盛顿的影响力。1942年 6 月，布鲁斯·洛克哈特在伦敦见到了多诺万并写道："上校年纪大了，没有留下什么印象。根据德斯蒙德·莫顿……美国总统喜欢多诺万上校，说他必须获得帮助，但他不是一个组织者，在政治上很幼稚。"

在美国国内，这个新成立的机构立即就吸引了人们的注意力，拥有了一种特殊的名声，那些拥有广泛社会关系的在侠客们，如果想为国家做贡献，那么这里比正规军队更加令人心怡。跟英国陆军一样，美国陆军指挥层被削弱了，因为军官和军士都去了"私人军队"，最明显的例子就是多诺万的军队。战略情报部对那些既聪明又高傲的美国人极具吸引力，因为这些人余勇可贾，没有兴趣在散兵坑里摆姿势。在多诺万招聘的人中，有军事经验的很少；大部分是前企业高管。来自麦德逊大道广告公司的沃尔特·汤普森（J. Walter Thompson）为战略情报局做计划主任、开罗主管、卡萨布兰卡政治宣传专家。有许多名牌大学学生也加入进来了，包括摩根的两个儿子；在华盛顿，杜邦处理法国情报活动；安德鲁·梅隆（Andrew Mellon）的儿子保罗在伦敦负责特别行动，姐夫大卫·布鲁斯（David Bruce）做情报站的站长。洛克菲勒家族没有人来；纳尔逊为美国政府做美洲国家政府协调员，与多诺万发生地盘争执，从此两人再也没有说过话。战略情报局招聘了许多白俄罗斯人，包括"王子"泽格·奥博林斯基（Serge Obolensky）。

　　战略情报局中有许多出身卑微的人，还有许多女性，她们从来没有离开过自己生活的州，更别说美国了，她们是通过邮戳了解外部世界的。档案记录了数千职员的情况，比如 24 岁的塞西莉亚·查普曼·贾斯蒂斯（Cecilia Chapman Justice），她仅有 5 英尺高，来自密歇根州格罗斯波因特（Grosse Pointe）：她曾经卖过飞机票，在航空运输司令部（Air Transport Command）做过几个月的密码分析员，后来加入了战略情报局，被派往印度工作。她是这样写为什么她适合做这份工作的："我在战略情报局接受的培训，使我有了信心，我肯定能完成交给我的任务。这个机构教给我的政治知识，我肯定能遵守。当我为航空运输司令部工作时，我单独居住，完全与家庭隔离了，所以我肯定能在海外工作时照顾好自己。我是一个新教徒，我不为任何企图推翻美国政府的机构工作。"

　　档案中包含了数百份其他小人物的个人经历。不过，现代人对他们的命运并不关心。有一点可以肯定，由于多诺万手下那帮人太富于进取心，美国外交官根本受不了他们，比英国外交官受不了特别行动局更甚。美国驻安卡拉的大使强烈抗议战略情报局要求给予其工作人员外交官的豁免权。美国大使馆给华盛顿的信是这样的："他强烈地感到大使馆绝对不能给战略情报局外交豁免权……他相信给战略情报局人员'豁免'的想法是荒谬的。"美国驻重庆大使馆也反对给多诺万的人外交庇护，除非能证明其活动获得了某种授权，而多诺万是给不出这样的证明的。

　　美国驻摩洛哥北部港口丹吉尔（Tangier）的领事馆反对派遣战略情报局的

哈里·万维格（Harry Wanvig）上校扮成平民去西班牙的摩洛哥的计划，理由是他早就被西班牙当局知道是军人，"他出现在当地没有任何用途，而且有安全隐患"。美国国务院几乎是不断在抗议战略情报局像气球一样膨胀的规模和人数，他们的人像洪水一样涌入盟军有落脚点的每一座大城市。但多诺万和他的下属对批评之声置之不理，至少在1944年秋季前是这样，因为自那以后，他在白宫的影响力就急剧下降了——白宫不想与大量谋杀案有牵连。

在战略情报局派往战区的情报官中，有不是招聘自社会精英阶层的普通人，他们中也常遇到怪人，最有名气的是绰号"嗡嗡叫"的斯特林·海登（Sterling Hayden），他是多诺万手下的明星之一。他生于1916年，父亲是新泽西州的一名报纸版面销售商，过着奢侈的生活。他9岁那年，父亲去世了。他的少年浪迹于新英格兰的港口，养成了一生对大海的深情。他16岁时离家出走，进了一所航海学校，毕业后先在一艘拖网渔船上做事，后来是一艘89英尺长的双桅帆船的船长，在去塔希提岛（Tahiti）的路上成功穿越了一次飓风。他爱过许多女孩，她们喜欢他粗糙的外表和冒险精神。他耗尽所有积蓄买下了德皇威廉二世的旧帆船，不料遇到一场风暴，那船在他手中沉没了。1939年，他的教父是一位纽约商人，曾对他说："啊，年轻人，你做了不少事了。难道你不想安定下来为自己做点事？"

他确实做到了这点。他体型魁梧，身高6英尺4英寸，体重220磅，被好莱坞的星探看上了。1940年，他与派拉蒙电影公司签了每月600美元的合同，很快就与玛德琳·卡罗尔（Madeleine Carroll）对戏。卡罗尔生于英国，毕业于伯明翰大学，做中学老师，后来成为美国收入最高的女星。他俩在弗吉尼亚一起拍电影时相爱了。她比他大10岁，但当时有人称这一对恋人是"世界上最美的人"。海登在白宫见到了罗斯福，之后他就拒绝了扮演《丧钟为谁而鸣》主角的机会，参加了二战。他恨好莱坞，偶然遇到了比尔·多诺万。1941年11月，他坐船去了英格兰，在那里接受了突击队和跳伞培训。1942年，他在跳伞中负了伤，回到美国后与卡罗尔结婚了。

海登加入美国海军的申请被拒绝了，理由是他没有受过教育。于是他改变初衷，去了帕里斯岛（Parris Island）新兵训练营，在那里加入了海军陆战队，然后转入战略情报局。他决定摆脱他蔑视的好莱坞的名声，所以在参加行动时自称是约翰·汉密尔顿（John Hamilton）。他妻子的妹妹在伦敦闪电袭击中被杀；这使卡罗尔放弃电影生计；在此后的战争中，她一直在欧洲做红十字会的工作。汉密尔顿中尉成了战略情报局小部队中的一员，他跨过大西洋，在世界上最火爆的歹徒戏中扮演角色，这场戏就是第二次世界大战。

战略情报局伦敦站的站长威廉·菲利普斯（William Phillips）描述了自己的使命，他的说法有他全球同事的支持："我的责任是实现多诺万的把战略情报局建成全球情报机构的目标，同时防止英国秘密情报机构吞并我们。"战略情报局的伦敦总部，坐落在布鲁克街，离美国大使馆有几个街区，其规模最终拥有了非常庞杂的 14 个分支，工作人员总共有 2000 人，其中包括星级学者沃尔特·罗斯托（Walt Rostow）、克兰·布林顿（Crane Brinton）、钱德勒·摩尔斯（Chandler Morse）。大多数多诺万的下属是反殖民主义者，他们长期与英国人和法国人有矛盾。哈罗德·霍斯金斯（哈罗德·霍斯金斯）上校有个计划，他要在 1942 年对阿拉伯国家进行一次远征，希望能说服这些国家把英国人赶走。不出所料，这次旅行被伦敦拦住了；英国外交部和特别行动局努力把战略情报局排除在中东和远东之外，特别是要排除在印度之外，但没有能成功。多诺万早期有个阴谋，想推翻支持维希法国的突尼斯总理。为此，上校筹措了 5 万美元。美国国务院的罗伯特·墨菲（Robert Murphy）否决了这项图谋，因为这肯定会激怒维希法国，让拉拢维希法国军队参加盟军的愿望落空。1942 年 12 月，达尔朗（Darlan）海军上将遇刺，美国对法国的外交政策出现转变，在这样的形势下，战略情报局组建了一个支持戴高乐的突击队，队长是哈佛大学的人类学家和阿拉伯问题专家，此人的真名可能是卡尔顿·库恩（Carleton Coon）。

美国国务院叫停了一系列战略情报局的项目，认为这些项目可能"搞乱与当地居民的关系"。多诺万手下的许多人信奉的工作原则是："在情报领域，英国人就跟德国人一样也是敌人。"世界各地的美国军官不断抱怨盎格鲁—撒克逊盟友缺乏合作诚意，抱怨之声形成了一股洪流。这时又出了一个事故。有 10 名战略情报局的特工乘坐飞机去挪威，驾驶飞机的是经验不足的美国空军机组人员，最后机毁人亡。这个灾难事故被说成是英国人拒绝让这些特工乘坐由挪威人驾驶的皇家空军的飞机。

不信任和轻视是双向的。1943 年 1 月，休·特雷弗—罗珀写了一段蔑视他的美国同事的话："这些稚嫩、暴躁、浮夸的入侵者，似乎觉得自己是政治家，有能力对付受磨难的在欧洲横行的骗子。但难道他们看不出自己只不过是一群被骗子包围着的富家纨绔子弟吗？"后来，美国战略情报局和英国的特别行动局在阿尔及尔组建起一个联合总部，但两国的军官们相互隐瞒信息和计划。美国人在中午 12 点至 1 点间吃饭，英国人则在一个小时后再去吃，以便在盟友不在的时候进行最秘密的活动。有一件事让特别行动局的比卡姆·斯威特—艾斯科特无法高兴起来。一名在沙漠战中获得了优秀军人勋章的杰出的印度少校去美国养伤，由于皮肤的颜色，而不被允许进入酒吧。这件事发生后，这位英国军官说，日后再遇到美国战略情报局的官员大骂"英帝国主义"时，他就不会再感到内疚了。

当美国驻里斯本的代办乔治·凯南（George Kennan）听说战略情报局正在亚速尔群岛（Azores）煽动叛乱，谋求推翻葡萄牙人的统治时，只能出面加以制止。在多诺万的特务眼里，葡萄牙的德奥利维拉·萨拉查（de Oliveira Salazar）总理就是一个法西斯独裁者，除掉等于为世界办了一件好事，如今被人阻止，心里极度不高兴。与此同时，艾森豪威尔在北非的参谋官取消了一项刺杀德国将军的计划。此前，英国突击队曾经试图刺杀隆美尔，但没有成功。1942 年，一位战略情报局的官员盘问美国国务院的阿道夫·伯利（Adolphe Berle）有关对待泰国的政策问题。伯利坦诚地说："我们还没有政策。"这样的华盛顿政策真空，在世界各地都有，这为多诺万的特务提供了机会，他们可以打着美国的旗号走自己的路线。沃尔特·克莱因（Walter Cline）博士是战略情报局在摩洛哥首都拉巴特（Rabat）站的站长，他对马拉喀什（Marrakech）的高官说："法国人与摩洛哥无关……只能离开。"这个说法自然引发法国殖民势力的愤怒。多诺万轻描淡写地给美国国务院写信说克莱因的工作有"极高的价值"，授权他继续展开工作。

1944 年 1 月 11 日，伦敦外交部召开会议，紧急讨论多诺万所说的话。此前，多诺万在记者面前说，他已经下决心组建一个美国秘密情报局，任何人都拦不住他。孟席斯说："他认为多诺万想与军情六局和特别行动处搞竞争……以他的看法，多诺万将军下了决心，谁都阻拦不住。只能采取后卫的办法，防止不必要的损失。"特别行动局和军情六局几乎没有形成任何共识，但都害怕战略情报局把局势搞得一团糟，特别是在地中海和东南亚。1945 年 7 月，美国飞机在越南的东京地区（Tonkin）空投下战略情报局的传单，这些传单是狂热地反殖民主义的阿基米德·佩蒂（Archimedes Patti）写的，多诺万派他常驻越南河内。他的小册子以美国的名义宣布："我们不久之后就要来解放你们，但我们不会像法国人那样压迫你们，我们是你们真正的解放者。"

到了 1944 年时，战略情报局的特工人员在二战所有战场都展开了活动——有一些美国行动小组太招摇，使自己处于不利的地位。一支由二十几个人组成的伞兵小组，于 1943 年 9 月 25 日空降在捷克斯洛伐克东部的低塔特拉山（lower Tatra mountains），躲藏了几周后也未能与游击队联络上，且物资用光了。一个斯洛伐克人把他们出卖给了德国人，最后只有两个人逃到了苏联境内。1944 年 3 月，由 15 人组成的破坏小组在意大利西部港口安齐奥（Anzio）的北部空降，目的是破坏拉斯佩齐亚—热那亚（La Spezia - Genoa）之间的铁路线，德国人很快把他们抓住，并根据希特勒 1942 年发布的突击队命令把他们枪毙了。1944 年 3 月，弗洛里蒙·杜克（Florimond Duke）上校和随从为执行战略情报局的一项任务去找匈牙利政府，刚落地就被交给德国人，他们很幸运，战争结束时仍然活着。1945 年 2 月，柏林宣布在捷克斯洛伐克抓住了一组战略情报局和特别行动局的人员，至少有 17 人，这些人在毛特豪森（Mauthausen）集中营被枪毙——其中包括美联社的乔·莫顿（Joe Morton），他是二战中唯一被枪毙的记者。

许多战略情报局的情报官"左倾"严重，这给希腊带来特殊问题，因为他们尽全力支持共产党。乔治·吴马斯（George Voumas）是华盛顿的律师，在多诺万的开罗站工作，指责丘吉尔的军官"对希腊解放不感兴趣，或不想很快结束战争，只对赤裸裸的帝国政治感兴趣"。希腊的形势异常复杂，英国对希腊的政策确实很笨拙，但战略情报局的人幼稚地相信共产党如果掌握了权力将建立一个仁慈的政体。在希腊，以及在临近的南斯拉夫，摆在盟国面前的政治选项都不令人满意，但让战略情报局或特别行动局的那些喜欢幻想的、基本上是无知的年轻官员在当地做判断是错误的，这些国家的前途因此而受到了影响。可以理解，许多人把自己的角色看得太浪漫了，劳伦斯（Lawrences）就制造了不少麻烦，还有几个比他制造的麻烦还多。

"在这里，我代表美国，"一位在南斯拉夫工作的战略情报局的官员惊讶地写道，"对那些长期遭受磨难的人，我能给他们的仅是言语，也许仅是几个字而已。"斯特林·海登在为南斯拉夫工作了一年后说："我们与那里的人建立起极其密切的私人关系。我们对他们战斗的方式给予了无限的尊敬。我们因此情绪高涨。我自己的情绪就很高涨。我从来没有过这样的感情，这给我留下深刻印象。"他最初的工作是管理一个据点，地点是在意大利巴里（Bari）南面的莫诺波利（Monopoli）的海岸线上，这个据点负责给游击队运送武器。这个终身以冒险为业的人，最多的时候能指挥 14 艘纵帆船、6 艘双桅纵帆船、2 艘方帆的双桅帆船，沿着亚得里亚海沿岸航行 80 英里，航速 7 节。

他喜欢上了这段经历，喜欢与他一起工作的 400 名南斯拉夫人。他在给另外一个人的信中写到，他发现自己对工作特别投入，这是从来没有过的……他从来不认识这些人。他们很凶猛……大汗淋漓紧张工作几个小时不休息，除非下命令，否则绝不停手。在这个战场上服役的还有几个左翼美国人和英国人，他跟他们一样，宁愿把铁托的人理想化，他在 1944 年 1 月 22 日给一位美国朋友的信中写道："我在前几封信中告诉过你，有一些本地的英国人不愿全力以赴地为南斯拉夫人做事。我看到了许多这样的事……我现在知道了，我一生在无休止地寻找快乐。噢，也许现在弥补过去的损失不晚。"

谁能指责这些年轻官员的浪漫呢？因为他们的上司就非常浪漫。多诺万乘坐"虎蛾"双翼飞机，从日本人占领区的上空飞过，去访问战略情报局在缅甸的营地，然后参加1943年11月的开罗峰会，并在会上提出一份让对立的派系分裂南斯拉夫的计划。罗斯福支持这项计划。多诺万宣布自己愿意空降到荒野中，促成铁托和米哈伊洛维奇的和解。他的计划最终夭折了，因为南斯拉夫人不感兴趣；美国人后来指责丘吉尔暗中支持铁托。英国和美国这两个西方盟国误解了南斯拉夫，实际上只有排出共产党，才有可能获得和平。1944年5月，多诺万突然来到伦敦，视察了战略情报局的工作站，指责这里的员工做的计划太多，行动太少。他告诫他们："把你们的计划丢到窗外去！"这个工作站再次陷入混乱，因为混乱被视为创新。在多诺万的激情的感召下，即使他手下最不适合军事行动的人，也去舞枪弄棒，那年10月，他命令战略情报局下属的分析研究部的两名学者大卫·科林（David Colin）和乔治·佩克（George Peck），在仅接受了初级特种行动培训的情况下，把他俩空投在波河的河谷里。他俩立即就被德国人俘虏了。事后，一位战略情报局的官员无情地表达了他的担心，他说根据那两人在口试中的表现，估计很难适应"不同寻常的审问方法"。

战略情报局的人是花钱的能手，这点可以从无数档案中的付费记录中获得证明，档案中甚至还有美国国务院的抗议信。驾驶开车，载着一箱子文件穿越法国到西班牙边境，司机能赚20万法郎，这相当于4000美元或1000英镑。把文件搬运过西班牙边境线是最后一段旅程，能赚5万法郎。一份发给美国驻马德里的电报很有特点："从你的基金中凭收据移交给战略情报局代表100万比索，授权号是37……你获得授权付给埃迪上校2000美元，……你获授权付给罗伯特·索尔伯格上校10万美元，可以一次付清或多次付清……我为你安排了无限制的美元信用额度，用以购买100万阿尔及利亚法郎，此后还要购买……你获授权为战略情报局付给埃迪上校5万美元……"

上面提到的威廉·埃迪上校，出生于叙利亚，父母是传教士。他在一战中做情报官，后来在开罗的美国大学担任英语系的系主任。在这所大学里，他把足球介绍给埃及人。1942年4月，当时多诺万的战略情报局还没有正式成立，他在摩洛哥的丹吉尔提出要50万美元活动经费，目的是进行颠覆活动，并向维希法国在北非的军队提供武器。他的上司不同意，于是埃迪生气地回电说："如果罗伯特·墨菲和我不值得被信任给予几百万法郎，那你们就让我回去，再派信得过的人来处理这里的紧急情况。我们正在焦虑地等待之中。"多诺万的一名下属做了历史性的评论："战争可能因埃迪上校而胜利，也有可能因他而败，但他肯定能使胜利之日提前一段时间，或推后一些。"但上司顽固地不同意，埃迪没有拿到钱。

多诺万手下的特工搞的某些活动十分招摇，这使盟国的解码员感到紧张，其中有一项活动是袭击日本在里斯本的领事馆。当阿灵顿学堂和布莱切利园听说美国人偷走了密码本时，都大为惊骇。他们最害怕敌人因此而认定通信被破译了。1944 年底，芬兰情报部与斯德哥尔摩的战略情报局接触，提供了 1500 页的苏联密码，还包括密钥。多诺万马上就接收了，然后高兴地通知白宫这一战利品。然而，罗斯福总统在其新任国务卿爱德华·斯特丁纽斯（Edward Stettinius）的催促下，要求立即归还苏联人，而且不许做复制。多诺万没有听白宫的，在上交前对密码进行拍照，但这并未给美国多少好处，因为当时有许多战略情报局的员工偷偷地把这件事告诉了苏联内务部。

即使按照秘密战的标准，一些战略情报局的电报也写得太古怪，比如 1944 年 10 月 3 日一份从意大利卡塞尔塔（Caserta）发给华盛顿的电报："我们听说罗马尼亚的国王迈克尔急迫地要求战略情报局在布加勒斯特的代表派遣飞机，运送 4000 发点 45 口径的子弹和 3000 支 30 毫米的卡宾枪到王宫中去。"在中国，为战略情报局工作的阿尔汉·卢西（Alghan Lusey）曾经是美国合众国际社驻上海的记者，他要求向蒋介石的敌后特务队提供短管霰弹枪，他描述这些特务"不仅能打仗，还是诚实的好枪手"。1942 年 7 月，卢西被召回华盛顿。多诺万的上海情报站站长后来意识到，那个要枪的人是蒋介石的秘密警察头目戴笠，此人下达了除掉战略情报局在中国的几个情报员的命令。

大卫·布鲁斯（David Bruce）是战略情报局的早期雇员，后来成为著名的情报分支首长，他写道："拒绝行动建议的官员是不幸的，因为这看上去很荒谬，至少是不同寻常。"虽然南美洲是美国联邦调查局的领地，但多诺万仍然积极介入。美国国务院的布雷肯里奇·朗（Breckinridge Long）抱怨多诺万"抢所有人的生意——丝毫不顾权限问题——给所有人都安排战争活动……有用不完的钱，在世界各地都有正规部队和特工为他工作"。

卡尔顿·海耶斯（Carlton Hayes）是美国驻西班牙大使，他与英国同行塞缪尔·霍尔（Samuel Hoare）爵士都对特种行动及其参与者感到厌恶，因为盟国与法西斯独裁者弗朗西斯科·佛朗哥（Francisco Franco）的关系经常会因为特种行动及其参与者而陷入尴尬境界。佛兰克·舒马克（Frank Schoonmaker）写过一系列畅销的欧洲旅行指南，1943 年春季，当他把战略情报局的现金转交给法国抵抗组织的接头人时，被西班牙警察逮捕，在西班牙监狱里待了 6 个月才被放出来，人已经憔悴不堪了。那年的 6 月，英国海军武官艾伦·希尔加思（Alan Hillgarth）与军情六局关系密切，他向战略情报局的索尔伯格上校强调共同采取行动，废除佛朗哥，换一个军事执政团的优点。伦敦明智地否决了这个计划，理由是佛朗哥明显不想参战。

虽然这项计划被挫败了，但多诺万的人丝毫没有退缩，马上又在北非开始了另一项计划，组织者是唐纳德·唐斯（Donald Downes），目的就是支持反佛朗哥的抵抗组织。他派遣战略情报局训练出来的西班牙特工去与西班牙南部马拉加（Malaga）的共和党人取得联络。结果是极为糟糕：佛朗哥的人把他们全逮捕了。唐斯的人也有被抓住的，这些人手中的美制武器也同时被缴获。被俘的人交代了，供出了唐斯及其同事亚瑟·戈德堡（Arthur Goldberg）是后台老板。美国国务院当面询问战略情报局这次惨败的情况，戈德堡和多诺万假装不知道。最后，美国向马德里正式道歉才了事。那些接受战略情报局资助的西班牙人处决了。此后，多诺万服从了美国大使的坚定要求，不再有针对佛朗哥的行动。

多诺万的手下有一些头脑清醒的人，他们意识到这样做不仅过于浪费资源，也损害名誉，缺乏目的性。1943 年夏季，多诺万晋升为准将，就在他带着他的新军阶周游世界的时候，一组内部报告对战略情报局的状况提出了警告。8 月，战略情报局的高级官员乔治·普莱特（George Platt）编撰了一份备忘录转交给了多诺万。普莱特在备忘录中写下了"士气低落"这几个字。他在报告里还说，只有几个最贴近将军的人"才能确切地说出这个机构做了什么"。埃勒里·亨廷顿（Ellery Huntington）是另一位战略情报局的高官，他警告"存在一种缺乏团结的危险"。10 月，多诺万回到华盛顿，看到一组高级参谋官写的 6 页长的备忘录，这份备忘录残酷地说："战略情报局已经太过庞大，从事的活动太过繁杂。"这组参谋官在结论中建议多诺万应该放弃独揽大权，要变成有效的"董事会主席"，由部门的领导指挥行动。很明显，这个观点获得了一些战略情报局中最能干、最了解情况的高级参谋官的支持。但这些批评意见遭遇了冷遇。多诺万没有理睬这组人的建议，继续按照自己的方式运作，直到二战结束。他就像一个独往独来的人，指挥着一群跟他一样独往独来的人和冒险家。

战略情报局的努力换来的是争议，这点与英国的特别行动局一样，人们说这两个机构在被德国占领的欧洲和巴尔干地区促进了共产党的利益。多诺万收到警告，说他聘用了许多"红色分子"，而且基层更多。他不以为然回应说："那是场游戏，如果你怕狼，就别进森林。"艾伯特·魏德迈（Albert Wedermeyer）是美国在中国的比较无情的将领之一，他在战后写道："我们很像是在踢足球，为的就是赢球，这时战争胜利了，我们却只想回国庆祝胜利了。我们实在太幼稚。我们似乎不理解为什么要在欧洲与德国人和意大利人进行战斗，不理解为什么要在东亚与日本进行战斗，我们应该努力去为持久的、现实的和平创造条件。"不过，在西方的战士、政治家、秘密特务与轴心国打仗的时候，要求他们考虑战争胜利后的情况，这个要求对他们来说太过分了。即使是丘吉尔，也是在 1944 年末才开始考虑这个问题，当时战争的胜利已经有保证了。在盟国的战争领袖中，只有斯大林躲在铁幕的后面，居心叵测地推行自己的政策和战略，而他在美国和英国的崇拜者则勇敢地支持他。

## 象牙塔

战略情报局那帮"野战明星"的行动是奇异的，很容易被人嘲笑，就如同特别行动局的那些怪异活动很容易被人嘲笑一样。但多诺万在华盛顿组建起了一个截然不同的机构，能给人留下非常深刻的印象。战略情报局下属的研究和分析处雇用了一些美国最聪明的人，他们在 1942 至 1945 年之间做出了一系列非凡的报告，其中大多数报告很有趣，有几份甚至可以说是杰出的。当时没有一个交战国的情报机构的研究报告能在质量和数量上与研究和分析处相媲美。研究和分析处的处长是威廉学院的院长詹姆士·芬尼·巴克斯特（James Finney Baxter），他的分析员来自美国的 35 所大学，其中有些人后来获得了诺贝尔奖。特别行动局的比卡姆·斯威特－艾斯科特在美国访问时去了研究和分析处一趟，他回国后悲叹伦敦没有什么可以比拟。英国的联合情报参谋部只有几个人从事研究，而美国研究和分析处有数百人。

这个部门最初的工作地点是在国会图书馆的配楼里，之后转移到了第 23 号东大街上的一栋大楼里，最后有 900 名分析师在里面工作，他们的工作领域覆盖全球的每一个角落，此外还有一些辅助人员。在所聘用的学者中有敌国的侨民和 40 位历史学家，其中 7 位后来做了美国历史协会的主席。多诺万曾经亲自面试过保罗·斯威兹（Paul Sweezy），面试前有人警告多诺万留意斯威兹，因为此人是臭名昭著的斯大林主义者。斯威兹很轻松地就安慰了上校，他说自己仅是一个社会主义者，"基本上就是英国的哈罗德·拉斯基（Harold Laski）和奈·贝文（Nye Bevan）。多诺万只关心我是否会喜欢投掷炸弹和搞街头动乱。我向他保证我不喜欢，这似乎令他满意。"研究和分析处还雇用了著名的马克思主义者弗朗茨·诺依曼（Franz Neumann）、赫伯特·马尔库塞（Herbert Marcuse）、奥托·基希海默（Otto Kirchheimer）。赫伯特·马尔库塞是战略情报局有关德国问题的首席专家。

他们阅读新闻报道、美国通信委员会记录下的敌人广播稿、战俘口供、战略情报局各情报站发回的电报。在战争的最后一年中，他们还讨论战后的问题。研究和分析处的报告覆盖范围很广：东线铁路运输问题、戴高乐的政治观点问题、缅甸的通货膨胀问题、菲律宾的游击战问题——不过，西南太平洋战区总司令麦克阿瑟不许多诺万的人踏足他的战区。

战略情报局有一种集体错觉，认为游击战对战局有影响，研究和分析处有一些分析师也认同这种集体幻觉。中欧研究小组有一个基本观点，德国内部抵抗力量与外部军事力量在推翻纳粹方面的贡献是一样大的："抵抗组织的故事赞颂了人类的忍耐力和勇气，给人巨大的希望。"这种观点反映了那几位德国出生的作者的期盼，其实他们有此观点并非是因为有基于事实的政治判断。他们强烈地反对盟国公布的无条件投降原则，他们认为这样会迫使纳粹走上不成功便成仁的绝路："真正需要的是一个建设性的目标，驱使德国士兵和民众选择起义去推翻纳粹领袖。"

这几位分析师暗示，德国内部唯一可信的抵抗希特勒的力量是共产党。他们要求告诉德国人民，如果能推翻纳粹，盟国就不会入侵德国了。当盟军总参谋长宣布盟军应该力求在德国爆发内部革命前占领德国时，弗朗茨·诺依曼表达了强烈的反对意见："一场目的是根除纳粹主义的革命运动也许是非常值得的。"1944年8月，盟国远征军最高统帅部颁布《军事政府手册》，这本手册在很大程度上是受研究分析处的影响。美国财政部长亨利·摩根索（Henry Morgenthau）气愤地发现这本手册建议复兴德国经济——这与他的观点相反，他是主张把整个德国打回农业社会的主要人物。研究分析处比大西洋两岸的任何政府机构更清楚希特勒对犹太人的所作所为，因为他们中的很多人就是犹太人。1943年10月，伦纳德·克赖格（Leonard Kreiger）写了篇流传很广的文章，他在文章中评述说，阿道夫·艾希曼（Adolf Eichmann，纳粹大屠杀犹太人中"终极方案"的主要负责者）在访问丹麦时指出："丹麦人展开的大屠杀是欧洲摆脱犹太的终极战役的开始。"

战略情报局负责研究东线的小组遇到了一个大困难，苏联躲在寂静之墙的背后打仗——甚至《真理报》《消息报》要6周后华盛顿才能看到。由于莫斯科提供的数据太少，所以估计德国的攻击力比估计苏联的防守力要容易。美国驻莫斯科大使埃夫里尔·哈里曼（Averell Harriman）拒绝让战略情报局的人做他的员工，他是根据过去遇到的困难和尴尬做出这项决定的；到了 1944 年 4 月，年轻的分析师罗伯特·塔克（Robert Tucker）成了大使馆员工，负责监视苏联的外交政策。尽管如此，研究分析处写了几份有预见性的报告，预测到了希特勒可能在苏联会遇到的困境，第一份这样的报告出现在 1942 年。在那年长达几个月的时间里，英国和美国的军事领袖一直怀疑苏联是否能生存下来，但多诺万的专家强调了德国人面临的巨大补给困难，质疑德军是否能成功。专家的研究办法非常特别，他们利用了火车在零度之下运作效率的技术信息，还考虑到了欧洲车厢与苏联车厢不同制式转化的问题。在拥挤的华盛顿战略情报局办公室里，研究人员不仅研究德军步兵的马匹所需的草料，还计算着步兵、装甲兵、摩托化师的弹药消耗，而且要在不同级别的战斗强度下进行重复计算。他们利用气象学的数据对 200 个师的战斗兵力，在 1500 英里长的战线上，持续战斗 167 天的补给需求进行评估。在 1942 至 1943 年间，他们提交了一份 200 页的东线斯大林格勒战役的研究报告，这份报告正确地指出了被包围的保卢斯第 6 集团军所面临的无法化解的后勤问题。

　　研究分析处下设了一个经济小组，组长是埃米尔·德斯普莱斯（Emile Despres），他最初也犯了英国人犯过的错误，假定希特勒的工业产能在 1941 年就用尽了；在接下来的一年里，战略情报局一直低估了德国的产能。在此后的战争中，这个小组表现稍好，没有相信英国情报机构对德国飞机和坦克的估计，而是偏好自己的"递推式的生产曲线"。战略情报局的经济学家判断德国人力资源是瓶颈，石油和粮食不足，这个判断是准确的。斯文·拉森（Svend Larsen）是丹麦籍的经济学家，他判定英国情报当局对敌人战役伤亡的估计太高了。他开始利用德国新闻报道中军官的死亡人数进行推测——战略情报局在伯尔尼的情报站提供了 57 份德国报纸——后来发现拉森的估计惊人地准确。与此同时，研究分析处发现可以利用德国战车的序列号的列表估算德国的产量，他们对这种方法很着迷。1943 年，一位战场研究员检查了突尼斯战场上被摧毁的装甲车的情况，基于此获得了正确的德国生产能力的判断，虽然德国的生产能力比预想的小，但仍然在增加之中。在研究分析处的办公室里有一个笑话，有人被问及他人的电话号码，这个被问的人回答说："我不知道，但我可以估计出来。"

　　有关未来西方与苏联的关系，研究分析处有自己的看法，但意义不大，且非常幼稚，这不奇怪，因为其主要人物都是共产主义分子。这些人写报告，全都采用斯大林的政策观点。保罗·斯威兹要求人们警惕帝国主义的英国，因为英国可能会迫使美国与斯大林产生不必要的对立。按照研究分析处的看法，美国的政策要与英国保持距离。1944 年 5 月 20 日，杰罗德·罗宾逊（Geroid Robinson）给伦敦的战略情报局的情报小组发电报表述自己的看法："尽可能避免美国与英国的利益损害美国与苏联人的利益。"不过，他承认："很难在一个扩张中的大国（苏联）、一个稳定的大国（美国）、一个显露出衰败迹象的大国（大英帝国）之间找到平衡点。"他争论说西方不应该因为慷慨而去讨好斯大林。考虑到伦敦和华盛顿的智慧和能量，他认为与苏联和平相处是可能的。

在雅尔塔会议之前，研究分析处在一份报告中断定在二战结果后，"就经济方面的因素而言，苏联既没有资源，也没有兴趣采取冒险主义的外交政策，苏联领导人认为这会使苏联与西方国家陷入武装冲突或严重的军备竞赛之中。"但他们正确地预计到了，在战后经济和工业重建中，苏联可能不会选择依靠美国人的钱。在钱的问题方面，美国国务院自我感觉良好，觉得那是华盛顿在与莫斯科打交道时具有的不可抗拒的力量。研究分析处在另一个问题上的观点也是正确的，他们要求美国在新的国际环境中平等地对待苏联。

英国海军情报官唐纳德·麦克拉克伦对情报工作的未来有个愿景，他认为正常的情报工作应该跟搞学术研究一样。在世界上的所有情报机构中，研究分析处是最接近这个愿景的。在他们写的报告中，有些是不切实际的，但反映了作者的非凡才华。与英国军情六局或德国的阿勃维尔相比，研究分析处写出来的材料更加吸引人。就目前掌握的情况看，苏联的内务部和格勒乌也无法与之相比。除非情报机构在敌国的高层有间谍，比如理查德·佐尔格那样的，否则就应该考虑一下休·特雷弗－罗珀说过的话："利用公开的信息可以推导出更好的情报，胜于任何数量的'可靠'但无知的'间谍'在钥匙眼偷听或在酒吧里交换出来的情报。"在研究分析处的成绩中，有相当大的一部分成绩是利用公开资料取得的，与所用的秘密资料相比，公开资料的比重很大。

当人类的脑力以如此惊人的方式集聚在一起的时候，对战争的进程有何影响呢？战略情报处的报告经常在美国政府中传阅。很不幸，像所有高明的情报资料一样，只有很少几份这样的报告能被决策者读到。战场上的美国将领对战略情报局的数据一直都持有怀疑态度。研究分析处推出报告的速度比较慢，无法满足战争指挥官在数个小时或数天里做决策的需要，这是它受人责怪的地方之一。这个部门里的专家偏好花费数周甚至几个月的时间构建出具有"大局观"的论述。巴里·卡茨（Barry Katz）是研究分析处的历史学家，他承认这个部门的活动"对战争的进程影响有限"。但他同时也感到欣慰，因为这个部门所做的工作"无疑代表了思想史、知识分子史、情报史上最精彩的一段"。

在二战后半期，英国情报机构保留一些职业军人，让他们在比较聪明的平民员工中间发挥酵母的作用。这些职业军人不仅使情报机构维持住了最低限度的纪律，还强调情报工作的战争责任。这些不穿军装的军人小分队知道如何吸引参谋官的注意力——总之，他们让顽固的学者多拥有了一些常识。如果战略情报局研究分析处能像英国人那样采取类似的人力资源策略，而不仅是依靠他们的首领在军队的官僚系统中辛苦耕耘，或许能对战争有更大的影响。

苏联内务部在美国有一个地位相当高的情报员，只知道其代号是"Z"，他在1944 年 7 月末报告说："整体看，战略情报局的主要原则是把情报工作当作兴趣爱好来做……训练很少……情报界的灰姑娘……战略情报局之所以还能存在，全因为有多诺万将军的个人魅力，而不是优秀的工作。"多诺万和他手下情报站站长们的言论，偶尔能吸引其盟国领袖的注意力。但盟国领袖或参谋长们没有时间和爱好系统地研究多诺万的专家们的脑力劳动，所以大部分战略情报局的报告被其目标读者群忽视了。美国的军事领袖跟英国的同事是一样的，集中主要精力拦截敌人的无线电信号，并看作是主要情报源，很难说他们是错的。

在美国，没有人能像英国的丘吉尔那样总揽战争事务，即使罗斯福或马歇尔也做不到，所以华盛顿没有人能主导美国情报界，一方面平抑陆军和海军自己的争执，另一方面驯服多诺万，使他的机构获得更多的尊重。由于美国是个比较大的国家，知识界团结气氛不浓，所以很难相处和谐。在二战期间，美国的译码员创造出了非凡的成绩，但没有能够动员起这个国家的民间智慧，不如英国在发挥牛津剑桥师生的作用上做得好。

战略情报局的思路和行为反映了美国的普遍现象。由于没有像苏联和英国等国那样遭受闪电战之苦，所以美国透露出了一股自信劲。美国人觉得自己在财富方面超过任何交战国是理所应该的事。阿瑟·施莱辛格是拿战略情报局工资的学者，他为自己的老板做了一番辩护："多诺万是一个奇怪的伟人，具有感染人的魅力组合，他大胆、富有想象力、乐观、积极——最大的特征就是积极。他是一个散漫的管理者，一个迫不及待的政策制定者，他蛮横地从一处跑到另一处，然后又高兴地想做另外一件事了……他能把人气死，但又很可爱。"

斯图尔特·奥尔索普（Stewart Alsop）和托马斯·布雷登（Thomas Braden）都是敌后特工，他俩宣称"多诺万像总编辑一样运作战略情报局"。大多数多诺万的特工抵达敌后的时候，最困难的时期已经过去了，胜利就在眼前。

他们的必胜信念是令人钦佩的。但他们对英国人很不耐烦，这反映了他们不理解丘吉尔那帮人所经历过的困苦，不理解英国因相对比较贫困而打仗有局限。此外，即使有时一些政治困难和僵局被英国用作是惰性的借口，但战略情报局的草率行动常常是他们判断失误的结果。这个机构最大的贡献是经济分析师做出的，他们在分析希特勒的战争经济的薄弱点上是盟国阵营中做得最好的，不仅超过了英国同行，也超过了美国同行。到了1945年的时候，多诺万的人学会了许多东西。特别行动局的比卡姆·斯威特－艾斯科特写道："对战略情报局最大的讽刺是说他们能像英国人一样搞情报，执行特种任务了。我认为他做得更好一些。"

很容易过度嘲讽英国和美国的战时特种部队，特别是他们之中的佼佼者战略情报局和特别行动局。德国人很少使用非正规部队，不过纳粹领袖确实想起过这样的部队：苏联游击队在1942年的表现，让希姆莱大为惊奇，他命令瓦尔特·施伦堡组建一支类似的部队，代号"齐柏林"，这支部队受训后被派遣到苏联后面进行侦察活动，但目的性不强。1943年，这位党卫军首长指示施伦堡去联络一位叫马克思·谢弗（Max Schaefer）的著名登山家，要求他组建一支新的喜马拉雅山远征队，招募能去印度活动的特工。实际上，只有勃兰登堡团（Brandenburg Regiment）和奥托·斯科尔兹内（Otto Skorzeny，曾成功地营救出被绑架的墨索里尼）那样的海盗才真正展开过特种行动；德国国防军基本上持怀疑态度。

然而，如果德国人有手段和机会进行特种行动，推测一下其后果将会是有趣的。如果英国在1940至1941年间遭遇入侵，大量资源就会用于国内安全：本土防卫——保卫英国仅靠"老头队"肯定不行。派一支伞兵部队奇袭丘吉尔，或更确切地说奇袭首相别墅，能带来巨大的收益。与此类似，派几艘德国潜艇对美国海岸线发动奇袭，只需造成一点物质损失，就能产生恐慌。经常有人说盟国秘密战的方式太浪费，且误入了歧途，但确实比德军的方式更加富于想象力，且获得了一些真正的胜利，特别是在1944年诺曼底登陆后的漫长战争岁月中，当时只有相当少的英国和美军部队在跟轴心国的军队打地面战。丘吉尔对特种作战的理解是非常精彩的，他认为特种作战给整个战争带来了冲击力，虽然有点不实在，但具有重要的精神意义。英国特别行动局、美国战略情报局、各军"私有"情报机构在消耗了大量资源之后，展开各自的活动，他们的活动有时退化为幼稚的戏剧表演。但这些活动的宣传作用比其军事意义更大、更有用。

## 艾伦·杜勒斯：跟德国人交谈

有一位美国人在秘密战中获得的声誉比其他人都要高。艾伦·杜勒斯，代号"伯恩斯先生"，他在战略情报局里的代码是"110"，后来做了中央情报局的局长。在1945年的时候，他几乎被民众视为美国历史上的间谍大师。他是纽约人，长老会牧师的儿子，家族在华盛顿很有影响力。他就读于普林斯顿大学，曾经广泛游历欧洲，在瑞士担任过外交职位。1919年，他代表美国参加了凡尔赛和会。此后，他在美国国务院干过几年，然后给一家大企业做国际关系律师。在做这项业务期间，他遇到了许多政客，包括内维尔·张伯伦（Neville Chamberlain）、拉姆齐·麦克唐纳（Ramsay MacDonald）、莱昂·布鲁姆（Léon Blum）——还有希特勒。在珍珠港事变前，他是知名的主战派。在1941至1942年间，他做了几个月的纽约中央信息中心的主任，这个机构是战略情报局的前身，工作地点在洛克菲勒中心，旁边就是英国人"小比尔"斯蒂芬森的英国安全协调处。

1942年11月，多诺万让49岁的杜勒斯去瑞士的伯尔尼做战略情报局的代表，对外称是美国大使利兰·哈里森（Leland Harrison）的特别助理。杜勒斯不拿工资，但每月有1000美元的津贴，供他过一种适度奢侈的生活。他的妻子克洛弗没有跟他一起出国，也许对这位早期的间谍大师来说不算什么，因为他有许多不同类型的情人：在瑞士，他与沃丽·托斯卡尼尼（Wally Toscanini）伯爵夫人关系密切，她是一位意大利政客的妻子，二战中住在瑞士，据说从事救济工作。

杜勒斯是一个机智的人，他那和蔼、慈善、嘴里叼着烟斗的样子引发人们对他的信任。他在海伦街23号找了一套公寓，让格罗·冯·盖佛尼茨（Gero von Gaevernitz）做助理，此人是当地居民，一个拥有美国护照的德国商人。在1944年法国解放之前，战略情报局在瑞士的人员数目是有限制的，官员数不能超过5名，译码员和秘书不超过12名，因为运送美国人去那个内陆国家有困难。除了发回过一些战役部署情报之外，杜勒斯给华盛顿的电报主要是谈经费问题。把现金运进伯尔尼很复杂，而战略情报局的小组花费很大：截止到1944年，这个情报站有40名拿高工资的情报员。杜勒斯悲伤地抱怨瑞士缺少可信的情报员，他说自己新来乍到，必须多给钱才行：在1939至1942年间，其他盟国的情报机构已经把本地情报员一扫而空——事实上，包括鲁道夫·罗斯勒在内的许多间谍都是同时为多国服务。作为战略情报局的站长，杜勒斯有许多朋友，但这些人也是英国军情六局情报站站长绰号"屁股"的弗雷德里克·范登·赫维尔（Frederick vanden Heuvel）的朋友，杜勒斯和这位英国同行之间的关系主要是竞争，而不是合作。

杜勒斯不是一个亚历山大·拉多那样的诡秘之人，而是半个外交官。他是个引人注目的美国人，随时可以会见有影响力的德国人。显然，美国在未来有可能充当调停人，而且有传言杜勒斯是白宫的秘密代表。他不必辛辛苦地构建情报网，知道点消息的人——其中不乏骗子——全都拜倒在他的门前。他与瑞士情报局的局长罗杰·马森成了好朋友。他与布罗哈的创始人汉斯·豪萨门见面了，地点是在瑞士出版商埃米尔·奥帕雷希特（Emil Oprecht）的家中。他与马克思·魏贝尔（Max Waibel）少校进行交谈，魏贝尔是瑞士卢塞恩情报站的站长。但魏贝尔没有透露他手中握有深入德国内部的"维京"情报线。瓦尔特·施伦堡也安排一名中间人与美国人周旋。在这些人中间交换的信息，通常是真假难辨。

杜勒斯完全不同于传统的情报头目：他有个人野心，不仅是做间谍。尼尔·彼得森（Neal Petersen）是《杜勒斯文集》的编辑，他曾写道："他不仅是战略情报局里的拥有半自治权的总督，还是未来西方的大战略家。"仔细研究一下杜勒斯的报告是值得的，因为他的报告生动地表明了美国驻海外最杰出的情报官的优缺点。他最先意识到华盛顿还没有对战后欧洲的地位形成统一的看法，于是他自己便开始填补这段真空。1942年12月，他竭力讨好意大利最受人尊敬的反法西斯政客卡洛·斯福尔萨（Carlo Sforza），主张盟国应该向这个国家输入混乱，而不要发动入侵，避免打一场与"德国和意大利联合起来的抵抗力量"展开的战役。到了二战快结束的时候，他反对盟国坚持的无条件投降政策，他争辩说："无论我们德国的政策如何，我们现在都应该试图说服德国人民战败之后仍然存在着希望，那些没有犯罪的人将受到保护，而对罪犯的惩罚将按照法律程序进行。"

杜勒斯提供的许多消息就跟驻外记者的新闻报道一样，比如他在1942年12月14日这样写道："意大利到处是德军部队，总兵力在15万至20万之间……那不勒斯：所有人都在批评墨索里尼。这里有难以想象的混乱。有一个要注意的重点，人们理解空袭是必需的。罗马：政府机构转移到了弗罗西诺内、阿韦扎诺、基耶蒂、阿吉拉、列蒂；饭店被征用为军事目的服务……皮斯托亚：博洛尼亚和佛罗伦萨之间的主要结合部……铁路桥。诺维利古雷：两座重要的铁路桥。维罗那：应该立即轰炸，因为这里是极为重要的铁路中心……摩德纳：1月底，将会有780名中尉从火焰喷射器专科学校毕业。"

　　杜勒斯提供一系列有关德国内部抵抗组织的报告——他称这些抵抗者是"破冰者"——抵抗组织的发言人经常去拜访他，丝毫不顾忌自己的安全。这些人中最勇敢的是体型魁梧的汉斯·泽菲乌斯，此人是德国军事谍报局在苏黎世的间谍，战略情报局称他是"微小"。杜勒斯的厨师把他与人会面的情报报告给了德国大使馆，但在 1944 年 2 月之后，泽菲乌斯有好借口，他说自己是奉卡纳里斯之命去见那个美国人的。此外，他还整理出了一份反纳粹者名单，并断言这些人是值得信赖的，可以做战争德国政府的成员。杜勒斯急切地想把这个名单传给华盛顿，他在 1943 年 1 月发电报说："我感觉现在到了勇敢地推动纳粹希特勒与德国人民分裂的时候了。同时我希望德国投降不意味着个人和国家将遭到毁灭。" 2 月 3 日，他描述了"与杰出的心理学家荣格教授谈话的情况"："他谈及德国领导人可能的反应，特别是考虑到希特勒个人的心理特征，他可能的反应不能忽视。"

　　他通报了敌人的许多秘密武器，并非全是空想出来的，因为这些都是他的德国客人告诉他的：机器人坦克；准备用毒气发动攻击。德国准备了大量口径极大的炸弹；装载着炸药的飞艇舰队用以炸毁伦敦。1943 年 8 月 8 日，他宣称"纽约和美国大西洋海岸线上一些地点将会遭受飞机轰炸，这些飞机正在被安置在德国潜艇上"。1944 年 4 月 25 日，他暗示"巴黎大量的狗被征用"，德国和日本的科学家准备打生物战。5 月 2 日，杜勒斯报告德国人正在研制一种能把空气冷却到零下 250 度的武器，这种武器呈管状，挂在战斗机下面，挂着这种武器的战斗机飞到盟军轰炸机的上方冷凝出大量冰雪，"纳粹认为试验结果是明确的"。

　　弗里茨·科尔贝（Fritz Kolbe）是一个生于 1900 年的小外交官，在德国外交部做信使，他在 1943 年夏季到了伯尔尼，携带着一个装满了秘密文件的公文包，这些文件最初是想提交给英国人的。英国人此时特别害怕被德国人骗——他们仍然记得"芬洛事件"——所以军情六局拒绝了他。他转而去接触杜勒斯，杜勒斯则张开双臂，热情地迎接他，并给他取了一个代号"乔治·伍德"。后来，这个信使偷偷地交给美国人 1600 份秘密文件，其中包括：V1 和 V2 生产厂的地址信息；有关在安卡拉抢夺英国大使的公文包的"西塞罗"袭击的信息；匈牙利大屠杀的信息；大量的日本资料。英国人坚持说科尔贝是一个双料间谍，特别是克劳德·丹齐持这种看法。实际上，他仅是一个小公务员，完全被主人忽视了，但他想用一种极为庄重的方式去违抗他们。

　　英国的军情六局不喜欢杜勒斯，军情六局的局长声称他"很轻易地就会去赞成任何有恶劣影响的惊人主张"。丹齐对这位战略情报局的伯尔尼站长有更加广泛的不满："美国人到处找吃的，饥不择食。"百老汇和泽菲乌斯都警告过杜勒斯美国的密码可能被破译了，但美国人在修补漏洞方面很迟缓。虽然丹齐在质疑泽菲乌斯和科尔贝的真实性上完全错了，但事实证明他说杜勒斯很幼稚是恰当的，杜勒斯在对待德国抵抗组织方面确实很幼稚。德国的抵抗组织，虽然其成员反对纳粹，但大多数是保守派和民族主义者，他们怀有一些极端的幻想，以为纳粹倒台后跟盟国谈判，就能保住纳粹吞并的领土。

杜勒斯很少对华盛顿谈及一件奇怪的事，瑞士竟然利用这场大战获利，他们与纳粹进行非法交易，分享屠杀欧洲的犹太人时劫掠来的战利品。他肯定知道一些情况，但他可能怕危及他与瑞士当局形成的和善关系，也可能怕危及他的活动基地的安全，所以才不愿把这桩肮脏事抖搂出来。虽然罗杰·马森的情报机构镇压了苏联"露西"间谍网，但没有敢动军情六局和战略情报局情报站一根毫毛。

杜勒斯手中握有大量有关德国人秘密武器的信息，这些信息证实了从其他来源传递给西方盟国的报告。1943年6月24日，他提交了一份报告，相当准确地说德国人正在佩内明德（Peenemünde）进行火箭测试，量产可能在9月或10月，更大型号的火箭正处于试验阶段。他还提到了远程巨炮，但说由于缺少技术知识去评估其潜力。1943年9月9日，他提出警告，认为"火箭炸弹应该认真对待"。到了12月，他指出"维尔纳·冯·布劳恩（Werner Von Braun）"是发展火箭的关键人物。12月10日，他报告德国潜艇有新进展，安装了水下通气管。他提供了德国原子能研究计划的情况，但他没能回答一个最关键的问题：希特勒的科学家何时能造出一枚原子弹？

针对欧洲犹太人的困境，杜勒斯在1943年3月10日对华盛顿说，当年截止到那个时候，已经有15000名犹太人被逮捕。6月12日，他描述了希特勒对布达佩斯政权拒绝交出匈牙利的犹太族群的愤怒。总体看，美国在伯尔尼的情报站和盟国的其他情报源都对大屠杀没有提供多少情报，甚至到了二战后期也是如此。这并非是故意隐瞒，而是一种熟视无睹，因为纳粹在被占的欧洲土地上杀人太多了——波兰人、希腊人、法国人、苏联战俘、南斯拉夫人、意大利人——当然，盟国的情报机构确实没有意识到对犹太人大屠杀的规模之大，超过了对其他人种的大屠杀。盟国的情报工作的中心是为赢得战争去搜集和分析信息，不是去揭露希特勒的受害者的苦难。

1943年6月12日，杜勒斯向华盛顿转交了一份来自泽菲乌斯的简报，根据这份简报，希特勒独揽军事行动的指挥权；事实上，斯大林格勒的灾难是那位德国元首相信了戈林能给部队空运补给的保证；希特勒违背将军们的意见，这才有了柏林增援北非的决定。杜勒斯把克鲁格（Kluge）和曼施泰因（Manstein）描绘成为德国最能干的指挥官，并说他俩和其他同事都不敢顶撞元首的意志。杜勒斯的说法是有用的，相当准确，成了美国决策者的依据。

在英美联军 1943 年 7 月 9 日登陆西西里，以及 9 月 3 日登陆萨勒诺（Salerno）之前，所有被送到盟军指挥官手里的情报都证实了一点，希特勒企图放弃意大利南部。7 月 7 日，杜勒斯从伯尔尼发电报，报告了他在德国的情报员的看法，他们认为柏林企图残忍地对待意大利人民，但德军不愿在意大利南部进行抵抗，准备把赌注押在波河河谷的防线上。7 月 29 日，他继续说："我们获得了报告，纳粹部队离开了意大利南部——'超级机密'也向参谋官们报告了这个消息。参谋官们根本无法预知希特勒会改变主意。当凯塞林在萨勒诺与英美的军队缠斗起来之后，才报告说他有信心在意大利南部抵挡敌人几个月。这才导致希特勒改变了主意。"

在二战最后两年里，杜勒斯向华盛顿提交的报告有一个核心议题，如果美国支持德国的抵抗组织，希特勒就能被推翻，然后与一个新上台的温和政体进行和谈。1943 年 8 月 23 日，他发出一份充满激情的电报，暗示德国民众的情绪变得绝望起来："目前看不到政治上强大的将领，但法尔肯豪森（Falkenhausen）和伦德施泰特（Rundstedt）都是反纳粹的。戈林失宠了，柏林有谣言说他企图跑到瑞典去。博尔曼与希姆莱有矛盾。"次日，他变得更加乐观："德国可能变天……如果我继续施加压力，希特勒可能在年底前就会被推翻。"8 月 19 日，他恳求道："我们能不能在魁北克会议（罗斯福、丘吉尔峰会）之后做点什么呼吁轴心国人民的工作？……如果我们在心理和军事方面采取协调的行动，我们可以在年底前打败德国。"

在许多个月里，华盛顿一直对杜勒斯从弗里茨·科尔贝那里获得的资料表示怀疑，因为资料似乎太好了，令人难以置信。杜勒斯强调只有德军有能力除掉希特勒，这点他强调得没错。此外，他害怕苏联主导了德国人的认知，所以在 1943 年 12 月 6 日报告说："你们在华盛顿很难意识到苏联在世界的这边产生的恐惧。"他对德国纳粹统治集团的内部矛盾和权力斗争做了报告，他的大部分报告是准确的。例如，他在 1943 年 11 月报告希姆莱认为这场战争打不赢了，施佩尔（Speer）如今主管经济工作。从 1944 年 1 月起，他开始向华盛顿报告德国抵抗组织希望杀死希特勒。大体看，从伯尔尼发出的战略情报局有关德国内部政治情况的报告是相当合理的，但杜勒斯对军事情况的把握很不准确——这不奇怪，因为他是个律师。像许多在秘密战的战士一样，他夸大了游击战的能力，特别是法国抵抗组织的能力，其实游击战对盟军的推进没有什么战略贡献，但他对罗斯福政府拒绝戴高乐做自由法国的合法领袖所进行的严厉批评是正确的。

在二战最后几年里，杜勒斯成了美国贵人，欧洲各色的政客都蜂拥过来，向他提供信息，希望利用他的影响力，这样英国间谍便受到了冷落，面对这样的尴尬，英国的军情六局和特别行动局对他产生了一种嫉妒心理。7 月 30 日，杜勒斯给华盛顿发电报，对英国人想把法国和意大利的游击队据为己有的企图进行了谴责："我遗憾地说英国特别行动局的基本态度是垄断与抵抗组织的联系。"他花费了很大力气搜集和发送德军的作战命令，但他的资料在准确性和完整性方面不如英国人"超级机密"提供的材料。有一次，他报告说"提尔皮茨"号战列舰将在 9 天后出海，但这艘巨型战舰其实不能出海。1944 年 4 月 29 日，他恳求向战俘营空投战略情报局的特工、武器装备，帮助战俘们起义："只需几次战俘暴动就能给德国严重的心理负担。"战略情报局和特别行动局经常犯傻，这是一个典型的例子——实施这样的计划不仅无法获得任何军事优势，还只能导致纳粹大规模地屠杀盟国的战俘。

1944 年 2 月 19 日，杜勒斯送出了一份很长的急件，再次要求重视构建德国战败后的社会基础："今天真正的问题是未来控制欧洲命运的力量是否是建设性的，否则欧洲就会陷入分裂和无政府状态。"他催促西方盟国应该立即与德国的抵抗组织合作，为未来组建起一个中间偏左的柏林政府，形成一种能替代共产主义的可行方案。杜勒斯观点的错误在于他漠视了现实：苏联人正在向西进发，大部分消灭纳粹的艰苦战斗是他们完成的。如果英美在军事占领德国后的政策是故意支持德国抵抗派别，那么肯定会与莫斯科产生灾难性的冲突。

1944 年 4 月 7 日，杜勒斯报告，路德维希·贝克（Ludwig Beck）将军领导的德国反对派准备采取针对希特勒的行动。他在 10 天后补充说："我不相信任何有能力的纳粹军官准备把西线让给我们。但我相信德国在几个月后就会坍塌，条件是我们在西线获得一块坚实的立足点。"他不断请求华盛顿授权他向反对希特勒的德国人提供政治利益——华盛顿拒绝了他。1944 年 7 月 10 日，此时距离施陶芬贝格（Stauffenberg）引爆炸弹还有 10 天的时间，他通过无线电话向华盛顿报告："在德国不会有革命；德国人太无动于衷，被警察监视得太严密。德国崩溃只能等盟军来。德国不会像意大利那样发生巴多格里奥（Badoglio）那样的事变。德国的反对派没有机会做出那样的举动。"又过了 3 天，他才通知华盛顿德国要出大事了，但"我无法预计是否会成功"。

还是在那个月，他推测德国潜艇舰队的沉默是否说明正准备把德国领导人转移到日本去。8 月 9 日，他声称史图尔普纳格（Stülpnagel）将军在巴黎企图自杀。炸死希特勒的图谋失败后，他真实地报告了德国内部的情况，他在 8 月 19 日说德国人的日常生活太悲惨和太贫困，所以不关心与自己生活无关的政治问题。他是这样写德国人对待盟军的空袭的："他们对不断空袭的反应类似于受伤的动物，被逼在角落里无法动弹⋯⋯德国看不到出路，只能继续战斗。"

1945 年 1 月 18 日，他报告："挪威和意大利可能是德军最先撤离的战场。"1945 年春季，他由衷地认为纳粹"最后的安全地带"是在德国南部。但他在 1945 年 3 月 21 日的无线电话中却不那么肯定了："苏联人正在占领德国领土，他们对待德国人是公道的⋯⋯德国人感觉苏联人的占领行动会成功，而且人们越来越相信苏联人会比英国人和美国人的占领更成功。"杜勒斯率领美国攻入了奥地利，奥地利人被当作希特勒的受害者，而非德国的帮凶，这有助于理解为什么许多奥地利战犯被免于起诉。

可以为杜勒斯做点辩护，他犯的错误不比其他情报官多。他为反纳粹的德国人提供了一条与华盛顿交换信息的有用通道，尽管这样的交换没有给他们带来任何实际的好处。或许他与抵抗组织联络最重要的结果是使苏联感到恐慌，觉得西方盟国可能会与德国达成秘密交易。苏联在美国高层安插的间谍一直在监视杜勒斯与德国人联络的情况——这些美国的叛徒有时竟然凭空臆断出了一些杜勒斯与德国人的会面。例如，1944 年 6 月 14 日，苏联内务部在华盛顿的情报站向莫斯科发回了一份电报。根据这份电报，杜勒斯曾告诉美国国务院他在伯尔尼亲自会见了德军总参谋部的瓦尔特·冯·布劳希奇（Walter von Brauchitsch）将军，这位德国将军提出和谈的条件是不许苏联军队进入德国领土。美国国务卿科德尔·赫尔（Cordell Hull）回复杜勒斯说："如果没有其他盟友参加，美国不会与德国进行任何谈判。"这份电报还说杜勒斯收到一些德国名人的建议，德国愿意从侵占的西方盟国领土上撤退，条件是能自由地继续与苏联打仗。

上述记录说明了一点，不值得让杜勒斯坐在二战间谍之王的席位上。他做对了一些事，因为一些掌握情况的德国人找到了他，把他视为可以接触到的美国大人物。实际上，他的表现并不突出，既没有招募间谍的手腕，也没有独到的分析判断力。外交官的报告写得好，通常和敌人阵营中间谍的报告一样有用，有时甚至更有用。帕维尔·苏多普拉托夫写道："80％政治方面的情报不是来自间谍，而是来自秘密的谈话。"这些谈话，很有可能是在大使馆或领事馆里进行的，而不是在大街角落处的接头地点。做一些比较是有趣的。例如，我们可以把杜勒斯的报告与驻中立国的盟国大使的报告进行比较。1942 年 11 月 30 日，英国驻斯德哥尔摩大使给伦敦发回一份报告，记录了他与一个人脉广泛的瑞典人的谈话，此人刚从柏林回来。

一位在白厅里的莫斯科间谍，此人很可能就是唐纳德·麦克林（Donald Maclean），热情地把这份报告传递给了苏联内务部，好让贝利亚也能读到。

根据大使维克托·马莱（Victor Mallet）爵士的说法，德国重大的战略决策是希特勒做出的，他的决定经常遭到德军总参谋部将领的强烈反对。德军内部的反对者"可能在某种特定情况下成为起义的领袖"，但希姆莱和党卫军非常强大，而且"非常危险"。根据马莱的情报源的看法，只有对纳粹政权实施一系列沉重的打击之后，才能使之变得脆弱。德国的知识分子知道德军在东线（斯大林格勒）遭遇了危机："如果德国战败，柏林平民能想象得出苏联人在德国大屠杀的恐怖。就是这种恐惧比其他任何因素都更有效地抑制了反对纳粹的力量的发展……军队和民间的反对派领袖充分意识到一点，在盟国和希特勒或任何一名他的死党之间，根本无法实现停火。"

这是对德国内部情况的合理分析，作者是一位可信任的外交官。很难想象会有间谍的报告或破译的电报能比这份报告更好。马莱的评论与战略情报局发自伯尔尼的评论是吻合的。杜勒斯或许是一位好大使——例如，他在匈牙利的主要情报来源不是间谍，而是本地的匈牙利部长巴卡克－拜谢涅伊（Bakách－Bessenyey）男爵。战略情报局的情报站站长杜勒斯是一位聪明的纽约律师，但他缺少一些履行职务必备的知识，比如有关国际事务、情报、打仗、欧洲的知识。他恳求华盛顿当局应该与德国反对派进行谈判，但他的恳求被忽略了，这是幸运的：德国几乎没有反对派，其政治意愿与现实相差太远。如果每个人与德国的任何政治派别展开双方交流，苏联将变得比从前更加难以对付。事实证明了这点。1945年5月2日，在驻意大利的德军大投降之前几天，杜勒斯为卡尔·沃尔夫（Karl Wolff）中将安排了特殊的投降条件，而且没有征得苏联的同意，这致使苏联人掀起一场外交风暴。或许杜勒斯谈判过程中真正非凡的是他安排一个具有非凡勇气的战略情报局的电报员进驻沃尔夫在意大利北部的指挥部里——这位电报员是名叫瓦茨拉夫·赫拉德戴克（Václav Hradeck）的捷克人，代号"小沃利"，他从德国人的指挥部里发电报给伯尔尼，连续工作了几周时间，而且还活着回来讲他的传奇经历。

尼尔·彼得森在研究了二战中从伯尔尼发出的战略情报局的所有报告后写道："没有一份杜勒斯的报告曾经对高层的政策决定产生过影响。"像大量战略情报局的材料一样，大部分杜勒斯的报告消失在华盛顿官僚机构的血盆大嘴里了，似乎没有影响到美军参谋长和白宫的思路——他们跟丘吉尔一样，每天更愿意吃布莱切利园提供的饭菜。

# 第 12 章

# 苏联游击队：恐怖的对立面

1941 年 7 月 3 日，作为对丘吉尔在较早时对欧洲被占领国家的民众吹响的号角的回应，斯大林首次在广播中呼吁苏联人民采取行动："必须让敌人及其帮凶生活在无法忍耐的状态下；无论他们在哪里都将被斩尽杀绝。"在此后的 3 年里，苏联人团结一致，在苏联广大的疆土上抵御了野蛮的入侵者，成为苏联战争史上的一段英雄传奇。然而，最新的证据表明情况比预想的复杂。1943 年之后，游击战对东线的影响超过了其他战场。游击队可以比较容易地在苏联的地理环境里作战，比如森林、山冈、普里皮亚特沼泽（Pripyat marshes）那样的蛮荒地带，而西欧就没有这样的地理环境。即使战争导致了军队伤亡，或间接的平民损失，斯大林也不会遭受到中产阶级的指责。根据大量游击队员的陈述，他们当时在两个方面展开了恐怖战役：一是针对轴心国的，另一个是针对数百万苏联人民的，这些人要么不忠于斯大林的政体，要么不愿为恢复那个政体去冒生命危险。这就造成东线的战斗极度残忍，东线战士的遭遇比西欧战士的要血腥多了。

在战争初期，斯大林的游击队面临的困难，与其他地方的游击队是一样的：缺乏组织、武器、物资、飞机、无线电。帕维尔·苏多普拉托夫在回忆录里宣称，内务部在德军发动进攻前就准备开始敌后武装斗争了。他的说法是错误的。20 世纪 30 年代，斯大林因害怕危及自己的权威，已经彻底拆散了境内的游击队基地网。许多内战时的老游击队长在大清洗中被枪毙了。在 1941 年后几个月中，苏多普拉托夫带着自己的同事被迫临时拼凑出一些情报组和游击队。最初，他们的行动是混乱的，代价高昂的，无效的。被征募来的人没有受过训练，许多人缺乏战斗意志。他们经常被部署在类似于乌克兰这样的地区。这些地区的居民痛恨斯大林的暴政，欢迎德国人来解救他们。当地居民认为游击队员不是爱国者，而是莫斯科的走狗，不仅威胁他们的家庭，还抢夺本来就极为短缺的粮食。此外，在斯大林格勒战役前，德国人一直被视为胜利者，苏联人则被视为失败者。在波罗的海诸国，贝利亚在"巴巴罗萨"行动前展开了大清洗，数万人被杀或投入集中营，这就是为什么许多立陶宛人、爱沙尼亚人、列托人用花圈迎接德军的缘故。苏联与英国不同。在 1940 至 1944 年间，英国的特别行动局没有在欧洲被占领土上鼓励全面起义，但"巴巴罗萨"使苏联立即陷入绝望境地，成千上万的苏联人被迫投入了战斗。苏联在这场斗争中损失巨大，大量游击队员被屠杀，但他们的死讯迷失在希特勒和斯大林一起烧煮的冒着血腥泡沫的大锅里了。

根据毛泽东的说法，游击队只有在人民的海洋里才能游泳。莫斯科笨拙的游击战把第一个重点放在了乌克兰，但乌克兰人民并不支持莫斯科。乌克兰共产党书记收到苏联政治委员瓦西里·谢尔吉延科（Vasily Sergienko）的一份指示，详细说明了开战后第一年如何在苏联领土上展开游击战。在这份指示中，内务部宣称组建了 1874 支游击队，总兵力达到 29307 人，还派出了 776 名特工协助游击队。然而，到了 1942 年 5 月 1 日，莫斯科情报中央只承认在乌克兰有 37 支游击队活动，总兵力 1918 人。其他游击队去哪里了？有些投奔了德国人，另外一些被抓或被杀了。更多的人放弃执行任务，在当地躲藏起来。苏联境内的各党支部和情报机构之间没有协调，各自为战。谢尔吉延科在 1942 年的一份报告中抱怨说："派去潜入敌人前沿阵地的游击队员通常没有多少经验……给游击队的指令和任务总是相互矛盾。"

为了获得极为稀缺的飞机，内务部和格勒乌相互争夺。到了 1942 年 5 月，情况才有所好转，因为成立了一个游击队行动中心，此后又成立一个游击队空运机构，这两个机构都接受党组织的直接控制。每支游击队都有内务部小组跟随，大多数游击队有 50 至 100 人。游击队经常处于武器和物资短缺的状态。希特勒的东线总司令弗朗兹·哈尔德（Franz Halder）将军在 1942 年对苏联游击队说的最重的评论是：他们"很烦人"。在乌克兰的东北部，仅有两个地区的游击队活动是成功的。在二战后期，游击队仍然躲在森林据点里才能生存，而德国人则想尽办法寻找他们的据点，消灭他们。

有一支游击队的队长叫科夫帕克（Kovpak），他在 1942 年 5 月 5 日给乌克兰政治委员赫鲁晓夫（Nikita Khrushchev）送去一封信，不仅他在这封信后签了名，这支游击队的政治委员也签了。这封信大胆地写道："乌克兰平民情绪低落，因为红军撤走了，德军实施了残酷的统治，而有一些村庄高兴被占领，且对游击队和苏联怀有敌意。" 1941 年 8 月 21 日，内务部在基辅的特务米哈伊洛夫·卡尔特舍夫（Mikhailov Kartashev）给莫斯科的苏多普拉托夫写信，为游击战描绘了一幅暗淡的图景："亲爱的帕维尔·安纳托列夫奇！这是一封私信，因为信中的问题不在我的能力范围内。我没有参与基辅地区的战斗……下面所有信息是人民委员会的官员给我的，所以绝对真实……很难说谁做得最差，但有一项很清楚，我们游击队的工作做得不优秀。"卡尔特舍夫接着描述了哈尔科夫（Kharkov）的一支 150 多人的游击队的情况，他们受命穿越比萨拉比亚（Bessarabia）前线。这支队伍出发的时候，既没有向导，也没有地图，只有一半人有武器。他们随身没有携带命令，没有无线电，没有重新进入苏联占领区的口令。像许多类似的游击队一样，这支游击队再也没有人听到过他们的音信。卡尔特舍夫继续说："要想知道游击队的命运，只能等他们中的幸存者返回。"他们不知道敌人的部署情况："你可能听说过有游击队在穿越前沿阵地时被赶回来的情况。这个说法是错误的，因为没有连续的前沿阵地，只有德军据点，如果游击队不知道德军据点在哪里，就会撞上去。"

曾经发生过这样一个黑色幽默的故事，一位名叫邦达连科（Bondarenko）的军士带着一支游击队乘坐卡车去接头地点，在那里游击队员下车后，要徒步穿越敌人的前沿阵地。一个红军岗兵挥手示意，让这队人停下来，因为前面有敌人——但队伍中没有人注意到。这支游击队驾着车，快乐地前进，最后遇到暴风雨般的火力，包括指挥官在内的大部分游击队员都被杀死了。有 30 名幸存者回到了苏联一方的阵地，但他们的枪丢了，汽车也没有了。另一支游击队走入德军的迫击炮弹幕中，被炸死了几个人；幸存者在沼泽中躲了 5 天之后，才溜回了苏联一方的阵地。

内务部的卡尔特舍夫把游击队短缺的武器装备罗列了一下：游击队 50% 的队员有枪，每支枪 40 发子弹，子弹放在衣兜里或靴子里，因为缺少弹药带和弹盒。有些队员根本没有弹药。在来到哈尔科夫的游击队中，有一支游击队的战斗热情极高，武器装备也好，队员都是共产党员，但他们被派去守卫内务部的指挥部，没有上战场。卡尔特舍夫不安地看到，提交给莫斯科的官方报告不仅隐瞒了这些可耻的失败，还假装说游击队的行动是成功的。苏联体制内的人撒谎成性。

有几份官方报告说了实话，其中之一是 1941 年 11 月 21 日提交的报告，报告接收人是赫鲁晓夫。报告记录了内务部游击队第一团第一营的战斗经历。这个营在日托米尔（Zhitomit）附近的奥斯特斯村休整，突然德国人来了。战斗进行了两个小时，队长、参谋长、政委都被杀了。这支游击队有 100 人，最后仅有两人带着悲伤的故事活着回到苏联一侧。这份给莫斯科的报告总结说："我们可以认为第一营的失败原因是：选择了错误的休息地点；缺乏侦察手段，没有安全意识，这才让德国人偷偷地来到 50 米远的地方；最后，可能是两名队员叛变造成的，他俩在战斗爆发前也逃跑了（卡尔特舍夫不知道他俩的名字）。苏联内务人民委员会代理委员，萨维琴科，1941 年 11 月 21 日。"

赫鲁晓夫在 1941 年 11 月 24 日还收到另一份报告，注明是"绝密"，详细叙述了一支游击队的命运，指挥官名叫哈利艾瓦（Khalyava），他参加了任务并返回。他出发时带着 24 人，都是亲手挑选出来的党员积极分子，但缺少军事经验。他说，在镇子被德军占领仅几个小时后，大部分队员就投降了，而且竟然为德军做起了司机。他自己在 11 月 18 日回到苏军阵地。一支 47 人组成的游击队被派往基辅，那时基辅还在苏军手中，这支游击队受命穿越前线，前往文尼察（Vinnitsa）和白里切夫（Berichev），指挥官是一个名叫鲁琴科（Rudchenko）的人，他通常带着无线电台。几天后，基辅被德军占领了。后来，内务部再次听到鲁琴科的音信，有人看见他投降了，他手下大部分人跟着他去了。目击者是一名年轻的中尉，他后来回到了红军在比较东面的阵地。他说他曾经警告那位游击队长不要叛变，但队长不理睬他。这份报告在最后忧郁地说："必须采取措施核实这些信息。苏联内务人民委员会代理委员，萨维琴科，1941 年 11 月 24 日。"

二战结束后，苏联对几个曾经在黑海城市敖德萨（Odessa）地道中生存数个月的游击队进行了美化，这座城市被轴心国军队占领长达 907 天：1969 年，游击队用过的地道变成一个博物馆，馆名叫"游击队荣誉纪念馆"。在敖德萨 1941 年 10 月陷落前，苏联共产主义青年团开了一系列的会议，讨论如何进行敌后抵抗的问题，苏联的官方材料记录了这些会议的情况。然而，根据老兵的回忆，当时参与会议的人都喝得酩酊大醉，莫斯科来的人与内务部在敖德萨的人打起架来了。在此后的一段长达数个月的时间里，这些秘密组织之间相互斗争，斗争积极性比与德国人斗争还要高。有一个莫斯科来的军官，弗拉基米尔·莫洛德斯道夫（Vladimir Molodstov）上校，做过矿工，他在 1942 年被德国人抓住后枪毙了，后来被苏联推举为英雄。然而，他被捕后，在跟他争夺权力的人中，有一个叫库兹涅佐夫（Kuznetsov）的中尉，此人是内务部在敖德萨的成员，他把莫洛德斯道夫手下的人全都杀死了，并说他们阴谋反对他。

8 月 28 日，库兹涅佐夫说一个人偷面包并把那人杀了。一个月后，他又杀了两个人，理由是他俩偷食物，并且"性生活缺乏纪律"，谁都不知道到底这意味着什么。一个月后，库兹涅佐夫这个疯子，如果不是个疯子，也是头野兽，他自己也被手下人在地下避难所里杀死了，那地方叫"镜子工厂"。只有 3 名内务部官员活了下来，他们的精神状况肯定很糟糕。阿布拉莫夫（Abramov），就是那个杀死库兹涅佐夫的人，向德军投降了。另一名军官逃离了地道，在此后的敖德萨德军占领期躲在他妻子的公寓里。敖德萨解放后，他声称杀死了阿布拉莫夫，但阿布拉莫夫不知为何活了下来。第三个人名叫格卢申科（Glushenko），活着看到红军占领敖德萨，但不知为何目的又回到了地道里。在地道里，一颗手榴弹在他手中爆炸，他被炸死了。上述有许多地方不一致，证据也不令人信服，但有一点可以肯定，"这支游击队"没有取得任何战绩，最后地下生活的磨难杀死了他们中的大多数。

同样的命运也降临在另一支类似的游击队身上，但他们的故事仅被记录在1942 年 4 月 18 日为罗马尼亚总理汇编的一份情报中，这位总理就是希特勒的盟友扬·安东内斯库（Ion Antonescu）。这份报告的基础是审问地道幸存者的记录，有某种真实性在里面。这是一支苏联游击队，40 名队员都是地方党组织挑选出来的，领头的是两名上校，弗罗洛夫（Frolov）和列米什克（Lemichik）。1941 年 9 月 10 日，这支游击队受命穿越罗马尼亚境内的轴心国阵地，但被发现，所以慌乱地退回了敖德萨，剩下的队员仅有 18 人。当德军横扫敖德萨时，12 名队员躲入匆忙修建的临时地道，伺机进行间谍活动或破坏活动。10 月的一天，这一组人，在亚历山大·索尔达坚科（Aleksandr Soldatenko）的率领下，从戴尼斯卡亚大街 47 号的入口进入了地道，这时，队伍里又多了两名妻子。

很容易想象在此后的日日夜夜里，地道里的人内心中的紧张、疑惑、恐惧，因为他们的头顶上就是敌人。这伙人手中有重武器，但那又怎样？11 月初，有一位名叫里奥尼德·彻尼（Leonid Cherney）的游击队员，曾经三次在晚上冒险去了地面，企图联络一个女信使。他失败了，回来后报告说到处是占领军士兵。11 月 13 日，罗马尼亚保安警察获得地下有游击队的消息，于是企图攻入地道。黑暗中双方交上了火，这让罗马尼亚人认识到还是堵住地道入口比较容易。此后，没有人再听到有关索尔达坚科这支游击队一个字。直到 1942 年 2 月后才有所改变。他们在这段时间的经历是二战中比较恐怖的。

食物吃完了，有几个饥饿的队员感到绝望，要求这支游击队应该上到地面投降。这个要求立即就被索尔达坚科拒绝了。他们中有个叫比亚利克（Byalik）的人，他的妻子叫叶尼亚（Zhenya），他俩在这伙吵要投降的人中间显得格外突出，不过他俩不是党员，于是被枪毙了。在接下来的几周时间里，他俩的肉被吃掉了。剩下的人继续吵吵闹闹。1942 年 2 月 1 日，有 4 个人成功逃脱了封闭不结实的洞口，然后迅速跑回自己家了。其中有 3 个立即被邻居告发了，罗马尼亚人把他们抓走了，最后那一个可能是成功地逃走了。

敖德萨占领军向地道里灌煤气和浓烟,想把剩下的游击队员赶出来。这使地道里一片混乱,接着爆发了新骚乱,索尔达坚科和妻子埃琳娜被枪杀。逃跑不可能了,剩下 3 个幸存者回到他们在地道里的窝中,靠吃索尔达坚科夫妻的肉又坚持了几天。最后,所有的希望都消失,他们上到地面投降了。一支罗马尼亚巡逻队冒险下到游击队藏身的地道里,发现了比亚利克夫妻的骨头,还有索尔达坚科夫妻被吃掉一半的尸体。

在西欧的战争记录里,1944 年 6 月,德军屠杀了格拉讷河畔奥拉杜尔 (Oradour－sur－Glane) 村的村民,但这件事极为特殊,因为德军虽然杀死了数千法国抵抗组织成员,但屠杀整个村庄的事仅此一桩。在东线,希特勒的军队经常进行大屠杀。在"巴巴罗萨"行动早期,希特勒就下令对平民抵抗进行恐怖报复。1941 年 7 月 23 日,他指示德军指挥官应该营造一种恐怖气氛,"使人们没有兴趣反抗。"9 月 16 日,他的参谋长提出了量化指标,游击队每杀死一个德国兵,要处决 50 至 100 名人质。这项政策被埃里希·冯·登·巴赫－热勒维斯基 (Erich von dem Bach－Zelewski) 疯狂地加以实施,此人恶名远扬,后来在 1944 年血腥镇压了华沙起义。纳粹的镇压取得了一些成功:三分之二的苏联被占领土没有明显的游击队活动。苏联南部是德军 1942 年的主要战场所在,该地区非常安静;大草原也没有给游击队安全的避难所。苏联的情况跟法国截然不同,法国抵抗组织在法国中部和南部比较活跃,因为那里在战略上对希特勒不太重要。

在白俄罗斯,仅因为有两名德国兵被杀,德国 707 步兵师竟然在一个月里枪杀了 10431 人,而且大部分是妇女和儿童。1942 年 6 月和 7 月,德国第二装甲集团军展开了二次反游击队扫荡,代号"鸟鸣"和"绿啄木鸟"。第一次扫荡有 5500 名德军士兵参加,德军声称最终打死打伤或俘虏了 3000 名游击队员,实际上大部分是平民。"鸟鸣"扫荡使德军死了 58 人,伤了 130 人。"绿啄木鸟"扫荡的进展也不妙。无疑造成了许多苏联人死亡,但大部分是平民,大部分游击队员都活了下来。在德国中央集团军群的后方大约 9 万平方公里地区里,在"巴巴罗萨"开始后前 11 个月里,据称有 8000 游击队员被杀,这个数目大大超过了在这个地区活动的游击队员数目,唯一的解释就是大部分受害者是平民。截止到 1943 年 5 月 10 日,德军在这个地区死亡了 1094 人。1943 年 1 月,德国中央集团军群宣称杀死了 10 万名"匪徒",这是一个令人震惊的数字。如此屠杀彻底驳斥了德军抵赖纳粹战争罪的企图。

内格尔 (Nagel) 少将报告了游击队活动加剧的现象,他是东线经济参谋部的检察官,这个机构负责掠夺被占领地区的粮食和家畜。1942 年,他告诉柏林,在中央集团军群的地区，为铁路枕木派部队去森林里伐木变得太危险。此外，当地德军指挥官不愿意继续大规模掠夺家畜，害怕当地居民增强对游击队的支持。数百万民众最初默许了占领军，此后又被占领军的镇压给吓怕了，但如今他们开始相信只有苏联胜利才能消除饥饿和贫困。第 16 集团军总部报告说，在 1942 年 5 月至 6 月之间，该地区发生了针对桥梁的袭击有 30 次，针对铁路的袭击有 48 次，总共造成了 20 辆机车头和 130 节车厢的损毁。在中央集团军群地区，在 1942 年 6 月至 12 月之间，总共有 1183 次针对铁路的袭击，平均每天 6 起。

　　游击队的活动极度粗野。跟法国反纳粹游击队一样，苏联游击队为了生存也进行偷盗，至少要拿出跟德国人打仗的劲头去偷盗。1942 年 9 月的一天，一支饿坏了的游击队爬入一片土豆地，他们立即开始刨地挖土豆。他们中有个叫科夫帕克（Kovpak）的人，听到背后有噪声，回头一看，是个妇女正蔑视地盯着他们。她说："我的上帝！我的上帝！看看你们这帮身材魁梧的家伙——卑鄙到来偷我们的土豆了！"许多人死了，有被冻死的，饿死的，在帮派纷争中被枪杀的，因触犯纪律而被处死的。"科热杜布（Kozhedub）在喝酒，我们拿他的枪开了两枪，杀死了他，营地里一片混乱，"一位名叫波普德连科（Popudrenko）的游击队员在 1942 年 2 月写道，"这是个好决定。晚上我们开业余演唱会，跟着手风琴唱，跳舞，说笑话……巴拉拜（Balabai）同志杀死了一个混蛋，一个与德国人合作的叛徒。"到处都是这样的故事。"早晨，我收到第 2 连一个逃跑的战俘的报告，"一位名叫巴利茨基（Balitsky）的游击队长在 1943 年 8 月 3 日潦草地写道，"他是在李普诺村被俘的……我跟这个特工二话没说，就抽出我的毛瑟枪，一枪结束这个无知之徒的性命。"

　　苏联游击队中有一大部分人是逃犯，也有不少犹太人，他们是为逃避纳粹的迫害才做游击队员的，他们与轴心国战斗不是因为爱国。一半游击队员是当地的农民，是在枪口下被逼才加入游击队的。游击队员整体生活在恐惧中，害怕被人出卖。跟法国的游击队一样，苏联游击队里也有叛徒把游击队的位置告诉敌人。游击队的伤亡令人惊骇：当德军包围一支游击队后，经常是全面歼灭他们。但到了莫斯科想打仗时，总是游击队员冲在前头。波普德连科在 1942 年 2 月 27 日记录到："我们听说克留西（Klyusy）堆着大量给德国人的谷子。我们派出 30 人，弄回来 100 普特（1 普特＝16.39 公斤），剩下的分给了集体农村的农民。"两周后："我们袭击了驻扎在伊万诺夫卡村的匈牙利营……第 1 连发动正面进攻，第 2 连从侧翼发动进攻，第 3 和第 4 连给予火力支援。战斗结果：杀死了 92 个匈牙利人，其中 4 个是军官，64 个是警察。缴获 1 挺重机关枪、2 挺轻机关枪、

15000发子弹、1门防空炮、103块毯子、7支步枪、1部发报机等。我们有10人被杀，7人受伤。"那些死了的匈牙利人很有可能是被俘后又被枪杀的，游击战的惯例就是如此。

1942年8月18日，希特勒颁布第46号命令，规定了"在东线打击游击队瘟疫的方针"。这道命令第一次提出用胡萝卜加大棒的方式管理被占领土：与德军合作的村庄将获得比较多的粮食定量，免除劳役之苦。但这项迟到的优惠政策很少真正地被执行。仅两个月后，希特勒又颁布新命令，宣称必须认识到东线游击战是一场"你死我活的斗争"。1942年11月11日，新颁布的总命令宣称"抓住的游击队员，除非特别优秀的……征募为我们打击游击队之用外，其余全部绞死或枪毙"。现代德国的历史学家是这样评述的："占领军既没有意愿建立一种安抚性的政治框架，也没有能力用武力保证和平。"

德国人最终部署了25万大军在东线的后方对付游击队，这是斯大林、莫斯科情报中央、帕维尔·苏多普拉托夫的真正胜利。苏多普拉托夫派出内务部的特工和电报员为游击队服务。大多数负责保安的德军部队，虽然本不适合前线作战，但他们必须有武器，有饭吃，这在很大程度上削弱了希特勒的战争实力。在1943年，游击队的兵力从13万上升到了25万。7月28日，艾伦·杜勒斯从伯尔尼向华盛顿发电报汇报了他在柏林的情报员提供的情况，游击队在东线造成了巨大影响，严重地破坏了德军的通信线路。德国信号情报官认为游击队的无线电技能比苏联正规部队要好，这可能是因为游击队发现只有骗过德军的无线电定位器才能生存下来。1943年秋季，游击队在中央集团军的背后，每个月平均要砍倒2000根电话线杆，切断300处电缆。德军甚至引入一个供所有部队收听的"游击队预警"无线电频道。

德军在后方进行的反游击战包含多方面的努力，其中最丑恶的就是让"特别情报组"处理安全事务和进行审问。有一份英国文件谈及了德方相关人员，这份文件的材料大部分来自布莱切利园的"超级机密"，文件中包括了几个像弗拉基米尔·比德罗夫（Vladimir Bedrov）这样的人物："内务部在列宁格勒的前雇员投降了德国人，做翻译官，对游击队员极度残忍。1944年2月逃跑，在爱沙尼亚被捕，送回东德的集中营，被关押在这里的人都是了解情况太多的人。"另一个是伯麦（Bohme）军士，来自里加（Riga），一直住在维也纳，操着流利的俄语和英语，"控制着一个间谍网，成员是从苏联战俘中招募的，其中还有三四个妇女"。前线巡官卡尔·布仁克（Karl Brenker）在英国人的文件中被形容为"对苏联人犯下了所有可能想象得出的罪行。一头真正的野兽，亲自行刑，对女性特别残暴，被授予反游击队金徽章"。

内务部第四局负责指挥后来被称为"铁路战"的行动，因为其重点是打击德国人的交通线。"敌人的一列火车在凌晨 1 点钟时爆炸了，"一位名叫巴里特斯基（Balitsky）的游击队长在 1943 年 8 月 25 日写道，"这列火车有 38 节车厢，驰往前线。我拿了一些货物，把剩余的烧毁了。大部分列车上的卫兵被杀了，俘虏了 5 人，在激烈的交火中有 15 名游击队员负了伤。"1944 年夏季，苏联发动巨大的"巴格拉季昂"（Bagration）行动中，游击队对德国东线交通线的攻击对战役的贡献要远大于法国抵抗组织在诺曼底登陆行动中的贡献。苏联人终于有能力协调敌后行动，并对德军发动进攻了。他们派遣"战略情报组"去敌后，由 8 至 12 人组成，深入敌后 10 至 60 英里，还能空投数百人的游击队。对游击战做不出可靠的损益分析，但有一点似乎是可以断定的，就像东线的所有特征一样，苏联人在游击战中的损失比德国人大。但在战争的最后两年里，苏联人改变了这种对比。用德军将领的话说，游击队变成了"可怕的、训练有素的部队……游击战是一次瘟疫，后方的指挥部、供应站、运输部队、信号部队每天都与之进行搏斗"。

在 1941 至 1945 年间，苏多普拉托夫在他的回忆录中声称内务部派遣了总共 212 个小组去领导游击队作战，在敌后的特工和电报员一共有 7316 人。苏联建立了有多所专门训练破坏技能的学校，为红军培训了上千人，为内务部自己培训了 3500 人。他暗示在整个战争期间，敌后总共有 2222 个"作战行动组"。苏联官方历史公开说游击战杀死了 13.7 万德国人，这数字夸张到了荒谬的程度。整个数字中包括 2045 名通敌者和 87 名纳粹高官，这些高官都是刺杀的目标。战后，苏联整理出了一个游击战英雄名单，最前面的几个名字是库兹涅佐夫、梅德韦杰夫、普罗库佩克、沃普沙索夫、卡拉肖夫。库兹涅佐夫有一个最不适合给战争中的特务的代号叫"绒毛"，这位内务部的特工有一头极为漂亮的金发。他生于 1911 年，战前在卢比扬卡大街工作，他与国外的外交官共用几个芭蕾舞明星做情人。他在西伯利亚说德语的地区长大，所以他能在敌后假装成德军军官，名叫"保罗·齐波特中尉"。他曾经好几次执行刺杀德国著名人士的任务。1944年，他在试图跨越前线回到红军阵地时被乌克兰民族分子杀死。死后，他被命名为苏联英雄。

从斯大林的角度看，苏联游击队最重要的成绩，不仅在敌后象征性地维持了苏联的权威，还创造出了可供宣传用的反侵略维护国家统一的故事。实际上，苏联各地区对希特勒的反应是不同的——既有反抗者，也有通敌者，而且数目相当——在西欧的情况也是类似的。德军撤退后，那些为祖国做得不够的人，受到了莫斯科的疯狂报复。1943 年，贝利亚报告内务部在红军解放后的领土上逮捕审问了 931549 名疑犯。他说其中 80296 人"明显是间谍、叛徒、开小差的、匪徒、罪犯"。

许多游击队杀苏联人比杀德国人多，他们这样做是故意的，就是让人民更加害怕斯大林，而不是希特勒。1943 年 2 月，在波尔塔瓦州（Poltava oblast）活动的科彭金（Kopenkin）指挥官提交了一份报告，这份报告值得详细引用，不是因为它有什么特别，而是因为有太多的"绝密"报告与之类似：

我询问了奥斯坦诺村当地的党员积极分子，发现有 3 个效忠德国人，背叛人民的村民，其中一人是村长。这 3 个人被逮捕，拉到距离波斯坦诺夫村 3 或 4 公里远的地方枪毙了。1941 年 10 月 30 日凌晨，小分队抵达了科热石村社区，白天躲在学校里。新成员宣誓后加入小分队。我们从集体农场的仓库里拿了补给，还拿了一辆手推车拉机关枪。我从积极分子那里听说德国人任命前任学校老师为科热石基的村长。我们带着他离开村子，开车走了 3 公里后枪毙了他……在彻里村，我们逮捕了新任的村长和另一个通敌者，我们把他俩枪毙了。

在博利沙亚湾的奥布科哈卡，我们逮捕和枪毙了两个村长、5 个被德国人招募的情报员、17 个与教会有关联的人、3 个开小差的。5 个 14 至 19 岁的人被盖世太保招募。根据米尔哥罗德游击队小分队里的安德烈耶夫同志的命令，奥布科哈卡有 6 个人支持德国人。我派了一组人去逮捕了这 6 个人，他们后来都被枪毙了。

根据伊瓦先科同志和安德烈耶夫同志的信息，在博利沙亚湾的奥布科哈卡，有一个家庭有 4 个儿子，他们制作和分发宗教传单，那传单说："读到这份传单的人立即复制 10 份，分发给其他人。祈祷德国人，我们的解放者。上帝把我们从犹太和共产党那里解救出来。"派了 6 名游击队员去那个村子里，领头的是捷列先科。他们到了传教士的家里，要求把大门打开，但屋里的人不开门，而且还用木棍把门和窗户堵上。等了 2 个小时，捷列先科要求允许他破门而入……早晨，那父亲和他的 4 个儿子被带到森林里枪毙了。我问当地人知道有 3 个红军战士住在那个村子里足有一个月了。我在当地游击队员的帮助下逮捕了他们。质问他们发现他们都结婚了，不想回前线了。我把他们当作是开小差的和叛国者给枪毙了。

根据伊瓦先科同志、安德烈耶夫同志、潘拿索夫卡村积极分子的信息，一个从前的富农被任命为村长。我派了一个小组去杀了他和家人，因为我们知道他的妻子和女儿散布不爱国的谣言，比如说苏联政体完蛋了，德国人的权威是这里唯一的……他家的财产被充公，供游击队之用。根据当地群众提供的信息，奥利法热夫卡村的农业专家被任命为村长，但他不给我们谷物，说什么苏联不存在了，德国人需要谷物。我派卡米纳同志去把他和他妻子枪毙了，然后把大约 60 吨谷物分给了集体农村的农民。

这份报告覆盖了一支游击队在 3 个月内的活动，这类的恐怖战斗在被德军占领的苏联西部地区到处都存在。游击队与纳粹及其协作者的对抗中制造了一系列的惨案。

内务部对游击队员实施严格的控制，英国的特别行动局和美国战略情报局在这方面无法与之相比，因为苏联游击队是在祖国的土地上作战。在发动游击战方面，苏联比英国人和美国人有优势。虽说丘吉尔是有时才对"火烧欧洲"的人员损失表现出无情的姿态，但斯大林是无论何时都表现了无情。他对战士的伤亡漠不关心，对平民的遭遇漠不关心，使苏联的游击战以最阴暗的方式展示了克里姆林宫进行"全面战争"的决心。

**第 13 章**

# 暴风雨中的岛屿

## 阿勃维尔的爱尔兰舞曲

在盟国和轴心国交战的那几年里，许多国家之所以参战，是因为发生了内部斗争，有时激烈到你死我活的地步。例如，当时中国、法国、意大利、希腊、南斯拉夫、缅甸、印度、南非、加拿大、法属印度支那、荷属东印度都出现了内斗。在这场世界性的派系斗争中，各主要交战国都努力地把各地派系分子之间的火力引向敌人一方，避免自己的同胞受伤害。不过，这有时只能口头上说说而已，因为这通常比让狼群安静下来更加困难。

爱尔兰在这场全球斗争中处于边缘地位，但双方都不希望看到爱尔兰成为敌人的天堂。爱尔兰自由邦在二战爆发前 20 年就脱离了大英帝国，获得了独立。有一点让爱尔兰民族主义者懊恼不已，因为北爱尔兰 6 个信奉新教的县仍然留在了英国。1916 至 1921 年间爆发的驱逐英国人的争斗仍然让人记忆犹新。虽然爱尔兰自由邦仍然是英联邦的一部分，但战时总理埃蒙·德·瓦莱拉（Eamon de Valera）顽固维持中立政策，抵御所有请他加入盟国的劝诱，即使其最密切的朋友美国参战后，他仍然我行我素。丘吉尔对此十分愤怒，尽管爱尔兰的生存有赖于英国人，但德·瓦莱拉在违抗丘吉尔的同时，还被迫跟国内的敌人展开战斗。所谓的爱尔兰共和军，虽然在 1936 年被判为非法，但其残余仍然处于狂热状态，不仅反对爱尔兰岛的分裂，还反对与英国和解。爱尔兰共和军中的恐怖分子展开了一系列的破坏活动，还谋杀英国人——1939 年，不列颠岛发生了多起爆炸案，但这违背了都柏林的意愿。

在战争爆发之际，德国人发现爱尔兰这片土地充满了机会，这点英国人也同意。1939 年 9 月末，军情六局提交了一份耸人听闻的报告，宣称"爱尔兰共和军有可能要发动革命"。英国人最担心爱尔兰西北部多尼戈尔郡德国人拥有的因弗饭店（Inver），因为希特勒的大使馆人员经常住在那里。不过，英国官员也住在那里，比如年轻的菲利普·蒙巴顿（Philip Mountbatten）中尉。从柏林的角度看，爱尔兰没有什么情报可供挖掘，因为这个国家隐藏军事秘密，整个爱尔兰岛上的外国专家仅有 318 个德国人和 149 个意大利人。尽管如此，阿勃维尔有一个看法，如果能说服爱尔兰共和军暗中恢复对英国和欧洲大陆军事目标的破坏活动，柏林将会受益。所以，在 1939 至 1943 年间，阿勃维尔派出一系列使节，努力与爱尔兰恐怖分子形成联盟，一致对付共同的敌人。

德国人在爱尔兰的活动全都陷入了困境，这是因为他们对那个国家极度无知，其无知程度甚至超过英国人对阿尔巴尼亚的。柏林派出的第一名间谍，是在大战开始前夕 1939 年 3 月派出的，名字叫奥斯卡·普福斯（Oscar Pfaus）。在他出发时，一个名叫弗朗茨·弗罗姆（Franz Fromme）的凯尔特神话爱好者给他介绍情况，差点儿没有把这个间谍给烦死。普福斯途经哈里奇（Harwich）来到了都柏林，在酗酒的"将军"约恩·奥达菲（Eoin O'Duffy）面前做了自我介绍，此人是爱尔兰法西斯组织蓝衫党的头目，纳粹的精神同盟。奥达菲能不能把他引荐给爱尔兰共和军？由于蓝衫党和爱尔兰共和军的利益相互矛盾，"将军"对这个要求感到气愤。但普福斯最终还是想办法与爱尔兰共和军的委员会见了面。他按照间谍最优秀的传统，把一张 1 镑的钞票撕成两半，一半给爱尔兰共和军，所以当他们派遣代表去德国讨论武器运输问题的时候，可以用拿出那半截钞票证明自己。然后普福斯回国了。

爱尔兰共和军决定接受德国人的条件，派出吉姆·奥多诺万（Jim O'Donovan）去谈判，此人携妻子乘船去了汉堡。到达后，德国海关发现奥多诺万夫人隐藏了几盒香烟，所以要对她进行光身搜查。高傲的奥多诺万勃然大怒：夫妻没有拿到武器就返回了。在此后的几个月里，爱尔兰共和军不负责任的行为，越来越令阿勃维尔气恼，因为爱尔兰共和军不仅攻击英国的电影院，还攻击了电话亭和信箱，这样做既对德国夺取胜利没有帮助，也无助于他们的统一。1940 年 1 月，爱尔兰共和军对驻扎在凤凰公园的爱尔兰军队进行了一次轰动性的武装袭击，这激怒了·德·瓦莱拉，他命令警察全力围捕爱尔兰共和军成员，在没有审判的情况下就加以拘留。虽说这位首相恨英国人，但如今他一样不喜欢自己同胞中的那些自由战士。凤凰公园袭击案是一个转折点，因为爱尔兰政府此后便把德国人的盟友爱尔兰共和军视为敌人了。

　　阿勃维尔又派出一个间谍，要他去给爱尔兰共和军灌输一点德国人的纪律。恩斯特·韦伯－格鲁（Ernst Weber－Drohl）是一个矮小的奥地利人，60多岁了，过去是一名不太成功的马戏团大力士。他之所以有资格代表希特勒，就是因为他与一个爱尔兰姑娘生了两个孩子。就在他准备乘坐德国潜艇去爱尔兰的绿宝石岛（Emerald Isle）之前，他未来的电报员表示极为厌恶，拒绝陪他去。1940年3月，这个矮小的大力士自己划着一条小舢板在黑暗中穿越大浪向岸边驶去，他随身携带着一台发报机和一捆钱。那橡皮艇倾覆了。太阳落山了，这位全身泥污的间谍挣扎着爬上了岸，向都柏林方向去了。

　　在都柏林吉姆·奥多诺万的家里，他做了自我介绍。奥多诺万忘记了汉堡的羞辱，成了格鲁的临时东道主。格鲁向爱尔兰共和军委员会递交了一封信，他在这封信上签了字，其中最重要的段落是："普法尔茨格拉夫小组急迫要求爱尔兰朋友和爱尔兰共和军成员努力去执行阿勃维尔的S计划……要对军事目标发动比较有效的攻击，不要攻击平民目标。"那奥地利人又辩解说，本来柏林委托他转交15100美元给地下军队，但因为他需要现金，所以只能少给600美元。此后不久，警察逮捕了他，当时他正好在都柏林的饭店里，理由是他非法闯入爱尔兰。在法庭上，这个间谍声称他来爱尔兰是来找孩子——事实上，他的妻子在德国的纽伦堡。《爱尔兰时报》说："韦伯－格鲁的律师说被告在踏上爱尔兰土地时没有恶意。相反，他的动机是极为值得称赞的。"在付了3镑的罚款后，他被要求立即离境，但马上又被捕了，并被拘禁起来。当这位德国间谍最终被释放后，他留在了爱尔兰，重新操起马戏团的行当，失去了为祖国效力的兴趣。

　　这时，德国大使馆要求柏林不要派纳粹间谍去接触爱尔兰共和军了，这会进一步恶化与爱尔兰政府的关系。但阿勃维尔在德国的敌人中找朋友的愿望并未因此而受挫。艾德蒙·费森迈尔（Edmund Veesenmayer）博士是35岁的政治学讲师，纳粹积极分子，他被任命为"爱尔兰特别顾问"。弗朗西斯·斯图亚特（Francis Stuart）是一位狂热的民族主义知识分子，他在大战中来到柏林讲授《英裔爱尔兰人文学》课程，阿勃维尔向他请教了爱尔兰问题。一位名叫斯蒂芬·赫尔德（Stephen Held）的爱尔兰共和军成员，途经比利时也到了柏林，他展示出奥斯卡·普福斯撕成两半的钞票的一半。赫尔德提出一项大胆的计划，德军应该在德里（Derry）进行两栖登陆，占领英国的阿尔斯特地区，但他没有考虑这种冒险行动如何对付皇家海军的反击问题。第二个月，爱尔兰共和军参谋长肖恩·罗素（Sean Russell），从纽约出发，途经热那亚也到了纳粹德国的首都。这几个人都催促德国人抓住历史机遇。

　　阿勃维尔的下一任使节是赫尔曼·戈尔茨——他就是那个在 1936 年骑摩托车骑到英国监狱里的人。这似乎是个非凡的选择，他是个中年律师，从来没有去爱尔兰这个地方旅游过。当他在 1940 年 5 月 4 日准备乘坐亨克尔轰炸机就要从机场起飞的时候，目击者说他心情很好，甚至有点无忧无虑。他曾经在第 800 建设示范营接受培训，培养出了一些英雄的意志。这个示范营后来扩充成了勃兰登堡团。戈尔茨那天晚上跳伞没有遇到意外事故，但落地点是米斯郡的巴利沃（Ballivor）附近，偏离了预定落地点 70 英里。在降落过程中，他丢失了发报机和铁铲，铁铲是用来埋降落伞的。

　　他扔弃了飞行服，撕毁了地图，把地图碎片丢进了河里。然后，他向南走，去找伊索尔特·斯图尔特（Iseult Stuart）夫人，她就是柏林那位文学课讲师的妻子。这时他下身穿着马裤，脚上蹬着马靴，上身穿着套头衫，头上戴着贝雷帽，胸前戴着一战时的战斗奖章，这样的装束对秘密间谍来说太不慎重了。在经历了一段漫长的艰苦跋涉之后，他到了斯图尔特夫人在都柏林西部拉勒夫城堡的门前。她让吉姆·奥多诺万开车来接走这位访客。后来，戈尔茨写道："我来到了都柏林，遇到几个快乐的人，他们虽然不了解我，也不想了解我，但我能自由自在地活动。"但这个间谍不得不面对当地复杂的效忠关系。有 4 名年轻的共和军威胁了他半个小时，逼他交出从德国带来的钱。之后，他被带到了爱尔兰共和军成员斯蒂芬·赫尔德的家里。

　　1940 年 5 月 7 日，在都柏林市中心，一伙爱尔兰共和军成员企图拦截一名信使，这名信使携带着英国驻爱尔兰代表约翰·马菲（John Maffey）的信件。这引发了这伙持枪歹毒和警察之间的一场枪战，爱尔兰政府也被激怒了。赫尔曼·戈尔茨大骂他的东道主做事不负责任；显然，爱尔兰当局要抓恐怖分子了。这个德国人害怕被抓进监狱，他觉得自己不仅是间谍，还是征服世界的德国军队的前锋旗手。他强迫爱尔兰共和军去寻找他丢弃的德国空军的军装。军装自然没找到，他却因此要求给他找一个裁缝，再给他另做一身。

　　5 月 22 日晚，不可避免的事终于发生了：警察袭击了赫尔德的家。他们没有抓到戈尔茨，却发现了他的降落伞，此外还有密码簿、爱尔兰军事设施的信息、厚厚的一叠钞票。他们逮捕了斯蒂芬·赫尔德和伊索尔特·斯图尔特，不过后者很快就被释放了。戈尔茨此后的行动不为人所知。后来，他宣称自己成功逃过了警察的搜索网，躲进了威克洛山区（Wicklow），他深受饥饿和雨淋的折磨，但他的说法引发了争议。其实，他在此后几个月里躲进了几个女人的家中，她们都是热情洋溢的爱尔兰共和军成员，称他为"罗宾逊先生"。他通过去欧洲大陆的海员给他的雇主送回报告，但没有一份被送到柏林。即使阿勃维尔能拿到这些报告，也不会有什么帮助。这个孤独、郁闷、有文化的怪人，因为想回家而变得如此绝望，竟然买了一条小船，想渡海回去。

德国驻都柏林大使亨佩尔（Hempel）博士生气地说，他认为戈尔茨的故事是英国的阴谋，目的是把爱尔兰拉入战争，并站在盟国一边；但都柏林政府对柏林与爱尔兰共和军恐怖分子合作感到异常愤怒。尽管如此，阿勃维尔没有放弃。随着入侵英国的"海狮"计划不断推进，柏林不顾风险地向爱尔兰派遣间谍，争取利用这个战略地位重要的岛。1940 年 6 月，阿勃维尔从汉堡分部又派出了两名间谍。沃尔特·西蒙（Walter Simon）是另一位引人注目的老游击战士，当时58 岁，德国水兵，一战期间一直待在澳大利亚拘留营里。跟戈尔茨一样，他曾经参加过一次不成功的间谍活动：1938 年，他去侦察英国的兵工厂和机场，遇到了几个威尔士民族主义者，他们要求为德国战斗，于是他给他们每人 20 镑和一个鹿特丹的地址。1939 年 2 月，他在汤布里奇（Tonbridge）被捕了，被关进了监狱。到了 8 月，他被仓促地驱逐了。有了如此的经历，他本应该对秘密战失去兴趣了，但他仍然接受了卡尔·安德森的假身份，假装成一个瑞典生的澳大利亚人，动身去了爱尔兰。他被告知远离爱尔兰共和军，席勒《钟之歌》第一首诗中有密码，他早就把这首诗背诵下来了。

6 月 12 日夜，一艘德国潜艇偷偷进入丁格尔湾（Dingle bay），西蒙登陆了，他把发报机掩埋掉，向都柏林去了。他的行踪很快就被发现了，从特拉利（Tralee）就有人跟踪他，最后他被捕了。他随身携带巨款，因此就能治罪。当他在法庭上看到他的发报机的时候，他知道自己的结局就此注定。他被送到了芒乔伊（Mountjoy）监狱，有一个狱友马上跟他打招呼："你也进来了？"西蒙怒斥道："笨蛋！"按道理他俩必须假装不认识才行，但代号"爱尔兰人米切尔"的维利·普雷茨（Willy Preetz）是阿勃维尔为同一任务派出的第二名间谍，他在另一处地点登陆。英国人暗中告诉都柏林西蒙是一名德国间谍。他俩在铁栅栏后面度过了漫长的战争岁月。

阿勃维尔的海盗依旧不断涌来：德国人相信布列塔尼人和凯尔特人都能融入他们的爱尔兰计划之中。1940 年 7 月，一名布列塔尼舵手驾驶那艘 35 英尺长的"斯瓦兹克"号游艇，载着 3 名间谍向爱尔兰驶去，那三名间谍是：迪特尔·格特纳（Dieter Gaertner）、赫伯特·特里布斯（Herbt Tributh）、亨利·欧彼得（Henry Obed）——三人都拿着南非的学生护照。他们任务的代号是"第一代龙虾"，但这三名间谍可不是什么海里的生物，在漫长的旅途中晕船了，刚上岸就被拘留了。8 月 8 日，正值大不列颠战役处于高潮期，一艘德国潜艇从法国出发，载着爱尔兰共和军参谋长肖恩·罗素和西班牙内战左翼老战士弗兰克·瑞安（Frank Ryan）。行驶到戈尔韦（Galway）西面大约 100 英里处，罗素突发重病死了，最后被海葬。于是瑞安决定返回柏林，这在柏林引发了各种猜忌。不久之后，都柏林也出现了各种猜忌。罗素是被毒死的吗？实际上，他几乎可以肯定他患了突发性胃溃疡。

德国派出的下一个间谍是赫尔穆特·克里斯曼（Helmut Clissman），此人至少有一个优势，他了解爱尔兰，娶了一个爱尔兰妻子。不过，没有德国潜艇送他。他的旅程交给了一位极有经验的水手克里斯丁·尼森（Christian Nissen）负责，他乘坐的独桅纵帆船名叫"安妮·布拉兹－比汉"。克里斯曼与几个勃兰登堡人一起接受了训练，并配备了一名电报员。但这艘独桅纵帆船遇到了一场持续三天的 10 级大西洋风暴，把德国人的所有计划给搅乱了。发动机坏了；船员能力极差。最后，尼森决定带着这一船疲惫、愤愤不平的人返回，他们在 9 月抵达了法国的布雷斯特港。

1940 年秋季，赫尔曼·戈尔茨的秘密住处，来了许多小心翼翼的访客，访客来自各行各业，其中还有知名的政客，这些人渴望与未来欧洲主人的代表取得联系。这个德国间谍恳求爱尔兰共和军的高官与爱尔兰总理德·瓦莱拉媾和，但他没有意识到爱尔兰共和军缺少政治家的才干。他痛苦地写道："不去按照自己的承诺去跟敌人打仗，却阴谋削弱警察，并且与警察交火，这实现不了什么。"斯蒂芬·海耶斯（Stephen Hayes）接替了罗素留下的爱尔兰共和军参谋长的职位。他的副官是杰克·麦克尼拉（Jack McNeela），戈尔茨批评这位副官："你想为爱尔兰而死，但你根本不知道如何去奋斗。"

戴利（Daly）夫人是一名脾气暴躁的女家庭教师。在听信了他人的劝告后，她在 1940 年 11 月上了一艘中立国日本的"日本丸"号船，这艘船从西班牙出发，去都柏林接几个要撤离的日本人。在她被提名为爱尔兰驻马德里大使的官方信使之后，她把给赫尔曼·戈尔茨的密码簿藏在自己的闹钟里，还有几封密信藏在自己的内衣里。戈尔茨终于收到了戴利夫人带来的信件，从这些信件中可以看出阿勃维尔有些疑惑，不知道如何在 1940 至 1941 年的冬季里采取行动，因为当时英国入侵爱尔兰变得越来越有可能。12 月，爱尔兰将军雨果·麦克尼尔（Hugo MacNeill）与"傲慢的纳粹"亨宁·汤姆森（Henning Thomsen）见了一面，此人是德国大使馆的参赞，他俩谈论了英国入侵的可能性。蓝衫党的奥达菲也在场——他对英国极为仇视，他提出一个问题，如果丘吉尔真的入侵，德国是否应该从大陆运武器进行空投，把爱尔兰抵抗组织武装起来。

柏林给予承诺，爱尔兰的港口不会遭受德国空军的轰炸，除非被英国人占领了。戈尔茨终于找到了一部发报机。他发现爱尔兰共和军成员安东尼·德里（Anthony Deery）在邓多克（Dundalk）邮局做无线电工，所以说服德里替自己发电报。德里按照他说的做了，到了 1942 年才被警察发现，被判蹲监牢 5 年。在此期间，戈尔茨发回的电报对纳粹的战争事业没有什么帮助，大部分电报仅是在悲叹自己的困难。

1941 年 3 月 21 日，阿勃维尔再次送间谍去了爱尔兰，一架亨克尔 111 轰炸机从阿姆斯特丹的史基浦机场（Schiphol）起飞，炸弹舱里带着 29 岁的巩特尔·舒茨（Gunther Schütz）军士。1938 年，舒茨军士在伦敦的德国商业学校上学期间做过一些业余间谍活动。二战中，他从炮兵部队转入阿勃维尔工作，负责传送天气和航运情况，特别是贝尔法斯特（Belfast）造船厂的情况。他接受了气象学的培训，带着一个显微镜，用于读写微缩的情报。他随身携带着一本名叫《仅是个女孩》的小说做密码簿，此外还有 3000 真美元和 1000 假英镑，这点他后来才发现。他拿着南非的护照，名叫汉斯·马驰勒（Hans Marchner）。一瓶白兰地酒和一段意大利香肠陪着他度过长达 5 个小时的航程。

在爱尔兰明亮的月光下，舒茨从 6500 英尺的高空跳下，落地的冲击力把他震得失去了知觉。他醒来的时候发现自己鼻孔在流血，身旁有一个当地人在端详他。他在掩埋了降落伞和飞行服之后抬脚上路了。走了好几个小时，他不跟路上的人打招呼，但最终还是被迫问去都柏林的路。他获知还要走 60 英里的路——他是在沃特福德（Waterford）落地的，落在了预定落点南面很远的地方。两个骑自行车的警察拦住了他，发现了他的发报机和装备。他紧张地问结局会怎样。"别担心，我们要勒死你，就这么简单。"一位警官和蔼地说。没有人告诉舒茨爱尔兰人的口头语，所以他难受了好几天，最后他发现监狱里有许多他在阿勃维尔的同志。

赫尔曼·戈尔茨是在 1941 年 11 月 27 日被捕的，当时警察在都柏林的布莱克希思公园地区搜查，搜查的对象是爱尔兰共和军成员，不是德国间谍。后来，阿勃维尔又做了最后一次努力，争取送间谍去爱尔兰，但这次的结局与从前几次的一样，既短命又荒谬。1943 年 12 月 16 日，年轻的爱尔兰人约翰·弗朗西斯·奥莱利（John Francis O'Reilly）在克莱尔郡（Clare）的莫文（Morveen）附近跳伞了。三天后，35 岁的约翰·肯尼（John Kenny）跟着来了。海峡群岛（Channel Islands）被德军占领后，他被德国人抓住，关押在德国的不伦瑞克

(Brunswick) 附近。他向德国人提出愿意效劳。降落在爱尔兰土地上后，警察很快就把他俩抓了起来——奥莱利接受这项任务，仅是为了能乘坐德国空军的飞机回家。二战结束后，所有阿思隆（Athlone）监狱的德国间谍都被释放了，但赫尔曼·戈尔茨被告知要被驱逐到德国的英国占领区。1947 年 5 月 23 日，在获得这个消息后，他立即吞下了毒药，当时他正好在都柏林城堡的外国人登记站。他此时 57 岁，是个可怜且令人同情的人物，整天自哀自怜地折磨自己，他很不适合做间谍，第三帝国派他出来简直是疯了。

即使戈尔茨的结局是死亡，但空降在爱尔兰的德国人知道无论他们在阿思隆监狱里多么艰苦，没有会被杀死的。在中立国开展行动，他们享受着不会被处死的保证，这让他们感到欣慰，所以他们便不怕行动失败进监狱，因为那里没有刽子手在等他们。在我们嘲笑阿勃维尔行动的荒谬之前，我们应该记得，如果希特勒征服了英国，爱尔兰将会遭受相同的命运。当爱尔兰的中立丧失了后，爱尔兰的口头禅也自然就会消失了。

## 无人之地

还有一些中立国家，虽然选择了不参加邻居的生死存亡斗争，但提供了比爱尔兰更为重要的战场，供双方的秘密战施展拳脚。在那灯光璀璨、安详宁静的城市里，交战双方相互角逐，争夺控制权，但默不作声。他们之间的争夺有时很幼稚：德国在安卡拉的武官在英国同行面前炫耀德国伞兵在克里特岛缴获的印度产的金箔牌罐装香烟。在莫桑比克的洛伦索马贵斯（Lourenco Marques），当地的英国间谍、德国间谍、意大利间谍都住在波拉纳饭店里，他们相互争吵哪一个的广播新闻应该在大堂里播送，最后饭店管理层禁止他们再为此事争吵。

伯尔尼、里斯本、马德里、斯德哥尔摩变成了情报人员的马路市场，在这里接头交换情报，没有在敌人领土上的那种致命危险。在斯德哥尔摩大饭店的新闻发布室里，英美的记者、间谍和德国同行每天都混在一起。他们用钱或黄金买卖偷来的文件，有时候数额巨大。当地警察给某些顾客特别关照：葡萄牙的安全局长阿戈西诺·洛伦斯库（Agothino Lourenso）是一个狂热的纳粹支持者、总统萨拉查（Salazar）的亲密助手，他保证向当地的德国间谍提供乘坐英国海外航空公司的打飞机去英格兰的旅客名单。西班牙人在 1944 年前一直纵容德国进行大规模的间谍活动。在英属的百慕大对两架西班牙客机"合恩角"和"好望角"搜查后发现，机上有轴心国的间谍，随身携带着用隐显墨水写的信件。

在阿富汗，人事关系特别复杂，几乎每一个高级军官和政客都拿外国人的钱，有时是一个人拿好几个国家的钱。轴心国的情报官相信印度的民族主义是印度人的权谋——实际上，不过是民间的情绪而已。巴加特·拉姆·古马赛特（Bhagat Ram Gumassat）是一名民族主义分子的兄弟，他的兄弟因谋杀了旁遮普邦的总督被英国人绞死了。于是他成了喀布尔德国大使馆的常客，在那里，他帮助他的领导苏巴斯·钱德拉·博斯（Subhas Chandra Bose）去了柏林。（苏联人对博斯的看法比较隐晦。虽然他后来被招募进入了"印度民族军"，与英国人作战，但他拿军情六局的薪酬，用内务部的话说就是："他与希特勒保持着私人关系，这使英国情报机构能了解德国在印度和中东的计划。"）有一天早晨，古马赛特走进喀布尔的苏联大使馆，目的就是想说明一点，虽然德国人想让他为德国工作，但他希望为莫斯科工作。莫斯科情报总部接纳他做间谍，代号"罗姆"。1942年2月，德国军事谍报局给了他一些武器和大量的现金，让他在印度搞破坏。他做出最后一次令人昏乱的叛变，罗姆把大部分钱交给了苏联的卫国基金。

在每一个中立国家的首都，情报官经常陷入职业的困扰中：这个或那个情报员到底在为哪一方服务？答案经常是他们要么服务于双方，要么是仅为自己的钱包服务。在伊斯坦布尔，一位名叫斯哈姆利（Shamli）的亚美尼亚族的土耳其情报员，从日本人那里拿650土耳其镑，从德国人那里拿350土耳其镑，从匈牙利人那里拿相同的数目，从新建立的欧洲新闻社（Europa Press）那里拿类似的数目。还是在这座城市里，一大群意大利人龟缩在意大利会所里闲聊，这里原来是萨瓦人（Savoyard）的大使馆，如今是个社交中心。罗马的情报活动，是受意大利武官斯特凡诺·扎瓦塔里（Stefano Zavatarri）中校的控制，没有人给予他多少尊重。一位土耳其秘密警察轻蔑地说："意大利人是希特勒的走狗。他们利用最卑劣的人做间谍，比如希腊杂种、亚美尼亚人、穆斯林、贫民窟里出来的犹太人。土耳其人可以从这些间谍的嘴里获得任何想要的东西，时机合适的时候，就把他们关押起来。"意大利人在巴西的里约热内卢有较好的表现。1941年10月，他们说服了意大利航空公司的高管埃德蒙·迪罗比兰特（Edmond di Robilant）秘密监视货物的运输情况。他们给了他一台发报机和2600美元，他用其中的一部分租用了杰卡热佩哥瓦（Jacarepaguá）兔子养殖场，供发电报之用。虽然他没有发出一份电报，但巴西警方在1942年9月逮捕他后，他因间谍罪被判14年徒刑。

党卫军的汉斯·埃根（Hans Eggen）少校定期去瑞士搜集信息，主要是从两个商人那里，一个是保罗·霍扎克（Paul Holzach），另一个是保罗·梅尔—

施韦腾贝格（Paul Meyer－Schwertenbach）。但这两个人都向瑞士情报部门通报与那德国人会面的情况，但没有人肯定他俩到底忠于谁。后来，美国战略情报局的艾伦·杜勒斯根据布莱切利园提供的情报，肯定了他俩正在向柏林提供信息，但仍然没有人敢肯定。与此同时，在斯德哥尔摩，深受东京器重的日本武官小野寺真琴（Makoto Onodera）上校，主要是靠从一位名叫彼得·伊万诺夫（Peter Ivanov）的波兰军官那里获得情报，但此人同时向伦敦的波兰人报告。

从深受战乱之苦的欧洲城市来葡萄牙首都的外国人，感到心情愉快极了，有轨电车尖叫着，咖啡厅里演奏着音乐，到处鲜花盛开。马尔科姆·蒙格瑞奇写道："在经历了两年的黑灯瞎火的生活之后，看到里斯本夜晚的灯光，似乎进入了天堂……到这里的第一个晚上，我一夜都在街上闲逛，街边的商店让我惊讶不已，餐馆有看不完的菜单，路边布满了咖啡厅……在夜里，卡巴莱餐馆半掩的门缝中，流露出跳舞的灯光和爵士乐的爆裂声——街道笼罩在欢乐中，许多人尾随而至。"德国情报活动在里斯本的根据地是那栋 5 层的领事大楼，大部分房间被德国军事谍报局和德国保安总局占据。不过，军情五局也有 135 处地址供自己的人员使用，而且经常是私用。1942 年春季，阿勃维尔的布雷德（Brede）少校，这位前德国空军的军官，不愿做情报工作了，他对卡纳里斯说，里斯本情报站从上到下腐烂堕落了。卡纳里斯海军上将立即解雇了他，但实际情况确实如此。

在中立国土上，大多数间谍活动进行得很谨慎，表面看平淡无奇，因为每个人都想让国际交易场所保持平静。1940 年 9 月，代号"比菲"的军情六局的情报官邓达戴尔，利用里斯本的圣杰罗尼莫教堂做掩护，向一位法国情报员提供了发报机和密码簿，那法国情报员随后把这些东西带回了维希法国，这部发报机使维希法国的情报二局与伦敦保持着联系，一直维持到 1942 年 11 月，在这帮法国人中知名的是主管密码破译工作的古斯塔夫·伯特兰。他在法国坚持工作到1944 年 6 月，一架皇家空军的飞机把他从法国中央高原营救出来。

在中立国的首都中，除了吃喝玩乐，还会出现暴力事件，一般是在交易失败后，可疑的叛徒被干掉，或当局开始限制间谍的过度行为。1940 年 4 月 20 日，军情六局在斯德哥尔摩的代表被逮捕了，理由是破坏瑞典向德国出口铁矿石。这件事让英国驻瑞典大使维克托·马莱爵士勃然大怒，他给伦敦写信说："不要以为我不知道有时需要使用这类办法在战争中对付那些不断不公平地打击我们的敌人。但我有几个不满之处。第一，我们的特务似乎做事不麻利：至今为止，他们在瑞典所做的，除了让我和他们自己处于尴尬地位之外，其他几乎什么都没有做到。第二，这件事是否值得在这个国家去做。在这里，不仅警察和军队处于高度戒备……而且过去的经验不断表明维持相互保密的政策回报最高。"涉事的英国特务在斯德哥尔摩被判 8 年监禁，这么严重的徒刑说明德国在 1940 年夏季时的强大，同时也说明了英国的弱小。

斯大林随意就要求处死外国敌人，而且比希特勒还要随意。时任希特勒驻中立国土耳其的大使是德国前总理弗朗兹·冯·巴本（Franz von Papen），他与教皇面谈了一次，教皇提出一项请求，如果纳粹被驱逐，他是否可以出任德国政府的首脑。斯大林听说这件事后勃然大怒，竟然下令刺杀巴本。1942 年 2 月 24 日，内务部企图在安卡拉实施刺杀，但失败了，莫斯科派出的保加利亚刺客被自己的炸弹炸死了，冯·巴本仅负了轻伤。另一方面，克里姆林宫认为，由于阿根廷有 25 万讲德语的人，所以是纳粹的基地。根据斯大林亲口下达的命令，内务部放火烧毁了布宜诺斯艾利斯的德语书店，并对敌人的财产发动十几起火攻。攻击的目标是德国库房和运输船。美国联邦调查局和战略情报局与苏联人一样对阿根廷抱有疑虑，对其政府的中立表述感到厌恶。在阿根廷，抓了一定数目的纳粹间谍，同时要抓同样数目的盟国支持者。类似的手法在释放人时也用：当阿根廷军政府终于在 1944 年与德国决裂后，立即逮捕了 116 名轴心国间谍嫌疑人，但大多数人很快就被释放了，招致美国联邦调查局用尖刻语言评论说，"毫无疑问，阿根廷再次为德国在效力"。

西方情报机构很少刺杀人；刺杀被视为危险的游戏，这点可以从 1942 年在捷克斯洛伐克刺杀莱因哈德·海德里希后招致的报复上得到印证。1944 年，军情六局曾计划刺杀德国军事谍报局在法国的人员，但后来被否决了。比尔·本廷克表示同意，他说自己并非是过于拘谨，似乎"这类聪明的想法产生的结果是大量的麻烦，但用途不大"。军情六局在西班牙有一件丑闻。保罗·克莱尔（Paul Claire）是法国海军军官，受雇把间谍通过海路运进法国。1941 年 7 月，英国驻马德里大使馆提出严厉警告，克莱尔访问了维希法国的海军武官，泄露了他的秘密战任务，要求获得帮助逃往法国。这该怎么办？如果他跨过前线，他就可以想对德国人想说什么就说什么了。艾伦·希尔加思（Alan Hillgarth）是一个敢冒险的海军武官，收到 100 条百老汇街发来的重大训令：把克莱尔"处理掉"，或抓他一个家庭成员做人质，让他销声匿迹。

7 月 25 日凌晨 1 点钟，军情六局的情报官汉密尔顿·斯托克斯（Hamilton Stokes）报告说，他和希尔加思成功地把克莱尔引诱到了英国大使馆，"用毒品使之失去了知觉"。他俩开车直奔直布罗陀，克莱尔躺在后排座位上。军情六局的局长亲自发出命令，要求把叛徒抓起来，控告叛国罪，并且单独监禁。但这份命令没有必要了。当时军情六局的摩洛哥代表碰巧在直布罗陀，发电报说："货到了……全毁了……由于运输中过度关注了……损失令人懊恼，但我通知此事仅是出于好意。"事后有报告给出了解释，克莱尔突然苏醒了，当时汽车正好穿越西班牙安达路西亚（Andalusia）的村庄，他便尖叫起来，请路人帮助他。绑架他的人用左轮枪打击他的头部，想让他闭嘴，但这一击是致命的。

英国驻马德里大使塞缪尔·霍尔爵士，对这件事可能引发的丑闻感到非常生气。孟席斯承认克莱尔不应该派驻西班牙，这件事确实有令人尴尬的附带结果。维希法国在马德里的外交官向西班牙外交部提出了抗议。8 月 12 日，法国无线电广播对此事进行了报道，或多或少基本上是准确的，描述了绑架克莱尔的人为了让听到克莱尔尖叫的村民保持沉默而说："不要惊慌，仅是一名大使馆馆员疯了，我们正带他去疗养院。"8 月 14 日，伦敦《每日电讯报》刊登了一篇讽刺文章，题目是《纳粹制造了一次绑架》。就像传奇故事一样，这篇报道听上去是如此荒谬，而柏林又是如此爱说假话，所以海内外没有几个读者相信。1942 年 7 月，英国海军情报部的伊恩·佛莱明海军中校对红十字会说，克莱尔在乘坐"赫斯特"号轮船来英国的途中"失踪了，据说是淹死了"。那艘船是 1941 年 8 月 11 日被敌人飞机击沉，但这个日期比那个法国人的死期晚了两周时间。军情六局感觉有必要给克莱尔的遗孀一份抚恤金，借以支撑谎言，"但叛徒还能有奖励也许令人厌恶"。

另一方面，1944 年 5 月 12 日，布莱切利园破译了一份日本驻马德里大使发给东京的电报，这份电报有点歇斯底里，抱怨有一位姓崎村（Sakimura）的年轻日本人，在西班牙首都闲逛，积极为盟国的理想做宣传。这位大使告诉日本外交部："在这种情况下，对我来说，似乎没有别的办法，只能下定决心，放弃仁慈的念头，采取激烈步骤，谋求盖世太保这样机构的协助，铲除此人。"不过，没有证据显示轴心国特务为此采取了不符合外交原则的行动。

斯德哥尔摩是各国情报机构极为重要的监视站。战争初期，英国在这里对过往船只进行监视，但受到了一些极为支持纳粹的瑞典海军军官的阻拦。挪威人在斯德哥尔摩有一个情报组，组长是罗舍尔·伦德（Rosher Lund）上校，他们在斯堪的纳维亚同胞的掩护下做了有用的工作。军情六局在当地的情报站每个月能提交 700 份报告，大部分有关德军在该地区的活动的信息是来此地区旅行的商人们搜集的。提供信息的人中有许多骗子，其中有个苏联移民，他在 1943 年末的时候向军情六局提供了两个情报员，一个在日本公使馆里，另一个是柏林的经济学家，此人能提供来自戈林管家的闲谈。有个代号"埃尔加"的丹麦人，提供了更加有价值的情报。他从 1942 年 12 月起，在此后大约一年的时间里，提供了大量有关纳粹工业的资料，包括一些德国火箭武器的情报。"埃尔加"利用 1943 年秋季的一次向斯德哥尔摩运送工业用酸的机会，在货物中隐藏了一些玻璃瓶子，瓶子中装了 300 份影印报告。1944 年 1 月，"埃尔加"被盖世太保抓住，供出了他在斯德哥尔摩认识的所有军情六局的联络人。他为保命，还虚构出了有关英国在柏林、汉堡、波恩、柯尼斯堡、维也纳的间谍网的情况。这些供词救了这个丹麦人的命，二战结束时他仍然被拘禁在德国。

内务部的鲍里斯·雷布金（Boris Rybkin）上校，虽然表面上是苏联驻斯德哥尔摩一等秘书，但在实际情报工作中发挥了关键作用，他的许多工作都与保证原材料供应有关。瑞典有个受欢迎的男演员叫卡尔·埃尔哈特（Karl Earhardt），他成了苏联购买造飞机用的高强度钢的掮客。瓦伦堡家族（Wallenberg）控制着思恩达银行（Enskilda Bank），在用稀有金属换取苏联的白金生意中赚取高额利润。雷布金的妻子卓娅是内务部的情报官，她讲了一段故事，有一天，她看见丈夫的桌子上放着几块铸块。"这是锡条吗？"她好奇地问。"试着搬一搬。"上校说。她发现自己搬不动。尽管内务部的斯德哥尔摩商业渠道很成功，但当代的苏联情报史学家们不加掩饰地批评内务部没有能够在斯堪的纳维亚诸国建立起情报网，特别是没有能够挖掘到德国的核子研究、挪威的重水生产等情报。瑞典是德国的窗口，这是瑞典给苏联人的主要情报价值，对其他盟国来说也是如此。

马尔科姆·蒙格瑞奇是军情六局在葡萄牙属莫桑比克的代表，住在洛伦索马贵斯的波拉纳饭店里。在这家饭店里，还住着的德国副领事、阿勃维尔的代表利奥波德·韦茨（Leopold Werz）——"年轻、金发、激进、真诚"。韦茨在南非曾经被扣留过，但成功逃脱了。他的历史背景众所周知，因为大西洋两岸的报纸都耸人听闻地刊登了他与纳粹情报机构有关联的文章。墨索里尼的代表也住在波拉纳饭店里，这位意大利人名叫坎皮尼（Campini），此人学着意大利首脑的样子大摇大摆地走路，甚至穿的衣服都一样。坎皮尼的大部分电报都被布莱切利园截获了。例如，一份在 1943 年 1 月 13 日的电报说："一支由 10 艘美国船组成的护航商船队，运载着作战物资，在 1 月 11 日离开了开普敦。去哪里？悉尼。"在此后的几周里，坎皮尼还发出这样一份电报："1 月 11 日，6 艘满载的油轮从波斯湾抵达了南非的德班；英国人给船员提高了工资，到每月 27 镑；28.1.43 是一支美国护航商船队，目的地是澳大利亚，途经开普敦；4 艘油轮离开德班去了波斯湾。"1943 年 3 月 29 日，一名军情五局的情报官注意到了这几份截获的电报："假定这材料来自 LEO，跟韦茨发出的一样。如果 LEO 是洛伦索马贵斯的韦茨博士，他似乎就是在栽赃一个令人尊敬的人物，因为这些东西根本不准确，竟然在几天时间里传到了三个轴心国的首都。"

蒙格瑞奇还能享有以下竞争对手没有的好处，比如由金·费尔比发出情报摘要。这位年轻的间谍在实践中练本事：当他第一次企图贿赂一名当地警察分局的巡官时，那巡官蔑视他的慷慨，说德国人付出的是他的三倍，而日本人付出的更多。蒙格瑞奇早期最有趣的发现是韦茨博士戴着发网睡觉。他还干过更加严肃的事。他曾经把一个意大利人雇来观察航运的人绑架到了英国人控制的斯威士兰（Swaziland），此人把盟国护航商船队的活动情况报告给了敌人。军情六局的特工执行过一件最激动人心的任务，就是组织人员去劫持一艘希腊商船。布莱切利园发现这艘船的船长计划去莫桑比克海峡与一艘德国潜艇接头。这次哗变是在当地一所名叫"玛丽之家"的妓院策划的。那艘商船的船员在接受了大笔贿赂之后，按时把他们的船长抓了起来，驾驶着那艘商船来到德班。

蒙格瑞奇与一位富有魅力的敌国女间谍成为熟人，与她分居的丈夫是住在当地的一个德国人。她的情人乔安也成了蒙格瑞奇的熟人，乔安曾经与希姆莱一起工作过，谈起希姆莱的旧事时很是享受。日本人释放了一群被拘留的波兰犹太人，这位军情六局官员为这群犹太人提供了庇护，把他们送到了英国人控制下的东非坦噶尼喀（Tanganyika）。蒙格瑞奇在洛伦索马贵斯逗留了 2 年，在此期间遇到的基本上都是这样的小事，上述几件是这些小事中比较特别的。他写的报告跟其他间谍一样多，尽是些琐碎的小事。从某个角度看，他的情报活动很愚蠢，这个清高的间谍自己也是这样说的。但在世界大战中，像莫桑比克这样的地方照样需要派代理人去，不能把它留给敌人自由地干坏事。

莫桑比克的邻居是南非，这里是纳粹支持者的温床，热切地想帮助德国。保罗·特罗姆匹克（Paul Trompke）是德国驻洛伦索马贵斯的领事，身材魁梧，50岁，他坐镇莫桑比克，指挥着一个由南非白人组成的间谍网。悉尼·罗比·莱布兰特（Sydney Robey Leibbrandt）就是其中一员，他曾是南非重量级的拳击冠军，在德国待了 3 年，加入了德国国防军，勃兰登堡团把他训练为伞兵，送去搞破坏活动。他在 1941 年 6 月回到祖国，装备了一部发报机，满脑袋里都是纳粹的信念。他乘坐的纵帆船的船长是令人惊异的海因里希·加贝尔（Heinrich Garbers）。莱布兰特发现朋友们和支持者愿意掩护他，但很少有人愿意参加起义。1942 年圣诞夜，他被捕了，当时他驱车从约翰内斯堡（Johannesburg）去比勒陀利亚（Pretoria）。一个法庭判处他死刑，仅因为他在法庭上行了一个纳粹礼。

扬·史末资（Jan Smuts）意识到南非白人的舆论可能会提出批评，他便给这个国家体育英雄减了刑。与此类似，当马尔科姆·蒙格瑞奇试图让约翰内斯堡的警察去抓一个从洛伦索马贵斯来的携带着德国人信件的信使的时候，他得到的是断然的否定，对方说南非德兰士瓦省（Transvaal）任何一个白人都会自豪地给那个柏林特务提供吃喝，帮助他尽快上路。布莱切利园不断拦截到南非白人支持纳粹的电报，于是偶尔有人会被逮捕，比如1942年7月的一起案件，一共逮捕了10个人，发现了一些武器和炸药，准备去德班搞破坏。但许多份电报表明敌人的同情者想等德国胜利后再行动，而不是立即起义。在南非城市东伦敦（East London）发现两份支持纳粹的电报。第一份是这样写的："一切正常，这里的人有点散漫，也很穷……在东伦敦没有破坏什么。"第二份悲叹道："一个人在这里工作真可怕。"盟国很幸运，南非白人不掌握对希特勒有价值的信息，也没有能力造成伤害。

瑞士，在地理上居德国、法国、意大利三国的中心，是最重要的情报枢纽，是挤满了各国来的间谍、逃亡者、外交官、骗子的露天剧场。只需一个早晨的时间就能访问完军情六局、战略情报局、阿勃维尔、德国保安总局在伯尔尼的办公室，因为它们相距仅几百码远。这座城市接待了许多被流放的政治家，其中有些人很有名气，在德国、奥地利、法国有许多关系。利用秘密的无线电通信，英国人、美国人、苏联人可以把大量从德国国内获得的真假难辨的信息传递出去。纳粹也把瑞士视为世界的窗口。在伯尔尼，阿勃维尔从凯勒（Keller）教授那里获得情报，此人是瑞士派往伦敦的商业团的首席代表；还可以从国际清算银行的经理那里获得情报；还可以从往来的海员那里获得情报。有一位代号"欧博"的间谍，从直布罗陀带回了英军各部队足球比赛的详细时间表，据说这对了解英军的战役部署有帮助。对德国人最有价值的是代号"雅各布"的间谍，是瑞士情报机构里的沃尔特·博萨德（Walter Bosshard）。阿勃维尔宣称在瑞士一共有一千名情报员，此外德国在伯尔尼的大使馆下有盖世太保在当地的分支机构，代号"F局"。

伯尔尼的间谍产业很大，不仅有主要交战国的间谍，还有中国的、波兰的、捷克的，这使伯尔尼政府不知道如何管理。自1937年起，罗杰·马森中校就是瑞士情报局的局长了。弗朗蒂舍克·莫拉韦茨很尊重马森，这不仅是因为瑞士情报局从来没有给捷克在苏黎世的情报站找过麻烦。瑞士情报局长的责任是确保所有交战国都不会因为受到威胁或刺激而想去炸毁或占领瑞士的行政区，特别是不能让瑞士的邻居德国有这样的想法。在瑞士的600万人口中，有一小部分人大喊大叫着要求拥有与第三帝国合并的特权。银行家和工业家靠向德国出口商品而赚取了大笔利润，他们还向纳粹的领导人提供金融服务，有集体的，也有个人的。当富裕的犹太人被杀后，他们也从中获益。但绝大部分瑞士人是讲民主的，希望盟国赢得胜利。德国人知道这点：1940 年法国被占领后，德国人得到了几份文件，文件显示出伯尔尼和巴黎打算联合应对德国对瑞士可能的入侵。

马森一般不干涉间谍活动。只有当某个国家的间谍活动太过喧嚣，无法漠视时，他才会加以逮捕。他还努力防止瑞士公民选边站，因为这会使瑞士处于尴尬境界。在战争期间，有 1389 人因为泄露机密而被捕。军事法庭判了 478 人的徒刑，其中瑞士人 283 人，外国人 195 人。瑞士的安全部队并非总是在过安宁的生活。格勒乌的电报员亚历山大·富特在国际间谍圈里报告了他所看到的惊人一幕。一个瑞士警察偶然遇到一个定时炸弹，当他试图拆除引信时，定时炸弹爆炸了，他被炸死了。这位英国人写道："我们始终不知道这枚定时炸弹是谁放置的。"

在大多数的首都，外交官知道的东西比任何间谍知道的要多。德国驻里斯本大使奥斯瓦德·冯·霍伊宁根－许纳（Oswald von Hoyningen－Huene）是一个敏锐、精力充沛、众人皆爱的人物；他与葡萄牙的独裁者安东尼奥·萨拉查（António Salazar）关系密切，他手下有一个负责购买外国报纸的特别小组，这个小组把交战国的报纸视为情报源。军情五局有一个忧虑，害怕敏感资料被西班牙驻伦敦大使阿尔瓦（Alba）公爵传递给马德里，然后又传递给柏林。这位举止优雅的伯爵在英国贵族圈很受宠爱。他在英国认识许多人，包括类似于约翰·安德森（John Anderson，二战时英国内阁成员，主管国内防务）爵士这样的政府成员。他认识的英国人，都忽视了他所扮演的角色，他是佛朗哥残忍独裁政府的代表。他发回的外交信件曾经被安东尼·布朗特（Anthony Blunt，"剑桥五杰之一"）秘密截获并偷看了，从他的信件的内容看，他可不是听见了几个不谨慎的传言的受惠者。盖伊·利德尔写道："很可能大量的情报在两杯酒下肚后就被泄露了。"跟世界上许多外交官一样，阿尔瓦所提供情报的可靠性，肯定要比西班牙间谍提供的要高。

# >>> 第 14 章

# 不帮忙的朋友

## "虽然臭但总得有人去做"

1943 年 6 月，在发现英国空军部有一个共产主义小组之后，军情五局的盖伊·利德尔写道："很不幸，如果有人为英国的盟友刺探英国的机密，英国法律不足以应对。"这个间谍网中的核心人物是国际旅的老兵道格拉斯·斯普林霍尔（Douglas Springhall），他试图把代号"窗户"的英国轰炸机部队最高机密告诉苏联人——其核心是一项还未投入使用的雷达干扰技术。事发后，斯普林霍尔在监狱里蹲了 7 年半的时间。军情五局在调查中发现，他还与军情六局的一位名叫雷·米尔恩（Ray Milne）的官员有联系，此人立即被解雇了。特别行动局在匈牙利情报处的德斯蒙德·尤伦（Desmond Uren）上校也与此事有牵连，被判了 7 年徒刑。利德尔写道："共产党对我们情报机构的渗透是相对严重的。"

二战绝不能被简单地说成是盟国和轴心国两大阵营的对立，绝不能轻松地把二战定义为是善恶之争。各种势力争相发力。社会中暗流涌动，左派与右派相互斗争，帝国主义与反帝国主义相互斗争，不同的政治派系相互斗争，争夺战后世界的主导地位。在这种情况下，丘吉尔创造出了"大联盟"这个词，用来形容英苏美三国高尚的伙伴关系，虽然这个词荒谬，但十分必要。这三个大国对胜利后的未来世界有着截然不同的愿景。斯大林是最有远见的战争领袖：他与罗斯福和丘吉尔合作，虽然是为了消灭希特勒，但这丝毫不影响他期待日后能摧毁他俩代表的资本主义大厦。虽然英美在战争期间没有刺探苏联的秘密，但斯大林的间谍在民主国家展开了宏大的间谍行动。克里姆林宫没有太在意纳粹的干扰，根本不想让革命休息片刻。

— 278 —

20 世纪中期，政治环境混乱不堪，西方反间谍机构很难判断左翼分子造成的风险。当时，军情五局的重点怀疑对象是诸如克劳德·科伯恩（Claud Cockburn）这样的共产主义记者，这立即就引来了嘲笑声，后来的嘲笑声甚至更大。偏执狂是情报官的职业病：彻韦尔勋爵（Cherwell）的办公室曾经向琼斯展示过一份名单，上面是可疑的英国科学家和工程师。琼斯认为其中有几个人被怀疑太荒谬，最明显的一个例子是巴恩斯·沃利斯（Barnes Wallis），他为皇家空军发明了炸水坝用的炸弹。实际上，这份名单是一位安全官员自己凭想象拟定的。

在英国和美国，有数百名完美的中产阶级男男女女，竟然背叛了他们的祖国，效忠起了苏联——其中包括艾弗·孟塔古（Ivor Montagu），他是艾文的兄弟，艾文是海军军官，指挥实施了"甜馅"欺诈行动。英国有为纳粹做事的人，但人数不多，在欧洲大陆为纳粹做事的人要多一些。最初，军情五局建议不要雇用艺术史学家安东尼·布朗特做军事情报工作，因为他曾经访问过苏联，还为一家左翼杂志效过力。后代人可能会嘲笑这样评价人忠诚度的准则，但实际上布朗特后来被证明是叛徒。诺埃尔·安南（Noel Annan）是个学者，战争期间做情报工作，在谈及雇用像金·费尔比、盖伊·伯吉斯（Guy Burgess）这类人时写道："英国情报机构在和平时期雇用的那帮人把斯大林视为大敌，反倒觉得希特勒虽不讨人喜欢但可以做潜在盟友；进步人士则高兴看到情报机构雇用左派人士，弥补过去的不平衡。"

在战争中，个人自由和国家安全是难以两全的。在 20 世纪二三十年代，军情五局在对付苏联间谍方面取得了显著的胜利。军情五局的情报官在策反纳粹间谍方面展示出了想象力和真正的才干。不过，英国安全机构没有能够挖出最大的共产党分子，让他们混入了英国政府和情报界。当时还在军情五局工作的安东尼·布朗特告诉他的苏联内务部联系人，他发现大战前苏联情报员约翰·金（John King）上尉因为叛徒出卖才暴露了身份，为此他感到安慰。

从 1941 年 6 月至 1945 年，西方盟国政府，特别是英国政府，非常小心地不让苏联人知道得太多，这主要是怕泄露"超级机密"。西方不断地把可能有助于红军的作战信息传递过去，但谎说情报来自德国内部盟国间谍。即便如此，百老汇街也感到紧张，因为英国和苏联的信息是单向的。在"巴巴罗萨"最初几周，布莱切利园截获了一份给德国第 4 装甲集团军的命令，要求他们前去支援对斯摩棱斯克的包围，而德国空军将会对红军后方的铁路线实施轰炸。1941 年 7 月 15日，丘吉尔在读到这份破译后的命令后，在命令正文的下面潦草地用红墨水写道："就这件事警告他们是对的。行动前请报告。"

斯图尔特·孟席斯强烈反对，他在给首相的备忘录中写道："我的意见是我们的情报源（百老汇街就是这样称呼'超级机密'）肯定因此而暴露，因为没有间谍能看到 7 月 16 日的作战信息，所以必须换一种形式传递给莫斯科。但我安排陆军部把要点融入其他资料中。"孟席斯接着又说："我要指出英国驻莫斯科武官麦克法兰（MacFarlane）受命去对苏联人说，我们在柏林有地位相当高的情报员，此人可以看到作战计划和文件。这样的解释已经被苏联人接受。但我拒绝提供更多细节，那会引发他们的猜疑，泄露我们真实的信息来源。"

如此的谨慎实在没有必要。事实上，苏联内务部和格勒乌源源不断地收到他们在英国高层的情报员提供的文件和"超级机密"的副本。有几个比较知名的泄密者，其中之一是约翰·凯恩克罗斯（John Cairncross），此人在战争之初担任汉基（Hankey）勋爵的私人秘书。汉基勋爵是内阁大臣，他后来在布莱切利园和军情六局都工作过。据说在战争初期布莱切利园里还隐藏着另外一个向苏联泄露机密的人，真实姓名不知，只知道代号是"男爵"。当时，安东尼·布朗特在军情五局工作。金·费尔比成了军情六局的高官。盖伊·伯吉斯成功地在军情六局、英国广播公司、外交部里找到了职位。唐纳德·麦克林在英国外交部做上层工作。英国还有一些技术情报泄密者，把最关键的原子弹的情况告诉了苏联人。

军情五局的盖伊·利德尔，从英国在东京的情报员那里知道了理查德·佐尔格的事，对此进行了反思，他在 1942 年 11 月写道："毫无疑问，苏联人做间谍工作是世界上最好的。我完全相信他们能在英国混得很好，我们应该深入地调查一下。二战结束后，他们肯定是我们的大麻烦所在。"利德尔其实仅是一知半解。苏联已经深深地渗透入英国政府、科学研究机构、情报界，其深入程度早已超越他在噩梦中能想象到的。当苏联成了盟友后，丘吉尔坚决要求停止对斯大林政府的情报活动。外交部正式指示情报机构谨慎审查共产主义分子，不要在苏联内部招聘情报员。在英国，军情五局几乎不再监视内务部和格勒乌。布莱切利园本来有一个苏联小组，在 1941 年 12 月也关闭了。英国人高尚的谨慎并没有受到莫斯科的赞扬，更不用说给予回报了。

在英国的民间传说中，所谓的"剑桥五杰"就是一群坏蛋，称得上是阶级的腐化堕落者，虽然年轻富裕，但彻底地背弃了祖国，还不如普通英国人爱国。但似乎把他们视为普通的苏联间谍更加恰当，而不要太重视他们的贵族背景——比他们更加致命的还有，比如有原子弹间谍梅丽塔·诺伍德（Melita Norwood），再比如有数百名美国人把美国机密出卖给斯大林的暴政。共产主义信条在西方世界有广泛的支持者，在战争岁月里，许多人泯灭良心，漠视苏联在制度上的非人性化。在这些人眼里，代表大企业利益的美国共和党和英国的保守党正在对工人阶级进行压迫。菲利普·汤恩比（Philip Toynbee）是剑桥的历史学家，后来变成了一名共产主义分子，他曾经说："看到我们周围的各种社会丑恶现象，我们就必须在其他地方创造出一个真正的乐园。"

由于苏联被视为共产主义的旗帜，所以莫斯科情报总部在招聘人才时获利甚大。内务部和格勒乌在世界各地有许多情报员，他们心中都有一个幻觉，觉得在向共产国际提供秘密情报，他们觉得自己在帮助实现一个国际理想，而不是狭隘的民族野心。兹比格涅夫·布热津斯基（Zbigniew Brzezinski）把意识形态定义为理论和实践的结合，这种结合有"明确的目的，就是使人类历史发生剧烈的大变革"。意识形态给信徒一种统一感和确定性……这是肤浅的实用主义传统所缺少的。甚至在德国涌现出大量恶毒的法西斯分子之前，意大利和西班牙就有明显的左翼社会主义倾向，吸引了大量受过启蒙教育的狂热分子。共产主义信条披着许多外衣。詹姆斯·克卢格曼（James Klugmann）是莫斯科的情报员，为特别行动局工作，他后来说："我们都知道革命马上就要来了。如果有谁说英国在 30 年内没有革命，我会笑死。"

在 20 世纪 30 年代，共产主义似乎是唯一有决心挑战法西斯主义的人群。1936 年，西班牙内战爆发，苏联在知识分子心目中的信誉大幅提高。当时的人对西班牙的迷恋程度，要大大超过后代人对越南的迷恋程度。20 世纪 60 年代，无论多么反对美国的政策，但没有西方人为胡志明拿起武器。可是在西班牙内战期间，数千欧洲人和美国人为西班牙共和国战斗或提供援助。全世界有上百万的人认同西班牙人的理想，几乎跟宗教狂热一样。就是在这样狂热的气氛中，或许其政治化的程度在历史上从来没有过的，以后也不会再有的气氛中，莫斯科在各国招聘到了年轻的理想主义者，做共产主义的秘密战士。

那些为莫斯科情报中央工作的英国和美国的情报员，虽然性情秉性各不相同，但都像救世主一样觉得自己是正确的，这才使他们系统地背叛自己的雇主、同事、祖国。

尽管如此，那些在 20 世纪 30 年代自称共产主义者中的许多人，当他们在 1939 年 8 月听说纳粹和苏联签订了和平协定的时候，内心充满了极大的矛盾，被迫放弃了共产主义信仰。休·特雷弗－罗珀写道："我们有许多朋友在 1930 年是共产主义者，其实他们就是自称而已。然而，他们竟然被禁止进入政府部门，这让我们大为惊异，因为他们所有的只不过是幼稚的幻觉而已，如今他们都在纷纷地与那种幻觉划清界限；因为斯大林与希特勒的协定具有震撼的效力，他们的幻觉破灭了。"所以，随着共产主义浪潮在西方民主国家逐渐式微，除了最教条的保守派之外，几乎所有人都不再责怪那些在卑鄙的苏德协定签订之前对莫斯科表现出激情的年轻男女。

尽管如此，"剑桥五杰"等人非常不简单，在这么长的时间里同时为英国和苏联做秘密工作。这五名间谍有个共同特点，他们的人格变异了，要么是对家庭有仇，要么是对阶级或社会有恨，在仇恨的驱动下，他们做了叛徒，但他们心里却觉得没错。他们都很有才华，各有各的吸引力。约翰·凯恩克罗斯是情报界的局外人，1913 年生人，父亲是苏格兰拉纳克郡的五金商小老板。他先在格拉斯哥大学做学者，后来是三一学院，再后来是剑桥。他很脆弱，外观不整洁，头发故意染成吓人的红色。他为人真诚，但笨拙。丘吉尔的私人秘书乔克·科尔维尔（Jock Colville）认为他"虽然很有才华，但令人厌烦"，把他赶走了。剑桥的间谍，个个惹人喜爱，唯独他讨人厌，但他很聪明，得到了一份政府工作。1936 年，凯恩克罗斯以最好的成绩考进了公务员队伍。

跟其他几个一样，他是被苏联内务部的阿诺德·多伊奇（Arnold Deutsch）招募的。多伊奇是一个维也纳犹太人、性解放积极分子，自 1934 年就在伦敦西部的汉普斯蒂德区的草坪街住下，与阿加莎·克里斯蒂（Agatha Christie）是邻居。多伊奇采取的策略是引诱有升官潜力的年轻才俊。后来，金·费尔比形容他是"一个好人"，既有趣，又聪明，把"剑桥五杰"视为同志，而不是下属。费尔比声称他在接受多伊奇的建议时总是毫不犹豫："面对精英部队的录取通知单，没有人会犹豫不决。"唐纳德·麦克林在 1951 年逃亡到莫斯科之后，说出了自己做叛徒的理由，但用了比较轻蔑的词汇："像厕所的服务员，虽然臭但总得有人去做。"

1937 年 5 月，詹姆斯·克卢格曼在摄政公园把凯恩克罗斯介绍给了多伊奇。几个月后，苏联内务部进行大清洗，多伊奇被召回了莫斯科。在几个剑桥间谍的眼里，后来的几位联络人在个人魅力和专业性上都无法与多伊奇媲美。多伊奇在大清洗中差点死了，上司一直对他保持怀疑，但他在接受内务部审查期间仍然维持着与"剑桥五杰"的联系。在 1938 年冬天进行的评估中，莫斯科情报中央警告说伦敦情报活动"是基于令人怀疑的情报源，其间谍网在建立的时候是受敌人控制的，因此极度危险"。虽然莫斯科情报总部继续与"剑桥五杰"保持联系，但在处理他们提供的资料时极度谨慎。

1940 年初，苏联人的疑虑加深了。贝利亚转变了对"剑桥五杰"的看法，他认为这几个间谍要么是在为英国工作，要么是在为德国人工作，并非是为了社会主义理想。贝利亚把阿纳托利·戈尔斯基（Anatoly Gorsky）召回了莫斯科，戈尔斯基是苏联内务部在伦敦的最后一位合法居民。在人类历史上最伟大的战争展开了几个月之后，苏联情报机构仍然没有跟英国展开什么实质性的合作；斯大林对他的间谍头目说得很清楚，他虽然对希特勒或丘吉尔在干什么感兴趣，但他对杀死托洛茨基更加感兴趣。等到了 1940 年底的时候，克里姆林宫的情报政策才明显发生了改变。命令下来了，莫斯科情报中央将重新建立已经萎缩的外国间谍网。

在与"剑桥五杰"的联系恢复后，内务部新派来的常驻间谍安排与这 5 个人在肯辛顿花园见面，因为这个地方在苏联大使馆附近。自此，这 5 个人又开始为社会主义进行秘密活动了，但斯大林此时可能正在与希特勒商量合作的事宜。由于凯恩克罗斯缺少社交手段，所以他被从外交部调到了财政部，在 1940 年做了汉基勋爵的私人秘书。只要莫斯科情报中央对英国的情报机构及其活动有不了解的地方，汉基就能提供相关信息，而经手人就是凯恩克罗斯。汉基作为大臣对军情六局和布莱切利园有深入的了解。凯恩克罗斯给苏联内务部派来的联络人一份汉基写的工作进展报告的副本，英国白厅曾经在 1940 年 3 月首次圈阅过这份报告。

后来，凯恩克罗斯在布莱切利园的第 3 号棚屋做过一年的译码员。由于身体不好，他被调到了军情六局。在 1941 至 1945 年间，他把 5832 份文件传递给了苏联人，包括很多破译的德国电报。凯恩克罗斯在技术上很笨，无法对情报进行照相：他只能用手抄写，或临时把文件偷出来，交给他的联络员去拍照。由于他提供的资料太多，内务部常驻联络员发现无力对所有资料都进行加密。尽管如此，这位联络员相当欣赏凯恩克罗斯的工作，给他钱去买汽车，这样他能比较容易地送偷来的文件。凯恩克罗斯这个间谍，虽然大家都不喜欢他，但这不影响军情六局继续雇用他。莫斯科最后授予他红旗勋章，表彰他对莫斯科的贡献。

盖伊·伯吉斯是海军军官的儿子，1911 年生，先后在伊顿公学、三一学院、剑桥大学读书，毕业后，一边在英国广播公司混日子，一边浪迹于伦敦的知识分子圈和政治圈。即使在那个酗酒的年代，熟人看到伯吉斯酒的消费量也感到吃惊。他最喜欢喝大杯的波尔图葡萄酒。在伦敦蓓尔美尔街的改革俱乐部，大家都知道"那个喝双份的伯吉斯"。他在邦德街的公寓，肮脏得无人敢进去。周末饿了，他就把麦片粥、腌鱼、咸肉、大蒜、洋葱，以及"厨房里摆着的其他东西"一锅全煮了。1938 年 12 月，由于他既机智又有人脉，军情六局的宣传部招募了他。几个月后，他被调动到英国广播公司，制作了广播节目《威斯敏斯特周记》，这成了他进行政治交往的护照。

他此后的生活动荡不定，经常往来于英国和苏联之间，穿梭于广播室和伦敦菲茨罗维亚地区（Fitzrovia）的知识分子世界之间，浪迹于伦敦的同性恋场所和情报界的阴暗角落里，钻进布朗特在军情五局的漂亮办公室里躲避兵役。见识过他草率举止的人，都感到迷惑不解，他是凭什么逍遥自在了那么长时间才暴露莫斯科间谍的身份。1942 年，伯吉斯做了一件对战争有贡献的事，他把安德鲁·里福伊（Andrew Revoi）招募进了军情五局，此人是所谓的伦敦自由匈牙利人的领袖——伯吉斯早在 1938 年就把里福伊放进苏联内务部的工资单里。在二战初期的几年里，伯吉斯对苏联情报中央的贡献不如其他几位间谍大，但 1944 年亚历山大·贾德干爵士不知何故任命他去主管外交部新闻处的工作。在 1945 年 1 月至 7 月之间，伯吉斯交给他的苏联联络人 389 份秘密文件。

唐纳德·麦克林向莫斯科提供了最重要的秘密政治情报。他的家庭在苏格兰高地，是长老教会员，过着有节制的生活；他的父亲是律师，最后成为自由党大臣。小麦克林生于 1913 年，在格雷沙姆中学接受的教育。在这所公立学校里，男生的裤兜要被缝上，防止手插裤兜。麦克林，身材高大，气质不凡，一位羡慕他的纳粹徒形容他是"完美的雅利安人的样子"。他从年轻的时候就抽巴尔干香烟，散漫但颇具魅力，养成了一种懒洋洋的气派。菲利普·汤恩比形容他的朋友"有懒汉的才智和精致的幽默"。麦克林和莫斯科在剑桥大学招募的其他几个间谍都有一个信念，他们是在为共产国际工作，而不是在为苏联工作，或许他们最初确实是这样想的。麦克林进入外交部后，便开始把文件交给苏联内务部的联络员。自 1937 年起，基蒂·哈里斯（Kitty Harris）就扮演这个角色。她出身于伦敦东部的贫困家庭，父母是苏联人。她曾经与美国共产党领袖厄尔·白劳德（Earl Browder）有过一段短暂的犯了重婚罪的婚姻。她和麦克林是在床上结束第一次会面的，并在此后私通了几个月的时间。次年，麦克林的岗位转移到了巴黎。他和罗伯特·塞西尔在年轻时就认识，如今两人成了大使馆的同事。塞西尔认为他的举止变得不自然，犹豫不决，不同于从前的自信。有一段时间，塞西尔对他的变化感到困惑，但很长时间之后才意识到这是麦克林因做间谍感到内疚的缘故。麦克林这位年轻的外交官，并非所有人都喜欢他：打字员们轻蔑地称他是"自作聪明的人"。

美国姑娘梅林达·马林（Melinda Marling）在巴黎遇到麦克林之后，在她的母亲面前美化了他一番："他 6 英尺高，金发……他有高尚的灵魂，有幽默感，有想象力，心胸开阔（且甜蜜）……"1940 年 6 月，正当德国征服法国之时，她发现自己怀孕了。这两件事震撼了她，她放弃原先的矜持，与麦克林结婚了。在匆忙完成婚礼后，他们被转移到了英国。梅林达坐船回到了纽约，在那里产下她的第一个孩子，但孩子很快就死了。到了 1941 年秋季，她才回到伦敦与麦克林一起生活。梅林达政治态度"左倾"，她可能早就知道丈夫在为莫斯科工作，并且是一个双性恋者。

苏联被迫与希特勒展开搏斗，那些为苏联服务的西方间谍的斗志也高昂起来。最初是英国和苏联合力与共同的法西斯敌人做斗争，后来美国也加入进来。像麦克林这样的人肯定能找到理由让自己相信，向斯大林提供情报不是背叛，仅是在为实现共同理想做一份贡献。仅在 1942 年，他从英国外交部偷的文件在内务部莫斯科档案柜中就占据了 45 个文件夹。在麦克林的丰富战果中，不仅包括了英国与苏联关系的材料，还包括英国在谈判前和领袖峰会前的具体主张。1944 年，他被调往英国驻华盛顿大使馆，职位是一等秘书，在那里他与哈利法克斯（Halifax）勋爵一起打网球，向苏联提供了大量英美的秘密。可以看得出，做间谍和过双性恋生活给他带来压力，因为他喝酒越来越多，在酒精的作用下，他常常出丑。但他依旧是个有才华和魅力的人，再加上外交部的工作和阶级地位对他的保护作用，他不仅保住了自己的职位，还保住了他是苏联有关西方外交政策最重要情报员的角色。

安东尼·布朗特，1907 年生，父亲是教区牧师，先在马尔伯勒读书，后获得剑桥大学的数学奖学金，并学会了第一门外语。后来，他做了讲师，并开始研究艺术史。他是一个同性恋者，同情左翼的观点，这些都是众人皆知的。他的朋友盖伊·伯吉斯把他招募进了苏联内务部。但在 1939 年的时候，政治倾向和性倾向都没有能阻止他加入英国陆军情报部队，并跟随这支情报部队去法国工作了几个月。敦刻尔克大撤退之后，他无家可归，临时寄居在军情五局的维克多·罗斯柴尔德（Victor Rothschild）门下。盖伊·利德尔从罗斯柴尔德那里知道了他，招募他进了英国保安机构。

做了情报官之后，布朗特很快便赢得了人们的赞许，特别是他在检查中立国外交官的包裹时展示出的机灵劲。军情五局有一位秘书后来回忆道："上帝啊，他是一个多么可爱的人啊！可怜的安东尼！我们都有点爱上了安东尼。你知道……他总是拿着鱼肝油和麦芽酒四处乱转，他知道小熊维尼。他有一张莱斯利·霍华德那样能迷倒女人的脸。虽然他的脸相当消瘦和憔悴，但确实很像莱斯利·霍华德。当时每个人都喜欢莱斯利·霍华德。"布朗特几次代表军情五局去联合情报委员会开会。1944 年，他被调到盟国远征军最高统帅部参与欺诈战术的策划工作。与此同时，他也为苏联内务部工作，招募了利奥·朗（Leo Long）做他的下级，此人在军事情报部门工作。布朗特向苏联内务部提供一系列军情五局的文件和几份"超级机密"的破译情报，其中有些情报是有关 1943 年库尔斯克战役的，莫斯科通过在英国军队里的渠道也获得了同样的内容。他还向苏联人介绍了英国"双十委员会"的活动，这个委员会的任务就是"策反"德国间谍，然后用无线电与他们在德国的主子阿勃维尔周旋。

哈罗德·金·费尔比，是"剑桥五杰"中名声最坏的，因为他获得了最敏感的信息，他的叛变最终导致许多人死亡。他是阿拉伯学者圣约翰·费尔比（St John Philby）的儿子，患有心理强迫症，几乎达到疯狂的程度。例如，这位年纪不小的智者宣称，希特勒是"一个很好的人"，并在 1940 年断言英国必败，这使他在印度被拘留了一段时间。在读完威斯敏斯特中学和剑桥大学后，苏联内务部给费尔比提出了职业建议：去做报纸，阿诺德·多伊奇就是这么对他说的，因为这对莫斯科的工作有利。在 20 世纪 30 年代，费尔比成了受人尊敬的记者，在西班牙内战期间为《泰晤士报》做战地记者和苏联间谍，而苏联给他的酬劳是报社给他的两倍。费尔比生活奢侈，苏联的钱对他来说非常重要，就跟他为敌人工作所获得的快乐一样重要。有权有势的人喜欢把他作为最令人愉快的伙伴：军事理论家巴兹尔·利德尔·哈特（Basil Liddell Hart）资助他参加了伦敦的雅典人俱乐部（Athenaeum Club）。有一段笑话说，虽然苏联人在 1937 年指示费尔比搜集情报，为刺杀西班牙法西斯头子佛朗哥做准备，但佛朗哥仍然要授予费尔比西班牙红十字军功奖。这段笑话让费尔比极为高兴。

此后，在苏联国内出现大清洗，接着纳粹和苏联签订了友好条约，在这段时间里，费尔比感到自己的地位突然降低了，而其他的苏联间谍都有这种感觉。他通过唐纳德·麦克林递交给莫斯科的新资料，莫名其妙地被拒绝了。于是他只好专心致志地做《泰晤士报》驻法国远征军的随军记者。1940 年，上级指派费尔比去军情六局，这是因为他对军情六局负责招募人才的哈里特·马斯登－斯梅德利（Harriet Marsden－Smedley）表达了希望从事情报工作的意愿。瓦伦丁·维维安是圣约翰·费尔比的朋友，这老头向维维安保证自己的儿子宣誓效忠左派是闹着玩，维维安愉快地接受了这项保证。金·费尔比在英国情报机构里的第一份工作是讲解颠覆性的宣传手段，听众是特别行动局招募的外国流亡者。在他的听众中，有许多人把斯大林和希特勒视为正在决斗中的两个魔鬼，于是他总是这样开始他的浮夸讲解："先生们，我不想阻止你们去摧毁苏联，但为了盟国的胜利，我想请求你们先去摧毁德国。"就这样，费尔比不仅赢得了百老汇街同事和上司的支持，还有他们的友情。1941 年 10 月，军情六局提拔他做伊比利亚半岛处的处长（Iberian，西班牙、葡萄牙在伊比利亚半岛上）。

在此前 9 个月，苏联人与他恢复了联系，但他最初的几份报告仅涉及了他在百老汇街的生活，引来苏联人的嘲笑。他声称苏联在军情六局渗透的目标中仅排在第 10 位，莫斯科情报中央根本不相信这个说法，他们认为军情六局存在的目的就是摧毁苏联。在苏联领导人生活的社会之中，高尚的行径是异端，因为危及苏联的存在。他们无法相信，随着战争的发展，即使是包括丘吉尔在内的最激进的反共分子也搁置起敌意，全力与轴心国进行斗争。1940 年发生了一件事说明了这点。沃尔特·克里维茨基（Walter Krivitsky）是住在荷兰的内务部前间谍，他投奔了美国人。1 月 23 日，军情五局在伦敦的兰厄姆饭店盘问了他。根据克里维茨基的描述，欧洲大约有 100 个苏联间谍，他们中有 60 人从事的活动违背了英国的利益，其中包括 16 个大英帝国的臣民。然而，军情五局此时正全力对付纳粹的威胁，只派出了一名官员去调查苏联渗透的事。这就难怪他没有能找出克里维茨基未点名提及的那个英国记者到底是谁。克里维茨基说，苏联间谍中有一位是记者，曾经在西班牙策划刺杀佛朗哥，显然此人就是金·费尔比。

在费尔比被任命为伊比利亚半岛处的处长后，莫斯科对他的兴趣复燃了。此后，他向莫斯科情报总部输送了大约 1000 份战时秘密文件，全部通过阿纳托利·戈尔斯基之手，此人再次被任命为苏联驻伦敦大使馆的内务部常驻代表。戈尔斯基这个人，又矮又胖，跟漫画中的斯大林分子一模一样。他的无情和冷漠，引发了剑桥几位为苏联工作的间谍的厌恶，但无力把他赶走。在这个阶段，费尔比最大的贡献就是激活了苏联的多疑症，让苏联怀疑英国正在通过德国副元首鲁道夫·赫斯与希特勒媾和。但这纯属搬弄是非，主要是费尔比想提高自己在莫斯科情报总部的地位。出于同样的目的，费尔比向苏联报告军情六局的领导已经放弃了一项借卡纳里斯海军上将多次往返西班牙之际加以刺杀的计划，据说是因为英国人判断他有可能成为双方谈判的中间人。

在百老汇街的建筑物中，费尔比喜欢穿一套他父亲在 1914－1918 年穿过的军装。他穿着这套破旧的衣服，说话结结巴巴，举止怪异，用罗伯特·塞西尔的话说，他是"格雷厄姆·格林笔下的貌不惊人的英雄"，但马尔科姆·蒙格瑞奇夸奖了他的自由自在的精神："他有一种崇拜海盗和海盗行为的浪漫精神。虽然不清楚其意识形态的根源，但他确实有这种精神。虽然他是酒鬼，是色鬼，有严重的暴力倾向，轻率得无法自制，但他有无法令人抵御的人格魅力。"费尔比有一次对蒙格瑞奇用一种自嘲的口吻说，他认为戈培尔是一个可以共事的人。

在百老汇街的建筑物内，费尔比的品质获得了过度的夸奖：休·特雷弗－罗珀发现他是一个"和蔼的、有能力的人……聪明，老练，很现实"。这位历史学家被他的许多同行痛恨，因为他从来不掩饰对他们的蔑视，但费尔比则奉承和赏识他们。结果是特雷弗－罗珀这位爱国者不被信任——不断受到解雇的威胁，甚至有一次被指控叛国，因为他把百老汇街的问题报告给了彻韦尔勋爵。与此同时，费尔比受到了首长们的绝对信任。

"剑桥五杰"有个共同特点，他们不仅轻视对国家的忠诚，还轻视对朋友和家庭的忠诚。1935年，费尔比按照苏联的命令偷走了他父亲的文件。他花费了很多精力发展他在威斯敏斯特中学的老同学汤姆·威利（Tom Wylie），希望利用其在英国陆军部的地位。苏德互不侵犯条约之后，戈伦韦·里斯（Goronwy Rees）断绝了与莫斯科情报中央的关系，因为他无法跨越如此大的意识形态鸿沟。唐纳德·麦克林跟里斯争吵起来："你过去是我们中的一员，但你背叛了！"这位作家向其他几位叛徒保证他能为他们保守秘密，这是个不光彩的道德承诺，但伯吉斯仍然害怕里斯泄露秘密。1943年春季，他劝苏联联络员杀死他的朋友。莫斯科拒绝了这项建议，因为会愚蠢地激怒英国人。7月20日，伯吉斯在与戈尔斯基见面时提出亲自出手杀掉里斯，这个建议仍然被视为是多余的。

莫斯科情报中央经常克扣英国间谍的报酬。大多数情况给出的理由是要做理想的战士，而不要做雇佣军。有一次，安东尼·布朗特不知何故向联络员要了200镑，联络员给了他。他在一份现金收据上签了字，后来这份收据被放置在内务部的档案里了，这件事让莫斯科情报中央感到满意：这个既高又瘦的艺术史学家，虽然诡计多端，但终于有捆住他的铁链子了。与此同时，费尔比的生活方式需要大量的钱来支撑，除了军情六局的工资之外，他还需要苏联给他的酬劳。

对双料间谍来说，他们的忠诚经常受到双方的怀疑。1942年11月，在无线情报局里工作的牛津讲师斯图尔特·汉普善（Stuart Hampshire）提交了一份有关在德国内部希姆莱和卡纳里斯发生争执的重要报告。费尔比在没有给出任何原因的情况下就要求禁止圈阅这份报告。在知道了这件事后，汉普善若有所思地写道，"费尔比有点不对。"不过他和同事都猜不出其背后的原因。很久之后，他们得出结论，费尔比可能接到莫斯科的命令，截留任何可能鼓励英国去与德国反对派组织谈判的信息。那时候，费尔比的行为激怒了休·特雷弗－罗珀，他把汉普善报告的副本给了彻韦尔勋爵，他因此再次招致孟席斯和瓦伦丁·维维安责备。他被要求为自己与首相的顾问通信的行为写一封正式的道歉信，就好像校长给犯错的孩子定"规矩"一样。

与此同时，内务部那位最受人尊敬但热衷阴谋论的分析员埃琳娜·莫德曾斯卡亚（Elena Modrzhinskaya）提出"剑桥五杰"是英国人的阴谋，是"资本家发动的一次拙劣得让人感到受辱的挑衅"。早期做"剑桥五杰"联络员的多伊奇、希欧多尔·马利（Theodore Maly）、亚历山大·奥尔洛夫（Alexander Orlov）都被污蔑为叛徒了，这似乎就使阴谋论更加可信了。莫德曾斯卡亚指出，费尔比交给莫斯科情报总部的军情六处给英国驻莫斯科大使馆的电报的内容太过普通，不可能是真的。苏联人一直都顽固地相信苏联内部充斥着英国间谍。1945 年 10 月 30 日，内务部的一份报告是这样说的："英国情报机构利用战争提供的好机会，加强了对苏联的间谍活动。战争期间大约有 200 名英国间谍在苏联内部活动，其中 110 名在莫斯科，30 名在摩尔曼斯克，20 名在各代表团中。"这简直就是白日梦。军情六局自 1936 年就不再设置莫斯科情报站了，英国驻莫斯科大使馆曾经否决了一项组建情报站的建议。

与英国的做法不同，在 1941 年里，苏联内务部在伦敦的情报站给莫斯科发回了 7867 份英国秘密文件，其中 715 份涉及军事，51 份涉及英国情报机构，127 份涉及英国经济，其余涉及政治等事务。在此后几年的战争岁月里，文件转送量都维持在类似的水平上。为了保护情报源，当文职人员把文件翻译后，莫斯科情报总部就会把原始文件销毁。然而，文件量实在是太大了，由于缺少英语专家，数千页文件连看都没看就被直接投入了焚化炉。尤里·莫丁（Yuri Modin）是莫斯科情报总部的 7 个文职人员之一，负责处理堆积如山的材料，他后来在回忆录中嘲笑道："那些间谍如果知道他们发来的电报只有 50% 的机会被阅读，不知做何感想？"当费尔比提交了一份偏远地区英国特工的通信录时，内务部没有给予重视：内务部的领导只关心英国军情六局在莫斯科感兴趣的国家中的活动情况。

但有些真假难辨的报告也被送进了克里姆林宫。一封莫斯科情报中央在 1942 年 4 月 21 日发给苏联国防委员会的信，就是典型的例子："这封信传递给你的信息是一名苏联内务部的间谍从伦敦发回，这封信是他与美国大使馆的一名官员（代号'吉尔伯特'）和几名英国议员的谈话记录。关于第二战场问题，很显然，反对丘吉尔的人认为他是因为对苏联有敌意才反对展开第二战场的，但第二战场延期展开可以从两个角度加以看待，政治方面：政府成员对何时发动进攻（进攻欧洲大陆）有不同意见……许多认识丘吉尔的人，包括乔治·劳合，都认为他仍然担忧达达尼尔海峡战役（1915 年）的失败重演，当时丘吉尔因加利波利灾难受到谴责……根据'吉尔伯特'……英国仅有 4 个师的兵力受过专门的两栖作战训练。"这封信很长，但从总体看，该信的风格、准确性、有用性与普通的外交报告和新闻报道差别不大。

1942 年 7 月 28 日，内务部从伦敦发出另一份相似的报告，内容很详细，但引用了一些可笑的情报源："我们在伦敦长期为我们服务的间谍发来如下信息。最近一段时间，大部分官员断言第二战场年内不会展开。科尔法克斯（Colefax）女士就是其中之一，她隶属于英国保守党的执行委员会……她现在几乎肯定地宣称不会有第二战场。"科尔法克斯这位女先知，实际上只是一名业余登山爱好者，明显是个笨女人，当时流行一段有关她的笑话，说她在一份午餐邀请函上潦草地写下"会见无名阵亡士兵的母亲"这几个字。

与此同时，唐纳德·麦克林对莫斯科说，波兰的瓦迪斯瓦夫·西科尔斯基将军否定了卡廷森林波兰军官屠杀案是纳粹所为的传言，这位将军还说他相信是内务部干的，因为只有他们才干这样的事。安东尼·布朗特提出警告说，波兰在伦敦的流亡政府绝对不会接受重新划分国界。能影响到克里姆林宫的情报不多，这条来自英国的情报似乎是其中之一。看了这条情报，斯大林下决心抛弃"伦敦的波兰人"，转而建立自己的波兰傀儡政府。这位军情五局的官员还向莫斯科提供了一份有用的名单，名单中的人全是从各国流亡伦敦的政府官员中招募来的情报员。

苏联人收到大量错误信息，这反映了他们太热衷于相信针对苏联的阴谋论。例如，1942 年 5 月 12 日，"一个可靠的情报源"向莫斯科做了报告，德国驻斯德哥尔摩大使馆的一名官员乘坐瑞典的一架飞机来到了伦敦，随时携带着一份和平协议："英格兰作为帝国将会毫发无损。德国将从捷克斯洛伐克撤退，恢复原有的国界，所有东欧国家恢复原有国界，波罗的海国家维持独立。在英格兰接受这些条件后，德国将与苏联达成协议。"苏联人认为英美公开干预南斯拉夫的政策将会导致最坏的情况发生。1943 年 3 月 28 日，阿尔及尔的一名内务部情报员——可能还是美国战略情报局的情报员——非常滑稽地发了一份电报："在与美国人协商后，英国人指示米哈伊洛维奇将军不要积极参与针对德国的行动，但尽可能地集聚兵力和物资（准备与铁托和共产党游击队打仗）。虽然英国人和美国人知道米哈伊洛维奇与德国人有往来，但仍然给予支持……另一方面，英国人决定利用一切机会破坏铁托元帅的名誉，为此他们打算利用中立国瑞士的媒体。"

莫斯科对英国拒绝分享布莱切利园的破译结果一直怀恨在心。当代的苏联情报网站在 2015 年宣称："虽然英国情报部门从德军高层获得了有关东线的情报，但英国人宁愿不让苏联盟友知道。最后还是通过英国情报部门中的苏联间谍，苏联的对外情报机构才获得相关信息。"但尤里·莫丁承认伦敦有自己的理由。苏联人也担心自己内部有纳粹的间谍，他们甚至怀疑内务部也有，虽然这样的怀疑没有什么道理，但有两位涉嫌的将军丢了性命。

1943 年 5 月，军情六局组建了一个新部门第九处，任务是研究共产主义和苏联间谍，但工作人员只许使用从苏联之外获得的材料。根据丘吉尔的勒令，不许对苏联实施渗透行动——即使渗透苏联，也取得不了多大的成绩。当一个名叫理查德·马斯（Richard Maasing）的爱沙尼亚人被军情六局盘问之后，费尔比对此表现出极高的兴趣，这点对我们来说不奇怪：他想知道马斯在苏联境内与谁在联络。1944 年 7 月初，军情六局的里斯本情报站收到一些警告，说阿勃维尔的奥特·约翰（Otto John）准备用炸弹刺杀希特勒。费尔比坚持说这份报告毫无意义，应该被"抛弃"——他的动机肯定是莫斯科要求他挫败盟国与德国抵抗组织展开的任何交流。1944 年，阿勃维尔的保罗·韦赫曼仁（Paul Vehmehren）在伊斯坦布尔变节，并接受了盘问，费尔比把韦赫曼仁提供的一份人名单交给了苏联人，这份人名单很长，全是德国天主教保守派人士的联系地址：名单中那些在德国东部的人士，全都被苏联人在 1945 至 1946 年间干掉了，因为他们都是潜在的反共分子。

尽管如此，莫斯科仍然怀疑费尔比，而 1943 年发生的一件事让他们的疑心更重了。他向联络人提供了一份布莱切利园破译的高度机密的电报，电报是从日本驻柏林大使馆发回东京的，详细描述了大岛浩男爵与希特勒和里宾特洛普在 10 月 4 日的谈话。发给莫斯科的电文缺少最后一段，因为布莱切利园仅收到部分正文。但内务部从另一个渠道拿到了一份包括最后一段的完整电文，那最后一段正好是讨论单独媾和的问题。内务部第一局的局长费廷认为费尔比遵照百老汇街的命令故意省略了那个段落。此外，传说苏联内部有外国间谍网，可"剑桥五杰"由于一直都没有能提供详细的信息而备受指责，但其实它根本不存在。1943 年 10 月 25 日，莫斯科情报中央对伦敦常驻代表说，费尔比和他的朋友显然是双料间谍。为了证实这点，苏联方面派出了 8 个人去伦敦跟踪"剑桥五杰"。由于这几个人不会说英语，所以"跟踪内务部的情报员的行动没有成功"。

到了 1944 年 8 月的时候，莫斯科才回心转意，再次相信"剑桥五杰"在为苏联的利益服务，而不是英国的。莫斯科情报中央给伦敦情报站写信说，有关费尔比的新证据"迫使我们检讨对他们这群人的态度"，他们对我们"极有价值"。在莫斯科和伦敦这样的城市中，雇主们争相要他提供服务。他服务过的报纸《泰晤士报》努力地说服他回去做记者；该报的一位高级管理人员称他"稳定、有经验、明智"。费尔比确实考虑过改变职业，但最后仍然继续在百老汇街走他的自我毁灭的情报之路，而孟席斯任命他为军情六局的反共间谍处的处长实际上加速了他的灭亡。费尔比是孟席斯的红人，他用自己独特的方式回报了孟席斯。在英国的圣奥尔本斯（St Albans）情报站，费尔比花费了许多时间把他手下的间谍搞到的文件进行照相，供启示莫斯科之用。

在费尔比、伯吉斯、麦克林的身份暴露了之后很长时间，英国竟然涌现出一股对英国情报界讨伐的浪潮，指责英国情报界竟然允许这样的人进入管理层。休·特雷弗—罗珀在反思招募"剑桥五杰"进入情报界给英国利益带来的损失时说："如果因为费尔比曾经是共产党而拒绝他，而且他日后也没有暴露身份，那么我们的那些时髦的左翼分子肯定会谴责我们排斥异己，就如同他们现在谴责为什么要任费尔比做高官一样，在他们眼里，这是一种无耻的社会歧视和精神歧视……我认为，费尔比在 1944 年之前没有机会伤害英国的利益，也没有那个必要。他的工作是在西班牙与德国人做斗争，而苏联在那里没有多少实力，如今没有人对那里感兴趣了。他不掌握政治秘密，无论怎样讲，苏联在那时与我们的目标是一致的：打败德国。"

当时费尔比正好在莫斯科避难，他对休·特雷弗—罗珀的说法进行了评论，而且用词极为苛刻："我注意到你憎恶叛国，我也憎恶。但什么是叛国呢？我们可以开着车绕着伊拉克转几天也讨论不出共识。"特雷弗—罗珀反驳说："什么是叛国？你在乐呵呵地提问后，竟然连答案也不等，简直就是跟那位乐呵呵的却钉死耶稣的古代罗马的犹太总督彼拉多一样……对我来说，为外国服务，甚至为外国做间谍，不算真正的叛国。这要看外国是谁，为外国做什么事……但无条件地服务于外国，把那个国家的理由视为真理，我认为这是在思想上叛国了；如果投靠的是一个从不真诚待人、不人道、残忍的国家，我认为这是在感情上叛国了。"

莫斯科情报中央有几个官员直到最后仍然在怀疑"剑桥五杰"。埃琳娜·莫德曾斯卡亚参加了费尔比 1988 年的葬礼，为的是看到他进棺材。她甚至担心这个英国叛徒的死都是个阴谋。无论费尔比和他的朋友怎样声称他们在为莫斯科工作的过程中获得了自豪感，但他们靠酗酒支撑（除了布朗特之外）和早亡说明他们从叛国中获得的满足感是极少的。费尔比刚到莫斯科的时候，他沮丧地发现自己在内务部内没有职称，实际上没有一个外国间谍被授予过任何职称。特雷弗—罗珀说，他认为费尔比并没有从针对资本主义的胜利中获得他想要的快乐："犹大在最后的晚餐中快乐？我认为他不快乐。"

后来同时担任军情五局和六局局长的迪克·怀特（Dick White）爵士在"剑桥五杰"败露后给朋友写信时说："总体看，战争中的统一战线并不是坏事。坏的是让布朗特进入了军情五局，费尔比进入了军情六局，伯吉斯和麦克林进入了外交部。从好的方面看，从大学里引入那么多既聪明又有能力的人，整体上提高了智力水平。"这是一种在灾难后为英国情报机构保守颜面的超现实理性主义。然后，怀特说的没错：如果把有左翼背景的官员全都摒除在核心委员会之外，英国的战争实力将会大大受损，而且不再是自由的坚固堡垒了。

　　这些叛徒给英国利益造成的伤害有多大？除了战争快结束那段时间，他们造成的伤害其实并不大。在很长一段时间里，莫斯科都不敢相信英国人会笨到让可能已经叛变的共产主义分子接触他们最核心的机密。或许"剑桥五杰"最大的贡献是让斯大林知道英国的政治企图和外交企图，在这方面唐纳德·麦克林的贡献最明显；他发送出了大量电报，其中包括英国和美国向苏联提供武器和物资的情况也发送给了莫斯科。苏联外交官对西方盟国的固有姿态就是绷着脸装出发怒的样子，这成功地让华盛顿和伦敦以为苏联代表团在参加会议之前不知道英国和美国的主张。丘吉尔经常很担忧一些意想不到的变化会引发斯大林的不满，比如诺曼底登陆被推迟这件特殊的事，其实丘吉尔大可不必为此操心。斯大林根本不是有什么"不满"——这位苏联的独裁者仅是想吓唬人，然后释放出怒火，下达命令。丘吉尔和罗斯福不是克里姆林宫玩扑克牌的对手，因为斯大林知道对方手中有什么牌。另一方面，安东尼·布朗特在军情五局的时候，负责破译日本的"紫色"密码电报，他很可能把一部分破译结果交给了苏联人。虽然有高藏和泉提供的资料，但苏联人没能独立地破译日本人的密码。

　　那些为"剑桥五杰"做辩护的人，从上述理由中寻找他们的辩护词。他们争辩说，费尔比等人没有协助英国的敌人，而是帮助了英国最密切的盟友与纳粹做斗争。他们还是说，凡是有良知感的人，无论是现代人，或是生活在 20 世纪 40年代的人，都会对英国的所作所为感到生气，因为英国人没有让莫斯科分享丘吉尔手中最有力的武器莱切利庄园的"超级机密"，难道真正应该感到耻辱的不是英国人吗？面对这样的辩护，首先要这样回答，这几个叛徒给莫斯科提供情报的时候，远在苏联成为盟友之前，他们甚至在 1939 至 1941 年间苏联和纳粹成为伙伴的时候，在 1939 年 8 月至 1941 年 6 月之间莫斯科情报总部把卡廷大屠杀视为大胜利的时候。到了"巴巴罗萨"之后，即使英国、苏联、美国已经联合起来与纳粹做斗争了，斯大林也丝毫没有动摇他的西方盟国迟早要变成最终敌人的看法。费尔比这几个人的叛变，后来让许多与斯大林暴政进行斗争的优秀男女失去了生命。

　　另一方面，布莱切利园是英国打仗的最秘密的机构。如果这个秘密泄露给莫斯科，危险是巨大的，比如说，德国破译了苏联的密码，这将使德国人意识到恩尼格玛密码机的缺陷。没有出现这种情况，正好说明了英国人不该把"超级机密"泄露给克里姆林宫。苏联人对待别人的机密特别不认真；我们应该记得，斯大林仍然是纳粹的朋友，苏联驻华盛顿大使对他的德国同事说，日本的"紫色"密码已经被破译了。对费尔比这群人，我们最多只能说，英国是有福气的，这些叛徒仅是效忠苏联，当时苏联对自由民主仅是潜在的危险，而他们确实没有去效忠当时的主要威胁纳粹德国。

## 美国的叛徒

美国是自由的榜样，但也是不谨慎的榜样。甚至在珍珠港事件之后，美国人仍然无法改变几个世纪以来养成的不注意保密的习惯。作战飞行员在语音通道上聊天；政客和官员在鸡尾酒会上讨论计划；记者和广播员对审查怒气冲天，公布对敌人有价值的信息——最恶劣的是《芝加哥论坛报》在 1942 年的泄密事件。当时沃尔特·温切尔（Walter Winchell）逃避了审查，多次说美国在中途岛的胜利是因为破译了日本人的密码的缘故。珍珠港事件都爆发几周时间了，但美国东部海岸在晚上仍然灯火通明，这给德国潜艇的艇长带来极大便利，他们借着灯火背景看清商船的轮廓。在战争中，虽然明亮的城市具有宏大的象征意义，但也是很危险的。

在与轴心国的对抗中盟国有福气，往往是德国间谍刚踏上美国的土地，就会轻松地被警察和联邦调查局的人员逮捕。日本人在美国的情报搜集工作也不成功，他们在邻国做得好一些。然而，苏联利用美国的开放环境大肆开展间谍活动，其规模是苏联在其他国家的间谍活动无法比拟的。在 20 世纪 50 年代，参议员约瑟夫·麦卡锡（Joseph McCarthy）发动了一场疯狂且偏执的迫害运动，虽然对许多人的指控是没有根据的，但总体看并非无的放矢。有数百名美国左翼人士，系统地把美国的秘密泄露给了莫斯科，其中有一小部分人仅是为了钱。我们后面要讲到原子弹叛徒的事，他们受到了历史性的关注，但其他苏联间谍没有受到应有的注意。苏联内务部和格勒乌的情报员参与了许多美国最敏感的政策讨论。

联邦调查局在二战中几乎没有抓到过叛国者，这种情况到了战后才有所改观，但一些高层嫌疑犯至今无法判定是否犯了叛国罪。早在 1941 年 7 月 15 日，美国国务院的一位官员写道："有大量的证据证明美国共产党利用目前的形势企图讨好政府高层，表面上拥护民主，实际上是在推动全面援助苏联。"另一方面，联邦调查局把工作重点放在美国共产党上，忽视了苏联的间谍联络员。在华盛顿的档案馆里，关于美国共产党支持者的报告有几大捆，但在 1940 年之前，联邦调查局的监视目标几乎全是社会底层的人——码头工人、工会积极分子等。联邦调查局严密监视由美国友好人士和东欧外籍人员和民主主义者社团组成的全美苏联理事会。联邦调查局搜集的有关全国海员工会从事颠覆破坏活动的档案非常厚。1941 年 4 月，联邦调查局终于打败了苏联一次。当苏联内务部纽约情报站的站长在与情报员见面时被联邦调查局的特工逮捕了，苏联最后只能召回了站长。但这件事仅是冰山的一角，大部分苏联在美国的间谍活动是胡佛不知道的。

二战中，联邦调查局仅宣布有 5 名苏联间谍，但他们后来承认至少又发现了 80 名。从 1948 年破译的"维诺那"（Venona）电报中发现了 200 个在美国活动的苏联情报员的代号，其中有一半人有待在 21 世纪去挖掘他们的真实身份。由于"维诺那"的资料仅代表一部分莫斯科的行动，所以有理由认为 20 世纪三四十年代有比上述数目更多的苏联间谍在美国活动。从当时在美国活动的苏联内务部官员和格勒乌官员写的回忆录也能找到支持这种观点的证据。

胡佛为联邦调查局进行了辩护，他说德意日是美国公开的敌人，他们在美国本土的间谍活动没有取得什么大成绩。1941 年 6 月之后，苏联是美国公开的盟友，不是敌人，连罗斯福总统自己都对他们表示了信任和尊重。那些为联邦调查局的失败做辩护的人，也许会说这仅表明美国政府的幼稚，这种幼稚一直蔓延到美国政府的最高层，因为当时没有人看清苏联带来的威胁。联邦调查局所遇到的问题，与阿勃维尔和盖世太保在抓捕"红色管弦乐队"成员时遇到的问题是一样的：最重要的成员都处于社会的中上层和专家圈，执法人员对他们束手无策。

跟在世界其他地方一样，苏联内务部在美国的行动在 1939 至 1941 年间处于停滞状态，因为大多数美国情报员都潜伏起来。苏联希望重新激活美国的情报网，第一个企图是恢复阿诺德·多伊奇的职位，并派他去美国做情报站的站长。他所乘坐的船到大西洋中部时沉没了，他好像淹死了。1941 年 12 月，伊扎克·阿赫梅罗夫（Itzhak Akhmerov）被派往美国填补空位。他 1934 年就到了美国，以学生身份做掩护为苏联工作。在 20 年后，他在克格勃对受训人员说："以学生身份变成美国人在纽约这样的大城市里并不困难。"在纽约待了一段时间后，他移居到了巴尔的摩，他在那里管理他在华盛顿的情报员。他和另外一位内务部官员一起开了一家皮货店，生意还算成功，既有钱赚，还能打掩护；但他在发展新情报员方面成绩平平，这个角色让其他人做更好。

苏联内务部有 3 个公认的情报站——纽约的苏美贸易公司、华盛顿大使馆、旧金山的领事馆——每个情报站都有 13 名情报官，这 3 个情报站由下一级情报站提供支持，下级情报站分散在洛杉矶、波特兰、西雅图等城市中。在苏联塔斯通讯社的掩护下，有十几个人从事间谍活动。苏联红十字会也有间谍。苏联内务部通过墨西哥城的情报站也弄到一些美国资料传回苏联。可以想象，苏联间谍来自世界上最受压迫、最严苛的社会，当他们初次来到纽约市的塔夫脱饭店的时候，都会对美国人的富裕、浮华、魅力、精力充沛而感到眼花缭乱。不过，很少有人"私奔"——逃跑——即使在苏联的恐怖岁月结束之后多年他们写回忆录时，也很少有人夸奖美国。大部分人仍然生活在苏联式的灰色蚕茧中，维持着社会主义分子的僵硬态度。

苏联往往是一家人全当间谍。当亚历山大·费克利索夫（Alexander Feklisov）离开莫斯科去纽约为内务部工作时，他礼节性地拜访了外交部部长莫洛托夫，莫洛托夫不安地表达了对他仍然是单身的担忧："我们不送单身男人出国，特别是美国。他们会立即安插金发美女或浅黑肤色的美女在你身旁，向你施加美人计。"费克利索夫的上司向莫洛托夫做了保证，在纽约的苏联机构中有一些好姑娘，可以为新来的间谍在她们中找一个新娘。1944 年，守本分的费克利索夫与哥伦比亚大学一名苏联女学生结婚了。

伊扎克·阿赫梅罗夫跟一个美国人结婚了——但那女人是美国共产党领导人厄尔·白劳德的甥女海伦·劳里（Helen Lowry）。瓦西里·扎鲁宾刚在卡廷参加完对 25000 名波兰人的屠杀，便离开了莫斯科，在 1941 年 12 月成了华盛顿情报站的站长。他带着妻子伊丽莎白中尉一起来了，她也是内务部的官员，在为丈夫的间谍网招募成员方面发挥了重要作用。她经常去加州联络罗伯特·奥本海默（Robert Oppenheimer）等有用的人。她不费力地就让众人感觉到她是个有经验的、四海为家的欧洲女人，能流利地同时说英语、德语、法语、希伯来语。她来自一个革命家庭，是莫斯科情报中央最残忍的间谍。十月革命后，她在极其令人敬畏的菲力克斯·捷尔任斯基（Felix Dzerzhinsky）手下做案件负责人，磨炼了意志，然后被派遣到土耳其工作。在那里，她背叛了她当时的丈夫雅各布·布朗金（Yakov Blumkin），他也是一名苏联间谍。此举证明了她对布尔什维克的忠诚。他受委托变卖莫斯科犹太教哈西德教派的图书馆，轻率的他把一部分书给了托洛茨基，当时托洛茨基在土耳其过流亡生活。射杀布朗金的枪声还没有散去，他的妻子就嫁给了扎鲁宾。在此后的 13 年里，这一对夫妻走遍欧洲进行间谍活动。在美国，由于伊丽莎白的手段高明，联邦调查局到了她于 1946 年返回莫斯科之后才断定她是个职业情报官。她和丈夫在莫斯科情报中央的全球间谍计划中扮演了关键的角色。在 1941 年 10 月前，斯大林对美国有了点个人兴趣，因为苏美没有直接的冲突。事实上，他一直都盼望获得美国的技术。如今，斯大林的兴趣变成了最重要的政策：斯大林在扎鲁宾动手去美国前亲自见了见他，强调了这项工作的重要性。

苏联内务部的扎鲁宾来纽约定居时是 47 岁。他的下属亚历山大·费克利索夫把他看作是苏联间谍中的巨人，对他做了这样的描述："他中等身材，略微发胖，头上披着细细的金发。他戴着金属边的眼镜，由于疲劳过度眼睛总是红肿的。他非常强壮，善于打网球，充满活力，到哪里都是领导。他喜欢唱歌，会几种乐器……他说话很快，声音像吹号，但他很善于倾听，对下属很友好。他要求下属工作要积极主动，要大胆，即使有点鲁莽也不要紧。他的工作能力来自丰富的经验和专业精神，但有时他也会不谨慎。他与外国人有广泛的联系，在招募新人上是个高手。他亲自联络我们最重要的间谍。"费克利索夫的描述有所忽略。扎鲁宾自 1925 年就为苏联做秘密工作，还是一个残忍的杀手，他甚至有一次去检查刽子手的鼻息是否正常。有一次开会，贝利亚提出一个问题，要求他表态："告诉我们有关你与法西斯情报机构的联系。"扎鲁宾严厉地否定了对他的诽谤——事后竟然毫发无损，但当时在场的人都吓得浑身发抖。扎鲁宾一直主导着苏联在美国的间谍活动，直到 1944 年他被驱逐出美国。

在美国和英国，共产国际变成了一块遮羞布，让那些泄露情报给外国的人心安理得。泄密者说，生于爱荷华州的马克思主义作家约瑟芬·赫布斯特（Josephine Herbst）"将阴谋诡计引以为荣"。哈罗德·韦尔（Harold Ware）是最初的几个被招募的人之一，他是罗斯福新政的积极拥护者，在 1933 年的一次车祸中丧生。在美国国务院中，阿尔杰·希斯（Alger Hiss）为格勒乌工作。另一方面，从 1930 年中期开始，苏联内务部从诺埃尔·菲尔德（Noel Field）和劳伦斯·达根（Laurence Duggan）这两个人那里源源不断地获得了大量信息。后者在政治上很浪漫，深受他那令人敬畏的妻子海伦·博伊德（Helen Boyd）的影响。苏联人描述她是一个"极为美丽的女人：典型的美国人，高大，金发，矜持，阅历广博，喜欢运动，性格独立"。海达·冈珀茨（Hedda Gumpertz）是一个德国流亡者，反纳粹积极分子，为苏联内务部工作，把达根介绍给菲尔德做朋友。苏联联络员曾经送给达根一个鳄鱼皮制的印有他名字的洗漱用具盒。他拒绝了，他的想法与一些英国叛国者拒绝金钱报酬是类似的，"说他提供情报不是为了物质利益"。

前瞻使苏联人获益。由于苏联看到苏联人自古就与西方国家有矛盾，所以苏联领导人愿意花费几年的时间培养间谍。例如，谢苗·谢苗诺夫（Semyon Semyonov），矮胖子，塌鼻子，大眼睛，比较轻松地就能跟人交往，让人觉得他是公司的中层经理。1938年，他26岁，莫斯科花钱让他去麻省理工学院深造——苏联内务部希望他成为一名科学技术界的情报官。在麻省理工学院，有人抱怨谢苗诺夫懒惰，且自以为是，但他做间谍后手法老到。到了1943年，他手中掌握着28个美国情报源，其中11个提供化学和细菌学方面的材料，6个在无线电方面，5个在航空学方面。在这些人中比较著名的是38岁的哈里·戈尔德（Harry Gold），他生于瑞士，父母是苏联难民。戈尔德在襁褓中就来到了美国，在第一份工作中就开始做苏联间谍，他偷走了干冰生产工艺。干冰可以防止冰激凌融化。1942年，他放弃了化学家的工作，全力运作自己的间谍活动。为安排间谍活动，他每周都与谢苗诺夫见面。

许多苏联在华盛顿的情报员相互认识，因为他们都与左翼组织有联系，这让莫斯科情报总部感到担忧，但又无能为力。有一个可能泄露苏联在美情报活动情况的人，他就是伊格纳兹·瑞斯（Ignatz Reiss），此人是苏联内务部官员，在大清洗中逃跑了。1937年9月4日，他在瑞士洛桑市一家餐厅里被老雇主抓住了。在离餐厅不远的地方，他被枪杀了，尸体丢弃在路旁。这是杀鸡给猴看，在想起瑞斯充分曝光的命运后，那些想洗手不干的间谍只好放弃初衷。或许他们还能想起朱丽叶·波因茨（Juliet Poyntz），此人也是一名为苏联提供情报的美国人，后来决定不再为苏联工作。1937年6月3日，她在纽约的妇女俱乐部失踪了，似乎是被清理掉了。

虽然苏德条约动摇了一些美国左翼人士的社会主义梦想，但"巴巴罗萨"行动开始了，苏联成了打败希特勒的主要力量，左翼分子又开始重新做社会主义梦了。阿尔佛雷德·斯莱克（Alfred Slack）在伊士曼柯达公司工作，为苏联提供情报。有一次，他因为提供了一份极为有用的情报而获得150美元的红利，他对联系人说，把钱送给莫斯科的"斯大林坦克部队"，当时很多人为此捐钱。那个联络人就是谢苗·谢苗诺夫，他假装给斯莱克开了一份收据，而斯莱克则信以为真。

但有人确实为钱无耻地出卖机密。谢苗诺夫喜欢讲一个在杜邦工作的美国化学家的故事，此人把尼龙和炸药的材料给了苏联人，而且丝毫没有意识形态方面的动机。"对我来说，民主党人、共和党人、法西斯分子、共产主义者他们全是一类人，"那人说，"我与你见面，因为我需要钱。我要盖房子，送我女儿上学，让她穿得好，保证她找一桩好婚姻。"每次接头的时候，谢苗诺夫都要和那个美国人讨价还价半天，卖方初始售价一般是 1000 美元，最后火冒三丈地以 200 美元或 300 美元成交。谢苗诺夫告诉他的同事亚历山大·费克利索夫，每天与"皮条客"见面完，他都感到筋疲力尽。那个杜邦化学家的代号叫"皮条客"。谢苗诺夫一般需要休息几个小时才能恢复正常，因为他必须跟那个美国人讨价还价防止他生气不再来了。费克利索夫问："为什么不能付给他多点钱？"谢苗诺夫回答说："因为如果那家伙买了房子，还存了足够的钱，他就会停止跟我们合作了。"此话不假，他们的交易持续了几年时间。

另一个极端是美国国务院的劳伦斯·达根，他是因为爱情才卖情报的，跟他接头的是伊扎克·阿赫梅罗夫。1939 年 10 月，美国国务院的安全官员警告他存在忠诚问题，但他们没有找到足够的叛国证据。在对他进行一番粗略的调查后，他保住了工作，并做了国务卿科德尔·赫尔的拉丁美洲事务私人顾问。1944 年，达根辞去了国务院的职位，去了联合国的联合国善后救济总署。又过了 4 年，在被联邦调查局审问了之后，他从办公楼 16 层纵身跳下。此后，美国官方几乎忘记了他在苏联内务部中角色的重要性。直到 1990 年，莫斯科开放了档案，真相才被披露出来。阿瑟·施莱辛格不仅认识达根，还喜欢他，在很久之后写道："人们惊奇地想知道，怎样的思想冲动才使这个正派人与斯大林主义暴政下残酷的阴谋诡计纠缠在一起的。"有些为莫斯科做间谍的人至今仍然没有辨明身份。"C—11"是隐藏在美国海军部里的女情报员，在 1940 年由于害怕暴露身份，就停止提供信息了。另一位代号"零"的美国妇女，在参议院委员会工作，她曾经把美国驻柏林的商业专员的报告传给莫斯科。她想去美国国务院工作，但被拒绝了，部分原因是国务院不愿雇用犹太人。不过，她获得了科德尔·赫尔跟外国大使的谈话记录。

苏联也养了许多废物。玛莎·多德（Martha Dodd）是 1933 至 1938 年间美国驻柏林大使的女儿，她被内务部的鲍里斯·维诺格拉多夫（Boris Vinogradov）招募，她不顾一切地爱上了他。即使按照苏联的标准，莫斯科情报中央对他俩关系的干预也算是极端的：在大清洗中，在他被枪决前几个小时，他被说服给她写一封信，劝她继续做间谍，这样他俩才有可能团聚。他的死讯没有告诉她。在战争期间，她一直与联络人保持着关系。苏联内务部的一份报告轻蔑地说："她认为自己是共产主义者，声称接受共产党的计划。现实中，这位代号'莉莎'是典型的放荡不羁的美国女人，性关系紊乱，随时都能跟英俊的男子睡觉。"莫斯科给了多德的哥哥威廉 3000 美元，帮助他买下一份名叫《蓝岭先驱报》的小报社，这件事反映出莫斯科太容易上当了。1945 年，威廉在塔斯新闻社纽约办事处工作，处长来自苏联内务部。毫无疑问，这个办事处受到了联邦调查局的严密监视。自从老多德离开柏林大使馆后，莫斯科从多德兄妹俩那里没有获得任何东西。

迈克尔·斯垂特（Michael Straight）是苏联人又一次的失败。这个年轻富裕的美国人，是被苏联内务部伦敦情报站的站长西奥多·马利招募进来的，他想为共产国际做事。后来联络员阿诺德·多伊奇批评他是一个有钱无才的笨蛋。他有一次开了一张 500 镑的支票支援共产主义报纸《工人日报》。当这位年轻的理想主义者回到美国后，竟然获得了一份美国国务院的工作。当内务部华盛顿情报站质疑他的价值时，莫斯科情报中央严厉警告道："斯垂特可能是一个大间谍，我们不想浪费他。"苏德条约的签订后，斯垂特辞去了美国国务院的职位，也不与苏联内务部联络了。他早就知道伦敦的布朗特和伯吉斯是叛徒，但他没有泄露出去。可能因此苏联人相信他并非完全被迫了。你可以嘲笑苏联的看法，但或许他们是正确的。从伊格纳兹·瑞斯的命运可以看出背叛莫斯科情报中央或苏联间谍的下场。

美国是一个移民国家，不可能监视一大群像鲍里斯·莫罗斯（Boris Morros）这样的公民。他 1891 年生于圣彼得堡，后来成了好莱坞一名不入流的导演和制片人。苏联内务部在 1934 年招募了他，主要是想让他为其他间谍提供保护，而没有把他视为情报源。莫罗斯在苏联还有 3 个兄弟：一个兄弟被处死了，因为惹党不高兴了，但他利用自己在内务部的身份救了其他两位兄弟的命。1944 年，瓦西里·扎鲁宾开车带着莫罗斯去见玛莎·多德和她富裕的丈夫阿尔佛雷德·斯特恩（Alfred Stern）。扎鲁宾说服了斯特恩给莫罗斯的唱片公司投资 13 万美元。事实证明，这笔交易对斯特恩来说不坏，但浪费了苏联内务部的精力，因为莫罗斯没有给苏联带来任何好处，反而在 1945 年被联邦调查局最终"策反"了。类似的还有代号"利奥"的间谍，他是一名自由记者，为赚钱而编造情报。纽约议员塞缪尔·迪克斯坦（Samuel Dickstein）也一样，他出生于立陶宛，被轻蔑地赋予"骗子"的代号。尽管他从苏联那里拿到了 12000 美元，但莫斯科认为不值得再给他钱了。迪克斯坦只做过一件有用的事，他帮助一名来自澳大利亚的内务部间谍获得了美国护照。他死于 1954 年，享年 70 岁，这名纽约最高法院的法官为苏联所做的工作不为外界所知。

莫斯科常遇到这样没用的情报员，而其他国家的情报机构不常遇到。但莫斯科有可以夸耀的绝妙情报员。在美国国务院工作的阿尔杰·希斯，是格勒乌在

1935 年招募的，他 1904 年生于巴尔的摩一个显赫家族。他儿童时期遭遇不幸，父亲自杀身亡。尽管如此，他是约翰霍普金斯大学和哈佛大学法学院的高才生。他的妻子是纽约作家普里西拉·范斯勒（Priscilla Fansler），很乐于帮助他从事间谍活动。1939 年 8 月，希斯从前的同志惠特克·钱伯斯（Whittaker Chambers）向助理国务卿安道夫·贝利（Adolph Berle）指控希斯是间谍。但希斯没有失去镇定，并保住了工作。共产国际在美国的刺客奥托·卡茨（Otto Katz）试图杀死钱伯斯，但钱伯斯警告刺客说，他自己隐藏着一些文件，万一他自己遇到什么事，这些文件可以极大地损害苏联在美国利益的文件。听到这话，刺客被吓跑了。1941 年，希斯的朋友迪安·艾奇逊（Dean Acheson，前美国国务卿）和费利克斯·弗兰克福特（Felix Frankfurter）向年轻的希斯表达了他俩对他的信任。有这样的支持，很难想象这位有才华的外交官在国务院里能不官运亨通。希斯后来是 1945 年雅尔塔会议美国代表团的成员。

在每次二战盟国领袖峰会之前，苏联内务部要向苏联政治局通报美国和英国代表团的情况。帕维尔·苏多普拉托夫曾经自鸣得意地说："就是要看看他们是否是我们控制的间谍。"这简直是吹牛：实际上，美国和英国代表团中仅有 3 或 4 名苏联情报员。但有一点是不争的事实，由于斯大林在华盛顿和伦敦有热心的支持者，他每次去参加峰会前就知道了盟国军事领袖的意图。虽然这对打败轴心国帮助很小，但极大地帮助了苏联在战后和平谈判中获得它想要的东西。

苏多普拉托夫之所以有这样看法，是因为希斯提前告诉苏联人，他正在协助罗斯福总统的助手哈里·霍普金斯（Harry Hopkins）开展工作。霍普金斯确实向莫斯科提供过重要的信息。他曾警告苏联大使馆联邦调查局窃听了苏联内务部一位情报官员见面给一位美国共产党员提供现金的过程。几乎可以肯定，他通知了莫斯科情报总部的间谍罗斯福—丘吉尔双边峰会的实质内容，或许还附带说了更多的信息。但这不意味着这位杰出的罗斯福新政支持者有意在泄露美国的机密给敌人；相反，他在谋求美国和苏联建立起一种合作的关系。他的想法跟他的老板是一样的，那就是展示信任是实现合作双赢的重要手段。霍普金斯曾大言不惭地说："由于苏联是战争的决定性因素，不仅要给苏联各种支援，还要做各种努力获得与苏联的友谊。"当时美国政府高官对待苏联的这种相当坦诚的态度，使他们的下属感到再多做点是合理的，致使真正的机密泄露给了苏联。

威廉·魏斯班（William Weisband）生在苏联，是二战后一位知名的苏联间谍。他在二战中在美国陆军信号情报部门工作，后来去了阿灵顿厅学堂，人们相信他很早就向苏联传递过信息。美国战略情报局里充满了莫斯科的情报员。卡尔·马扎尼（Karl Marzani）在制图处工作，朱利叶斯·约瑟夫（Julius Joseph）在远东处工作。一些有名有姓的双料间谍包括：贝拉·约瑟夫（Bella Joseph）、唐纳德·惠勒（Donald Wheeler）、简、兹拉托瓦斯基（Jane Zlatowsky）、霍斯特·白仁斯普格（Horst Berensprung）、海伦·田内（Helen Tennei）乔治·吴秦尼克（George Wuchinich）、伦纳德·明茨（Leonard Mintz）。隐藏在美国战略情报局里的苏联内务部情报员，向莫斯科情报总部提供了大量信息，信息多得让莫斯科情报总部美国办公室的 5 名工作人员翻译不完。拉丁美洲分部的主任是前俄克拉荷大学教授，名叫莫里斯·霍尔珀林（Maurice Halperin），他总是在书桌显著位置上放一份《工人日报》。他严格根据苏共的指示提供报告，不知疲倦地在他的势力范围内推进苏联的利益。但他在赢取莫斯科的欢心方面并不太成功，莫斯科很少想起他提供的资料。弗朗茨·诺伊曼（Franz Neumann）是德国分部的经济学家，他提供大量美国人研究苏联经济的报告，他的贡献获得了比较高的评价。在德国占领欧洲期间，诺埃尔·菲尔德在伯尔尼给艾伦·杜勒斯提供过一些帮助。1945 年，他谋求通过战略情报局推进苏共的计划。阿瑟·施莱辛格这样写他："菲尔德是一个公谊会教徒般的共产主义分子，满脑子充满了理想、自负、牺牲。最让我感到震惊的是他自以为是的推诿……他只想着把生活忠实地献给铁幕的那一边。"

朱利叶斯·约瑟夫和妻子贝拉是莫斯科有关美国对中日朝三国政策的主要情报源。这一对夫妻后来闹僵离婚了，但她对苏联是如此的忠诚，竟然没有泄露朱利叶斯。苏联内务部负责联络唐纳德·惠勒的人写道："他对待战略情报局的同事非常挑剔，认为他们都是愚蠢的。"惠勒一点都不害怕自己的身份可能会暴露，他傲慢地说："害怕没有任何意义：人只死一次。"他把战略情报局对德国的分析资料全都传递给了苏联政府。他还做过远比这更加危险的事——把谁是多诺万在欧洲安插的间谍告诉给了苏联人，包括几个从事间谍活动的。德国被打败后，惠勒告诉苏联政府，有一名美国空降兵军官正在苏联占领区从事一项秘密任务，上报苏联人运走工厂的情况。

阿瑟·施莱辛格说："多诺万知道战略情报局里有几个共产主义分子，但不知道全部。"这位将军耸了耸肩说："我宁愿花钱雇用斯大林，如果我觉得他能帮助我们打败希特勒的话。"有一点简直不敢相信，他知道自己的私人助理是苏联的情报员。邓肯·李（Duncan Lee）把美国的战略判断源源不断地提供给了苏联，其中有些资料美国政府是可以通过正常渠道告诉苏联的。例如，1944 年 3 月，李提醒苏联诺曼底登陆日推迟到了 6 月份。他还为莫斯科做过更好的事。当苏联间谍受到安全审查时，他就通知莫斯科，唐纳德·惠勒就曾经被审查过。1944 年，李恋爱了，对象是他的苏联内务部前信使玛丽·乌尔夫·普赖斯（Mary Wolfe Price），她是著名记者沃尔特·李普曼（Walter Lippmann）的秘书。她本人传送给苏联许多秘密文件。这彻底激怒了莫斯科情报中央，因为爱情会使他分心。1945 年 2 月 3 日，内务部的约瑟夫·卡茨（Joseph Katz）向莫斯科报告："昨晚见到了李。他捶胸顿足，说自己是懦夫，感到非常遗憾，等等，他说他必须洗手不干了……我看没有必要再用他了。他彻底地害怕了，一副失魂落魄的样子。他一想到自己的名字在黑名单中，就做噩梦。"卡茨与李见了两面，李的精神崩溃了，双手颤抖着。如果李知道这位苏联访客也是一位刺客的话，他的双手可能会颤抖得更厉害。约瑟夫·卡茨跟那个叫奥托·卡茨的一样，亲自杀害过几个可能不忠的情报员。然而，李被允许活了下来。1945 年 4 月，苏联内务部干脆不跟他联络了。

1943 年 11 月 25 日，一位名叫雅各布·格罗斯（Jacob Golos）的 54 岁苏联犹太人突发心脏病，死在他纽约的公寓中。这使跟他恋爱 5 年的情人伊丽莎白·本特利（Elizabeth Bentley）十分悲痛——莫斯科情报中央也很悲痛，死者是苏联最重要间谍网的负责人。1910 年，在布尔什维克革命期间，格罗斯逃离了祖国，并参加了美国共产党，后来又返回了苏联，从而可以分享到革命成功的强烈喜悦。此后，他抛弃苏联的妻儿，回到美国做情报官。他获得了美国籍，在 1938 年开始与伊丽莎白·本特利交往，这女人身材高大，30 岁，喜欢左翼外国男子。格罗斯因间谍罪被捕了，这不令人感到奇怪，因为他是美国共产党领导人厄尔·白劳德的密友。在他被捕期间，他尽全力教给她做情报工作的技能。他的刑期很短，出狱后，令人吃惊地恢复了旧业。

格罗斯招募了他的朋友南森·西尔弗马斯特（Nathan Silvermaster），此人是一个老共产主义分子，后来成为莫斯科最重要的联系人。西尔弗马斯特也招募人，招募了哈里·德克斯特·怀特（Harry Dexter White）——代号"律师"——此外，还有几个重要的华盛顿情报员。很久之后被送上电椅的朱利叶斯·罗森伯格（Julius Rosenberg），最初就是向格罗斯提供信息。英国记者塞德里克·贝尔弗雷奇（Cedric Belfrage）在纽约为威廉·斯蒂芬森爵士工作，也是一个有用的情报员。约瑟夫·格雷格（Joseph Gregg），1944 年调入美国国务院工作，不仅向苏联提供大量美国陆军和海军的信息，还转发了联邦调查局有关共产党在中南美洲活动的报告。在美国的苏联情报网中，有许多重要的情报员的身份都没有暴露。一位代号叫"巴克"的共产主义者，他在联合国善后救济总署工作，最初是向格罗斯报告，后来是向西尔弗马斯特报告。1943 年，"巴克"提交了一份有关美国机器工业的报告，报告长达 65 页。到了 1945 年 6 月末，他又提交了一份美国波茨坦会议纲领文件。代号"阿里纳"的情报员能看到五角大楼的军事情报部门的信息，因为他的妻子在那里工作。

1940 年之后，格罗斯被迫按照《外国代理人登记法》进行了注册，联邦调查局不久之后对他展开了监视。但他没有因此而停止为苏联内务部工作，他利用伊丽莎白·本特利——如今代号"尤姆尼特萨"——帮助他去进行联络。他的雇主极为焦虑，不断企图说服他回苏联，很可能是想除掉他。格罗斯不仅借口没有护照，拒绝回去，还明确地让莫斯科情报总部知道他为自己隐藏一份寿命保险——他把有关莫斯科在美国行动的细节资料放进了一个密封的信封里。苏联人想说服他把手中的情报源转交给在美国的内务部情报站，这个企图同样没有成功。格罗斯告诉本特利，没有一个苏联人比他更理解美国人。后来，他听说自己的儿子参加了红军，并且想来见他。他冒着极大的风险来到了华盛顿与瓦西里·扎鲁宾会面。在会面时，他强烈地抱怨被要求把他手中握有的情报员交出来。

忽然之间，格罗斯死了。伊丽莎白·本特利在痛苦中维持着镇定，把保险柜中的那密封的信封给销毁了，那里面放置着机密信息，格罗斯以为这个信封能保护他不被莫斯科派来的刽子手杀害。伊扎克·阿赫梅罗夫接管了她。他很喜欢她，于是就向莫斯科保证说，本特利"百分之百是我们的女人"。但莫斯科仍然担心，特别是为她饮酒量大增感到担心。她表现得越来越焦虑，痛哭地说她生活里需要一个男人。最后，在阿赫梅罗夫的压力下，她投靠了南森·西尔弗马斯特那伙人。

西尔弗马斯特 1898 年生于苏联的敖德萨，在 1914 年移民到了美国西海岸。在美国共产党里活跃了几年后，得到了一份美国财政部的工作。他在那里找到了一些莫斯科感兴趣的志同道合者，其中的一些人对自己的效忠关系迷惑得达到可笑的地步。例如，弗兰克·科（Frank Coe）抱怨做苏联间谍的工作量妨碍了完成美国财政部的任务。西尔弗马斯特的情报员在华盛顿四处搜集资料。有的资料是关于武器装备供应问题的，有的是关于政策制定者的观点，这可能是来自哈里·德克斯特·怀特，他是财政部的高级经济学家。1941 年 6 月，美国驻伦敦大使馆的武官带回了一份有关德国国防军的报告。8 月 5 日，莫斯科获悉，在 7 月 31 日的午餐会上，海军部长弗兰克·诺克斯（Frank Knox）与财政部长摩根索（Morgenthau）打赌希特勒不可能在一个月内拿下莫斯科和列宁格勒。1941 年夏季，哈里·霍普金斯去了一趟莫斯科，他给白宫写的报告也转交给了莫斯科

情报中央，同时还附着一份外交照会，内容是美国内阁讨论让埃夫里尔·哈里曼
（Averell Harriman，美国银行家，在二战时主持发放了约 500 亿美元的租借物
资，战后成为商务部长）去苏联的任务。

这些流言蜚语引发人们的兴趣，斯大林本人阅读了西尔弗马斯特提供的一些
材料，于是内务部希望获得更多的资料。1942 年，华盛顿情报站获得指示，要
求寻找信息看看美国是否实现了租借法案的承诺，如果没有，就需要找出美国政
府在哪些领域里故意设置障碍故意不兑现承诺。美国开辟第二战场有什么企图没
有？美国政府对战后国界划分有什么看法没有，特别是与苏联有关的国界？美国
有没有专搞破坏的第五纵队？莫斯科情报中央希望获得更多有关政策讨论方面的
细节。莫斯科的最高目标是渗透进白宫，从霍普金斯和摩根索那里获得信息，因
为他俩与总统的关系密切。

与此同时，莫斯科情报中央不断收到有关美国政府的材料，提供材料的包
括：罗伯特·米勒（Robert Miller）、查尔斯·弗雷托（Charles Flato）、哈罗
德·格拉瑟（Harold Glasser）、维克托·珀洛（Victor Perlo）查尔斯·克雷默
（Charles Kramer）、约翰·阿伯特（John Abt）。哈里·马格多夫（Harry Magd-
off）是军工生产部的统计师，他不断向苏联提供武器生产的数据。有一件事令
人称奇，莫斯科竟然有那么多代号名供美国情报员用；美国情报员实在是太多
了，他们在办事路上相遇并非是什么不寻常的事，有时各自对不忠的行为心照不
宣。在走路时经常相遇的有菲尔德、达根、斯垂特。阿纳托利·戈尔斯基表面是
外交官，暗中是苏联内务部的联络员，他在 1944 年 12 月里的一天来到美国财政
部取一份有关德国邮票的无聊报告。他先被领进哈里·德克斯特·怀特的办公
室，但怀特不在，于是又被领进 哈罗德·格拉瑟的办公室。这两人都是苏联间
谍：在格拉瑟被调查期间，怀特曾经保护过他，没有透露他与共产主义的联系，
但他俩的妻子争吵之后，他俩的关系反而紧张起来。格拉瑟拒绝了国务院提供的
一个高级职位，因为他认为谨慎是必要的，因为他很可能通不过那个职位所需的
安全审查。不过，他仍然向莫斯科提供一些有关美国战后政策规划的重要电报，
包括华盛顿对在金融上支援苏联的详细观点。有一段时间，瓦西里·扎鲁宾特别
野心勃勃，他甚至想把作家海明威招募为情报员。不过，他猜测海明威支持托洛
茨基，不支持斯大林。无论如何，任性的作家没有表现出兴趣。

跟在苏联一样，在美国领土上生活的这个苏联秘密家庭中，遭遇恐吓是家常
便饭，有时结果是死亡。1944 年 8 月，苏联内务部常驻旧金山的代表格里戈
里·卡斯帕罗夫（Grigori Kasparov）给莫斯科发了一份措辞强硬的电报，批评

他的墨西哥城同行。卡斯帕罗夫指责他的同行愚蠢地想解救刺杀托洛茨基的刺客拉蒙·麦卡德（Ramón Mercader），还过着"奢侈的生活"，饲养家禽和鹦鹉。类似的事还有，纽约的副站长声称他28岁的老板斯捷潘·阿普列相（Stepan Apresyan）"完全不知道如何跟人打交道，经常说惊人的话，总是唠唠叨叨……他是一个没有海外工作经验的人，连自己都照顾不好"。1945年，阿普列相被降职，调到旧金山去做常驻代表了。

打败扎鲁宾夫妻的不是联邦调查局的高招，而是毁于一个心怀不满的下属，此人名叫瓦西里·米罗诺夫（Vasilii Mironov），上校军阶。米罗诺夫对上司发出的第一枪是写信给斯大林，断言扎鲁宾是轴心国的双料间谍。这个企图没有成功，于是他又写匿名信给胡佛办公室，指控扎鲁宾是苏联间谍，还给出另外10名间谍的名字，包括好莱坞制片人鲍里斯·莫罗斯。在二战期间，英国人很害怕与苏联把关系搞僵，所以从来不敢驱逐身份暴露的苏联"非法人士"，但美国人在1944年坚决要求扎鲁宾夫妻离开；他俩和那位指控者一起回苏联了。这对夫妻在莫斯科受到英雄般的礼遇；获得了大量奖章，退休的时候是外国情报局副局长。另外还有令人吃惊的事，米罗诺夫被允许活了下来——但仅是多活一段时间。回到莫斯科后，他被诊断出有精神分裂症，被送进一所精神病院。虽然这类苏联机构几乎不可能给予病人关怀，考虑到上校造成的伤害，不杀他已经是惊人之举了。但他在1945年就没有这样幸运了，当时他向美国大使馆通报苏联在波兰的大屠杀；这次他被一阵乱枪打得再也说不出话来了。

1942年春季，作为一名众人皆知的共产主义分子，南森·西尔弗马斯特，美国众议院的非美活动调查委员会对他进行了调查。虽然他没有受到指控，但美国海军情报部在6月份坚决要求他离开美国财政部。对他政治背景的调查也被撤销了——据说是哈里·德克斯特·怀特和他的另一位朋友劳克林·柯里（Lauchlin Currie）干预的结果。劳克林·柯里，生于加拿大，白宫的高级经济顾问。柯里从来没有受到过任何指控，但他似乎就是一名苏联情报员。西尔弗马斯特留在了华盛顿，并在农场安全管理局找到了一份工作。虽然他不再拥有接触敏感防务信息的机会，但他不久之后加入美国战时生产委员会，这个委员会却有机会。

莫斯科在美国招募的情报员，都没有受过很好的情报职业培训，仅是热情高昂的业余人士而已。例如，威廉·乌尔曼（William Ullmann）在1944年拍照了数百份美国政府文件，伊丽莎白·本特利把这些照片传递给了莫斯科情报总部，但总部工作人员发现有一半看不清。但那些能看清的照片给人留下深刻印象；乌尔曼原来在财政部工作，后来应征加入五角大楼，他提供大量美国战斗机的技术数据和工业生产数据。1945 年 3 月，那个刺探原子弹秘密的重要间谍特德·霍尔（Ted Hall）从圣菲（Santa Fe）送出了美国的原子弹设计，设计图用牛奶做墨水画在一张报纸上。如此的鲁莽让苏联人生气。

很多送到莫斯科的材料是过时的。1944 年 7 月，费廷写了一份备忘录给梅尔库洛夫，他在备忘录中抱怨了这个问题，比如，英美租借协定的副本一个月后才被送到，再比如，长达 41 页的美国财政部有关战后华盛顿和莫斯科贸易关系的备忘录和哈里·德克斯特·怀特起草的美国—苏联新租借协议都迟到了。费廷谋求上级批准他从洛杉矶调一个人去纽约，处理那里的大量急需处理的资料。感情纠纷更让苏联人感到愤怒：威廉·乌尔曼开始与南森·西尔弗马斯特的妻子私通。阿赫梅罗夫向莫斯科抱怨说："这些不正常的关系肯定会影响他们的行为举止的，最终给我们的工作带来负面影响。"他还报告说，西尔弗马斯特欺负他手下的情报员。这时的纽约情报站站长已经换为弗拉基米尔·普拉夫金（Vladimir Pravdin），他要求阿赫梅罗夫管一管这个任性的间谍。阿赫梅罗夫粗暴地回答道："有结果是主要的。在过去 25 年里，我们无法获得这个国家的政治信息。如今西尔弗马斯特做了大量工作，给我们提供了美国政治一幅完整的图画，回答了所有问题。"1944 年 8 月，费廷在莫斯科情报总部做了记录，从 1 月份算起，华盛顿的情报网已经提交了 386 份重要的美国政府文件。他对西尔弗马斯特的工作很满意，当时西尔弗马斯特夫妻想买下一座农场，他给了夫妻俩 6000 美元做买农场的预付款。西尔弗马斯特获得了一枚苏联勋章，联络人给他看了看，然后拿走了，放在安全处保管。美国情报网给莫斯科提供的信息量，在战争期间有了巨大的增长，从 1942 年的 59 个微缩胶卷，到 1943 年的 211 卷，到 1944 年的 600 卷，到 1945 年的 1896 卷。西尔弗马斯特是主要的贡献者。

苏联人是怎么样在这么长时间里逍遥法外的？民主国家对付叛乱和叛变的手段不如专制国家有效，但大多数公民都能接受为自由必须付出的这部分代价，而且这部分代价是值得承担的。不过，联邦调查局的无能也是令人吃惊的。负责监视苏联活动的联邦调查局的特勤人员表现得不够敏感。亚历山大·费克利索夫在回忆录中写道："联邦调查局里有许多新手在负责监视……我们的官员用简单的小手段就能让他们现身。盯梢者都是从小城镇里选来的年轻人，只受过 2 或 3 个月的培训。你一眼就能看出他们是外地人——从他们的服装上，从他们心虚的样子，从他们偷偷摸摸的眼神里，从他们笨拙的行动上。当他们被看出后，他们显得沮丧，不知道如何是好。他们会走开，或快步走进附近的建筑物中去。"

费克利索夫有时径直朝着盯梢者走去，就为了看他们尴尬地逃跑取乐。监视是非常劳累的，需要备有汽车，以防嫌疑犯上公共汽车或出租车。"我经常看到盯梢者跑下地铁或站在站台上。当我上了一列火车时，他们非常害怕被我甩掉，所以几乎使劲跑着下楼梯。在站台上，我总是选择不容易被发现的地方站着：在柱子的后面，在墙边，在人群里。有几次站台上就有我和盯梢者。这时我就会试着想一些美好的事，微笑着，唱一首美国流行歌曲，在站台上无忧无虑地走，表现出没有注意到有人监视。盯梢者的着装很普通，一般是深色的套装和大衣。在夏季，他们中的大部分人穿着衬衣闲逛，不系领带。有一次，我被一组4个人盯上了。其中有一个穿着军装的人盯了我半天时间。我在地铁的电梯里看到了他，他跟着我去了白星轮船公司售票处，我要给几个苏联公民去伦敦买轮船票。我在餐厅里又看到了这位'士兵'。胡佛只有在一个方面打败了他的英国同行军情五局：苏联间谍从来没有能渗透进入他的联邦调查局。

罗斯福政府显然看到了联邦调查局的局限。1941年7月，苏联驻华盛顿大使康斯坦丁·乌曼斯基（Konstantin Umansky）向莫斯科报告了亨利·摩根索提出的一项情绪化的诉求。这位美国财政部长说："不是为了美国政府的利益，而是为了自己的利益。"他请求如果苏联人发现了那些在美国活动的重要德国间谍的身份，他们应该把信息提交给自己和美国总统，"因为联邦调查局的工作太不利……让纳粹领袖逍遥法外，仍然在从事破坏活动。"一名莫斯科情报总部人员在这份电报上画上一个惊叹号和问号。摩根索向乌曼斯基的继任者马克西姆·李维诺夫（Maxim Litvinov）提出了相同的要求。1942年3月初，莫斯科命令驻美国大使拒绝任何情报合作的请求："苏联内务部对建立情报联系不感兴趣。"1944年夏季，当时曼哈顿计划正在实施中，部分是为了出于对这个项目的安全考虑，联邦调查局在所有已知的苏联总部建筑物上安装了窃听装置，获得了大量间谍的代号，同时获得了伊扎克·阿赫梅罗夫从事情报活动无可辩驳的证据。他被宣布为不受欢迎的人，回到莫斯科后受到了英雄般的欢迎。他被授予了红旗勋章，他的妻子海伦获得了红星勋章。

到了二战结束的时候，莫斯科情报中央发现伊丽莎白·本特利很不稳定，对苏联在美国的行动是个威胁，特别是在她有了新欢之后。那个男人显然是间谍，要么是为联邦调查局工作，要么是为美国陆军部工作；事实上，他是为前者工作。莫斯科决定把她绑架回莫斯科进行处理。但此时已经晚了：她已经在胡佛的男人们面前独唱了很长时间了，这个消息是金·费尔比告诉她的苏联老板的。在总结了格罗斯和本特利的故事之后，莫斯科情报中央得出了结论，让苏联间谍与美国共产党建立联系是一个严重的错误，这成了"苏联对美国情报工作的主要原则"。确实是太怪异了，间谍可以肆无忌惮地在自己的公寓里与情报员会面，而且竟然在这么长时间没有被发现。本特利就是一例。

为信奉共产主义的美国叛国者做辩护，辩护词可以跟他们的英国同志一样：当时斯大林这个政权的残忍还不为人所知，此外，苏联肩负着打败法西斯的重任，所以才有这么多自由主义者谋求帮助苏联。正如东德间谍头目马库斯·沃尔夫（Markus Wolf）后来说的那样，莫斯科的情报员认为自己属于一个秘密的精英俱乐部，正在为一个高尚的理想奋斗。皮埃尔·库特（Pierre Cot），在好几个在美国流亡的法国政府中担任部长职务，他在 1944 年替戴高乐去了一趟莫斯科。他回来后在报告中写道："资本主义的自由逐渐衰减，社会主义的自由不断上升。"在美国和英国，显然有大量知识分子支持这个愚蠢的判断。从 1941 至 1945 年间，苏联在历史上最伟大的战争中是美国的盟友。

作为对上述观点的回答，可以这样进行辩论：很少有见多识广的人不知道苏联体制的残暴，几乎所有的美国叛国者都知道，他们只是不愿承认罢了。为叛国者做辩护的人还说，在二战中，这些叛国者的行为没有给盟国的事业造成负面影响。这个说法太勉强：回想一下苏联曾告诉德国人美国破译了日本的"紫色"密码。在苏德条约还生效的那些日子里：希特勒的外交人员向日本人提出过严厉的警告。1941 年 5 月 3 日，大岛浩男爵给日本外交部发了一份电报，这份电报马上就被美国人破译了。这份电报说，"根据德国人的可靠信息，美国政府已经破译了野村（Nomura）大使从华盛顿发出的密码电报……必须立即采取措施处理这件事"。事实上，东京太笨，没有给予注意，但这并不改变此事威胁美国利益的严重程度。可以肯定地说，在美国政府高层中有不少苏联情报员，苏联人从其中一人手里拿到了这至关重要的秘密。这个人也许还觉得把这个情报通知莫斯科是在协助国际社会主义事业。所以说美国后来还能继续破译日本的"紫色"密码实属奇迹。

阿瑟·施莱辛格在回忆录中写道："有证据表明战略情报局的鼹鼠交给克里姆林宫的信息没有给美国造成大损失。斯大林没有发现战略情报局企图推翻苏联，这使他感到了安慰，他因为没有想利用机会与希特勒单独媾和。"在这里，这位历史学家提出一个合理的观点：苏联对美国的间谍活动只有在一种情况下会造成严重的伤害，那就是莫斯科的间谍传递出的情报证明美国想背叛苏联这个名义上的盟友——美国确实没有这样做。但斯大林在二战中也绝对没有想到在战后要与西方国家和平相处。美国和英国的叛徒在华盛顿与莫斯科进行谈判时给自己国家带来了真正伤害——例如，在雅尔塔的谈判和在旧金山举行的建立联合国的谈判中，美国的处境非常不利：苏联代表提早就知道了美国和英国的最后底线。

在二战期间，有些美国人把技术数据给苏联，他们对美国利益的损害是比较大的，大于那些把政治的、外交的、战略的信息给苏联的。苏联人在美国的间谍活动投入很大，但收效甚微。对那些为苏联的事业奋斗的人，我们只能说他们是极为幼稚的——苏联人就是这样看他们的。那些积极地与瓦西里·扎鲁宾和伊丽莎白·扎鲁宾合作的人，如果他们看到了这两个苏联人从莫斯科走向华盛顿这一路上每一个脚印都浸透着鲜血，他们很可能连饭都吃不下去了。

## >>> 第 15 章

# 知识工厂

## 特工

英国情报机构雇用了数百名智勇双全的外勤特工，挪威的奥卢夫·雷德－奥尔森是他们中的典型。1940 年 9 月，他 22 岁，祖国遭到了侵略，他驾着一只 18 英尺长的小船横渡北海，在 2 周的航行时间里，熬过了数次极度危险的海上风暴，逃到了英国。此后，他在加拿大接受了 2 年的飞行员训练，在皇家空军海岸警备部队进行了几次飞行，然后接受了特工的训练。训练跳伞时，摔断了两条腿。1943 年 4 月，飞机载着他去挪威两次，但他都跟着飞机一起回来了，因为飞速太快，无法跳伞。第三次，他坚决要跳，落在树梢上了，膝盖严重脱臼。他为此在挪威医院里住了 1 个月，不断有人出卖他，他只能拖着输液管躲避。虽然他参加情报工作时间不长，但他每次在危急关头都能及时化解。由于粗心，他在公共场合说了英语。他的英国情报官不知道挪威有新规定，旅行必须带着旅行许可证。他感到很难从头建立起一个情报网："大多数有能力的人都去干其他非法勾当了……我不许我的人为其他机构做事。这个错误导致了太多的受害者。"

他与两个同伴在野地里露宿了，不断地用他的"AKY"呼号进行无线电呼叫，呼叫了一个月都没有音讯。最后，他的信号被英国哈顿学堂听到了，这才收到了"PBO……PBO"的回答。此后，他花了 30 分钟发送出一份情况报告："在经历了几周的困苦，挫折感也越来越大的时，突然我们的精神状态变了，简直无法形容，就如同黑暗中吹来一阵希望的微风。"奥尔森和同伴生活在半饥饿状态——每天三个煮土豆和一点面包，一点鲭或鲱肉。受伤的人吃不好饭容易患败血症。许多个月之后，奥尔森这组人才获得了第一批空投，其中最有价值的是食物，而不是武器和弹药，其中包括 270 磅巧克力、5000 根香烟、李子干、杏干、苹果干。这时，德国人来搜查，他们只好离开空投地区，等他们回来后发现很幸运，物资还在，躺在一块浓密林地中的空地上。

这些秘密战士把主要精力花费在了生存上，而不是搜集情报或炸毁桥梁。雷德—奥尔森有时需要背着 80 磅重的东西翻山越岭——军情六局给的发报机和电池就占一半的重量。农村生活经历对这些必须在乡村生活的特工是有帮助的：年轻的挪威人能从野翁鸟和燕八哥的对鸣中知道有人来了。他的主要任务是监视并报告船运情况和德国部队的部署。1943 年 10 月，阿勃维尔拿着无线电测向仪监视他发电报，双方周旋了几周时间，最后他被迫逃到了邻国瑞典。1944 年 1 月，他飞到了伦敦。此后，他去加拿大休了 2 个月的婚假。5 月份，他跳伞回到了挪威。此后，他每天报告好几次当地的天气，并回答百老汇街提出的问题，比如百老汇在 7 月底就问了如下几个问题：

1. 在阿伦达尔（Arendal）有一个敌人师部吗？给出番号、总部和指挥官的名字。

2. 在克里斯蒂安桑的南面（Kristiansand）有一个团部吗？灵达尔（Lyngdal）？给出番号、总部位置、指挥官的名字。

3. 在曼达尔（Mandal）有隶属于灵达尔或克里斯蒂安桑的部队吗？

在这 3 个问题之后，还有 6 个问题，每个问题之下还有子问题。

在二战最后的几个月里，雷德—奥尔森招募到了两个德国逃兵协助回答伦敦的问题，这两个德国兵不想跟纳粹帝国一起沉没。后来，他终于能躲开德军的无线电测向小组了，但对方经常发电文嘲笑他，最后一句总是用明文说："希特勒万岁！"

像雷德—奥尔森这样的人，全世界有成百上千，他们在数年时间里生活在被捕和暴毙的危险之中。在低地国家，人员耗损是特别高的，那里的地形对秘密活动不利，而且告密者多，阿勃维尔的反间谍工作效率特别高。在二战期间，军情六局一共向被占领的比利时和荷兰派遣了 86 名特工，其中 39 人被捕，只有 11 人活过了二战。到了 1945 年的时候，在那个地区里处于活跃状态的军情六局无线电发报机仅剩下 13 部。

与此同时，在希腊的崇山峻岭中，奈杰尔·克莱夫让两名电报员不断把军事、政治、经济情报发出去，他们一直坚持到 1944 年 7 月："我们收到情报的好坏反映了我们特工的能力和决心的高低。但他们有一个优势，那就是每个人都认为德国要完蛋了。在这种情况下，我们的特工就有了过去没有的机会，他们可以去找那些希望避免损失的人。"克莱夫意识到小事中有大信息："我听说安德鲁应征去为德国人做苦力修机场；埃万耶洛斯有一个表兄的妻弟参加了希腊人民解放军，他觉得不合意，想投奔泽尔瓦斯；马克罗斯在约阿尼纳的舅舅听说德国人在夏季前肯定要走；莱夫泰里斯在阿尔塔的姐姐告诉他，希腊人民解放军下周要对镇子发动进攻……我总是耐心地听人们说的一切，并向来找我的科斯塔基斯等人保证这些只言片语有极高的价值。这是我唯一耍心眼的地方，但这才帮助我成为他们社会中的一员。"

德军离开后，克莱夫听到了几件令他不高兴的事。第一，他花力气获得的敌人作战命令没有任何用途。德军是自主撤出了希腊，由于撤出过程没有打一枪，所以他拼凑出来的情报变得无关紧要了。他还发现德国人知道的跟他一样多：当地敌人指挥官赫伯特·兰茨（Hubert Lanz）中将利用告密者和截获电报的办法，"知道我们掌握了他的情况"。还有更令这位英国特工迷惑不解的事。他平时跟着泽尔瓦斯领导的游击队活动，但他听说这位领袖已经和德国人进行了会谈，目的是形成统一阵线对付共产党。兰茨将军在 1944 年 8 月 7 日给德军高层发了一份电报，最后转到了克莱夫手里，电报说泽尔瓦斯如今效忠占领军了。

最后，这名英国特工发现自己成了充斥着轻蔑、无能、背叛的情报食物链的受害者：1945 年 1 月，军情六局的政治处对他说，他写的那几份具有远见卓识的长篇政治报告没有一份被送到百老汇街。这究竟是什么原因，永远不会知道了。可能是情报体系内部的共产党支持者以意识形态为由进行了封锁，特别是那些身在开罗的共产党支持者。或者还有另外一种可能性，世界各地有数万名冒着生命危险搜集的情报官，他们提交的文件多得如同浩渺的沼泽地而没有人读，他的报告迷失在其中了。这不是说外勤特工的活动是浪费：海军情报部的唐纳德·麦克拉克伦慷慨赞扬了诸如雷德－奥尔森这样的挪威船运观察员的报告，他们通报了敌人的运动情况，特别是"超级机密"没有捕捉到的德国潜艇的航线情况。不过，这些信息的使用又是另外一个问题了：在二战期间，皇家海军和海军航空兵在拦截斯堪的纳维亚沿海的航运方面没有取得什么成绩。至于德军的部署，无论在挪威，在希腊，或在其他德军占领的地区，"超级机密"提供了一幅好图像，但并不完整，无论在哪里遇到这种情况，只能靠当地的特工去补充。

英国情报机构没有能在德国内部安插多少间谍。有许多反纳粹的德国人渴望逃亡盟国的领土，没有多少人愿意回希特勒的帝国去做间谍或游击队员。军情六局的约翰·布鲁斯·洛克哈特——老间谍罗伯特的侄子——在 1944 年悲伤地写道:"有大量的耗子正在逃离沉船,我们应该多找到几只准备返回沉船的耗子,在船底部再啃出一个窟窿。"在意大利,百老汇放弃了从意大利战俘中寻找特工的计划,因为战俘的素质都不高。只有到了盟军在意大利内部展开战斗后,游击队才在敌后农村提供了相对安全点的天堂,英国和美国军官在意大利的数量才多起来。此外,并非所有军情六局的海外特工都像雷德-奥尔森和克莱夫那样负责任:小说家格雷厄姆·格林视间谍为一群荒谬的人,他甚至认为整个二战都是荒谬的。1942 年,他从塞拉利昂的弗里敦给百老汇街发电报,建议他们应该为维希法国的"黎赛留"号战列舰上的水兵开办一家妓院,这艘战列舰当时驻扎在达喀尔海军基地外的一个葡属岛屿上。在被召回英国之后,格林加入了军情六局在圣奥尔本斯(St Albans)的小组,组长是金·费尔比。虽然这位小说家不喜欢费尔比,但仍然同他合作。当费尔比的叛徒身份暴露后,格林宽容了他,仅把他视为荒谬的秘密市场中的一个交易员。

苏联人很少向西方盟国通报自己的行动情况,远比轴心国给的要少。有一段时间,他们勉强地提供了破译后的德军低级密码电报,但在 1942 年 12 月 1 日突然停止了这项服务,此后再也没有恢复。1944 年春季,苏联人收复了黑海边几个被德军破坏了的港口,皇家海军水雷专家雪利(Shirley)海军上尉被派去调查港口受破坏的情况,以防诺曼底登陆后盟军在法国港口遇到类似的问题。但到了6 月 6 日,雪利仍然蹲在塞瓦斯托波尔,徒劳地等待苏联人同意他去检查港口设施。

盟国之间需要维持有合作的样子,这使伦敦陷入难堪的境界。时间推回到 1941 年 12 月,英国人对与苏联展开情报合作给予极高的期待。但 18 个月后,苏联内务部派遣 4 个奥地利人来到英国,请皇家空军把他们空投到奥地利去,这时英国人的期待就低多了。这几个间谍都迟到了——其中有一人的船在路上沉没了,无线电发报机也丢失了。他们都抱怨伪造的身份证质量太差,而莫斯科送来的第二批身份证也没有任何改进。这几个内务部间谍拒绝拿着这样的身份证去执行任务,并拒绝返回苏联,他们给出的理由并非没有道理,因为他们很可能会被处决。这几个奥地利人希望在英国长期住下来,他们对英国人说,他们的任务不是去打败希特勒:他们受命建立共产国际的"潜伏"小组,在二战结束后为共产主义的利益做工作。无论他们说的是真是假,英国人都感到不能迫使他们登上皇家空军的飞机去敌人的领土。然而,由于害怕给予他们庇护会引发外交风波,英国人退缩了。1943 年 4 月,军情五局想到了一个既聪明又有人道的办法,他们在送这几个人回苏联的途中在巴拿马停留一下，留出机会让他们跳船逃之夭夭。

二战中，百老汇街不仅从事的活动多了，工作人员的数量也迅速扩张，各部门向外围情报站网络蔓延。例如，第五处 1940 年只有 8 人，5 年后达到 250 人，但军情六局的高层领导基本没有改变。休·特雷弗－罗珀对他们评价不高："一群泡在官僚死水中的笨蛋……一伙偶然挤在一起的马屁精，就像躲在一座无人打扫谷仓里的一群蝙蝠……一个衰败宗教中的几个高级祭司，咕哝着毫无意义的祭文，盼望着避免一场大饥荒或大灾害。"一位在军情六局工作的官员注意到，他的那几位总是板着脸的首长从来开会不准时：他们总是解释说不准时是因为参加内阁会议。有个富于同情心的聪明旁观者，对一位负责招募工作的军情六局的情报官说："我们高兴地看到你们招募的都是平庸的人。"即使在战争最激烈的时期，英国外交部还是把军情六局视为"没有名誉的穷亲戚"。一位外交官抱怨军情六局"社会地位低"，但这反映了外交部的势利眼，而不是军情六局的间谍。浪费是巨大的：百老汇街买下一架飞机，监视阿根廷海岸德国船只的运输情况，这个任务根本无法完成，因为距离太远了，而且并非是针对一个实实在在的威胁。

百老汇街有一直妄想占据英国政府战争工作的主导地位，就如同阿勃维尔和莫斯科情报中央一样。克劳德·丹齐有一项任务是监督军情九局，这个局负责处理欧洲大陆的逃亡者。他对这项任务的态度，被军情六局官方历史学家做了记录："他经常给人一种印象，那就是只有他才能去欧洲大陆营救英国人，其他英国政府部门都不行。"有一天，丹齐走进帕特里克·赖利的办公室，此人是一位既年轻又聪明的外交官，做斯图尔特·孟席斯的私人助理。"大新闻，"丹齐说，"大新闻。"他狂喜是因为特别行动局在法国的一个情报网崩溃了，丹齐恨特别行动局，甚至超过恨美国人。赖利写道："勇敢的男男女女悲惨地被折磨致死，有英国人，有法国人，丹齐心满意足地说。"赖利说自己当时感到恶心。

孟席斯的私人住所，由两位端庄的女士看护，在共同照顾这个家许多年后，仍然相互称"琼斯小姐"和"佩蒂格鲁小姐"。前者比较温和，容貌好看，而后者身材高大，凶悍。她俩都是百老汇女性服务员队伍中挑选出来的——优雅、忠诚、谨慎、勤劳。马尔科姆·蒙格瑞奇曾经准确地观察到，情报界的人有个共同特点，他们能莫名其妙地高兴起来，这是一种自负，因为他们知道别人不知道的东西："各种级别的情报人员都觉得自己很重要，因为他们内心里珍藏着普通人不知道的秘密，特别是女性情报人员，无论她们对自己的贞洁多么不在意，却能顽固地保守秘密。"

1943 年，罗伯特·塞西尔在接替赖利做了孟席斯的私人助理之后，就成了上司的坚定辩护者。几年后，他争辩说，孟席斯的最大贡献是保住了"超级机密"。为前线指挥官服务的特派联络员制度是百老汇街的弗莱德·温特伯森创立的，塞西尔说这是一种高明的安全制度。每位盟军总司令有一个私人特派联络员，联络员与司令部的其他人员不住在一起，联络员要对情报的安全性负责。孟席斯还提醒自己的机构要有清晰的使命感。1942 年 11 月 10 日，他给员工发出了一份备忘录，他在备忘录中说明了工作原则："所有关于敌人的情报，无论是秘密搜集到的，或是战场情报，都应该遵守那句'情报是行动的驱动力'的老格言……秘密情报局的主要功能是利用秘密手段获得信息，所获得的信息可以触发行动……不能触发行动的信息或许有趣，或许在未来有用，但只能是次要的信息。"

军情六局的总部并不比伦敦市中心的其他办公室更安全：1944 年 6 月 18 日，星期日，塞西尔和孟席斯正在百老汇街的办公楼里工作，一枚德国 V—1 火箭落了下来，落在了挨着邻居安妮女王庄园的翼楼上，击中了卫兵教堂，当时正好有礼拜，杀死了正在做礼拜的 120 人。塞西尔认为，战时军情六局的领导应该是一个"具有勇气和极为正直的人，唯一关注的就是如何利用众人的智慧实现共同理想。孟席斯就是正逢其时的合适人选"。塞西尔的辩护词值得注意。有一件事，自 1945 年以来一直让英国情报官恼怒不已，为情报机构写传记的全是类似于休·特雷弗—罗珀、格雷厄姆·格林、马尔科姆·蒙格瑞奇这样人格特别古怪的人。在这三个人中，只有休·特雷弗—罗珀做过情报官。即便是他，在战后的写作中似乎也认识到一点，情报机构的管理者需要有比他更加温和的品质："显然，想获得奇迹般的情报，不需要奇迹般的机构，而是有效率的工作流程。情报机构的首长不必是一个伟大的间谍，而只需是个官僚就够了。"联合情报委员会的比尔·本廷克曾经有机会取代孟席斯，因为已经开始征求不同人对此事的看法。但当时二战快结束了，盟国的战争领袖对布莱切利园的成就也感到满意，没有兴趣在赛程快要结束时还换赛马手。

究竟情报机构应该采用集中结构好，还是分散结构好，在各交战国中都争论得很厉害。在军情五局、六局、特别行动局这几个英国情报机构之间存在争夺地盘的现象，这引发了组织机构重复设置、资源浪费。但这也使一些极为聪明的人能追求自己的理念和职业发展，对盟国的事业有帮助：播撒下了数千颗种子。有的种子夭折了，但另外一些种子令人惊奇地成长起来，电信情报局（Radio Security Service）和电信分析局（Radio Analysis Bureau）就是两个著名的案例。如果真的让军情六局对情报搜集和颠覆活动进行集中控制，百老汇街的问题将会变得更加难解。然而，虽说在军情六军和特别行动局之间有恶劣的争斗，但其对盟国夺取战争胜利没有多少损害，比美国陆军和海军之间的冰冷关系造成的损害要小一些。

在为百老汇街的战绩进行辩护时，最貌似合理的问题是：世界上哪个国家的情报机构比军情六局表现得更好？斯图尔特·孟席斯是个狭隘的人，但他的个人表现比其他国家的同行多诺万、卡纳里斯、施伦堡、费廷都要稳定。对军情六局不利的方面也有，军情六局没有创造出类似于美国战略情报局的研究分析处那样的机构。它也没有与纳粹德国中的反希特勒势力建立起关系，特别是没有与德国陆军建立起关系，在这点上苏联人和美国人都做得比较好。军情六局的手脚受到了限制：英国首相严格要求不能与德国建立联系，以免斯大林病态地害怕西方盟国要单独媾和。就因为这个原因，英国外交部放弃了与德国抵抗势力中亲英的派别接触的机会，比如赫尔穆特·冯·毛奇（Helmuth von Moltke）和亚当·冯·特洛特（Adam von Trott）。只有在技术方面，比如我们下面就要讲的火箭武器，安插在德国内部恰当位置上的间谍才发挥了重要影响。英国"超级机密"对敌人阵营提供的洞察力，根本无法想象会有人工间谍能做得更好。

## 宝石般的情报源

虽然美国信号情报部门破译了日本人的"紫色"外交密码，但对夺取战争胜利帮助不大，因为它不是一个军事情报通道。不过，破译"紫色"密码也有一定好处，使日本驻柏林大使变成了一个情报源。盟国的间谍在付出辛勤和牺牲之后，偶然发现没有谁能比大岛浩男爵提供更好的情报，这成为当时的趣闻。阿灵顿学堂和布莱切利园破译了他的电报，他的电报为盟国了解纳粹高层的意图提供了一个窗口，甚至有时还能看到希特勒的意图。大岛浩不是一个聪明的人——确实，他的军事和政治判断力很糟糕。在 1942 年之前，他坚信希特勒必胜，急于让日本去分享战果。在 1939 年起，他就不断催促日本人："别错过了这班车！"他又矮又胖，经常在照片中摆出仰慕元首的样子。1942 年，戈培尔在日记中写道："大岛浩是轴心国政策最好的宣传员。他未来一定会有获得荣耀的时刻的。"虽然动机不同，但这种感觉在华盛顿和伦敦也会产生共鸣，因为纳粹领袖会更加自由地向日本大使说明情况，而其他国家的大使不会有这样的待遇，所以盟国都很想知道他听说了什么。他在 1941 年向东京发出了 75 份电报，1942 年是 100

份，1943 年 400 份，1944 年 600 份，战争的最后一月 300 份。他发的电报有些篇幅很长，一般在发出后一周时间，盟国就能读到了。

大岛浩生于 1886 年，父亲是政治家，在 1916 至 1918 年间是日本内阁中的战争大臣。大岛浩很熟悉德国的情况，1934 年在德国担任武官，是柏林外交圈中受人喜爱的人物。他喜欢音乐和舞蹈，有时能面不改色地喝下一瓶樱桃酒。1938 年，他晋升为大使和中将军阶。1939 年，他被召回东京，但 1940 年又重新获得任命，而此时华盛顿已经破译了日本"紫色"密码，并及时告诉了英国人破译的方法。自此开始，一直到二战结束，大约有 2000 份大岛浩电报被破译，罗斯福、马歇尔、丘吉尔、大西洋两岸的高级情报官都能读到他的电报。虽然他对战争的预测经常是错的，但他记录的与纳粹的谈话似乎是准确的，他是东京和柏林之间的重要交流媒介。

例如，1941 年 5 月 10 日，外交大臣松冈洋右（Yōsuke Matsuoka）给这位大使一封信，请他转交给里宾特洛甫，这封信劝说德国政府自公开场合对美国的评论要适度："我们相互忠诚，这使我非常焦虑地不愿看到美国总统考虑修改他的草率计划……我日日夜夜都在为此努力。为了避免世界末日和现代文化的衰落（如果人类有能力做到的话），我就要履行我对上帝和人类的义务。"5 月 24 日，大岛浩通报了他与墨索里尼的外交部部长齐亚诺的一次谈话："你认为德国和苏联之间爆发战争可避免吗？"

1941 年 6 月 4 日，大岛浩向东京报告了希特勒和里宾特洛甫"与苏联的战争无论如何也无法避免"的观点，这其实也等于是向华盛顿和伦敦递交了报告。几天后，他提出一种看法，德国将会速战速决，造成英美来不及向斯大林提供有用帮助的态势；就是这份被破译的电报使联合情报委员会相信希特勒确实要打仗了。7 月底，大岛浩对东京谈了他对美国的判断，美国将很快参战；唯一的不确定性是美国能多快向英国提供有意义的援助，但东京没有告诉大岛浩日本已经下定决心先发制人。在 1941 年里，盟国不清楚日本对待苏联的态度——柏林也不清楚。日本政府保证要联合德国一起攻击苏联，但拒绝确定出兵的日子。大岛浩经常把"巴巴罗萨"的完整战报发给东京，这增强了美国人和英国人对苏联要战败的感受。当大岛浩在 8 月 25 日报告红军估计损失了 500 万至 600 万兵力时——这并没有夸张太大——西方政府怎么可能不震惊呢？但到了 11 月底，东京告诉男爵，东京希望看到希特勒和斯大林媾和。

1942 年之后，大岛浩向东京报告有商船穿越封锁线，再后来报告有潜艇也穿越了封锁线。大岛浩从柏林大使馆发出的电报和德国海军的电报全都被布莱切利园和美国海军作战部通信保密科捕捉到了，这使盟国可以挫败日本人想突破盟国封锁线的企图。当时日本向欧洲输送物资，然后运回技术产品。一旦轴心国放弃突破水面封锁线后，他们只能依靠水下交通了。自 1942 年之后，有 56 艘潜艇从事运输活动，其中 29 艘被击沉了，3 艘放弃了任务，1 艘被拘留。有 23 艘完成了单向航行，只有 5 艘成功地回到了日本，这几艘潜艇是信号情报战的幸存者。

3 月 17 日，大岛浩发出一份电报，确认德国完全支持日本去攻占法属的马达加斯加岛，这促使丘吉尔抢先攻占了这个岛。7 月 27 日，东京告诉男爵，他的期待全落空了：日本不会进攻苏联——8 月 5 日，罗斯福把这消息以私人信件的方式传递给了斯大林。这位苏联战争领袖仍然感到疑惑，因为美国总统 6 周前曾经发出了相反的警告。

1942 年 9 月 21 日大岛浩的报告说，德国原油库存严重短缺，只有占领高加索才能弥补——大岛浩认为德国将会立即行动，并说："此后情况肯定比现在要好。"这位日本大使向里宾特洛甫提出，德军应该用毒气确保入侵英格兰成功。这个目标，希特勒早就放弃了，但日本仍然认为应该是优先的。9 月 23 日，大岛浩再次请求东京攻击苏联："让我们协同德国，共同杀敌。"

11 月 28 日，日本外交大臣写信给大岛浩，否定了他的乐观估计，并指出了德国的弱点，特别是德国在石油问题上的弱点，而且德国可能在斯大林格勒打败仗："你说德国削弱了苏联，但苏联削弱德国怎么办？……如果你认为苏联不可能发动快速反击，我认为你就是犯了大错。苏联人正在反击。我认为你最好等一等再判断苏军被削弱了……无论你怎样看，德国无法轻松地进入中东和近东。我们希望德国准备好打一场长期战争。"大岛浩向日本传回了希特勒和里宾特洛甫的保证，德国不会与苏联单独媾和。不过，华盛顿和伦敦一直都猜测纳粹可能会改变主意，因为形势对德国不利。1942 年 12 月，里宾特洛甫承认柏林对北非的形势感到极为紧张，因为盟军发动了"火炬"登陆行动。

最初，英美的情报分析人员对大岛浩电报的权威性持怀疑态度，但随着时间推移，他们终于认识到大岛浩深受纳粹高层的器重。历史上，从来没有交战国能偷听到敌人最高领导层的谈话，如今英美做到了。1942 年 12 月 15 日，这位日本大使报告说里宾特洛甫承认"与苏联的战争不如人意"。1943 年 1 月 21 日，在与希特勒会谈了 2 个小时后，大岛浩引述希特勒的原话："我不想让你觉得我正在收回我过去拥有的必胜的判断……很显然，为了摧毁苏联的进攻力量，你们日本人在东方要下手帮助我们，你们越早动手越好。"2 月 2 日，这位日本外交官以令人吃惊的坦率口吻报告说，德军在斯大林格勒的惨败是"自拿破仑在耶拿打败普鲁士（1806 年）以来最大的灾难"。当时苏联没有向华盛顿和伦敦通报任何可信的战争进展。这是有关东线战场发生了突变的权威情报。

大岛浩继续写道："自从德国与苏联动手后，希特勒和将领们对如何打仗有不同意见，如今希特勒应该反思一下了……军人说他们不想与希特勒争吵，打胜仗是第一位的。希特勒理解这点，未来有可能退让。有谣言说几个被免职的将领要重新出山，而陆军元帅凯特尔将会被调离职务（总参谋长）；不过，这些事目前似乎都不确定。"

1943 年 5 月，日本将军冈本清富（Kiyotomi Okamoto）参加了一个大型代表团，坐火车穿越苏联的疆土，当时日本和苏联还没有交战。这些日本访客坐在火车上一路进行观察，统计沿路上的货车车厢、储油罐、飞机、机场。他们把统计数字汇集在一起，骄傲地提交给了希特勒。后来，这份报告不仅东京读到了，阿灵顿厅学堂和布莱切利园也读到了。这些读者很可能会质疑这份报告提供的原始数据的价值，比如报告说"第二个油田（阿拉木图火车站北面 4 公里处），一架道格拉斯运输机，40 架单座飞机，慢速训练飞机，型号不明，1 座无线电台，3 个 2 层楼的兵营。一架飞机起飞，接着又降落了，然后再次起飞"。报告中有许多页都是这类东西，这种特殊情况在各国的情报中都有。

说句公道话，这份由东京汇编的情报，虽然无法对苏联整体战力做出估计，但既诚实，又负责，因为有一部分目标读者是纳粹领袖，例如报告中的这句话，纳粹领袖显然不喜欢："斯大林的政体，通过有力的管理和仔细的军事动员，动用起了国家的全部资源与德国作战。军队和民众坚决支持斯大林，战斗意志高涨。"日本外交大臣，此时已经换成了重光葵（Mamoru Shigemitsu），在 1943 年 4 月 28 日这一天给大岛浩写信说，东京政府害怕"德国可能已经丧失自给自足，而美国和英格兰从容地加强打击实力，正准备发动宏大的最后攻势"。大岛浩受命施展影响力，把日本的战略评估传递给纳粹，鼓励德国与苏联单独媾和。

又过了 3 个月，日本大使才再次见到了希特勒。7 月 30 日，在库尔斯克灾难发生后，日本人力劝德国媾和。德国元首否定日本人的异想天开，希特勒说："你难道不知道如果我与苏联媾和，就等于跟美国联手，你们日本人就会被我们勒死！"希特勒哀叹意大利的崩溃，并说："多么好的盟友啊！如果我们有你们日本人在意大利，我们肯定已经打赢了。"1943 年 10 月 9 日，大岛浩与希特勒在"狼穴"再次见面。见面后，大岛浩对东京说，希特勒说自己"倾向于认为盟国会在巴尔干半岛登陆，而不是向意大利佩普推进"。关于苏联，希特勒说："我们守住阵地……但如果苏联恢复进攻，我们也许会退却到已经准备好的第聂伯河一线。在北方，如果形势继续恶化，我们可以撤退到第二道防线上，这条防线我们已经准备好了，位置在佩普西湖附近的一条的狭长地带……我认为最好的策略是伺机先攻击美国和英国，然后转身再攻击苏联。"

1943 年 11 月，大岛浩刚参观完大西洋壁垒，就给东京发回了一份 16 页的报告，谈到了 16 个德军海岸防御师的具体位置。他强调了德军据点可以独立防御的能力，明确地指出德国预计盟军会在加来登陆。一位美国解码员看到了这份日本人电报，激动得发抖，意识到这是一个极为重要的时刻："几个小时之后，我仍然无法释怀，我激动得睡不着觉。"

大岛浩对里宾特洛甫说，英国人和美国人可能先在诺曼底或布列塔尼发动袭击。1944 年 1 月 23 日，希特勒对他的日本朋友说："我不怀疑最有效的登陆地点是加来。"日本大使在 2 月、3 月、5 月初的报告都谈及可能的入侵，但没有再提及诺曼底，显然大岛浩的思维陷入混乱之中，他的混乱反映了整个轴心国高层的混乱。5 月 19 日，他对东京说，盟军登陆可能在南斯拉夫的达尔马提亚（Dalmatia）、挪威、法国南部。次日，他又改口说可能在瑞典，"但约德尔（最高统帅部的作战部长）对我说他不同意我的想法"。

盟国在日本驻德大使馆里的第二个情报源也值得一提。这个情报源是在 1944 年 3 月浮出水面的，当时美国海军作战部通信保密科在布莱切利园的休·亚历山大（Hugh Alexander）小组的协助下破译了日本"珊瑚"海军武官的密码。海军中将安培中村（Katsuo Abe）是日本海军使团驻德国的团长，他比那位日本大使更聪明，疑心也更重一些。美国海军作战部通信保密科深表感谢地称他是"诚实的安培"。他也向东京发回了大量电报，提供大量有关邓尼茨的新型 XXI 和 XXIII 潜艇的信息，这两种型号的潜艇在水下的速度极快，安装了潜艇通气管。安培给出了这两种型号潜艇的详细技术指标，并定期报告其生产进度，特别是邓尼茨和潜艇生产厂在 1944 年 4 月和 8 月当面通报进展之后。随着战争的进展，安培与大岛浩不同，丝毫不怀疑德国必败，他在 8 月 21 日断言："我抱歉地说，难以看到德国能弥补与对手在物资和兵力上的差距。"在美国人轰炸了德国炼油厂之后，他报告了轰炸的严重后果——这场危机，阿尔伯特·斯佩尔（Albert Speer，装备部长，主管帝国经济）在 8 月 18 日也向大岛浩做了通报。

盟国指挥官如今变得跟日本大使一样渴望他去跟纳粹领导人见面，他们会面的频率就跟拉家常一样。马歇尔后来承认，日本大使成了"我们了解希特勒在欧洲的企图的主要信息源"。5 月 27 日，大岛浩最后一次报告了他与元首在布格夫

(Burghof) 会面的情况: "根据一些征兆, 我认为牵制性的行动可能会发生在挪威、丹麦、法国南部、法国地中海沿岸——可能是几个地方同时发生。当他们在诺曼底和布列塔尼半岛建立起滩头阵地后, 他们会在多佛尔海峡全面展开第二战场。"

5月30日, 艾森豪威尔读到了这条消息。对盟军最高指挥层来说, 这以最权威的方式证实了盟军所采取的欺诈战术使德国人思想混乱了。诺曼底登陆后, 大量的珍贵情报不断涌现出来。6月8日, 大岛浩报告说, 德国人说虽然诺曼底遭遇入侵, 但仍然无法确定盟军 "未来是否会在加来至敦刻尔克之间的地区登陆"。次日, 他补充说, 德国人 "如今正在提防加来和圣马洛 (Saint Malo) 方向的登陆"。7月6日, 他给东京发电报说: "德国仍然在英吉利海峡地区等待巴顿的集团军的登陆"; 诺曼底登陆已过去一个月了, "坚韧" 欺诈行动仍然在施展着魔力。

7月20日, 希特勒总部发生爆炸后仅7个小时, 大岛浩是最先报告说元首还活着的人之一。23日, 他在与里宾特洛甫散步, 两人走了很长时间, 回来后, 他对东京说: "刺杀希特勒是开战以来最严重的事件。" 他说, 在普鲁士老参谋官中有反纳粹的派别, 这是众所周知的, 但他们在战争期间一直保持着沉默。然而, "最近战场形势恶化到了非发生这类事不可的地步。从目前掌握的信息看……反叛的组织规模不是很大……但我认为, 此时在国内外必然造成不良的反响……虽然德国遭受了内外双重打击, 但德国领导层的斗志很高, 他们将继续努力, 结束当前这场战争, 并且要有明确的输赢。"

1945年春季, 大岛浩发出了一份报告, 详细地描述了柏林的生活条件, 因为再说战略问题已经没有用了。3月, 里宾特洛甫告诉男爵雅尔塔会议的结果, 并提供了德国最高统帅部信号情报处破译的波兰流亡政府的一份电报。大岛浩在与纳粹的外交部部长通完最后一次电话后, 便于4月14日离开首都去了德国南部, 并对东京说, 在较长的时间里观察了形势后, 他们计划把最高指挥层和政府转移到南部去。虽然艾森豪威尔的司令部在 "秋天的薄雾" 到来前忽视了大岛浩的警告 (1944年12月德军发动了阿登战役), 使英美在战争结束前的一段时间出现战略失误, 但总体看, 他们一直在认真聆听大岛浩在德国南部一座纳粹堡垒中的言语。

大岛浩给盟国提供了有关希特勒核心圈最重要的内幕情报。他的报告有很多错误, 这可能是因为纳粹领袖故意告诉他错误的信息, 也有可能德国人自己就有错误的认识, 比如他们在军事上错误很多。但他的报告是任何情报员梦想获得的：对有资格读到他电报的人来说，他说的似乎就是真理。他对华盛顿和伦敦的价值，超过任何反纳粹分子或日本内奸，他的地位比"红色管弦乐队"和"露西"间谍网的要高。他不认为自己是间谍，却做着间谍的工作。他是一个不为人知的叛徒。

## 生产线

彼得·卡沃科雷西（Peter Calvocoressi）是布莱切利园的译码员，后来做了编年史学家。他写到，从 1942 年末以后，如果想在全世界寻找各行各业的顶尖专家，比如说，最了解德国空军的作战能力和组织机构的专家，这样的专家不在德国，而是在英国和美国。这个问题对阿勃维尔也成立，确实，德国的各军种和机构都是盟国研究的对象——但很可惜，这个问题对德国经济不成立。在 1944 年之后，信号情报对盟国是如此重要，美国人变得不愿意轰炸日本的无线电中心，因为无线电中心的输出似乎对盟国比对日本更有用。在 1942 至 1945 年间，美国每年花费了 5 亿美元在信号情报上，并被公正地评价为二战中成本效益最高的投资。

珍珠港之后，亨利·史汀生意识到，虽然美国陆军信号情报局的译码小组的规模很小，并且破译了日本"紫色"密码，但美国无线电情报机构的实力太弱：只有 4 名军官在研究日本军队的密码，当时美国陆军通信兵从 IBM 仅租到 13 台制表机，可到了 1945 年，竟然拥有了 400 台之多。1942 年 1 月 19 日，史汀生任命了一名特别助理，此人是布鲁克林出生的律师阿尔佛雷德·麦考马克（Alfred McCormack），并指示他对整个信号情报系统进行调查，此后的发展迅速起来。美国陆军信号情报局从华盛顿的军需品大楼搬到了前女子学校阿灵顿厅学堂——代号"盐矿"——这里此后就变成军事密码破译活动的中心，很快就占据了几栋砖木结构的房子，最终雇用了 7000 人，他们中的许多人是平民和妇女。A 部门处理外交秘密材料。B 部门研究日本陆军密码；其卡片索引标示出 46000 名敌人军官。C 部门的代号是"邦克山"，处理从布莱切利园转来的德国资料。美国陆军全权负责处理日本外交密码。阿灵顿厅学堂对无线电信号的监听没有控制，虽然多次抗议，但在 1944 年 6 月之前没有改善。监听无线电信号这份令人嫉妒的工作全归美国陆军通信兵负责，其监听部队和密码分析学院占据了弗吉尼亚州沃伦顿（Warrenton）的文特山农场。陆军从前没有监听站，从无到有建立起监听网的过程对密码分析员来说是个巨大的难题，这个问题到战争最后阶段才获得解决。

卡特·克拉克（Carter Clarke）上校受命领导一个新的高度机密的"特别分支机构"，工作地点在五角大楼中，麦考马克做助理，任务是分析来自阿灵顿厅学堂和布莱切利园的"超级机密"。麦考马克意识到陆军极为缺乏受过训练的情报官。美军的一些高级将领，包括马歇尔在内，在纠正这个弱点方面动作很慢，这是各国职业军人共有的毛病——他们把太多的时间放在思考自己应该如何做上了，对敌人拥有的实力和企图思考得不够。麦考马克上校雇用了数百名律师，让他们穿上军装，因为他相信他们在受到合适的培训后，就能具备分析复杂数据的能力。1943 年 4 月，他访问了布莱切利园，随行的还有特尔福德·泰勒（Telford Taylor）和威廉·弗里德曼。在布莱切利园，一个初来的女大学生一周工资 2 磅，同样的美国女大学生的薪酬是她的 4 倍。这个"特别分支机构"的规模最后达到了 400 人，并在英国政府密码学院设立代表处，泰勒做处长；与五角大楼有直接的电传连接。这个处最后装备了十几台英国人建造的"炸弹"解码机，但由美国人控制。美国来英国的分遣队中的大部分人是极为能干的，做出了显著的贡献。斯图尔特·米尔纳—巴里说，这些美国人的到来是"第六棚屋最幸运的事"。

1943 年春季，英美两国签署了历史上最密切的情报分享协议。虽然做不到无懈可击，但协议之成功令人震惊。在 8 月中旬，华盛顿至伦敦的电话线上安装了扰频器，这使双方的情报官可以讨论一下重大问题。双方展开了一系列大型会议，英国和美国的官员不仅交换了信息，还相互切磋技术。

密码分析是一个特殊领域，所用的语言是外界无法理解的，但美国和英国的密码分析人员能准确理解对方的工作和困难。例如，1943 年，英国的联合情报委员会注意到美军的天气报告是用明文发出的，而英国人则用密文。这带来一种危险，因为敌人的解码员可以利用这点破译英方的密码。此后，美方开始加密所有的天气信息。与此类似，英国常驻华盛顿的特派联络组在 1945 年 2 月 16 日给布莱切利园发出一份备忘录，对双方每天都进行的跨大西洋的战争信息交流提出了许多实用的建议。

从战争初期英美双方就有分工，美国人应该主攻日本人的电报，而布莱切利园在处理德国人的资料上发挥带头人作用，并排查中立国的电报。美国战略情报局有一位官员常驻维希法国，他要求配备一个防盗保险柜藏密码，但被有礼貌地告知这是不必要的——维希法国情报官中有支持盟国者，早就把密码给了盟国。1943 年，阿灵顿学堂请求英方帮助处理一些苏联的电报：这违背丘吉尔禁止对盟友进行间谍活动的禁令。伦敦方面只能给予模糊的回答。英国总是小心翼翼的，或许有些过分，害怕采取陆军或海军的行动可能会暴露"超级机密"，而美国人更愿意在获取目标情报中冒险。

从总体看，美国在为"超级机密"保密方面手段高超。1942 年 12 月 28 日，一份日本人的"紫色"密码电报被破译，该电报要求华盛顿的西班牙外交官去日本大使馆的保险柜中取出日本人离开时留下的 50 万美元现金。美国人没有采取行动截留这笔钱，防备日本人借此试探东京的密码电报是否已经被监视。1943 年 4 月 18 日，在美国战斗机打下日本海军上将山本五十六的座机后，美国官方的新闻简报仅像平时一样报告在所罗门群岛北面击落 4 架日本飞机。美方没有提及日本飞机乘客的重要性，这样的自制是极为重要的，因为日本人没有怀疑密码被破译了。山本五十六的死讯留给东京去宣布。

1944 年春季，美国人进一步确保日本人相信他们的密码是安全的。4 月 1 日，日本帝国海军的两架水上飞机在从帕劳群岛（Palau）去菲律宾的达沃（Davao）途中遇到热带风暴，飞机损坏了，其中有一架飞机上坐着联合舰队总司令古贺峰一（Mineichi Koga）。另一架上坐着海军中将福留繁（Shigeru Fuku-dome），这架飞机被遗弃在菲律宾的宿务岛（Cebu）附近的海面上，福留繁挣扎着爬上岸，但没有带着公文箱，那里面放着日本密码和重要的未加密的战略文件。宿务岛上的游击队通知了美国人，美国人找到了那架飞机。一艘美国潜艇迅速把日本人的公文箱送到澳大利亚陆军情报部，在那里福留繁的密码和文件被拍了照。然后，公文箱又被迅速送回失事海域，让当地人把它交回给日本人，并说是偶然遇到的。日本海军从来没有怀疑它们的秘密已经落入美国人之手。

1945 年，在布莱切利园与阿灵顿学堂之间出现了一场争论，争论的要点是该不该派遣盟军在欧洲的轰炸机去攻击德国电话交换局，其位置和重要性由"超级机密"确定。最后的结论是去轰炸，但在每次轰炸前要征求轰炸定位军官、布莱切利园第 6 号棚屋的意见——绕过盟国远征军最高统帅部。各军种对"超级机密"的保密措施证明效果明显：最大的威胁不是来自轴心国的情报官，而是不谨慎的美国记者。

盟国的信号监听人员和译码员人数众多，把他们作为整体理想化是错误的。他们中大多数是年轻的男女，做着单调重复的劳动。1944 至 1945 年间，在肯特郡的克瑠浩特（Knockholt）电传打字机监听中心，员工出现了严重不满情绪：600 名员工不满工资低，工作条件差；周末旷工急剧增加，经理懒得去向姑娘们解释为什么她们的工作是重要的。另一方面，阿灵顿学堂的艾德·帕克斯（Ed

Parks）中尉分发组的组长，在 1944 年 10 月 16 日潦草地写下了一段诚挚的笔记："最近几天，我们的工作成绩下降了很多……我们曾经在 15 天里分发了 15738 份电报……但如今我们的成绩不好，我们应该做出特别努力使电报立即分发出去。上周我注意到人们都想早走，有打字的工作时，大家都躲着。我认为这给人的印象不好……在我的印象里，我们的工作对战争是非常关键的……值得我们竭尽全力。"

自 1942 年末以后，英国和美国是以工业生产线的方式破译敌人的电报的，但不同情报机构之间的竞争和嫉妒继续妨碍美国的活动。美国陆军制订了雄心勃勃的建造"炸弹"解码机的计划，但由于造价昂贵，该计划最终还是失败了。然而，美国海军的型号在技术上比英国的先进，且大量生产了，数目之多是丘吉尔的小岛国无法想象的：有一段时间，俄亥俄州代顿市的国家收银机厂每天出厂 3 或 4 台。美国海军作战部通信保密科的"炸弹"解码机，比英国的型号大 2 倍，在 1943 年 8 月开始发挥作用，失误率比英国布莱切利园的要小。所以，一些本来由第 8 号棚屋处理的德国海军的电报也交给美国人处理。布莱切利园的员工对美国海军作战部通信保密科的密码分析员给予最高的尊重。

在 1941 年 9 月 17 日英国政府密码学院能大量破译德国国防军的密码电报流之前，大部分"超级机密"提供的信息有两个来源，一是德国陆军与德国空军之间的密码电报，二是意大利的哈格林－C38m 密码机。在 1941 年 12 月至 1942 年 5 月之间，第 3 号棚屋每天大约能向海外战区发送 30 至 40 份"超级机密"。此后发送量大幅增加——在 6 至 8 月之间，每天发送 80 份，到了 1943 年 4 月，达到每天 100 份，此后一直维持在这个水平上。二战期间，各作战指挥部总共圈阅了 10 万份情报。但这仅是总量中的一小部分，布莱切利园在 1944 至 1945 年之间每个月破译 9 万份情报。

译码员的身心压力从来没有缓解的时候。虽然机器能提供帮助，但人脑永远是最重要的武器，这点在布莱切利园、美国海军作战部通信保密科、阿灵顿学堂都是一样的。想读懂敌人情报从来不是一件容易的事，没有常规可遵循——在二战的最后两年里，斯图尔特·米尔纳－巴里说，不可能期待着把监听到的德国电报破译一半以上，即使条件再好也不行。这位战前曾代表英格兰比赛象棋的选手说："只要破译了一份情报，无论是在白天或晚上，总能激发持久的激动。就如同下象棋一样，每天要下几局，每一局的运气是不一样的。"

意大利海军高层的电报采用书做密码簿，试图破译没有成功，后来放弃了，放弃有部分原因是意大利的战舰不再威胁盟国的军事行动。许多译码员为了获得休息只能休病假。1943 年 7 月，布莱切利园的约翰·蒂尔特曼（John Tiltman）和阿灵顿学堂的威廉·弗里德曼交换了几封信，他们在信中谈到了破译日本军队密码电报的困难，两人都承认做这份工作的压力。大西洋两岸都没有足够的合格人才。弗里德曼谈到，美国海军作战部通信保密科的科长约瑟夫·温格（Joseph Wenger）约他开会，但没有开成，因为他住医院了。弗里德曼推测他将会休息几个周的时间，认为他在高压下很难坚持长久。近几个月以来，弗里德曼注意到他明显消沉下来。绝对不能因为密码分析员没有身体危险就认为他们打了一场"容易的"战争。

由于情报对战局影响巨大，在 1942 年夏季前，英国北非第 8 集团军的司令官和参谋对情报工作持怀疑态度，甚至是蔑视。他们可以自辩说情报不准确——例如，布莱切利园警告隆美尔要在 5 月份发动进攻，但没有暗示在哪里。实际上，布莱切利园和英军中东部队的高官没有能及时理解德国非洲兵团的后勤保障问题。蒙哥马利爵士在 6 月被任命为总司令，他的任命恰巧与"超级机密"的流量大幅增加偶然叠加在一起了。例如，德国空军的电报说，轴心国要放弃白天对马耳他的轰炸。当时英国空军的情报官空军上校哈里·汉弗莱斯（Harry Humphreys）立即意识到这意味着德国将梅塞施米特 Bf109 战斗机从护航任务中释放出来，派遣到北非来，所以他认为可以把保护马耳他的喷火式战斗机调来保证在埃及和利比亚的制空权。在破译了意大利的电报流之后，皇家海军和空军摧毁了德国地中海的供应线，击沉了 47 艘船，在 7 月和 10 月之间总共 169000 吨。另一方面，英国从被破译的德国电报中获悉一个惊人的消息，轴心国将会在 8 月对阿拉姆哈勒法发动进攻。这是战争中最重要的情报突破，这使蒙哥马利取得了第一次胜利。

英国人是在 1942 年 10 月 23 日发动阿拉曼（Alamein）攻势的，而在 7 月的时候，隆美尔的副手格奥尔格·施图姆（Georg Stumme）将军对他手下的军官说，英国的主攻方向是在鲁韦萨特（Ruweisat）和希迈马特（Himeimat），并确信英军在 10 月 20 日的进攻地点是"我们战场南部的北段"，而且会沿着海岸公路发动进攻。德军有这样的观点，很大程度上是英国人在南部进行了蓄意欺诈的结果。蒙哥马利的军官后来夸耀自己的聪明，在南部布置了假坦克和假输油管；但有一点值得注意，在英国取得突破前，德军能调遣第 21 装甲师去北面。进攻开始了，欺诈就没有用了。

蒙哥马利取得胜利后，有许多人批评他。布莱切利园第 3 号棚屋的拉尔夫·班尼特（Ralph Bennett）是其中突出的一个。批评者争论说，根据破译的情报，德军正在退却，但英军的追击行动迟缓，这是不可原谅的。班尼特写道，"我们棚屋感到异常气愤和沮丧，蒙哥马利从阿拉曼向的黎波里推进的速度实在太慢，这难以理解，因为有大量'超级机密'表明隆美尔在撤退过程中非常虚弱，无法抵御有力的攻击……蒙哥马利的迟缓，似乎给整个战役带来了不确定性。"1943年之后，情况有所好转：第8集团军的司令官和参谋官对"超级机密"的信心增加了，能够在战场上加以灵活应用了。

1942年11月美国人抵达北非，在此后的几个月里，他们犯了英国人在一两年前犯的错误。德军对美军的语音通话进行了监听，一位隆美尔的情报官对监听的效果大加赞扬："他们仍然忘乎所以，忘记了通信规定。"一位年轻的英国情报官在访问了盟军在阿尔及尔的总部后，悲伤地说艾森豪威尔的参谋不知道如何利用"超级机密"。在突尼斯战役初期，布莱切利园提供的情报不是很连贯，但在阿尔及尔工作的比较有经验的情报官应该能预见到隆美尔在1943年2月要发动惩罚性的凯塞林隘口（Kasserine Pass）攻势。事后，艾森豪威尔的英国情报官埃里克·莫克勒－费里曼（Eric Mockler－Ferryman）因情报有误而被解职。在此后的北非、西西里、意大利战役中，盟军基本上掌握了德军的实力和部署。

布莱切利园在1942年有点变化，原来的木质棚屋被4座（标示改为从A到D）钢筋水泥建筑取代了，引入了一种在伦敦百货商店中使用的气动输送系统，在各情报组之间传送信息，取代了原来的皮带轮驱动的传输。这是休·亚历山大的设计成果，他早年在约翰·刘易斯连锁百货商店做研究部主任。亚历山大取代图灵做了第8号棚屋的主任，这不是因为图灵受到了指控或成了权力斗争的受害者，而是因为图灵是个做事很乱的人，无法做管理工作。大家都认为，最好还是让这个智力惊人的知识分子过自由自在的生活。

拉尔夫·班尼特为第3号棚屋的日常生活描绘了一幅生动的图画。这个小组在搬进砖房后，仍然沿用原来的名字。每个小组要负责把部分破译出的电报拼凑完整，而美国派驻在各小组中的"特别分支机构"发挥着越来越大的作用。译码员几乎不知道盟军的行动——不知道战役的前因后果——他们只了解敌人。"我们知道大量有关敌人的部队和将领的情况，"班尼特写道，"我们知道自己人的情况却很少……在非洲战役期间，隆美尔的第90轻装师每天都陪伴着我们，我们甚至一听到这个师打胜仗就高兴。"他还强调了"超级机密"的实用性存在的重要局限："只有官员发送出去的电报才具有权威性，下级影响上级最有效的办法就是让上级只看到部分信息。"虽然敌人的电报不断被破译，但仍然出现误读希特勒企图的情况，比如破译的电报让盟军以为德军会在1943年9月撤出意大利南部，但凯塞林坚守阵地继续战斗。这通常是希特勒改变了主意的缘故。

在二战的后半期，盟国在策划军事行动时，基本上能做到对敌人的情况了如指掌。在"火炬"行动前，有 300 艘盟国船只通过了直布罗陀海峡，这些船只知道敌人的空军很有可能不会来干扰。1944 年 1 月，盟军在安齐奥（Anzio）登陆，凯塞林对此毫无思想准备。此外，"超级机密"发现凯塞林准备在 2 月发动大规模的反击，借以夺回滩头阵地。美国将军马克·卡拉克（Mark Clark）后来终于相信"超级机密"是可靠的情报源。在 1944 年入侵法国南部的"铁砧"行动之前，盟军知道了希特勒有意撤出这个地区。这使意大利盟军指挥官哈罗德·亚历山大（Harold Alexander）爵士主张自己的兵力就足以完成入侵任务。当美国人在法国南部登陆后，他们拼命追击德国人，因为他们知道不用害怕德国会发动反击。布莱切利园破译的大量敌人的电报，包括德国国防军和空军的大约 50 种恩尼格玛密钥，破译结果定期传递给与德国交战的盟军 40 处前线司令部。

但"超级机密"无法破译敌人所有的电报。现在有一种流行观点认为，英国密码学院利用图灵的"炸弹"解码机和美国海军的解码机在整个战争期间都掌握着敌人的通信，破译了德国恩尼格玛密码机传递的所有重要电报。这是不真实的错觉。德国陆军的恩尼格玛密码机加密的电报一直很难破译，布莱切利园的破译工作经常因遇到阻力而延误或停滞。1944 年 9 月，第 6 号棚屋仅破译了 15％的德国陆军的电报；10 月是 18％；11 月是 24％。相反，在 9 月，64％被拦截到的德国空军的电报被破译了，10 月和 11 月是 77％。许多解码速度太慢，没有能影响战场形势。

1941 年之后，德国最高统帅层提高了用电传打字机传送敏感信息的比例，当时他们使用了几种类型。应用最广泛的是洛仑兹 SZ40/42（"金枪鱼"是布莱切利园的称呼）或西门子 T－52（"鲟鱼"），这些机器是在线工作模式，与恩尼格玛密码机的离线工作模式截然不同，它使用弗纳姆密码（Vernam cipher），它不用摩尔斯电码码。1941 年 8 月，英国监听人员记录下这种无法理解的无线电波，此后布莱切利园的约翰·蒂尔特曼领导的一个小组开始研究其含义。他们成功地破译了一份从雅典发往维也纳的电报，那位发报的德国人以为电文有错，又重新发了一遍，但此举使英国人距离破译这种加密电报更近了一步。蒂尔特曼，参加过一战的老兵，受过勋章，是一位老密码分析员，他证明布莱切利园不只有平民理论家。他是个不同寻常的上校：当一位来报到的新兵为引起他的注意而跺脚并敬礼时，他用伤人感情的语言说："我说，小伙子，你非得穿那双该死的靴子吗？"此后，那小伙子果然换上了橡胶底帆布鞋。

　　这种密码机比恩尼格玛密码机更难破译，因为没有发报样机，所以布莱切利园的译码员只能一点一点地逐步地摸索解决方案。1942 年初，纯粹依靠智力，布莱切利园的研究小组制作出了洛仑兹 SZ40/42 的理论模型。主要功绩要归于一个原化学系大学生但转行做了数学家的比尔·图特（Bill Tutte），值得把这个人与图灵和韦尔士曼相提并论。他出生于 1917 年，父亲是园丁，母亲是纽马克特赛马养育场的女管家。他赢得了县全日制学校和牛津大学的奖学金，然后进入三一学院。1941 年 10 月，他受命研究"金枪鱼"密码电报，花费了几个月的脑力推断德国人到底用了什么样的机器才产生了监听者记录下的噪音。图特判断德国人的电传机有两组转轮，每组有转轮 5 个，其中一组转轮无规则地"步进"，一共有 501 个可设置的销子，另外还有两个电动转轮，这样就能产生比恩尼格玛密码机更多种的组合。他的才智确实惊人，因为他丝毫没有借助技术手段，所以他的上级提议给予他三一学院教师身份做奖励，理由就是他在布莱切利园取得的成绩，但他工作的性质没有向校方透露。奈杰尔·德格雷称赞他的贡献是"二战中最杰出的胜利"，确实是这样。

　　确定了德国人电传打字机的特征是一个重要的起点，这使英国离破译它又进了一步。爱德华·特拉维斯（Edward Travis），未来的英国石油公司的总裁，在评论德国人的电传打字机的输出时说这是"类似于毛利语和爱斯基摩语的密码机"。1942 年 5 月蒂尔特曼承认，"西门子的电传打字机让我们很忧虑"。一位年轻的牛津大学数学家迈克尔·克拉姆（Michael Crum）给出了 T－52 的模型，他的工作使译码员意识到破译这种打字机的困难实在太大。相反，他们必须集中所有资源破译洛仑兹——而且要快。随着越来越多的德国人在使用迅速扩张的欧洲大陆电传打字机网络，必然造成越来越少的人使用恩尼格玛密码机给电报加密。柏林使用电传打字机的热情如此高昂，确实是一件非凡的事，因为电传打字机的弱点早就暴露出来了——早在 1940 年，瑞典解码员阿恩·博林（Arne Beurling）在斯德哥尔摩电话局窃听了柏林与挪威德军之间的连线，用一种未公开的办法破译了 T－52 的密文。瑞典公司爱立信建造了一种机器帮助博林的工作。博林在 1943 年 5 月前破译了大量情报。此后，芬兰人警告德国人发生了什么，于是德国人引入新的密钥和保密措施。事后，柏林没有质疑系统的安全性，而英国人对博林的工作一无所知。

　　1942 年 7 月至 10 月之间，拉尔夫·特斯特（Ralph Tester）少校手下的一个小组破译了一些洛仑兹的密文，没有借助多少机械手段，而是使用高等数学方法，这种方法在布莱切利园里被称为"图灵法"，因为是图灵发明的。参加这项工作的包括：18 岁的唐纳德·米基（Donald Michie），他后来教授博多码（Baudot code），这种编码是在信息经过弗纳姆密码加密后进行传输时使用的；罗伊·詹金斯（Roy Jenkins），未来的政治家；彼得·贝伦森（Peter Berenson），他后来创立了国际特赦组织。德国人的程序越来越规范，破译工作越来越难——不同的密钥采用不同的海洋生物的名字——"鲤鱼""幼鲑""章鱼"等等；后来又增加了"水母"用于德军高层的电报。

在 1943 年之前，人脑仍然是破译电传打字机密码的主要动力。六月，布莱切利园破译了 114 份洛仑兹电传密文，这些密文是德军在意大利的高层发往柏林的 575 份密文中的一部分。八月，布莱切利园报告说："用'鱼'密钥加密的密文的情报等级最高。"虽然破译洛仑兹密文的量不如破译恩尼格玛的多，却极为重要，因为洛仑兹密文涉及敌人最敏感的信息交换。此外，布莱切利园在破译德国陆军的恩尼格玛密码机时遇到困难和延误，这种情况一直延续到二战结束，而"金枪鱼"方面的工作提供了一条破译德军密文另一条有价值的通道。

引入解码机，必然使破译工作取得突破性进展。出现了比图灵的"炸弹"解码机更具创新意味的解码机。马克思·纽曼（Max Newman）就是解码机创造者之一。他生于 1897 年，父亲是德国人，姓诺伊曼（Neumann）。在一战中，像有些德国人那样，儿子把自己的姓改成了纽曼，此后他参加了英国陆军，但服役期很短，做发薪员，工作热情不高。在大战之间的岁月里，纽曼在牛津大学做数学家获得了极高的荣誉，并认识了图灵。帕特·布莱克特（Pat Blackett）教授形容他是好棋手和音乐家，这引发了布莱切利园对他的兴趣。最初，纽曼不愿加入布莱切利园，因为他害怕那里的工作不够有趣。他在 1942 年末勉强接受了任命，但提出了一个条件，如果他不高兴，可以在一年内自由地离开。只有少数人在大战期间敢提出如此的条件。

纽曼到布莱切利园的最初几个月情况很糟糕，似乎他注定要离开；他不是一个成功的一译码员。但他分析了图灵对电传打字机工作原理的分析，做出了突破性的成绩，提出应该造一台机器去测试转轮的 $1.6 \times 10^{19}$ 种初始设定。这时，图灵刚从美国回来，正在研究电子线路科学，同时做这方面研究的还有查尔斯·温威廉（Charles Wynn-Williams），他是电子线路方面的专家，从莫尔文（Malvern）的雷达研究所调动到了布莱切利园。图灵劝纽曼去与汤米·弗劳尔斯（Tommy Flowers）讨论他的计划，此人是伦敦西北部邮政局下属多利士山研究所的高级工程师，在制造"炸弹"解码机上发挥过一定的作用。

纽曼是一位有才华的组织者，不仅有智慧，还很会搞外交。在布莱切利园中有一位美军军士长，名叫乔治·韦尔吉内（George Vergine），他形容纽曼是一个"奇妙的人"，总是乐于接受新思想："我们经常开茶会，讨论数学的问题、进展、技巧……问题会被写在黑板上，包括纽曼在内的所有密码分析员都会端着茶过来讨论问题，看看是否能对破译密码有帮助。"纽曼做了布莱切利园一个新部门的领导，这个部门的绰号叫"纽曼的机器"，其目标就是寻找更加先进的密码破译机电装置。有两件事要归功于他，一是他发现确实可以利用机器破译用"鱼"类密钥加密的电报，二是他使建造第一台原型机的请求获得上级批准，并找到了建造所需的各种资源。这款原型机绰号"罗宾逊"，其设计源自温威廉，在多利士山研究所建造，工程师弗朗西斯·莫雷尔（Francis Morell）担任建造指导。纽曼和温威廉同心协力，制造出来一系列技术奇迹，性能超越了二战中大西洋两岸所有解码机。当然，有许多能人提供了帮助，比如数学家杰克·古德（Jack Good），他与图灵在制造"炸弹"解码机时有过合作。第一台"罗宾逊"是在 1943 年 6 月提交给布莱切利园的，在年底前又提交了十几台同样的，而之后更多。"罗宾逊"是速度极快的"炸弹"解码机，把德国电传打字机的输出穿孔纸带进行光电转换后，以每秒钟数千字母的极高速度进行试探。借助它，布莱切利园在 1943 年秋季破译了一些洛仑兹密文，次年春季破译了数百份密文。这种机器的局限性来自机械方面——很难让两个纸带机同步，很难防止机械故障，很难对付电子管不断失效的问题。

汤米·弗劳尔斯无法忍耐"罗宾逊"存在的问题。他是个高级电话工程师，想建造一台性能更加优越的全电子型号。他的父亲是伦敦东部的房地产商，他出生于 1905 年，在一所技术学院获得了奖学金，在校期间展现出早熟的机械和科学才华。加入邮电局后，他花了十几年的时间改进电话系统。在二战的大部分时间里，虽说他的职称是电话交换部的主任，但他在布莱切利园的制造技术领域里发挥了关键作用。图灵经常去多利士山，他与图灵私交很好，但威严且有影响力的戈登·韦尔士曼不喜欢他这个工程师，他在当时的气氛中显然不算是个"绅士"。韦尔士曼觉得自己是这个地方唯一有思想的艺术家，很瞧不起弗劳尔斯。不过，弗劳尔斯的贡献极大，他实现并改进了纽曼、温威廉的概念，制造出了"巨人"机型，这是一个新奇迹，或许可以被视为世界上第一台计算机。

有一个指标能说明布莱切利园想破译德国电传打字机有多么难。敌人高层利用"鱼"密钥加密的电报在 1943 年增加了一倍，但布莱切利园的破译量却下降了，从 1 月份的 330 份，下降到 12 月份的 244 份。在这些未被破译的密文中有一些对盟军情报官来说是极具价值的。如果用硬壳电子管取代充气电子管，就不会出现断电问题，弗劳尔斯掌握了这项技术，改进了系统的稳定性。他自作主张开始制造第一台"巨人"解码机，当时布莱切利园管理层要求他集中精力生产"罗宾逊"解码机，没有明确允许他去生产新机型。老机型仅需要 100 个稀缺的电子管，但"巨人"则需要用 1500 个，而 1945 年版需要 2500 个。马克思·纽曼一直支持弗劳尔斯，但其他人支持的较少。弗劳尔斯这位工程师，对自己的工作非常投入，这点跟布莱切利园其他工作人员一样，他不得不用自己的钱去买稀缺的零配件。仅 10 个月，在多利士山的 15 名工程师和邮电局在伯明翰工厂的 45 名技工的齐心努力下，一台巨大的机器制造出来了，其速度是"罗宾逊"的 5 倍。第一次测试在 1943 年 11 月 25 日进行，在 1944 年 1 月正式开始为布莱切利园服务。二战结束后，弗劳尔斯获得 1000 镑的安慰费和一枚大英帝国勋章。只给"巨人"的生产者这样的奖励简直是耻辱。大多数布莱切利园的工作人员都诚心地认为，弗劳尔斯在把图灵、纽曼、温威廉的概念转化为实用机器上发挥了关键作用，而且使之达到了一个新的复杂程度。布莱切利园设计出了世界上最先进的密码破译技术。美国人继承了英国的设计，并有所改进，比如美国海军的"炸弹"解码机。阿灵顿学堂的解码机在性能上跟"巨人"差不多，但针对的是恩尼格玛的密文，每台造价跟战斗机一样。

　　一位未透露姓名的布莱切利园员工描述了他看到"巨人"工作时的神奇感受，这台机器的复杂性和性能，都是前辈们从来没有见到过的："薄薄的纸带在闪光的滑轮上飞快地转动；打印机的打印头和其他小玩意儿发出儿童般的快乐声；机械像玩魔术一样一个字母接着一个字母地解码（新手的想法，可能被蒙骗了）；打印机在没有人帮助的情况下神奇地吐出大量字母……有时充满期待地暂停下来，过了一段时间又突然猛地把期待中的大量字母打印出来……电动机运转时发出疯狂的咔嗒声。"

　　到了 1945 年，克瑙浩特监听站有 600 人在没日没夜地工作，记录下德国电传打字机的密文。布莱切利园大大扩充了，从 1943 年的 3800 人，扩充到了 1944 年的 5600 人，再到 1945 年的 9000 人。虽然恩尼格玛是最大的情报源，但电传打字机的解码传递出最重要的信息。那台"纽曼的机器"配备了 26 名密码分析员。为那 10 台"巨人"、3 台"罗宾逊"、十几台性能稍差的机器配备了 28 名工程师、273 名皇家海军女子服务队的队员。多利士山每个月生产一台"巨人"。1944 年 5 月破译了 476 份电传打字机密文，7 月是 339 份，8 月是 404 份，在二战最后一个月破译的密文如同洪水一样涌来。总体看，自 1942 年 11 月以来，德国人发出了 16.8 万份密文，破译了 1.35 万份。密码学历史学家拉尔夫·厄斯金（Ralph Erskine）形容破译电传打字机密文这件事是"战争中最伟大的密码破译成就……寻找'金枪鱼'转轮的特征和设定需要最高级的密码分析技能，涉及最先进的统计技术和最复杂的战争电子设备"。

赞叹布莱切利园的成就是正确的，但也必须认识到其局限性，即使在二战最后18个月里，他们也有做得不完满的地方。1944年2月，仅17％的德军密文被破译。美国海军在芒特弗农（Mount Vernon）有一半的"炸弹"解码机在帮助第6号棚屋处理德国海军的密文，因为布莱切利园的资源已经达到承受的极限，有时美国人需要来帮助破译德国陆军－空军之间的密文。大量恩尼格玛密文在10或12小时内便能被破译，但电传打字机的密文需要一周时间才能破译。每台"罗宾逊"平均每天能处理1份密文，而每台"巨人"能处理15份。洛仑兹"金枪鱼"密文是高质量的金矿，它提供的情报全是德军高层的思路，这在诺曼底登陆之前是最重要的。

盟军各指挥部在收到布莱切利园的资料后，都统称为"超级机密"。只有在布莱切利园工作的人，才能区分出不同资料之间的密码学差异。即使在破译敌人的恩尼格玛密文时，也没有足够的"炸弹"解码机，所以每天都需要对解码机资源进行分配。在二战的最后一年里，美国和英国的空军情报官逐渐地对破译德国空军的密文不感兴趣了，因为敌人的行动对作战决定影响不大了。在海上，"超级机密"在盟国控制太平洋和大西洋上发挥了关键作用，到了1944年这个目标实现了。那年的11月，布莱切利园再次丢失了大量德国潜艇的密文，当时德国人引入了"一船"密码制度——每个接收者都有自己独特的密码。此外，有许多德国海军恩尼格玛密钥没有被破译，比如"梭子鱼"密钥就从来没有被破译过。

到了1944至1945年间，盟国是如此的强大，邓尼茨是如此的软弱，即使有密文没有破译也无关紧要了。另一方面，拦截德国潜艇密文的任务主要是由美国海军情报部完成的，因为他们有比较多的资源。在陆地上，"超级机密"的贡献更多是在战略方面，而不是战术方面，因为大量资料送到指挥官手里时已经过时了。第3号棚屋的拉尔夫·班尼特写道："陆军的密钥很难对付。"即使盟军指挥官因知道了敌人的兵力和部署而信心百倍，但仍然存在一个本质问题，仅有信心无法保证有胜利。例如，1943年夏末之后，凯塞林在意大利的德军部队劣势明显，而且他的想法和企图都被"超级机密"告诉了盟军，但英军和美军拖到了战争结束前的几周才打败凯塞林。

## 可憎的机器

有关敌人武器的情报，比有关希特勒想法的情报，对盟国夺取胜利更有实用价值。盟军和德国空军在天上打了 5 年，盟军不仅要打败德国的战斗机，还要打败德国看不见的电子防御线。这场斗争一直持续到 1945 年，其中不乏跟布吕讷瓦勒奇袭一样剧烈的行动。30 岁的比利时医生安德烈·马特（André Mathe）代号"服务员马克"，他为几个抵抗组织工作，这些抵抗组织冒着巨大的危险对德国在当地的夜航战斗机方向指引站进行了侦察。1942 年的夏季，他向伦敦发出了一封感人的信件，请求给予更加有效的支援，并更准确地指出英国到底想要知道什么情报。虽然马特的身份当时还不为军情六局所知，但他指出德国人在当地的某些设施可能很重要，后果十分严重。他和几个同志去侦察时，德军岗哨向他们开枪了，"射来的子弹很猛，但不准确……就我们的工作而言，如果我们知道你们和英军感兴趣的东西，那有助于我们的工作。我们在黑暗中工作了这么长的时间，伦敦只要给我们一点反馈，我们这些普通的工作人员就欢迎。我希望这样说不会招致不满，因为无论发生什么事，你们都可以信赖我们的忠诚和牺牲精神"。马特的组织中有一位当地珠宝商，名叫威利·巴达尔（Willi Badart），详细绘制了西伯格（Seeburg）轰炸机飞行计划图。他贿赂了比利时党卫军卫兵，允许他在德国空军管理员不在场时，进入战斗机方向指引塔。他绘制的图对英国空军部的雷吉·琼斯和他的同事有帮助。马特的结局证明写那样一封信并非好玩，他自己和盟军的事业都承受了巨大风险：他在 1943 年 3 月 31 日被捕，次年被处决了。

有关德国武器的情报，有一部分可以靠有机会接触武器的人搜集，另一部分只能通过冒死刺探敌人的防空系统防御才能搜集到。二战中最勇敢的飞行任务是在 1943 年 12 月 23 日之夜进行的。英国人判断德国人的利希滕斯坦机载雷达（Lichtenstein airborne radar）在夜间为战斗机导航方面发挥着关键作用。在此后的一段时间里，英国人试图创造机会在空中遇到一架德国夜间战斗机，为此英国派遣一架电子侦察机孤身飞到距离皇家空军比较近的法国、比利时、荷兰上空，但敌人没有予以理睬。很显然，必须深入敌人领空进行一次探索任务才能搜集到相关数据。为此英国决定派遣轰炸机部队一架双引擎的威灵顿轰炸机参加夜袭德国的"大队人马"，完成第 1473 号侦察飞行任务。

这架飞机的飞行员是特德·波尔顿（Ted Paulton），一位来自安大略（Ontario）的前卡车司机。他的目标跟自杀差不多，就是要引诱战斗机来攻击，这样电子专家哈罗德·乔丹（Harold Jordan）就可以监视 490 兆频段上到底发生了什么，并记录下来——如果他还活着的话。这个飞行组都是加拿大人，乔丹是其中唯一的英国人。凌晨 4 时 30 分，在美因茨（Mainz）正西，"利希滕斯坦"的无线电信号被探测到了。在此后的 10 分钟里，威灵顿机组人员经历了骇人的紧张和恐惧，乔丹则在监视越飞越近的德国战斗机。比戈雷（Bigoray）空军中士是电报员，他把雷达专家写下的简短报告用密文发出去。当他耳机里全是德国人的雷达信号时，他对着对讲机大喊，德国人随时可能发动攻击了。话音未落，一串 20 毫米机关炮的炮弹射入轰炸机的体内。这时，机尾炮手报告有一架 Ju－88 战斗机尾随，波尔顿在听到后立即俯冲。乔丹的肩膀受了伤，但他坚持又草草地给英格兰写了一份电报。机尾炮手不断向德国人射击，最后一发炮弹在机舱内爆炸，他受伤了，机尾炮塔也被打坏了。德国人的攻击连续不断，乔丹的下巴和眼睛都受了伤。

突然，他们发现敌人的战斗机消失了，威灵顿机组人员中有 4 个受了重伤，飞机严重受损，机身上布满了弹孔。在驾驶室里，波尔顿花了 3 个半小时才把这架几乎报废的飞机驾驶回英国。左舷发动机的节流阀被打飞了，右舷发动机因满功率运转而出现阻塞；副翼和大部分仪器被破坏了；水压已经没有了。但威灵顿轰炸机是巴恩斯·沃利斯（Barnes Wallis）的设计，其结构非常好，重伤后仍然可以飞翔。乔丹和比戈雷心情沮丧，因为他俩忍着痛苦把德国战斗机发出的电信号发回基地后，基地在 4 时 55 分才给出答复，可这时威灵顿上的无线电接收器已经报废了。

早晨 6 时 45 分，他们飞越了敦刻尔克附近的法国海岸，30 分钟后在英国的领土上着陆。波尔顿考虑到飞机严重受损，在陆地降落有危险，所以必须把落地点选在海面。比戈雷腿上有多处伤口，明显无法从落水的机壳中逃出，于是给他扣上降落伞，拖他到机尾的安全舱口。在拉姆斯盖特（Ramsgate）上空，飞行员发出跳伞的命令。电报员安全降落，他随身携带乔丹的报告。然后，波尔顿驾驶着这架在劫难逃的威灵顿摇晃地降落在距离迪尔 200 码远的海面上。飞机钻入海水浸泡的沙滩上，机组成员挣扎着爬出安全舱口。他们沮丧地发现飞机上的小船被打碎了，所以只能待在飞机残骸上，等着当地渔民来救援。这件事的结局是罕见的，因为英雄主义和忠于职守获得了恰当的奖励：乔丹，损失了一只眼睛，获得了一枚杰出军人勋章；波尔顿获得了一枚杰出空军十字勋章，比戈雷获得了一枚杰出空军勋章。这架威灵顿轰炸机执行的任务是极其危险的，很少有秘密特工愿意承担这样的危险，但机组成员为皇家空军提供一份有关德国防空系统的科学情报，皇家空军可以把这份情报与其他数千份情报拼凑在一起，形成对德国空防系统的整体认识。

然后，有许多技术情报活动的结果并不明确，即使是最重要的技术情报活动，也有可能如此。1942 年 5 月 15 日，皇家空军最有经验的侦察飞行员唐纳德·史蒂文顿（Donald Steventon）空军上尉，执行一次对德国波罗的海港口斯维内明德（Swinemünde）进行航拍的任务，他看到下面有不同寻常的建筑活动，那里是乌瑟多姆岛（Usedom island）上的德军机场。他驾驶着蚊式双引擎轰炸机倾斜转弯，走捷径飞到佩内明德（Peenemünde）上空，当时这个地方并不受盟军的重视。在皇家空军的麦德门汉姆（Medmenham）航拍分析中心，史蒂文顿的照片在放大镜下只能看出 3 个大圆形的筑堤：佩内明德的照片被放进了档案。又过了 11 个月，到了 1943 年的 4 月底，在对那个地方又进行了 3 次侦察活动之后，丘吉尔才批准建立一个代号"投球"的委员会，研究可疑的德国火箭计划，这个委员会虽然不知道纳粹正在推进什么样的歹毒项目，但判断佩内明德是项目的中心所在。

德国火箭武器的传说是二战中最迷人的情报研究重点。德国人的科学独创性值得英国人尊重。当纳粹的宣传公开说柏林正在发展远程武器报复英美的轰炸攻势的时候，伦敦立即开始投入巨大的精力去确定其威胁的性质。到了 1943 年的时候，盟国已经掌握了战争的大势，因为盟国的实力非常强大，特别是在空中。布莱切利园破译了大量敌人的秘密无线电密文。虽然拥有如此的优势，但丘吉尔的情报机构仍然无法确定希特勒"复仇武器"计划的核心是什么。到了最后，英国人才知道原来是 V−1 和 V−2 型的火箭。这个故事有力地修正了某些人认为"超级机密"发现了敌人所有秘密的幻觉：德国火箭是一个重要的秘密，但没有被布莱切利园发现。

德军试验火箭已经有几年了，德国空军也在试验没有飞行员的飞机。1939 年提交给军情六局的"奥斯陆报告"提到，佩内明德是一个测试场，地位重要。到了 1943 年，由于德国空军无力反击英国皇家空军和美国陆军航空队对德国的攻击，希特勒这才决定投入大规模资源去制造新武器。当时火箭这种新武器仍然处于试验阶段，但有可能做到有人飞机做不到的事，给英国造成严重破坏。那时，英国人早就听说了德国有了火箭，谈论此事已经有几个月时间了。琼斯读到过一段几个德国科学家在一家柏林餐馆里与一位代号"埃尔加"的丹麦化学工程师的谈话，谈话的内容就是德国的火箭，这位丹麦工程师定期向百老汇街提交报告。1943 年 3 月 22 日，在特伦特公园高级军官战俘营，德国非洲军团的两位将军克鲁威尔（Cruwell）和冯·托马（von Thoma）的一段谈话被窃听了，他俩谈论了火箭计划的前景。一周后，百老汇街收到一份来自卢森堡抵抗组织的情报，这份情报非常潦草且不完整，是几个被迫在佩内明德做苦力的抵抗组织成员亲手绘制的。这份情报是伯尔尼的一位低级情报官送来的，当时情报站的站长代号"屁股"范登·赫维尔不在，他回到办公室后，对员工严加斥责，批评他们为这等无用的东西浪费密码资源。就在这时，从伦敦传回消息说这份情报有极高的价值，要求继续获得更多类似情报。4 月 12 日，英国副总参谋长把这件事的要点报告给了英国首相丘吉尔。丘吉尔决定认真对待这个威胁，任命自己女婿邓肯·桑兹（Duncan Sandys）去进行调查。桑兹是一位年轻的主管供应的大臣。5 月 17 日，调查的初始结论是"虽然掌握的证据不多，但预示德国火箭可能很先进"。

桑兹很不受欢迎——艾伦·布鲁克曾经发誓说，如果桑兹这位野心勃勃的政治新星成了陆军大臣，他就辞职。任命桑兹去调查，就等于把调查德国火箭的事，从职业情报分析员手里，转移到了政客手中，但这不是偶然的：从头到尾，英国政府就把德国火箭这件事视为高度政治化的事。纳粹在战争末期设计出来的东西，已经不可能改变战局了，所以"秘密武器"的军事威胁是有限的，而德国原子弹似乎没有多少进展。此时入侵欧洲大陆的"霸王"行动正在策划之中，似乎一次革命性的传统进攻可能会破坏这次行动，它会使疲惫的英国人感到痛苦和不幸，也许还会使他们失去对最后胜利的幸福感。在英国工党政客赫伯特·莫里森（Herbert Morrison）的指导下的国土安全部，声称每枚在伦敦爆炸的火箭可能会杀死 600 人，重伤 1200 人，而德国每个小时都能发射出一枚来。白厅就是凭借这股对未来的忐忑不安才在 1943 至 1944 年之间的岁月里维持着警惕性。

英国情报机构在几年的时间里，一直都顽固地坚持错误观点，"投球"调查组认为德国正在开发一种秘密武器，但实际上德国人在测试几种不同的技术，包括一种巨炮。巴黎有一个波兰人情报组，在 4 月报告了德国"有翼炸弹"的计划，这种炸弹正在佩内明德进行开发。8 月，一位丹麦海军军官提供了他勘察的 V-1 火箭坠毁后的详细情况。从现场情况看，它不带着引擎；这在伦敦引发了推测，这或许是一个德国正在建造的滑翔炸弹的变种，用以替代德国空军有人驾驶的飞机。在麦德门汉姆航拍分析中心的分析员与琼斯之间有激烈的争执。琼斯很聪明，许多人不喜欢他。他经常突然语出惊人，不仅富有灵感，还引发争议，那种粗暴的说话方式，只有休·特雷弗-罗珀这样的人才会给予尊敬。今天，弹道导弹已经被世界铭记了足有 70 年了，即使是儿童也能辨识出佩内明德的航拍照片中的东西是什么。但在 1943 年，分析人员通过放大镜仅看到了一些"物体"或"竖起的柱子"。谁能指责他们呢？

在那个夏季和此后的几个月里，"投球"调查组遇到了挫折，不仅调查项目的名字在 11 月 15 日改成了"十字弓"，其提交的报告也被拒绝了，因为佩内明德的物体与波兰和法国其他地点上出现的物体有不同的特征。1943 年 6 月 29 日，军情六局报告德国正在建造一种巨型大炮，射程 230 英里。有人推测火箭的弹头也许能提供 10 吨的当量，具有毁灭性的打击力量。有迹象表明这种火箭可能使用液体燃料，这让英国人感到困惑，因为英国科学家不相信存在这样的技术。伦敦请美国人和苏联人贡献他们掌握的所有信息，结果什么都没有得到。华盛顿说无可奉告。莫斯科情报总部本可以分享一些"露西"情报网搜集的线索，但没有兴趣协助英国人打他们自己的微不足道的战争——这当然是斯大林的观点。艾伦·杜勒斯把几份战略情报局 1943 年有关佩内明德和秘密武器计划的报告传给了英国人，这几份报告能独立地证实英国人的推测，但琼斯的长篇报告没有提及伯尔尼情报站的站长和战略情报局，这有可能是美国人的电报根本没有传递到英国人手中。

在 1943 年夏季末，伦敦相关部门只找到了唯一共同点，大家都同意佩内明德集中了德国一些极度危险的活动。所以，8 月 17 日夜，佩内明德的机场及周边的建筑、工厂、车间被 596 架皇家空军轰炸机部队的兰开斯特轰炸机、哈利法克斯轰炸机、斯特林轰炸机摧毁了。轰炸目标是海边的岛屿，很容易精确地找到。这次袭击非常成功。德国战斗机击落了 40 架轰炸机，约占参加战斗的轰炸机总数的 6.7%，这些轰炸机从英国本土的机场远道而来。许多地面设施被破坏，炸死了 180 名德国科学家和工程师，以及 500 名苦力（大部分是波兰人）。沃纳·冯·布劳恩（Werner von Braun）是 V－2 火箭计划的首席科学家，他希望在 1943 年 11 月对英国发动攻击。这个目标日期可能实现不了，但英国轰炸机部队的袭击使之推迟了几个月。

8 月 27 日，邓肯·桑兹签署了一份新报告，最终承认德国人在发展两款不同的武器，但仍然在弹头当量上拼命争辩。琼斯博士指出，任何可信的预测都表明，敌人可能造成的损失要远小于皇家空军和美国陆军航空队每天给德国造成的损失。有许多人同意他的这个观点。不过，纳粹确实险恶，用这种歹毒的机器，可能屠杀成千上万英国人，而且不会损失他们自己的飞行员；此时战局已经确定，这样似乎太恶毒，太不公平。

美国轰炸机承诺对在法国的瓦唐（Watten）发现两处新秘密武器掩体发动攻击。美国人的攻击使德国人放弃了这两处地点，但抵抗组织发现在法国北部有工程在进行，显然跟新武器有关。军情六局有一位情报员，名叫米歇尔·豪勒（Michel Hollard），一个到处旅行卖煤气发动机的商人，当时大部分法国车用这种发动机，他通过自己的"阿哥尔"情报网搜集了有关 V−1 地点的大量信息。豪勒亲自查看了一处地点，假装成苦力；二战中，他 98 次跨过瑞士边境，给百老汇提供材料。后来，他因被出卖而被捕，但幸运地活了下来。

佩内明德袭击之后，纳粹把秘密武器生产线转移到了盟国空袭攻击不到的地下。敌占区的盟国情报员冒着巨大危险发出了几份情报，但这几份报告没有能完成曲折的旅程到达伦敦：1943 年 12 月，一位法国第二局的前官员，获得了 V−2 火箭的详细设计，V−2 的生产地点在维也纳新城（Wiener−Neustadt）附近的工厂里。他把这份情报通过马德里送给英国，但没有被送到英国科学情报官手中。如果能送到，那将会是非常珍贵的。

10 月 7 日，布莱切利园破译了一份大岛浩男爵一周前给东京的报告，报告说德国计划发射远程大炮，射程达 250 英里，最早在 12 月中旬开始。但德国高层对大岛浩说的话有夸张的成分，其目的就是为了维持东京的斗志。桑兹的调查组内依然疑问重重，拿不定在多大程度上纳粹公开的威胁和对德国盟友的私下承诺是宣传。伦敦的联合情报委员会维持着怀疑态度，彻韦尔勋爵也一样，他是丘吉尔的科学顾问，很有影响力。在此后的数周里，布莱切利园仅破译两份相关情报，都与德国秘密武器地点的高射炮火防御有关。德国火箭的技术细节都是用纸张或电话线传递的，所以布莱切利园没有用武之地。

在 1943 年冬季，伦敦针对德国火箭的争论变得激烈和急躁，因为有几个不确定性。10 月 24 日，邓肯·桑兹声称德国很快就要开始对英国进行火箭打击，在圣诞节前可能投放 1 万吨的炸药。这是个荒谬的说法，像琼斯这样的人根本不信，但英国首相惊恐起来。布莱切利园受命要特别关注德国空军信号试验团第 14 连、第 15 连的情报，这两个连据说涉及无人驾驶飞机的计划。到了 11 月底，新破译的情报让英国人了解到了实情，德国有一种后来被称为"狮蚁"的武器，能以每小时 200 或 300 英里的速度飞越 120 英里远的航程。

12 月 4 日，"十字弓"委员会认定，德国在加来海峡建立的十几处神秘的"滑雪场"是被设计用来发射无人驾驶飞机的，豪勒的"阿哥尔"情报网在法国北部发现了 100 处这样的场所。大家一致认为，这些样子像滑雪跳台的场地应该是皇家空军和美国陆军航空队的首要轰炸目标，不过实践证明这些场所很难轰炸。在这种情况下，英国立即开始对德国 V－1 火箭进行防御，防御网由战斗机、阻滞气球、高射炮构成。1944 年 3 月，布莱切利园破译了一段密文，这段密文显示德国改进了火箭的精度。又过了 2 个月，驻斯德哥尔摩的英国海军武官找到了到实地考察坠毁在瑞典境内 V－1 火箭残骸的机会。与此同时，一位德军化学战专家在意大利被英军俘虏了，他告诉审问官他在佩内明德参加过一次火箭课程，并说出了一些有关 V－2 火箭的细节，其中有几点很准确，其他的则是凭空捏造。1944 年 5 月，布莱切利园又破译了一种晦涩的德军密钥，该密钥用于佩内明德和波兰的布里茨那（Blizna）V－2 测试场之间的通信。布莱切利园收到指示，要以最高优先级监视这个密钥的情报传递，如果有必要，可以借用从事其他重要工作的人员和"炸弹"解码机。

1944 年 6 月 13 日，诺曼底登陆一周之后，第一枚 V－1 飞弹落在了英国，这其实就是早期的巡航导弹。琼斯和官方情报史很乐于承认一点，在德国飞弹到来前，英国人基本上不知道这种武器的性质，或者说不知道它有多么危险。在英国受袭击前的 6 月 12 日，空军部做了最后一次估计，认为德国人可能在最初的 10 个小时里投下 400 吨炸弹，这个数字太夸张了。德国的飞弹袭击迟到了，没有能破坏"霸王"诺曼底登陆行动，这曾经是英国人和美国人害怕的事，如今如释重负。很快情况就清楚了，V－1 的攻击力并不如原先想象中的大，不仅其自身存在弱点，利用气球、战斗机也能限制其攻击力，但疲惫的英国人民仍然很不喜欢"狮蚁"群的光临。

英国的统治者，特别是国土安全大臣赫伯特·莫里森，非常担忧德国还没有发射的火箭 V－2 可能造成的威胁。就是莫里森这个人，竟然企图否定琼斯的天才想法——琼斯建议通过"双十委员会"控制的阿勃维尔间谍，告诉德国人 V－1 从伦敦上空飞跃过去了，德国人听了这话就会把目标指向英国南部。这位英国国土安全大臣的反对意见十分荒谬，他说这是在恶毒地违背天意。万幸的是他的反对没有起作用。7 月，在莫里森的要求下，英国战时内阁准备从伦敦撤出 200 万人，并把政府搬出首都，如果德国火箭的破坏力确实很大的话。当时有人猜测 V－2 的弹头可能重达 10 吨。空军部的专家在去瑞典查看了 V－2 试验弹的残骸后，在 7 月份做出的估计 V－2 弹头是 5 吨。根据这个估计，德国人每个月能向英国倾泄 800 吨炸弹，不过这个量仍然远小于落在德国的炸弹量。琼斯在 7 月 16 日承认，德国人生产出了一种在技术上很引人注目的飞弹，而且达到了"能对伦敦发动漫无目标轰炸的"阶段。但他认为德国人的弹头很可能超不过 1 吨重——确实是如此。

1944 年 7 月 25 日夜晚，一架没有装备武器的皇家空军 C－47 运输机，在一位年轻的新西兰人盖伊·库利福德（Guy Culliford）空军中尉的驾驶下，执行一次极其漫长的长途航行，从意大利起飞，到遥远的纳粹占领下的波兰，随行的是一位波兰导航员斯茨哲（Szrajer）。黑暗中，库利福德在波兰的塔尔努夫（Tarnow）西北 12 英里处的一个叫扎波热窝的村庄降落了。在 1 英里外的地方，有 400 名德国兵驻防，降落的跑道是德国空军白天刚使用过的。但波兰人有时在晚上利用这条跑道起降飞机：库利福德在超高频对讲机的导航下安全降落，迎接他的是战略情报局安排的游击队小组。他们徒手从飞机舱门搬入 19 箱 V－2 的残骸，这些残骸是在布格河边（Bug）找到的，以及十几张照片和图纸，同时上飞机的还有 5 名抵抗组织成员。在陆地仅待了 5 分钟，库利福德重新启动发动机准备起飞。这时发动机出了故障，飞机的轮子也陷入烂泥中了。

地面上的游击队员疯狂地挖泥巴，挖了一个多小时，飞机的液压管也被切断了。这样，库利福德在第 4 次试飞中才成功地起飞了。飞机轰鸣着向南方飞去，速度慢得令人气恼，因为飞机起落架收不起来。在凌晨到来的时候，飞机载着疲惫的机组成员和旅客在意大利的布林迪西（Brindisi）笨拙地降落了；V－2 的残骸被空运到了伦敦，在 2 天后送到了琼斯和同事手中。库利福德获得波兰空军最高荣誉十字勋章，这是他应得的。如果说这次行动解决有关德国火箭的疑惑，那一定令人满意。但实际情况不是这样，英国人仍然对 V－2 的技术指标感到迷惑。

在那一年的夏季和秋季，总共有 1 万枚飞弹射向英格兰，其中 7488 枚跨过了海岸线；只有 2419 枚抵达了伦敦，其余都被击落了。飞弹炸死了 6184 人，引发足够的悲伤，既没有实现希特勒期待的破坏程度，也不像英国害怕的那样严重。9 月初，英国副总参谋长提交了一份特别草率的报告："那些发射飞弹或火箭的地方，即将或已经被盟军占领。不久之后，英国再也不会受到这两种武器的威胁。"9 月 7 日，邓肯·桑兹在新闻发布会上公开说："或许还要有几枚火箭落下，但伦敦战役结束了。"然而，几天后，从荷兰发射的第一枚 V－2 火箭落在法国的巴黎和英国的奇西克（Chiswick）。又过了 3 或 4 天，V－2 落在了英国首都。火箭攻击的规模不断扩大，最后稳定在每天 14 枚上，落点在荷兰和英格兰东南部，但精度不高。

战时情报官方史学家坦率地评论说，英国有关 V－2 的信息在很长一段时间里是粗略的，"无法满足实际需要"。琼斯曾经对火箭的尺寸和弹头重量做过很好的估算，时间是第一枚火箭被发射出来的前夜。但到了 1944 年 12 月，伦敦才理解火箭不是无线电控制的，所以无法加以干扰。"十字弓"委员会和联合情报委员会对 V—2 在德国境内的生产厂、仓库、燃料厂的位置缺少足够的认识。对火箭没有什么实际有效的防护措施，唯一的就是攻占在荷兰的发射点，但这在二战结束时才实现。受到 V—2 攻击的刺激，赫伯特·莫里森呼吁盟国轰炸机对荷兰海牙附近的发射点进行全面攻击，似乎不顾及荷兰平民的伤亡，这实属过度的恐慌。空军的首长借口人道主义考虑，想阻止饱和式的攻击，但盟国对"滑雪场"、法国的火箭设施、荷兰的 V—2 发射场的攻击，所杀死的法国人和荷兰人比希特勒的秘密武器杀死的英国平民要多。从 1944 年 9 月 8 日至 1945 年 3 月 27 日，一共有 1054 枚火箭落在英格兰的土地上，杀死了 2700 名伦敦市民。

自从 1943 年夏季起，彻韦尔勋爵一直就怀疑希特勒火箭计划的可信性。他在那年的年底说："战争结束后，当我们知道了全部详情时，我们会发现火箭是海市蜃楼。"他的这番话引来嘲笑声。确实，彻韦尔勋爵此话夸张，但他一直如此。但他有一点说对了，纳粹在 1944 至 1945 年间创造的两款武器明显局限于那个时代的技术，不太可能改变战争的形势。在火箭开始在英国爆炸后，彻韦尔不时轻蔑地说："山在呻吟，生出了一只耗子。"他说的没错，希特勒犯了大错，把资源浪费在火箭上，用在其他地方可能获利更大——比如增加坦克的生产量，或加速扩张 Me—262 战斗机计划。一枚 V—2 火箭消耗的资源可以用来生产 7 架德国战斗机。

纳粹领袖没有看到真正重大的问题，既不是极具创造性的靠陀螺稳定的弹道导弹，也不是飞弹，而是能投放到英国的炸弹量。V—1 的弹头不到 1 吨，V—2 比 1 吨多一点，这两者都比亨克尔轰炸机的载弹量少，也比 Ju—88 轰炸机的载弹量少。德国火箭给英国人的精神压力是巨大的：在"狮蚁"的地下生活是可怕的经历，火箭发动几秒钟后，便杀气腾腾地钻入地下，V—2 火箭则可以在刹那间产生可怕的破坏力。然而，即使德国可以生产更多这样的武器，也只能骚扰希特勒的敌人而已，无法严重地影响战争形势。如果火箭可以用来攻击艾森豪威尔在法国的地面部队，那用途还大一点，但德国的两款火箭的精度不够高，无法给地面部队造成大伤害。现代有几个历史学家在推测，如果德国生产并向英国发射数万枚火箭的话，战争形势将会怎样，可这样的推测没有多少用。还不如去计算如果德国空军规模大幅提高或德国潜艇大幅增加的后果。这两件事，正如彻韦尔和琼斯正确地预测的那样，希特勒已经无力负担了。

英国在火箭情报方面有失误，但并非绝对的。英国人发现了现实中有威胁。英国人通过轰炸佩内明德和法国火箭发射场，使德国的计划延后好几个月的时间，他们判断得很对，那些地点是德国火箭项目的重要条件。"十字弓"委员会学会了一些在 V－1 发射前进行适度反击的有效办法；但盟国就没有什么武器可以对付在天上飞行的 V－2。希特勒有一点很了不起，在战争最后几个月里，他还有能力对盟国发动一次进攻，而且盟国竟然不知道他所用的武器到底是什么，甚至还做不到像监视德国原子弹项目那样加以监视。这是有几个深层次原因的。虽然皇家空军的航拍分析员技能很高，但它们对不熟悉的东西不知道如何处理——比如，那些他们从来没有见到过的建筑。波兰和西欧的抵抗组织，虽然提交了报告、草图、残骸，表现出极高的勇气和决心，但他们的努力很难产生足够的证据，使伦敦的科学家和间谍做出肯定的结论。最后还有最重要的一点，英国的情报机构太依赖"超级机密"，如果布莱切利园不能提供什么情报，他们就感到非常困难：德国人不愿意把元首的报复式武器的原理用无线电信号进行详细描述。

在战争的宏大布局中，这些都不是太重要。正如彻韦尔勋爵所言，纳粹这座山生出来一只耗子。但有一点令人震惊，盟国的情报工作在"超级机密"驱动下，在战争的最后几年取得全面的胜利，但就有这么一个盟国高层领袖想知道的秘密没有被挖掘出来。

# 第 16 章

# "笨头笨脑"：英国病人

　　从本书所介绍的大量人物的行为举止中可以看出，许多间谍的效忠关系很乱，各国的情况都一样。在为二战服务的英国人中，极少有人像罗纳德·赛斯那样经历漫长的冒险历程，而且后人很少知道他，甚至研究秘密战的历史学家也很少知道。他的所作所为，几乎没有对战争有任何程度的影响，但浪费了许多高级官员的大量时间，不仅包括特别行动局、军情五局、军情六局、军情九局的高官，还包括阿勃维尔和国家安全部的高官。赛斯有一个非常不同寻常的特点，英国国家档案馆保存着有关他的几乎所有文件。所以，这才有可能讲述一下他的故事，他是战争中被德国人"策反"的少数几个间谍之一。他迷惑了双方情报机构，他的手段高明，相比之下，那个代号"锯齿"的埃迪·查普曼只能算是个业余爱好者。

　　赛斯 1911 年生于英格兰东部，金属商人的儿子，中学是在伊利国王中学读的，大学在牛津读，读的是英国文学，毕业后做了教师。他动过做牧师的念头，但最终被拒绝了。1936 年，他接受了爱沙尼亚的塔林英语学院提供的一个职位。他在这所当地大学里成了一名英语助教。他写了一本很薄的有关爱沙尼亚的书《波罗的海之角》，1938 年在英国出版。战争爆发后，他回到英国，做了一年英国广播公司对爱沙尼亚广播的播音员。在与公司发生争吵后，他参加了皇家空军，成为威尔特郡（Wiltshire）机场的管理员。

　　赛斯结了婚，婚后有了 2 个孩子，但他仍然渴望在大战中一显身手。1941 年 10 月 26 日，他写了一封长信给空军部，声称他适合去提升波罗的海国家反纳粹暴动的水平："由于我的活动，我成为街头巷尾普通爱沙尼亚人都认识的人。我想说，那个国家的人给予我尊重和羡慕。不可否认，我是爱沙尼亚最知名的英国人。此外，我认识许多有权有势的爱沙尼亚人，包括总统和大部分政府成员。

爱沙尼亚人想要的是政治独立……我向你提出下述建议：请允许我回到爱沙尼亚，组织一个抵抗运动……我知道这有困难和风险。我知道如果我被抓，我就'完蛋了'。如果我成功了，我就等于做了一件大事……无论怎样，我应该更高兴地去试探，而不是如今的这个样子，我现在或多或少处于受限制的状态……在作战培训部工作。"

在战争中，有许多感到生活平淡的男男女女写过类似的既浪漫又富有野心的请求，但都被未被有关方面注意到。然而，赛斯这封非凡的信被转交给了特别行动局，特别行动局的反应很热烈。苏联命悬一线；英国人渴望尽一切努力用自己有限的能力提供帮助。德国正在从爱沙尼亚掠走数百吨页岩油，提供给围攻列宁格勒的部队。贝克大街问赛斯："你怎样空降到那个国家去？如何炸毁石油厂？如何在东线的后方组织起一支当地的抵抗运动？"这位有志向的英雄接受了特别行动局的安排，填写了申请表，在回答一个有关他的政治观点的问题时写下了"朦胧的社会主义者"。他说自己写过两本"无人知晓的小说"。他还说自己不会开车。这些没有妨碍他加入特别行动局，甚至他的前雇主皇家空军机场抱怨他有一张支票没有还清都没有妨碍。他把1942年的大部分时间用于学习颠覆技能、间谍情报技能、徒手格斗技能、无线电技能。

作为间谍新手，赛斯表现得很不错。他不喜欢武器训练，他的手腕无力，射击成绩不佳，但在上了一段时间的体育课后，射击成绩有所改进。在纽卡斯尔（Newcastle）的训练完成后，教官写报告说："这位学生的学习质量极高。他极为敏锐，能力极高……在严格地审问他的身份、生活、历史背景、现在的活动、在纽卡斯尔的事、未来计划的时候，他表现出极高的自信。他的性格极度稳定，他讲故事令人信服。"在吟飞（Ringway）的跳伞学校，他戴着眼镜跳伞，校方形容他是"喜欢说笑的那种精神紧张的学员，似乎很诚挚，有决心……令人喜爱"。他的毕业报告说："聪明，但思维不稳定，心理不成熟。他热情极高，近乎疯狂。他似乎拥有无穷的自信……他有迷人的性格，善于交际，但他有一个最大弱点，他总是渲染自己所做的一切。如果他想成功，他必须有更多的安全意识和自我约束。他的性格不让人放心，但真正让人放心的是他的果断。"1942年9月，对赛斯的最后结论有了，"虽然他自信极高，可能有些过度，但自信同时又是他最强大的武器"。

他向特别行动局提出建议，在他跳伞进入爱沙尼亚的时候，他应该被弄成残疾人，这样就不会被送到德国做苦力了。他提这样的建议，说明他是个怪人，严重点儿说心理不稳定。他的联络人拒绝了这项建议，因为联络人觉得，如果英国政府按照这项建议去做，战后可能要给赛斯伤残抚恤金。在贝克大街，一位思维敏捷的计划官对派间谍去完成无法成功的使命感到困惑，在他看来，这项意在激起当地人希望的任务注定要失败。这位不知名的官员在 1942 年 5 月 1 日写道，"爱沙尼亚在战后要交给苏联，爱沙尼亚人又知道了英国人默许了这样的安排，我看不出爱沙尼亚人会真诚地帮助罗纳德从事破坏活动，那等于是走向一个没有自由的世界！"

还有值得怀疑的地方。赛斯为人身材高大，身高达到 6 英尺 2 英寸，非常显眼，派出这样的间谍混在爱沙尼亚社会中做间谍很不实际。但所有的谨慎审视全都被特别行动局的领导们给忽视了，他们在 10 月做出决定，只要皇家空军有飞机，就尽早送走赛斯。但出了一个小事故：一位名叫阿诺德·泰德里金（Arnold Tedrekin）的水手被挑选出来与赛斯一起跳伞，但赛斯指出这位同志的呼吸不正常，他拒绝跟这样的同志一起去完成任务。原先的协定是这位英国人单独跳伞。特别行动局的命令非常严厉，还用词不当："几乎没有希望收回这个人。"

丘吉尔曾严厉警告他的情报主管，不许他们使用轻佻的代号。英国首相说，妻子和母亲不应该听说自己的丈夫和儿子死于诸如"美国交际舞""大吹大擂"这样的任务。特别行动局在给罗纳德·赛斯取代号时违背了丘吉尔的指示，他们称这次去波罗的海执行任务的间谍叫"笨头笨脑"。这次行动开始就不吉祥，三次起飞三次失败，皆因天气不好。根据负责这次任务的皇家空军军官的说法，赛斯的情绪低落，这是可以理解的。到了 1942 年 10 月 24 日星期日下午 6 时后，一架波兰人驾驶的哈利法克斯轰炸机从约克郡的乌斯河畔林顿（Linton－on－Ouse）起飞了，开始了 6 个小时去爱沙尼亚的航程。飞机上坐着穿着崭新迷彩跳伞服的间谍，旁边放着一部无线电发报机、一些口粮和炸药。

赛斯这次跳伞是"盲跳"，意思是没有人接机，因为当地还没有抵抗组织。他选择在海边一栋农舍的附近落地，那农舍的主人叫马丁·撒恩（Martin Saarne），赛斯认识他，赛斯教过他儿子英语。根据那飞行员后来的描述，赛斯来到驾驶舱，站在他身旁，在明亮的夜空下看着波罗的海的海岸线，最后他找到了该跳伞的地方，是科拉半岛西面一片森林中的空地。赛斯欢呼着消失在夜空中。飞机在第二圈中抛下 3 个装着他的设备的箱子。赛斯在地面用手电筒证实安全着陆，看到这信号，大轰炸机调转方向回家了，这时是第二天早晨 7 时，赛斯整整在天上飞了 13 个小时。飞行员报告赛斯被送到了："在与机长选定了落点后，间谍毫不犹豫地跳伞了。"

但"笨头笨脑"此后便没有消息了。几周过去了，接着几个月又过去了。特别行动局在塔林（Tallin）的一个情报员发回一份报告说，听说有个英国跳伞员被德国人抓住后自杀了。赛斯的联络人是罗纳德·哈泽尔（Ronald Hazell）少校，从前是船舶经纪人，如今是特别行动局波兰分部的主任，当他被问及"笨头笨脑"是否有毒药时，他回答说："是，当然有。所有间谍都有氰化钾丸，以防被捕，但大多数间谍立即就丢进下水道了。"哈泽尔感到有必要给约瑟芬·赛斯写信报告她丈夫失踪了，也有可能发生更不幸的事。她的回信很感人，她在信中解释她在皇家空军几个机场工作过，每三个月才能去西部看孩子一趟，所以经历过困难的日子。她承认特别行动局对她丈夫没有音信的解释，但她说："我相信罗纳德还活着。"——在战争中，许多妻子都是这样说，到最后不得不承认自己成了寡妇。

一次偶然的事件才使这个故事能继续讲下去。1943 年 4 月，两架德国空军的飞机在中立的瑞士迫降。瑞士人没收飞机上载着的大量德国文件。军情六局在当地的情报站获准给这些文件拍了照片，照片随后被送到伦敦进行研究。4 月 30 日，一位特别行动局的情报官阴郁地告诉同伴："我认为下面这份文件跟我们有关。"他指的是一份已经翻译成英文的德国空军文件，这份文件是 2 月 6 日德国人对英国间谍罗纳德·赛斯的审问报告。看上去，似乎是赛斯降在爱沙尼亚跳伞后没有几天，就落入了德国人之手。他在审问中把特别行动局的事全说了——而且还给自己涂脂抹粉。他声称，英国空军部一个犹太人用左轮枪逼着他做了间谍。

特别行动局在研究了这份德国报告后评论说："这份报告在涉及他本人的情况、我们给予他的训练、送他去爱沙尼亚的过程方面都是与事实相符的。但赛斯说空军部有人用枪指着他的脑袋……这是难以令人置信的。他有可能还活着……或许过一段时间，我还能听到有关他更多的消息，到那时，我们才能肯定他是否被关押着，或是被处决了。"另一位特别行动局官员的观点比较苛刻："我对这次行动表示歉意，我对这次行动的理解只能是这样的，赛斯到了那里后临阵退缩了。我没有见过他，但我听到了一些有关他的报告，他是个紧张不安的人，很容易在遇到阻力时崩溃。"

1943 年 5 月 5 日，特别行动局的信号处接到指示，放弃监听"笨头笨脑"的无线电信号。一个月之后，有一份备忘录说，赛斯的联络人哈泽尔少校"见到了'笨头笨脑'的夫人，她说如果关于她丈夫能有某种正式的说法，她会非常高兴告诉她的朋友的——比如，说她丈夫失踪了。哈泽尔没有告诉她任何我们知道的有关'笨头笨脑'的信息。她说同意等到战争结束，看看什么新消息……权衡利弊，我建议空军部的人事处应该给赛斯的妻子一封信，明确地说明'笨头笨脑'在行动中失踪了。"给约瑟芬·赛斯的通知很微妙，那通知说她丈夫没有死，但情况极度不确定。那可怜的女人肯定怕得要命。

在此后的一年多里，没有听到过有关赛斯的一点消息。有理由相信，他跟其他被抓的盟国间谍一样，被关押在集中营里了——或更有可能被杀死了。诺曼底登陆后几天，1944 年 7 月 29 日，特别行动局的会议记录写道："如今收到信息，罗纳德·赛斯空军上尉的状态必须改成在行动中被杀，时间 1942 年 10 月 24 日……已经非正式地通知赛斯夫人她丈夫的死讯。"一个月后，巴黎解放了，赛斯的故事却突然发生了转折，引发了军情五局、六局、九局的严重关注。有一位名叫埃米尔·里维埃的人，找到当时在巴黎的一位皇家空军的军官，交给他一封信，收信人地址是伦敦陆军部。这封信按照地址被送到了。打开信封一看，里面是用铅笔写的密密麻麻的 75 页报告，标题是："巴黎，1944 年 8 月 7 日。"投递地址是"总司令部特别培训中心，98 号房间，骑兵卫队。发自：笨头笨脑。在前线"。

信是这样开始的："亲爱的先生，我希望你们原谅我有个大请求，但如果你们认为我的行动至今为止是成功的，请你们把我的军阶提升到空军上校（不给工资），新级别生效日期从你们收到这封信前 12 月算起，这个请求能满足吗？先生，我请求帮助，是因为我如果在接下来的几个月里出事了，我的妻子和孩子至少有救济金可以依靠。虽然哈泽尔少校向我保证他认为如果我死了，组织（特别行动局）会向我的孩子提供 1000 镑，但我在执行任务期间，妻儿的生活问题一直令我非常担心。但如果我还能给他们钱，我的女儿和儿子拿不到 1000 镑去上学。战后，教育对英格兰会非常重要的，我敢肯定。"

这个开头有点单调，但这可能仅是作者的写作技巧，赛斯给特别行动局的报告的剩余部分简直就是一部有趣的小说：耸人听闻，富有色彩的描写，简直不敢相信是英国情报机构在 1944 年能做得出来的。但有一个事实是无可争辩的，在被占欧洲领土上，在残酷的敌人的手中，赛斯这位特别行动局的间谍在长达两年的时间里的经历，即使按照世界大战的标准看也算是不可思议的。他声称他跳伞的地方正好遇到一队德国兵，他成功地逃脱了，但武器和电台丢失了。此后，他遭遇爱沙尼亚武装分子的枪击："有一发子弹射进我躲藏的地方，差点就击中我的头部。"他描述了他是如何炸毁几架德国飞机和炮台的。他说他被迫生活在野地里，没有食物，只能靠吃从伦敦带来的鸦片生存："我找不到鸡。射杀鹿是一个办法，但即使我追上鹿，我的手枪仅有 30 发子弹。前景不妙，因为我的威士忌不多了。我知道当地人的脾气，我决定维持原来的计划，不与任何人交往，除非我见到了我们的老朋友撒恩。"

11月5日，赛斯终于见到了那个农夫。在紧张和冰冷的谈话中，赛斯获悉他的任务没有希望成功了："那些经历过苏联1939至1940年占领期的老人都活得没精打采，而年轻的爱沙尼亚人对德国人忠心耿耿，德国人很聪明地利用红色占领时期人们对苏联人的厌恶。"赛斯说他因此而决定去塔林。在他走过附近一个村庄时，他被武装人员逮捕了，这些人把他交给了德国人。他立即被关押在塔林中央监狱第13号牢房，审问他的是福格尔少校。当被问到是否能给英格兰发电报时，这位间谍因饥寒交迫而痛哭流涕地同意了。他被审问了8天，期间他编造出了英国空军部一个名叫古德曼的犹太人逼迫他接受了特别行动局的任务。他向伦敦的读者群用很长的篇幅描述了他受折磨的情况，然后说他获得通知12月21日要公开地绞死他。他说他自接受任务那天起就准备好上绞架了："我拒绝蒙上眼睛，我要像英雄那样尽可能地摇晃头颅。"在详细地讲完自己所经历过的磨难后，他声称死刑的日子被延后到了圣诞节之后。他告诉德国人他乐意跟他们合作对抗苏联人。德国人被说服了。1943年1月，德国人把他送上一列从里加开往柏林的火车，接着又送他去了法兰克福。

赛斯给狱卒讲了许多奇妙的故事，称自己是空军上校，还有骑士爵位，与皇室的关系密切。他告诉特别行动局，他对德国人说他在1941年被获准加入一个名叫温莎联盟的秘密社团，这个社团的目标是恢复爱德华八世的王位。他成为这个社团的会员，当时在场的有斯塔福德·克里普斯（Stafford Cripps）爵士和其他几个议员。他劝关押他的盖世太保重用他，因为他的英国广播公司播音员经历是极为有用的。最后，他被转移到了阿勃维尔的监狱中，因为阿勃维尔建议把他训练得能回英国执行间谍任务。

1943年11月，他被阿勃维尔的联络人埃米尔·克利曼（Emile Kliemann）少校带到了巴黎。在巴黎，他住在一个法国人家中，主人是著名的亲德分子，名叫德利代斯（Delidaise）。他获准可以自由行动，护照上的名字叫斯文·帕西凯威（Sven Passikiwi），国籍是芬兰。此后，他给特别行动局讲的故事变成了吹牛皮：他声称他在市区枪杀了两名德国兵。他宣称自己跟德利代斯一家的关系很融洽，特别是主人的小姨子莉莉安。他对特别行动局说："大家都叫我'罗尼先生'……有一件事躲都躲不开，莉莉安成了我的情人。这份报告不打算触及病理学和心理学细节，但我必须说我的不够绅士的'性爱'行径是男人的生理需要；另一方面，我急需一些人与人之间的接触，让我感到活在现实中……先生，你要是在我的位置上，恐怕也一样。我在演戏，不是每天演 2 或 3 小时那种，是每天演 24 小时。"

　　他接受长达 6 个月阿勃维尔的间谍训练，包括无线电技术和密码术，在这两方面他提供给特别行动局大量细节，包括图画和数字表格。他好像在巴黎街头穿着德国空军的军装。诺曼底登陆后不久，他被告诉两周后要被送往英格兰。但到了 6 月 20 日，他突然接到通知他的新上司对他失去了信心；柏林拒绝批准给他的任务。他被从舒服的公寓中赶出来，离开了他的情人，住进了谢尔什－米迪（Cherche－Midi）监狱。他详细地描述了监狱里的痛苦生活，发现虱子跟指甲盖那么大，而且他身上还长了疥疮。他的阿勃维尔联络人克利曼少校——代号"基尔贝格"——来看望他，告诉他如今正在讨论是否把他送回柏林。又过了 6 周时间，他突然被告知已经有定论了，要把他送到英军战俘营里做密探。

　　此后，他被从谢尔什－米迪监狱释放出来，恢复了半自由的状态。那段时间，盟国正准备进入巴黎，于是他赶紧写他的长篇报告，他委托理查德·德利代斯替他提交报告，德利代斯还有一个名字叫埃米尔·里维埃。那个法国人肯定以为，帮助赛斯与英国人取得联系，可以保住他的小命，他的想法没错。赛斯在接下来给伦敦的信件中，热情地请求给予德利代斯保护，当然这主要是因为他爱莉莉安的缘故。他请特别行动局不要怀疑他的忠诚，他看似在为德国人工作，但仍然是一个忠诚的英国间谍。在他给英国陆军部的报告的最后，他装腔作势地写道："我不知道我将被送到德国战俘营或是在法国的战俘营。我不知道我是否能活着回来。但如果停火协议签署的时候你没有收到我死亡的报告，请在战俘营找我……先生，我请求继续做你们的仆人，笨头笨脑，1944 年 8 月 7 日。"

　　这份文件被送到伦敦，读到的人都感到震惊，写了大量的备忘录和评语，赛斯在百老汇大街、贝克大街、军情五局的档案原来就有数百页，如今又变厚了。一群高级情报官开了好几次会议，专门讨论"笨头笨脑"的前途，这些累得头晕眼花的高级情报官包括：军情六局的斯图尔特·孟席斯和菲力克斯·考吉尔；军情五局的代号"塔尔"的罗伯森中校；军情九局的詹姆斯·朗格利中校。特别行动局在赛斯这个问题上相当理智，谋求尽量利用这个人，但被迫承认赛斯的说法很难接受："赛斯的文字功力极强，性格容易激动，非常自负，但主动性强，有想象力，思维敏捷……很可能赛斯已经被德国控制了……他在巴黎时有许多个逃跑的机会，但他没有。如果德国认定赛斯没有用途了，就会处决他。但他似乎很狡猾，让德国人相信了他能继续为德国人服务的承诺……所以情况很可能是他说的那样想欺骗德国人，如果他被送回英格兰，他便不再为德国人服务了。"

　　9 月 25 日，特别行动局的约翰·森特（John Senter）中校写信给"塔尔"

罗伯森中校，强调贝克大街在赛斯这个问题上的责任："首先，赛斯去完成使命，需要巨大的个人勇气……我理解你不打算等他回来后把他视为罪人，但作为英国军官，他必须回来解释到底发生了什么。"皇家空军的官员也加入了有关赛斯引发的纸面游戏，他们表达了不安，因为他们假定赛斯死了，付给了他妻子一些安慰费，如今甚至付了抚恤金。现在情况清楚了，她不该获得这些好处。她是否应该偿还钱？

10月5日，巴黎的反间谍机构提交了一份初始报告，对赛斯给特别行动局的文件感到困惑，因为送文件的查德·德利代斯化名里维埃，此人为阿勃维尔工作。反间谍小组盘问了德利代斯的家庭，对他的家人感觉不佳。赛斯的情人莉莉安，真名露西·比舍里，是个荡妇，她的情人一个接着一个，有些还是德国人。她身陷色情买卖之中，赛斯仅是她的一个顾客而已。赛斯在巴黎期间说自己是德国人，名叫"海德中尉"，但她对审问者说，"笨头笨脑"曾向她坦白，他仅是假装为德国人工作，以便找到机会逃跑。巴黎反间谍报告在最后罗列了一些有待回答的问题，第一个问题就是：赛斯何时何处写下那76页的报告？

10月10日，伦敦又收到了赛斯用充满感情的笔触潦草地写下的一封信，这封信引发了一阵兴奋。赛斯是在比利时写的，交给了当地的一位美国军官，此人以解放者的身份刚到一周的时间。这封写于9月2日的信说，由于他同意去党卫军保安局的战俘营工作，所以当德国人在8月17日撤退时，他跟着离开了。"在知道了他们想让我做事后，我断定这份工作对英国方面来说很重要，即使我有很多机会逃跑，但我仍然要去做。我掌握了大量绝对重要的政治信息，等战争结束了，我马上就要交出来。我在林堡（Limburg）战俘集中营，名字叫约翰·德威特上校。"一位军情五局的官员给特别行动局的约翰·森特写信说，赛斯最后的信"加深了他所处情况的神秘感，我必须说我很难理解他的理由，既然他说他手中有很多有关英国的重要政治信息，怎么可能又认为不逃跑，继续留在德国人的战俘集中营里更重要"。

1944年9月15日，英国战俘"约翰·德威特上校"在林堡（Limburg）战俘集中营露面了。他给妹妹写了一封信——其实是他的妻子约瑟芬。这封信的主要意思是："不必为我担心。你能帮助我跟哈泽尔联络上吗？他知道我在资助伊利的选民，而我一时抽不出身，可能会错过选举。请哈泽尔想尽各种方法——如果有必要，去见一见安东尼（可能是指外交大臣艾登），停火协定签署后，立即让我从这里出去。我必须立即回家，否则我做的所有工作都浪费了。"赛斯害怕这封信会丢，就请另一位军官写家信时把他的一些话加进去，这些话被送到了特别行动局和军情五局："顺便说一句，罗尼在这里，还是过去的笨头笨脑。他挺好。"在特别行动局的档案里，这封信的副本标示为"源自军情九局"。

战俘营里的其他英国军官送出密码信给伦敦，要求知道怎样对付"约翰·德威特上校"，此人假借安排音乐娱乐，似乎花费大量时间与德国人在战俘营外面谈话，而且有时还吐露自己就是特别行动局的间谍罗纳德·赛斯。林堡的高官后来作证说，这位新人"行为极为古怪。他以不同的方式吸引他人的注意，讲各式各样难以令人置信的故事"。10月10，林堡战俘营一名军官写的短信被送到了军情九局。这封短信说："德威特声称加入了皇家空军轰炸机部队，1940年晋升为空军上校，是高级巴思勋爵。1942年10月24日被特别行动局借调，在爱沙尼亚空降。"军情五局与特别行动局讨论了"德威特"的几封信。显然，信作者所谈到的他的联络人"哈泽尔"，现在是一位在法国工作的中校，负责向德国派遣间谍。但这位军情五局的官员厌倦地说："我无法找到合理的解释，为什么要给赛斯一个假名，并允许他用假名给妻子写信，还假装是她的兄弟。"

伊利的选民是怎么回事？赛斯有政治野心吗？此后，又有几封从德国发来的信涉及伊利和战后选举的事。1944年12月5日，特别行动局给军情六局的菲力克斯·考吉尔写信说："由于赛斯不停地说伊利的事，我们绞尽脑汁也想不出个究竟。"在这场混乱中，最可怜的莫过于约瑟芬·赛斯，她一直在英格兰北部的皇家空军机场工作，对她丈夫的信感到极度迷惑。她多次向特别行动局请示如何如何对付罗纳德的信件，特别是有一封信要求她开一个150镑的银行账户。特别行动局的会议纪要写道："赛斯夫人说没有150镑开账户。"

赛斯请周围的人替他写密信回国，例如："10月5日。发自笨头笨脑（签字）。给第98骑士护卫团。炸爱沙尼亚矿山的行动失败了。10月8日冯·克卢格自杀。德国人获得我在非洲进行的火箭弹试验的全部细节。10月9日苏联人派第五纵队进入挪威。"12月15日，贝克大街又写了一份长篇备忘录给军情五局："我们不得不推测他可能在故意说假话。"最后，军情九军给在战俘营的英国人发出了一封密码信，警告他们别跟一个自称德威特或赛斯的人打交道，因为此人"有很大的嫌疑……他有跟德国人合作的嫌疑"。他在林堡的最后几个月是在"受保护的拘禁"下度过的，拘禁他的人是战俘营里的英国俘虏——在没有英国军官的陪同下，他不许进入战俘营。最后，他被德国人逮捕了，在1945年3月11日之后就杳无音讯了。

以我们的后见之明去推测，不难理解赛斯像所有双料间谍一样试图让双方保持满意。虽然他的故事有某种滑稽的成分，但他处于纳粹的控制之下，只要他变得没有用途了，或不再受信任，纳粹就会处决他。战争结束前夕，德国行刑队枪毙了大量被俘的英美苏间谍。赛斯唯一活下来的希望是说服阿勃维尔和国家安全部相信他是一个重要的人物，所以他才虚构出他的社会地位、骑士爵位，编造参加议会选举的谎言。他在骗人方面的才华和技巧是惊人的。他的行为丝毫都没有高尚的、英雄主义的、令人尊敬的成分。但人为保命能做什么，不能做什么，谁说了算呢？

赛斯把最高明的一手留在最后：1945 年 4 月 16 日，欧洲战事结束前，他出现在英国驻伯尔尼大使馆的大门口，要求见英国大使。在被领到威严的大人物面前之后，他说他必须立即飞往伦敦，向丘吉尔报告一件极为重要的事：他带着希姆莱的和平建议。他说，希姆莱几天前刚见过他，当时他作为党卫军的客人住在慕尼黑，假说自己是荷兰人，名叫"扬·德弗里斯"。情报六局伯尔尼情报站立即把这个消息发给了伦敦，这引发了新的骚动。如何对付赛斯？百老汇在伯尔尼的官员说他似乎是理智的。他显然代表纳粹体制中的一部分人，否则你无法来到瑞士边境，并穿越边境。对盟国政府来说，没有什么消息比来自希姆莱的更令人感兴趣。伯尔尼方面立即接到指示，要保证赛斯不与任何人讨论"和平协议"的事，不许有人问他这件事，甚至伦敦最保守的情报官都好奇地想审问赛斯。

4 月 20 日，赛斯飞回了英国，身份是约翰·德威特上校。他被允许去见了见妻子和孩子。他声称对待他应该像对待回国的英雄一样，因为他忍受了最痛苦的经历。他像疯子一样大吵大闹，指责特别行动局没有能够把他出发前的平民衣服保存在一个箱子里。他的联络员明确指出，如果他不能如实回答问题，他有可能被判最严重的叛国罪，就如同威廉·乔伊斯（William Joyce）和约翰·埃默里（John Amery）很快就要被送上绞架一样。听到这些，他显得沮丧，甚至是厌恶。

军情五局的盖伊·利德尔觉得他和同事必须先对赛斯有一种共识，然后才能让英国高层知道他的情况，这可能会引发难堪的尴尬——赛斯的"灾难性的结果"让整个情报界蒙羞。怎么会招募这样一个人去做间谍？1945 年 4 月 22 日，"笨头笨脑"第一次参加了情报界的听证会，这次听证出具了一份医学证明，说他具有妄想狂症状。利德尔在日记中刻薄地说："他讲的故事如此耸人听闻，或许他真是患了妄想狂症。"赛斯告诉军情五局，德国人手里还握有一些可怕的武器，准备最后抵抗用，包括细菌武器。

在此后的几个月里，赛斯接受了军情五局最有能力的官员的审问，包括"塔尔"罗伯森。在审问完后，他们各个都筋疲力尽，全都认为赛斯是一个幻想曲作曲家，分辨不出真假。1945 年 5 月 16 日，军情五局的米尔顿上校写了一份 25 页的报告，报告用一半的篇幅罗列了赛斯对自己的描述存在矛盾的地方。米尔顿认为赛斯落地后不久就向德国人投降了；他没有进行任何破坏活动；他从来没有被折磨过或被吓唬要被枪毙："我认为赛斯编造出这些故事，目的就是为自己的罪责开脱，或者是为了解释为什么给德国人工作，从而使自己的巨大虚荣心获得满足……我个人认为赛斯被吓坏了，所以才愿意为德国人工作，即使有损自己国家的利益，他也在所不惜……赛斯没有受到德国人的虐待，因为全招供了。"他后来受一位名叫格拉夫·克里斯多夫·冯·登霍夫（Graf Christopher von Donhoff）的军官控制，此人在肯尼亚生活过 10 年，如今做出一项明智的决定，来苏黎世定居了。这份报告对赛斯的结论是"无疑患了自大狂症，似乎一直对情报工作感兴趣"。但不确定性仍然存在，不知道是否应该视他为一个真正的叛徒，控告他叛国。

麻烦总是伴随着"笨头笨脑"。他获准去英格兰北部看望在皇家空军机场工作的妻子。这次允许他外出，本是出于对他的同情，但引来了兰开夏郡当地一位警官局长给军情五局的一封密信。这位警察局长说，赛斯在兰开夏郡时大吹大擂他的海外冒险，这样做似乎违反了国家保密规定。另一方面，赛斯给莉莉安写了一封热情洋溢的法文信，但被截获了；赛斯是特别行动局的工作人员，似乎不应该继续维持与老情人的关系，特别是她的姐夫理查德正在接受安全部门的拘禁和审问——不仅是有关协助赛斯的事。对特别行动局的这位想担任爱沙尼亚抵抗组织领袖的人，军情五局给出的结论是：他无疑给予了德国人许多帮助，远多于他承认的，但没有足够的证据送他上法庭。很显然，英国的情报机构都不想让他们的这件脏衣服暴露在公众的眼皮底下，因为英国人民正在欢庆英国的美德战胜了纳粹的邪恶。1945 年 8 月，赛斯被开除出了皇家空军，他在为特别行动局工作期间拥有名义上的空军上尉军阶。

即使在奇幻的情报界，赛斯的行为举止也是非凡的。他踏上爱沙尼亚冒险之路的时候是充满信心的——他当时 31 岁，有一个家庭，却自愿去做破坏者，跳伞进入敌占区，如果不是信心还能是什么呢？他描述了他在德国人手中的经历，对军情五局的判断而言，大部分描述是荒谬的。很可能他在离开英国的时候野心勃勃，想当英雄，但降落在爱沙尼亚后，理想与现实发生了冲突，他的幻想破灭了，他的注意力转移到了如何说服德国人不杀他这个问题上了。他幻想爱沙尼亚人会把他当作自由的先驱、未来的大救星来欢迎，但他发现他们只盼望他走开，他深受震动，幻想破灭了。最难解的谜是为什么他在 1944 年 8 月跟着阿勃维尔的主人去了德国，而不是返回盟国阵营，在这点上他曾说返回盟国要容易一些。有一个可能的解释，在那个阶段，他痛苦地意识到，即使德国人不枪毙他，他的同胞也有可能枪毙他。在这点上，英国情报机构是值得赞扬的，赛斯回国后，他们对赛斯的遭遇给予了不少的同情，毕竟是特别行动局派遣他去了那个极度危险的地方，就如同特别行动局派遣许多人去危险的地方一样。

# 第 17 章

# 阿勃维尔的衰落

## 希特勒的布莱切利园

二战中有一个谜团引发奇想，像德国这样发达的社会，不知何故在密码编制和密码破译方面无法与盟国匹敌。德国政府机构和军事机构雇用了大量信号情报人员，其数目跟英国的差不多——共有 6 个独立的机构，雇用了大约有 3 万人。欧洲战事平息后，盟国对被俘人员进行了彻底的审问。在弗伦斯堡（Flensburg）发生了戏剧性的一幕，当一位德国最高统帅部信号情报处的高官被问及他的机构都有什么重要成就的时候，他沉默了很长时间没有出声。盟国的审问人员写道："显然德国最高统帅部信号情报处没有取得任何突出成就。"

但德国人一直在做努力。纳粹德国有聪明人，这些人尽管不甚了解盟国的情况，但一直在做着巨大的努力，争取做出能与图灵、韦尔士曼、弗里德曼、罗列特相匹敌的工作。那些仅了解布莱切利园历史的人，总是夸张地说盟国在信号情报方面彻底地打败了轴心国。这个说法是不对的。本书前面介绍过，德国无线电监听部在大西洋战役期间破译了英国海军的大部分密码。德国空军监听了皇家空军和美国陆军航空队的语音通话，获取了大量信息——在战斗的压力下，盟国的机组人员交谈时极不注意保密问题。此外，德国人通过电子监听和战俘审问也获得了大量信息。在东线，德国人不仅进行了电报流量分析，还破译了前线密码——当时德军陆军在苏联配备了 6 个无线电情报团。到了 1943 年 3 月，布莱切利园才提交了一份有关德军在东线的情报工作的报告。根据英国人的这份报告，从波茨坦狩猎场的第 W40 号监听站，德国人监听到了红军的大部分电报。德国人之所以能做到这点，部分原因是苏联人很少花心思修改无线电呼号。德国空军获得了苏联人密码长度不同的电报：有 2 字符的，有 3 字符的，有 4 字符的。一位美国作者评论说："如果英国人去偷苏联人的秘密，我不知道结果会怎样。"德国人宣称，在一些特殊情况下，还能破译苏联的高层密码，因为苏联的电报员因缺少一次性密码本而胡乱重复使用。在北非战场，德国非洲兵团的信号情报工作一直比英国人做得好，这种情况到了 1942 年 7 月之后才改变。1940 年，德国人在挪威缴获了英国陆军部的 W 密码，这使他们能看懂英国陆军低层的某些电报。此外，德国人还破译了美国武官的密码，这种情况一直持续到 1942 年 6 月。后来，他们还说破译了美国陆军 M209 前线密码。英国和美国的军队在使用无线电语音通信时很不注意保密，这给了敌人无线电窃听站极好的机会。

然而，德国人的成就远达不到布莱切利园、阿灵顿学堂、海军作战部通信保密科的成就，因为这几个盟国情报机构已经做到了实时破译保密级别比较高的密码。德国人很不幸，美国的芯格巴（Sigaba）密码机比恩尼格玛密码机高明多了。有些专家认为，如果德国人有机会搞到英国 X 密码机的转子，英国人的密码机或许能破译，但德国人一直没有做到这点。在密码工作方面，德军的各军种不仅相互竞争，还与纳粹不和，最终导致柏林严重受损。成就最小的是里宾特洛甫的外交部的情报处，他们有自己的监听站，还能从德国最高统帅部信号情报处获得一些情报。阿道夫·帕施克（Adolf Pashke）博士是其主要负责人，此人是俄语和意大利语的专家，自 1919 年就在德国外交部工作，在 1945 年成为德国外交部情报处的主任。维尔纳·孔泽（Werner Kunze）博士也是一战时的老兵，他是数学密码分析的高级专家，掌管该部门的 IBM 机器。厄休拉·哈根（Ursula Hagen）博士是情报界少数女性之一，掌管一个 12 人密码分析组，研究英格兰、爱尔兰、西班牙的密码。二战后，美国人写了一份有关这个部门的报告，认为这个部门内部里有一些对密码术很精通的专家，但年纪比较大，他们把密码分析主要当作学术来研究，没有成为主要的情报中心。德国外交部情报处的最大成就是破译了日本的"红色"外交密码，但到了 1939 年 2 月，日本用"紫色"密码取而代之了。在二战期间，他们破译了一些盟国的和中立国的中等难度的外交密文，但没有证据表明他们受到了德国政策制定者的注意，他们的情报甚至没有经受过严格的分析。

德国军事信号情报机构在二战中改组的次数太多，追踪其变化毫无意义，只能说频繁的机构变化对破译密码没有帮助。最初，威廉·芬纳（Wilhelm Fenner）在最高统帅部信号情报处负责创制德国外交密码和破译敌国密码，他是德国最有影响力的密码分析员。芬纳很有经验，也很有能力，但他错误地认为自己是天才，这损害了他的部门。他 1891 年生于圣彼得堡，父亲为德国社区办一份小报，他靠自学熟练掌握了俄语和英语，做过几年工程师，后来在军队里做战时翻译官。1921 年，加入德国陆军密码局，破译苏联的武官密码是他的早期成就。他把一位被他视为老师的外国人才引进到部门，此人是白俄罗斯前海军上校彼得·诺沃帕撒肯尼（Peter Novopasakenny）。他俩很快就能破译法国和波兰的大部分密码了。或许这点成绩致使他俩认为密码分析不难。后来，芬纳曾抱怨德国的气氛不对——纳粹创造的权力意识：“无休止的权力斗争对科学的密码分析不利。”在纳粹德国，效忠比认真做学问重要。

最高统帅部信号情报处的信号来自无线电监听站，一个监听站在柏林的西南的特罗伊恩布里岑（Treuenbrietzen），另一个在巴登巴登（Baden-Baden）南面的劳夫（Lauf）。前一个监听站由两栋一层的建筑物构成，周围是铁丝网和岗哨，建筑群内到处是 60 英尺高的天线。在内部，几排操作员操作着 60 台无线电接收器，每 6 小时轮一班，夜以继日地工作，监听结果记录在莫尔斯记录仪上。德军雇用了一些盲人操作员，因为他们的听觉敏锐。芬纳注意到，“他们工作的准确性受到很高的评价。”大多数录入的资料由 5 字符的密码组构成，好的操作员一班能处理 3000 至 4000 条，或每天处理 200 份电报。

劳夫监听站的操作程序类似。此外，还有几个辅助的监听站，分别在布雷斯劳（Breslau）、明斯特（Munster）、柯尼斯堡（Konigsberg）、索菲（Sofi）、马德里（Madrid）：在西班牙首都，操作员占据了前佛罗里达夜总会的宽敞场所。1941 年，最高统帅部信号情报处在更远的地方建立了监听站，地点在塞维利亚（Seville）北面一座德国人拥有的养牛场里，工作人员有 50 人。到了 1944 年，西班牙当局认为战争胜负已有定论，就把这个监听站给关闭了。在更加靠近战场的加那利群岛（Canaries），有一位德国空军的电报员独自一人在完成监听工作。所有监听站把监听到的最高机密用电传打字机传递给柏林，在那里按照信息源进行分类，由密码分析员决定是否丢弃或试着破译。与布莱切利园和阿灵顿的情况类似，只有一部分监听到的信息被处理，还有一些外国密文虽然被解码了，但没有人去翻译。

在二战爆发前几年，德国人破译了法国的外交电报流。1939 年 9 月，根据破译的密码电报，德国最高统帅部获得了关键信息，法国入侵萨尔兰（Saarland）仅是一个姿态，德军不必从柏林前线调兵遣将。在二战大部分时间里，最高统帅部信号情报处破译了在伦敦的自由法国的电报流、波兰流亡政府的电报流、一部分瑞士恩尼格玛电报流，此外据说还破译了一些苏联的电报，不过没有证据表明破译的电报是重要的。德国破译盟国电报流的工作很复杂，由于机构设置的问题，工作的效率被降低了，其中最高统帅部信号情报处与陆军无线电情报部之间有矛盾。陆军无线电情报部后来更名为"OKH/GdNA"，这个机构后来陆陆续续接收大量最高统帅部信号情报处来的专家，最终达到 12000 人，其中包括前线团。东线的情报活动由另外一个叫"东线情报处"（HLS/Ost）的机构管理。

在 1943 年盟国对柏林进行破坏性的轰炸之前，德国陆军情报总部和德国最高统帅部信号情报处及其分支都挤在卡纳里斯办公室所在的城区的几条街上。受雇的密码和语言专家有 320 人，雇用的职业和勤务员有数百人，大部分是妇女。负责情报评估的部门坐落在班德勒街上的一栋房子里。在这里工作的官员把敌人军官的名字、呼号、单位、战机名字做成索引，保存在保险柜中。跟布莱切利园一样，女性员工没有保险柜的钥匙。戈林手下也有一个情报机构，但对德国情报工作是个障碍。它主要是纳粹党的工具，与其他德国情报机构有矛盾，被瓦尔特·施伦堡批评为戈林的"私有玩偶"。瓦尔特·施伦堡手下有 2000 名译码员，如果能与德国陆军总部信号情报处和德国最高统帅部信号情报处协调一致，肯定能取得更大成就。

德国最高统帅部信号情报处在招募人才时，要对候选者进行考试，试题包括字谜游戏和数学难题。这点跟英国人和美国人是一样的。通过考试的候选者要接受 4 周的入门培训，内容不仅包括替代和置换的方法，还有其他密码方法，等等。他们还需要阅读法国人写的密码分析史和美国赫伯特·亚德利写的《美国黑室》。最高统帅部信号情报处在 1941 年高峰时期雇用了 3000 人，此后实力有所下降，因为当时有大量后方工作人员要上前线，还有一些人转移到了德国陆军总部信号情报处。布莱切利园的成就换来了更多的资源，而最高统帅部信号情报处因缺少资源换来了更多的质疑。此外，1944 年 7 月，最高统帅部信号情报处又成了恶意审查的焦点，有两名高官被处决，因为他们涉嫌谋杀希特勒。密码处的老密码分析员芬纳也受到了调查，德国保安总部有人指责他企图用一种低劣的密码体系去破坏德军的通信。芬纳后来说，"整个密码分析界受到了政治猜疑"。虽然他最后证明是清白的，但密码处的名誉被无法逆转地玷污了。

英国的图灵、韦尔士曼，美国的弗里德曼、罗列特，这样的人才在敌人阵营里是没法生存的。德国有许多有才华的犹太人，他们被流放了，被关监狱了，被屠杀了，根本无法受聘为国出力。有一点值得注意，弗里德曼最早的美国陆军密码破译组中有三四个犹太人，布莱切利园中最聪明的人中有些是犹太人。当年为希特勒工作的德国密码分析员，后世没有人知道，即使在德国也是如此；在英国和美国，密码分析员却成了热门人物。虽然如此，在最高统帅部信号情报处中，有些人无论从何种角度看都是很有才华的，他们只有在盟国阵营里才能找到对手。最有才华的人物之一是埃里希·胡腾汉（Erich Hüttenhain），1905 年生于威斯特法利亚（Westphalia），极有才华的学者，学习成绩极佳，自称热爱玛雅历法。1932 年，他离开大学，拥有天文学家、数学家、物理学家的美名。此后，他在明斯特做了 5 年的天文学研究助理，然后被招募为密码分析员。他很快被任命为一个部门的负责人，并开始招募他能发现的最有才华的人，确保他们在战争到来时不被送上前线。他的助手是沃尔瑟·弗里克（Walther Fricke），他的博士论文是有关恒星动力学系统。1939 年，他受邀去了爱丁堡大学做研究。1941 年，弗里克加入最高统帅部信号情报处，当时他对密码分析一无所知，但成了高手。舒伯特（Schubert）中尉是破译苏联密码的专家，不过他是借助了 1939－1940 年苏芬战争中缴获的密码；他后来调动到了陆军总部信号情报处，在那里他破译了红军四字符的密码。芬纳对贝尔内（Bernert）评价也很高，此人是维也纳人，研究英国的密文。德林是一位密码高手，"总是被请去解决困难问题"。有一位工程师造出了"阶段解码器"——此人是威利·延森（Willi Jensen），类似于汤米·弗劳尔斯在多利士山研究所做的工作。

其他著名人物包括：沃尔夫冈·弗朗茨（Wolfgang Franz）、恩斯特·威特（Ernst Witt）、卡尔·施泰因（Karl Stein）、吉斯贝特·哈森耶格尔（Gisbert Hasenjaeger）。最后那个人只有 24 岁，是小组里最年轻的。胡腾汉招募了 5 名数学家，包括格奥尔·奥曼（Georg Aumann）、维尔纳·韦伯（Werner Weber）、约翰·舒尔策（Johann Schultze）——还有一位是数学物理学家。在英国，布莱切利园允许大多数平民译码员保留其平民的社会地位，但德国要求译码员加入德军，军阶是下等兵——对著名学者来说是一种损失，引发了不满。埃里希·胡腾汉在 1938 年首次成功破译法国前线密码；在 1940 年之前，德国人一直可以读懂法国人的电报，即使后来法国方面每个月都改变密码，德国人还是能读懂。在对法国实施闪电战期间，德军信号情报部门破译了为数不多的几份英国电报，但就是这份电报，德军的指挥官就对战场形势有了了解；德军跟着英军进入了比利时；德军还看到了加来守军受命坚持到最后的命令。

德国最高统帅部信号情报处的总部在提尔皮茨大厦里，在其显著位置上摆放着一台英国 X 型密码机，这是德军在敦刻尔克缴获的，只是缺少了转子。1945 年，胡腾汉接受了盟国的审问，他对审问者说："由于恩尼格玛密码机与英国 X

型密码机类似，而我们认为恩尼格玛密码机无法被破译，所以没有花多大力气去破译 X 型密码机……如果想破译恩尼格玛密码机，就必须使用大量的制表机，但这种办法不可行。"德国人创造出一系列辅助性的技术，协助破译密码的工作，其中一项是外交部密码处研制的计算装置，能完成基本的计算功能。最高统帅部信号情报处有一款电子打字机，可以进行简单的字母转换。芬纳在二战结束后抱怨说："穿孔带扫描机械太慢。未来属于光电扫描技术。"英国不同，在辅助技术方面取得了辉煌的成就，与布莱切利园的"炸弹"和"巨人"相比，德国情报部门创造出的辅助技术水平之低，就好比是 1914 年的双翼飞机与 1945 年的喷气式飞机一样。

德国人极为依赖人的智力破译盟国的低级密码系统。为破译一份电报，要调遣几个小组同时工作，小组之间分享想法，这点与布莱切利园和阿灵顿学堂一样。芬纳在作证时说，在二战早期，德国人破译了美国的武官密码，但 80% 的破译情况是因为密码使用者犯了错误，比如，用不同的密码发送相同的电报——盟国也利用敌人的这个弱点破译密码。芬纳说，苏联的密码是安全的，但必须正常使用，"但如果莫斯科的密码分析员看到他们的密码的使用情况，他们会不高兴的"。但这样评论对手未免有点自满，这就使德国人无论破译了多少对方的密码，柏林似乎都不会从中学习到什么有价值的东西。

1941 年，德国把监听英国无线电有经验的监听人员从法国调到了北非，这些人在北非收获甚丰。6 月 26 日，布莱切利园的一份报告引起了英国陆军部的注意，根据这份报告，德国破译了克里特岛战役期间英国的作战命令，有些作战命令详细地给出了飞机和战舰的运动情况。德国非洲军团认为英国第 8 集团军的无线电纪律太松散，这使隆美尔在 1941 至 1942 年间取得了几次胜利，因为他提前知道了英国的部署情况。有几个德国监听人员是素质极高的语言专家。有一名军士叫施瓦策（Schwartze），26 岁，母亲是英国人，父亲是半犹太血统的德国人。他曾在英国的切尔滕纳姆学院（Cheltenham College）和牛津大学墨顿学院（Merton College）读法律专业，但由于父母的原因说德语。他在北非工作时有一个同事叫格劳佩（Graupe），此人是柏林人，比施瓦策稍大几岁，曾经在美国路易斯安那州学习，在美国工厂工作过，一直工作到美国官方不再给他续签证为止。

战后，艾伯特·普劳恩中将说，英国人和美国人草率不守纪律，这使他手下的人员可以拼凑出战役安排，这种手法跟盟国一样。例如，德国在雅典的前哨监听站，破译了巴勒斯坦的英国军需官发出一份电报，这份电报指示调往埃及的师把档案柜留下——这使德国人可以把一枚代表英军在中东兵力部署的红色大头针在地图上变换位置。后来，德国人发现美国第 82 空降师从地中海地区转移到了英国，因为德国人破译了这支部队的一份行政电报，这份电报说部队中有一名伞兵将要进行生父确认诉讼程序。在意大利，德国人破译了盟国进攻部队一份有关朗姆酒的问题的电报，显然盟国的进攻迫在眉睫。意大利人在破译英国人的密文上发挥了重要作用，这使轴心国获得优势。

汉斯－奥托·贝伦特（Hans－Otto Behrendt）是隆美尔的军官，他曾经快乐地写到，在 1941 至 1942 年间，他的首长"比普通的英国军官更清楚英国司令官的计划"。隆美尔将军称第 621 监听连是他的"杂技团"。在阿拉曼战役前，他夸口说，凡是参战的英国主力部队，早就被他的情报小组察觉到了。1942 年 7 月 10 日，第 621 连被新西兰部队全歼，其成员要么死了，要么被抓，这确实是德国非洲兵团的大灾难。根据布莱切利园破译的结果，供美国武官用的密码被德国人破译了，这是一次重要的胜利，华盛顿因此替换了武官密码。1942 年 6 月 23 日，隆美尔看不到破译结果了，他自己形容很想念那个"小费勒斯"——这是那个美国驻埃及武官的名字。一位德国参谋官形容这件事是"一场灾难"。这件事使柏林的德国解码员深受伤痛，这样的伤痛布莱切利园也感受到过，当时邓尼茨给德国潜艇的恩尼格玛密码机增加了第 4 个转轮。英国政府密码学院在 5 月份就警告美国人，开罗发出的电报正面临致命危险。但笨拙的官僚机构仍然让费勒斯发电报，有些电报还是有关尼罗河三角洲防御的高度敏感材料。这种情况持续了两个月，情报漏洞才被补上。麦科马克在访问布莱切利园时，给华盛顿写信："这次灾祸……获得了很大的宽容（你必须承认其合理性），因为我们自己的保密措施给人留下不幸的印象。"

在 1942 年夏季之前，德国和盟国在地中海地区的情报战中打成了平手：隆美尔和他的英国同行都破获了对方的情报，破获量大体相当。在法国北部，盟国在 8 月发动了迪耶普战役，结果简直就是灾难，部分原因是迪耶普守军处于戒备状态。德军破译了大量英军的电报，间谍也提供了报告，所以德军知道了英军正在做战役准备。此后，德军就越来越落后于英军。德军变得跟英国在此前 3 年中的情况一样：即使知道了敌人的机密，也无法加以利用，因为缺少硬实力。1943 年，隆美尔手下的一位情报官写到，虽然德军从语音监听和战俘口供中获得了一些好材料，但无法加以利用："战术情报用处不大。我们太虚弱了。"德国人此后再也没有获得一个比邦纳·费勒斯更好的情报源。盟国在 1942 年 11 月发动了入侵北非的"火炬"行动，这次行动完全出乎柏林的意料，因为盟国的无线电通信纪律非常严格，还引入了新的海军密码表。阿勃维尔在西班牙安插有观察员，他们看到了参加"火炬"行动的护航船队，但判断船队的目的地是马耳他，或者是去东面更远的地方。1943 年，德军不时察觉到盟国可能会在地中海沿岸登陆，因为他们在英美的前线密码电报或语音通信中听到用"绿""蓝""白"代表的登陆海滩。到了 7 月，盟国发动了"爱斯基摩人"行动，在行动的第一个小时里，德军反应缓慢，部分原因是两周前德军无线电情报错误地预报盟军要入侵西西里岛。经过调查发现，德国人窃听到了盟军在北非进行的登陆演习，德国人的无线电测向仪发现是在西西里岛那个方向，但实际上演习地点是南面数百英里的地方。

德军东线情报处在 1943 年 2 月做了不少工作，德国第 30 装甲军的情报官称赞他们的工作"出色"。与此同时，苏联人在斯大林格勒抓获了德军的一个监听连，这才如梦方醒，知道了德军情报活动的先进程度：此后，苏联军官在语音通话时，如果发现对方泄露机密，马上就中断通话。根据艾伯特·普劳恩的说法，在斯大林格勒战役之后，红军的无线电纪律维持得最好，是希特勒的敌人中最好的，"与西方盟国相比，苏联给德国无线电测向仪带来更大的困难"。西方盟国越来越不守无线电纪律。例如，1943 年 5 月 1 日，德国北方集团军群截获了 46343 份电报，但只破译了 13312 份——这个破译率是很低的，而且许多破译后已经过时。战后，库尔特·冯·蒂佩尔斯基希（Kurt von Tippelskirch）将军说："随着时间的推移，窃听者感到越来越难对付苏联人的欺骗手段，他们不断地捏造部队的运动情况。"有时即使德军破译敌人电报，心情也不会好，比如一份被破译的红军电报说，红军情报官要求部队只留下一个活俘虏供审问用，其余全部杀死。这份电报接着又触发了另一份苏联电报："抓住了 20 名德国兵，送回一个供审问用，其余枪毙了。"战后，普劳恩蔑视地写到，这"让人震惊地看到苏联人的亚洲人战法"——他忘记了德军在 1941 至 1942 年间饿死了 200 万苏联战俘，此后更多。

1944 年夏初，在红军发动二战中最宏大的"巴格拉季昂"行动之前，帕维尔·苏多普拉托夫被召集到克里姆林宫开会，同去的还有他的上级梅尔库洛夫、锄奸队和格勒乌的领导阿巴库莫夫，会议的议题是怎样使已经运作了很长时间的"修道院"欺诈行动花样翻新。赖因哈德·盖伦和阿勃维尔仍然信任代号"马克思"不断发回的信息。这位德军东线情报处长轻率地对上级说："这个夏季可能会很平静。"有鉴于这种情况，红军最高指挥部决定继续利用亚历山大·杰米亚诺夫的间谍网迷惑敌人，支援"巴格拉季昂"行动。

这几位情报头目兴高采烈地走进斯大林的大套房，他们是有理由的，因为苏联军队取得了一系列的胜利——苏多普拉托夫因成绩斐然而刚获得苏沃洛夫勋章。但任性的斯大林冰冷地对待了他的客人。斯大林说，传统欺诈方面没有效果了，他想试一试新办法帮助红军。苏多普拉托夫感到困惑，谨慎地保持沉默。阿巴库莫夫坦率地要求"修道院"欺诈行动归他控制。这时，斯大林把副总参谋谢尔盖·什捷缅科（Sergey Shtemenko）叫了进来，他宣读了一份早就准备好的命令。"修道院"行动组将向德国陆军总部提供情报，让他们相信德国有一个旅的兵力在白俄罗斯被包围了，但仍然在战斗。目标是刺激德国人发动进攻去解救这个旅。

这个计划既大胆，又新奇，苏多普拉托夫听了后很激动。1944 年 7 月，他派遣自己的副手列昂尼德·埃廷根（Leonid Eitingon）、精通德国无线电通信的专家、一个内务部小组前往白俄罗斯执行这项任务。亚历山大·杰米亚诺夫——代号"马克思"的间谍——通知德国人他接受了一项新任命，去白俄罗斯前线的红军通信部工作。8 月 19 日，盖伦通知德军指挥官来自"马克思"的权威情报，一个有 2500 人的德国旅被包围在贝尔齐纳河（Berezina）附近，旅长是海因里希·谢尔豪恩（Heinrich Scherhorn）中校，有几门炮和几辆坦克，这个旅正在做顽强抵抗。拿一个旅做诱饵，是苏联人巧妙的设计：包围这样一支小部队是可能的，但又足够大，必须去营救。实际上，谢尔豪恩和手下的 1500 名幸存者已经被缴械了，掌握在红军手中；德军的电报员在埃廷根手枪下发着电报，这可能是比喻，但也有可能是真的。

这个骗局太惊人了，成功地从 1944 年 8 月 19 日一直维持到 1945 年 5 月 5 日。德军当时处境危险，所以没有敢出动地面部队去营救谢尔豪恩，仅出动了运输机把物资、弹药、无线电设备、现金空投给中校，并派波兰向导去引导被围的德军，向德军前沿阵地靠拢。空投的东西都找到了，包括 12 部无线电发报机、1000 万卢比、25 名阿勃维尔人员。有一些德国飞机在空投完毕后，让它们安全返回了，借以维持骗局。有一件事让苏联内务部高兴，1945 年 3 月 28 日，谢尔豪恩收到了海因茨·古德里安（Heinz Guderian）将军发出的一份私人电报，宣布提升他为上校，并授予骑士十字勋章。虽然谢尔豪恩的骗局很精巧，但克里姆林宫并不满意，因为没有能解斯大林格勒之围。

由于德军缺少资源，所以情报官集中精力寻找红军巨大的炮兵部队在何处，但困难很大，因为苏军又虚构出来大量炮兵部队。冯·蒂佩尔斯基希将军说，"审问战俘是最有价值的信息源，语音监听其次。"德国人一直轻视破译盟国的高层通信密码，现在把精力全都集中在基层的电报往来上。不过，知识必须有实力相配才行。在东线战争最后几年里，艾伯特·普劳恩注意到，知道了苏联在集中兵力变得毫无用途，因为德军陆军和空军"只能根据自己的条件进行反击"。但德军有条件反击的次数不多。

1944 至 1945 年，在德国丧失空中侦察能力后，语音监听变得更加重要。一些在爱尔兰和西班牙的语音监听站，由于重要性不高而被放弃了，所有监听都集中在盟军的活动上。德国人通过跟踪美军的信箱发现了许多美军部队的行踪。在芬兰的卑而根（Bergen），德国人的监听站有 150 名监听员，监听到大量的信息，不仅有战场上的，还有美洲大陆上的。艾伯特·普劳恩夸奖英国人遵守无线电通信规定，但对英国人在改变呼号时用自然语言感到迷惑不解。盟军在训练时的语音通话是丰富的情报源。

德国最高统帅部信号情报处的埃里希·胡腾汉认为，密码编制和密码破译是相互支持的两个过程。他曾指出德国的一些密码和电传打字机不安全，但德军忽视了他的警告，他对此很生气。不过，他到二战后期才指出恩尼格玛密码机也不安全。1942 年，德国最高统帅部信号情报处成立了一个密码安全科，科长是卡尔·施泰因（Karl Stein），但最高统帅部依旧狂妄自大。战后，威廉·芬纳辛酸地说："德国高层的看法是'德国已经用现在的系统打赢了所有战役，不必用新方法加大部队负荷'。"1944 年 8 月，施泰因小组提出放弃恩尼格玛密码机，虽说这个要求本该早就提出，但德国陆军仍然加以阻挠。芬纳又说："无论何时要求变更系统，陆军总是极力反对。"在这点上可以把德国陆军与美国陆军进行比较。美军陆军在法国丢失了一台密码机，害怕落入德军之手，于是决定把战场上所有芯格巴（Sigaba）密码机重新布线，这需要付出巨大代价，但美国陆军接受了。11 月，胡腾汉在一次军事情报讨论会上做讲演，他强调了德军通信存在保密隐患，但事后没有任何改进措施，他的恐惧依旧。由于缺少英国人破译了恩尼格玛的确凿证据，德国密码分析员只能从理论上做推断，这不足以说服德军将领。另一方面，恩尼格玛厂家花费了好几年的时间发明一种更为先进的可编程恩尼格玛转子（Luckenfüllerwalze），但要等到 1945 年 5 月 1 日后才能使用。

要想在密码破译领域做成大事，必须集中资源，但德国人没有这样做。1945 年，在审问了德国译码员之后，一位美国密码分析员评论说："阿勃维尔和最高统帅部信号情报处的领导似乎都不太理解密码分析员面临的困难……上级指示总是迟到。"英国人的明智在于创造出一种合作的气氛，让有自由精神的平民学者译码员融入具有高度纪律性的情报分析和分发的制度中。德国本是地球上最有组织的社会，但有两大失误，一是没有很好地利用德国最聪明的人，二是没有设计出新技术支持进行实时密码破译工作。在二战后期，由于盟国的制空权使德军失去空中侦察能力，德军情报官对情报源进行了新的排序，按照有用性从高到低的排序是：缴获的文件；战场观测；信号情报分析；公开资料（阅读盟国报纸和听英国广播公司的报道）。

在布莱切利园，英国译码员必须集中在一起开展工作，工作条件相当艰难，特别是在冬季，但德国密码分析人员的生活就更加艰难了。1943 年 11 月，英国的轰炸损坏了提尔皮茨大厦的大部分房间，德国解码员失去了他们的工作场所，德国无线电监听部的档案系统基本上被破坏了。在无窗、无门、尘埃笼罩的办公室里，人是很难集中精力研究复杂的数学问题的。此外，盟国的空袭几乎每晚都来，译码员根本睡不了觉。芬纳发现德国解码员的输出——破译电报的数量在 1943 至 1944 年间下降了三分之二，此后再也没有恢复到从前的水平。芬纳娶了普鲁士军官的女儿爱丽丝为妻，他俩唯一的儿子在苏联战场战死，夫妻俩的精神崩溃了。从 1944 年至战争结束，德国最高统帅部信号情报处几乎把全部精力放在德国密码安全性上——这项工作他们也没有做好。他们不再努力去破译盟国保密度更高的电报流，任凭前线无线电信号监听员自主处理低保密级别的密码和密文。

在 1944 年 1 月至 6 月之间，每个月德国最高统帅部密码登记了 3000 份破译的电报，并标示为"VN"，相当于英国的"绝密"类别。但仔细查看一下这些电报，就会发现大部分是关于盟国内务和诸如土耳其这样的中立国的。芬纳和同事每天要阅读 100 份外交电报，这些电报全是德国 29 个附属国发来的，为此需要消耗大量打印纸，这帮助他们维持一种虚假的繁荣景象，在某种程度上他们的上级还真相信了。他们浪费了大量时间用于破译没有"时效"的电报：例如，日本驻莫斯科大使在 1943 年 12 月 10 日发回东京的一份关于苏联国内经济和军事条件的电报。这份电报在 1944 年 10 月 11 日被破译；战后，这份电报的副本落入美国人之手，上面有密码处人员写的注解，"未及时破译"。

1944 年 8 月 23 日，德国最好的密码分析员破译了一份从里约热内卢发往伦敦的电报："糖酒经济管理局批准延长协议 2 年，因此认为提高配额的要求是合理的。"如果这令人感到无趣，那么 1945 年落入盟国之手的数千份"绝密"文件读起来就更加令人感到无趣了。在 1943 年之前，德国成功地破译了一些有用的但非决定性的电报。在此后的战争岁月里，德国最高统帅部信号情报处破译的都是比糖酒配额好不了多少的电报。布莱切利园、阿灵顿学堂、海军作战部通信保密科也挖出来不少废物，但在废物里找到了黄金。柏林没有找到金子，难开口自夸。

## "西塞罗"

1920 年好莱坞一部间谍电影里有一幕是：在一位外交官的客厅里，一位蓄着大胡须的贵族正在钢琴上弹贝多芬的曲子，而就在这个时候，一个恶毒的巴尔干仆人正在给他的秘密文件照相，卖给敌人。虽然英国可以夸耀在二战中取得了情报大捷，但英国驻土耳其大使休斯·纳奇布尔－休格森（Hughe Knatchbull－Hugessen）犯了用人不当的错误，造成相当恶劣的结果。这是德国间谍机构的罕见胜利，因为德国情报机构很少为希特勒的事业取得过什么真正的胜利。

纳奇布尔－休格森自 1938 年就在安卡拉工作，与妻子住在土耳其首都肯卡亚山（Cancaya）英国大使馆旁边的官邸里。他在历史上很有名，因为在 1943 至 1944 年间雇用了一个贴身男仆，这个男仆把他的机密文件卖给了德国人。但有一件不为人所熟知的事，几乎可以超乎任何人的想象，早在 1941 年，阿勃维尔就能获得他保险柜里的材料，而且另有他人作案。那年 10 月和 11 月，德国在当地的情报站站长维克托·弗里德（Viktor Friede）就夸口说他拿到了休格森的文件。1943 年 1 月又发生了类似的事，那位英国大使当时的男仆安德里亚·马罗维奇（Andrea Marovic）给德国大使馆打电话报告了一个情况，他的主人离开去阿达纳（Adana）面见丘吉尔。当伦敦外交部知道了此事后，便指示休格森辞退马罗维奇，休格森推诿说没有男仆他没法做事，除非找到接替者。英国外交部斥责休格森说，这件事"很严重，不能拖延"。但休格森一直拖到 5 月 15 日才辞退了马罗维奇，让一个跑腿杂役临时替代。两个月后，休格森不顾土耳其当局的警告，聘用了埃利萨·巴兹纳（Elyesa Bazna）做男仆。

巴兹纳自称是流氓，贪婪成性，到处惹事。他父亲是伊斯兰教的老师，他出生在南斯拉夫的南部，当时还属于奥斯曼帝国。他做过几份司机的工作，但都因为开车技术不好而被辞退了。他曾经在法国人的监狱里蹲过一年，掌握了撬锁的技术。用他自己的话说，当他从监狱里被放出来的时候，"我成为一个没有工作只能靠智慧生存的人——武士"。作为司机和男仆，他曾经为美国人、南斯拉夫人、德国人工作过，最后是为英国人工作。他喜欢自己的声音，在业余时间接受训练，成为一名职业歌手。到了 1943 年，这个骄傲的小男人对自己的生活状况感到沮丧：他已经 38 岁了，自认为失败了。当他在德国大使馆工作时，他无聊地给几份文件照了相，这使他突然有了灵感："我是个无足轻重的小人物，为什么不做间谍呢？"

他在英国在安卡拉大使馆一等秘书家里找到一份工作。在他的雇主去洗澡的时候，他就阅读雇主的私人文件。他还跟一等秘书十来岁的保姆马拉维持着暧昧关系："她搂着我的脖子就如同我脖子上缠着 14 条领带一样"。他俩的关系一直延续到巴兹纳成了大使的贴身男仆，而她则见证了他从一个小流氓演化为一个大间谍的过程。午饭后，大使总是要在客厅弹钢琴，钥匙就放在巴兹纳随手可以拿到的地方。巴兹纳用蜡复制了能打开箱子和保险柜的钥匙。休格森总是把最重要的文件放在卧室，这使巴兹纳可以用照相机复制这些文件。"我是为我的国家做这些事的。"巴兹纳庄严地告诉马拉，然后便出门去市场，更确切地说是去德国大使馆。他说他想让土耳其远离战争，但英国和美国想把土耳其拖入战争。

德国大使的参赞艾伯特·任克（Albert Jenke）碰巧是里宾特洛甫的妹夫。1943 年 10 月 26 日晚上，巴兹纳带着他的第一批货来找任克的妻子，她的态度异常冷淡，因为巴兹纳曾经是她最不喜欢的仆人。巴兹纳宣布他手中有 56 份文件的影印件，要卖 2 万英镑。任克仔细打量这位访客，就好像在看浴缸里的一只虫子。但任克最后还是负责任地把巴兹纳转交到一名情报官手中，此人是奥地利的党卫军保安局的人，名叫路德维希·莫伊茨希（Ludwig Moyzich），在施伦堡手下工作，在大使馆里对外是商业专员。

莫伊茨希认为这个男仆"看上去像一个没有穿着戏装的小丑"。最初，他既不相信材料的真实性，也不相信那男仆获取材料的手段，听上去就跟一出闹剧一样——或者说更像敌人的欺诈。巴兹纳声称，由于他父亲被英国人杀死，所以他才产生了动机，但显然他是为了钱才干的。柏林按要求付了钱，此后巴兹纳便不断地给自己的雇主的文件拍照片。有一份备忘录总结了西方盟国提供给苏联各种物资的数量；有大量的信件是英国为把土耳其拉入战争而写的；最吸引德国人的是一份总结报告，总结了丘吉尔、罗斯福、斯大林 1943 年 11 月在德黑兰开领袖峰会时相互交换的意见。如果柏林对后者进行正常的分析，德国就能获悉盟国正在策划最高机密，即入侵法国的"霸王"行动。但这份文件跟其他来自同一情报源的文件一样没有受到应有的注意。仅花了几个月的时间，巴兹纳——德国人给他的代号是"西塞罗"——就赚了 30 万英镑。钱足够多了，他成为富人，此后，他变得胆小起来。

1944 年 1 月，罗斯福通知丘吉尔，美国战略情报局的一份报告说德国间谍获得了英国和土耳其进行谈判的细节。英国人认为是土耳其方面泄露了消息，但其实是巴兹纳的所作所为。德国外交部的弗里茨·科尔贝在瑞士向艾伦·杜勒斯泄露了这件事，随后杜勒斯向华盛顿做了报告。过了一个月，英国情报机构逐渐认识到是英国大使馆的工作人员泄露了情报。比尔·卡文迪许—本廷克准备了一份假文件，假说保加利亚派人与盟国媾和，并把这份文件放在休格森的公文包中。

没有人动那诱饵。巴兹纳已经洗手不干了，不仅不干间谍，连贴身男仆也不干了。他不仅抛弃了英国雇主，也抛弃了德国雇主。1944年4月，他开始疯狂地花钱，但几周后他花钱消费的饭店发现德国人给他的是假英镑。他本应该怀疑为什么德国人能那么痛快提供那么多钱。战后，他的故事传开了，虽然他有声誉，但这种声誉没有多少价值，他1970年死的时候身无分文，他那虚幻的梦想破灭了。不过，巴兹纳应该觉得自己是幸运的，他至少没有因为做间谍丢了性命和自由。

当英国外交部知道了"西塞罗"的事之后，休格森仅咕哝到，他觉得巴兹纳是个"好仆人"。休格森被调离了安卡拉，但获得了一份驻布鲁塞尔的差事，这简直不可思议。1945年，在被缴获的德国文件中发现了真相，外交部常务次官亚历山大·贾德干在日记中写道："应该把他'抓起来'，送到军事法庭。不过，我要好好想一想如何办这件事。"贾德干的最终决定是可以预见的：最高准则是保护外交部的声誉，这意味着就是要保护这个拥有大使头衔的傻子。休格森在1945年8月受到"严厉"申斥，并允许他提前两年拿全额养老金退休。休格森出版了一部对自己的外交生涯感到自满的回忆录，但那时安卡拉事件还没有曝光。

斯图尔特·孟席斯在知道了"西塞罗"的事之后非常生气，称之为"令人惊骇的国家灾难"。说国家大了点，但对外交部来说此话确实不假。这件事是英国外交界保密工作的重大失误，但并非是仅有的。20世纪50年代，巴兹纳自己把这件事曝了光，整个世界都感到震惊在休格森这样的高官身上发生这种事，而且盟国还打赢了战争。难以令人想象，英国驻敏感中立国首都的大使会把个人文件让南斯拉夫男仆注意到——而且最后证明是让前后三个男仆都注意到了。事件曝光后，这位大使在伊顿公学的老同学安东尼·艾登出面为他保守名誉，这反映了英国政治中最恶劣的传统。

但纳粹从这些情报中获利多少呢？休·特雷弗—罗珀在1945年5月对德国的情报工作进行了评估，他高兴地发现柏林没有充分利用休格森的价值。百老汇街知道瓦尔特·施伦堡对军情六局的尊重达到了夸张的地步，这使他认为"西塞罗"是英国的阴谋。特雷弗－罗珀写道："获得这批真正的文件是德国情报部门最大的成功，且有可能发现其中暗示的'霸王'行动，但他们一直未能做到这点。"在"西塞罗"的材料被送到柏林有几个月时间了，仍然被认为是盟国的欺诈。到了 1944 年春季，其真实性才被确认，德国最高统帅部推断盟国不会在地中海沿岸发动大规模的进攻，而会去解放法国，这个威胁显然正在逼近。但希特勒不同意这个推断。这位独裁者相信盟国仍然有可能在巴尔干地区发起攻势。至于那个间谍，当巴兹纳洗手不干了的时候，没有证据显示柏林方面有人关心。在当时的形势下，即便巴兹纳提供的盟军运动情况是真实的，对纳粹来说已经没有任何实际价值了。

　　造成德国情报部门没有能够利用"西塞罗"文件是有原因的，其中最大原因是在 1943 至 1944 年间，战争的主动权不可挽回地转移到了盟军手上。实际上，所有德国情报工作都受到了影响。情报必须为行动服务。德国当时已经无力对盟国进行反击，即使给德国机密情报，也无济于事。1944 年 8 月，土耳其与德国断绝了外交关系，但明智地未成为一个彻底的交战国。无论有或没有"西塞罗"提供的英国外交秘密，现实已经无法被改变了。对安卡拉政府而言，德国战败了。

## 幻想曲作曲家

　　德国海军上将威廉·卡纳里斯在死的时候仍然抱有一个信念，德国高层没能利用阿勃维尔提供的可靠信息。他的这个信念是错误的。德军通过密码破译、战场侦察、监听、参谋分析、空中侦察的手段掌握了一些优秀的作战情报，但阿勃维尔不能指责希特勒不相信他们，因为阿勃维尔在外国的情报员确实很低劣，大多数还比不上"西塞罗"。例如，弗雷达·道格拉斯（Freda Douglas）伯爵夫人是一位著名德国间谍阿尔布雷希特·阿奇博尔德·道格拉斯（Albrecht Archibald Douglas）的妻子。她在 1940 年在被控从事间谍活动后，离开了罗马尼亚。她和丈夫一起到了美国，却被联邦调查局逮捕，因为盟国破译了一份从智利发出的电报，电报中提及"伯爵夫人 D"。她对审问员说，在纳粹驻圣地亚哥大使的威胁下，她才同意提供信息。

　　1942 年，查理·德利涅亲王（Charles de Ligne）被阿勃维尔逮捕后，判处了死刑，因为他承认协助比利时的抵抗组织。后来，他答应"以亲王的荣誉担保"跟德国合作，于是他的死刑缓期执行。此后，他被送往西班牙，但他立即背叛雇主，逃亡到了英国。布雷德（Brede）少校是他的联络人，他后来对盟国审问员说，他一直怀疑德利涅的忠诚，但"只能冒险，因为阿勃维尔缺少有用的关系"。

维尔纳·沃尔麦斯（Werner Waltemath）1909 年生于德国，在 1930 年移民到了巴西。在巴西度过了 10 年后，他回到德国看望有病的母亲，应征加入德军，受训成了电报员。1941 年 7 月，阿勃维尔送他回巴西，在那里他建立起自己的无线电台。他刚敲出自己的呼号，就被美国的无线电测向仪发现了。另一方面，巴西警方收到了美国人截获的他发往马德里的信件，信中包含微型影印文件和苯酚隐形墨水报告。1943 年 6 月 1 日，沃尔麦斯的家被警察抄了，警察发现了无线电台、微缩胶卷等间谍用具，他们把这些东西藏在卧室地板下的窟窿里。他被判 25 年徒刑。他招募的副手汉斯－克里斯汀·冯·基茨（Hans－Christian von Kitze）成了英国的双料间谍。

有 3 个几乎不识字的摩洛哥人受困于法国，被送到阿勃维尔在法国昂热（Angers）的间谍学校接受训练，然后送回法国从事间谍活动。后来，这伙人只发回了一封信，信用隐形墨水书写，三人感谢所受的善待，感谢为他们回家所提供的珍贵的帮助。阿勃维尔有一位法国间谍叫杜彻富特（du Chaffault），26 岁，来自法国的土伦，1942 年被招募为间谍，他提出要求去乌拉圭的蒙得维的亚（Montevideo）工作，他认为那个地方远离战争所以安全。在接受了培训之后，他被派往美国执行任务。由于缺乏无线电技能，所以配备了隐形墨水。1943 年，德国最高统帅部同意他去美国。他首先去西班牙，拿着德国护照，护照名字是文策尔（Wenzel），随身携带数百美元和一些比塞塔，如果有工作成绩，还能加钱。他到了毕尔巴鄂（Bilbao），认识了一位女朋友。当他离开那座城市的时候，他对她说，他从美国给阿勃维尔发信的时候要给她附带地捎上一封信。最后，阿勃维尔和那姑娘都不知道此人的下落了。像许多人一样，杜彻富特消失在流离失所的人群中了，这些人在欧洲各地过着流浪生活。

格雷斯·布坎南－迪宁（Grace Buchanan－Dineen），加拿大出生，34 岁，接受过密写培训，在 1941 年末离开欧洲去了美国，上司提供了 2500 美元和几个在布达佩斯和斯德哥尔摩的地址。她接到指示，如果遇到麻烦，应该给阿勃维尔的里斯本情报站发电报——英国人从被破译的电报中发现了机密，告诉了美国人，联邦调查局在 1942 年 12 月逮捕了她，那道指示对她毫无帮助。她似乎是为钱才参加纳粹的——她得到承诺每月能拿到 500 美元。联邦调查局对她犹豫不定，等到了 1948 年她被假释的时候，布坎南－迪宁在监狱了蹲完了 12 年徒刑的前 4 年。德国人从她那里没有获得任何有价值的情报。

罗伯特·卢梭（Robert Rousseau），24 岁，代号"鲁道夫"，来自法国的南特（Nantes），在北非逃离法军后投奔了德军。1943 年 8 月，他接受了无线电培训，然后被派往圣布里厄（Saint－Brieuc）工作，名义上是托特组织在当地的招聘经理。10 月底，卢梭对联络人说他参加了抵抗组织，以便搜集信息。几周后，几个被捕的戴高乐游击队员在接受审问时对当地的党卫军说，卢梭提出要卖手中的无线电台和密码。卢梭立即被逮捕，送回了德国——可能是被投入了集中营。在维希法国驻华盛顿大使馆里，有几个法国人企图为阿勃维尔提供服务，他们中的突出代表是：伯特兰－比涅（Bertrand－Vigne）中校，助理武官；查尔斯·伊曼纽尔·布鲁斯（Charles Emmanuel Brousse），新闻官。另一位外交官让·穆萨（Jean Musa）充当信使，负责与支持维希法国的纽约人保持联络。泽维尔·吉夏尔（Xavier Guichard）是维希法国的民兵，负责与住在美国的法国人联络，请他们提供情报，如果他们不合作，就让他们在法国的家庭遭遇不幸。吉夏尔的身份最后暴露了，被迫离开了美国。

世界上有许多大片地区不适合进行间谍活动，甚至想都不用去想，因为它们在战略上不重要。在伦敦，有人提出在加拿大安插一些双料间谍，当时负责加拿大的军情五局官员是西里尔·米尔斯（Cyril Mills）——他来自伦敦著名的马戏家族——表示反对，他说，即使阿勃维尔也看得出，加拿大发生的事没有什么是重要的。卡纳里斯有不同意见。1942 年 11 月 9 日，一艘德国潜艇把卡纳里斯手下的维尔纳·亚诺夫斯基（Werner Janowsky）送上了盖斯佩半岛（Gaspe peninsula）。他上岸后便被捕了，身上带着魁北克的驾驶执照，那驾驶执照的主人是迪耶普被俘的加拿大人，但他持有的身份证是住在安大略的加拿大人。亚诺夫斯基身上带着的 5000 加拿大元是作废的——他拿作废的钱付旅馆的账单，这才导致被捕。他的行为引发了旅馆老板的怀疑，因为他抽德国香烟，在早晨洗澡。警察在他的随时携带物品中发现一份德军旅行证书、一本日记、一支手枪、无线电、指节金属套、20 美元、金块 5 块、微缩密码使用指南、一本做密码簿用的小说《欢乐满人间》。亚诺夫斯基，38 岁，前法国外籍军团士兵，妻子住在加拿大，所以熟悉这个国家。但盟国不会像德国这样花费大量宝贵资源（包括潜艇）送间谍去战场，而且提供的装备太不合适。亚诺夫斯基被英国俘房是一件幸运的事，他活了下来。

许多阿勃维尔招募的人员令人惊奇，他们竟然轻信过期的支票，寄希望纳粹取得胜利兑现。有一个名叫弗朗茨·施蒂格勒（Franz Stigler）的人，纳粹承诺给他一块南非地产。豪尔赫·莫斯克拉（Jorge Mosquera）是一个智利人，在德国有一大笔财产，他被告知，如果他能为柏林在美国从事间谍活动，他就能拿走所持的股份。还有一件令人奇怪的事，不知道德国人怎么会觉得一个像住在美国东海岸的莫斯克拉这样没有受过训练的平民情报员就能回答一些柏林提出的军事问题：寇蒂斯（Curtiss，飞机制造商）何时能提供P40和P46取代P36A？B—17供货了吗？

上面提及的这些普通人，就是阿勃维尔雇用来为德国最高统帅部搜集情报的外国间谍。这就造成一个后果，德国海外情报站只能弄虚作假，蒙混过关。一个惊人的间谍造假案是卡尔海－因茨·克莱默（Karl—Heinz Kramer）博士，此人是一位浮夸的阿勃维尔官员，常驻斯德哥尔摩，控制着几个英国和美国境内的间谍。布莱切利园和美国战略情报局都警告了军情五局，克莱默正在传递从英国情报源获得的材料。1943年4月，军情六局派遣其斯德哥尔摩情报站的彼得·福克（Peter Falk）去监视这位阿勃维尔情报官，并探明谁在向他提供信息——德国人多次听到一个代号"约瑟芬"的英国间谍。此人是谁？福克发现了踪迹，克莱默跟理查德·佐尔格一样有狂热的生活习惯——他的收入满足不了他对赛车和舞会的欲望。另一方面，这个德国人不断地被日本武官小野寺（Onodera）上校索要现金，因为东京的汇款没有到：克莱默借给这位日本盟友2万美元希特勒的钱。

12月，军情六局有了突破。有一位住在斯德哥尔摩的反纳粹奥地利妇女提出想为英国大使馆工作，她有一个朋友在克莱默家做女仆。在1944这一年里，她提供了克莱默废纸篓里和书桌里的材料。她偷偷地把书桌的钥匙在黄油上留下印记，然后复制了钥匙。英国人发现这个阿勃维尔情报官在战前去过英格兰，这使英国人很紧张，因为这意味着他可能在英格兰建立起了间谍网。军情六局获得这个消息的时候，正好离诺曼底登陆仅剩下几周时间了。克莱默会不会获得有关信息，使得"坚韧"欺诈行动失去了作用，破坏英国的"双十字"行动？

彼得·福克又获得了很多证据，说明克莱默入不敷出，可能偷花了柏林的钱。于是他向军情六局提建议，勒索并"策反"这个德国人为英国服务？此时，诺曼底登陆已成为历史：盟国最危险的时刻已经过去。所以，百老汇街拒绝了这个肮脏的建议："我们不能跟战争罪犯做交易帮助他们逃命。即使允许这只令人讨厌的老鼠离开快要沉没的船，它也提供不了什么重要的东西。"战后，盟国审问员终于发现了真相：克莱默不仅骗了德国人，也骗了英国人。他的"间谍网"是虚构出来的；他给柏林的报告是捏造的。军情六局复制书桌钥匙的情节剧也没有了意义。在这场游戏中，除了克莱默在战争中享受着舒适的生活外，其余玩家全像笼子里的仓鼠一样在轮子上无效地奔跑。

对那些似乎有权威的间谍，他们提交的报告，阿勃维尔像对待金粉一样珍爱。英国"双十委员会"下属的 120 名双料间谍，有 39 名或多或少在传递假信息，大部分假信息是联合情报委员会的本廷克草拟的，或在他的监控下由他人草拟的。约翰尼·贝文上校在和平时期是股票经纪人，如今他掌控伦敦军事欺诈协调组，做这项工作需要精巧的算计能力，把事实和幻想糅合在一起使之有诱惑力。1943 年 2 月，德国人让代号"嘉宝"提交当前英国铁路的时间表，这件事请示了军情五局的局长盖伊·利德尔。他说，把时刻表给他们——考虑到火车实在太多，大多数又都晚点，给他们也不会有什么伤害。有一次，亚历山大·贾德干的私人秘书彼得·洛克斯利（Peter Loxley）向盖伊·利德尔报告说德国人要处死 5 名波兰间谍。有没有可能用一名在英国人手中的纳粹间谍去换这 5 个波兰人？"绝对不，"这位军情五局的局长回答，"活着的阿勃维尔间谍知道太多有关'双十'的情况。"

在 1943—1944 年间，德国情报机构萎缩了，接近于软弱无力的状态。军情六局在 1943 年 5 月和 6 月的报告中，用居高临下的语气评论敌人道："我们在情报中找到了证据，柏林对没有能预见北非战役或卡萨布兰卡会议感到失望……从 1943 年初，阿勃维尔积极使用欺诈手段，但很不专业。他们的欺骗活动就是想让我们做出几个错误战略判断……阿勃维尔依赖极少的几个渠道向我们和我们的盟友灌输假信息，苏联人和美国人都是他们的欺诈目标，最近又增加了我们的法国盟友。虽然他们的手段初级，但企图是明显的——想让我们高估他们的实力，从而加强他们在巴尔干侧翼的警戒状态。"英国人认为自己对阿勃维尔在海外的间谍和情报活动一清二楚。"自从突尼斯陷落后，"无线电分析局报告说，"阿勃维尔非洲的几个成员随便地就被调到了巴尔干。佐伊贝特（Seubert）中尉是阿勃维尔非洲组织的头目，他调往索非亚。斯特罗伊尔中尉过去主管希腊、克里米亚、突尼斯的工作，现在负责萨洛尼卡等地的工作。"

纳粹的自我欺骗已经变成了制度。1943 年夏季，希姆莱和戈培尔同意不让希特勒看到德国保安总局有关德国公众的月度报告，报告内容包括公众情绪、精神、对新闻报道的反应。于是这些报告仅留在他俩的书桌上。与此同时，许多中立国看到盟国的胜利在望，纷纷对纳粹居民和访客采取更加严厉的措施。在英国的压力下，马德里政府在 1943 年关闭了阿勃维尔在西班牙监视船舶进入港口的重要活动。次年，卡纳里斯也被禁止进入西班牙了。对德国驻智利武官冯·博伦

(von Bohlen) 少校来说，最后的信息源是美国航空杂志，这份杂志在柏林很受重视，因为其内容是独一无二的。在德国内部已经没有理性的情报处理过程了。正如休·特雷弗－罗珀所言，德国只有"个人野心的旋涡"。

1943 年夏季之后，休·特雷弗－罗珀每个月都在战时内阁办公室参加伦敦军事欺诈协调组的会议。他对英国的情报首长们说，德国情报界的气氛变得如此多疑，情报官们不敢过滤和分析材料了；他们只敢把未经处理的、没有评估过的报告送给高层。在提交的报告中，大部分是虚构的，或是英国人写的。1943 年 4 月底，阿勃维尔在萨拉热窝的情报站的经济状况是如此拮据，为了养活 150 只信鸽竟要求维也纳提供 250 公斤的鸟食。此外，萨格勒布和萨拉热窝的情报中心要求派更多的人管理鸽子笼。阿勃维尔在南斯拉夫的情报官多次提出供应皮鞋的奇怪要求，这使特雷弗－罗珀讽刺地说，当盟军进入南斯拉夫时，应该警惕那些穿好鞋的人。

1943 年 6 月 5 日，柏林要求丹吉尔和马德里情报站去获取北非战场盟军的战役部署情况。对方的回应令人感到悲哀："这项任务无法完成，因为非洲已经没有间谍可用。8 月 4 日，特雷弗－罗珀报告了阿勃维尔的混乱状况。"在盟军展开"爱斯基摩"行动，入侵西西里岛前 3 周，他注意到发挥柏林的情报对盟军可能的进攻点进行了预测：挪威 3，英吉利海峡 4，亚速尔群岛 1，西班牙的摩洛哥 1，法国南部 6，意大利 8，科西嘉 7，撒丁岛 4，西西里岛 6，达尔马提 9，希腊 7，克里特岛 8，多德卡尼斯群岛 8，基克拉迪群岛 1，罗马尼亚 2。对这样的预测，他评论说："虽然阿勃维尔总部进行审查时减少了可能性，但可能性仍然多得几乎等于没有在做预测。"特雷弗－罗珀评论说，虽然阿勃维尔的分析普遍很含糊，但有一个例外，就是英国人通过"肉馅"行动（皇家海军军官的尸体携着绝密英国作战计划躺在西班牙海滩上）提供的欺诈材料，德国人认为是完全可靠的。

卡纳里斯的思维长期处于混乱之中。他有一个代号"梅利利亚"的间谍，一直不受重视，这位间谍在 8 月 9 日报告盟军船队正在赶赴西西里岛（当时盟军已经开始登陆了），这位德国海军上将亲自发回电报，询问对方认为未来会发生什么。"梅利利亚"是英国控制的双料间谍，他对柏林说，他认为有 10 万人将在法国南部登陆。他接着又报告的时候，盟军正赶赴科西嘉岛和撒丁岛。

特雷弗－罗珀对阿勃维尔感到困惑，因为阿勃维尔把大量材料提交给德国最高统帅部，但这些材料中"混杂了有价值的前线阵地战术信息和大量战略废话"。他的结论是阿勃维尔"确实已经无法评估自己的报告了……柏林已经对战略前途没有了认识和看法，所以只能把各种报告全都提供给前线将领，让他们自己去做决定。柏林已经不敢做遴选，害怕将领们日后抱怨没有看到真正预示风向的稻草"。德国驻伊斯坦布尔的武官海军上将冯·德马维茨（von der Marwitz）同意这个观点：在所有批评阿勃维尔报告的人中间，他是最有名气的一位，他批评时所用的语言与特雷弗－罗珀类似。德马维茨的评语被破译了，特雷弗－罗珀读了他的评语后感到很高兴。

德国情报机构的软弱也有不利的一面，盟国很难在大行动前进行欺诈：渔夫把篮子里的鱼饵丢进了河里，抓鱼就难了。"为欺骗敌人仔细设计出来的'信号'，在输入给敌人的情报系统后就消失不见了。"这是英国官方历史学家迈克尔·霍华德（Michael Howard）说的。他接着说："这是因为有'噪音'的缘故。阿勃维尔搜集了大量谣言、传闻、外交官不谨慎的说辞、混乱的报告，并基本上不加筛选就提交给上级……德国最高统帅部的西方情报部工作很繁重，如果没有空中侦察或人工间谍报告提供可靠的证据，他们很少会给予注意。"1943 年之后，盟国的欺诈行动才变得比较成功。当时德国已经无法进行空中侦察，而除此之外又没有什么其他情报源，于是有些德国情报官感到有必要利用双料间谍的报告。

然而，德国人从来不轻信：1943 年 8 月，盟国在法国沿岸发动大规模的欺诈行动，动用了数十艘船和数百架飞机，目的是把德国人的注意力从即将展开的意大利登陆行动上引开。德国西线总司令冯·龙德施泰特（Von Rundstedt），毫不犹豫地拒绝了那种认为英吉利海峡有大仗的想法，他说 1943 年盟国的大规模进攻肯定在地中海展开。德国最高统帅部因而减少了德国在法国的部署，从原先的 55 个师减少到 35 个，到了 10 月才再次增加，因为从那时起英美在法国登陆变得可行了。

希特勒的情报首脑卡纳里斯倒台是百老汇街的妙招：1944 年 1 月，军情六局的情报官尼古拉斯·艾略特（Nicholas Elliott）策反了阿勃维尔驻伊斯坦布尔情报站的站长埃里希·费尔梅伦（Erich Vermehren）和妻子，之后又策反了他的两名下属。费尔梅伦向英国人详细地介绍了德国情报界的情况。那德国人悲叹党卫军保安局的影响力太大，因为他们的报告通过希姆莱直接递交给希特勒。"阿勃维尔是德国最高统帅部里的灰姑娘，"他说，"而且必须接纳一些毫无外国经历的新手做情报工作……阿勃维尔在土耳其的工作人员少得可怜，根本无法与英国和美国的情报机构竞争，双方人员比例相当于 10 比 1。阿勃维尔总部的官员不理解这点，而且对政治和半政治的报告不感兴趣，偏爱无关紧要的细节和数字。"奥尔格·汉森（Georg Hansen）从 1943 年 3 月起担任卡纳里斯的情报分支的首长，费尔梅伦形容汉森是一个"伟大的人"，组织中最能干的人，有教养，聪明，精力充沛，不达目的决不罢休。然而，费尔梅伦又说："没有一个专门负责评估间谍的忠实度和敏锐性的办公室。"德国人不过如此，特雷弗－罗珀肯定会这样说。

1944 年 2 月 16 日，针对费尔梅伦在土耳其背叛这件耸人听闻的事，艾伦·杜勒斯对华盛顿发表了一番有点自负的言论。他说自己从来不鼓励这类公开的变节，因为这些人在原有岗位上更有用。他在这件事上显然是错了，因为土耳其这件事彻底地破坏了阿勃维尔在德国高层眼中的信誉，整个情报站的士气低落，混乱和堕落的状况此后再也没有恢复。有一份百老汇备忘录，日期是 1944 年 3 月 24 日，标记着"绝密"字样，上面用铅笔写着"发自军情六局在斯德哥尔摩的情报源"。这份备忘录有 5 页纸，详细描述了阿勃维尔首长的困境：2 月中旬，卡纳里斯海军上将被召到元首在巴伐利亚的总部……他被告知此行至少 8 天，所以建议他任命他不在位时的接替者……他选择了本蒂韦尼（Bentevigni）上校，第三处的处长。到了元首的总部后，他受到冰冷的待遇，陆军元帅凯特尔对他说，元帅看到了所有有关他罪行的材料，决定在目前的状况下这位海军上将无法再继续担任职务。卡纳里斯受命离职 3 个月……阿勃维尔的前途取决于德国保安总局（卡尔滕布伦纳）和对外情报处（施伦堡）。

这份备忘录基本上是准确的：瓦尔特·施伦堡从此至战争结束，一直是希特勒的对外情报局处的处长，德国保安总局吞并了阿勃维尔。在 1944 年 7 月的暗杀行动之后，一些高级官员和前官员被关押起来，并很快被处决了，包括卡纳里斯、奥斯特、汉森、弗赖塔格·冯·洛林齐霍芬（Freytag von Loringhoven，前颠覆破坏处的处长，自杀身亡）、葛雷夫·马罗尼亚－雷德维茨（Graf Marogna－Redwitz，能干的维也纳情报站站长）。威廉·库巴尔特（Wilhelm Kuebart）被捕，并接受了审判，但躲开了绞刑。

## "好心的"纳粹

瓦尔特·施伦堡为人敏感，让人觉得党卫军是可以接受的，他在这方面取得了一些成功：温良恭谨，讲礼貌，慢性肝炎使他看上去很虚弱。与他身旁的匪徒不同，这位德国保安局下属对外情报处的处长能敏锐地谈论音乐和艺术。他成功地让一些跟他交往的人信服，尤其是瑞典的贝纳多特（Bernadotte）公爵，这位伯爵说他是"高雅体面的好人"。但后代人不能忘记，施伦堡是一个死心塌地的纳粹分子，彻底地做纳粹政体的帮凶；他相当聪明，很早就看出希特勒可能要打败仗，所以他阴险地两边下注，以防万一。

他1910年出生在萨尔布吕肯（Saarbrucken），父亲是建筑商。他接受过一些法律方面的培训，在1933年加入了纳粹党。不到一年的时间，他就被黑色制服的魔力抓住了灵魂，成为一名党卫军成员。施伦堡是一个聪明的秘密警察，在1939年占领波兰期间获得上级的嘉奖：他抢走了华沙的情报档案，发现有230个德国人做波兰的情报员，这些人逐一地被党卫军保安局处理，要么上了断头台，要么被送入集中营。他成了海德里希和希姆莱的红人。不过，他与海德里希的关系有一段时间很坏，有谣言说他与海德里希的妻子有染。1940年，施伦堡离了婚，之后娶了艾琳·格罗斯－斯库恩包克。他似乎除了工作之外没有几个朋友。他是一个既野心勃勃，又无限忠诚的孤独者。他其实没有自己想象的那样聪明。一位专门分析德国情报的美国分析员在战后写道："他搞不清宏大的计划和实际成果之间的区别。"

他有许多计划。1940年，施伦堡接受希特勒的私人嘱托去里斯本抓温莎公爵前英王爱德华八世。他拒绝进行粗暴的绑架，偏爱诱惑。当公爵和夫人乘船去英属百慕大的时候，他只能站在德国大使馆的阳台上在8月的阳光暴晒下望洋兴叹。后来，他又编制了一份"被通缉的英国人"名单，这些人都是德国占领英国后需要逮捕的高层人物。虽然施伦堡多次表现他尊重丘吉尔的国家，但他的名单不仅显示出他对英国的理解落后于时代，而且在那些人是英国的精英问题上显得很幼稚。他受命回到里斯本，去毒死一位流亡的德国人奥托·斯特斯（Otto Strasse），一位慕尼黑的细菌学家向他提供了一种有毒物质。斯特斯活了下来，因为他没有按计划去葡萄牙的首都。此后，施伦堡被希姆莱任命为德国保安总局第6处的处长，这个处负责搜集外国情报。这个任命似乎没有顾及他与德国保安总局的局长恩斯特·卡尔滕布鲁纳（Ernst Kaltenbrunner）不和的事实。他利用职务之便四处旅行的时间，比间谍还要多，这在战争期间很难想象。施伦堡与瑞典驻柏林大臣的关系很好，因为在他的安排下，德国释放了一些瑞典感兴趣的北欧囚犯——丹麦的警察和挪威的学生。

1941年，德国保安总局的这位官员坐飞机来到斯德哥尔摩，与瑞典保安局长马丁·林德奎斯特（Martin Lindquist）见面；两人相见甚欢，有部分原因是他俩都对共产主义抱有深深的敌意。这种友谊在次年里变得重要起来，当时盖世太保指控一家大型瑞典公司在波兰分公司的5位高管从事间谍活动。有两人无罪释放，但有一个被判无期徒刑，另有 4 人被判死刑。施伦堡出面干预此事，首先保证监牢里的人有较好的待遇，最终在 1944 年圣诞节前把他们全释放了。他与瑞典的商界领袖阿克塞尔·布兰丁（Axel Brandin）、雅各布·瓦伦贝格（Jacob Wallenberg）、阿尔瓦尔·穆勒（Alvar Moeller）亲自就此事进行谈判。

施伦堡能升官，不是他做情报官有何本领，而他在国内外有搞阴谋的本领。他敏锐地看到纳粹内部山头林立，相互竞争，最后德国受损，但他自己随波逐流。1942 年 6 月，在莱因哈德·海德里希被杀的前几个月，希特勒派驻捷克的总督请卡纳里斯和施伦堡参加一次盛大的狩猎会。他俩为工作职责划分争执起来，连野鸡飞过他们的头顶都没有注意到。

这位党卫军军官利用瑞士的方式跟盟国是一样的——这里既是与敌人情报机构交锋的战场，也是与敌人保持接触接头地点。在德国国内这样接触是叛国行为。对施伦堡的第六处在瑞士的私下交易，希姆莱傲慢地说："我不想知道细节，那是你的职责范围。"施伦堡很早就把瑞士作为潜在的避难地，如果纳粹失败，他可以去那里。他的上司可能也有此意。施伦堡从来不喜欢在柏林出演自己的《诸神的黄昏》，所以他要打通几条渠道，当第三帝国被清算时，他好有条活路。

1942 年秋季，瑞士情报局长罗杰·马森（Roger Masson）了解到纳粹正在考虑入侵他的国家。在这种情况下，施伦堡自然就成了中间人。在德国驻伯尔尼大使奥托·克歇尔（Otto Kocher）的斡旋下，这两个人 9 月 8 日在瓦尔茨胡特（Waldshut）附近见了面，这个地方正好在希特勒的领土上。党卫军大队长汉斯·埃根护送上校来到了边境，然后看着他徒步走过莱茵河大桥。马森很紧张，事关他个人和国家的安危。他和施伦堡在附近的饭店里见了面，然后沿着莱茵河边走边谈，这样他俩感到不会被监听。

马森想骗第六处的处长把那份能证明瑞士情报部门与捷克在战前进行合作的文件要回来，因为这份文件可以作为希特勒入侵瑞士的借口。马森还要求释放恩斯特·莫格利（Ernst Morgeli），此人是瑞士驻斯图加特领事馆的工作人员，因为间谍罪被判死刑。马森请施伦堡控制一家维也纳报社的言论，这家报社由两名瑞士的纳粹分子运作，对自己的祖国进行宣传攻击，特别是对瑞士军队的总司令亨利·吉桑（Henri Guisan）将军的宣传攻击。这位纳粹间谍处长同意了所有的请求，但需要马森展示一份文件的副本，这份文件是 1940 年美国驻伯尔尼的武官发给华盛顿的电报，他在电报里说他在瑞士的情报源说有 25 个德国师正准备入侵瑞士。确实，这证明不了瑞士在与盟国合作。这位党卫军干部的要求是温和的。马森立即意识到，这也说明了德国情报机构当时确实在偷看美国的密文。

1942 年 10 月 16 日，在瑞士境内的康士坦茨湖（Constance）边商人沃尔夫斯贝格·梅耶－斯克特滕巴赫（Wolfsberg Meyer－Schertenbach）的庄园里，施伦堡和马森的进行了第二次会面，双方获得了更好的理解。他俩穿着便服，施伦堡闲聊着自己的生活和早期的职业经历。他说了关于瑞士许多好听的话，表达了对瑞士所面临困难和僵局的同情，在他看来，瑞士在交战中的欧洲处于孤立的状态。马森头脑里闪过一个念头，施伦堡这是在试探瑞士是否能在与盟国的谈判中做调解人。此后，这个德国人透露了一个消息，柏林破译了"露西"情报网在 1941 年发往莫斯科的两份电报：施伦堡相信德国最高统帅部里有人泄露了情报。这使马森做出判断，这位访客不是和平使者，而仅是想获得线索，抓住叛徒。他俩一起度过了 3 天，最后这个党卫军干部在黑暗的掩护下返回了德国。

施伦堡从这几次会谈中获得了什么？他满足了瑞士人几项要求，难以想象如果没有回报，他只有在做交易时才会这样做。马森从来没有透露过他对那个德国情报处长说了什么，很可能透露了盟国在瑞士情报活动的一些情况。这位瑞士上校极力讨好德国，目的是阻止德国的入侵。施伦堡无疑在为自己留一条后路，防备希特勒的梦想破灭。另一方面，他回到柏林后向上级汇报说，他与瑞士上校的交流获得了重要的情报资料。1943 年 1 月 6 日，他交给希特勒一份笔记，这份笔记警告希特勒注意皇家空军正计划轰炸连接奥地利和意大利的勃伦纳山口（Brenner Pass）。这份笔记中的信息来自他在瑞士的权威情报源。他还说瑞士知道了纳粹要入侵，所以紧张不安，正考虑进行军事总动员。

1943 年 1 月 30 日，马克思·魏贝尔少校控制下的瑞士"维京人"情报网向马森提交了一份报告，这份报告说希特勒和他的高级指挥官在去年的 10 月讨论了入侵瑞士的事。马森决定必须再见一次施伦堡，陪伴马森的还有瑞士军队的总司令。3 月 3 日，施伦堡乘坐德国汉莎航空公司的飞机到了苏黎世，同行的还有两名保安人员。汉斯·埃根去机场迎接。他们最初计划入住贝尔维尤旅馆，但施伦堡偏好住在施瓦茨霍夫旅馆。然后，他驱车去距离伯尔尼 12 英里的比格伦（Biglen），在巴朗旅馆与马森和吉桑将军会面。希姆莱给这次会面提出了明确的指示：他要求瑞士公开强调对严格中立的承诺。3 月 4 日，瑞士下决心抵制任何外国军队把瑞士拉入战争的宣言写在了一张瑞士军方的信纸上，上面有瑞士军队总司令的签名。巴朗旅馆的老板看到有贵宾就兴奋起来，请他们在旅馆的旅客登记簿上签名，但一位驻瑞士的德国中央保安局联络员谨慎地撕下有签名的那一页。

事已至此，吉桑将军便离开了。施伦堡又多住了一周，与马森又进行了几次对话。他逼迫这位瑞士情报官说出为"露西"情报网提供情报的德国叛徒的情况，但马森真诚地说不知道。这个瑞士人反过来要求客人释放亨利·吉劳德（Henri Giraud）的家人。这位法国军官曾经被关押在城堡里，后来逃跑了，他的家人落入盖世太保之手。施伦堡同意了这个请求——并且再次兑现了承诺。马森对这个德国人说，他很担心希特勒仍然想入侵他的国家。这是一个很笨的手段，因为这说明伯尔尼在纳粹高层也有秘密情报源，施伦堡肯定会变得警觉起来。到了3月27日，"维京人"情报网彻底地改变了风向，通报说德国入侵瑞士的危险不存在了。整件事都是施伦堡一手策划的，目的是恐吓瑞士人，促使他们对盟国在瑞士的间谍活动加以限制，特别是要限制苏联间谍网的活动——马森最终确实这样做了，围捕了"露西"情报网。另一方面，瑞士政府的军事办公室对吉桑将军私自与德国进行谈判表示极为愤慨。

几个月后，艾伦·杜勒斯向华盛顿报告了施伦堡与马森见面的事。杜勒斯评论说，他自己相信瑞士政府偏向盟国取得胜利。但瑞士军方有些人极为害怕苏联的共产主义，所以进行和平谈判，这样在斯大林的帝国与西方之间就会留下一些堡垒。杜勒斯认为，就是出于这种动机，瑞士人才与施伦堡进行谈判，或许杜勒斯说的是正确的。没有证据表明哪一位不知名的瑞士情报官曾向阿勃维尔透露了盟国已经破译了德国潜艇密码的事。据说，此人获得了来自瑞士和美国的情报源提供的信息。有可能此人就是马森，因为他正在跟纳粹进行讨价还价。

施伦堡还有另外一些外国情报计划很具有独创性，但并不比卡纳里斯的更成功。1941年，他在两位共产主义分子身上花费了大笔的钱，让他们去瑞士打入"露西"情报网中。这两个共产主义分子的代号是"乔治·威尔默和乔安娜·威尔默"，原先是普勒岑塞监狱的囚犯，后来被策反。他俩大把地花费德国保安局的钱，但亚历山大·富特蔑视他俩的好运气。1942年7月，施伦堡访问了葡萄牙和西班牙，他与巴西流亡分子普林诺·萨尔加多（Plínio Salgado）进行了谈判，此人承诺为德国做一些大事，但最后一件都没有做成。这位德国间谍处长还跟费利克斯·克斯滕（Felix Kersten）博士谈判，此人是芬兰裔德国籍的按摩师，大骗子一个，他把瑞典著名律师卡尔·朗本（Carl Langbehn）博士介绍给了希姆莱，从而骗走希姆莱大笔钱。中立国有许多人想发战争财，朗本就是其中之一：他答应协助谈判，争取释放几个在波兰被德国人抓住的瑞典人，但要求瑞典政府给他8万克朗做服务费。威廉·比特（Wilhelm Bitter）博士是柏林医院的精神分析学家，德国保安总局派遣他出国去寻找与盟国进行谈判的渠道。等他他到了安全的地方之后，他发回了一条疯狂的信息，说唯一的解决方案就是推翻希特勒，然后就再也没有露过面。

在希姆莱的鼓励下，施伦堡给里宾特洛甫的妻子前外国新闻官"普奇"汉夫施滕格尔（Hanfstaengl）一大笔钱，让她在巴黎开办艺术商店，其目的极其难以置信，就是为了与英国首相的儿子伦道夫（Randolph）取得联系，她在伦敦曾见过伦道夫。她是个长期精神紧张的女人，分别在 7 月和 9 月访问了巴黎，花光了钱，但没有能见到丘吉尔父子。1944 年，一位阿尔伯特·斯佩尔手下的官员建议施伦堡去与科科·香奈儿（Coco Chanel）取得联系，这位官员说科科·香奈儿是一个激进的反苏分子，而且与丘吉尔关系很好，是一个可信的媾和中间人。香奈儿当时 60 岁，与她的阿勃维尔男朋友汉斯－巩特尔·冯·丁克拉格（Hans－Gunther von Dincklage）住在巴黎的豪华旅馆，立即被召到柏林。这个女装设计师告诉德国人，她有合适的朋友可以与英国人建立联系——此人就是薇拉·贝特（Vera Bate），一位英国妇女，嫁给了一个名叫隆巴尔迪（Lombardi）的意大利人，她当时因为与巴多格里奥（Badoglio）政府有关系而被拘禁。施伦堡立即同意了。隆巴尔迪夫人被释放了，一周后用飞机送到马德里，随身携带着一封给丘吉尔的信，交给英国大使馆。丁克拉格被任命为中间人，负责把英国人的回复传递给施伦堡。忘恩负义的隆巴尔迪夫人刚到马德里，就谴责香奈儿是纳粹的密探。

施伦堡再也没有听到薇拉·贝特的消息，但他熟练地避开了人们对这次失败的指责。1942 年 11 月，希特勒和戈培尔对卡纳里斯和阿勃维尔没有能够预见到英美在北非登陆的"火炬"行动而恼怒，这位德国保安局第六处的处长仅是耸了耸肩，说军事情报不是自己的责任。两个月后，他邀请土耳其警察高级代表团走访德国，借以展示德国的强大。施伦堡努力地讨好警察局长佩皮利（Pepyli），此人是一个坚定的反共产主义分子。佩皮利还是一个懂得礼尚往来的人，在年底邀请这位党卫军军官访问了土耳其，并为施伦堡在金角湾（Golden Horn）举办了一次盛大的晚会。这个土耳其人跟纳粹一样恨共产主义分子和苏联人。但除了主人的殷勤好客，施伦堡什么都没有得到。安卡拉政府对战争的进程了如指掌，看到佩皮利过度招待纳粹情报官，心中十分不快，把他的警察局长职务给撤了。

1943 年 5 月，施伦堡和里宾特洛甫同意应该向美国派遣宣传团，借以影响 1944 年美国大选，造成对罗斯福不利的态势。宣传员受到了培训，乘坐潜艇去了美国，但自此就消失了，可能沉没了。另有两人在 7 月抵达了纽约北部的海岸线，但立即就被美国人逮捕了，他俩被认为是来搞破坏的。实际上，他俩执行的是一个荒谬的政治任务。当盟军入侵意大利时，施伦堡竭尽全力营救耶路撒冷大穆夫提（grand mufti of Jerusalem）。他成功地把这个反英国、反犹太穆斯林领袖从罗马接到了柏林，但很快对他失去了兴趣，觉得他丝毫没有用途。

　　施伦堡招募了伊朗娜（Irna）进入情报处，她是冯·罗瑟科什（von Roth-kirch）男爵的夫人，前歌手，工业家的妻子，此时有40多岁了，葡萄牙驻柏林大使的情妇。在德国的外交圈里搜集了一段时间的传闻之后，她被派往里斯本，从事密探活动。她在那里花费了几笔大钱后，被调到了瑞士工作，她的儿子在瑞士上学。在瑞士，她照样乱花情报处的钱，最后施伦堡发现她毫无用途，这点跟许多"社交间谍"一样。1943年10月，施伦堡以私人身份访问了斯德哥尔摩，表面上是去看他的肝病，但主要目的是小心地试探盟国的态度。瑞典人的态度发生了很大转变，因为盟国胜利在望了：如今英国和美国的情报官可以自由活动了，这是战争早期享受不到的，而纳粹的访客很不受欢迎。施伦堡拜访了旅馆里一个著名的美国客人，名叫艾布拉姆·史蒂文斯·休伊特（Abram Stevens He-witt），据说他是罗斯福总统的"欧洲观察员"。施伦堡提出的计划既粗鲁又幼稚：德国与西方盟国媾和，但继续在东线作战。在第二次会面中，休伊特表示认同，并说如果这项建议获得华盛顿的支持，他就在《瑞典日报》打出广告："黄金养鱼池仅售1524克朗。"

　　1944年，这个冒充"友好的纳粹"的人继承了卡纳里斯对阿勃维尔的控制，此时的阿勃维尔已经腐朽了，再也无法恢复生机了。德国已经失去了吸引外国情报员的实力，因为德国显然要打败仗了。此外，德国陆军和海军缺少实力利用已经获得的战略情报。所以，施伦堡花费大量时间与外国的掮客做交易，如果不是希姆莱支持他的话，他早就被枪毙了。德国安局的局长恩斯特·卡尔滕布鲁纳，不仅不喜欢施伦堡，手中还有更多的权力，但施伦堡说话党卫军高层领导能听进去。虽然第三帝国正在倒塌，但他们仍然玩着危险的游戏。施伦堡很会说好听的话，这博得希姆莱的器重。休伊特带着施伦堡的建议返回了美国，但毫不奇怪，报纸上一直都没有登出那则养鱼池广告。1943年11月，瑞典政府大胆地断绝了与德国的外交关系：纳粹已经没有中立的朋友了。

　　1944年8月，在希特勒遭受炸弹袭击后，施伦堡受委托开车去策伦多夫（Zehlendorf）贝塔泽大街威廉·卡纳里斯住的房子，卡纳里斯此时已经被强制退休了。他看到卡纳里斯正在招待两位访客。卡纳里斯跟两位客人说再见后，便跟着施伦堡去见菲斯滕堡（Fürstenberg）塞普学校的狱卒。卡纳里斯似乎没有感到忧虑，或许他是真诚的，因为他没有勇气去犯罪，所以没有参与失败的政变。在被交给党卫军之前，他仅要求施伦堡为他安排一次与希姆莱会面的机会。施伦堡最初答应帮助这位海军上将，但在跟卡尔滕布鲁纳讨论了之后，决定不再努力去纠正这桩不公平的案子：卡纳里斯一直蹲在监狱里，直到 1945 年 4 月在福洛森堡（Flossenburg）集中营被处以绞刑。施伦堡进行了干预，但救的不是卡纳里斯，而是另一个刺杀策划者戈特弗里德·冯·俾斯麦（Gottfried von Bismarck），此人曾经鼓动他去刺杀戈林。

在战争最后的几个月里，施伦堡指挥着德国情报搜集机器拼命工作，采取更加绝望的权宜之计。他的机构雇用了数百个苏联战俘，并把这些战俘视为可以随意牺牲的投降者，驱赶他们进入苏联占领区，在他们被抓前尽可能地多探听东西——这就是所谓的"齐柏林"行动。如此粗暴野蛮的方式，必然导致战俘再次逃跑：许多人射杀同胞时被德国人拍了照片。施伦堡的情报官也雇用妓女。保安局的第五处负责监视妓女，这个处给各地的官员发出指令说："我要求你们在自己的地区寻找合适的女人……漂亮……举止无瑕疵，聪明，圆滑，最好会外语……把她们上报到第六处。"这个项目的结果没有记录下来，但似乎妓院里找不到如此高品质的女人。

1944 年 9 月，堆放在施伦堡书桌上大量虚无缥缈的情报资料中，有一份是瑞典人发来的警告，说盟国计划在荷兰进行空降登陆，攻占莱茵河大桥。他没有采取行动，或许他不相信这份情报的来源。据说提供这份情报的是一个英国情报员，但凭推测此人可能是克莱默博士，那个阿勃维尔常驻斯德哥尔摩的幻想家。此时的施伦堡，正全力策划如何应付德国的战败，谋求对他或他的主人有利的策略。10 月，他把让－马里·姆希（Jean－Marie Musy）介绍给希姆莱，此人是瑞士的一个天主教保守主义分子，年纪很大了。他们在一起要讨论运输犹太人问题。讨论的结果是在 1945 年 2 月，施伦堡亲自运送 1200 个犹太人去瑞士；第二批 1800 人的计划同意了，但没有实施。1945 年 2 月，希姆莱获得东线的军事指挥权，施伦堡劝他把德国剩下的全部军事资源用于阻挡苏联人，打开西线大门让英国人和美国人进来。

他与瑞士人维持着良好的交流渠道，瑞士人同意摧毁一架被迫降在瑞士机场的德国 ME－110 重型战斗机，防止野心勃勃的奥托·斯科尔兹内率领突击队掠走这架飞机。施伦堡的副官弗朗茨·戈林抵制了一项处决拉文斯布吕克集中营（Ravensbrück）中战俘的命令——后来，又有 1 万名战俘被转运到了丹麦。1945 年 4 月 20 日，施伦堡与诺伯特·马舒尔（Norbert Masur）共进了早餐，此人是世界犹太人大会的代表。如果希特勒知道此事，肯定要枪毙了施伦堡。德国保安局对犹太人的友好姿态来得太迟了，到 1942 或 1943 年才表现出来，虽然博得了人们的敬意，但他们似乎主要是为了博取盟国的恩慈。5 月 1 日，卡尔滕布鲁纳解除了施伦堡的职务。但施伦堡与瑞士的关系此时发挥作用了：福尔克·贝纳多特伯爵帮助这位德国间谍头目乘坐红十字的飞机去了瑞典。施伦堡在戈特弗里德·冯·俾斯麦的家里第一次见到了贝纳多特。

有关阿勃维尔、卡纳里斯、施伦堡的故事，可能仅是巨大的战争画卷的边缘，在某个角度看确实是这样。即使希特勒制定了更好的战略，并且他打算执行好战略，二战的历史很可能也改变不了。例如，他不可能击退 1943－1945 年苏联和英美发动的巨大攻势，只能使攻势的代价变大。阿勃维尔的最大经验教训是民主国家处理情报比独裁国家好，在这里，苏联也算是独裁国家。这是因为民主国家的人理解真理的含义，能够客观地评估证据，不把证据视为美德，而是一种战争武器。此外，在为阿勃维尔效劳的各国间谍中，很少有人是因为热爱希特勒的意识形态；在战争初期，他们觉得德国可能赢得战争。一旦这个信念消退下去，实际上 1942 年后的情况就是如此，那些聪明的男女就不会选择支持纳粹的事业。只有人渣可供纳粹挑选。

我们这些后代人，绝对不要因为瓦尔特·施伦堡有一些举止和魅力是那些为希特勒管理德国的匪徒所没有的，就认为他是一个"友好"的纳粹，更不能认为他是一个有能力的情报官。他仅是一个狡猾的机会主义者而已。施伦堡没有死于毒药丸或自己手枪中的子弹。如果不是他的肝病恶化，他可能是希特勒高层的少见的幸存者，毕竟他非常年轻。1945 年，当他从瑞典返回接受拘禁后，盟国审问员对这位希特勒最后的情报头目进行了审问，审问员的判断肯定会刺痛他的狂妄自大：审问员说他似乎不很聪明。

>>> **第 18 章**

# 战　场

## 挥舞超级机密的大棒

1944 年 6 月 6 日诺曼底登陆的前夕，一些有理智的德国指挥官相信盟国进攻欧洲大陆给了德国最后一次避免战败的机会，那就是先阻止英美的入侵，然后全力打败红军。因此预测英美登陆的时间和地点就变成了德国情报官的首要任务。在 1944 年，只需随手翻阅一下世界新闻报道，就知道进攻欧洲大陆将要在夏季展开。但具体在哪一天呢？德国陆军总部信号情报处的译码员说是在 6 月 4 日。在守卫德国大"西洋壁垒"龙德施泰特的部队中，有一小组解码员，其中包括有 30 名军官和 110 名士兵，组长是亚历克西斯·冯·龙尼（Alexis von Ronne）上校。只有他们认真地对待这个预测。这个战场上的大多数德军指挥官，包括隆美尔在内，深受不准确的天气预报的影响，宁愿相信盟国的登陆不可能在 6 月 10 日前展开。当登陆战打响的时候，他们都不在场。

对防守一方来说，预测登陆时间不如预测登陆地点有用。为了迷惑敌人，盟国启动了"坚韧"欺诈行动。不过，要在当时的环境下看待这次欺诈行动。在诺曼底登陆之前，防守方不知道确切的登陆点绝非偶然。在 1940 年夏季和秋季，英国人一直处于迷惑状态，不知道希特勒是否会入侵他们；在地中海的几次战役中，英国人经常对战局迷惑不解。苏联人经常被打得猝不及防，不仅在"巴巴罗萨"中，在之后也一样。英国和美国在远东也是如此。"坚韧"行动跟 1943 至 1944 年间的其他欺诈行动一样，之所以能有效力，就是因为西方盟国拥有了硬实力——绝对的制海权和制空权——这样盟国有能力在数百英里长的海岸线上随意选择登陆点。

考虑到希特勒的古怪影响力，即使有一位阿勃维尔的情报官在盟国登陆战前一周宣称有间谍告诉他登陆点是在诺曼底，德军也不会因此而改变他们的兵力部署。在 1944 年 6 月，德国人对阿勃维尔、最高统帅部信号情报处、德国陆军总部信号情报处的信任度是很低的，至少在西线战场是如此。德国的前线指挥官变得只愿接受战场上亲眼看到的东西，只相信部队用铁和血换来的现实。

希特勒认为加来显然是盟军的进攻地点，他并非唯一有此判断的人：在盟国阵营里，有大量的人支持在加来登陆，而不是在诺曼底。有一些战略家认为英国和美国可以选择第二个登陆点，或许可以在法国的布列塔尼半岛，持这种观点的人不仅柏林有，其他地方也有：丘吉尔一直在劝罗斯福这样做，直到登陆战开始前才住嘴。问题的实质远非是德国顽固地质疑盟军是否把诺曼底当作唯一的登陆点，如果德国人不承认盟国可能在多处发动登陆战，那才叫笨呢。德军 1944 年有必要对法国北部大片土地进行防御，这与英军 1940 年沿着海岸线建碉堡，从德文郡一直到至诺福克郡是一样的。

这不是说"坚韧"行动不成功。在德国阵营里，并非所有的人都认真地对待"嘉宝"等双料间谍发出的信号，但确实有一些人认真地对待。这些双料间谍是受英国的"双十委员会"控制的。盟国进行欺诈，在敌人内部必然造成不确定性。在这里有必要再次引用丘吉尔的格言："世界瞬息万变。"对盟军登陆成功而言，具有绝对重要性的不是让德国人相信盟国有可能在加来登陆，而是让他们不信盟国会在诺曼底登陆。为"霸王"行动保守秘密的重要性，要高于宣传"坚韧"行动——至少在盟国登上岸之前是如此。英国是个岛国，英吉利海峡是无与伦比的护城河，这个因素是最重要的。

盟国的无线电欺诈的水平是相当高的，很可能在欺骗德国人登陆日方面发挥的作用比双料间谍大，因为德国的将领比较相信无线电的可靠性。1944 年 5 月 16 日，在研究了最新的"超级机密"后，罗伯森对军情五局的盖伊·利德尔说，德国人似乎利用无线电分析技术对盟军在英国的部署做出了合理的推断，但盟军有些部队是虚构的："基本上是靠细节推断出来的。间谍的报告似乎没有起大作用。"利德尔评论说："我有一种感觉，很可能敌人在制定计划时比较依赖语音监听和无线电情报，而不是其他情报源。间谍的情报仅能拾遗补阙。"确实是这样。"坚韧"行动中有一部分工作是无线电欺诈，就是用无线电虚构美国第一集团军进驻了英格兰东南部，这几乎肯定地影响了德国人的思维，使德国人高估了盟军的实力。无线电欺诈的影响比军情五局控制下的阿勃维尔情报员的资料所产生的影响更大。不过，后者在 21 世纪激发起了人们的想象力。

特殊的时候需要有非凡之举。1944 年 6 月，第 8 号棚屋在布莱切利园内部设置临时监听站，加速破译速度，及早把情报传给前线指挥官。在那些关键的日子里，译码员大幅度加快了向指挥官提供情报的速度：德国海军的情报平均只需要30 分钟就能被破译，并传递到海军部——最快纪录是一份电报在 19 分钟内完成了接收、注册、解码、翻译、电传到皇家海军的全过程。另一方面，德军的艾伯特·普劳恩后来悲伤地赞扬了盟国高超的无线电技能："射电图在进攻前没有发生明显变化……没有人看出这是无线电欺诈。登陆时没有观察到无线电活动有何奇异现象。"盟国的欺诈计划中有一部分按时要对挪威发动进攻，德国情报机构没有完全相信这点，但希特勒病态地想保护他的北部僻静之处，这点成了德军部署的决定性因素。普劳恩声称，在 6 月 6 日之后，他的机构怀疑盟国把加来作为第二个登陆点，因为盟军现有的兵力全都集中在了诺曼底。但他证实德国最高统帅部过了几周时间仍然热衷于有第二个登陆点的假想，特别是当布伦（Boulogne）海滩上偶然漂来一艘盟军登陆舰之后。

布莱切利园的"超级机密"在战争的最后阶段保护了盟军前线指挥官的自信，甚至可以说是过度的自信。他们相信自己可以随意发动攻势，而不必害怕敌人能给予突然反击。登陆前夕，盟军阵营里的气氛很紧张，因为下的赌注实在是太高了，但发动进攻的盟军占优势。历史上从来没有军队在战前了解敌情能比得上 6 月 6 日前夕的英军和美军。陆军部的军情十四局准备了一大堆文件，标示出了进攻部队将会遇到的德军部队，提供给进攻部队的情报资料详细到德军在法国北部的每一处设施。根据间谍的报告和"超级机密"，数十座大一点的镇子和城市里的设施都标示出来了。军情六局在比利时和法国北部的情报员做出了大贡献，虽然他们在诺曼底前线地区的实力最弱，但他们仍然冒着生命危险沿着大西洋壁垒侦察了数百个敌人的设施，并逐个绘制地图，拍摄照片，给设施画草图。

布莱切利园向盟军指挥官提供了相当全面的德军的战役安排。盟军进攻部队对大多数德军伞兵部队的情况了如指掌，因为德国空军的密码一直很容易破译。但情报也有不足之处：德国陆军第 352 师，这个师在奥马哈海滩给登陆的美国人造成很大的伤亡；第 711 师和第 716 师，这两个师在东面很远的地方。但过分强调这些不足是荒谬的，因为不可能知道敌人的全部细节。重要的是希特勒的"主力"部队都被精确地定位了，这些部队朝着海滩运动的情况也被跟踪了。当盟军刚登上海滩，"超级机密"便能提供实时的预警——不仅预告了 6 月 12 日德国在卡朗唐（Carentan）的反攻，还预告了大多数德国空军的空袭。有一件事值得注意，在 6 月 10 日之后的几天里，布莱切利园没有能破译基于"鱼"密码的电传打字机，因为德国人调整了加密系统。这样的情报失误没有在一两周之前发生是盟国的幸运。

在对面阵营里，虽然德国情报机构在 1944 年 6 月里犯了大错，但战斗打响后，诺曼底前线的德军指挥官和参谋官在巡逻、审问战俘、监听无线电语音通话中展示出他们的正常的获取信息的能力。艾伯特·普劳恩认为，由于英国人和美国人对自己的实力过于自信，懒得在发动进攻前保持无线电静默："他们的疏忽大意可能是由于感到自己有绝对优势的缘故……这给弱小的防御者提供了大量信息，为此进攻者付出了不必要的代价……许多进攻部队的实力在 5 天前就能预测出。"

根据艾伯特·普劳恩的说法，美国 M－209 便携式密码机发出的一些电报被破译了，而皇家空军在语音通话中"一直疏忽大意"，特别是空中联络官与地面人员的对话。盟军的空中侦察机在侦察时经常使用明语：在查询地图时；在报告在德军逃跑时；特别是在转移炮位时。巴顿的部队在使用无线电通信时最没有纪律，亚历山大·帕奇（Alexander Patch）将军的部队最好，法国人的通信最容易破译，他们从 1940 年就如此——勒克莱尔（Leclerc）将军挺近巴黎时，每前进一公里德国人都知道。另一方面，德军知道盟军正对其通信进行监听，德军对此敏感得就跟患了病一样："无线电让德军部队精神错乱，"艾伯特·普劳恩说，"他们在发电报时变得犹豫起来——害怕引来炸弹或炮弹。"此外，德国人面临一个本质问题无法破解，这个问题一直伴随着他们打完战争：如果军事实力不足的话，即使获得了敌人的情报，也无济于事。6 月 7 日，在诺曼底的德军部队缴获了一份美国人的详细作战计划，但无法采取任何应对措施，因为德军已经没有兵力阻止盟军的突破了。类似的还有一件事，德军发现齐肯桑德斯（Chicksands）是皇家空军无线电监听中心，但德国空军无力去轰炸。

在盟国的情报战果汇报中，密密麻麻的全是被破译的"恩尼格玛"电报和"金枪鱼"电报。在战争后期，对英国和美国的将领来说，"超级机密"变成了容易上瘾的毒品，他们要求在行动前每天 2 次或 3 次提供情报"更新"。在意大利刮着大风的高山上，在法国泥泞的田野中，能披着伪装的卡车和帐篷，里面坐着戴着眼镜、穿着英国军装或美国战斗服的参谋官，他们弯腰看着布莱切利园发来的最新电报。盟军高层面临一个难题，不知道向前线指挥官透露多少"超级机密"合适。如果说情报来自间谍报告，或者说来自可信度更低一点的游击队，那就没有人会信情报了。但如果他们知道情报是敌人自己说过的话，他们就很难拒绝了。

蒙哥马利的情报官比尔·威廉姆斯说,那些知道了情报源自破译敌人密文的军官都像患了病一样小心翼翼起来:"间谍的话变成谣言。为了解释'超级机密'的性质,就等于要堵死间谍这条渠道……许多人都害怕失去我们拥有的……明显是一种巨大战略资源,不用等于是损失。"在意大利作战的美军有一句半开玩笑、半严肃的话,用以形容那些被灌输了"超级机密"的军官,说他们是"浸透在羊羔的鲜血中"。布莱切利园被大家称为"黑市"。在前线指挥部中,在那些对"超级机密"不知情的军官中都谣传,"超级机密"是盟军指挥官进行辩论的渠道,或是传送那些不适合给低级军官看的训斥的渠道。

真正了解布莱切利园魔法的人,局限于集团军级以上的情报官。这些人绝对不会落入敌人手中泄露机密;所以,在布莱切利园工作过的人不许参加前线战斗,即使有个别人愿意,也不许——只有基思·贝蒂做到了这点。那些对"超级机密"不知情的师长和军长,在接到集团军总部的通知时,仅会被告知这是德军部署的实际情况,或这仅是推测而已。监听敌人语音通信的保密级别就低多了,因为德国人早就知道自己被监听了,而他们也监听盟国。许多破译得来的情报,是打着语音监听的幌子传达给部队的。比尔·威廉姆斯认为,即使是最高指挥官,也不应该让他们知道情报是破译的结果,而仅说是信号情报:"高级军队如果没有受到过情报培训,不应该看到没有任何屏蔽的'超级机密'。不能给他们太重的武器,否则他们拿不动。"按照英国总参谋长的看法,这条规矩特别适合他们首相,他总是拿一份破译的敌人指挥官的报告做棍棒,驱赶已经感到胆怯的英军将领。

特别行动小组和抵抗组织对盟军在诺曼底登陆成功是有帮助的,但不如那些浪漫的人士希望的那样大。在盟军登陆后的第一天里,英国特种空勤队的行动小组,连同特别行动局、战略情报局的行动小组,联合起来在法国各地实施空降,任务是不惜任何手段给德国人制造麻烦。6 月 10 日,一组抵抗组织的战士来到英国特种空勤队在法国维埃纳省(Vienne)的韦尔里埃森林据点,他们带来了一个重要消息。这组特种空勤队特工一共 50 多人,是 6 月 7 日被空投在这里的,执行一项代号"布尔巴斯克"行动(Bulbasket),目的是与抵抗组织一起在德国人的后方进行破坏活动。这群访客劝英国人去破坏重要的沙泰勒罗火车中转站,位置在北面 35 英里的地方,那里有德军的汽油库。特种空勤队行动小组的组长是约翰·托金(John Tonkin)上尉,副官是斯蒂芬斯(Stephens)中尉,他俩在两名法国人的陪伴下侦察了那个火车站。大胡须的斯蒂芬斯是一个威尔士人,样子很像法国人,穿着不合身的平民服装,戴着贝雷帽,踏上一条危险的路途——登陆日之后，到处是警觉的德国人。他和同伴终于抵达了沙泰勒罗。英国人发现法国人没有夸张。在铁路调度场里，整齐地排列着油罐车，上面覆盖着伪装，逃过了盟军的空中打击。

斯蒂芬斯一行人骑脚踏车返回韦尔里埃，次日晚抵达，此行花费了他们 36 个小时。托金的电报员给特种空勤队在英国的基地发去一张地图，标示出 11 列运输汽油的列车，停在中转站东面 1000 码远的地方。同一天，布莱切利园截获了的情报显示，德国企图向帝国党卫军第 2 装甲师提供燃料，但英国人破译有错，部队名称变成了"第 2 装装师"，正在去诺曼底的路上。仅 3 个小时后，皇家空军第 487、646、107 飞行中队的 24 架双引擎蚊式轰炸机轰炸了那个火车站，摧毁了火车和火车上的汽油。虽然第 2 装甲师最终还是赶到了诺曼底，但延迟了很长时间，原因就是特种空勤队从法国发出的电报触发的空袭。

这里是一个情报机构、特种部队、抵抗组织、空中打击力量协同作战夺取胜利的典范——正如"超级机密"展示的那样，真正地帮助了盟军的诺曼底战役。能像斯蒂芬斯中尉的侦察一样成功的行动不多——他为此付出了生命。在他骑脚踏车去沙泰勒罗之后几天，德军袭击了他们所在的森林，他和大多数同志被捕了，之后又被处决了。1944 年夏季，丘吉尔在 1940 年 7 月形成的火烧欧洲的愿景，在猛烈的血腥战斗中实现了。

在 7 月的前 3 周里，布莱切利园破译德军的电报数量明显少了——德军的恩尼格玛机的密钥又进入难以破译的阶段。虽然"超级机密"不能提供有效帮助了，但盟军仍然竭尽全力拼命战斗。无论怎样，在对卡昂（Caen）的进攻中，英军不大可能获得有关敌人部署的有用信息了。这给英军带来不幸，英军遭受一系列的失败，但最终还是取得了胜利。对布莱切利园而言，诺曼底战役最重要的时刻在 8 月 6 日晚上来临了，布莱切利园的解码员破译了一份敌人的电报，仍然是德国空军的，这份电报泄露了德国人的企图，德国人计划让剩余的装甲部队全部出动，向阿弗朗什（Avranches）的海岸线发动进攻。有了这样的预警，盟军集中了大量空军力量和炮兵力量。另一方面，美国第 30 师进行了顽强的抵抗，最终打赢了这场所谓的莫泰恩反击战（Mortain counterattack）。

虽然美军已经突破了德军防线，绕过苦苦挣扎的德国装甲兵，向南和东挺进，但"超级机密"发现希特勒下决心死守。由于盟军知道大部分德军剩余兵力都在包围圈的西部，正在顽固地攻击阻挡去阿弗朗什的美军部队，所以盟军仍然可以前进，封锁"法莱斯豁口"（Falaise Gap）。这是布莱切利园最后一次干预西北欧战役进程，战局被极大地改变了，而且不仅是提供敌人的情况给盟军指挥官。

第 6 号棚屋的斯图尔特·米尔纳－巴里从来没有忘记破译"德军诺曼底地区指挥官的绝望电报的时刻，这份电报预示了德军抵抗力崩溃的……这类的电报，或许出现在午夜，给我们一种见证历史的非凡感受"。

自 1939 年以来，译码员付出的巨大努力对战争进程产生了影响，但他们对这种影响知之甚少，少得可怜。只有到了战争的最后几个月，盟军的势头已经不可阻挡的时候，前线指挥官才迟钝地认识到，给予一点反馈能提升译码员的士气。蒙哥马利的情报官开始从第 21 集团军群散发每日简报。"就像是跟朋友谈话，"比尔·威廉姆斯写道，"我希望我们发给布莱切利园的言语反映了我们的感激之情，因为有了他们，我们才有一种比较好的服务。"

只有数十名前线指挥官知道他们欠英国政府密码学院多少人。译码员无力给战士们胜利，艰苦的战斗才是制胜的关键。但译码员挥舞着魔杖，揭开敌人行动秘密。历史上任何交战国都不曾有过如此好的待遇。布莱切利园提供的好处，有时会被前线指挥官漠视、误解、误用，但这不是布莱切利园的过错——在西北欧战争的最后几个月里就发生过这样的情况。

## 间谍自杀

情报机构发起的行动很多，其中最残忍、最不可能成功的行动，莫过于在敌后雇用当地居民，在敌人眼皮底下探听情况。这些人成功的可能性很低，活命的希望很小，但轴心国和盟国并没有因此而放弃这种探听敌人虚实的办法。在诺曼底登陆日之前几个月，德国人招募了 300 个法国人做"敌后"密探，要求他们在盟军获得滩头阵地后去探听情况。德国人把他们被送到阿勃维尔在卢瓦尔省昂热的间谍学校接受训练，负责这件事的是来自哈姆（Hamm）53 岁的语言学教授豪普特曼·克洛伦（Hauptmann Cloren），此人是纳粹党员，妻子是瑞士人。战后，他告诉盟国的审问员，他的学生都是"层次很低的人……没有工作，为'赚点钱'，才来他这里找工作"。

克洛伦有一个代号"芭杜"的学生，皮肤黝黑，戴着眼镜，年龄 23 岁，在鲁昂市（Rouen）的殡仪馆工作，这能解释他为何总是沉着脸。德国人每月给他 3000 法郎，但从他那里什么都没得到。"博卡西诺"是一个年轻的诺曼底人，因为偷窃被圣马洛（Saint－Malo）警察局通缉。他太笨了，无法做密探工作，阿勃维尔让他在昂热的情报站里做厨师，借以证明给他每月 2000 法郎是合理的。诺曼底登陆后，他被派往盟军后方，此后就杳无音讯了。代号"贝特洛"的在巴黎学习艺术的大学生，在获得了德国人的 2 万法郎后也杳无音讯了。"贝鲁"也是一个巴黎人，声称能从盟国占领区发回有用的情报，但在 8 月宣称自己生病了，要求回家养病。

盟军登陆后，35 岁的比戈·德卡萨诺夫（Bigault de Casanove）——代号"卡尔弗特"——留在了法国西部。他在 10 月从那里发回了两份电报。第一份电报说有 250 名抵抗组成员计划攻击德国在圣纳泽尔（Saint－Nazaire）的卫戍部队。第二份说："我没有钱了，我需要新命令。请给我送钱和新命令。"在 1944 年夏季参与行动的特工中，大多数人每月的薪酬是 500 至 800 法郎，并发给 5 或 6 只信鸽和食物。在诺曼底登陆前，阿勃维尔在昂热情报站内养了 100 只鸽子，每个月都把它们拉到野外进行飞回家的训练。一位德国情报官对盟军的审问员说："特工带走的信鸽从来没有带回过信件。"

吉纳维芙·莫奎特（Geneviève Mouquet），代号"吉罗"，巴黎人，23 岁，也是阿勃维尔留在敌后的密探，她坦率地承认自己认为维希法国和纳粹代表"新欧洲"。她身材矮胖，远非小说中迷人女间谍的样子。在接受了电报员的培训后，于 1944 年 6 月被送往美国人占领的圣洛地区。她返回过自己在昂热的基地几次，声称盟军的轰炸使她无法从维尔（Vire）出发去她的目的地。此后，她又被安排在一位赛马训练师的家里，这位赛马训练师名叫德沃伊（Devoy），住在诺曼底的维莱迪厄（Villedieu）的西面，此人在德国占领期为讨好德国人而替他们养鸽子。穆凯在他家住了一个月，就向东逃跑了，还把发报机丢弃了，并说这个地方太危险了。德国人最终让她撤退到符腾堡（Württemberg），并在她的档案里写到，她"不适合做情报工作了"。到 1944 年 8 月的时候，她肯定会发现自己选择了失败者。

盟国在招募敌后密探方面不比轴心国做得更好。在 1944 年 12 月阿登战役最激烈的时候，美国人很焦虑，慌乱地在比利时招募了一些本地间谍，为德国装甲兵突破默兹河做准备。美国第 9 集团军的一位军官阴郁地报告说："问题不简单；能干的电报员，必须小心地躲藏起来，即使敌人来了，把群众赶走，搜查房子，他们也能活下来。不能让邻居知道秘密。等待的期间是沉闷的，特工必须保持必要的警惕性。"幸运的是爆发了突出部战役，这些人没有必要留在敌后了。

在那段日子里，德国向盟国后方也派出了敌后特工人员。美国第 9 集团军在突出部战役期间逮捕了不少，其中一个是伯纳德·皮奥劳特（Bernard Piolot），据说他是在割断美国人的电话线时被抓住的；贝琪·克纳格热切斯（Betsy Coenegrachts），比利时人，"做走私生意，盖世太保的情报员，在德国占领期间，对两名比利时地下特工的被捕负责"；菲利普·斯塔布（Philip Staab），据说他自称为盖世太保工作；约瑟夫·伯纳德（Joseph Bernard），荷兰人，自称是德国安保局的间谍。根据第 9 集团军留下来的记录，在 1945 年 1 月里一共逮捕了 156人涉嫌做敌人的间谍，其中 21 人是穿平民服装的士兵，11 人被转交给了比利时当局，拘禁了 28 人，56 人继续审问，12 人被释放。考虑到当时的疯狂状况，与其猜测他们是否有罪，不如让他们去寻找自己的命运。

在战争最后几个月，随着德军后撤，盟国招募的敌后特工跟着进入了德国境内。几乎所有进入德国的特工都销声匿迹了，恐怕早就死了。例如，1945 年 3月，一位特别行动局的情报官率领一群波兰人进入德军的后方，任务是尽可能深入敌后获取信息。有一个波兰人先走了，这位情报官看着他的背影写道："我对他不抱任何希望。"其余的波兰人显得犹豫不决，但最终消失在去奥斯纳布吕克（Osnabrück）的方向，"三个孤零零的身影消失得无影无踪了"。此后再也没有听到过他们的情况。

美国人请比利时警察寻找不怕死的，敢于冒险进入正在崩溃中的德国的人。1945 年 3 月 1 日，一位战略情报局名叫乔森代尔（Josendale）的情报官安排一位代号"彼得"的特工空降到德军后方。根据总结报告，这次行动简直就是一场闹剧。在飞向空降点的路上，"这位特工开枪射伤了自己的腿，这次行动不幸被迫中止……即使不发生这件事，任务也完成不了，因为飞机被召回了。当时空降地点有频繁的敌人活动，在附近的空中也有敌人的活动"。类似的行动的结局也不好："代号'伯特'的特工是个难管的人，最后变成了一个麻烦制造者……代号'乔治'和'汉克'的特工，由于他们熟悉的地区被盟军占领了，因此他们就变得毫无价值了。'汉斯'游泳渡过了莱茵河，在 23 日返回了。但'约瑟夫'被抓了，他的命运就此完结了。在 3 月 23 日的任务中，'彼得'和'马克'是骑马去的。这次是空投任务。'彼得'在最后一刻拒绝参加行动。'弗雷德'接替了他。为安全起见，'彼得'被关了禁闭，一直关到战争结束。'弗雷德'被空投到德军占领区。3 月 24 日，与他取得了无线电联系，但此后就再也没有与他取得过联系。"

苏联的敌后特工也遭受了类似的损失。1944 年 7 月，斯大林下命令要求在敌后 300 英里纵深建立敌后特工网络，覆盖的国家包括德国、匈牙利、罗马尼亚、捷克、波兰。苏联敌后特工网络的任务是进行破坏和搜集情报，跟诺曼底登陆后特别行动局和战略情报局在法国投放数百名特工的目的是一样的。一位名叫尼科尔斯基（Nikolsky）的官员，负责指挥这些敌后组织，这些组织散布在从布列斯特（Brest）至科布林（Kobrin）一线，他曾坦率地承认了失败："战争还没有结束的时候，我们就知道了我们的情报组和破坏组几乎是刚到敌后就被敌人消灭了。"在挪威的一位阿勃维尔情报官豪普特曼·巴顿（Hauptmann Pardon）抓住一个格勒乌小组，骗这个小组在摩尔曼斯克（controllers）地区空投了几批物资，最后全都落入德国人之手。

格勒乌的特工很少有能说本地语言的，他们中很多人跳伞时是盲跳。如果有跳伞的报告，附近几英里内的德国人就会来搜索，经常能抓获跳伞的人。尼科尔斯基说，他训练了 120 个情报官，并把他们送到敌后，红军进驻后发现仅有十几个人活了下来，这"简直是奇迹"。死的人中有一位是德国占领时就开始地下斗争的老兵，名叫安娜·莫罗佐瓦（Anna Morozova）。她是受过训练的电报员，为东普鲁士的波兰游击队服务。1944 年 11 月 11 日，陷入敌人的圈套，身负重伤，最后用自己的手榴弹自尽。

甚至苏联人看到自己的同胞在这种行动中牺牲也变得心慌起来，在 1944 年冬季采取了一项新政策——派遣开小差的德国人或双料间谍去实现斯大林的要求。格勒乌每周能策反 30 名战俘潜回敌后，但大部分人马上就向德军投降了。尼科尔斯基在 1944 年 8 月至 1945 年 3 月之间，一共投放了 18 个小组，其中有一个小组还是特意在战役中间投放的，但基本上全都杳无音讯了。后来有电报证明这些人最后全都被德国人控制了。尼科尔斯基冷淡地评论道："结果很不令人满意。"

有必要详细地叙述一个小组的命运，因为这个小组的幸存者落入了英国审问员的手中。他们的故事十分怪异，即使用战士特种行动的标准来衡量也一样，但他们说的大部分应该是真实的。沃尔德马·巴奇（Waldemar Bartsch）出生在乌克兰，父母都德国人，在敖德萨读书时，德军在 1942 年占领了这座城市。英国人写的报告形容他是个"聪明人，记忆力好，机会主义分子。他似乎没有民族意识。"他的复杂经历证实了这点。巴奇为德国空军做翻译官，一直做到 1944 年 3 月，因此此后苏联人占领了这个地方，逼迫他去工兵营做苦力。德国人发动反击，羁押了他，并指责他逃跑。他被转交给了阿勃维尔，阿勃维尔决定让他去联络双料间谍米哈伊尔·科奇科（Mihail Kotschesche），此人也是一个乌克兰人，生于 1919 年。

科奇科原先在匈牙利军队里服役，1942 年在哈尔科夫（Kharkov）被苏联人俘虏。在做了几个月的战俘后，他被选入一个 27 人组成的小组，计划把他们培养成苏联特工。他们被送往莫斯科东面 25 英里远的德杰特叟杰塞楼（Djetsoje

Selo）特工学校。在特工学校，他学了 15 个月的俄语、照相术、无线电操作、政治宣传。此后，他又在莫斯科住了 3 个月，然后被派去执行任务，代号"多迪"。1944 年 5 月 24 日，他坐飞机到了库尔斯克，被告知要空降匈牙利。他获得了一套匈牙利中士的军装和大量现款、一部美国产的电台和 10 米天线、一张无线电频率表。他被告知，遇到偶数日子频率加 3000 赫兹，奇数日子减 2000 赫兹。他还获得一部匈牙利文的《圣经》，不是用来祈祷，而是做密钥用。

科奇科从一架美国产的波士顿轰炸机上跳了下去，落地时扭伤了踝关节，这一点都不奇怪，因为他没有受过跳伞训练。他蹒跚地走到火车站，然后乘坐火车去了他母亲在斯瓦拉瓦（Svalava）附近的家。他在母亲家住了 2 周，把钱藏起来后，遵照苏联联络人的指示向警察自首了，承认自己是被莫斯科派来的，从此开始在敌人的掌握下玩双料无线电间谍的游戏。匈牙利人争论了 3 小时如何处置他，最后把他交给了德国人。他被分配在阿勃维尔手下工作，代号"亚当"，他的联络人是沃尔德马·巴尔奇（Waldemar Bartsch）。科奇科从此开始认真地向莫斯科发电报，最初是从德布勒森（Debrecen），后来红军发动进攻后从布达佩斯。据他说，他在德国人的命令下发出了一些资料，有些是他主动为苏联客户发送的。莫斯科给他的指令是每周发电报一次。他报告了部队和车辆的运动情况。有一次，他报告了美国人轰炸的情况，莫斯科情报总部斥责了他："我们对轰炸不感兴趣。按照指示工作。你现在住在哪里？"

8 月 22 日，格勒乌要求知道他用给他的钱做了什么事。科奇科回答："花了 2000 辨戈租车。给母亲 2000 买马。"9 月 2 日，他对莫斯科说："穷人正在等待红军，富人匆忙逃往西方。我在一家餐馆里看到 3 个匈牙利人和 6 个德国将军。"10 月 19 日，他发电报说："我对布达佩斯没有清晰的看法。这座城市很不安定。法西斯运动在德国人的支持下获得了权力。"这使苏联领导做出了激烈的反应："不要送这类不清晰的电报，否则你要为此担责。观察政治形势……不要听信谣言。谣言是法西斯分子在撒谎。"

有一件事似乎不同凡响，在战争的这个阶段上，德国仍然坚持做一些对他们没有一点用途的活动，实际上是包括情报机构在内的所有机构在大灾难面前处于僵尸的状态：就在这个时候，阿勃维尔仍然向苏军后方投放敌后特工。后来，巴尔奇对英国审问员说，他从来不怀疑科奇科在为莫斯科工作，但认为保持沉默对自己有利，装出与德国人合作的样子。科奇科经常嘲笑自己的乌克兰同胞，认定巴尔奇不敢告诉德国人他是叛徒，并夸口说红军来了后他就是一个大人物了。

1944 年 12 月，他俩从布达佩斯逃到了维也纳，当地的警察很紧张，觉得科奇科可疑就逮捕了他——老天才知道为什么——巴尔奇费了很大的劲才让警察释放他。1945 年 1 月，他俩转移到了格拉茨（Graz），那间谍又开始给莫斯科发电报了。他还找到一位 20 岁的金发情妇，名叫伊尔丝·基勒（Ilse Killer），他平静地度过了二战最后的几个月。红军到达格拉茨后，发现科奇科自称是苏联政委，一副傲慢的样子，还对奥地利平民进行审问。这个苏联特工忘恩负义，指责他的女朋友伊尔丝是德国密探，她迅速地消失了，可能是被苏联处决了。巴尔奇逃到了西方，科奇科的最终命运无人知晓。

巴尔奇对英国人讲的复杂故事能提供什么结论吗？最明显的结论是不能轻信他说的话，但他的故事确实很离奇，让人难以想象。巴尔奇和科奇科展示出阴谋家的非凡才华，可以跟罗纳德·赛斯相比，他俩真正想做的是避免被历史上两个最残暴的政体射杀。这两个乌克兰人消耗了苏联和德国大量资源，没有给双方提供任何有用的价值。他俩是水面上漂浮的垃圾，被冲到情报这盘棋中，下了几手棋后，就被浪潮冲得无影无踪了。

## 有污点的凯旋

在欧洲战事的最后几个月里，盟国虽然取得了最终胜利，但盟国的胜利是有污点的，因为过程中遭遇了好几次情报失误，造成许多人员伤亡，浪费了机会，赐给德国人本不属于他们的几次胜利，到后来形势才被扭转。布莱切利园第 3 号棚屋的拉尔夫·班尼特有个看法，诺曼底战役 8 月在"法莱斯豁口"取得胜利后，胜利的愉快扭曲了盟军指挥官的判断，不再重视情报，行动也不谨慎起来。1944 年秋季，盟国破译了一系列西线德国指挥官的电报，电报中充满了绝望，形容他们的部队剩下最后一口气了。有那么几天的时间，艾森豪威尔、他的下属、英国的联合情报委员会都相信战争已经打赢了。但有一点需要强调，丘吉尔没这样想。班尼特曾提及，"超级机密"显示希特勒对摩泽尔河（Moselle）至萨尔河（Saar）一线的薄弱防御极为担忧，但艾森豪威尔不重视这段防线，而是支持蒙哥马利在北面发动进攻。此时，巴顿在南面指挥作战，即使给他足够的后勤保障，他也极有可能取得不了突破。地形对进攻一方不利，迈向德国的道路充满艰辛。

班尼特正确地指出，在 9 月的时候，沿着斯海尔德河（Scheldt）去安特卫普的道路没有敌人把守，但蒙哥马利没有及时拿下这条道路，犯了大错误。"超级机密"不仅多次强调德国决定防守斯海尔德河的河口，阻止盟军使用河口处的重要港口，还详细报告了德军运送兵力和大炮加固河东岸防御的情况。非常难以理解的是，英军没有阻拦德国的动作，甚至当海军上将伯特伦·拉姆齐（Bertram Ramsay）爵士警告了蒙哥马利这一危险后，他仍然没有理睬。由于德军坚守斯海尔德河，安特卫普虽然毫发无损地被占领，但安危不定长达 3 个月，因为盟军的后勤保障跟不上。那个矮小的英国陆军元帅忽视了像水晶一样清晰的情报，浪费了一次重要的战略机会，使西方盟国没有能够在 1944 年攻入德国腹地。

同样是过度自信，导致盟军在 9 月 17 日发动了对荷兰的空降突袭，但这次突袭注定要失败。实际上，"超级机密"指出，在空降地区驻扎着党卫军的第 9 装甲师和第 10 装甲师，而德国陆军元帅瓦尔特·莫德尔（Walter Model）的指挥部就在欧斯特贝克（Oosterbeek）。如果不是盟军指挥官被胜利"冲昏了头脑"的话，仅凭常识也能判断出，虽然德国装甲师已经非常疲力竭，但对付毫无作战经验的英国空降部队绰绰有余。9 月 14 至 15 日，"超级机密"指出德国意识到荷兰有可能遭遇空降兵袭击的危险。当时只有一条长约 80 英里的道路可用，而且道路周围的农村装甲部队无法通过，除非德国人不抵抗，显然英国部队无法驰援。在这样的形势下，发动"市场花园"行动简直是太不负责了，这次失败使蒙哥马利的荣誉蒙羞。

当然，盟国最大的情报失误是没有能够预见到希特勒在 1944 年 12 月 16 日发动的"秋雾"行动。在这次行动中，美国第 1 集团军在阿登高地前线的最薄弱阵地被两个德国集团军突破。事后，美国和英国的高级情报官全都悲伤地盯着"超级机密"提供的一大堆情报，因为这里面应该有给艾森豪威尔和他手下将领的预警。9 月 4 日，日本驻德大使大岛浩男爵与希特勒在东普鲁士见面了。德国元首声称，一旦他的增援部队准备好了，他就要对西方发动大规模进攻，到时候要利用天气做掩护，不让盟军空军知道他的部署；进攻的日期定在"11 月初"。虽然英美的情报官读到了大岛浩对这次谈话的报告，但英国联合情报委员会在 11 月 1 日写道："德国人可能正在策划进行一次小规模破坏性的进攻，借以打乱盟军正在准备的大型攻势，有可能使之延后到 1945 年春季……我们不认为现有证据可以担保德国人正在策划一次破坏性的进攻。"

英国官方情报史学家说："在不滥用后见之明的情况下，我们可以推断英军参谋长和联合情报委员会犯了一个根本性的错误。"因为他们没有能接受"超级机密"的警告。除此之外，"超级机密"还报告了其他几个情况：德国组建起第 6 装甲集团军、德国空军在西面进行了大规模部署。这些都是值得注意的严重情况。大岛浩多次预计德军在西面会发动一次攻势，从 1944 年 8 月 16 日至 12 月

15 日之间他一共提及此事有 28 次之多。他的这些密文与其他线索是吻合的：德军在重新部署部队，有部队在集结，装甲部队从东部调到西部。这些应该能使盟军总部警觉起来。后来，第 3 号棚屋的拉尔夫·班尼特注意到布莱切利园还有一些未被关注的线索预示着未来的进攻：从被破译的德国铁路公司的电报中能看出有大量列车运动；德国空军在前线集结的规模是几年来没有过的；德军要求对美国前线进行密集空中侦察——"布莱切利园的这些情报没有能引起盟军领导的警惕实在是非常不妥"。

这么大的情报失误，英国人要承担主要责任，因为英国是对德情报工作的领先者，而且盟国远征军最高统帅部的情报主管是英国人肯尼思·斯特朗少将。自 1943 年 2 月凯赛林隘口惨败后，这位英国情报官便飞到北非支援艾森豪威尔的指挥团队，而且一直是最高统帅部的成员。他手下的人员有 1000 多人，跟着英美联合司令部一起膨胀。9 月 16 日，他在一份德国情况评估报告中断言："在西线上不可能组织起反击，甚至连成功的防御都不可能。"他在此后的 3 个月里一直没有动摇这个信念。

斯特朗一生做单身汉，长相古怪，圆滚滚的腮帮子，一对扇风耳。蒙哥马利的情报官比尔·威廉姆斯对艾森豪威尔的英美总部也颇有微词，其中一项是说斯特朗"尽量避开前线"。这位牛津大学的讲师不认为那个职业军人配做最高情报官的工作，因为他"没头没脑……斯特朗对什么都担心"。还应该注意另一点，虽然美国战略情报局展开了大量活动，英国的军情六局和特别行动局向德国派出了敌后特工，但这些努力都没有报告敌人正在准备"秋雾"行动。敌人实施了无线电静默，这使语音监听无法进行。12 月 16 日之前对战俘的审问有过一些重要发现，但没有引起注意。盟国远征军最高统帅部的情报官既不聪明，也缺乏想象力，确实不配做艾森豪威尔的副手。但威廉姆斯在预测"秋雾"行动上并没有比他的上司做得更好。美军并不赞同英国提升业余军人担任情报部门最高职务，比如这位 32 岁的学者。奥马尔·布拉德利（Omar Bradley）将军在战后评论威廉姆斯时说："他很有才华，但像有才华的人一样容易犯错……而且是经常犯错，因为他缺少我们需要的军事背景。"布拉德利引用了一句威廉姆斯的名言："今天早晨我的吸收能力很差，因为我食言有一周时间了。"这句话大概是威廉姆斯在突出部战役期间说的。

在 1944 年 12 月，斯特朗和威廉姆斯跟联合情报委员会所犯的错误是一样的：他们不相信德军有可能反击，因为这违反了他们头脑中的逻辑。斯特朗在战后写的辩解书谈到了阿登问题："如果情报官不继续预测盟军的胜利，就会被认为是失败主义者；如果他们对未来表示怀疑，他们就会被说成脱离了战争实际。"他说美国第 1 集团军的高级情报官在战役中赢得了最高信誉，因为他坚信德国人正在做什么大事。"在所有与战役部署有关的情报官中，"斯特朗说，"绰号'修道士'的迪克逊（Dickson）比较正确地推测出几个不知去向的德国师的位置。"

美军在二战中缺少受过训练的情报官，迪克逊是一位有比较多实际经验的情报官，另外还有几个有经验的：约翰·佩蒂托（John Petito）、理查德·柯林斯（Richard Collins）、詹姆斯·柯蒂斯（James O. Curtis）。但斯特朗承认，那个美国人的名声在阿登战役爆发前被削弱了，因为他总是持有悲观的情绪，就是总是说危言耸听的话，"所以我们形成了一种不相信他提出的报告的习惯"。还有一件事值得注意，迪克逊在阿登战役爆发前夜去了巴黎。历史学家彼得·卡迪克—亚当斯（Peter Caddick—Adams）评论说，如果上校肯定德国人将要发动进攻，即使有人劝他去休假，他也不会在这个关键时刻离开第 1 集团军的总部。

军情六局为阿登突袭写了一份报告，在 1944 年 12 月 28 日流传开来。这份报告说，"可以毫不犹豫地说，超级机密给出了清晰的警告，警告敌人就要发动反攻了。虽然对进攻时间的警告给出的比较晚，但还是给出来了。至于进攻的确切地点和规模，超级机密是无法给出正确答案的。这大体上是因为德国采取欺诈性的保密措施。德国的阴谋……肯定是利用了盟国某些通信保密性的弱点……令人有点吃惊的是德国人从他们信号情报中获得的对美国战役安排的了解，要高于我们从'超级机密'获得的对德国战役安排的了解。"

"情报界一直存在一种倾向，就是太固守在一种有关敌人企图的看法上，如今就出现了这样一个严重的例子。越来越多的人相信，如果我们猛烈进攻德国人，比如说对鲁尔河（Roer）大坝，德国人就会发动反击。这种看法十分顽固……除非情报界总是乐于接受新的可能性，否则某种看法似乎就会受到偏爱……太依赖'超级机密'是一个风险。过去的成功就是未来的危险。人们变得喜欢等待信息，因为'情报源将会告诉我们'，或者怀疑有可能发生的事，因为'情报源将会告诉我们'……德国有一段时间阻止我们充分了解他们的情况；但我们没有阻止他们充分了解我们。"

这份文件坦率得令人耳目一新——赞颂了盟军情报界和最高指挥层能客观地对待自己的工作。如今 70 年过去了，我们几乎难以比它总结得更好，但如果百老汇街能承认自己派出的间谍无法提供有用的情报，而盟军除了依赖"超级机密"做判断之外别无选择，那么百老汇街的形象就会变得优雅。几个月后，比尔·威廉姆斯在谈及阿登这件事时承认，他与斯特朗、联合情报委员会要承担历史上的恶名："我们做得不对……在阿登这件事上我们错了……我们提供了线索，但是一个错误的线索……问题不是出在布莱切利园，而是出在我们对待布莱切利园的态度。"

如果说突出部战役给盟军一次破坏性的震撼，那么真正重要的是德国人打败了。在之后的几个月里，德军的情报工作逐步萎缩，这跟希特勒的军队是一样的。德国西线司令部的情报官亚历克西斯·冯·龙尼（Alexis von Ronne）上校因参与 7 月密谋用炸弹刺杀希特勒的行动而被处决了。接替他西线情报官工作的是威利·伯克莱因（Willi Burklein）上校。由于高层密文很少能被破译，所以缴获的文件就成为德国人的主要情报来源。例如，在"市场花园"行动开始后的第一个小时里，德军在荷兰一处降落点发现了一具美国军官的尸体，在尸体上发现了战役计划，这个发现对德军取得胜利发挥了明显且重要的作用。但这样的成功案例实在是太少了。德军西线情报部非常缺少资源和情报，在突出部战役中，有数吨美国人的文件落入伯克莱因之手后，大部分文件都没有能够翻译出来。

德国情报机构一直高估了英美的实力，这种情况持续有两年之久。1944年 10 月，德军西线情报部估计英国国内仍然有 4 个师的兵力等待参加欧洲战役。实际上，英国已经没有富余的兵力了；现有编制人员都被用去补充蒙哥马利部队的兵力空缺了。但德国人很担忧丘吉尔还藏着部队，害怕侧翼受到两栖攻击，或许可能在赫尔戈兰海湾（Heligoland Bight）——这是"坚韧"欺诈行动的副作用。最后，德军在战斗中的实力被大大削弱了。在阿登战役中，艾伯特·普劳恩的监听人员偷偷钻进了美国宪兵的网络。德国知道戴着白色钢盔的是重要路口——德国空军的理想目标。但德国空军耸了耸肩说没有飞机可以去执行任务。这说明德军缺少作战手段了，即使他们知道了秘密，他们也无能为力了。

在与希特勒做斗争的最后几个月里，布莱切利园提供了未曾有过的大量情报给盟军的指挥官——在 1944 年 1 月至 1945 年 5 月期间，布莱切利园给英国和美国特别联络处发送了 25000 份情报，许多是在战争的最后阶段发送的。在截获的情报中有敌人的兵力情况，有伤亡情况，有燃料库存情况，有坦克可用率情况，这些情报中只有很少的一部分对战场形势产生了影响，因为此时德军的实力大不如从前了。摆在艾森豪威尔的部队面前的任务是把人数不多但很顽强的敌人士兵从掩体中赶出来。此外，大胜利就在眼前，狂妄自大的情绪四处蔓延，盟军的指挥官没有兴趣再研究敌人的运动了，也不再企图欺骗敌人了。"欺诈行动在最后几个月里变得不令人满意，而且大部分不成功，"英国官方历史学家迈克尔·霍华德写道，"只有少数手中握有大部队的指挥官知道如何利用负责欺诈行动的人员……最为关键的是盟军的战略变得如此的机会主义……根本无法制订欺诈计划……盟军是如此的强大，他们已经没有必要制定战略了，只是命令部队全线进攻就足矣，就跟 1918 年最后几个月一样。"

这时，布莱切利园听到了最后一次警钟：在 1944 年之中，德国空军改变了自 1940 年以来一直使用的比较容易破译的恩尼格玛密码机设置，增加了一个可编程的反射器，这样布莱切利园"炸弹"解码机就无法破译了，除非知道了对方的设置。这在解码员中引发了一阵惊慌失措，导致美国人开始设计新技术克服困难，但这时战争结束了，发展新技术也没有必要了。德国空军的革新说明了一点，德国人可以在任何时候给恩尼格玛密码机做适度调整，使盟国无法破译。德国人没有早做这件事简直就是奇迹。

西线战争最后的情报挑战是如何对付胡思乱想：艾森豪威尔的司令部有几周时间感到很焦虑，认为纳粹有可能在阿尔卑斯山的碉堡中做最后顽抗。这件事说明盟军对希特勒的军队抱有深深的敬意，即使他们躺在第三帝国的废墟中奄奄一息了，但仍然让征服者不寒而栗。

>>> **第 19 章**

# 黑衣寡妇和白衣骑士

## 与日本作战

亚洲和太平洋战场分成 4 个巨大的战区，唯一的共同点是日本全参与了。中太平洋战区是尼米兹的地盘，在罗彻福特的中途岛胜利之后，译码员仅能发挥很小的作用，因为日本海军保密级别比较高的密码是很难实时破译的。自 1943 年之后，布莱切利园的成果很大，虽不能说全面，但可以说相当丰富。但破译日本密码的工作进展缓慢，错误也多，因为有些日本人手工加密的密文比恩尼格玛密码机难破译。有一种观点认为阿灵顿学堂犯了一个战略错误，把太多的资源用于破译"紫色"密码，这项工作对战场的帮助不大，而派去处理日本军事通信的人员技能明显不足。

在 1942 至 1943 年间的海战中，信号情报发挥了一定作用，信号情报的作用在 1944 至 1945 年间才成熟，但影响力未能超越中途岛海战。例如，在所罗门群岛战役和新赫布里底群岛战役中，海岸观察员在战役中的作用比在珍珠港战役中大：澳大利亚人保罗·梅森（Paul Mason）是布干维尔岛（Bougainville）上的农场主，他在瓜达尔卡纳尔岛战役中勇敢地用无线电警告即将到来的日本空袭。1942 年 8 月在萨沃岛（Savo），盟国海军遭遇了一场灾难，这反映了美国在处理敌人的 JN-25 密码时遇到了困难。那个月稍后的东所罗门群岛战役中，情报工作有所改善，但海战依旧残酷，代价高昂。到了 1943 年，尼米兹的编队在海上搜索敌人的行踪。在太平洋战场，布莱切利园情报在 1943 年里对美国海军的战略决策没有什么大影响。

布莱切利园有一个小部门负责处理日本密码。这个部门很像灰姑娘，经常花费几个小时甚至几天时间破译电报，但电报早就被华盛顿破译了——英国政府密码学院的通信和监听设备比美国海军的要差。布莱切利园在印度德里的分部，以及在科伦坡的东南亚分部，全力破译在英国作战海域里截获的日本电报流。1943年3月，阿灵顿学堂首次突破了日本军方高等级的密码系统——所谓的水路运输密码（Water Transport Code），而且很快每天就能破译上百份电报了。大约在同一个时间段，在德里的英国人取得了突破，但他们不愿意把破译日本人情报的线索告诉美国人。约翰·赫特（John Hurt）是一位从事秘密情报工作的老手、阿灵顿学堂日本语言专家，他战后说，在1944年末和1945年初，密码破译工作"效率不高"。有一个基本的事实不容否定，在太平洋和亚洲战场上，盟军信号情报的成就比不上在欧洲的。

　　1942年之后，美国海军的密码分析工作扩大了，扩大程度与美国陆军的类似，并且工作地点也从华盛顿转移到了弗吉尼亚州的芒特弗农研究院（Mount Vernon Academy）。学日语可以去科罗拉多州的博尔德（Boulder），那里提供一个11个月的日语速成课程。截止到1945年，有学生上千人。美国海军的密码破译工作基本上是在国内进行的，而不是海外，因为芒特弗农与阿灵顿学堂一样拥有大量机器——除了"炸弹"解码机之外，还有200台IBM的制表机，这是1945年的数字，而在1941年仅有16台——海外不可能有这么多机器。越来越多的志愿紧急服役妇女队的队员被招募来操作这些机器，她们在正式工作前要在海军教堂参加庄严的宣誓仪式，她们被告知如果在工作单位外面谈论工作，就有可能被枪毙。海军上校约瑟夫·雷德曼（Joseph Redman）虽说名声不好，但继续担任海军通信主任，仅在1942年中断了几个月。他的兄弟约翰在海军作战局的局长办公室里扮演了一个有影响力的角色，他俩对盟军作战没有起到多少帮助作用。

　　尼米兹在珍珠港有自己的情报中心，独立得就跟一块儿封建采邑一样，比罗彻福特当初的那个小组在规模上扩大了许多，如今有了一个新名称——太平洋舰队无线电部（Fleet Radio Unit Pacific，FRUPAC）——在机构安排上应该与海军中校鲁道夫·费边（Rudolph Fabian）的墨尔本监听站保持合作关系，但合作不是费边的特长。1943年4月，无线电部从地下室转移到了一栋新办公楼里，阳光比较充裕，更加健康，放置机器的房间里有了空调，离尼米兹的总部也比较近一些。译码员和翻译员的劳动强度高得吓人，他们中的大部分是军人，少数是穿着军装的平民。合格的人员比较少，这影响了盟军的信号情报工作。雅斯佩尔·赫尔姆斯认为，总司令禁止妇女加入影响了部门的发展。尼米兹认为妇女有损海军传统和纪律，即使她们不出海在岸上也一样。在战争最后几个月里，有妇女加入了无线电部，并做出了重要贡献。

日本海军 JN－25 密码以及之后的一系列变种给破译工作带来巨大挑战。从 1942 年 8 月算起，密码簿不断增加内容，包含 10 万条信息，每 6 天更新一次。总共有 10 本密码簿，至少 77 种密码。密码分析员必须搜集大量的电报，知道使用密码的频率，否则是无法开始破译密文的。这样看，破译日本密码花费时间比较长并不令人吃惊，因为很有可能破译不了。1944 年 1 月开始有一些初步结果，当时尼米兹的部下几乎全想采取逐步进攻的策略，拿下马绍尔群岛的外围岛屿。但尼米兹海军上将要求部队直接攻占关键的夸贾林环礁（Kwajalein），因为他从"超级机密"中获知日本人削减了在那里的防御兵力，转而去加强外围岛屿的防御。此后，1 月 30 日的进攻是一次非凡的成功。尼米兹基本上了解了敌人的部署，但当敌人舰艇航行时实施无线电静默则不然。

有越来越多的日语专家参加进来——到了 1945 年 4 月进攻冲绳的时候，有 84 名日语专家上阵，无线电部制作了 127 吨有关岛上已知的所有地形和防御阵地的情报材料，并分发给舰上和岸上的人员。然而，对在 1944 至 1945 年之间进行艰苦卓绝战斗的美国人来说，他们是得不到这么多信息的。美国陆军和海军陆战队发现，由于不了解敌人阵地的情形下而备受打击，当时既没有空中侦察，也没有人解释航拍照片，更没有破译的敌人密文。

在太平洋战场上，布莱切利园在 1943 至 1944 年间取得的最重要的成就是帮助尼米兹的潜艇舰队对日本的海上运输线发动航海史上最具破坏性的进攻，这等于掐断了日本工业的命脉。1943 年，日本商船使用的"丸"密码被破译后，越来越多的战舰电报被破译。在美军的无线电部和潜艇作战总部之间有一条专用电话线，这使译码员可以立即把有关日本商船队的情报传递出去，同时接收击沉日船的消息，让译码员感觉到自己劳动的成果。太平洋舰队无线电部在 1943 年 6 月 9 日早晨 8 点钟给正好在日本濑户内海巡逻的"老虎"号和"所罗门"号潜艇发去如下这份电报：

太平洋舰队机密情报第 27 号：最大最新的日本航母和 2 艘驱逐舰离开横须贺时间是 5 点 GMT，6 月 10 日，巡航速度 22 节，方向 155 度，直到 33.55 北 140 东后减低速度到 18 节，改变方向到 230 度。请所罗门号和老虎号拦截，如果可能相互照应。有关这艘航母我们还有另一份情报，但我们认为对战士们没有帮助，如果你们成功了通知我们。

英国人会认为这份电文太草率，违反了保密规定，因为电文的接收者是前线军阶较低的人员，但美国人无所谓，许多美国人喜欢这样。美国"杜父鱼"号潜艇严重受损，无力回天，约翰·克伦威尔（John Cromwell）海军中校放弃了逃生机会，拒绝跟其他艇员一起做日本俘虏，原因正如他简短地说的："我知道得太多，不能跟你们去。"他说的就是"超级机密"。"老虎"号在 6 月 10 日晚真的发动了近距离攻击，把日本航母"飞鹰"号打成了重伤，但鱼雷失效了，这是美国海军在 1943 年的倒霉事，日本航母因此而没有被击沉。只有到了后来这个缺陷被纠正了，尼米兹才有能力扼杀敌人的给养线了，并击沉了许多战舰。1942年，日本损失了总共 100 万吨商船货运。到了 1945 年，10 倍于这个数字的货物没有了。在 1944 年 1 月至 4 月之间，美国潜艇使 179 艘总共 79.9 万吨位的船舶沉入海底，到了 8 月底，又增加了 219 艘船。4 月，日本想从上海送两个师的兵力去新几内亚，即所谓的"竹 1"护航船队，但这支部队几乎全部被消灭，最后不得不放弃增援新几内亚的企图。甚至在美国陆军航空队在战争最后几个月里展开海上布雷行动之前，日本的商船队基本上被潜艇消灭了。

有时很难判断应该如何利用敏感信息，或许根本就不该加以利用。1944 年 4 月，无线电部得知敌人特意选择一艘普通的拖网渔轮"塔吉纳"号送日本海军新的密码去威克岛。两艘美国潜艇受命去捕获这艘船，但没有捕获到，却将其炸成了碎片。雅斯佩尔·赫尔姆斯和同事非常生气，他们认为应该派情报官去潜艇上，确保这艘拖网渔船在不受损坏的情况下将其捕获。战后，美国情报官肯尼思·诺尔斯（Kenneth Knowles）海军中校说："在利用机密信息方面，英国人比较聪明，我们比较大胆。"雅斯佩尔·赫尔姆斯写道："情报跟钱一样，放在保险柜里锁起来是安全的，但钱不用来投资是产生不了收益的。"就是因为这个判断，美国人不顾英国人的保密原则，在 1943 年夏季对德国潜艇的加油点发动了猛烈的潜艇攻击，给邓尼茨的舰队造成了极大的损失。在太平洋战场也发生了类似的事。1944 年 5 月，无线电部提交了一份破译的电报，这份电报给出了日本潜艇在所罗门群岛的新巡逻位置。看到这份电报，美国海军发动了一次比较猛烈的行动，在"英格兰"号驱逐舰的率领下，一支驱逐舰战斗群在 12 天里击沉了 6 艘敌人潜艇。战后，肯尼思·诺尔斯在评论英国人谨慎使用机密情报时用相当客气的语言说："但英国人比美国人顾虑多。"这话是正确的。

尼米兹是个明智的人，麦克阿瑟不是。这有助于解释为什么美国西南太平洋战区与日本作战时，绝密情报仅带来很小的好处。麦克阿瑟拒绝美国陆军部的情报系统，并建立起自己的"中央局"，最初是在墨尔本，后来搬到霍兰迪亚（Hollandia）和莱特湾（Leyte）。麦克阿瑟禁止一些战略情报局的人来他的战区，但他支持菲律宾游击队的活动，这必然引发日本人的残忍报复。他的情报官是查尔斯·威洛比（Charles Willoughby）少将，此人非常浮夸，下属戏称他是"查尔斯爵士"，智力水平跟那帮给总司令送信的人差不多，对信号情报充满蔑视。美国陆军在欧洲战场上采用"特别联络处"这种机制保护布莱切利园发出的绝密情报，但到了麦克阿瑟这里他随便地对待破译的电文，其随意程度让全世界任何地方的盟国军官都会感到吃惊的。到处都能看到"绝密情报"的字眼，甚至办公室家具上都有。军官随便讨论破译工作。

在西南太平洋战区，信号情报对其三大战役都有影响：1943 年巴布亚新几内亚的科科达小径战役；1944 年决定蛙跳 600 英里到霍兰迪亚；在 9 月，日本人发动椎尼莫尔河（Driniumor）战役，战役中 9000 名日本兵战死。1944 年借助澳大利亚第 9 师在新几内亚缴获的日本第 20 师埋藏的密码簿，布莱切利园向上述军事行动提供了绝密情报，正确地指出了敌人的企图和薄弱环节，但麦克阿瑟跟蒙哥马利一样，事后说盟军的胜利是因为他自己勇敢的缘故。他手下的美国陆军航空队军官的态度更开明一些。乔治·肯尼（George Kenney）少将指挥第 5 航空队，他是一位极有能力的空军战士，很好地利用了信号情报，特别是在攻击日本增援的护航商船队的时候，最引人注目的是在 1943 年 3 月的俾斯麦海海战中。众所周知，美国各军种自己有矛盾，这使美国海军拒绝把绝密情报提供给美国陆军在中国作战的第 14 航空队的克莱尔·陈纳德（Claire Chennault）将军。英国人最后通过科伦坡的南亚情报中心把情报传递给了他，帮助他在战争最后阶段提高了对日本舰船攻击时的精度。

缅甸战役对打败日本人发挥的作用不大，但对维持英国人的自尊有巨大作用，因为英国极力想重新拥有东南亚的殖民地。在这个战场上，英国将军抱怨声很大，经常抱怨战场情报太少，人工情报和信号情报都少。除了英国和美国之间的紧张和争执之外，英国特别行动局与军情六局几乎没有往来，情报搜集工作做得很差。1943 年夏季，军情六局常驻麦克阿瑟参谋部的联络官杰拉尔德·威尔金森（Gerald Wilkinson）中校在日记中写道："英国在远东的情报工作仅是几个中国苦力在混日子。"最高指挥官海军上将路易斯·蒙巴顿（Louis Mountbatten）爵士要求军情六局放弃到处搜集日本人情报的愚蠢行径，转而去研究这个地区里存在的各自的民族主义运动，这些运动显然对战后的局势有重大影响。

　　后来，特别行动局在亚洲的工作人员增加到了 1250 人，军情六局是 175 人，但他们中没有几个人让人放心。军情六局在亚洲的负责人是一个军人，名叫利奥·史蒂文尼（Leo Steveni），中校军阶，后来成为东南亚情报中心会议上的笑料。他从印度的德里发号施令，因为他知道身在科伦坡的蒙巴顿没有时间去印度管他。1944 年 7 月，史蒂文尼终于被解雇，但他的继任者没有任何改善——此人是第 16 轻骑兵旅的鲍登－史密斯（Bowden－Smith）准将，绰号"妖怪"。他是在一家名叫布多的俱乐部里找到这份工作的，当时他谈及自己刚丢了工作，因为太老了，不能上战场指挥部队了。蒙巴顿的情报联络员，一位皇家海军上校，对混乱缺乏统一控制的局面感到悲哀："从事秘密工作的人有两个特点。一是嫉妒，二是喜欢抢独家新闻的心态。"

　　前线指挥官感到军事行动严重受阻，因为缺少情报，特别是缺少信号情报。埃斯勒·德宁（Esler Dening）是蒙巴顿的政治顾问，很有影响力，他在 1944 年 9 月 22 日给联合情报委员会写信说："我们知道日本在缅甸的企图吗？或者是你们知道但仅是没有告诉我？要知道他们在今年早些时候，彻底破坏了我们的攻防计划，难道我们没有注意到他们的行动吗？"——德宁指的是日本对科希马（Kohima）和英帕尔（Imphal）的凶猛进攻。"如果我们不知道，如果我是集团军司令官，我会很不乐意去与一个不熟悉的敌人作战，因为我既不知道如何打，也不知道其全部企图。毫无疑问，日本在缅甸的兵力有限，只能做到有限的事，但过去的经验表明，当他们采取出其不意的行动的时候，结果令人很难受，非常不令人愉快。你们应该记得我说过的话，那些我们觉得似乎愚蠢的事，千万别以为日本不会去做。"

　　兰普卢（Lamplough）少将是蒙巴顿的情报主任，在 1944 年 10 月 1 日给伦敦的联合情报委员会发去了一份电报，总结了他的观点："我们知道的和我们不知道的：我们知道日本在东南亚海陆空的总兵力。我们知道他们兵力的详细组成。我们知道主要总部所在地……我们基本上知道援兵何时来东南亚。上述一切来自信号情报。我们不知道日本的企图。"比尔·斯利姆（Bill Slim）是第 14 集团军的司令官，他在 1943 年末抱怨缺少战场信息，后来在 1944 年 11 月再次表示不满。他说美国的战略情报局似乎比英国的军情六局获得了更好的有关敌人的情报。他要求合并诸情报机构，结束无休止的争吵——如果拒绝，就停止给他们升职。一个月后，将军奥利弗·利斯（Oliver Leese）爵士给蒙巴顿的总部发了一份电报："你知道，我对缺少情报感到不安。"他对自己的高级情报官说："他对情报工作极为不满……对信号情报工作非常不满，与欧洲的情况相比太差了。"

他还抱怨情报机构不愿去了解部队想知道什么。

有些问题源自日本人比德国人用无线电少；日本前线部队很少与后方大本营联络。另外，即使在欧洲，德国人也不总是按照布莱切利园的期待用恩尼格玛密码机或金枪鱼电传打字机告诉盟国他们接下来准备干什么。尽管如此，在针对日本人的破译活动中，美国居领先地位，太平洋自然就成为美国人兴趣的焦点，而英国人则在努力破译与东南亚相关的日本人电报。除了印度德里之外，英国人和美国人各自有一个大型监听站。皇家海军停靠在科伦坡的"安德森"号军舰也是一个监听设施。到1944年3月时，有1300人每天处理200份敌人的电文。不断有日本人的水路运输密码电文被破译，盟军从中获得了战役部署的情报。但英国情报队伍中缺少日语专家，所以破译工作受到了影响。皇家海军的情报官与美国的同行遇到了相同的问题：密码分析员在职业上没有前途。科伦坡只能获得很少的帮助，因为墨尔本的美国海军中校鲁迪·费边（Rudy Fabian）在提供帮助时很吝啬，而且自1942年转移之后，一直都没有能恢复元气。他们先从新加坡撤退到了锡兰，又去东非短暂停留了一段时间，然后又再次回到了锡兰。

利斯对缺乏信号情报的批评，立即引来布莱切利园在1944年12月22日做出回应，承认了英国在破译日本无线电密文时面临的困难。英国政府密码学院的院长爱德华·特拉维斯说，从事破译日本密文的人员明显不如应付德国密文的多，特别缺少日语专家。虽然英国有能流利说德语的人，但极为缺少熟悉日语的。英国和美国的合作是非常好的，但"相互距离有3000英里远，战场横跨半个地球，相比之下，在紧张的欧洲战场上，基本上是英国在独当一面，至少在战争初期是如此"。

特拉维斯接着谈到了技术问题，他说日本的密码系统与德国的截然不同："日本目前不用机器对陆军和空军的电文进行加密。他们使用密码簿，这是一种极难破译的方法……结果是破译日本密文的时间很长，很艰难，只能有一部分密文可读。"他承认只有很少一部分密文可以被破译："即使是师一级的密码也很难破译，不能像处理德国战场密码那样实时处理。在日本陆军方面，无法进行监听，因为什么都听不懂，即使前线的部队也听不懂。"最后，他还说了重要的一点，日本人沉默寡言，不像德国人经常传递完整的情况报告："日本人守规矩，不在电文中传递高层对形势的判断和未来的企图。他们的战略企图必须依靠间接手段才能获得证实。"这句话权威地说明了盟军对日本的信号情报工作的劣势。英国人收到的用于指挥战斗的情报比美国人的还少。英军和美军一般对日军的整体实力有比较好的了解。但审问日本战俘费力不讨好，这点跟欧洲战场截然不同，所以太平洋战场的指挥官只能依靠非信号情报的方法：巡逻、空中侦察、与敌人展开痛苦的交战。

1944 至 1945 年间，英国第 14 集团军在缅甸展开攻势，开始收复这个曾经的殖民地，在其中花费了大量精力欺骗敌人，负责这项任务的人是彼得·弗莱明（Peter Fleming）上校，他就是那个名叫伊恩·佛莱明的记者的兄弟，当时彼得比伊恩有名，彼得在战前是冒险家和游记作者，他的妻子是红极一时的女明星西莉亚·约翰逊（Celia Johnson）。彼得·弗莱明认为日军驻缅甸总部高估了盟军的实力，他在 1944 年 10 月 9 日写道："他们高估了我们的实力，大约高估了有 100％，在几个月后还会高估更多。"他说他的小组拥有一支虚构的军队，随时可以部署："经验表明这样的军队在后方对日本人没有影响。"他建议把这支虚构的军队搬到前线去，吓唬敌人，让他们以为对面有大兵压境。

欺骗敌人令人高兴，但没有什么证据可以证明骗局影响了战场形势。有一个例外，1945 年 2 月，斯利姆（Slim）成功地制造假象，让日本人认为他要横跨伊洛瓦底江（Irrawaddy），向北进军，但他实际上是向南大踏步前进。如果敌人的高层根本不重视情报部门，那对这样的敌人进行欺诈几乎是没有用的。盟军无论怎样做，都没有影响日本人的决定。

## 内斗

在亚洲战场上，在英国和美国的情报官之间存在严重的内斗。英国的大多数情报资料上标示着"保护"——意思是说不能给美国人看——而许多美国文件标示着"控制"——意思是不能让英国人看到。蒙巴顿的政治顾问埃斯勒·德宁，在 1944 年 6 月写道："我们与美国兄弟在远东战场上的合作关系不断恶化，这个事实令人悲哀和不安……这不可避免地会影响战争的进程。"1945 年 2 月，蒙巴顿的参谋长绰号"男孩"的弗雷德里克·勃朗宁（Frederick 'Boy' Browning）写道："我必须去见那个高官，他的秘密机构若无其事地给这个世界带来了痛苦与磨难。"

亚洲的现实条件很不理想，英国特别行动局几乎不能完成任务。在德国占领下的欧洲，盟国的间谍可以获得当地热情的少数民族的支持，但在东南亚就没有这样的条件了。英国在 1941 至 1942 年间被打败，几个世纪以来西方不败的神话破灭了。在日本人占领下的缅甸展开秘密活动对前殖民者来说很不利：许多当地居民向日本人告发英国间谍和特别行动小组。日本人在东南亚很残忍，居民既恨又怕。尽管如此，英国情报官知道，跟当地居民谈论"解放"东南亚只能引发嘲笑，他们不想回到英国人、法国人、荷兰人的统治之下。特别行动局的弗雷迪·斯潘塞·查普曼（Freddy Spencer Chapman）在日本人占领下的马来西亚生活了3年，他生动地描绘了那些早就对英国失去信心的当地人是如何帮助他活下来的，这令他感到尴尬。

特别行动局在这片次大陆上的总部，坐落在科伦坡郊外名叫拉维尼亚山（Mount Lavinia）的一片平房中间，由新西兰的毛里人把守。1942年3月，日本似乎就要入侵印度了，在那些阴郁的日子，一份讨论在印度进行敌后活动的报告沮丧地断言道："日本的成功在这个国家中产生了巨大的影响。任何英国军队或我们特别行动局在孟加拉采取的行动，等同于在敌对国中进行……在东方人的思维里，必须投靠胜利者的念头并非特别强烈，他们觉得只要同胞早一点做选择，就足够好了。"司令官阿奇博尔德·韦维尔（Archibald Wavell）将军轻视特别行动局。他说他在中东时就对特别行动局印象不好，到了亚洲就更坏了："特别行动局在外面的名声不高。人们认为它是一次昂贵的大失败。"

8月，情况变得有利起来。贝克大街在当地令人敬畏的首领科林·麦肯齐（Colin Mackenzie）和总督林利思戈（Linlithgow）勋爵的帮助下，开始训练150名印度共产党学生做敌后特工。警察坚持说这些年轻人的忠诚度应该先接受考验，于是告诉他们英国人秘密存放武器的地方，并指示他们除非日本人来，否则不许靠近放武器的地方。听了这话，学生们立即赶往那放武器的地方，这项计划因此而被终止了。不过，这仅是个开始。历史学家理查德·奥德里奇（Richard Aldrich）曾写道："麦肯齐和特别行动局在远东的野心并非大得没有限度。"当英国和美国的秘密机构意识到他们对打败日本的贡献很小时，便把工作重点放在扶植在商业、政治、战略方面相互竞争的派系。根据掌握的证据，奥德里奇认为特别行动局把自己视为"恢复帝国控制的急先锋"。

美国的战略情报局也一样。其研究分析处下设一个大英帝国科，这个科里的人都是恶毒的反殖民主义分子。1944年10月27日，威廉·多诺万尖刻地说，英国的战略是在恢复东南亚殖民地时，"充分利用美国的资源，但不许美国人在政策问题上有发言权"。多诺万手下有许多人和美军中的一些高级军官共同努力，就是为了防止英国、法国、荷兰重新获得它们的亚洲地盘。实际上，美国人的道德水平也不高，英国人后来敏锐地发现，美国人谋求利用他们的资源和影响力为美国的战后商业利用创造有利形势，同时尽可能地削弱英国。

英美这两个盟友不断地相互欺骗对方。约翰·库格林（John Coughlin）是多诺万的干将，最初在印度做首长，后来又去东南亚做首长，他对自己的老板说，战略情报局的行动，"不仅要完成打败日本人的重要任务，或许还要考虑花一部分精力借机暗中做美国在亚洲利益的监听站"——监视英国在亚洲的秘密活动，在这方面库格林的工作热情很高。与此同时，英国驻中国大使向他的美国同事做了一项保证，英国对泰国的未来不感兴趣，但这是假话，因为英国特别想获得克拉地峡（Kra isthmus）。多诺万谋求让手下的官员为战后美国在泰国的利益打开一扇大门。当时泰国仍然是一个中立国，他们把战略情报局和特别行动局的情报官一起抓了起来，关到监狱里，直到 1944 年 6 月才放出来，让他们分别与自己的总部去联络。

在东南亚，英国和美国一共有 14 个机构从事秘密活动，竞相在日本人占领的地区招募间谍，其结果让一位官员轻蔑地加以谴责，称之为"对土著居民有损尊严的争夺"。在荷属东印度，有报道说有人用枪逼着征募当地人。在日本人占领马来亚后，他们在 1942 年抓捕并处决了数千据称是英国的敌后特工或支持者。此后，盟国在这个国家的秘密活动主要依靠共产党员，其中包括二战前的总书记莱特（Lai Tek），几乎可以肯定此人是为东京服务的双料间谍。

在盟国的命运有所改观后，日本占领区的人民对英国活动的支持，并没有大的改善。1943 年 12 月，一支特别行动局小分队空降到了缅甸的果敢（Kokang）地区，并且在 1944 年 6 月还获得了增援，虽然成功地在萨尔温江（Salween）西岸生存下来，并展开巡回活动，但没有能够号召起当地人参加抵抗运动。他们在报告中总结说："当地人阻止小分队完成预定的武装和训练游击队员的工作。"1944 年 10 月，这支小分队撤离了该地区。1943 年 10 月，有两名英国情报官空降到了缅甸的克伦邦（Karen），但都被杀死了。休·西格热姆（Hugh Seagrim）少校几乎就是一个圣人，他在 1942 年英军撤退时就潜伏下来，为了避免当地人受报复，他把自己交给了日本人。西格热姆，大胡子，身高 6 英尺 4 寸，穿着克伦邦当地服饰，因长时间磨损，成了碎布，像塔一样挺立在日本人在仰光北面永盛（Insein）的军事法庭上。"我是英国军官，执行我国的命令，"他说，"我仅是在完成自己的任务，虽死无怨。但这些人仅是执行我的命令，我请求你判他们无罪。"他的请求没有被满足。1944 年 9 月 2 日，他被枪毙了。随从他的 7 位克伦邦人也被处决了。

战争进入了 1945 年 1 月，另一支代号"夜贼帮"的小分队空降到了缅甸的派米那马（Pyminama）东部，"这支小分队受到当地民众的威胁，被迫不断换地方住"。特别行动局第 136 号小分队的队长以真正的帝国主义的恩赐态度，在

1945 年 4 月 2 日写道："当地居民既没有爱国动机，也基本上没有受过什么教育，智力水平低下，无法做合格的秘密特工……欧洲人无法混在人群中，这点跟欧洲不一样。大部分居民保持中立，有的甚至抱有敌意，所以秘密特工很难生存。"军情六局在同期也报告说，马来亚的居民不协助情报搜集，不支持任何他们无法控制的组织。战后，有一份特别行动局的报告在谈及荷属东印度时评论说："第136 号小分队没有与苏门答腊岛的抵抗组织接触上……情报显示居民跟日本人合作，展开秘密活动成功的希望不大。"英国在日本占领下的东南亚展开了秘密活动，但面临着一个主要问题，当地居民不愿为他们不信任的、不喜欢的、已经被打败的帝国主义的代理人去冒险承受恐怖的报复。这种情况到了战争最后几个月也没有改变多少。在缅甸北部的蛮荒地区，只有在这里特别行动局才取得了重要的胜利，而且是半军事化的行动，那里的居民长期与住在平原地区的居民相互仇视。

就在特别行动局的情报官一方面努力地在被日本占领的前英国殖民地上活下来的时候，另一方面他们在更广泛的领域跟美国人展开争夺。1942 年 6 月，美国战略情报局和英国特别行动局把全球分成若干地区，有英国人主导特别行动的地区，也有美国人主导特别行动的地区。在西班牙、葡萄牙、瑞士，英国和美国享有等同的权利。美国人认为中国基本上归自己了，多诺万的人像老虎一样把其他人赶走。特别行动局和战略情报局在中国展开无休止的地盘争夺战，双方对打败日本都没有起什么好作用，仅营救了一些落水的飞行员和逃脱敌人魔爪的战俘。在华盛顿，战略情报局在远东问题上的政治影响超过了其他大部分机构。从 1944 年春季之后的一年时间里，多诺万的情报官在中国的云南省成立了"迪克西使团"，他们是罗斯福政府有关共产党情报的主要来源。不过，战略情报局中国小组后来也在美国高层中失宠了。在国民党控制区，必须小心谨慎，不能让绝密情报落入重庆政府手中，实际上任何敏感信息都不许，这是因为日本能破译蒋介石政府的所有密文，在多次提出安全警告后，情况仍然没有好转，这种情况对盟国的情报活动没有帮助。在 1944 年诺曼底登陆前，英国剥夺了中国驻英国大使馆使用密码通信的权利，虽然蒋介石应该是英国的正式盟友，但只要中国大使跟英国将军或政治家谈过话，几天后谈话记录不仅会出现在重庆的书桌上，而且会出现在东京的书桌上。

法属印度支那见证了英国和美国之间最激烈的争斗。战略情报局的情报官下决心阻止法国获得他们最珍爱的殖民地，而英国人努力协助法国实现理想。双方的争夺在 1945 年 1 月 23 日达到顶点，美国第 14 航空队的几架 P－61 "黑寡妇"

夜间战斗机击落了载着法国特工去印度支那的两架皇家空军的"解放者"轰炸机，机上人员全部遇难。美国人希望这件事能提供一次有益的警告，阻止英国人继续帮助法国人，但英国皇家空军在 1945 年的头两个月里对印度支那展开了 71 次特殊飞行任务，有些飞行带着法国情报官，这明显是在挑战白宫。丘吉尔决定不与罗斯福直接对抗，这或许是正确的选择。所以，英国放弃了对"解放者"轰炸机的损失进行调查。在战争的最后几个月里，伦敦和华盛顿都不愿对在东南亚活动的特工下达指示，而是让特务们自行决定该干什么——特工们确实相互争斗起来，但没有取得什么成绩。

到了 1945 年，究竟为什么特别行动局没有能做成收复英国过去在亚洲的殖民地的旗手，对这个问题，英国的情报官有几个错误认识。欧洲殖民国家与美国之间的矛盾颇深。4 月 26 日，英国政治战委员会在伦敦的一次会议上谈论未来的前景。会议发言者建议这样看这个问题："应该坦率地承认帝国的威望受到损害：这种严酷的局面必须加以修补，修补的方法就是向东方人的头脑中灌输英联邦为打败日本做出了很大贡献的信念……不幸的是这项任务很难实现，因为我们的美国盟友是这一出戏的耀眼的主角……美国在成功地摆脱殖民地状态后，渴望去解放其他受束缚的殖民地，因为美国人觉得他们在呻吟……世人认为我们正在美国的庇护下返回被解放的东南亚殖民地，在东方人眼里，美国人的庇护与我们在亚洲的形象是相对立的……只有通过高超的手腕，我们才能恢复自己失去的威望。"在另一份类似的文件中，作者用不知羞耻的自私语言对英国解放者提出一项要求，要求他们不公然承认在复辟帝国统治："我们不细说未来的安排，这样我们就能够获得尽可能多的资本。"到了 1945 年夏季，日本已经不是英国在东南亚最可怕的敌人了。

## 躲在黑暗中的敌人

西方人似乎对一点感到迷惑不解，在二战的大部分时间里，东京的决策者把苏联和中国视为比美国和英国更大的敌人，而且部署了大部分兵力。日本人希望打自己想打的战争，而不是别人强加给他们的。日军原计划在 1942 年春季与美国媾和，结束太平洋战争，然后进攻奄奄一息的苏联。那年的 1 月 14 日，东京作战部对驻扎在中国东北的关东军说，援兵在 3 月就能到达，到时候就开始按计划对苏联发动进攻。1944 年 10 月，日本海军在莱特湾遭受重大失败，此后日本人才正式地视美国而不是苏联为最主要的情报目标。日本将军被要求在各自战场不择手段地搜集情报。日本从来没有像英国和美国那样聪明地利用平民从事情报工作。即使日军在战争初期就遭受失败，他们的傲慢也丝毫没有衰减。陆军军务局长佐藤贤了（Kenryo Sato）少将，在 1943 年 3 月在东京议会做了一次讲演，当时日本在瓜达尔卡纳尔岛遭遇失败，他坚持认为美军既没有纪律，也不专业："他们射击不错，但战斗精神和士气低落……大多数士兵不理解为什么打仗。"

　　日本人缓慢地理解到破译英国和美国通信密码的重要性——由于他们能比较容易地破译国民党的无线电密文，所以变得懒散起来。不管怎样，到了 1943 至 1944 年间，才有日本军官被派往德国、匈牙利、芬兰学习密码破译术。1943 年，日本战败的迹象已经出现，日军创立了中央特别情报处（Central Special Intelligence Section）——主要任务是搜集信号情报，最后才意识到"针对美国和英国的密码破译活动极度匮乏，缺少合格人员"。最初，这个处有 300 人，到了 1945 年达到 1000 多人。在中国东北的关东军、空军、陆军里还有数百人，也在从事密码破译活动。1944 年 5 月，处长开始招募数学系和语言系的大学毕业生，并购买了几台 IBM 机器。他们还在东京帝国大学提供的某种帮助下，建立起了一所军事密码分析研究会。

　　但这些补救措施太少，太迟了。甚至日本天皇都感到疑惑，日军花费大量时间谈论与苏联人的战争，而实际上是在跟美国人打。日本人声称曾经破译过麦克阿瑟下属战区的美军密码，但美军很快就弥补了漏洞。战后，一名特别情报处的情报官声称，他在 1945 年 8 月 11 日破译了一台美国 M-209 密码机发出的密文，其中有一个单词是"原子"。即使他说的是真的，这点小成绩对日本帮助也不大，还不如断断续续破译苏联密文的帮助大。

　　日本帝国海军情报部统计了收到的情报数量，统计区间是自 1944 年 10 月 1 日至 1945 年 7 月 19 日，统计结果比较好地反映了整个战争的情况：信号情报 393 份，基本上全是基于流量分析；武官报告 102 份，来自中立国的大使馆；战俘报告 27 份；缴获文件 2 份；外国间谍报告 7 份；公开无线电广播 110 份；报纸文章 769 件。一般说来，日本人认为，间谍提供的信息比信号情报更可信，但日本人在招募外国间谍方面从来没有展示出什么能力。一位叫宫本的中校辛酸地写道："在新几内亚，我们招募了中国人和澳大利亚人，但他们都是双料间谍。"东京给墨西哥、智利、阿根廷的情报员大量的金钱，但很难想象这些花费怎样帮助日本打赢战争。日本人在英国控制下的印度从事间谍活动的运气不太好。1942年，英方有大斩获，抓住了 45 个间谍，其中大部分是从东京印度国民军里临时调派来的，这支国民军成员都是日本手中的战俘。1944 年，日本情报机构开始敏锐地对穆斯林表现出一种兴趣，希望穆斯林未来能集中精力发动对盟国的反击。1945 年初，一大群穆斯林游击队员在俾路支（Baluchistan）沿海登陆——但立即就向英国人投降了。

日本情报机构非常努力地在美国本土展开活动。1944 年 4 月 3 日，东京在马德里的大使给日本外交部发回了一份戏剧性的报告，这份报告说一名在美国为日本谋利的西班牙间谍，如今回到了西班牙提交情报，因为他既没有发报机也没有信使："我私下警告他，因为他在 4 月初跟一个女人回来过，不仅英国人和美国人在密切监视他，就连西班牙当局也在这么做。此后，他便假装不认识我……由于我们直接见面就等于下达了死刑执行令，所以我指示他写一份书面报告……他按照要求应该返回美国，时间是 5 月 17 日，他正准备返回（目前美国没有阻拦他再次入境）。"

那个西班牙间谍的报告，写得就跟过去的惊险小说一样："生活在敌对国家搜集情报，我面临着各种各样的危险，我只能尽量利用我的记忆力。为了准确，我遇到重要情况时，就使用特殊墨水和小型照相机做记录。"此后的报告内容是 14 个月累计观察的结果，所以没有实时提交。这份间谍报告包含多项内容，其中有一项是杜撰的故事，故事说在 1942 年所罗门群岛战役中，有 4 艘美国战列舰被击沉了。另有一部分花费数百字罗列出美国高级指挥官的名字和他们的职务，这些信息都是可以在《华盛顿邮报》上随手找到的。有关这份报告最后的情节：这份报告的原件丢失了，之所以留给后世，就是因为被阿灵顿学堂和布莱切利园破译了，在 1944 年 5 月进入了美国和英国的档案之中。

1944 年之后，日本指挥官逐渐不愿去考虑现实状况，偏好凭直觉做决策，越来越喜欢幻想。日本海军花费在破译密码上的资源甚至比陆军还少，海军的信号情报工作大部分集中在无线电方向定位和通信量分析上。日本海军少将横井俊之（Yokoi Tishiyuji）在战后绝望地评论道："我们海军被无线电波打败了。这场游戏我们打败了毫不奇怪。"不过，日本帝国海军有一些不错的密码破译结果，他们是在监听低密级的美国后勤通信中获得的。日本情报机构破译了 1944 至 1945 年之间盟国商业船运广播（Broadcast For Allied Merchant Shipping）通信量的一半。这使日本人可以追踪美国大型两栖作战后勤必然跟着的巨大"尾巴"。他们预见到了 1944 年 1 月的马绍尔群岛行动、6 月的马里亚纳群岛行动、2 月的硫磺岛行动。但日本高层不信美国人会去马里亚纳群岛，而宁愿相信美国人的目标是菲律宾、新几内亚的北部、加罗林群岛的西部。即使日本的海军和陆军将领正确地预见到了美国人的企图，但他们在陆海空战斗中投入的精力过大。日本缺少硬实力了。

1944 年的夏季和秋季，日本帝国大本营中的气氛变得疯狂。美国的欺诈活动让日本人相信美国正在阿拉斯加集结兵力，准备入侵千岛群岛（Kuriles）。所以，日本情报机构在 6 月估计美国有 40 万人和 700 架飞机在阿拉斯加，而实际数字仅是 6.4 万人和 373 架飞机。日本增加了千岛群岛的兵力，从 1 月份的 2.5 万人、38 架飞机，增加到 6 月份的 7 万人、589 架飞机。日本的高级军官相信，虽然自己的空军有损失，但美军在 10 月 12 至 16 日的空战中损失了 19 艘航母和 4 艘战列舰。日本的无线电监听人员，根据通信量分析的结果，正确地报告了哈尔西第 3 舰队仍然在海上漂浮，但他们的观点被视为无法接受的错误观点。情报部的竹内熏（Kaoru Takeuchi）上校咆哮道："作战部的参谋是不可饶恕的……他们疯了！无法相信这些疯狂的军官竟然获得信任。"由于日本人误判了美军在台湾的损失，所以变得过度乐观，于是日本海军上将们发动了联合舰队行动"捷 1 号"，其结果是莱特湾的灾难。

莱特湾战役让疯狂的日本人更加脱离现实。日本海军情报部所做的估计基本上是正确的，但被忽视了，而神风队的自杀性攻击的战果不仅被夸大，而且还被高层接受了。在 6 个不同场合，日本海军作战部宣布"列克星敦"航母被击沉了，"萨拉托加"航母被 4 次击中。日本天皇注意到这些报告，暗示可能是幻想出来的战绩。日军高官越来越依赖太平洋战场的"特殊消息"，而提供这些消息的人在中国北方的哈尔滨，他在苏联领事馆内有一个情报源。很不幸，这个情报源是受苏联内务部控制的。当日本情报官意识到问题后，便通知了日军高层，但将军们偏向相信莫斯科想告诉他们的，而不是去接受事实。

日本陆军情报部长有末精三（Seizo Arisue）将军哀叹作战部的傲慢，说作战部的军官"不喜欢听他人的意见"。他列举了 1944 年 3 月向盘踞在印度英帕尔（Imphal）的英军和印军发动进攻时发生的事。进攻前，作战部来征求他的意见，当他表达了反对意见后，他就被赶出了帝国大本营，不许他参加讨论。根据第二部的部长樋口季一郎（Kiichiro Higuchi）的说法，日本民族喜欢主观地解决问题，不愿进行客观的分析："每个人做事可以主观，但国家主观就危险了。"1945年 4 月发生的一件事最为明显，当时有情报提醒注意，苏联的军事通信的流量大幅增加，并正在向中国东北的边境靠近："第二部的结论是苏联已经准备好与日本作战的。"由于这种情况是日本将领最不愿看到的，所以他们断然否认了情报，直到红军在 8 月发动了压倒性的攻势。所有在 1945 年制订的日本军事计划都假定美国要入侵日本本土，日本人认为他们能给入侵者造成无法忍受的损失。其实，盟国如果想迷惑日本高层，最可信的办法就是公开宣布不入侵日本本土，而是要轰炸日本，并用饥饿使日本屈服。这真是太具有讽刺意义了。

无论英国和美国合作的时候有多么困难，但德国和日本之间简直就不能合作，双方既不信任，也存在文化鸿沟。虽然这两个国家有情报交换协定，但双方很少交换什么。德军的情报高官蔑视日本同行。一位德国军官形容日本人"非常差"，因为德国人注意到日本经常判断错误，日本人认为在太平洋与之对垒的是一个美国师，但柏林知道这个美国师实际上在法国。战后，德国保安局的奥莱茨（Ohletz）上校说，他的部门与"日本同行的关系是紧张的、没有结果的"。当卡纳里斯还是阿勃维尔的领导的时候，他与东京的关系非常疏远。一位名叫豪普特曼·普拉格（Hauptmann Plage）的军官，在柏林被认为是日本问题专家。德国有时传递一些小情报给东京——例如，一份据说是来自英国的情报（一个英国军情五局的双料间谍）说美国计划在莱特湾登陆，时间是 1944 年 9 月。

随着战争形势恶化，日德之间的盟友关系也恶化了。双方都认为对方的事业完蛋了，但德国努力让日本人继续战斗。最高统帅部要求德国保安局尽量说一些能让德国的东方同伴树立坚定信心的东西——比如 1944 年有可能在阿登地区发动进攻。在德国发动"秋雾"攻势后的第一天晚上，恩斯特·卡尔滕布伦纳和瓦尔特·施伦堡在万塞（Wannsee）别墅为日本人举办了一场大型晚会。晚会不成功。奥莱茨上校感到日本人不想"与党卫军保安局有关联"。事后，卡尔滕布伦纳轻蔑地断言："日本人变'软'了，如果阿登攻势不成功，他们可能就要当老鼠溜掉了。"此后不久，德国人对日本人更加蔑视了，因为日本人开始从柏林大使馆撤出档案，转移到了瑞士、瑞典、西班牙。

1945 年春季，日本在欧洲情报机构驻斯德哥尔摩的头目小野寺信（Makoto Onodera），建议让日本接管阿勃维尔在各中立国首都的情报站。看到纳粹这艘船正在沉没，他认为日本想接管德国的情报机构继续经营。可是日本自 1942 年就不能正常地利用情报了，很难想象已经硬化的德国间谍网能为日本帝国做点什么。裕仁天皇如今能做的就是看着自己的野心和帝国土崩瓦解。

# 第20章

# "巨大"

年轻的美国物理学家特德·霍尔在圣菲的原子弹项目第 2 营地从事研究工作。1944 年，他把所知道的全都告诉了莫斯科情报中央，为了给自己的行为做辩护，他激动地对内务部的联络员说："只能把这件恐怖的事告诉苏联。"在大西洋两岸参与原子弹计划的人中，恐怕有 50 位把他们知道的秘密交给了苏联。英国和美国的告密者把曼哈顿计划泄露给苏联是二战中最严重的间谍案。虽然原子弹秘密的泄露没有影响与纳粹的斗争，但对战后的形势影响很大：苏联第一颗原子弹在 1949 年爆炸，事实证明这颗原子弹完全复制了 1945 年 7 月阿拉莫戈多（Alamogordo）的测试弹。一直都有人在为原子弹告密者做辩护，辩护理由有两个：第一，无论有没有告密者，苏联很快就会建造出自己的，因为这是科学技术发展的必然结果；第二，这些告密者把原子弹秘密告诉苏联内务部是为了和平，因为这样就能建立起恐怖的平衡，使美国右翼狂人不能令人信服地建议对苏联发动核弹打击。这两点有合理的成分，但后果似乎很严重，一方面斯大林突然多了一个战略手段，另一方面内务部取得了历史上最辉煌的战绩。

1940 年，苏联科学家断言，理论上可以用铀制造原子弹，但不实际。莫斯科没有给刺探原子弹秘密分配经费，不过内务部的科学办公室要求所有外国情报站关注这个领域里的发展。次年，苏联人从英国告密者那里收到一系列有关铀弹的报告，报告的内容源自于英国总参谋长和铀委员会的会议，而约翰·凯恩克罗斯是这些告密者中的著名人物。内务部驻伦敦的情报官弗拉基米尔·巴可夫斯基（Vladimir Barkovsky）受命处理这件事。1940 年 9 月 16 日，唐纳德·麦克林转交了一份 60 页的报告，报告内容是代号"合金管"的英国项目。这意味着丘吉尔政府正在严肃地研究原子弹的可能性，但也有相反的情报，苏联在帝国化学工业公司内部的一位情报员断言原子弹已经被判定不实际。此后，莫斯科听说英国总参谋长决定开展原子弹可行性研究。1941 年 8 月，积极的共产主义分子、德国出生的物理学家克劳斯·富克斯，在英国被格勒乌的尤尔根·库克津斯基（Jurgen Kuczynski）招募——此人是厄休拉·汉布格尔的兄弟。此后不久，利用与鲁道夫·皮尔斯（Rudolf Pierls，德国出生的英国核物理学家）一起工作的条件，富克斯成了莫斯科的重要情报源，在那年的秋季提供了原子弹早期的信息。11 月 24 日，苏联内务部的纽约情报站的站长报告说，有 3 名美国科学家去英国研究"具有巨大爆炸力的炸弹"。苏联在伦敦的情报站立即询问凯恩克罗斯是否确有此事，当时凯恩克罗斯在汉基勋爵（Hankey）的办公室工作，他回答说此事肯定跟铀 235 有关。凯恩克罗斯的联络员是阿纳托利·戈尔斯基，戈尔斯基对此表示怀疑，因为他没有从其他情报员那里听到过此事。这说明凯恩克罗斯的消息在劝苏联相信美国正在制造原子弹方面发挥了最大的影响力。

此后爆发了珍珠港事件。不久之后，莫斯科又获得大量秘密信息，英国放弃了自己的原子弹雄心，让美国通过曼哈顿计划发展原子弹。英国政府此举非常天真，觉得曼哈顿计划是英美共同的伟大事业。1942 年 3 月，贝利亚向斯大林提交了一份综述报告，总结了苏联了解到的有关英国原子弹研究的情况，报告中的信息主要源自凯恩克罗斯。与此同时，内务部在纽约情报站有一位情报员，名叫富兰克林·泽尔曼（Franklin Zelman），他遇到了一位熟人，名叫克拉伦斯·希斯基（Clarence Hiskey），此人是哥伦比亚大学化学系的教授，信奉共产主义。希斯基对泽尔曼说，他参与了美国放射性炸弹项目的研究，如今研究取得了进展，但德国人在这方面领先。希斯基说的并不正确，但他的说法使莫斯科警觉起来。里奥尼德·克瓦斯尼科夫（Leonid Kvasnikov）在苏联内务部领工资，他试图安慰上级领导：在研究了从英国、美国、德国获得的信息之后，他提出一个观点，至今还没有人取得大突破。不过，他劝苏联进一步深入了解。

格雷戈里·海费茨（Gregory Kheifetz）是苏联情报总部常驻旧金山的代表，名义上是苏联副领事。在一次为西班牙内战的难民募捐会上，他遇到了罗伯特·奥本海默（Robert Oppenheimer），此人是以制造原子弹为目标的"曼哈顿计划"的首席科学家。海费茨了解到奥本海默正在从事一项大规模的新研究项目。海费茨是间谍老手：他曾经常驻罗马，把恩里科·费米（Enrico Fermi）和布鲁诺·庞蒂科夫（Bruno Pontecorvo）视为潜在的情报源。稍早，他是列宁遗孀娜德斯达·克鲁普斯卡娅（Nadezhda Krupskaya）的秘书，并在美国成立共产国际时发挥过重要作用。由于有这样的背景，他在旧金山的左翼社会圈中引人注目，受人尊敬。奥本海默似乎给了海费茨某种重要的暗示，很可能谈及了华盛顿和伦敦害怕纳粹可能正在制造一颗原子弹。他还透露了 1939 年爱因斯坦给罗斯福的一封密信。这封信由莱奥·西扎德（Leó Szilárd）执笔，力劝罗斯福探索核能利用的可能性。

　　奥本海默在苏联内务部的代号是"明星"。他的密友中就有共产主义分子和积极的苏联情报员，比如出生在克罗地亚的史蒂夫·纳尔逊（Steve Nelson）、斯蒂芬·梅萨罗什（Stefan Mesarosh）。奥本海默那位令人敬畏且有点凶恶的妻子凯蒂曾经嫁给了一位共产主义分子。1942 年末，在苏联驻旧金山领事馆的命令下，英国一位信奉共产主义的化学家指示研究文学的教授哈康·希瓦利埃（Haakon Chevalier）接近他的老朋友罗伯特·奥本海默，并请奥本海默把"曼哈顿计划"的秘密与苏联人分享。但科学家奥本海默立即把这件事告诉了曼哈顿计划的总监莱斯利·格罗夫斯（Leslie Groves）将军。希瓦利埃被关了禁闭。在此后的一年里，又有几人做了试探性的接触，其中一人是所罗门·米霍埃尔斯（Solomon Mikhoels），此人是在意第绪语国家艺术剧院演出的苏联演员。在犹太反纳粹委员会的资助下，他正在美国做巡回演出，结伴的还有意第绪语诗人伊齐克·费弗（Itzik Feffer）。贝利亚亲口让他俩向奥本海默做保证，苏联不执行沙皇时代的反犹太主义法律。

　　帕维尔·苏多普拉托夫在回忆录中说，奥本海默、费米、西扎德知道苏联内务部在曼哈顿实验室里安插鼹鼠的事。更惊人的是奥本海默不仅知道克劳斯·富克斯是苏联间谍，还要他提供服务。这两个说法很不可信——最近给奥本海默写传记的雷·蒙克（Ray Monk）称这种说法"滑稽可笑"。因为奥本海默在 1954 年国会听证会上撒谎否认自己过去与共产主义分子有联系，所以他的忠实性一直是个疑问。但有个结论比较可信，与哈里·霍普金斯不一样，奥本海默是不慎交了一些共产主义分子做朋友，而非故意把他负责的历史上最富于雄心的军事项目泄露出去。

　　得知美国人开始投入巨大资源制造原子弹，莫斯科感到震惊。一如既往，斯大林不仅想打赢希特勒，还看到了在战后的世界，如果没有原子弹，就无法挑战一个有原子弹的强国。这位苏联战争领袖比丘吉尔和罗斯福更早地意识到原子弹是一种彻底改变世界局势的武器。苏多普拉托夫说奥本海默、费米、西扎德、西扎德的秘书是苏联最重要的原子弹情报源，但无论他说的是否真实，在这几个人之外，确实还有许多苏联的原子弹情报源。丽思·梅特纳（Lise Meitner）是一个物理学家，从德国逃亡到了瑞典，在物理研究所工作。卓娅·雷布金纳手下的苏联间谍接近她，问她是否从国际科学家联谊会中听到过有关原子弹的事。她说原子弹可以制造。1942 年 3 月，唐纳德·麦克林从伦敦发回一份新报告，强调西方盟国给予原子弹研究极高的优先级。3 月 10 日，贝利亚写信给斯大林支持这种观点。苏联物理学家乔治·弗洛罗夫（George Florev）也同意这个观点，在 5 月对克里姆林宫说明了他的态度，原子弹是可信的。

内务部加大了活动力度，力求渗透入曼哈顿项目中。代号"吐温"的谢苗·谢苗诺夫，一直负责在美国与科学专家保持联络，受命招募情报员。苏联意识到用贿赂或恐吓的办法无法找到顶级的科学家；必须利用他们比较优秀的本能，把他们吸引到与苏联有共同兴趣和文化的社团里，这是有可能的，因为苏联是美国对抗希特勒的盟友，肩负着巨大的战斗任务，付出了巨大的牺牲。谢苗诺夫很快找到了大多数在曼哈顿项目中发挥关键作用的科学家，但被他招募的寥寥无几。他手下有内务部老情报官哈里·戈尔德，戈尔德与富克斯一起工作，但没有能够引诱到乌克兰的爆炸专家乔治·基斯佳科夫斯基（George Kistiakowsky）。

与此同时，苏联人一直都搞不清德国是不是在进行原子弹的研究。证据十分稀少。例如，如果重水是制造原子弹过程中的重要一步，为什么柏林没有采取措施严密地保护在挪威的生产线？英国人显然严肃对待对重水的事：内务部在挪威的间谍告诉莫斯科，英国的特别行动局企图在 1942 年 11 月摧毁尤坎重水厂，但行动失败了，乘坐滑翔机执行任务的突击队员全部阵亡。金·费尔比也转发来一份有关这次惨败的报告。之后在 1943 年 2 月，6 名受过特别行动局训练的挪威游击队员成功地执行了破坏任务。苏联因而担心英美的欺诈愈演愈烈，因为盟国既没有谋求苏联人协助发动袭击，事后也没有通知莫斯科。虽然英国多次谋求在秘密行动上展开合作，但这件事使苏联变得顽固不化。

这时，贝利亚已经控制了原子能委员会，这个委员会在名义上受两位副部长的管理，苏多普拉托夫担任情报主任。苏联有一位名叫维尔纳茨基（V. I. Vernadsky）的科学院院士，建议莫斯科正式地要求西方盟国交换原子研究的知识。斯大林轻蔑地回答说："如果你以为他们会分享这种能统治未来世界的武器的信息，那你在政治上太幼稚了。"斯大林同意让苏联情报机构继续加大秘密活动，从西方科学家那里获得信息。他们从尼尔斯·玻尔那里什么都没有得到，其实这位丹麦伟大的科学家确实曾经劝说丘吉尔和罗斯福应该与苏联分享原子弹的秘密。1943 年 1 月，谢苗诺夫收到布鲁诺·庞蒂科夫送来的有关第一例连锁反应的报告。庞蒂科夫还报道了费米 1942 年 12 月 2 日在芝加哥的实验，他在电话里用神秘的声音说："那个意大利水手抵达了新大陆。"

1943 年 2 月，苏多普拉托夫受命给苏联科学家展示从美国获得的原子弹情报，但不透露情报源的情况。但这样的防范措施不成功。物理学家基科因（I.
K. Kikoin）在苏多普拉托夫在卢比扬卡大街的办公室里看到了翻译的报告，然
后说：“这是费米的工作。他是唯一可以制造出如此奇迹的人。”苏多普拉托夫展
示了几份英文文件，并把作者名给掩盖住了。科学家们猜出了大部分被掩盖的名
字，并告诉苏多普拉托夫不要太幼稚了：如此极其先进的研究成果，凭着直觉就
能知道作者是谁。此后，内务部的官员获得了贝利亚的同意，把从美国带来的资
料给科学家们看。截止到 1943 年 7 月，莫斯科情报总部一共收到了 286 份有关
曼哈顿的秘密文件，然后苏联科学家告诉美国间谍他们想知道的具体技术问题。

1944 年 2 月，原子弹情报的重要性再次被提高，贝利亚让苏多普拉托夫负
责新成立的“S 处”，其任务就是管理与原子弹有关的间谍，并把情报成果分发
给科学家。苏联人给他们的间谍行动取了一个平淡但恰当的代号“巨大”。后来，
苏多普拉托夫声称他不愿做这份工作，因为他偏好集中精力做好本职工作——支
持在德国后方打游击战。但在苏联没有任何官员敢拒绝增加权力或违背贝利亚的
命令。后来，苏多普拉托夫写到，他对谢苗·谢苗诺夫的信任，以及与扎鲁宾夫
妻的长时间友谊，给了他宽慰。由于克劳斯·富克斯变成了一个关键的技术资
源，他被从格勒乌联络员的手中转移到了 S 处名下。

这个处的新处长受命与苏联最好的科学家形成密切的工作关系。这说起来容
易，做起来难：与所有的苏联公民一样，他们生活在内务部控制下的恐怖之中。
这个间谍头目在卢比扬卡大街办公室后面的客厅里，为科学家们举办了晚宴，晚
宴对这些可怜的人来讲会是怎样的恐怖的磨难啊。当时苏联人民生活在饥寒交迫
中，但卢比扬卡大街的奢侈的晚餐有女佣提供服务。当时的紧张场面并没有因为
喝酒而放松，虽然苏多普拉托夫拿出美国产的白兰地让大家随便喝，但他自己是
一个绝对禁酒主义者。他对科学家们说，只要大家尽全力实现斯大林的原子弹计
划，他有权给更多的好处，比如更多的粮食份额和去党的高级干部才能去的商店
买东西。他没有记录下来如果失败惩罚将会是什么。

1943 年，苏联人仍然在寻找机会多了解一些曼哈顿项目的情况，他们从英
国情报源那里获得的情报多一些，从美国那里获得的少一些。56 年后，当 85 岁
的梅丽塔·诺伍德（Melita Norwood）被爆是苏联间谍后，英国媒体把这件事当
作喜剧来处理：“那个乡下的奶奶是莫斯科的间谍。”诺伍德丝毫没有悔意，她为
自己辩解说：“事是我做的，但我不是为了钱，而是为了帮助一个新社会制度不
被打败，这个社会制度付出了巨大代价，为普通的人负担得起的食物和工作，给
他们教育和健康服务。”她不仅没有受到刑事审判和惩罚，她的同胞还把她过去

的叛徒行为当作是好玩的东西。又来了一个克劳斯·富克斯，诺伍德女士——代号"蒂娜"的莫斯科最重要的战时间谍和战后原子弹情报源，她能做到这点，是因为她是英国有色金属协会的秘书。

诺伍德的父亲是拉脱维亚人，母亲是英国人，她做了一生的秘密共产党员，1937年被莫斯科情报总部招募。军情五局没有发现她曾经参与苏联的伍尔维奇·阿森纳间谍网，这个间谍网在1938年败露。莫斯科在她的档案里给她的评语是："忠诚、可靠、守纪律，努力给予苏联最大帮助。"她提供了大量有关美国和英国原子能活动的数据，从有这些活动开始，一直提供到20世纪50年代。这些数据都是由她的信使传递给莫斯科的，她的信使不是别人，正是厄休拉·汉布格尔，曾经在"露西"间谍网中的关键人物，如今维持着与莫斯科的无线电联系，她在牛津郡的大罗尔莱特、格莱普顿、基德灵顿几处田园诗般的农舍里发电报。莫斯科情报总部形容诺伍德的报告"引发了巨大兴趣，对这个领域的发展做出了巨大贡献"。苏联科学家后来说，她和富克斯提供的技术细节对苏联制造第一颗原子弹的贡献要比其他情报员的大。

除了诺伍德和凯恩克罗斯，苏联还有另一个重要的英国情报员，代号"埃里克"，一位年轻的物理学家，至今不知道此人的真实身份。这个人断言美国人有了大进步，他的报告使莫斯科催促纽约情报站尽全力寻找更多的线索。在1942年里，克劳斯·富克斯提供的材料比平时多出5倍，这些材料都是他的理论计算小组研究原子裂变的成果。从那个秋季之后，富克斯在英国的信使据说是一个住在英国的德国犹太难民，名叫"布鲁尔夫人"——但此人就是厄休拉·汉布格尔。由于她在瑞士和英国为苏联的秘密战做出了贡献，她后来成为第一位获得红军荣誉上校军阶的女性。

美国第一次取得重大突破的消息，来自代号"马尔"的情报员，他是一位在美国杜邦公司工作的科学家，他通过妻妹把材料传递出来。1943年4月，他向苏联在纽约的领事馆递交了一封信，详细描绘了钚原子裂变的途径。"马尔"声称，他的动机是打败美国军队隐藏制造原子弹的"罪恶"企图。7月1日，内务部纽约情报站报告说，如今有500人为曼哈顿项目工作——这个数字低估了实际情况：如果包括建设工人，那时有20万人为之努力，如果包括分包商，总人数有60万人。苏联想渗透进入最秘密的工厂的努力没有成功。于是苏联人改进了策略。首先，他们做出了明智的决定，不许格勒乌和内务部之间为原子弹信息展开的竞争，方法是把格勒乌的情报来源转移到内务部的联络员手中。帕维尔·苏多普拉托夫受命全面掌控"巨大"行动。莫斯科情报总部评估了已知与原子弹项目有关的杰出人物，希望能确定招募目标：恩里科·费米、克拉伦斯·希斯基、罗伯特·奥本海默。莫斯科声称奥本海默是秘密共产党员，但从未拿出来过证明，似乎不大可能。内务部有一个情报员在美国参议院工作，名叫查尔斯·克雷默（Charles Kramer），他与曼哈顿项目的总监见过几次，但回报说总监是一个空想家，不一定能成为莫斯科的间谍。

12月，"马尔"提供了几份有关建筑核反应堆、冷却系统、从衰变的铀中提取钚的工艺、放射性保护的文件。还有一位情报员，代号"范特"或"骗子"，谢苗·谢苗诺夫抱怨此人非常贪婪，就是为了钱。6月，这位情报员提供了一份用气体扩散法分离铀同位素的报告，获得了300美元。莫斯科很感兴趣。到了1943年圣诞节，苏联科学家获得了大量与原子弹相关的英国和美国的资料。后期有一些资料是从伯克利的辐射研究室的代号"进步教授"提供的。然而，内务部始终没有在洛斯阿拉莫斯发展中心（Los Alamos development centre）内部招募到情报员。

1943年冬天，克劳斯·富克斯来美国工作，哈里·戈尔德成为他的信使，但他俩相互不喜欢。在1944年最初几个月里，每个月的第一和第三个星期六的下午4点，富克斯会出现在纽约市下东区亨利街社区中心入口处，手拿绿色的书和网球，等着会见一个带着白手套问中国城如何走的男人。第一次见面成功后，虽然莫斯科仍然坚持，但会见时的程序被简化了。后来，戈尔德去了马萨诸塞州的牛津，富克斯的妹妹住在那里，她是美国共产党员。来客戈尔德为了获得主人的信任便说，"我带来了马克思的问候。"富克斯女士回答说："哦，我听说他生了双胞胎。""是的，那是7天前的事。"这些人都读过恐怖小说。不过，富克斯提供的资料极为有用，大部分是他在同位素分离方面的工作。莫斯科对戈尔德的报告感到不满，因为没有充分说明富克斯是怎样的一个人。1944年中之后，苏联内务部的阿纳托利·亚茨科夫（Anatoly Yatskov）通过戈尔德控制富克斯，因为谢苗·谢苗诺夫受到了联邦调查局的密切监视，无法继续与间谍见面了，必须召回国了。此外，富克斯在10月突然回到了英国，不再提交报告了。

1944年初，旧金山情报站的站长格雷戈里·海费茨回到了莫斯科，可能是他没有能突破进入洛斯阿拉莫斯的缘故，也可能是希望他的继任者能够实现突破。此后，莫斯科情报中央把异乎寻常多的精力放在美国的原子弹计划上——比放在刺探德国上的要多许多。与希特勒的斗争是眼前要做的，但克里姆林宫推断，与资本主义民主国家的斗争是未来的。圣菲有一家药店是分发美国西部信息的中心。莫斯科动用西海岸的潜伏间谍，在这些间谍中，有些人沉默了10年的时间，其中有一个代号"棋手"的波兰犹太牙科医生，此人在苏联国家政治保安总局的资助下在法国获得医学学位，他的妻子是奥本海默夫妇的朋友。苏多普拉托夫声称，"棋手"除了提供口头进展报告之外，还提供 5 份机密报告，这些报告都是从奥本海默和他的朋友那里获得的。这个说法值得怀疑。确实，在曼哈顿项目中，有许多"左倾"的科学家，他们很同情苏联在与希特勒的斗争中付出的巨大牺牲，但他们并不愿意做苏联内务部的情报员。

即使在美国国内，苏联也敢用恐怖作为思想武器进行招募。乔治·盖莫（George Gamow）是一位出生在苏联的物理学家，他在 1933 年逃亡到了美国。伊丽莎白·扎鲁宾找到盖莫也是物理学家的妻子罗欧，向她提出警告，说她在苏联的亲戚的安危取决于他们夫妻俩是否向莫斯科提供帮助。除了大棒，还有胡萝卜："如果做间谍做得好，"扎鲁宾夫人鼓励道，"你的家庭将会吃得好；如果拒绝，那就在古拉格集中营见。"盖莫同意了，他在科学界有一个广泛的情报网络可以利用。有时获得情报的方式出乎意料：1944 年夏季，一个陌生人把一个装有绝密信息的包裹交给了苏联在纽约的领事馆。莫斯科的分析员被其中的技术细节深深吸引住了，让他们更感奇怪的是提供者没有留下姓名——此人从此销声匿迹了。

另一方面，一位名叫福格尔（Fogel）的美国共产党员，在凯洛格建筑公司里为曼哈顿项目工作，公司在 1945 年让他转移到洛斯阿拉莫斯去工作，他拒绝了，这让莫斯科感到失望，更让莫斯科失望的是他从此拒绝提供信息了。当特德·霍尔决定把他知道的一切都告诉苏联人时，他竟然找不到合适的渠道。最后，为他当信使的是谢尔盖·库尔纳柯夫（Sergei Kurnakov），此人是一份为政治宣传服务的报纸《苏联之声》的记者，他也在苏联情报中央拿工资。库尔纳柯夫向莫斯科描述了霍尔："相当瘦高，棕色头发，脸上有点疙瘩，衣着不整，鞋很长时间没有擦过了，袜子掉下来了……他诙谐……来自犹太家庭，但长相不像犹太人。"后来，霍尔成为第一个向苏联透露内爆发引爆原子弹的美国情报员，而富克斯在 1945 年 4 月 6 日提供了更为详细的报告。大卫·格林格拉斯（David Greenglass）是另一位原子弹间谍，陆军军士，在洛斯阿拉莫斯做机械工人，从 1944 年秋季开始找到一个传递信息的机会，当时他的妻子罗斯来看他。她后来对朱利叶斯·罗森伯格说："社会主义是世界的唯一希望，苏联博得了他最深厚的钦佩。"莫斯科对格林格拉斯提供资料的价值颇有微词，但有比没有强。

跟苏联其他的行动一样，"巨大"行动用坚不可摧的伪善做盾牌。1944 年，苏联科学院举办成立 220 周年纪念活动，苏联政府坚持邀请外国科学家来参加，但大多数英国和美国的杰出科学家拒绝参加，苏联人声称受到了侮辱。但这次活动明确是按照情报搜集和招募情报员来进行策划的。此时，苏联已经在美国进行大规模的技术情报工作。华盛顿的非法居民输出的影印秘密文件的数量从 1943 年的 211 卷，增加到次年的 600 卷，再增加到 1945 年的 1896 卷。苏联搜集的信息远比原子弹研究要宽泛：苏联人的雷达、无线电技术、喷气发动机、合成橡胶利用偷来的美国技术秘密有了很大的发展。有许多人说盟友之间应该互通有无，但苏联这个盟友却拒绝向英国人承认红军在 1941 年使用了 57 毫米反坦克炮，拒绝给伦敦和华盛顿喀秋莎火箭炮等几种先进武器的技术细节。

苏联物理科学院院长约费（A. E. Ioffe）热情地赞扬了原子弹情报员的贡献："那些信息证明是很准确的，大部分很完整……我没有发现有何错误。"然而，看到美国的最高机密不费吹灰之力就到了自己的书桌上，莫斯科有些人感到不舒服了。贝利亚质疑这些原子弹间谍提供的洪水般的资料是否真实。后来，贝利亚的助手阿纳托利·亚茨科夫说，这位苏联情报首长认为西方盟国"企图把我们拖入资源和精力的巨大浪费中，让我们最后完蛋"。甚至到苏联启动自己的原子弹计划后，贝利亚依然持有这种观点。到了广岛市遭受毁灭打击后，他才改变了看法。不过，虽然他心怀疑虑，但他不敢纵容自己的阴谋论癖好，依然允许从美国和英国流向莫斯科的情报渠道保持畅通无阻。

1944 年 11 月，内务部第 5 处获悉克劳斯·富克斯回到美国了——而且工作地点更好，换到了新墨西哥州。莫斯科情报中央要求纽约站找一位女信使，装成他的情人去找他，但这个想法没有能实现。与此相反，1945 年 2 月，哈里·戈尔德在马萨诸塞州的牛津与富克斯见了一面，富克斯介绍了洛斯阿拉莫斯的大规模扩张。戈尔德问这位珍贵的情报员是否缺钱。"不，"富克斯说，"他所要的是让红军占领基辅和柏林，让红军找到他在盖世太保的档案，并加以销毁。"

到了 1945 年春季，莫斯科从英国和美国不断收到有关原子弹的情报，这使苏联科学家可以跟踪曼哈顿项目。然而，美国的保密措施逐渐改进；苏联内务部的联络员越来越难以见到间谍。朱利叶斯·罗森伯格在一家原子弹相关工厂工作，他因为是共产党员而被解雇了，但美国陆军负责安保的 G−2 部门了解他，知道他属于那种不是太危险的苏联间谍。他手下的情报员被转移到了其他苏联联络员手中。

苏联内务部的官员敏锐地感觉到这些原子弹间谍对他们国家的重要性。莫斯科情报中央常驻墨西哥城的列弗·瓦西列夫斯基（Lev Vasilevsky），在听说苏联驻华盛顿大使馆对待安全问题比较草率后，感到很紧张，于是开始把墨西哥的资料用自己的发报机传递给莫斯科。到了 1944 年 8 月，伦敦的军情五局意识到了共产主义分子已经渗透到曼哈顿项目的内部。盖伊·利德尔评论说："细节……肯定被苏联人知道了。"然而，不仅英国人，就连美国人在二战结束前也没有意识到苏联原子弹间谍的规模。阿纳托利·亚塔科夫（Anatoli Yatkov）是苏联在纽约的科学技术专家，他后来说美国联邦调查局仅发现他掌握的"间谍网的一半"。

1945 年 1 月，莫斯科宣布胜利了——获得了第一颗原子弹的详细设计。但苏联在美国的间谍远没有知道全部：他们报告说，试验在几个月后进行，但需要 1 年甚至 5 年才能制造出可用的武器。苏联开始在境内疯狂地寻找铀，但苏联是贫铀矿国家。但到了 2 月份，苏联缴获了一份德国文件，文件透露保加利亚洛多皮（Rodopi）山区的布科沃（Bukovo）有铀矿。这个地方已经被红军占领了，采矿立即开始了。与此同时，苏联掠走了捷克斯洛伐克有关铀矿的所有情报，但那里的铀矿品质比较低。

或许可以这样说，20 世纪 40 年代原子弹最重要的秘密是：人造原子弹是可行的。一旦这个信念确立后，斯大林的科学家肯定能在几年的时间里成功地制造出原子弹，而苏联在美国和英国的情报员极大地加快了这一过程。在第一颗原子弹在洛斯阿拉莫斯装配前 12 天，苏联内务部通过纽约和华盛顿的情报站获得了关于这颗原子弹的描述，这份描述分别由富克斯和庞蒂科夫提供。尽管又经历了 4 年的疯狂努力之后，斯大林的科学家才制造出了苏联的原子弹，但苏联人取得了情报战的胜利；不是战胜了二战的共同敌人法西斯，而是战胜了苏联的盟友美国。在这本书的秘密战故事中，有的听上去似乎显得滑稽或很古怪。原子弹的故事不仅滑稽古怪，而且极为真实，其代价之高是历史上从来没有过的。

> > > **第 21 章**

# 对胜利的解析

　　战争结束了，西方国家大多数临时参战的情报官放弃了秘密工作，回去做平民了，与他们联络的许多间谍也洗手不干了。特别行动局的罗纳德·赛斯申请了护照，希望去伊斯坦布尔做一份英国文化委员会的工作。这件事引发军情五局内部的一阵骚动，虽然没有足够证据指控赛斯叛国，但他绝对不算是忠诚的大英帝国臣民。最后，英国外交部同意给这位从前的间谍发护照，但那份英国文化委员会的工作没影了。在"笨头笨脑"的安全档案里，最后一份文件是他在 1946 年提出的一项工作申请，他显然非常真诚地想成为威尔特郡的警官，但这也没有成功。赛斯把晚年花在写书上，1950 年，他写了一本书描述自己在战争中的经历，名叫《没有朋友的间谍》，他写的内容与军情五局掌握的事实几乎找不到共同点。他死于 1985 年，在他身上不仅能看到戏剧和悲剧之间永恒的冲突，还能看到荒谬和诚挚之间的永恒冲突，这就是秘密战的特点。奈杰尔·克莱夫为军情六局在海外又做了十年的间谍，退休后写了一本有关希腊间谍生活的生动回忆录。奥卢夫·雷德－奥尔森在做了几年飞行员之后改行经商了。他的回忆录《我盘子中有两个鸡蛋》被认为是一本不错的经典。他死于 2002 年。

　　美国战略情报局有些前线情报官怀抱着幻想进入到 1945 年，希望共产主义分子能对美国友好，但现实让他们感到震惊，比如，铁托把美国人和英国人赶出了贝尔格莱德，却把红军迎了进来。1944 年冬天，美国战略情报局的弗兰克·维斯尼（Frank Wisne）在布加勒斯特充当美国临时大使，有人看见他手忙脚乱地劝罗马尼亚上流社会人士与红军军官跳舞；但不领情的苏联人最后还是把他驱逐了。此时，"野蛮的比尔"多诺万已经是少将，仍然寄希望于与苏联内务部手拉手合作：1945 年 7 月 23 日，他建议把一个盖世太保的威廉·霍特尔（William Hottl）博士领导下的德国对外情报机构完全转交给苏联情报中央。霍特尔自愿为美国人服务，但多诺万建议与苏联分享。多诺万办公室给帕维尔·费廷写信道："多诺万将军不仅觉得你们应该有这样的信息，而且认为美苏的代表最好能一起在德国商量如何彻底除掉霍特尔的机构。"

多诺万单方面的姿态，让马歇尔和艾森豪威尔感到愤怒，因为他们在与莫斯科的合作中感到绝望。与此同时，多诺万的人在中国东北拍摄苏联工程师拆走日本工厂时，被苏联内务部抓住了。1945年秋季，苏联在美国境内展开情报活动的事首次曝光了。接着有人被逮捕，并被审判，但又过了几年之后，联邦调查局和美国公众才意识到在自己阵营里叛国活动的规模。

1943年威廉·斯蒂芬森爵士在杰拉尔德·威尔金森中校面前评论说："英国的军情六局与特别行动局相比太老了，而且相当过时了……特别行动局战后有可能生存下来，因为它比较年轻，比较有能力，或许真的能取代军情六局。"但到了二战胜利之后，在英国和美国情报界的老战士在内斗中取得了胜利。虽然英国联合情报委员会的主席比尔·本廷克批评了军情六局的工作，但他强烈反对把间谍和颠覆这两项工作分割开来。1945年，他在一份官方报告中总结了英国战时情报工作的经验："虽然特别行动局做出了真正的贡献，但我们认为不应该继续再做试验了，不能再让一个不隶属于军队的大臣在总参谋长的控制之下单独运作特种活动了。"1946年外交部、陆军部、百老汇街达成一致意见，尽管特别行动局雇用了许多有能力的人，在前线取得了很大成就，但特别行动局不能存在下去了。军情六局像封建领主一样牢牢地把布莱切利园控制在自己手中，所以其影响力和威望提高了，但从事颠覆活动的暴发户倒闭了。虽然金·费尔比把冷战初期军情六局最机密的行动和情报员名单出卖给了莫斯科，造成了许多人丧命，但孟席斯做军情六局局长一直做到1952年。此后，他过着退休的生活，直到1968年逝世。

在美国，战略情报局被关闭了，胡佛的意见发挥了决定性的作用，此外美军总参谋长不喜欢多诺万，认为他代价高昂的行动对战争没有帮助。1945年末，美军陆军驻白宫地图室的代表理查德·帕克（Richard Parke），主动向杜鲁门总统提交了一份对战略情报局的起诉书。战略情报局平时浮夸，人们宁愿相信批评者是正确的——多诺万的机构除了浪费大量美国人的财富之外，什么都没有做。其实，美国的战略情报局并不比英国的特别行动局更浮夸，而且战略情报局的研究和分析处是世界上最好的。1947年，苏联的威胁越来越大，这使杜鲁门授权创立中央情报局，招募了许多前战略情报局成员，包括理查德·赫尔姆斯（Richard Helms）、威廉·科尔比（William Colby）、威廉·凯西（William Casey)，以及当时的冷战武士弗兰克·维斯尼，而阿瑟·施莱辛格挖苦说："他看清了共产主义的未来，一点都不喜欢。"

1944年，斯特林·海登空降在克罗地亚，他在这次任务中目睹了一场小规模的枪战，因此还赢得了一枚美军颁发的勋章。此后，他被调入驻扎在西北欧的美国第1集团军。他喜欢秘密战，因为很符合他的性格和才华，但也觉得前面提及的那位情报官对战略情报局的批评有点道理。玛德琳·卡罗尔与海登离婚了，他做了很短时间的共产党员。他由于缺钱，犹犹豫豫地回到了好莱坞。航海是他最初的职业，他最后的职业仍然是航海。

苏联内务部的帕维尔·苏多普拉托夫写道："二战结束了，这是一个光荣的时刻，我至今记忆犹新，二战使我忘记了对斯大林领导智慧的疑问。就因为打败了希特勒，他带来的悲剧、损失也遗忘了，甚至他发动的大清洗也变得合理起来了。"克里斯托弗·安德鲁评论说，莫斯科授予了许多情报官勋章，但授勋的理由不是他们与敌人作战勇敢，而是他们的反人类罪：例如，在斯大林格勒，内务部冷血地杀害了13500名临阵逃脱者和"悲观主义者"。战后和平带来的最明显的变化，就是克里姆林宫释放出新一轮的偏执狂，苏联的情报界也被感染了。1945年，在返回苏联的间谍中，有许多被杀，或被判处长期徒刑。到了1953年，被行刑队枪毙的人中包括拉夫连季·贝利亚、弗谢沃洛德·梅尔库洛夫，苏多普拉托夫在监狱里蹲了15年，因为他们犯了"通敌"罪。

这位年事已高的前特别行动的首长，对苏联的不公正表达了强烈的愤慨："为了苏联的事业，我竭尽全力，不惜献出生命；为此我漠视一切残忍，认为苏联的残忍是为了把一个落后国家变成超级大国。"苏多普拉托夫对斯大林和贝利亚盲目忠诚，亲手干了许多残酷的事。他只能辩解说像他这样残酷的人在摧毁纳粹时发挥的作用，比过于拘谨的西方盟国要大。弗拉基米尔·普京肯定会把这样的人物视为英雄的。

1950年，厄休拉·汉布格尔在东德退休了，晚年写几本成功的儿童书和有删节的间谍书，其中有些是在写他自己。2000年，他死了，至死仍然是一名不知悔改的斯大林主义信徒。利奥波德·特雷伯通知莫斯科情报中央，他的情报网被"肯特先生"阿纳托利·古勒维奇出卖给了德国人，但特雷伯并未因此而逃脱坐牢10年的待遇，理由是他与纳粹合作。1945年5月，古勒维奇一行人从德国抵达巴黎，其中有高官海因茨·潘维茨和他的情妇兼秘书亨妮·肯佩（Henne Kempe）。6月7日，他们一起飞到了莫斯科，但立即就被投入了监狱。潘维茨在此后的9年里帮助莫斯科情报总部寻找盖世太保的情报员，有的是真的，也有的是虚构的。他在 1955 年被允许离开苏联，去了西方。他死于 1975 年，时年 65 岁。古勒维奇被指控犯了叛变罪；苏联反间谍组织发现了一份 1944 年 2 月 1 日的文件，在文件中，盖世太保的头目海因里希·穆勒对潘维茨说，必须把那个苏联间谍和他的老婆孩子一起带到德国来加以照顾。实际上，这里的"照顾"，指的是保护古勒维奇去完成交给他的任务。1947 年，苏联国家安全部的特别委员会判处"肯特"15 年徒刑。"天下的监狱都一样："古勒维奇忧郁地写道，他既进过希特勒的监狱，也蹲过斯大林的监狱。1960 年，他假释出狱。1991 年，苏联垮台后，在对几份格勒乌二战中的文件进行审核时发现，在 1943 年他发给莫斯科的最初几份电报中，他按照协定放置的警告信息，暗示他是在德国人的控制下发电报的。他死于 2009 年。

　　1945 年末的一个早晨，当古勒维奇正躺在莫斯科的监狱里休息的时候，英军准将崔斯坦·里昂－史密斯（Tristram Lyon－Smith）来到军情五局在伦敦圣詹姆士街的总部，他抱怨一位盖世太保军官从德国不断给他女儿写信，声称她曾承诺嫁给他。显然，她就是托妮亚·里昂－史密斯，那个出现在巴黎的盖世太保总部的英国姑娘，她有可能向德国人告发了利奥波德·特雷伯和乔吉·德温特。法国解放后，托妮亚回到了英格兰。一位军情五局的情报官去见了准将，讨论了他女儿在纳粹那里长达一年并非不舒服的旅居生活，这位情报官回来做报告时讽刺地说："我认为问她当时的交换条件既不适合，也没有这个必要。"

　　在之后对那姑娘的审问中发现："她的故事有点复杂，她自己也不坦率。她肯定成了卡尔·加杰尔的情人，几乎可以肯定把法国抵抗组织的秘密全都告诉了德国人。在这点上，我认为她承认得不够。"不过，军情五局认为，需要以同情的眼光对待此事，确实可以指控她叛国，但考虑到她的年龄和不幸——她 1940 年在法国受困时才 14 岁，如今也才 19 岁——似乎继续指控她不合适。那盖世太保军官被告知不会有婚礼的钟声了，而且再也不要写信了——1946 年，托妮亚突然与一位年轻的海军军官结婚了。她死于 2010 年。

　　古勒维奇再也没有见到过玛格利特·巴克萨。被释放后，他娶了一个苏联女人。到了 1992 年，他与儿子在西班牙的萨夏（Sach）的家里团聚了。究竟谁出卖了"红色管弦乐队"和特雷伯的网络，没有定论；主要人物的回忆录不可信。但考虑到世界上最缺少同情心的苏联反间谍机构没有把他枪毙，相比他的罪名肯定不明显，所以似乎他不应该是出卖者。他死于 2009 年，时年 95 岁。

　　1944 年 9 月，亚历山大·拉多感觉到风声不对，在乘坐苏联的飞机去莫斯科途中在开罗转机时逃跑了。他申请去英国避难被拒绝了。到了 1945 年 8 月，在护卫的陪同下，他到了莫斯科。他蹲监狱一直蹲到 1954 年，其间没有受过任何审判。但在这之后，他被允许恢复自由，到匈牙利过退休生活去了。洛桑的电报员亚历山大·富特在莫斯科住了 2 年，在 1947 年借道柏林逃回了英国。阴谋论专家喜欢说富特其实是军情六局的间谍，他受命把布莱切利园有关东线的一些资料传递给莫斯科，并假装说是从"露西"间谍网中获得的。这种说法过度地夸大了百老汇街的精明才干。此外，这样的事，金·费尔比肯定会知道，他马上就会通知苏联人。如果富特为英国人工作，他就不敢在 1945 年飞往莫斯科，格勒乌也不会放他活着离开莫斯科。最有可能的是这个英国人是共产主义冒险家，他喜欢为自己玩游戏。

1956 年，住在一所苏联监狱精神病院里的雷切尔·杜奔多佛被释放出来了，她被允许去东德过退休生活。1969 年，她和几个反纳粹抵抗组织成员一起获得了苏联红旗勋章。1944 年 9 月，鲁道夫·罗斯勒从瑞士的监狱里被保释出来，但仍需受到瑞士警方的监视。他 1958 年死于卢塞恩，死时 61 岁。他死前几次出庭，原因均是外国间谍的事。虽然罗斯勒拿了莫斯科大量的钱，但他死的时候贫困潦倒。莫斯科情报中央甚至没有想到给他授勋，理由是他为"露西"间谍网工作仅是唯利是图，不是真正有理想。与此同时，代号"马克思"或"海涅"的亚历山大·杰米亚诺夫又重拾老本行做起了电气工程师。在 20 世纪 50 年代，苏联内务部想再次利用他在白俄罗斯的关系，派遣他和妻子打入巴黎的苏联流亡社团里，流亡社团拒绝了他。几个月后，这一对夫妻被召回了莫斯科。1975 年，杰米亚诺夫死于心脏病，时年 64 岁。

1949 年，东京的石井花子挖出了理查德·佐尔格的尸骨，这副尸骨被埋在绞死他的监狱的院子里已经有五年了，但仍然可以辨识面目。她火化了他，重新在墓地为佐尔格举办葬礼。她留下他的眼镜和皮带做纪念。她在余生中把他的假牙架取下来当作戒指戴，这让人感到她既可怜，又古怪。她为他写了墓志铭："这里埋着一个英雄，他为世界和平牺牲了自己的生命去抵抗战争。"这段话反映了那些与佐尔格一起生活过的间谍、朋友、情人的复杂心情。她死于 2000 年。

研究苏联在战争中行为的学者，特别是研究其情报机构在战争中行为的学者，很可能会对"盟友"这个词感到困惑，因为苏联的做法根本不配做民主国家的盟友。斯大林为了消灭希特勒，得到了西方民主国家的援助，这种援助是 1941 年 6 月深陷战乱的英国必须给予苏联的，这拯救了英国和美国无数条性命，因为红军承受了为打败德国所牺牲的生命。然而，很难说苏联的政体比纳粹在道德上高多少，只不过西方似乎宁愿向好的方向想，觉得斯大林的大屠杀仅是局限于苏联和苏联的卫星国，而没有对犹太人进行种族灭杀。

英国和美国的安保机构没有能大量抓捕苏联间谍和情报员，在冷战时期引发了批评和轻蔑。英国的情报界蔓延着一股偏执狂的气氛，军情五局的盖伊·利德尔被指责是潜伏中的叛徒，部分原因是他是盖伊·伯吉斯和安东尼·布朗特的朋友。利德尔是英国最好的情报官，很难想象他会背叛祖国；但他信任了一些不值得信任的人。他死于 1958 年。

当英国和美国的叛徒败露后，西方情报机构似乎显得很笨。与此同时，有一种强有力的辩解之声出现了。西方民主社会的基本原则就是与人为善，在这样的环境里，比较容易出现像布朗特、麦克林、希斯、哈里·德克斯特·怀特这样的叛徒。但与苏联共产主义时代的那种近乎疯狂的压迫、猜忌、告发相比，西方的环境更可取。苏联在寻找自己的叛徒方面更加成功，有几次可以说是惊人的成功，但为此苏联人民承受了多大的损失呢？

约瑟夫·麦卡锡断言美国上层社会存在大规模的叛国行为，虽然他说的有道理，但在世界人民和美国人民眼里，他过度的追捕行为玷污了美国的声誉长达一代人时间。英国和美国对待叛徒确实有点天真，但在道德和历史上的地位因此而提高。如果向美国联邦调查局和军情五局灌输莫斯科情报中央的思想方法，结果肯定是相反的。我们必须承认，二战结束后，由于发现机密岗位有人叛变，英美情报界掀起一股对同事的不信任，严重程度有时接近苏联偏执狂，持续时间长达一代人的时间。

休·特雷弗－罗珀笑到了最后，他对从瑞典返回接受盟国囚禁的瓦尔特·施伦堡进行审问。这段经历使这位军情六局的情报官显示出他比纳粹高层更懂得德国情报机构。特雷弗－罗珀在 1945 年 4 月他最后一份总结报告中宣称，英国人在 1939 至 1941 年间对阿勃维尔的了解"非常不完整"，在 1943 年时变得"足够具有代表性"，等到了战争结束时"或许说完整了"。他断言阿勃维尔派往海外的间谍，要么是虚构的（诸如斯德哥尔摩的克雷默博士创造的那些间谍），要么就是受伦敦控制（诸如"嘉宝"等等）。他在这个问题上有点夸张。特雷弗－罗珀轻蔑地说："德国有些情报官很聪明，看出必须对情报进行集中评估，但他们太腐败堕落，又看出必须避免这样的集中评估制度。"他认为，德国为了解盟国的战争动态从一些公开渠道购买情报，这些购买来的情报比德国派遣出的那些不合格的间谍提供的情报要好。他的这个看法似乎是正确的。

1945 年秋季，在军情六局的高官迪克·怀特的鼓动下，特雷弗－罗珀受命前往柏林，调查元首的死亡的情形。他后来把调查报告改写成了一本畅销书《希特勒最后的日子》。后来，他回到牛津大学继续做他的历史学教授，他像过去一样不断制造争议，爱吵架，恃才傲物，才华横溢。他晚年的名声受到了玷污，因为他说 1983 年出现的《希特勒日记》是真的。他死于 2003 年。琼斯博士又过上了学者生活，他回到亚伯丁大学做自然哲学教授。他之所以离开情报界是因为一些趋炎附势者认为他聪明过了头。1994 年，他获得英联邦荣誉勋爵，算是对他在二战中贡献的恰当奖励。他死于 1997 年。

瓦尔特·施伦堡蹲监狱的时间非常短，考虑到他是纳粹高级官员，这很不寻常：1951 年，他因慈善理由被释放，次年肝病就夺走了他的性命，时年 42 岁。他生命中的最后几个月在瑞士度过，在他心爱的秘书玛丽－路易丝·施恩克（Marie－Luise Schienke）陪同下写回忆录。就在德国的情报机构即将关门的时候，赖因哈德·盖伦利用自我营销技能做了一桩漂亮的交易。在离战争结束还非常遥远的时候，他就预见到德国必败，于是开始为苏联和西方对峙做情报准备。1945 年，他表示愿意把整个情报部，包括人员和文件，全都交给美国。美国人热情地接受了他，而他的情报部成了美国中央情报局在欧洲的重要分支机构。德军总参谋部就只有他的部门毫发无损地保存到了冷战年代。

听说盖伦有了新工作，盖伦在苏联内务部和格勒乌的老对手表示热烈欢迎，因为盖伦在东线的成就都是在苏联情报中央的控制下或知情下才实现的。埃里希·胡腾汉是德国最高统帅部信号情报处的智囊，他加入了盖伦的机构，做首席密码专家。后来，他转去负责德国政府的密码机构，专心致志地改进其工作效率。虽然战略情报局的弗兰克·威斯纳招募盖伦和胡腾汉这样的人简直可以说是奇迹，但阿瑟·施莱辛格拒绝再现这一奇迹，他说："美国人跟纳粹一起搞阴谋，令人十分不快。纳粹前不久还在杀我们，杀苏联人，因为有苏联人的牺牲，才有盟国的胜利。"

1945 年 6 月 28 日，英国总参谋长驱车来到布莱切利园。在这里，艾伦·布鲁克爵士对 400 名工作人员做了讲演，感谢并祝贺他们对盟国战争努力所做出的贡献。但当时布莱切利园工作人员情绪已经发生了改变。胜利日刚过，上级就下令不再监听德国人的无线电传输了，转而去监听法国人和苏联人的，这引发了罢工和激烈的抗议，有些人甚至辞去在政府密码学院的工作。几乎所有密码分析员都回去做学术工作了。马克斯·纽曼，就是那个害怕密码分析工作枯燥而不愿加入布莱切利园的数学家，他告诉自己部门的领导："和平有代价，代价之一就是我们失去了最有意思的工作。"能从工作中获得满足是他的福气，因为英国为了表示一下感谢，授予了他一枚低档次的大英帝国勋章，但被他轻蔑地拒绝了。戈登·韦尔士曼接受了授予他的大英帝国勋章。艾伦·图灵和约翰·蒂尔特曼获得了大英帝国二等勋章，可一些平庸的将军、海军将领、空军将领被授予骑士爵位。比尔·图特在破译德国电传打字机密文方面起过带头人作用，但什么勋章都没有得到，仅是牛津大学三一学院的讲师职位。1948 年，他移民到了加拿大，在多伦多的滑铁卢大学做数学系教授，取得了突出的职业成绩。那里的人不知道他在二战中做出了贡献，只是特别羡慕他和妻子多萝西娅在徒步旅行时的热情。

布莱切利园的男男女女，留下一段令人敬畏的技术传奇。自 1945 年之后至今的这段时间里，这段传奇使政府密码学院的继承者政府通信总部（Government Communications Headquarters）成为英国给大西洋联盟以及核威胁力量的最重要的贡献。政府通信总部之所以独立于军情六局，并非是偶然之举：百老汇街的官僚再也不能占译码员的便宜了。在美国，国家安全局接手了过去由阿灵顿学堂和海军作战部通信保密科完成的密码破译任务，而中央情报局在海外执行任务，其规模之大，肯定能让"野蛮的比尔"多诺万高兴。多诺万死于1959 年。

布莱切利园的超级成就主要是靠集体取得的，靠的是把一群世界上最非凡的人组织在一起，但图灵在其中的作用无疑最大。图灵在受到严重猥亵罪的指控后，于 1954 年自杀，时年 41 岁，这件事使英国在 21 世纪蒙羞。2014 年，好莱坞拍摄了一部图灵题材的电影《模仿游戏》，这部电影歪曲了图灵在布莱切利园的实际情况：图灵根本没有受到迫害，相反，他是人们尊重的对象，只不过有些怪异罢了。在电影中，阿拉斯代尔·丹尼斯顿变成了图灵的邪恶对手，可在现实中他是一位贤明的管理者，以善良著称。但真正令人震惊的是另一件事。二战结束后仅 7 年的时间，图灵这位伟大的数学家和计算技术的先驱就面临起诉，他的生活有可能因此被毁了，英国情报界竟然不念图灵给二战胜利所做出的个人贡献，没有人出面去干预对他的化学阉割。

到了今天，军情六局仍然拒绝公开档案，不让我们知道军情六局的高官当时是否对图灵的案子注意过，是否表现过同情。但似乎有理由认为孟席斯在 1952年没有任何表示。* 2013 年，英国政府为迎合民粹分子，决定赦免已经死去了的图灵，这引发了不安，因为对图灵的判决符合当时的非人道法律，有数千人遭受到类似的惩罚，如果英国政府是公平的话，那些人也同样值得给予恢复名誉。但

---

* 本书作者在 2014 年向军情六局的局长提出这个请求，但被极为客气地回绝了，理由是不能违反军情六局 1949 年后档案仍然不能对公众开放的原则。

似乎更有意义的是英国公众对图灵的超级天才给予了赞扬。还有一点虽说有点讽刺，但很恰当，图灵本是一个在布莱切利园和皇家学会之外很少有人知道的人物，但在经历了半个世纪之后，他如今是 1939 至 1945 年世界秘密战中最著名的战士。

二战中，各交战国的情报机构都有巨大增长，所以才有历史学家理查德·奥德里奇所说的，"情报机构成为战争的朝阳产业"。历史上没有哪次战争像二战这样各交战国都把巨大的资源放在搜集敌人的信息上。当然，大部分搜集到的情报被浪费了。到了 1943 年 1 月，那时正好是布莱切利园的全盛时期，比弗布鲁克勋爵表达了对情报的怀疑，他对布鲁斯·洛克哈特说："很少有机密情报有实用价值。秘密情报机构的报告的品质很值得怀疑，其数量巨大，让人很难判断真伪。"比弗布鲁克甚至表达了对"超级机密"的谨慎："敌人可能用密码传递假情报，他们知道这样能轻松地骗倒我们。"今天，我们知道敌人没有这样做，但这位了解盟国的情报事业，且以愤世嫉俗为业的英国贵族，能在二战后期提出这样的观点，确实值得我们注意。与 21 世纪的人不同，当时了解情况的人对盟国的秘密战成绩不太尊敬。

历史学保罗·肯尼迪指出，客观地看，战时情报工作失败的情况居多：苏联人在 1939 至 1940 年间低估了芬兰的防御能力；英国错误判断了挪威战役；法国人在 1940 年 5 月错误判断了德国不会在阿登地区实施突破；斯大林拒绝相信德国要在 1941 年 6 月入侵苏联；美国盲目地漠视珍珠港的危险；德国没有预见到苏联人在斯大林格勒布下的包围圈，没有预见到在库尔斯克的反钳形攻势，没有预见到 1944 年的"巴格拉季昂行动"。西方盟国错误判断了德国对 1943 年萨勒诺登陆、1944 年安齐奥登陆、阿纳姆空降的反应。美国人对德军 1944 年 12 月的阿登反击感到吃惊。日本人在战争开始时极大地低估了美国的精神力量和工业实力，后来在太平洋战争后期几乎每次都被美军打得措手不及。在罗列了这些情报失败后，肯尼迪总结说："即使有人认为盟国情报工作的成绩比轴心国的要好许多，但你会发现证明平稳的后勤有助于赢得战争要容易一些，而证明情报导致胜利要困难一些。"

虽然肯尼迪的话中闪耀着真理的火花，但事实胜于雄辩，有关敌人行动的情报对盟国战绩的贡献比肯尼迪说的要大，特别是在海战中，在太平洋和大西洋都是一样的。真是讽刺，希特勒的间谍为盟国事业做出的贡献，比军情六局、战略情报局、内务部、格勒乌的间谍为盟国做出的要大。阿勃维尔派往英国和苏联的间谍被"策反"后，为盟国的欺诈行动做了很好的工作，比盟国情报机构派到海外的男女间谍做得要好。海外情报工作基本上是一场零和博弈游戏：每个交战国在诸如马贵斯和圣地亚哥这样遥远的地方都要派驻代表，他们最大的目标就是挫败对手的谋略，无论这些谋略是为了什么。

如果斯大林留意，佐尔格和"红色管弦乐队"提供的珍贵的信息可供莫斯科提早应对"巴巴罗萨"行动，但斯大林没有。英国间谍提供情报，在质量上不如柏林的哈纳克、舒尔策－博伊森间谍网和瑞士的"露西"间谍网提供的高。艾伦·杜勒斯向华盛顿提供的有关德国在 1943 至 1945 年间的资料是有用的，而且相当准确，但鲜有证据表明他的资料影响了美国的政策或战略。

西方盟国的情报工作有一个突出点，那就是布莱切利园的"超级机密"占据主导地位，其权威性是任何间谍报告所无法比拟的。休·特雷弗－罗珀评论说，英国情报界的重要成就都来自信号情报，而不是人工间谍："二战中伟大的情报成就有很多，但没有一个直接与间谍有关……军情六局的作用很小，太小了。"诺埃尔·安南说："打赢战争的不是密码分析员，但他们阻止了英国走向失败。"虽然这种说法显得很随便，但有实际意义："超级机密"在防止指挥官犯错方面发挥了关键性的作用。盟军确实在阿纳姆和阿登犯了错误，但在二战后期，让盟军盲目地走进德国或日本的圈套变得很困难。

盟国破译了日本外交密码所获得的军事价值有限，但大岛浩将军从柏林发回东京的电报为理解纳粹高层的思路提供了更有用的信息，就像安培海军中将提供的一些有关德国海军技术的极好信息一样，没有一个盟国的间谍做到这点。从日本人那里获得如此多的情报，不仅干扰了伦敦和华盛顿进行大范围情报评估的过程，也干扰了前线的部队。如果情报不是来自"超级机密"，这样的情报就会被认定为不真实。唐纳德·麦克拉克伦写道："两次世界大战的经验表明，如果情报部门只依赖密码技术，最终会失败，因为这会使情报部门丧失充分利用其他情报源的能力，比如航拍、战俘口供、中立国的观察员、新闻、无线电泄露。你或许可以说，知识得来太容易不真实，知识太全面绝对不真实。"路易斯·鲍威尔（Lewis Powell）少校，未来的美国最高法院大法官，他在 1944 年初的一份军事报告中谈及地中海信号情报问题时说："似乎存在一种过度依赖'超级机密'，排斥其他情报的倾向。"

1945 年 10 月，蒙哥马利的情报官比尔·威廉姆斯准将对战争中滥用"超级机密"的秘密进行了反思，他持有的观点与麦克拉克伦和路易斯·鲍威尔的类似。"那情报的价值高得令人感到危险，"他写道，"这不仅是因为我们可能丢失它，还因为它似乎满足了情报官的期待……情报官有可能从此不再做情报工作。

由于太好了，它变成了唯一的情报源。我们变得宁愿坐等下一条情报送上门，只关心情报的真假，不再质疑情报是否重要……可能会只见树木不见森林，因为有意思的木太多了……如果接受信息的人很累了，或很忙，看到如此非凡的信息，他就会变得漠视其他情报源的信息，甚至忘记做情报工作的本质要求。"

特雷弗－罗珀又写道："秘密情报必须与政治或军事目标相关联；必须与'公开的'情报吻合——从外交和公开出版的资料上获得的情报。秘密情报必须可以验证，如果不能验证，严格说是没有价值的；不能被认为是真实的，也不能加以利用。"美国国务院的新闻简报读了后令人震惊，这份简报在罗斯福的政府中传阅，其内容主要是来自公开渠道，提供了大量敏感信息，比盟国情报机构的情报还要丰富。英国大使从海外发回的信件也同样值得夸奖。

比尔·威廉姆斯有一点评论很重要，他说军官要不断提醒自己注意，虽然某个德国指挥官发的电报对他自己来说是真实的，但"对战局来说未必是真实的"。战争中存在大量时间差，特别是在战争中期的时候，大量盟军指挥官获得的情报是过时的。威廉姆斯总是要求自己在"超级机密"到来前，必须先对战场形势进行评估，但他承认有的同事在这方面比他做得好。到了1945年，情报官们认为他们的本职工作已经被英国和美国的解码员改变了。即便如此，间谍这门老职业并未真的过时了，正如盖伊·利德尔和他在布莱切利园的朋友所指出的那样，间谍在冷战时期仍然非常有用：间谍照样在敌人权力的高层里活动着，比如奥列格·潘可夫斯基上校（Oleg Penkovsky，他向美国提供的情报为美国赢得古巴导弹危机起了关键作用）。至于间谍对战略和政策的影响，他们显然不如信号情报。

1945年之后，有些国家的历史学家夸口说，他们国家的解码员取得了突破——例如，苏联人声称他们破解了日本的"紫色"密码电文，甚至破解了恩尼格玛密码机。根据我们所了解的高藏和泉，上述说法并不可信。要想证明真正破解了日本密码，需要有文字证据，但莫斯科还没有提供出来。虽说莫斯科破解过轴心国战前的密码，但在苏联人的档案中那几份解码的德国和日本战时电报，很可能是英国和美国叛徒贡献出的已经被英美破解的副本。即便英美成功破译了敌人的电报，还需要研究破译结果何时被送到指挥官手中——有时破译是不及时的。对情报工作来说，最重要的是情报是否有助于指挥官在海上或陆地上采取行动。除非能证明这点，否则自夸破译能力有多强是令人生疑的或没有意义的。

本书力求向读者展示，盟国和德国之间的无线电情报战并非像大众神话说的那样出现了一边倒的情形。希特勒的译码员取得过重要的成绩，特别是在战争的前半期。在1942年前，隆美尔在北非对英国第8集团军的了解，跟他的敌人对德国非洲兵团的了解是一样多的。隆美尔很好地利用了他掌握的情报。邓尼茨的电子监听部向德国潜艇司令部提供了英国护航商船队的运动情况。即使盟国的密码无法破解，无线电流量分析和语音监听也向柏林提供了西线和东线的情报，不仅包括空军的，还包括陆军的，覆盖了整个二战期间。

　　但德国成功的例子不如盟国多。虽然许多发生在 1939 至 1945 年间的事仍然没有定论，但有知识的人从来不质疑布莱切利园的地位，它是世界上最非凡的机构之一，是英国历史上最伟大的成就，是英国二战史中最突出的史实。有一点值得强调，德国从来没有意识到恩尼格玛密码机和洛仑兹电传打字机有安全隐患，但强调这点不是为了贬低译码员的成就。柏林掌握着大量线索，德国专家也提出过警告，但柏林完全漠视了这些。德国人犯了一种德国人最不该犯的思维懒惰的错误。一方面，第三帝国大规模处决了威胁其安全的间谍、叛徒、游击队员；另一方面，其官员顽固地漠视真正的大威胁——几百个散漫的、戴着眼镜的年轻英国学者在贝德福德郡的乡下办公室里辛苦劳作。这只能用傲慢来解释：纳粹政体不愿相信，那个在战场经常被他们羞辱的敌人盎格鲁－撒克逊人能如此的聪明。

　　虽然聪明的美国人破解了日本的"紫色"密码，预见到了日本可能对中途岛的攻击，但二战中最富于创造性的破译密码技术确实是在布莱切利园诞生的。美国在战争初期就破解了日本的外交密码，这在某种程度上导致美国有点故步自封起来：如果阿灵顿学堂把主要精力放在破解日本的军事密码，而不是"紫色"密码上的话，美军可能受益更大。美国海军和陆军有矛盾，这也限制了美国的整体实力。痛苦的经历表明，破解日本密码簿比破解密码机困难。美国海军和陆军的情报机构可以自夸取得了非凡的成就，最终破解了英国人没有能破解的日本通信密码，但美国人其实也没有彻底地掌握日本密码的奥妙。

　　盟国的情报对海战影响最大，不仅在大西洋，在太平洋也一样。尼米兹的无线电部在珍珠港取得了比阿灵顿学堂更大的成就，有一部分原因是日本陆军的密码很难破解，还有部分原因是日本陆军机动性不强，喜欢固守，致使破解日本陆军密码的价值不大。海战则不同，最大的问题就是确定敌人战舰在海上的位置，然后集中兵力发动攻击。在这点上，布莱切利园为皇家海军和美国海军提供了前所未有的机会。如果盟国在 1944 年春季没有能够对大西洋航道拥有绝对的控制，诺曼底登陆就不可能发生——而这在很大程度上要归功于"超级机密"。尼米兹在太平洋上的水面舰队和潜艇部队，因为拥有"超级机密"的大力协助，这才取得了许多次的胜利，有些胜利甚至因为"超级机密"而变得有可能。

　　在 1944 至 1945 年间，美国空军在利用经济情报指挥轰炸机行动方面比英国皇家空军更加有效果，而且富有想象力。不过，在盟国中，没有一个国家全面掌握了希特勒工业机器的情况，但英国和美国确有一些最聪明的人在试图解决这个问题。在陆地战中，掌握敌人的真实部署情况是极具价值的，但盟军只有在极少的情况做到了这点——比如，在 1942 年的阿拉姆哈勒法，再比如，在 1944 年的莫尔坦，在这两例中，"超级机密"对盟军打败德军主力发挥了直接作用。在东线，苏联人和德国人都宣称自己获得了情报优势，根本无法判断谁说的正确，或许这个问题本身就没有多少意义；有一个事实是无法争辩的，自 1942 年夏季之后，红军决定性地赢得了情报战。

1945 年 2 月，在布莱切利园展开了一场讨论，议题是如何才能把其历史成就记录下来。当时，爱德华·特拉维斯主持布莱切利园的工作，他写下了自己对这个问题的看法。他认为后世的历史学家无法理解布莱切利园的成就，因为只有当事人才懂得相关的技术知识和历史背景。与此同时，保密工作必须坚持做下去，因为许多国家在二战后继续使用英美有能力突破的通信技术——红军征用了许多台缴获的洛伦兹电传打字机。

1946 年开始审判战争罪犯，情报官们一想到要出庭作证就害怕，因为他们必须提供证据，这会暴露密探的姓名和电子监听的情况——最终会泄露"超级机密"。英国陆军部认为，这些破译密码的方法在未来战争中是不可缺少的，不能在公开法庭上提及，其实不能在任何地方提及。有一点极具讽刺意义，有上万名美国和英国的男男女女以宗教般的狂热为他们的"超级机密"严格保守秘密——而他们的唯一敌人苏联却从开始就了解其秘密，这要感谢西方的叛徒们。布莱切利园的故事从 1974 年开始向公众透露，有十几位当年的老兵提笔把他们当年发挥的作用做了令人信赖的描述。哈里·辛斯利教授领导一个小组写出了一本有关战时情报工作的官方历史书。

借助意识形态的力量，苏联情报机构在轴心国和盟国内部招募了大量情报员，这些情报员比军情六局和战略情报局的间谍更容易接近机密情报。英国和美国的技术情报，特别是飞机设计和原子弹的情报，对苏联人很有价值。这些情报结出了果实，但不是在与希特勒的斗争中，而是加强了莫斯科在未来的冷战中的实力；其结果不仅影响了核武竞争，还帮助苏联制造了喷气式飞机等许多产品，而苏联此前在这些产品领域并无自造的能力。根据苏联内务部和格勒乌的记录，在斯大林的铁腕管制下，苏联的情报首脑们不比他们的西方同行更明智、更能干，但绝对更野蛮。

西方战争领袖采取了可敬的政策，把苏联视为真正的盟友，苏联因此而受益，因为西方盟国只安排了极少的情报人员和反间谍人员对待苏联。斯大林在德国的崇拜者辛苦地为他搜集了大量情报，但全被斯大林的偏执狂给浪费了，几乎没有对苏联的行动有任何影响。这位克里姆林宫的主人，以可怕的方式利用美国和英国的叛徒提供的情报，为塑造战后世界秩序与罗斯福和丘吉尔展开了政治斗争。苏联情报界在与轴心国作战中最有影响力的工作就是欺诈，其中最成功的就是在斯大林格勒战役期间让代号"马克思"的间谍展开"修道院"行动。

苏联内务部和格勒乌与阿勃维尔保持着密切的联系，就跟英国军情五局通过双料间谍系统与阿勃维尔打交道一样。德国和日本的领导人是在不了解敌人的情况下做决定的，有一部分原因是他们拒绝客观地审视证据，一个突出例子是希特勒在向苏联和美国宣战前没有研究这两个国家的经济潜力。从 1942 年之后，轴心国在展开战役的时候，对敌人阵营里发生的事知之甚少。当然，这在很大程度上是由于希特勒的疯狂和日本将领的一厢情愿。在二战的最后几天里，特雷弗—罗珀写道："所有的战略，事实上所有政策决定和对事实的解释，越来越取决于一群无知疯子的心血来潮。"此外还有一个次要原因，盟国展开了反间谍战和欺诈行动，这才使德国人陷入假象的迷雾中而感到困惑。

二战中暴露出情报战一个最突出的问题——其实对所有战争都一样：虽然掌握了敌人行动的情况，但战士仍需在海陆空战场上把敌人打败。1942 年，斯图尔特·孟席斯给他手下的官员写了一封信，他在信中写到，人们对 1918 年的胜利有某种错误印象，德国是"被说出来的话，写下来的字，或什么其他辅助性的手段打败的"。"不是这样的，"他说，"德国战败，是因为德国军队被打败了。"这位间谍首长写道，如果军情六局不能再次帮助英国打赢这场与德国的最新冲突，军情六局就没有完成自己的基本任务。

有一次，一位英国将军在海法（Haifa）的参谋学院给盟国的学生们讲战争原则。讲完后，他坐下，并请学生们提问。一位波兰军官跳起来说："先生，你没有讲战争中最重要的问题：必须强大！"这个波兰人说得对。1942 年 11 月，英军首长艾伦·布鲁克爵士在一次参谋长会议上抱怨说，英国联合情报委员会一贯低估各战场敌人的军事能力。但这话仅说对了一半。布鲁克应该承认一个长期困扰盟国的问题：盟国情报官并非总是低估轴心国写在纸上的实力，仅有很少几次误判；但真正的大问题是敌人在与英美军队作战中经常表现出高超的作战能力，即便后者拥有更多的兵力和制空权，而且还有"超级机密"预先提供的情报。

与历史上诸次战争不同，二战中的盟军领袖能从破译的电报中知道敌人的实力和部署。比尔·威廉姆斯承认，"很少有军队可以做到战前比敌人知道得多"。但"超级机密"难以告诉丘吉尔、罗斯福、盟军将领们有关德国的企图，比如希特勒会如何反击盟军的进攻。布莱切利园、阿灵顿学堂、海军作战部通信保密科取得了伟大的成就。它们提升了情报工作的地位，获得了参谋官的重视，情报在作战计划中的重要性达到了未曾有过的地步。但他们无法为英美军队提供夺取海陆空胜利的魔力。德意日必须在战斗中才能被打败。在二战初期，即使盟军有好情报，也改变不了战场上的不利局面，这点并不奇怪，因为盟军的实力比较弱。特别是在陆地战中，知道在那个地方打仗，并不一定能打赢，要想打赢陆地战需要好的指挥官和足够的兵力。例如，在1941年12月，英国预先知道了日本在远东的企图，特别是日本在马来亚的企图，但英军在远东的部队实力太弱，即使知道了，也无能为力。

二战之初，"超级机密"并不成功，只有在1942年后期和1945年之间，"超级机密"才成为盟军指挥官每天都要吞食的机密信息，因为他们知道自己肯定能打赢战争了。不能说"超级机密"导致了二战的最后胜利，缩短了二战的进程，因为它仅是西方盟国的一种工具，而且打败纳粹的主要任务是红军来承担的。但我们可以说，布莱切利园里的那些聪明的平民与他们的美国同事一道拼命工作，弥补了英军和美军在与德军和日军作战中暴露出的弱点。虽然德军有天才的士兵，日军士兵在战场上勇猛过人，但盟军比轴心国军队更会打仗。盟军能做到这点，情报是关键，如果说盟军难以在战术上永远高明，但在战略上确实是高人一等的。虽然本书批评了西方盟国的情报机构，但盟国的情报工作确实比敌人的要好，比苏联也要好。丘吉尔与情报机构的关系值得夸奖，特别是要夸奖他与布莱切利园的关系，其他战争领袖都没有他给予情报如此多的善意支持。无论是在战争中，或是和平时期，要想使情报变得有用，必须把情报交到一个明智的、讲究实际的领袖手中；这位领袖可以是陆军将领，也可以是海军将领，还可以是政治家，如果没有这样的人存在，即使有最机密的信息，也是无济于事的。

不时有人站出来争辩说，有些国家有情报天赋，而另一些国家没有。二战之初，日本在1941至1942年间对西方目标进行缜密的战术侦察，但此后丧失了对情报进行客观的搜集和分析的思维方式。苏联人一直维持着搞阴谋的传统，在使用新知识方面很笨。美国战时情报工作的重心是破译日本密码，但他们也通过战略情报局的研究和分析处对政治和经济形势进行评估，这点比军情六局做得好，军情六局甚至没有看到有这个必要。按照国籍去分析情报能力似乎不合适，似乎应该按照文化去分析更加合适。世界上许多好的情报官是犹太人。第三帝国花费巨大的力气把犹太人赶出德国的情报机构。苏联在 20 世纪 50 年代也对犹太人进行了大清洗：谢苗·谢苗诺夫就被清洗了，他是替莫斯科在美国管理间谍的精明管理员。二战中，那些搜集情报并加以最好利用的国家，都是下决心实事求是、追求真理的国家，而那些没有利用好情报的国家，都是独裁国家，真理对这些国家来说是不可接受的讨厌怪物——苏联就是这样的国家。虽然民主国家并非总是实事求是，比如 2003 年的伊拉克战争就是一个好例子，但至少大多数民主国家的人民把真理视为美德，而独裁国家就不是这样。

至于在轴心国中展开的游击战，只有南斯拉夫和苏联在 1943 至 1945 年间的游击战对战争结果有重要影响，即便如此，大部分战斗任务也是红军完成的。在远东，英国的特别行动局和美国战略情报局都没有取得什么重要成绩，因为远东的人群除了想赶走日本人之外，主要就是想摆脱殖民统治。在西欧，英美情报机构做了一件有益的事，就是在诺曼底登陆前，向当地居民显示盟国的存在，虽然开展的军事活动很少，但显示出解放的进程真的是要开始了。他们最大的贡献是高举起一面大旗，让被占领土上为自由而战的斗士们能团结在一起，这才是他们存在的真正意义。那些冒着生命危险，潜入被占领的欧洲领土的盟国特工人员，当地居民是不会忘记他们的，至少当地居民中的非共产主义分子能做到这点。

大多数游击队取得战绩都是传说，可以忽略不计，特别是跟诺曼底登陆相关的游击队传说都是假的，比如有的传说抵抗组织在 1944 年 8 月解放了法国某些部分——实际上是德军主动撤退了，因为他们在诺曼底吃了败仗，这才有游击队的跟进。"抵抗运动是小本生意，"精明的战略情报局情报官麦克唐纳·奥斯丁说，"把小生意说成是大买卖是错误的。"但秘密战的精神贡献是不容抹杀的，而秘密战如果没有特别行动局和战略情报局的主动性，是根本不可能开展的。抵抗使被占领的社会恢复了自尊，否则他们只能等在历史发展的后几章中看清自己的命运：在遭遇军事惨败后，被迫跟敌人合作，最后被外国军队解放。确实要感谢抵抗组织，因为有了抵抗组织，所有欧洲国家才有了几个可以爱戴的英雄和殉道者，让那些没有做过什么贡献甚至帮助敌人的大多数欧洲公民，可以被画在巨大的历史画卷的背景上，供后代去瞻仰。

最后，本书要谈一点后见之明和一点远见。本书谈浪漫的东西少，现实的东西多。确实，讲秘密战，如果不讲许多间谍和特务为自己的国家出生入死，那肯定是不够全面的。他们的经历不可避免地引人入胜，特别是当他们遭遇危险的时候。一位二战中在黎凡特（Levant，地中海东部自土耳其至埃及地区诸国）工作的特别行动局情报官描述了当地人听到他用"情报"这个词形容自己的任务时产生的影响："那些读过推理小说的阿拉伯人都倒吸一口冷气，因为他们知道英国情报官无所不能，各个惨无人道。有几个还问我是否是勋爵。"他喜欢这样，许多国家的间谍都喜欢这样。不这样，怎么可能来干间谍这份工作？

在 1939 至 1945 年间，秘密战仍然处于幼年期。决定战争胜利的是宏大的军队、舰队、航空队。但在 21 世纪，似乎不会再有数百万穿军装的大部队进行火并了。相反，国家安全更多地依赖于情报、监听、密码破译、反叛乱。网络战似乎是一战和二战中情报战的自然延展，这个进程开始于英国在一战中的"第 40 号房间"，此后在二战中被布莱切利园、德国陆军总部情报处、阿灵顿学堂、海军作战部通信保密科向前推进了一大步。不能说传统战争已经过时了：在乌克兰，普京仍然觉得主战坦克很好用。但普京也会派出莫斯科的秘密战士去展开颠覆活动的。这立即就会引来帕维尔·苏多普拉托夫的支持和赞扬。

电子监听已经成为英美发现和监视国内外恐怖分子的最有力武器，但引发了自由分子的惶恐。2013 至 2015 年间，前美国国家安全局雇员爱德华·斯诺登泄露了西方国家监听的规模，并极为不妥地在莫斯科寻找避难所，他给美国和英国的安全造成重大的损害，但想到他没有在战时为布莱切利园或阿灵顿学堂工作，又不能不让人感到一阵解脱。他生活在一个新世界里，旧的冲突形式和爱国主义已经没有普遍的意义了。各国斗争策略和斗争方法的侧重点都已经改变了，而且正在发生着改变，在未来还会继续改变下去。秘密战，这种在 1939 至 1945 年间出现过的对抗形式，可能就是未来的战争形式。